B. A. 苏霍姆林斯基

（1918—1970）

与孩子们在一起

苏霍姆林斯基墓碑

本书由苏霍姆林斯基的三部代表作《把整个心灵献给孩子》、《公民的诞生》和《给儿子的信》构成。《把整个心灵献给孩子》阐述人在小学儿童阶段的乐学生活；《公民的诞生》阐述人在中学少年阶段的和谐发展；《给儿子的信》涉及人在大学青年阶段的成才修养。这三部著作作为三部曲结合在一起，综合地、全面系统地阐述了苏霍姆林斯基的全面发展教育思想。通过本书，读者可以清楚地认识苏霍姆林斯基的教育思想体系以及他作为教育理论家和实践家的品格。

汉译世界教育经典丛书

育人三部曲

YUREN SANBUQU

［苏］苏霍姆林斯基 著
毕淑芝 等 译

人民教育出版社
·北京·

著作权登记号
图字：01—2001—0435

图书在版编目（CIP）数据

育人三部曲 /（苏）苏霍姆林斯基著；毕淑芝等译 . — 北京：人民教育出版社，2015.5（2023.6重印）
（汉译世界教育经典丛书）
ISBN 978-7-107-23056-1

Ⅰ. ①育… Ⅱ. ①苏… ②毕… Ⅲ. ①苏霍姆林斯基（1918~1970）—教育思想 Ⅳ. ① G40-095.12

中国版本图书馆 CIP 数据核字（2015）第 117671 号

育人三部曲

出版发行 人民教育出版社
（北京市海淀区中关村南大街 17 号院 1 号楼　邮编：100081）
网　　址 http://www.pep.com.cn
经　　销 全国新华书店
印　　刷 保定市中画美凯印刷有限公司
版　　次 2015 年 5 月第 1 版
印　　次 2023 年 6 月第 6 次印刷
开　　本 890 毫米 ×1 240 毫米　1/32
印　　张 24
插　　页 1
字　　数 600 千字
印　　数 36 001~39 000 册
定　　价 68.00 元

出版说明

教育经典是在教育史上具有影响力的权威性著作，是教育名家教育思想与教育实践经验的理论概括和结晶，是人类教育发展史上的辉煌篇章，是教育思想宝库中的璀璨明珠，它们对当时及后来的世界教育改革与发展产生了重大的影响，至今仍具有强大的生命力。

人民教育出版社建社近 60 年来，一直重视教育科学研究，积极推动教育思想和学术成果的传播，策划编辑出版了大量优秀的教育理论学术研究成果，包括一系列的外国教育经典名著，为服务教育、繁荣学术、积累文化做出了应有的重要贡献。例如，20 世纪 80～90 年代，人民教育出版社组织翻译出版了《外国教育名著丛书》(38 种 44 册)，主要收录了从古希腊时期到 20 世纪初叶的教育名著。它是新中国第一套比较全面系统介绍古往今来外国著名教育家代表作的丛书。这套丛书出版后在我国（包括港澳台地区）产生了十分广泛而又深远的影响，多年来深受读者欢迎，至今仍在反复重印再版，有不少卷还被引进到台湾印行了繁体字版，成为广大教育科研人员、师范院校师生以及中小学幼儿园教师的必备书。

随着我国教育改革特别是基础教育课程改革的深入，广大教师更加迫切需要了解世界教育发展史上丰富多彩的教育思想和波澜壮阔的教育实践，以从中吸取智慧和经验教训。在纪念中国改革开放 30 周年之际，为了进一步适应教育领域深化改革、扩大开放的需要，为了继续向广大教育工作者尤其是从事教育专业研究和学习的教师、学生和研究人员提供宝贵的学习资料和研究文献，我们在教育部和新闻出版总署的领导和大力支持下，又策划了《汉译世界教育经典丛书》。本丛书已经被批准为“十一五”国家重点图书出版项目。本丛书重点收录20世纪初叶以来的世界教育名著，与《外国教育名著丛书》相互衔接，互为补充，各有侧重，相得益彰；凡《外国教育名著丛书》已经收录的，本丛书不再收录。

本着取精用弘的原则，入选《汉译世界教育经典丛书》的著作都是在世界教育发展史上产生过重大影响的教育家的代表作，其中不少是首次介绍给我国读者。为了便于读者学习与阅读，我们特请译者或相关专家为每本书撰写前言或中译本序，对作者及其著作进行全面的导读性介绍；同时，每本书还附有作者照片插图及生平著述年表等。

编辑出版《汉译世界教育经典丛书》是一项重要的文化教育工程，具有极为重要的理论意义和现实意义。欢迎广大读者对本丛书的编辑出版提出宝贵意见，以使之更臻完善。

人民教育出版社

2008年8月

译者的话

瓦·亚·苏霍姆林斯基（1918—1970）早已是我国教育同仁所熟知的一位教育家了。他的著作的中译本多达二十多部；他论学生全面发展的思想已在我国产生了不小的影响；他的许多名言和术语，诸如“让孩子抬起头来走路”、“用多把尺子衡量学生”、“创办快乐学校”、“实施和谐教育”、“孩子的智慧出在手指头上”等，也在我国教育界广为流传，在我国广大校长、教师中产生了共鸣。

实践证明，苏霍姆林斯基的教育遗产经受得住历史的考验。在苏联解体前夕围绕“合作教育学”展开的教育大辩论中，论战的双方都承认，苏霍姆林斯基的教育遗产中包含了一部深刻而完整的“合作教育学”。苏霍姆林斯基的教育遗产早已传播至西方各国，并引起那里同行的极大兴趣；设在德国马堡的国际苏霍姆林斯基学会曾举办过多届年会，旨在研讨和推广这位教育家的育人之方。为何这位教育家的遗产具有如此的生命力？盖因它提出并解决着当代世界教育中普遍存在的棘手问题；也因它系实际经验的总结，具体而不空泛，富于操作性，应用性强。

如今正值我国教育界大力推行变“应试教育”为“素质教育”之际，迫切需要利用国内外一切可供利用的教育资源。“检索”了世界教育资源库之后，可以毫不夸张地说，苏霍姆林斯基的教育遗产堪称其中最全面、最丰富、最适用者。因此，为了我国更有效地变“应试教育”为“素质教育”，切不可放过苏霍姆林斯基的那座论“全面发展”、促“和谐教育”的教育宝库。

恰逢机遇的是，正当我们欲深挖该宝库之时，苏霍姆林斯基的《育人三部曲》问世了。这位教育家的亲生女儿和传人奥·苏霍姆林斯卡娅（现为乌克兰国立教育科学院院士）为这部著作撰写了“编者序”。此《育人三部曲》由苏霍姆林斯基的三部名著构成：一是《把整个心灵献给孩子》——它涉及的是小学儿童阶段的乐学生活；二是《公民的诞生》——它涉及的是中学少年阶段的和谐发展；三是《给儿子的信》——它涉及的是大学青年阶段的成才修养。这里的“三部曲”，也可称作“三部作”，但称“曲”更切题。因为苏霍姆林斯基的教育创作，具有浓烈的诗情、画意、乐韵，他把现实主义与浪漫主义融成一曲一曲的教育乐章，描绘着学生从小学、中学到大学三大阶段的成才历程。毫无疑问，此《育人三部曲》是苏霍姆林斯基教育遗产的精华，其中提出的问题和解决的矛盾，正好切中我国当前变“应试教育”为“素质教育”的要害。

此《育人三部曲》中的每一部，早已在我国有了中译单行本。鉴于其传人奥·苏霍姆林斯卡娅对每一部都略作了增删，然后把它们辑成一体，这样辑成的“三部曲”就更具精品价值了。另外，辑成一体的“三部曲”，犹如一个完整的系统；而从系统论的观点看，整体系统的效能定然大于各单一成分相加之和。

为了准确、有效地发挥《育人三部曲》的功能，我们对其中的每一部都根据增删后的原文做了精心重译。《把整个心灵献给孩子》由毕淑芝、赵玮、唐其慈、王义高译出；《公民的诞生》由肖甦、诸惠芳译出；《给儿子的信》由叶玉华译出。当然此次译文也难免有缺点和错误，诚望同行不吝赐教。

为了与读者共同探秘，以求更好地借鉴苏霍姆林斯基的教育遗产，来促进我国学生的素质教育，培养德、智、体、美、劳全面发展的公民，下面先来抛砖引玉，发表译者的点滴学习体会。

苏霍姆林斯基作为教育实践家和教育理论家，从教 35 年

(1935—1970)，研究过种种教育难题，积累了丰富的教育经验，留下了影响深远的教育遗产。其中，全面和谐发展的教育理论和公民教育理论及其实际施教模式，对于我国学校的“素质教育”极有借鉴意义。

一、全面和谐发展的教育理论及其实际施教模式

苏霍姆林斯基的贡献之一在于，他对众所周知的、一般理解的“全面发展”理论，补充了某些新思想。

首先，他把“和谐教育”概念纳入了“全面发展”理论之中。他的所谓“和谐教育”意味着：一是处理好认识世界（即理论学习）与改造世界（即实践活动）这两者的关系，使之处于相互促进的和谐之中；二是处理好各个表现领域的和谐关系，使每个学生在其天赋所在的一切领域中（而不只限于学习中），充分表现自己并且出类超群；三是使学生因某事取得成功而带来的自尊、自信、自豪感，转移到其他事情上去并取得同样的成功。总之，要找到每个学生身上的“金矿脉”、“闪光点”，使他产生一股情感动力，并发生情感转移，让每个学生“抬起头来走路”，确认自己是“大写的我”，以此找到并打开全面发展的突破口，从而推动学生的全面发展。

其次，苏霍姆林斯基把“精神生活”范畴补充进了“全面发展”理论之中。他所说的“精神生活”意味着：使学生在德、智、体、美、劳诸多方面积极向上的需求和兴趣，能够在其积极活动中得以形成、满足和发展，使其特有的天赋才能有机会充分显露和发挥。他认为，学生充实的精神生活和丰富的内心世界是其全面发展的一个极重要的标志。他指出，在学校里，不能只有听课、作业、考试而没有精神生活，也不能只有纯体力劳动而缺乏智力因素和精神生活。

再次，苏霍姆林斯基用德、智、体、美、劳“相互渗透”说丰

富了全面发展理论。他所说的“相互渗透”，就是你中有我，我中有你，相互交织，彼此促进。例如，德育中有智育，智育中有德育，劳动教育中有德、智、体、美各育，等等。他认为并证实：渗透式的教育才有利于全面发展并且效率高；单打一的教育不仅效率低，而且导致片面发展。苏霍姆林斯基的这些新颖思想对克服我国学校的“应试教育”的片面性，促进“素质教育”的全面性，保证“全面发展”的高效性，极有理论借鉴意义。

苏霍姆林斯基不仅把“和谐教育”说、“精神生活”说和“相互渗透”说引进到了“全面发展”理论之中，而且实际构建了一个体现这些学说的施教模式，这是一个为“全面发展”的教育服务的模式。这个模式拥有一个复杂的结构系统，其中起骨架作用的是如下三个子系统。

1. 由学校、家庭、社会构成的整体施教系统。由这三者构成的整体系统中，苏霍姆林斯基认为，学校是其中起“指挥作用”的主导机构，它引导家庭、社会按照学校的教育意图和计划，完成各自无可取代的特殊教育任务。为了调动家庭的积极作用，苏霍姆林斯基成功地开办了“家长学校”，授以“父母教育学”。为了调动社会方面的教育积极性，苏霍姆林斯基把学校与村镇、学校与工厂、师生与居民的关系搞得亲密无间，使学校成为社会精神文明的建设者，社会成为学校全部教育活动的参与者、大环境、支持者。

2. 由空间、时间、爱好构成的创造活动系统。苏霍姆林斯基的独到做法是：他为了保证学生的活动空间，建立了数目众多、种类多样的课外活动小组；为了保证学生的活动时间，建立了下半天让学生自由支配的制度。此外，他还引导学生在此空间和时间内突出三项爱好：最喜爱的学科、最喜爱的读物、最喜爱的劳动创造项目。通过如此周密安排的活动空间、活动时间、活动内容，构成了真正使学生如醉如痴地各从其事的创造系统。苏霍姆林斯基向同行们证明：只要引导学生做他最喜爱的事情，也就找到了全面发展的突破口。

3. 由教师的主导作用、学生的主体地位构成的师生合作关系系统。上述创造活动系统，决定了师生关系系统必然具备这样的特点：既充分发挥教师的主导作用，又充分保证学生的主体地位，使二者协调一致、亲密合作。也就是达到教育与自我教育的和谐统一。苏霍姆林斯基的实践证明，通过教师的主导作用，能把学生引向“突破口”，导入自我教育，走上全面发展的轨道；通过学生的主体地位，则能自主自律地，不用督促地、如醉如痴地沿着创造性的、全面发展的道路，迅速成长。

苏霍姆林斯基用整体施教系统、创造活动系统、合作关系系统为骨架，构成了一个唯他独有的实际施教模式，从而丰富了“全面发展”的教育实践。

二、“公民教育”的理论及其实践遗产

在苏霍姆林斯基的教育思想宝库中，除“全面发展”的理论及其实践遗产之外，“公民教育”的理论及其实践遗产也十分重要。而这份遗产也直接地切合我国学生的素质教育和精神文明教育。

在苏霍姆林斯基心目中，小学生就是一位小公民。对作为社会主义国家的小公民，就要按其年龄和心理特点，循序渐进地培养他应有的公民品质。苏霍姆林斯基最注重的是：有共产主义理想；热爱社会主义祖国；热爱劳动和劳动人民；有自觉的社会公德；有集体主义精神；有较高的科学文化素质。在苏霍姆林斯基看来，所有这些品质也就构成了公民的精神文明素质。

1. 关于共产主义理想教育。苏霍姆林斯基认定，具有共产主义理想，是社会主义公民精神文明的首要特征。他指出，共产主义思想，是激发儿童和青少年不断产生崇高的、纯洁的、美好的愿望的源泉。如果学生从内心认识到共产主义的崇高目的，那么，他就会为社会的利益而投身于生活。

在共产主义理想教育中，苏霍姆林斯基反对教条地灌输“共产主义”的空洞口号和词句，主张根据儿童和青少年的年龄层次和心理差别，采取学生能够接受的、丰富多样的、潜移默化的形式，包括口头语言、文字暗示（如童话、寓言等）、实际活动、劳动锻炼、参观访问、跟踪寻找革命史迹等形式，力求震撼学生心灵，升华共产主义意识，取得实际成效。

2. 关于热爱社会主义祖国的教育。苏霍姆林斯基把热爱社会主义祖国列为公民教育的重要内容。他撰写的《胸怀祖国》一书，全面深入地阐发了这方面教育的理论与实践问题。其中最有启发意义的是，他教育学生热爱社会主义祖国，也如教育学生树立共产主义理想一样，不是凭教条灌输，而是由近及远，由浅入深，做潜移默化的工作。例如，他首先教育学生热爱自己的母亲。热爱母亲从何入手？那就是，让孩子了解和体贴母亲的忧伤和难处；力所能及地分担母亲的家务琐事；在宅旁园地栽植“母亲树”，第一批果实献给母亲品尝；以优秀的在校表现让母亲满意、高兴、自豪，等等。由此扩而广之，为爷爷、奶奶、父亲、兄长、弟妹献出爱心，付出爱行。再扩而广之，为学校、为家乡献出爱心，付出辛劳，做出贡献，如栽种花草树木，打扫庭院，美化周围环境。在此基础上，继续扩而广之，为家乡父老乡亲，尤其是孤老病残乡亲，献出爱心，施以善行。再下一步，为素不相识的路遇同胞，献出爱心，做出善举，等等。苏霍姆林斯基断言，如果一个孩子连自己的母亲都不爱，他会爱自己的祖国吗？爱出于奉献，奉献中生出情感美。在帕夫雷什中学的显要处所展有“伟大母亲”的众多画像，这样做的意图，就是让“墙壁也说话”，即也起教导作用。苏霍姆林斯基就是这样，从热爱父母亲人、热爱家乡的一草一木做起，引导学生达到热爱社会主义祖国这一最高目标。

3. 关于热爱劳动和劳动人民的教育。苏霍姆林斯基把“不劳动者不得食”的基本原则贯穿在劳动教育过程中。他为自己的帕夫雷什中学建立了一个完整的劳动教育体系，包括劳动教育的原则、劳动教育的类别、劳动教育的物质基础、劳动教育的组织形式、劳动教育的方法。他按“相互渗透”论来安排劳动教育，旨在完成多项功能：通过劳动教育，培养学生热爱劳动和劳动人民，推动德、智、体、美全面发展，发掘学生的天赋才能，促进学生适应科技革命和现代化生产需要的职业定向。

劳动首先用于培养“善良心地”这一奠基性品质。苏霍姆林斯基确证：如果儿童懂得为别人的幸福和欢乐而付出劳动，并为此而流了汗，手上磨出了老茧，那么他的心地就会变得善良、敏感、温柔；只有通过劳动，一个人才会以热忱的心去待人接物；经历过劳动的孩子比起没有劳动过的孩子来，在对待周围人的态度上是完全不同的。如果一个孩子把享受父母创造的幸福作为自己快乐的唯一源泉，而不通过亲手劳动、克服困难去享得快乐，那么他在家里和上学之后都会是一个无情无义的人，从而造成“再教育”的难题，甚至导致青少年走上犯罪道路。他还调查证实，100 起 16～24 岁的年轻人犯罪案例中，有 88 起是脱离劳动所致。

苏霍姆林斯基证实，一个学生如果不能亲身体会到依靠自己的亲手劳动为自己提供吃穿是人生最重要的因素，就不可能真正培养出热爱劳动的品质和热爱劳动人民的思想感情。因此，他在自己的学校里确立了一个良好的传统：学生从 10 岁开始，就得靠自己的劳动去挣得买教科书和学习用品的费用；在 12～14 岁时，就得靠自己的劳动所得去购买冬季衣着；在 15～17 岁时，就得靠自己的劳动收入去解决全年的衣履费用。苏霍姆林斯基强调，劳动只有成为经济上的需要时，才具有教育力量。

4. 关于社会公德教育。20 世纪 50～60 年代是科学技术迅猛发展的年代，也是苏霍姆林斯基在教育上建功立业的年代。根据这一时代特征，他强调指出，智慧、科技赋予人类支配自然力的偌大权力，以至于一个人可能决定成千上万人的命运，而且这并不是在某起重大事件中，而是在日常的劳动中，例如在水电站、原子能电站、矿井、铁路枢纽调度室这些平凡的劳动岗位上，一个人要有高度的义务感和责任心，否则会殃及千百万人的性命。因此，自律和公德的培养是学校义不容辞的重大任务。

为了培养学生的自律和公德素质，苏霍姆林斯基把“同情人、关心人”视为奠基性品质。他认为，孩子在童年时期对人的苦难、不幸、烦恼和孤单特别敏感。此时培养他们这方面的品质最为有效。从小引导孩子为他人付出，是培养他同情人、关心人的重要途径。

苏霍姆林斯基指出，有些教育工作者和家长的失误就在于，他们离开人与人之间的关系，离开人对人的责任来培养儿童的高尚公德。这样做的结果，最多只能培养出口唱高调的伪君子。他认为不可想象，一个对父母、同学、朋友以及任何路遇同胞的处境都漠不关心的孩子，一个根木不善于从别人眼神中察觉出其心境的孩子，会成为一个真正心地善良的人。教育者要善于对孩子进行“情感教育”，教会孩子在日常生活中体察他人的痛苦与忧愁，并由衷地给人以帮助。这就是为什么在苏霍姆林斯基的学校里，从儿童入学伊始，甚至在预备班里，就引导孩子参加各种关心人的活动：关心附近的孤独老人，关心战争中牺牲了丈夫和儿女的母亲，帮助同学家中患病的亲人，帮助学习上有困难的同学，等等。苏霍姆林斯基坚信，只有这样，才能使儿童把同情和关心他人变为自己内心的需要。

5. 关于集体主义教育。在苏霍姆林斯基看来，集体主义精神是社会主义国家公民的必备品质，这种品质必须从小就开始培养，学校对此发挥着重大作用。关键问题是怎样培养集体主义精神。苏霍姆林斯基的经验证明，集体主义精神只能靠集体本身来培养。

苏霍姆林斯基有一个独到的观点，即认为，集体不光是一个有组织从属关系、有领导与被领导关系的群体；集体是由在需要、兴趣、智力、思想、道德、社交、创造力、审美观等方面既有共性又有个性的人们所组成的精神上的统一体（而不光是组织上的统一体）。

苏霍姆林斯基的另一个独到观点是，集体意味着其成员各有个性，缺乏其成员的鲜明个性就谈不上集体。他指出，如果一个集体里找不到思想丰富、各有爱好的不同类型的人，这个集体就没有吸引力。因此，苏霍姆林斯基总是尽量创造条件，激发丰富多彩的精神生活，让每个学生都能在集体中充分发挥自己的主动性、独立性、创造性，为同学们提供些什么，包括能影响别人的道德、智力、审美、劳动、健康等诸方面的财富，为充实集体生活做出自己的贡献。苏霍姆林斯基相信，无任何才能的人（学生）是不存在的。教育者的责任是帮助每个人找到与自己的能力相宜的事情，使他在集体面前展现自己的才能。这既是因材施教的要领，也是个别教育与集体教育相统一的要领。

此外，苏霍姆林斯基要求校内集体成员走出小圈子，直接参与社会、公民活动，以求既改造和丰富客观世界，又改造和丰富集体成员的主观世界。

再有，苏霍姆林斯基注重在集体中培养“良心约束”能力，使每个人能用别人的眼光看自己，从而理解什么是可以做的，什么是不可以做的以及什么是必须做的，也就是培养自律能力和责任心。最后，苏霍姆林斯基强调，必须提倡、引导、扶植能为公众造福的兴趣和需要，防止单纯为了消遣作乐的兴趣和需要，否则就会导致集体及其成员的精神贫乏和空虚。

6. 关于科学文化素质的教育。苏霍姆林斯基既重视教育在促进科技进步方面的使命，又重视教育在培养个性全面发展的人方面的使命。不过苏霍姆林斯基还敏锐地洞察出一个问题，即人与科技二者的权重关系问题。如前所述，20 世纪 50～60 年代苏联普遍流行的说法是，当今是“科技时代”、“数学时代”、“电子世纪”、“核子世纪”；苏霍姆林斯基则提出当今首先是“人的时代”、“人的世纪”，既要重视学生在科技素质方面的教育，同时更要重视学生在人文素质方面的教育。苏霍姆林斯基的这种远见卓识不能不令人佩服。

为此，苏霍姆林斯基为学生设计了一个合乎上述双重使命的智育体系。这个体系具备两大特点：一是充分反映了当今时代对人的全面要求，旨在通过智育形成学生的科学世界观，养成他们强烈的求知欲，开发他们的思维能力和创造性，发掘每个人独特的天赋才能，授予他们牢固而基本的科学文化知识和技能，培养精神丰富的、全面和谐发展的文明公民；二是坚持辩证唯物主义的系统论，把智育纳入德、智、体、美、劳全面发展这个总体的、完整的施教系统之中，统筹兼顾地处理智育与其他各育的相互渗透关系，以及智育这个相对独立的子系统内部的各种矛盾、关系。

其中，苏霍姆林斯基正确地处理了知识与智力的关系。他指出，智育是在获取知识的过程中进行的，但又不能仅仅归结为一定知识量的积累。知识水平与智力水平之间不能画等号，尽管后者有赖于前者。那么两者的关系是什么呢？这就涉及一个极重要的问题，也是当时苏联教育界争论最激烈的问题，即教学与一般发展的关系。苏霍姆林斯基对此的观点是：教学的目的在于使掌握知识的过程保证最佳水平的一般发展，而在教学过程中达到的一般发展又反过来促进更顺利地掌握知识。智育的主要目的就是开发智力，最完善的教学乃是开发智力的教学。

在重视开发智力的同时，苏霍姆林斯基十分强调形成科学世界观的意义。他指出，世界观的形成是智育的核心。这种世界观建立在科学知识的基础上，但又不是自发产生的。苏霍姆林斯基用无数事例证实：一个人可以拥有对答如流的知识，然而他可能背离科学世界观，拜倒在宗教世界观及其他非科学世界观的脚下。至于与世界观紧密相关的道德信念和行为，则更可能与所获得的知识和科学真理背道而驰。所以，发挥教学、智育的世界观功能，是一个非同小可的问题，也是他解决得最成功的一个问题。苏霍姆林斯基的高明之处还在于，他立于物质文明和精神文明的高度，立于公民基本素质的高度，来看待智育的重要性。

苏霍姆林斯基认为，一个人只有具备了高度的智力素质，才能适应科技革命和现代化生产的需要。他预言，不论是未来的科学家、思想家、艺术家、工程师、技师、医生，还是未来的钳工、车工、农机手、拖拉机手，乃至泥瓦匠、炊事员，都应具备一个共同特点，就是以智慧和创造性在劳动中起主导作用。他们都应当善于创造性地思考，应当是富于智慧的人。他还认为，在现代，英雄主义要求人们不仅有劳动热情、要顽强、勤奋，而且要善于劳动，有高度的文化，把握先进的技术，有创新精神。因此他认定，通向科学的道路始于基础教育。学校的任务之一，就是培养学生爱知识、爱书籍、爱科学；教育工作中应尽可能鲜明地反映科学正在变为直接生产力这一趋势。显然，这里涉及的都是物质文明问题。

同时苏霍姆林斯基认为，人之所以需要智育，还在于确立个人和整个社会的精神文明。他断言，就个人来讲，在当今时代，没有良好的教养，没有渊博的知识，没有高水平的智力素质和多方面的智力兴趣，要提升到道德尊严的高度是不可思议的。人们需要智育，不应仅仅是为了应付狭隘的就业劳动，也不应仅仅是为了上大学，而首先是为了充实的精神生活。智慧应当使人享得文化财富和美学珍品带来的幸福；而一个人若不具备中等以上的教养，未经过中等以上的智力训练，他就不可能接触智力财富，也永远不可能成为一个幸福的人。对社会来说，没有其成员高度的知识和智力素养，不论是生产劳动、人们关系的起码文明，还是公民职责的履行，都是不可能的。不学无术和智力不开化的人的存在，不仅其本人不可能是幸福的，而且还会殃及他人和整个社会。因此，学校不应让任何一个未受过智力训练的人进入社会生活。

可见，苏霍姆林斯基的科学文化素质教育观具有鲜明的时代特征。

概括苏霍姆林斯基的“公民教育”理论与实践，可以这么说：在内涵上，它既包括公民的思想品德素质教育，也包括科学文化素质教育；在特点上，它既继承了传统教育学的某些经典原理，又吸收了民间教育学的不少精华成分，更独创了大量反映当代社会、经济、文化、科技特征的新颖思想。他的这种兼含思想品德素质和科学文化素质两方面内容，并具有继承、吸收、独创三方面特点的公民教育遗产，作为国内外诸多教育资源之一，为我国学生的素质教育和精神文明教育提供了借鉴的极大可能性。

成长的三个阶段

——编者序

瓦·亚·苏霍姆林斯基的著作具有完整的、合乎逻辑的整体性特点，今天，把他的三部作品《把整个心灵献给孩子》、《公民的诞生》、《给儿子的信》辑为独特的三部曲，其意义就显得尤为突出。这些著作的每一部都是各自独立完整的单独的作品。而作为三部曲，它们是综合阐发有关马克思列宁主义世界观的形成及新一代共产主义教育的一系列问题的。这些著作属于瓦西里·亚历山德罗维奇生前最后一个时期所著的主要的、在许多方面讲是纲领性的著作，总合起来可以从中清楚认识苏霍姆林斯基的教育体系以及他作为教育理论和实践家的品格。

收入三部曲的所有这几部著作都有它们幸运的经历：一问世便即刻被视为教育思想上引人瞩目的现象。《把整个心灵献给孩子》一书是荣获乌克兰苏维埃社会主义共和国国家奖的教育科学著作（1974 年），而作为两部曲的《把整个心灵献给孩子》和《公民的诞生》则获得乌克兰教育协会一等奖（1973 年）。

收入三部曲的著作间深刻的内在联系可以使我们理解瓦西里·亚历山德罗维奇是如何结合我们社会主义社会的要求来解决儿童的发展、培养与教育、教学与教养诸问题的。这些课题早在 20 世纪 40～50 年代就在苏霍姆林斯基的实践活动中产生，而到 60 年代末则成为他研究的独立的专门课题。经过对学校教育实践和迫切问题以及社会发展的需求诸方面的深入思考，使这位教育家取得了他自己对教育过程及其构成因素的理解。苏霍姆林斯基分解出的教育过程的三个构成部分为：教师—学生—集体。

瓦西里·亚历山德罗维奇对作为教学教育过程指导者和组织者的教师的品格提出了很高的要求："在精神生活的丰富方面我们应该成为少年的榜样；只有在这样的条件下在道德上我们才有权进行教育。"① 教育者个人高尚的品格修养、他的知识和生活阅历，应当成为孩子们的不容置疑的权威。瓦西里·亚历山德罗维奇所认为的权威，绝非凭借学识、绝对服从的要求及对孩子的形式主义的专横管理而高高在上，脱离孩子们；而是一再证实，没有师生之间经常的精神交往，不相互深入到彼此的思想、情感的内心世界，就谈不上与教育修养血肉相连的情感修养。"培养教师情感的最主要的源泉，这就是教师在一个团结友爱的集体里不仅作为一位教导者，而且也作为一个朋友和同志，同孩子们结下的多方面的情感联系。"②

在《把整个心灵献给孩子》、《公民的诞生》和《给儿子的信》这三部著作中居于中心地位的是受教育者的问题。苏霍姆林斯基在解决这个问题时的着眼点是，必须考虑两个方面：一方面是每个个体（其性格、气质、智力、兴趣、志愿、情感等）的发展特点，另一方面是孩子的发展所处的社会关系（家庭、街道、村镇、朋友、劳动，即他的微观环境）。按苏霍姆林斯基的观点，受教育者——这是过着生气勃勃有趣生活的、积极的、独立的个人。他写道："童年是人生最重要的时期，它不是对未来生活的准备时期，而是真正的、光彩夺目的一种独特的、不可再现的生活。"③

教育过程的第三个组成部分——集体，以其不断发展的形式呈现于三部曲中。在"快乐学校"中，教师在真诚、知心、同情心和

①②③ 见本书第 424、13、14 页。

互助的基础上建立学生集体，集体为每个人都理解的、感到亲切的共同目标所统一。《公民的诞生》阐发了少年集体的组成原则，探讨了集体发展的主要方面。集体主义发展成为思想—政治、劳动、品德诸方面教育的首要原则，并且最终成为新的、共产主义关系的基础。瓦·亚·苏霍姆林斯基断言，“集体的教育力量始于每个个别的人所具有的力量，始于每个人所具有的怎样的精神财富，始于他给集体带来了什么，他给了别人什么，人们从他那里得到了什么。”①

苏霍姆林斯基分解出来并论证了教学教育过程最主要的构成因素，但是并没有把它们的作用一成不变地确定为：教师——主导者，集体——手段，学生——对象。这三个构成因素相互作用的逻辑如同苏霍姆林斯基的整个教育体系一样，是灵活的。

教学教育过程是在学校进行的。我们看到，瓦西里·亚历山德罗维奇怎样从不寻常的“蓝天下的学校”，即凭感觉和情感具体感知世界的大自然学校，走向作为社会机构的学校，“不可以把学校说成是人为制造的没有思想病毒的环境。在少年的周围沸腾着复杂的、充满矛盾的生活：他们常常处于各种思想影响的十字路口。没有必要去回避异己的思想影响，而是要接触这种影响，促使他们去积极思考、独立分析生活中的各种各样的现象和情境。”②我们的整个社会主义现实，就是对教育效果的检验，又是重要的生活学校。

苏霍姆林斯基主张儿童早期社会化，让他早日接触社会主义社会的道德和精神财富。这位教育家写道：“孩子对周围世界和对自己的认识都不应该是片面的。在认识世界和自己的时候，孩子们应该逐渐认识到自己对长辈们所创造的物质和精神财富应负担的责任。”③

①②③ 见本书第520、513、240页。

三部曲阐述了认识、情感感知、交往和活动及其辩证的相互联系。苏霍姆林斯基认为这是教育的主要条件。

瓦西里·亚历山德罗维奇认为，最有效益的认识途径就是由具体到抽象的途径。在童年期，教师对于孩子是世界事物和现象的发现者，而在少年期则是思想世界的发现者。苏霍姆林斯基研究了认识机制——动机、情感、刺激，把它们都纳入到积极教育行为体系内。

瓦西里·亚历山德罗维奇认为，情感体验在教育中具有特别重要的作用。他确信，“教学过程，特别是对周围世界的感知要充满情感，这是儿童思维的发展规律提出的要求。”① 这位教育家力求精心细致而又深思熟虑地安排教育影响，以便通过惊奇和惊讶的感觉唤起受教育者对事物和现象的兴趣。苏霍姆林斯基写道：“对于儿童来讲，掌握知识这个最终目的不可能像成人那样成为他付出智力努力的主要动力。学习愿望的源泉在于儿童智力劳动的性质，在于思想的情感色彩，在于理性的体验。如果这个源泉枯竭了，任你用什么办法也不可能让孩子坐下来念书。”②这在更大程度上涉及个人精神世界的形成过程：“对观念、原则的情感—审美评价，是思想教育的一个极重要的因素，它取决于人在认识周围世界的同时，他体验高兴、赞美、惊奇、悲伤、忧愁、羞愧、气恼、愤慨、腼腆、良心的谴责等情感的深刻程度。”③

《把整个心灵献给孩子》、《公民的诞生》和《给儿子的信》三部著作，对作为教育范畴的复杂而又多方面的交往过程给予极大的关注。

苏霍姆林斯基分析了具有教育意义的各类交往和接触，讲到了儿童同大自然、同周围世界、同艺术作品接触过程的内涵的许多方

---

①②③ 见本书第 47、71～72、553～554 页。

面，阐明了孩子同老师、集体内彼此之间、同长辈——爷爷、奶奶、父亲、母亲交往的原则。苏霍姆林斯基写道："细腻的情感只有在集体中，只有在同你周围的人们经常的精神交往中才能培养起来。"① 与此同时，他是结合活动、结合实践探讨教育性交往主张的。

三部曲探讨了多种多样具有教育意义的活动：认识活动、教学活动、劳动活动、创造活动、品德方面的活动和情感方面的活动；阐明这些活动对培养集体和个人的作用。苏霍姆林斯基把教育者的活动当作旨在培养孩子对待世界、对待社会和对待自己的态度体系的有组织的教育过程来阐述。

为了顺利实施所有教育条件——主动认识、情感体验、交流和活动，苏霍姆林斯基特意安排了所谓"情感情境"（这也应作教育性的解释）。他在自己的著作中论证了这一概念，并说明了它的实际应用。在《公民的诞生》中讲道："在教育工作中有很多专门建立的、预先规定的、'被设计好的'人际关系，以便达到在学生们的心灵中确立起一种把人作为最珍贵的财富去尊重的目的，使一个人从小就能成为别人的朋友、同志和兄弟。"② 瓦西里·亚历山德罗维奇认为，这在童年岁月尤为见效，因为个人的精神—道德素质的基础奠立于6～11岁期间。情感情境在少年的教育中依然具有它的作用，并且具备了带有鲜明显示情感色彩的、独立的儿童创作的特点。这位教育家指出："情感情境的特点是在心灵的冲动中表现出来的一种活动，这种活动似乎是自发的，任何的策划都激发不起这样的活动，以前获得的道德价值观对它起着影响。不是事先规定好的，也不是有准备的这种活动，是在环境的影响下出现的，它同时表现出一定的情感—道德修养，是进一步发展、深化崇高的人类的

①② 见本书第686、323页。

激情的手段。”① 瓦西里·亚历山德罗维奇在《公民的诞生》中对情感情境做了概括的说明，并阐述了在推荐的四类教育情境中进行教育工作的方法。

苏霍姆林斯基认为，依据马克思列宁主义原理，整个教育工作的宗旨在于培养全面和谐发展的人，使他在生产力和社会关系的发展所达到的水平上和教育所能做到的程度上，在各个方面达到最美满的境地。三部曲在照顾了各个年龄期的特点的情况下，将这个宗旨加以具体化。

小学的宗旨——“教会孩子学习”，养成爱社会主义祖国、爱自己的人民、爱共产党、憎恨它的敌人的感情，帮助孩子意识到自己的创造力和才能，因为“这个自我意识，也就是个性形成的实质所在”②。苏霍姆林斯基认为，重要的是要尽可能早地让孩子们认识我们社会的精神—道德原则，培养起对这些原则的正确态度，唤起对善与恶的概念的强烈兴趣，教育过程组织得要能在行动中表现出参与精神、真诚、同情共感、同情心、人道等情感。

待学生进入少年期时，学校、教师和社会在保持并发展童年时期所奠定的品质之外，已在培养公民了，对于他来讲，“道德观念、政治观念……变成他们的行为规范和准则。这个过程的展开只能通过多方面的精神活动，没有这种精神活动，就不可能有对理想的追求，就没有生动的人的个性。”③这时教师关注的中心问题是：树立共产主义思想、公民精神、马克思列宁主义世界观、社会义务感；培养情感修养、勤劳精神、对集体和自身天良的责任感；提高自我评价、自我教育及尊重人格的能力；保持每个人的个人精神财富。

每个男女青年投入生活时，应当将已获得的知识用于实际，占据积极的生活阵地，同邪恶、伪善、变节行为做斗争。瓦西里·亚

---

①②③ 见本书第 576、278、504 页。

历山德罗维奇写道："没有人的激情的思想性就会变成假义虚情。在我们的社会中，颇有一些'维护正义的斗士'、'真理的探寻者'，他们不反对去'揭露'邪恶，但是他们认为还是让警察去和这些现象做斗争吧。这些蛊惑者，这些光说不练的人带来许多危害。问题不在于看到邪恶要大声疾呼，而在于制服这些邪恶。有时候需要的不是用嘴说，而是无言的行动。"①

苏霍姆林斯基所阐发的所有这些人道主义原则，被苏维埃教育科学视为在解决教育迫切问题上迈出的新的一步。

瓦西里·亚历山德罗维奇以教育评论文的体裁撰写自己的作品，作品纳入了作者本人及其同事们的丰富的教育经验，包含许多真实的生活情境，个人形象和民俗成分。

《把整个心灵献给孩子》在这方面很典型。这部书自 1969 年首次出版就立即受到欢迎，现已用世界 23 种语言发行 46 个版次，其中包括英文、法文、德文、日文和中文。它之所以受到欢迎，既取胜于阐述方式，也有赖于论题范围。

书中所述的"蓝天下的学校"，是一个独特的创造性实验室，在这个实验室里孩子们展开着锻炼身体、发展智力、树立精神、提高情感—审美修养、参与劳动和启发思想的复杂过程。这里起着教育影响作用的主要手段是大自然、语言、创作和劳动，苏霍姆林斯基写道："儿童就其天性来讲，是富有探求精神的探索者，是世界的发现者。那么就让那个绝妙的世界在鲜明的色彩中，在嘹亮颤动的音响中，在童话和游戏中，在自己的创作中，在激动他的美景中，在为人们做好事的意愿中展现吧。"②

瓦西里·亚历山德罗维奇对语言、对话语做了广义的解释（这既是老师的话，也是书本，既是大自然的语言，又是音乐语言、绘

①② 见本书第 660、32 页。

画语言），并认为它们具有十分重要的作用。话语的使命在于启发孩子的探索性思考，促进他的创造性个性的发掘；孩子应当弄懂语言与祖国、与人民的文化传统密不可分的联系。在小学里，话语将思想与幻想联结于一身，要知道，对这种年龄的孩子来讲，童话、虚构故事、游戏——都是精神世界的组成部分。这位教育家着重指出："童话，形象地讲，这是能够吹燃孩子思想和言语火花的清新微风。"①

《把整个心灵献给孩子》广泛阐述了作为教育手段和教育结果的儿童创作。编创故事，细心观察大自然，善于表达对自己与周围环境不可分割的联系的感触——这一切被瓦西里·亚历山德罗维奇看作是，创造性感知同分析、同思考、同道德和社会内涵的融合。"应当带孩子们到思想和语言的活水源头去，努力使周围世界中物体和现象的概念通过语言，不仅深入他们的意识，而且也深入到内心和灵魂。语言在情感上和美学上的色彩、它的细腻色调——这都是儿童创作的生气勃勃的源泉。"②

作为个性发展一个极重要因素的劳动教育思想，《把整个心灵献给孩子》也如苏霍姆林斯基的所有著作一样，占有很重要的地位。作为彻底的马克思主义者，他把劳动视为生活的主要内容和意义，认为培养劳动需求乃是整个共产主义教育体系的主要任务，劳动的价值就在于它是复杂而又不轻松的脑力和体力作业的成果。他肯定地说："劳动成为我们的学生精神生活的需要，给他们带来团结友爱的快乐，促进钻研精神和求知欲的发展，能在克服困难之后产生激动人心的欢乐，能在周围世界里不断发现新的美好事物，能唤起初步的公民义务感——人类生活必不可缺的物质财富的创造者

①② 见本书第 32、222 页。

的感情，在这样的情况下，劳动就成为一种巨大的教育力量。”①

苏霍姆林斯基对教育过程的辩证观点，使他得以论证影响学生的各种手段和方法必须加以结合这一思想：“每一种作用于人的手段的教育效果，都要看另一些影响手段的深思熟虑程度、目标明确程度和有效程度如何而定。”②

“各种教育影响的和谐”，在这位教育家因受实践和孩子们的启示而采用的那些独特的教学—教育活动的组织形式中得到了反映，在这些活动中教育目的与对它的创造性的、诗意般的处理结合了起来。诸如面包节和母亲节、第一朵花节和云雀节等。

三部曲的第二本书——《公民的诞生》自问世（1970 年）以来已用世界 14 种语言发行 25 个版次。其基本内容包括对少年教育各方面问题的广泛而又全面的分析及对这一年龄期矛盾和特殊性的阐述。在少年的教育工作中，瓦西里·亚历山德罗维奇采用和对 6～11 岁儿童同样的施加教育影响的方法，但大大地加以充实并用一些新的想法予以扩充和深化。“第一次是生命本体的诞生，第二次诞生的则是一个公民，一个积极的、富于思考的个性，一个不仅能够认识周围世界，而且也能认识自己的活动着的个性。”③苏霍姆林斯基如此断言，以此为出发点并着眼于社会的需求去建立教育体系。

苏霍姆林斯基肯定地说，在解决少年教育的主要问题和树立他们的科学世界观时，必须考虑这一年龄期的特殊性和种种矛盾。这位教育家认为，教育影响方式与年龄特点的恰当配合，乃是成功的保证。因此他详细阐述了少年期特有的一些矛盾，并以此为依据确立了他的教育学论据，着重关注身体培养、心理发展问题，还有友谊、同志关系、爱情问题，并对性教育和情感方面的发展给予特别

①②③ 见本书第 259、266、376 页。

的关注。

书中运用科学的和实践的论据论证了关于少年马列主义世界观的形成与精神世界的确立的统一性原理。瓦西里·亚历山德罗维奇阐释了智育机制，依他的见解，它是由这样一些成分构成的：以探究态度对待课堂上的知识并积极认识自然和劳动；情感上的感知；认识成果的实际应用。作者以数学和劳动课为例具体阐述了这种见解。

教师在形成少年世界观的同时，也在培育他的精神世界，因为“人的世界观，这是个人对真理、规律性、事实、现象、规则、结论、思想的态度。科学唯物主义世界观的培养，就是教师要深入到学生的精神世界中去”①。

这位教育家揭示了个人精神—品德素质形成的整个复杂过程。他引导学生通过初步道德准则的认识向着道德感的觉醒迈进，继而向着道德习惯的养成和通过道德行为的锻炼迈向精神—道德信念。

苏霍姆林斯基认为，必须创立最适宜的教育影响体系，以期尽最大可能发展才能和培养基本精神需求，这些因素最终将体现于创造性劳动之中。“只有当劳动的目的是认识世界和掌握世界、在创造中实现个性的自我表现和自我肯定时，只有用有丰富的精神生活的劳动去充实闲暇时间时，各种各样的劳动才能给人带来幸福。”②

三部曲的第三部著作——《给儿子的信》于 1977 年首次出版，瓦西里·亚历山德罗维奇写这本书，一直写到他生命的最后时日。该书采取了一位教育者同他一个已经离开中学的成年大学生对话的形式，因此苏霍姆林斯基的教育思想和构想有了鲜明政治和伦理道德色彩的新内涵。这位教育家所思考的题目都是一些现时紧迫的问题；总括起来，它们便构成一篇有积极作用的人道主义的大

①② 见本书第 428、630 页。

纲。姑且可以把它们划分为三组：祖国、人、劳动。瓦西里·亚历山德罗维奇启发青年，从为祖国利益而付出的劳动中看到自己生活的意义和内容，强调指出，社会主义祖国的安全与繁荣归根结底决定于我们每个人的个人奉献。信件的大部分篇幅用在了人的培养上。瓦西里·亚历山德罗维奇在这些信中阐发了他关于共产主义思想性、关于活动的社会内涵、关于志向与精神方面的想法，探讨了自我修养、爱情、友谊、审美观、理想等问题。全书的中心主题在于，生活的主要内容就是劳动这一思想。如何对待劳动，乃是人的本质优劣成败的标志："而最主要的，人们永远保持的是他的智慧、良心和人的尊严。人们将永远依靠自己的辛勤劳动获得食物。"①

如今，瓦西里·亚历山德罗维奇的许多想法，他在三部曲中提出和阐发的对儿童施行教学和教育的方式和方法，已成为日常实践。希望这个版本也能帮助读者——教师和家长，透过苏霍姆林斯基的思想看看孩子，能帮助他们看到培育、教养和教育儿童、少年、青年的这一复杂、艰巨而又高尚事业的新的境界、新的途径。

奥·苏霍姆林斯卡娅

① 见本书第650～651页。

总目录

把整个心灵献给孩子

毕淑芝　赵　玮
唐其慈　王义高　译

目　录

前　言

亲爱的读者、同行们——教师、教养员、校长们！

这部著作是多年学校工作经验的总结，是沉思、焦虑、担忧和不安心情的总结！

在一所农村学校身不离校地工作 32 年，这对我是无与伦比的幸福。我把自己的一生献给了孩子们，所以考虑很久之后给这本书题名叫《把整个心灵献给孩子》。我认为，我是有权这样做的。我很想给教师们，不论是现在在校任教的，还是继我们之后将要来校工作的，讲讲一生中很重要的一个阶段。这个阶段有整整十年，即从一个我们教师通常称之为一无所知的“小懵懂”进校起，到他（她）成长为青年从校长手中接过中学毕业证书，即将走上独立的劳动生活道路的庄严时刻止的十年。这个时期是一个树人的时期，而对教师来讲，则是他生涯中很重要的一个组成部分。我生活中什么是最重要的呢？我可以毫不犹疑地回答说：*爱孩子*。

敬爱的读者，或许您对书中的某些东西不会同意，有些东西可能会使您感到奇怪、诧异。我要预先忠告您：切不可把这本书当作施教于儿童、少年和青年的万能参考书来看待。用教育学术语来讲，书中阐述的是课外教育工作（或者说，狭义概念的教育工作）。我没有把讲课及学习科学基础知识过程的全部教学细节列入本书课题。如用表达细腻的人际关系的语言来讲，本书阐述的是教师的心灵。我力图要说明的是：如何把幼小的人带进认识现实环境世界中去，如何帮助他学习，减轻他的脑力劳动，如何在他心灵中激发并确立高尚情操，如何培育人的尊严感、对人的善良本质的信念、对苏维埃祖国土地的无限热爱，如何在幼童聪慧的头脑和敏感的心灵中播下忠于共产主义崇高理想的第一批种子。

您现在拿到的这本书是阐述低年级教育工作的。换句话说，是阐述儿童世界的。而童年，儿童世界则是一个特殊的世界。儿童有他们自己的善恶和荣辱观念及人的尊严观念；他们有自己的审美标准，甚至有自己的时间尺度：童年时代，一天犹如一年，而一年则是无限长的。我一向认为，要进入童年这个神秘之宫，就必须在某种程度上变成一个孩子。只有这样，孩子们才不会把您当成一个偶然闯入他们那个童话世界之门的人，当成一个守卫这个世界的看守人，一个对这个世界里面发生的一切都无动于衷的看守人。

我想对书的内容和书中所谈经验的性质再作一点说明。小学教育——这首先是一名教师的创造性劳动。因此我有意识地不去写教师集体和家长们的劳动。如果把这一切都写进书里，篇幅就会大大膨胀。在谈童年的书中，不可能不涉及孩子生活在其中的家庭和他们的父母。个别家庭的状况很沉闷，有时会使人感到压抑，卫国战争之后尤其如此。某些家长无论如何也无法在子女面前以身作则。对此我不能避而不谈。如果不对家庭环境做出全面、真实的介绍，那么整个教育工作的方针就不好理解了。我坚信教育的巨大威力，坚信克鲁普斯卡娅、马卡连柯及其他杰出教育家之所信。

“快乐学校”

校长

我任教十年之后被任命为帕夫雷什中学校长。在我头十年的教育工作中积累起来的教育学信念就在这里形成。我企望我的信念能见诸活生生的创造性事业之中。

我越是力图把自己的信念化为实践，就越发清楚地看到，对教学教育工作的领导——这就是要把学校思想和组织工作任务的实施同个人在工作中的身体力行恰当地予以结合。如若教师们能通过校长的工作，把他看成是具有高度教育学修养的、向孩子们直接施教者的榜样，他作为教育集体的组织者的作用将会是无可估量的。

教育——这首先是教师跟孩子精神上的经常交流。伟大的俄罗斯教育家 K. Д. 乌申斯基把校长称为学校的主要教育者。然而，在什么情况下才能发挥主要教育者的作用呢？

通过教师去教育孩子，充当教师的教师，教授教育工作的科学和艺术——这是非常重要的，但这只是学校多方面领导工作的一个方面。如果主要教育者只是教别人怎样教育而不直接接触孩子，他就不再是一个教育者了。

头几周校长工作的事实就已证实，如果我跟孩子们没有共同的兴趣、喜好和追求，那么我那通向孩子心灵的通道将会永远堵死。

我作为校长若不直接对孩子施加教育影响，就会失去一个施教者最重要的品质——感受孩子们精神世界的能力。当时我非常羡慕那些班主任，因为他们总是和孩子们在一起。他时而进行推心置腹的谈话，时而准备带学生去树林、去河边，或带他们去田间劳动。孩子们迫不及待地盼望着远足旅行日子的到来，那时候他们将架锅做饭，下河摸鱼，在野外露天夜宿，凝视满天星斗的闪烁。而校长则如同一个局外人。他不得不只是做做组织工作，提提建议，说说不足之处并加以纠正，鼓励好事和制止坏事。当然，这些都是必不可少的，但是我对自己的工作总感到不满足。

我认识很多积极参与教育工作的好校长，如契尔卡斯州斯梅良斯中学校长Г.П. 米哈伊连科、基洛夫格勒州波格丹诺夫中学校长И.Г. 特卡琴科、亚历山大第十三中学校长И.А. 舍甫琴科、戈梅利州克尔米扬斯克寄宿学校校长М.А. 德米特里耶夫、克拉斯诺亚尔斯克第八八年制学校校长Л.Н. 希里亚耶娃、基辅第十四寄宿学校校长А.Г. 卡利尼切娃，等等。他们都是名副其实的教育能手。他们讲的课堪为教师的楷模。他们积极参加少先队和共青团组织的生活和各种活动。无论教师、班主任还是少先队辅导员，都可以从他们身上学到许多东西。不过我觉得，教育技艺的最高层次——学校校长直接而且长期地参与学生的一个基层集体的生活，这个信念现在变得越发坚定了。我总想和孩子们待在一起，跟他们同欢乐共忧患，亲密无间，这种亲昵感乃是教育者创造性劳动中的一大幸福。我曾时时试图参与某个儿童集体的生活：同孩子们一起去劳动或到家乡各地去远足，去参观旅游，帮助他们享受到一些不可多得的欢乐，缺少了这种欢乐就难以想象能有完满的教育。

然而，不论是我还是孩子们，都感到这种关系中有某种不自然的东西。使我感到不安的是那种人为的教育局面：孩子们总忘不了我只是一时同他们在一起。只有当教师在共同活动中长期做孩子们的朋友、志同道合者和同志时，才会产生真正的精神上的一致性。我感到，我之所以需要这种一致性并不仅仅是为了取得创造性劳动的快慰，而且也是为了教我的同事们掌握施教的科学和艺术。跟孩子们进行经常的、生动活泼的直接交往，这是思想的源泉，是教育开发的源泉，是产生喜悦、忧虑和失望的源头。我们的劳动中缺少了这些，就不能想象会有什么创造。我的结论是：主要教育者应当是一个不大的儿童集体的教育者，是孩子们的朋友和同志。这一信念是建立在我来帕夫雷什学校工作之前就已形成的那些教育观念的基础之上的。

在我任教最初的几年间我就已认清，真正的学校并不仅仅是儿童获得知识和技能的场所。学习，是儿童精神生活的一个非常重要的，但不是唯一的领域。我越是仔细观察我们惯常所说的教学教育过程，就越发确信：真正的学校，那是儿童集体的丰富多彩的精神生活，它以多种多样的志趣和爱好把施教者与受教者联系在一起。一个只是在讲课时隔着讲台跟学生会面的人是不会了解儿童心灵的；而不了解儿童，就不可能成为教育者。对这样的人来讲，孩子们的思想、情感和意愿都是不可捉摸的。教师的一座讲台有时会变成一堵高墙石壁，教师在墙壁后面向他的学生“敌人”发动进攻。但更多的情况则是讲台变成被包围的堡垒，“敌人”围攻它，而躲藏在里面的“指挥官”则感到手足无措。

令人痛心地看到，师生之间没有任何精神纽带的维系，孩子的心灵对教师严密封闭着，致使那些虽然精通本门科目的教师，其施教也会变为一场残酷的斗争。个别学校中师生之间存在令人无法容忍的不正常关系，其主要原因在于他们相互间的不信任和猜疑：教师往往感受不到孩子隐秘的内心活动，不能同孩子们休戚与共，没有竭力从思想上把自己置身于孩子的地位。

波兰杰出的教育家亚努什·科尔恰克在一封信里提到，必须提高到孩子的精神世界上来，而不是去俯就它。这是一种很精细的想法，我们当教师的应当深入到它的实质中去。一个真正的教师既不能把孩子理想化，妄加一些美妙的特性于他，但也不能不考虑到孩子对世界的感知、对周围现实的情绪反应和精神反应具有他独特的鲜明性、细腻性和天真性。亚努什·科尔恰克发出的要提高到孩子的精神境界上来的呼吁，应当理解为要极其精细地理解和感受儿童的智慧和心灵对世界的认识。

我坚信确实有那么一些精神品质，一个人缺少了它们就不可能成为真正的教育者，而其中首要的就是深入儿童精神世界的本领。只有那些始终不忘记自己也曾是个孩子的人才能成为真正的教师。许多教师（孩子，特别是少年把他们称为“面包干”）的不幸就在于他们忘记了：学生——首先是正在进入认识世界、创造世界，进入人际关系的世界的活生生的人。

教育中没有对人孤立起作用的零散的东西。上课是学生认识世界过程的最主要的组织形式。孩子们怎样认识世界，他们形成什么样的信念，决定着他们精神生活的整个体系。但是认识世界并非只是掌握知识。许多教师的问题就在于他们只是凭成绩和分数来衡量和评价孩子的精神世界，根据孩子学不学功课把他们分为两类。

然而，如果说一位片面理解丰富多彩的精神生活的教师，其处境不妙的话，那么对一位把自己的使命仅仅归结为监督教师们的工作，及时下达“一般指示”和做些准与不准决定的校长该做何评述呢？他的处境则更加不妙。这种角色使我感到苦恼。使我苦恼的是，往往当你来到学生中时，他们却正和自己的老师在一起专注于某件事，你跟他们说话，他们却没有察觉你：孩子们和他们的老师都沉浸在他们丰满的精神活动之中，他们有自己的秘密。学校需要这样的校长吗？不，不需要。革命前学校里形成的那套领导方式方法——当时的校长实质上是凌驾于教师之上的督学，是一个行政长官，职责就是监督教师，监视他们是否正确讲授大纲，有无越轨或不当之处——而今这已是不合时宜的旧时代的残余。

教育是最艰巨的工作，现代学校领导工作的实质就在于，要让教师在这项工作中亲眼看到那些体现先进教育思想的好经验，是如何形成、成熟和得到肯定的。而这种经验的创造者，其所作所为堪为其他教师榜样的人，就应当充任学校校长。我们如今的学校如没有这样一位最优秀的教育者——校长，则是不可想象的。教育——首先是人学。不了解孩子——不了解他的智力发展，他的思维、兴趣、爱好、才能、禀赋、倾向，就谈不上教育。如同医院的主治医师没有自己的患者就不可能是一个真正的医生一样，一个校长如没有自己的学生就无法领导教师。所谓自己的，意思是指：校长要从孩子进校之初直至取得中学毕业证书为止，一直跟着他一个台阶、一个台阶地攀登，直接关注他们的智力、道德、审美能力、情趣和体质的发展，同他有着共同的精神情趣，并向他传授自己的精神财富。

学校的中心人物是谁？校长应当在教育过程的哪个领域成为其他教师的榜样？学校的主要人物乃是儿童基层集体，即班集体的教师。他既是向学生传授知识的教师，又是孩子的朋友，还是他们多方面精神生活的导师。教学，这只是称作教育（广义的）的这朵花上的一片花瓣而已。教育没有主要与次要之分，如同在构成美丽花朵的诸多花瓣之中没有主要花瓣一样。教育中一切都是主要的——不论是课堂教学，还是课外对儿童多方面兴趣的发展，或集体内学生间的相互关系，都是主要的。

我当了六年校长之后成为班集体的教师。我要说明一下：这并非是校长与学生进行精神上直接接触的唯一途径，但在当时的具体条件下对于我是最适宜的方式。我把直接充当儿童集体的教育者的工作看成是在自然条件下进行的长期实验。

在转而讲述若干年来做了些什么和如何做之前，我还要讲讲在相当程度上决定工作内容和方针的另一条重要原则。童年岁月、学龄前和学龄初期年龄在人的个性形成中起着极其重要的作用。伟大的作家和教育家列夫·托尔斯泰十分正确地断定，孩子自出生到5岁的这段年龄期内，在他的智慧、情感、意志和性格诸方面从周围世界中所摄取的，要比他从5岁到一生终了所摄取的多许多倍。苏维埃教育家马卡连柯也阐述过同样的意思，人到5岁时成为什么样的人，将来也就是那样一个人。

具有非凡美德的亚努什·科尔恰克在他的《当我返老还童之时》一书中写道，谁都不知道，当学生看着黑板时所得到的是否比当那不可抗拒的力量（即驱使向日葵随之转动的太阳的那股力量）促使他窥视窗外时所得到的更多。此时此刻，什么对他更有益，更重要，是压缩在教室黑板上的逻辑世界，还是游荡在窗玻璃之外的那个世界？不要去强制人的灵魂，要去细心关注每个孩子的自然发展规律，关注他的特性、意向和需求。

那本波兰文灰皮书中的这些话使我终生难忘。当我在战后不久得知科尔恰克的英雄事迹之后，他的话语就成为我铭记终生的遗训。亚努什·科尔恰克曾任犹太人聚居区孤儿院教养员。希特勒分子决定用焚尸炉残害这些不幸的孩子。他们命令亚努什·科尔恰克做出抉择：或者抛弃孩子们而保全性命，或者和孩子们同归于尽。他毫不犹豫地选择了死。盖世太保对他讲："戈尔德施米特先生，我们知道你是一位好医生，你没有必要进焚尸炉。"亚努什·科尔恰克回答说："我决不拿良心做交易。"于是英雄同孩子一起就义，并不忘安慰他们，竭力使那些幼小心灵不为临死前的惊恐所折磨。亚努什·科尔恰克的生平，他那高洁完美品德所铸成的伟大功绩给了我极大的激励。我懂得了：要成为孩子们真正的教育者，就要把自己的心奉献给他们。

乌申斯基写道："我们可能深深地爱一个和自己经常生活在一

起的人而觉察不出这种情感，直至某件不幸事件发生时才会使这深切爱恋之情得以显示。如果不是某一特定情况，例如因阔别而引发对祖国的留恋之情，那么一个人可能终生都不会发现自己热爱祖国之情的深切。”当我长时间见不到孩子们、感受不到他们的欢乐与苦恼时，就想起这些话语。随着岁月的流逝，我愈加坚定了一个信念：对孩子的依恋之情——这是教育修养中起决定作用的一种品质。但是如果说对感情按 K. 斯坦尼斯拉夫斯基的说法“不能下命令”的话，那么培养教师、教养员的情感则是高度教育修养的实质所在。

教师跟孩子如果没有精神上的经常交流，彼此在思想、情感和感受上不相互渗透，就不能想象会有情感与教育修养血肉相连的修养。培养教师情感的最主要的源泉，就是教师在一个团结友爱的集体里不仅作为一位教导者，而且作为一个朋友和同志，同孩子们结下的多方面的情感联系。如果教师只在课堂上跟学生见面，而学生也只在教室里感受教师的影响的话，就不能想象有情感联系。

当然，不能把“压缩在黑板上的世界”同“动荡在窗玻璃外的世界”对立起来。尤其不能在思想上认为，义务教育是对人的心灵的强制，教室的黑板是对儿童自由的压制，而窗外世界才是真正的自由。

在来帕夫雷什学校任职以前的年月中，我一再深切地认识到低年级教师在孩子生活中所起的巨大作用。教师对孩子来说应当是一个与生母一般亲昵可爱的人。学生对教师的信赖，师生之间的相互信任，孩子在教师身上所看到的人道的典范，这些都是基本的，同时也是最复杂、最明智的教育规则，教师掌握了它们就能成为真正的精神导师。教育者最可贵的品质之一就是人性，就是对孩子们的深沉的爱，父母亲的亲昵温存同睿智的严厉和严格要求相结合的那种爱。

童年是人生最重要的时期，它不是对未来生活的准备时期，而是真正的、光彩夺目的一段独特的、不可再现的生活。今天的孩子将来会成为一个什么样的人，这里起决定性作用的是他的童年如何度过，童年时期由谁携手带路，周围世界的哪些东西进入了他的头脑和心灵。人的性格、思维、语言都在学龄前和学龄初期形成。很可能，孩子从书本、从教科书、从课堂上吸收的一切之所以被吸收，恰恰是由于书本以外周围还有一个世界，小儿从出生直到他能自己开卷阅读，就是在这个世界里迈着不轻松的步伐走过来的。

人的智慧和心灵，对构成共产主义道德基础的那些可贵品质（对祖国的无限热爱，为祖国的幸福、强大昌盛而献身的精神，对祖国敌人的不共戴天的仇恨）的漫长的认识过程，就是从童年时代开始的。

33 年以来我一直在研究早、中、晚各学龄期儿童以及成人的词汇。我面前出现一幅令人惊讶的图景。一个出身于普通集体农庄庄员家庭的 7 岁孩子（父母受过中等教育，家里有三四百本藏书）在入学时已经能理解和感受本族语言的 3 000～3 500 个词的情感色彩，其中 1 500 多个词已成为他的积极词汇。而一个具有中等教育程度的 45～50 岁的工人、农庄庄员，则可理解和感受本族语言的 5 000～5 500 个词的情感色彩，其中成为他的积极词汇的词却只有 2 000～2 500 个。这一事实具体地说明，童年岁月在人的一生中具有多么重要的意义。

坚信学龄前期和学龄初期阶段在很大程度上预先决定一个人的未来，丝毫也不否定在较晚的年月中进行再教育的可能性。苏维埃教育家马卡连柯以他的实践出色地证明了再教育的巨大威力。但他认为非常重要的依然是幼年。正确的教育途径并不在于纠正在童年早期阶段所造成的错误，而在于不犯那些错误，在于事先防止进行再教育的必要性。

在我任校长期间，我痛心地看到，有时由于教师把教育看成是尽可能多地往孩子头脑里灌输知识，而扭曲了孩子们的正常生活。

看到孩子们的正常生活不仅在上课时，而且也在长日班里遭到破坏，不能不令人从心底里感到极大的痛苦。令人遗憾的是，有那样一些学校，孩子们上过五六节课之后还要在学校留四五个小时，留校不是让他们做游戏、休息和到大自然中去活动，而仍然是坐下来看书。孩子在校的时间变为漫无止境的、令人生厌的上课。这种现象决不能再继续下去了！长日制班级和长日制学校就其用意而言，是很有价值的一种教育形式。正是在这里为教师跟孩子经常地进行精神上的接触创造了有利条件，缺少了这种接触就无法想象培养高尚情操。问题就在于美好的想法往往被曲解：逗留于长日班的时间常常仍然被用于上课，仍然让孩子在课桌旁从上课铃坐到下课铃，搞得孩子们精疲力竭。

为什么会是这样呢？

因为带领孩子们上草地、去树林或逛公园比上课要麻烦。

一些优秀长日制学校的好经验得到了很好的总结并发表在教育书刊上，可惜的是许多学校却很少去运用。其主要原因在于教育工作（狭义的）总的状况不佳。

在我们生活的这个时代，不掌握科学知识就无法劳动，就不可能具备与人相处的基本修养，就履行不了公民义务。学习不可能只是给人以享乐的轻松愉快的游戏。正在成长的公民的生活道路也不会是平坦小道上的轻松散步。我们应当培养具有高度文化知识的、热爱劳动的、坚定顽强的人，有能力克服比先辈们所遭遇的更为艰巨的困难的人。70～90 年代青年人的知识水平将比前些年代青年的水平高得多。需要掌握的知识范围越广，就越要照顾到飞速成长、发育和形成时期，即童年时期人的机体的自然属性。人原本是，而且永远都是大自然之子，所以应当把他同大自然的血肉联系都利用来让他吸收精神文明财富。孩子周围的世界，首先就是蕴含丰富多彩现象和无限美的大自然的世界。这个自然世界是儿童智慧的无尽源泉。但与此同时，那些与人们的社会关系和劳动相关的环境因素的作用也在逐年增长。

对周围现实的认识过程，乃是对思想的无可取代的情绪刺激。这种刺激对学龄前和学龄初期儿童起着非常重要的作用。概括周围世界事物和现象的那些真理，只有当它体现为作用于感觉的鲜明形象时，才能变为儿童的个人信念。让儿童通过周围世界去认识最初的科学真理，让自然现象的美和无限的复杂性成为思想源泉，把孩子逐渐引入社会关系和劳动的世界，这都是非常重要的。

我自帕夫雷什学校任职之初就对学龄早期儿童，特别是一年级学生感兴趣。孩子们在就学之初的日子里是怀着多么激动的心情跨进学校门槛的，怀着多么深切的信任注视着老师的眼睛！为什么往往在几个月，乃至几周之后，闪烁在他们眸子里的火花便会熄灭，为什么学习对某些孩子会变为苦恼？要知道，凡是教师都会真诚地企望保持住孩子们的天真，保持住感受和发现世界的快乐，希望学习对孩子能成为具有鼓舞作用的、饶有趣味的劳动。

如做不到这些，那首先是因为孩子入学之前教师对他们每个人的精神世界缺少了解，而被学习限制、被铃声规范化了的学校生活又仿佛在磨灭孩子们的差异，驱使他们向同一模式靠拢，使那丰富多彩的个人世界不得展现。当然，我曾不断向低年级教师提出种种建议，告诉他们如何发展兴趣，使孩子们的精神生活多样化。然而，仅仅提建议是不够的。一种必须在师生间相互关系中显示其实质的重要教育思想，只有当它像一座建造在本校内的、结构匀称的大楼矗立在全体教师面前时，才能变得十分明白。正因为如此，我才着手要在一个班集里去做为期十年的教育工作。

下面所要讲的班集体的生活并不与学校集体的生活相脱离。在许多情况下，我讲的是全校范围教育工作的方式和方法。而我之所以要这样做，只是为了更清楚地说明班集体，因为正是班里教育工作的所作所为才是全校教育成功的最重要的条件。

第一年——考察孩子

1951 年秋，开学之前三周，学校在招收一年级生的同时又登记了一批 6 岁的孩子，也就是说，一批将在一年之后才开始上学的孩子。我将与这批孩子一起工作十年。

当我把家长和他们的孩子召集起来并提出建议，把孩子比正规学龄提前一年送进学校里来时，意见有了分歧。一些家长支持我的想法，认为在没有全年收托的幼儿园（当时村里只有一所夏季农忙时收托的幼儿园）的情况下，孩子能去学校对家庭也是很好的帮助；另一些人则怕过早上学对孩子的健康不利。柳芭的母亲说："将来还有的是时间去坐教室，先让她过一过孩子的生活，不忙上学。"这一番话又一次迫使我思索，学校骤然打乱孩子的整个生活方式是多么有害，赋予孩子发展他自然活力的广阔天地又是多么重要。我告诉他们，在念书之前的这一年里来学校不会老坐教室。

我之所以需要这在课桌旁学习之前的一年时间，是为了好好了解每个孩子，深入考察每个人的知觉、思维和脑力劳动的个人特点。传授知识之前先要教会思考、感知和观察。还要很好地了解每个孩子身体方面的个人特点，否则就无法正常进行教学。

智力教育与获取知识远不是一回事。尽管不进行教学就不可能有智力教育，如同没有阳光就没有绿叶一样，但同样也不能把智力教育同教学混为一谈，如同不能把绿叶等同于太阳一样。教师是在跟思维打交道，在童年时期感知和认识世界的能力在很大程度上有赖于孩子的健康。这种依赖关系十分微妙而又难以捉摸。考察孩子的内在精神世界，特别是他们的思维，这是教师最重要的任务之一。

我的学生们的家长

要想很好地了解孩子，就要很好地了解家庭——父母、兄弟、姐妹及祖父母等。我们学校所在小区当时有 31 名 6 岁孩子，16 名男孩，15 名女孩。所有的家长都同意送孩子进“快乐学校”——这是在一段时间之后父母们这样称呼我们这个学前班的。31 人中 11 个孩子没有父亲，两个父母双亡。这两个孩子——维佳和萨沙——的命运十分悲惨。维佳的父亲，伟大卫国战争时期的游击队员，牺牲在法西斯匪徒手下，当着他妻子的面惨遭酷刑就义。维佳的母亲因难以忍受悲痛而失去理智。这个孩子就是在这桩惨事发生六个月后出生的。母亲分娩后死去，婴儿十分艰难地被抚养下来。萨沙的父亲在战场上阵亡，母亲牺牲在从法西斯铁蹄下解放本村的战斗中。

我在“快乐学校”开学前几周就已了解了每个家庭。个别家庭中父母与子女之间、父亲与母亲之间缺乏友爱气氛，缺乏相互间的尊重，而少了这些，孩子就不可能生活得幸福。这使我甚感不安。

站在我面前的是一个黑眼睛、皮肤显褐色的翘鼻子科利亚。他两眼透出戒备的神情。我对他微笑，他却更加蹙紧双眉。此刻我就想到这个家庭中所形成的那种不正常境况。科利亚的父亲战前被监禁在狱中，当时住在顿巴斯。法西斯占领时期他被释放出来，随后全家迁入我们村。他的父母乘人之危发家致富，干了一些不正当的坏事：投机倒把，窝藏法西斯走狗——伪警察掠夺的赃物；在困难年月，他母亲从集体农庄家禽场偷鸡，教科利亚和他哥哥捕捉乌鸦。母亲把孩子们猎获的乌鸦烧熟拿到集市冒充烧鸡……我注视着科利亚，希望他能微笑一下，然而我从他眼神里所能看到的却是孤僻和疑惧。科利亚啊，怎样才能在你的心灵里唤醒善良的、人的情感，应当拿什么来抵御你曾成长于其中的、憎恶和鄙视人的畸形氛围？我看着科利亚的母亲那种麻木不仁、视若无睹的眼神，这种麻木不仁让我感到十分不舒服。

我曾反复考虑，要不要把这些细节写进书里，我几十次删去而又重新写上。当然，也可以做一番笼统的介绍，说父母不能给孩子充当品德纯洁的榜样……但这样磨平棱角是有害的。不，不能回避仍然存在于我们周围的罪恶和丑行。再高大的壁垒也无法把它们同学校隔离开来。要跟这些邪恶进行斗争，去战胜它们，要清洗幼年心灵中旧世界遗留给他们的污秽，要大胆正视现实。

瘦弱的托利亚，一头淡色黄发，天蓝色的眸子犹如春日晴空一般清澈。站在母亲身边牵着她的手，不知为什么眼睛总是看着地，只是偶尔才抬一下头。孩子的父亲壮烈牺牲在喀尔巴阡山，部队给母亲寄来好几枚勋章。托利亚为爸爸而自豪，可是妈妈在村里的名声却不好：她生活上不检点，丝毫不关心孩子……怎么办，怎样才能使这年仅 6 岁的幼儿的心灵不被这严重的不幸损害？用什么办法才能使母亲清醒过来，才能在她心里唤起对儿子的关怀之情？

战争留下了很深的伤痕，留下了至今尚未痊愈的创伤。我面前的孩子都是 1945 年（有几个是 1944 年）出生的，不止一个在娘胎里就已经是孤儿了。其中一个是尤拉，他父亲在战争结束前一天阵亡在捷克土地上，妈妈不顾一切地溺爱儿子，即使是最最微不足道的、任性的要求她也要竭力去满足。家里还有外公，只要外孙能无忧无虑地生活，他甘愿事事效劳。从我对这个家庭所了解到的情况来看，问题很清楚：6 岁小儿很可能变成一个小霸王。盲目的母爱与麻木不仁一样危险。

彼得里克是妈妈和外公陪着来的。关于这个男孩的母亲的坎坷一生我听说不少。她头一个丈夫在战前就抛弃了家庭。她第二次出嫁，然而这次婚姻也不美满：原来彼得里克的父亲在西伯利亚的什么地方已经有个家庭；战后他便弃家而去。这位自尊心很强的妇女想出个主意，她要让儿子相信，他父亲已在战场上阵亡。孩子常给小朋友们转述有关他父亲的一件件臆造的功勋。小朋友们不相信，说他父亲是个骗子。彼得里克常常为此哭泣，满含泪水来找妈妈。种种迹象表明，心地不善的人们在孩子心灵里播下了不相信人和冷酷心理的种子。要让孩子相信善良，该怎么办?

科斯佳已经 7 岁了，但还没有上一年级。他是由父亲、继母和爷爷陪着来的。残酷的战争风暴也使这个孩子蒙受了伤害。在从法西斯强盗手中解放了村子几星期之后，身怀科斯佳的母亲（当时已近临盆）不知从哪里找到一些金属玩意儿给了大孩子——7 岁的儿子去玩。不料里面掺杂有一只雷管。发生了爆炸，孩子被炸死。母亲上了吊，人们赶来把她从绳索中救了下来。这位妇女就在临终前的昏迷中生下了科斯佳。

这孩子奇迹般地活了下来：他的得救是有幸于一位邻居大婶正在为自己的孩子哺乳。父亲从前线复员。他一心扑在儿子身上，百般保护十分疼爱。继母（这是一位出色的妇女）和爷爷也都疼爱这个孩子。但是科斯佳还不满 5 岁时又发生了一件不幸的事：孩子在菜地里拣到一件亮闪闪的金属东西，他用一块铁器敲打起来，突然发生爆炸。满身鲜血的科斯佳被送进医院。科斯佳成了终身残疾：失去了左眼和左臂，面部永远留下了火药致伤的一些青色斑痕……

科斯佳，要赋予你多少由衷的善意和爱抚，才能让你成为一个幸福的人？怎样跟你父亲、善良的继母和爷爷讲，才能让他们的爱心变得既明智而又兼备着严格要求？你将怎样学习？亲人们说，你常常头痛。怎样来减轻你的学习负担，增强你的体质和缓解你那压抑的心情？你父亲讲，你有时独自流泪，孩子们的游戏全都吸引不了你……

站在母亲身边、长着一对若有所思的灰色眼睛的男孩是斯拉瓦。他母亲也是一位命运多舛的单身妇女。她已年近半百。年轻时她并不好看。姑娘曾企望得到幸福，然而无人愿和她结为情侣。青春渐逝，但个人幸福仍未求得。一位和她一样的独身人从前线复员回来，他遍体鳞伤。他爱上了这位妇女，他们结了婚。然而幸福未能长久，丈夫不久故去。她便把对丈夫的爱都倾注在了儿子身上，但对儿子的教育很不得当。据说，斯拉瓦不喜欢见人，整天待在家里，只要问他一点什么，他的眼睛里就会射出不友好的目光。当我注视男孩的眼睛时，他那眼睛里立即射出刺人的目光，露出怀有戒心的神情。

我对自己的学生了解得越深入，就越认识到我所面临的一个重要任务，就是为那些未曾享有过家庭的天伦之乐的孩子们恢复童年。

我在校任职三年，便认识了几十名这种孩子。生活印证了一个信念。这就是：如果未能使小孩子恢复对善意和公正的信任，他就在任何时候都不可能获得自己作为一个人的体验和个人尊严的感受。这样的学生到少年时期就会变得心狠易怒，对于他，生活中就没有了任何神圣和崇高的东西，教师的话语也深入不到他的心底。

矫正这种人的心灵乃是教育者最为艰巨的任务之一，这种细致微妙的劳动，实质上是对关于人的科学上的重大考验。作为一个研究人的人，这就是说，不仅要看到、感受到孩子是怎样认识善与恶的，而且还要保护稚嫩的童心免遭邪恶的侵害。

我一面注视孩子们那一双双黑色、蓝色、天蓝色的眼睛，一面在考虑：我是否有足够的仁慈和热情温暖他们的心？我记起了克鲁普斯卡娅的这样一段话："对于孩子，思想和人是不可分离的。他们对一位自己所爱戴的老师说的话，和对他们蔑视的、一个与他们无关的人说的话，完全是按不同方式来接受的。”① 我要以自己的言行来教育孩子。他们应当从我的言行中感受到真、善、美。我的每一句话都应当饱含温情、诚意和热忱。

加利娅是父亲带领来校的。她和她的妹妹遭遇了很大的不幸：妈妈去世了。母亲去世一年之后，一位陌生的妇女来到这个家庭。她善良、诚恳、富有同情心。她很理解孩子们的心情，在表露自己情感时很谨慎，希望博得两个女孩的喜欢。然而，时光一周周、一月月地过去，加利娅和妹妹瓦利娅甚至连话都不愿意跟继母说。她们总像是看不见她似的。这位妇女因苦恼而常常流泪，求丈夫和亲戚们出些主意，告诉她该怎么办？她甚至想离开这个家，但不久她生了一个男孩。本指望男孩的出生会温暖两位姐姐的心，但希望落空了。姐妹俩（尤其姐姐）都不愿理睬小弟弟。我该怎样去接触这两颗高傲的心呢？该跟父亲讲些什么，出些什么主意呢？父亲已经来过学校，倾诉过他的苦衷。我的答复是，只有等我很好地了解了加利娅之后才能提出建议。

坐在母亲身旁拿着一朵菊花在微笑的胖胖的灰眼睛的女孩叫拉里莎。我知道，母亲有一件痛苦的事沉重地压在心头。丈夫遗弃了她。女儿记不得父亲。可是妈妈告诉女儿说：“爸爸会回来的。”过后这个妇女嫁了一个很好的人，拖拉机站工人。她让女孩子确实相信了这个人就是她父亲。拉里莎喜欢父亲，可是母亲内心总藏着隐痛，担心一旦有人一时不慎说出什么话来，会揭穿她的哄骗。女孩子是幸福的，但是必须十分审慎地提防那些恶意言词粗暴地伤害孩子的心灵。我们能不能和她的好父母一起把这事做好呢？一位非生

① H. K. 克鲁普斯卡娅：《教师的教育作用》，《克鲁普斯卡娅教育文集》（10 卷集）第 3 卷，莫斯科，1959 年，第 265～266 页。

身之父……但愿每个孩子都能有一个像拉里莎的非生身之父那样的生身父亲。我越了解这个人，就越发坚定地认为，谁教育了孩子，谁才是真正的父亲。我常访问这个家庭，一种有趣的情况让我感到喜悦：女孩子的眼睛里同她那非生身父亲一样闪烁着同样的善良、爱抚和关切之情。遇有美的事物时，孩子和继父的眼睛都会闪耀出同样惊讶欢喜的神情，甚至连动作、面部表情以及惊奇、警觉、严厉等情感的表现方式，拉里莎也都效法了父亲。

费佳……也没有父亲，而且男孩子已经有几次听到过带有侮辱性的、刺耳的话，暗示他妈妈的行为绝不是无瑕疵可言的。孩子内心经历了一场纷扰：这是怎么回事，不是妈妈说，爸爸是在战场上牺牲的吗？我在战前就认识费佳的母亲。她在战争时期的遭遇是不幸的。怎样才能把孩子引入人际关系的纷繁世界，使他不再被那些令人苦痛的问题骚扰。

我们作为教育者常常忘记：对小孩子来讲，认识世界是从认识人开始的。父亲用什么口吻和母亲说话，他的眼神和举止表达什么感情，已经在向孩子揭示善与恶。我知道一个小女孩，每逢父亲下班回来心绪郁闷、沉默寡言而母亲句句话都在设法迁就迎合他的时候，孩子便躲进院子里的僻静角落默默哭泣。孩子的心由于对父亲的抱怨和对母亲的同情而要碎了……

而这只是孩子所认识的人际关系的一些最初的表面迹象。而当孩子从父母争吵中偶尔说出的一句话中得知父母彼此并不相爱，若不是由于孩子的维系他们甚至会离婚的时候，孩子的内心会作何感受？

孪生姐妹尼娜和萨莎是父亲带着来校的。这个多子女家庭（除尼娜和萨莎外还有四个孩子）有自己的不幸：母亲因重病已有几年卧床不起。家务由姐姐们操持，父亲很艰难。尼娜和萨莎也饱尝了劳累之苦。家里很少有欢乐。当姐妹俩看到一个男孩在玩一个绿色皮球时，她们眼里闪出欢喜的神采，但即刻又消失了，当我察觉幼小心灵的这种苦恼时，喉头感到梗塞。怎样才能让她们享受到快乐的、无忧无虑的童年？我能做到这一点吗？父亲刚刚已经向我声明：两个女孩将来上学校里来一天不会超过一小时，她们应该在家里帮他的忙。

我们坐在一棵枝叶繁茂的高大梨树下的草地上。我跟家长们谈到我打算怎样教孩子们，只谈了孩子在场的情况下可以谈的内容，而各个家庭的不幸和烦恼却总萦绕在我的脑中。各人有各人的忧伤，而把它公之于世，当着他人的面解劝和提建议，这意味着对人家的心灵不分表里，把最隐蔽的东西置于光天化日之下。不能，我只能了解这一切，而不能当着全体家长去讲这些。即使不得不触及家长心底最隐秘之处时，也只能在周密考虑、字斟句酌的情况下通过个别谈话来进行。我所提到的这些家长（我的学生家长绝大多数都是极好的人）的内心创伤、人生苦难、遗憾、忧虑、痛苦是那样的不同，以至于不可能在一起进行谈话。当这些并肩而坐的人们的优缺点错综复杂地展现在我面前时，我认识到，故意给自己的子女做坏榜样的家长是不存在的。

读者或许会觉得不幸和苦难太多了，然而，这里说的还只是一个儿童集体。不要忘记，这都是战争的创伤。战后的最初年代已成遥远的过去，那些岁月的沉痛精神创伤已日渐愈合。那些在1944～1945年的胜利曙光照耀下读第一课书的人已长成大人，做了父母，我们战后头几年的学生的儿女早已在学校上学，有些已年近青年。有人或许会觉得，如今年轻的家庭里一切都该闪耀着幸福光辉了吧，但事实却远非如此。现时仍然有苦恼、不幸、悲剧……至于那些岁月则更不用去说了。使我欣慰的是，家长中多数父母都过着很美满的家庭生活，都能和睦相处，很好地教育子女。

这位是那个身体结实的7岁男孩万尼亚的父亲。他是位很能干的劳动者、农艺师，热爱土地和为人们而劳动。他年年都在宅旁园地里培育果树和葡萄幼苗，把它们分送给别人。他的妻子是养蚕班长，劳动能手，是一个心地善良、真挚诚恳的人，是一位细心照管孩子的母亲。在 1933～1934 年的艰难岁月里她收养了四个孤儿，从饥馑和死亡中拯救了他们，如亲儿女般地培育了他们，孩子们都叫她妈妈。

梳着两条黑色蓬松发辫的是柳夏。她父亲是一个很诚实、正直的人。有一种人，人们说他们具有心灵美。这种人绝大多数并不创立什么功勋。他们的精神美蕴含在与人们的相互关系之中。这位父亲未必给柳夏讲过要关心人、同情人这类话，他是以自己的行动、对待妻子的态度来教育子女的。柳夏的母亲患有心脏病，她在集体农庄的甜菜种植场做工。父亲把全部家务都承担了下来。

卡佳的父母把自己的果园变成一个供小孩子们活动的俱乐部：从早春直到晚秋，总有左邻右舍的孩子们同他们自己的四个孩子一起在这里休息、玩耍、洗淋浴。卡佳的父亲在院里为孩子们装备了一个小型运动场。果园里收获的全部果品都供孩子们享用。

萨尼娅长着一双蓝眼珠，常常带着沉思的神情。父母都是热心肠的好心人。共有三个女孩——父亲的侄女们从城里来他们这里度暑期。萨尼娅总是迫不及待地期待着小姐妹们的到来。萨尼娅的父亲在水塘里给他们建造了一个游泳场，现在又在制作小摩托艇，想给孩子们再添一样乐趣。

莉达来自一个很好的家庭。她父亲是铁路车辆厂的工人，能拉会唱。他教孩子们唱歌和拉小提琴，常常组织即兴音乐会：院子会聚起二十来个孩子；孩子们欣赏音乐，学习演唱民歌。

帕维尔生在一个和睦的家庭里。他母亲卧病在床已经四年之久。父亲替代了母亲：他不仅在厂里做工，而且担负起全部家务劳动。

谢廖扎是个黑皮肤、黑眼睛的男孩。家里有父亲、母亲和两个孩子。全家都很友爱和睦。每逢休假日，全家就到树林里去玩。他们在林间空地上栽了四棵椴树。在家里，孩子们给妈妈、爸爸、爷爷和奶奶各栽了一棵苹果树。我常常思考：这个家庭的孩子为什么如此爱父母和祖父母？大概是孩子们正以百倍强烈和纯洁的爱在回报父母在他们心底培育的全部善良意愿。

陪伴柳芭来校的是母亲、父亲、奶奶、姐姐和弟弟。柳芭兄弟姐妹五人，还有爷爷、奶奶和外婆。这个家庭里对长者的绝对服从的精神建立在相互信任和尊重的基础上。我已多次听说，这个家庭里的长者如何善于尊重孩子，珍惜他们的感情。

最小的男孩丹科的家庭里保留了一些优良的民间传统。当父母去工作时，三个孩子——年龄分别是 6 岁、8 岁和 9 岁——都在家里干家务。孩子们做中饭和晚饭，挤牛奶，看管菜地。夏天傍晚，每当妈妈和爸爸下班回家时，孩子们已经为他们准备好了冲澡的水、更换的干净衣服、热气腾腾的晚饭，还有……桌上的一束野花。家里充满尊重劳动的精神，也可以说充满对劳动的崇拜，而且从无任何着急忙乱现象。

瓦利娅的父亲在克列缅丘格一家机械制造厂工作，母亲在集体农庄劳动。这个友爱家庭里，不论父母还是三个孩子，人人都在学习。充满这个家庭的那种重视知识、看重学校和尊敬老师的气氛，引起我们做教师的极大关注，并甚感欣慰。瓦利娅进了“快乐学校”之后，这个家庭做的一桩好事才真相大白：原来大家一直认作瓦利娅奶奶的那位老人却是一个“外人”，她没有任何亲人，两个儿子都牺牲在战场上，瓦利娅一家人收养了老人，于是老太太就成为孩子们的“亲奶奶”。瓦利娅甚至一点儿都不知道奶奶是一个“外人”。

灰眼珠的小柳达的父母都在农庄劳动。父母教育儿女们要十分尊重土地上的平凡劳动。家庭里充满了世代相传的荣誉感。父亲教育孩子们说："我们为人们做的一切，都应是出色的。"夏天，大孩子们跟随父亲一起外出，去草场劳动。而柳达则随同妈妈一个月去那里几次，这种外出，对这个小女孩简直如同过节一样。

塔尼娅的父母都在集体农庄的家畜饲养场工作。两个女儿在暑期常去饲养场。家长为孩子们培养了热爱劳动的品质。教师们不止一次地欣赏到这样的情景：父亲在饲养场的一个角落隔出一块地方，把一只小羊羔或小牛犊圈养在里面。塔尼娅和姐姐便去精心照管那只幼畜。这是孩子们喜爱的游戏；这种游戏由于爸爸和妈妈也做而变得更为诱人。

舒拉长着一双乌黑的眼睛，眼神敏锐而又可亲。父亲在铁路上工作，每周只回来一次。父亲的回家，对于舒拉、他哥哥和姐姐是一件大事，在孩子们的心里总要留下深刻的印象。孩子们总是急切地等待父亲：爸爸常给他们带一点礼物回来。他的礼物很别致：父亲会用木头雕刻动物、人物和一些幻想形象。他常常给每个孩子都带一件木雕玩意儿。父亲讲述的一些事情也给孩子们带来很多快乐。他具有发现好人的罕见才能。他讲的这些好人好事的故事犹如给孩子们打开了眺望世界的窗口。

沃洛佳的父亲是建造桥梁的。母亲在农庄做工。年轻夫妇十分疼爱他们这个长子。但是他们的爱不够明智。他们常常给他许许多多各种无聊玩意儿。即使现在，坐在妈妈身边的沃洛佳手里还拿着两个气球。他想给妈妈说点什么，可是妈妈没理会到，儿子便噘起了嘴，两眼又泪汪汪了。

瓦里娅是个肤色黝黑、眼睛乌亮、长着一头卷发的女孩子，纤弱的身躯宛如一株嫩枝。妈妈在榨油厂当清洁工。爸爸从前线归来之后一直重病缠身，所有的亲人都照顾他，而健康状况不见好转。三个孩子感受到，命运压在妈妈肩上的担子分量太重，因此想让她过得轻松一些。母亲的工资有限，还要靠晚上绣衬衣、餐巾的收入补贴丈夫的医疗费用。瓦里娅的姐姐已学会绣花并帮助妈妈做活。瓦里娅也在学习民间刺绣。

孩子——这是父母精神生活的一面镜子。我思考过各个家庭的优点和缺点。好家长身上不费力而能为子女所仿效的最可贵的品德，就是心地善良，就是善于为他人做好事的品德。凡在那种父母能把自己的一分热忱奉献给人，能与他人休戚与共的家庭里成长起来的孩子，总是善良热情、富于同情心的。最严重的祸根，就是个别家长的利己主义和个人主义。这一祸端有时会变为对自己孩子的盲目溺爱，如同沃洛佳的家长那样。如果父母只顾关注自己的儿女，除此而外心目中别无他人，这种过分的溺爱最终总会变为不幸。

当我向家长讲我对“快乐学校”的设想时，考虑的就是这些。这是一次很困难的讲话。对家长们讲的每一句话都要考虑周到，既讲家庭里的长处，也讲短处。当我讲到“快乐学校”将要充满真诚老实、相互信任的气氛时，想到科利亚家里的境况时，我的心情始终无法平静。弥漫于他家生活中的那些作假劣行又不能当着全体家长的面去讲，因为这有可能会把母亲推到校外去，而且未必能重新返回。这里需要的是某种别的东西，但究竟是什么？对此我思考再三，但始终也未能对这个复杂问题找到正确答案。

我给家长们描绘了教育孩子的前景。今天来到学校的是 6 岁幼儿，12 年之后，他们将长大成人，成为未来的父亲和母亲。学校全体人员将尽一切力量，使他们成为爱祖国、爱家乡和劳动人民的爱国主义者，成为诚实、正直、勤劳、善良和热情的人，使他们富于同情心，对邪恶和虚伪毫不妥协，使他们在困难面前勇敢顽强，使他们谦虚朴实、品德优美、身体健康、体质强壮。孩子们应当成为头脑清晰、心地善良、双手灵巧、情操高尚的人。孩子是家庭的镜子：如同滴水能映太阳一样，孩子身上反映着父母的品德。学校和家长的任务，是赋予每个孩子以幸福。幸福是多方面的：它既在于人的才能得到发挥，热衷于劳动并在其中成为创造者；也在于能欣赏周围世界的美，并为他人创造美；还在于爱别人并被别人爱，把孩子培育成真正的人。教师们只有和家长同心协力，才能赋予孩子们以巨大的、人的幸福。

家长和孩子们该回家了，我提醒他们说："明天，八月三十一日，我们的'快乐学校'就要开学了。"

这个日子将带给我什么？今天孩子们还都牵着妈妈的手，明天就要独自来了。每个孩子都有自己的欢乐。每个孩子都有一个阳光明媚的早晨，每个人都有一个无尽的生活前程。在这个日子的前夕，最使我忐忑不安的是，怎样使孩子们在学校里不丢失幼儿之乐。相反，要让他们进入学校这个世界之后不断享受到新的欢乐，使认识活动不至于变为枯燥的教学。但是，也不能把上学变成没完没了的、表面热闹而实际空虚的玩乐。每一天都应当让孩子们的智慧、情感和意志得到充实。

蓝天下的学校

我怀着激动的心情等待小家伙们的到来。到早晨 8 点来了 29 个人。萨莎没来（大概妈妈的情况不妙）。也没见沃洛佳，想必是没睡够，妈妈又不愿叫醒儿子。

差不多所有的孩子都是身穿节日盛装，脚蹬崭新的皮鞋。这倒使我有些不安了：农村孩子一向习惯于热天光着脚，这对身体是一种极好的锻炼，是预防伤风感冒的最好方法。家长们为什么怕孩子们的小脚沾地，怕踏上清晨的露水和晒得灼热的土地呢？他们这样做，都是出于好心，但结果适得其反：农村孩了冬季患流行性感冒、咽喉炎和百日咳的，在逐年增多。应当锻炼孩子既不怕冷也不怕热。

“小朋友们，咱们走吧，上学校去。”我对小家伙们说着就向果园走去。孩子们疑惑不解地看着我。

“是的，我们就是上学校去。我们的学校就在蓝天底下，在绿草地上，在大梨树下，在葡萄园里，在牧场上。咱们把皮鞋就脱在这儿，还是像你们平常那样光着脚走。”孩子高兴得叽叽喳喳起来，他们本来就不习惯于热天穿鞋子，甚至感到不舒服。“明天你们就光着脚来吧，在咱们学校里这样最好。”

我们向葡萄园走去。在一个遮蔽在树荫下的僻静角落里，葡萄交错展开、攀在铁架上形成绿色帐篷。帐篷里满地都是娇嫩的小草。这里一片寂静，从这里，透过朦胧的绿荫朝外看，显得整个世界都是绿色的。我们在草地上坐了下来。

“咱们上学就从这儿开始。我们要从这儿看蓝天、果园、村子和太阳。”

孩子们被自然景色吸引，都安静了下来。一串串成熟的琥珀色葡萄垂在绿叶之间。孩子们想尝尝美味的果实。当然是要尝尝的，但是先要欣赏欣赏美景。他们环视四周，觉得果园被绿色薄雾笼罩着，犹如海底的童话世界一般。大地表面——田野、草地、大路，似乎在透明的热气中颤动，阳光照射在树木上好像满树都有火花在闪烁。

“太阳在洒火花呢。”卡佳低声说。

孩子们全神贯注地观赏着景色，我便给他们讲起太阳的故事。

“是的，孩子们，卡佳说得好：太阳在洒火花。太阳住在高高的天上。它有两个巨人铁匠和一座金砧。黎明之前，这两个留着火红胡须的铁匠去见太阳，太阳交给他们两捆银线。铁匠们抡起大铁锤，把银线放在金砧上锤呀，锤呀，锤。他们在给太阳锻锤银花冠，铁锤下崩出的银火星到处飞溅。火星掉到地上来，你们就看到了。到了晚上，疲劳的铁匠拿着银冠去见太阳；太阳把银冠往金发上一戴就到他那神秘的花园里去休息了。”

我一边讲故事，一边把它画出来：画册的白纸上出现了那些幻想的形象：两个巨人铁匠站在金砧两旁，铁锤下银火星四处飞溅。

孩子们被这奇幻的世界吸引，他们听着故事，好像生怕打破这一片寂静，驱散这迷人的幻景。听完后他们纷纷提出问题：那么巨人铁匠夜里在干什么？太阳干吗每天都要一个新的银冠？银火星都上哪儿去了，它们不是天天都往地上掉吗？

可爱的孩子们，这些事我都会讲给你们听的，咱们以后还有很多时间，今天我先请你们吃葡萄。孩子们焦急地等着果筐里装满葡萄。每个人分了两串：自己吃一串，另一串带回去给妈妈，好让她也尝尝。孩子们表现出惊人的忍耐：把葡萄包在纸里。但是我担心从学校到家的路上能否保持住这份忍耐？托利亚和科利亚能不能把葡萄带回给妈妈？我给尼娜多分了几串，为的是给生病的妈妈、小妹妹还有外婆。瓦里娅拿了三串，为的是给爸爸一串。我产生了一个念头：只要孩子们有了足够的力量，每个人都将栽种自己的葡萄……瓦利娅家今年秋天就可以栽十来株过年就有可能结果的枝条，这对她父亲来讲，将成为药剂 ……

我们从那童话般的绿色朦胧世界里走出来。我告诉孩子们：“你们明天傍晚 6 点钟来，别忘了。”

我看得出，孩子们并不想离去。但仍然走开了，把白纸包紧紧捂在胸前。我多么想知道，他们当中谁的葡萄可能带不到家！但这是不能问他们的；假如有人能自己讲出来，那就好了。

晴空下的第一天就这样结束了 ……那天夜里我做梦都是银色的太阳火花。清早醒后，我考虑了好久，下一步该做什么。我没有拟过详细计划，确定哪一天给孩子们讲什么，带他们上哪里去。我们这个学校的活动是由激励我的这样一种思想开展的：儿童就其天性来讲，是富有探求精神的探索者，是世界的发现者。那么就让那个绝妙的世界在鲜明的色彩中，在嘹亮颤动的音响中，在童话和游戏中，在自己的创作中，在激动他的美景中，在为人们做好事的意愿中展现吧。通过童话、幻想和游戏，通过儿童独特的创作——这才是通向孩子心灵的正确道路。我要那样去引导孩子们进入周围世界，使他们每天都能从中发现一点什么新东西，使我们所走的每一步都成为走向思维和语言的源泉，即走向大自然绝妙美景的旅程。我要关注的是，让我培养的每个孩子都成长为会思考、会探索的有智慧的人，让认识过程的每一步都使心灵变得更高尚，使意志炼得更坚强。

第二天孩子们在傍晚之前来到学校。宁静的九月的一天已临近黄昏。我走出村子，在一座高岗上停下来，眼前展现出一派美景：辽阔的草地像是在阳光下浮动，一排排杨树整齐地挺立着，地平线上刻画出远方冈峦的剪影。我们来到了思维和语言的源头。童话、幻想是一把钥匙，用它可以打开这些源泉，使泉水生机蓬勃地涌流。这不禁使我想起卡佳昨天说的“太阳在洒火花”这句话来。这里我要提前讲一件后来发生的事。12 年后，当卡佳即将毕业的时候，在一篇描写故乡的作文里，再一次用了这一比喻来抒发热爱大自然的情感。童话形象在孩子思维中的影响就是这样强大。我千百次地证实：儿童在给周围世界增添各种幻想形象、虚构这些形象的时候，不仅能发现美，而且还能发现真理。没有童话、没有活跃的想象，孩子就无法生活；没有童话，周围世界对于他就会变成虽说是美的却是画在画布上的画；童话却能赋予这幅画以生命。

童话，形象地讲，这是能够吹燃孩子思想和言语火花的清新微风。孩子们不仅喜欢听故事，他们也创作故事。当我让他们透过葡萄枝叶的绿色围墙欣赏景色时，想好要给他们讲个故事，但并未预定究竟讲哪个。推动我的幻想驰骋的是卡佳的话“太阳在洒火花”。孩子们在创造着多么真实、贴切而又具有艺术表现力的形象，他们的语言又是多么鲜明而又丰富多彩！

我竭力要做的是，让孩子们在没打开书本去按音节读第一个词之前，先读几页世界上最美妙的书——大自然这本书。

在这里，在大自然当中，有一个想法是特别明确和清楚的：我们教师们与之打交道的，是自然界中最娇嫩、最精细和最敏感的东西，那就是小孩子的大脑。当你想到大脑时，就要想象这是一朵挂着露珠的娇嫩的玫瑰。要做到摘下花朵而又不使露珠被抖落，需要多么小心谨慎。我们时时刻刻需要的正是这种审慎态度，因为我们接触的是自然界最精细、最娇嫩的东西——正在成长的机体身上会思维的物质。

孩子用形象进行思维。例如说，当他听老师讲一滴水旅行的故事时，便在自己的想象中描绘白色的滚滚晨雾、乌黑的雨云、隆隆雷声和淅淅春雨。他想象的这些景象越鲜明，对自然规律的理解就越深刻。他脑子中娇嫩敏感的神经元还不够强壮，要发展和加强它们。

儿童在思维……这就是说，他大脑半球皮质的某一部分的神经元在感知周围世界的形象（图片、实物、现象、词语），并通过极精细的神经细胞，犹如通过交通渠道，发出信息。神经元对这些信息进行“加工”，系统化、分类、对比、比较，而这时新的信息又不断输送进来，又要一再感知、“加工”。为了既能接受接踵而来的新形象，又能“加工”信息，神经元的神经能要在极短暂的时间内从感知形象瞬息间转而去“加工”它们。

正是神经元的神经能量的这种神速转换，我们把它叫作思维——*孩子在思考*……儿童的脑细胞如此娇嫩，对感知对象的反应如此敏锐，以至于只有当感知和思考对象是可以看见、听到和可以触摸到的形象时，才能正常工作。只有当出现在儿童面前的形象，或者是直观的现实形象，或者是描述得非常鲜明、使儿童好像看得见、听得着、触得到的语言形象时，作为思维实质的思考转换才有可能进行（正因为如此，孩子们如此喜欢童话）。

儿童大脑的自然属性要求，对他的智力培养须在思维源头，即在直观形象中，首先是在大自然中进行，使得思维由具体形象向着这个形象的信息“加工”转换。如果孩子脱离大自然，从一开始学习起就只感知词语，脑细胞很快就会疲惫，以至于无法完成教师布置给他的工作。然而这些细胞却是需要发展、增强和积蓄力量的。正是由于这个缘故，许多教师在低年级往往会遇到这样的情境：孩子老老实实地坐在那里两眼瞪着你，好像在注意听讲，可是一句话都听不懂。这是因为教师只管滔滔不绝地讲，而孩子要思考规则，要解答算题，要解释例子——这些全是对事物的抽象和概括，而没有生动的形象，脑子很疲劳……学习跟不上的情况便由此产生。这就是为什么要在大自然中发展儿童的思维、增强孩子的智能，这是儿童机体自然发展规律的要求。所以说，到大自然去的每次游览就是一堂思维课，一堂发展智力的课。

我们坐在高岗上，周围是一片草虫发出的和谐的合唱，空气中散发着沁心的野草清香。大家都不作声。无须对孩子们多说话，不要作填鸭式的过多讲述，话语并非娱乐，而对话语的厌腻则是一种最有害的厌腻。孩子不仅需要听教师讲话，而且也需要保持沉默；在此时刻他在动脑子，在思考所见所闻。对于教师来讲，掌握讲述的分寸是十分重要的。不能把孩子变为感知词语的消极对象。为了理解每个鲜明的形象，不论是实物的还是词语的，都要花费许多时间和精力。善于给孩子以思考的机会，这是教师必须具备的最精细的一种品质。置身于大自然中，要让孩子有机会听一听、看一看、感受感受……

我们在聆听草虫的合唱。我很高兴孩子们能为这奇妙音乐所吸引。但愿这个散发田野清香、回荡着美妙音响的宁静黄昏，能为他们长远铭记不忘。说不定什么时候他们还会编出草地小虫的故事来。

此刻，孩子们沉思的目光集中在了落日上。太阳已落入地平线，天际遍染柔美的黄昏彩霞。

“太阳回去休息了。”拉里莎说，脸上还挂着几分忧愁。

“两个铁匠给太阳送来了银花冠……那昨天的花冠太阳弄到哪儿去了呢?”莉达问。

孩子们望着我，等着故事的下文，可是我还没决定选取什么形象。费佳帮了我的忙。

“花冠飘散在天空了。”他轻轻说道。

一阵紧张期待的沉默，大家在等着听费佳要讲什么。要知道，这是故事的续编，看来他已经编好，但缄口不语，可能是因幼儿的羞怯所致。于是我来帮费佳了。

“是的，花冠在天空飘散。白天整天戴在太阳那火热的发辫上都烧热了，变得跟蜡一样软。太阳的烫手一摸，它就像金色的溪水在傍晚天边流淌。就要去休息的太阳用它最后的余晖照着这溪流。溪水泛出了粉红色，又不断在变幻，渐渐暗淡下来，这就是说太阳越走越远了。眼看就要走进它那神秘的花园里去了，于是天上的星星又要亮了……”

“可是星星是什么呀?它们为什么会亮起来?它们是从哪儿来的?白天为什么看不见星星?”孩子们连连提出问题。但是不能再给他们的意识充塞过多的形象了。今天已经足够了，因此我把孩子们的注意力转向别处。

“你们往草原那边看。看到了没有，山谷、草场和洼地怎么越来越暗了?看那些山丘，好像变软了似的，像是在暮色中飘动。山丘都变成灰色的了，好好看看山丘表面，在那上面能看到些什么？”

“森林……小树丛……牛群……羊群……还有牧人。有人停下来要在野地里过夜，他们点起了篝火，可是篝火看不见，空中只有一股青烟……”孩子们在凝视那些很快变暗了的山丘时，产生这么多遐想。我向孩子们提出该回家了，他们却不愿走，要求再待一会儿。在这黄昏时刻，当世界如同蒙上了一层神秘的幕帐时，孩子们的想象蓬勃地活跃起来。我仅仅提到傍晚的薄暮和夜晚的昏暗如同河流从遥远的山谷和树林漂浮过来，孩子们的想象中就已经产生了童话人物的形象——“薄暮”和“黄昏”。萨尼娅讲了一个关于这两个人物的童话故事：他们俩住在森林那边很远的一个山洞里，白天他们下到很深很深的漆黑山谷里睡觉，还在睡梦中叹气（为什么叹气，只有编故事的人自己知道……）。只要太阳一回到他那神秘的花园里，他们就从洞里出来。他们的大爪子上长着软软的毛，因此走起路来谁也听不见。“薄暮”和“黄昏”是善良的、和蔼温顺的，不欺负任何人。

孩子们还想编“薄暮”和“黄昏”怎样哄小孩子睡觉的故事，但是今天已经够了。我们该回去了。孩子们明天晚上还想来，用瓦利娅的话说，“这种时候好编故事”。

孩子们为什么喜欢听故事？他们为什么那样喜欢那种环境本身就容易唤起幼儿的想象积极活动的黄昏时刻？为什么童话比任何其他手段更能发展语言和思维？因为童话人物具有鲜明的情感色彩。童话语言在孩子意识中是活生生的语言。当他倾听或讲述那些描绘幻想图景的话语时，是全身心贯注于其中的。我认为，学校教学如果不仅没有听故事，而且也没有编故事，这是不可想象的。摆在我面前的是“快乐学校”开学头两个月孩子们编的一些童话和小故事。里面饱含着孩子们的思想、情感、企望和看法。

小兔（舒拉）

妈妈送给我一只绒布小兔。这正好是在过新年之前，我把小兔放在了新年枞树的枝杈之间。大家都睡觉了。枞树上亮着一个小小的灯泡。我看着，看着小兔从树上跳了下来，围着枞树又跑又跳，跑了一会儿，又回到树上去了。

向日葵（卡佳）

太阳出来了。小鸟都醒来了，云雀飞上了天空。向日葵也醒来了，他抖了抖身子，把露水从花瓣上全抖落下来了。他对着太阳说："太阳，你好！我等你很长时间了。你看，没有你给我的温暖，我的黄花瓣都蔫了。现在它们又都挺起来了，高兴了。太阳，我也是圆的，金黄色的，跟你一样。"

地是怎样翻的（尤拉）

联合收割机收割完了小麦。小刺猬从洞里爬出来一看：麦子没了，听不见麦穗飒飒响了。刺猬团成一团在麦茬上滚起来。迎面爬来一个特别大的东西——一个铁甲虫。轰隆轰隆地爬着，后面挂着犁，他爬过的地方就是一片黑色的松土。小刺猬躲在洞里往外看，感到奇怪。他想："哪儿来的这个巨大的甲虫?"这是一台拖拉机。

两幅列宁肖像（万尼亚）

我姐姐奥莉娅加入了十月儿童团。她戴上了小红星，红星上有一幅小小的列宁肖像。现在我们家有两幅弗拉季米尔·伊里奇·列宁的肖像：墙上一幅，奥莉娅的红星上一幅。列宁是为劳动人民的幸福而斗争的。爸爸说过，列宁上学的时候成绩特别好。我也要好好学习。我要做一个列宁式的少年。

橡　实（济娜）

刮过一阵风，橡树上掉下一颗橡实，黄黄的，外皮挺光亮，像是铜做的一样。他掉下来后就想："原来在树上多好，可是现在掉在地上了。从这儿既看不见大河，也看不见森林。"橡实发愁了。他央告说："橡树，你把我带到树上去吧！"可是橡树回答说："你真傻，你看我，我也是从地上长起来的。你快快扎根，长个吧。你也会长成高高的橡树"。

孩子们关心的不光是大自然中发生的事。他们希望大地上有和平。他们知道，还存在企图发动战争的恶势力。下面这篇小童话中就是用"蛇"这个幻想形象来表现这种凶恶势力的。

我们是怎样战胜铁蛇的（谢廖扎）

他生活在大洋那边很远很远的沼泽地里。他憎恨我们人民，制造了原子弹，造了很多很多，然后挂在翅膀上飞了，要把炸弹投在太阳上。他想熄灭太阳，让我们死在黑暗里。我派小燕子们去迎战大铁蛇。每只小燕子嘴里都衔着一颗从太阳上来的火星子，他们去追赶大蛇。他们把火星扔在了蛇的翅膀上。大铁蛇跌落下来掉在了沼泽地里，跟炸弹一块儿都烧掉了。可是太阳仍在大放光芒。小燕子们在欢乐地歌唱。

这篇童话反映了儿童世界观的独特性。孩子不能想象善良战胜邪恶而没有鸟兽参加。A. 盖达尔曾说过，故事的结尾应当是："红军摧毁了白军，小兔蹲在那里欢喜。"孩子们心爱的小兔、小燕子不单是一些童话人物，他们是善的化身。

每一天都会在周围世界中有所发现。每一件新发现都会变成故事，而故事的作者都是孩子。童话人物有助于孩子们领略乡土美。借助童话、想象、创作揭示乡土的美，就是祖国之爱的源泉。人对祖国伟大强盛的理解和感受是逐渐达到的，并以美为其源头。

我愿向那些教育幼年儿童的青年教师进一言：一定要深思熟虑地、慎重周全地安排孩子们聆听你第一次陈述祖国故土——苏维埃联盟的伟大强盛的那一时刻。你的话语应该是激动人心的，满怀崇高豪情的。（即使有人说是过头的辞藻也无妨，只要你内心的情感纯洁高尚就好。）不过，要想使孩子的心因这些话语而跳动得更加激烈，形象地说，那就必须在孩子意识的田地上精心地耕耘，播下美的种子。

要让孩子能感受美，并为之而激动，要让体现祖国的那些形象永远铭记于他的心底。美——这是人性、善良情感、亲善关系的血肉联系。当我察觉托利亚、斯拉瓦、科利亚、维佳、萨沙他们那冰冷的心日渐融解时，我由衷地感到高兴。对于美的赞赏、惊叹和欣喜，看来都像是能引导我进入孩子心灵的途径。

"快乐学校"的活动未受严格规章细则的约束。没有规定孩子们该在蓝天下待多少时间。最主要的是，不让孩子们产生腻烦情绪，不让他们因内心厌烦而暗自期待老师说那句“该回家了”的话。我总是尽力在孩子们对观察对象和进行的劳动兴致还很高的时候结束学校活动。宁愿让孩子们怀着急切的心情去期待明天，要让明天预示着能给他们带来新的欢乐，要让他们夜里能梦见太阳向大地抛洒银色火花。孩子们在露天学校，一天可待一到一个半小时，另一天可待四个小时，这要看教师在这一天能给孩子多少欢乐。还有一点非常重要：要做到让每个孩子不仅能感受欢乐，而且还能创造欢乐，能为集体生活奉献一点自己的创造。

那年秋天，天气长时间又暖和又干燥。到十月中，树叶还没黄，几次还有雷声隆隆作响，好像又回到了夏天。清晨总有露珠在草上闪烁。这为工作创造了有利条件。我们又有几次来到自己的山冈上，在白云间“游览”。这些时刻给孩子们留下了无法忘怀的印象。朵朵蓬松的白云成为他们做出种种奇妙发现的一片新天地。孩子们从那些光怪陆离、变幻无穷的云朵中看出各种走兽、童话里的各类庞然大物。孩子们的幻想犹如飞快的小鸟飞向九霄云外，飞向碧蓝的大海和森林，飞向遥远的无名国度。正是在这种翱翔中鲜明地显露出孩子个人的意识境界。看，一朵奇异的云块在天空飘浮而过。

“孩子们，看这块云像什么?”

“这是戴草帽的牧羊老爷爷，还拄着一根棍子，”瓦利娅说，“你们看，他旁边还有羊群。前头是一只卷犄角的老羊，后面跟着一些小羊羔……老爷爷挎着一个布袋，有什么东西还露在口袋外面。”

“这不是老爷爷，”帕夫洛不同意，“是大雪人，就像我们冬天堆的那个雪人一样。看，手里还拿着扫帚。头上根本不是草帽，而是水桶。”

“不是，这不是雪人，是干草垛，”尤拉说，“草垛上是两个牧人拿着大叉。你们看，他们在往下扔草，下面停着一辆大车。这哪儿是老绵羊，不是羊，是车。那是车弓，不是犄角……”

“这是个很大的大兔子。我梦见过这样的兔子。下面也根本不是车，而是兔子尾巴。”

本想让所有的孩子都发挥一下想象力，但是不知为什么科利亚、斯拉瓦、托利亚、米沙等都默不作声。当我看见科利亚面部带有一种不屑一顾的轻蔑神情（那是把参与儿童娱乐看成有失尊严的那些成人才会有的那种神情）时，心里觉得抽搐般地疼痛。问题在哪里，我不是在这个男孩的眼睛里看见过因美景而欢喜的神情吗……当时我对此还未多加深思，然而感觉提醒我：在未能用儿童的乐趣吸引住孩子之前，在他眼里还未唤起并非虚假的喜悦之前，在孩子还没有迷恋于幼童嬉戏之前，我便无权谈论给他施加什么教育影响。孩子就该是个孩子……如果当他听童话故事的时候不为善与恶的搏斗所激动，如果他眼睛里闪现的并不是欢喜之情而是轻蔑的目光的话，这就是说，孩子的心灵有所损伤，必须花费许多力量才能把孩子的心灵矫正过来。

天空出现一朵轮廓奇妙的云块，它好似一座围墙高耸、塔楼矗立的宫院。孩子们的想象弥补了宫院轮廓不清的部分，尤拉则已经开始讲起关于很远很远的一个神秘王国，关于凶恶的妖婆和拯救了美女的勇士的故事来了。维佳则在想象中编了另一个故事：在很远的一个异国，山里住着一个凶恶的人，他阴谋发动战争。幻想展开了翅膀，使这个男孩坐上了飞船。一瞬间就飞到了黑心恶人居住的山洞上空，消灭了恶人，地球上奠定了永久的和平。

此后，我讲到远方的热带国家，讲到长年不断的夏天和奇异的星座、清澈碧蓝的大洋和风姿优美的椰林。童话在这里跟现实交织在一起，我好像开启了通向远方的窗口。讲到风土人情，讲到大洋大海，讲到丰富多彩的动植物，讲到千姿百态的自然现象。

我开始讲述人奴役人的世界。劳动人民，特别是儿童遭受苦难的那些鲜明的情景在孩子们的思想意识中激起了极大的不安：世界上正进行着善与恶的残酷斗争，我国人民在为人的幸福、荣誉和自由而斗争。我竭力要做到使我的每个学生都能从幼年起就对人剥削人这种社会罪恶持不调和态度，使他们无限珍惜我们这个世界上第一个自由劳动的国家。我认为最重要的教育任务之一，就是让邪恶在孩子的意识中不是某种抽象的东西，而是敌视世上一切正直人的实在力量。我给孩子们讲到过，在一些国家里，财富属于一小撮资本家和地主，而劳动者则连最低的生活需要都得不到保证。我没有急于去让孩子们理解“帝国主义”这个抽象概念。到时候他们会理解的。在我所讲的这种年龄，起决定作用的是鲜明的观念及其情感色彩。当我讲到意大利有成千上万的母亲由于贫困绝望而不得不把亲生儿女卖给美国富翁时，孩子们感受到这种不幸是由极大的不公正造成的：有的人不创造财富而拥有财富；有的人创造财富，却连一块面包、一件遮体的衣服、一席栖身之所都没有。

教师在讲述时能与孩子们同欢乐共忧虑，这是儿童智力充分发展、精神生活得以充实的必不可少的一个条件。这些故事的教育作用在于，孩子们是在能产生童话景象的环境中聆听它们的：天空闪烁着繁星的寂静的夜晚；在森林中，篝火旁；在舒适的小木屋里，凭借着炉里燃烧着的炭火的光亮，窗外一片飒飒的秋雨声，寒风在悲哀地呜咽。故事应当富有色彩，形象鲜明，短小精悍。不能堆砌过多的事实，不要给孩子们过多的印象，否则会使他们对所讲内容的感受变得迟钝，以至于任凭什么也难以唤起孩子的兴趣。

我建议教师们，必须循序渐进地去影响孩子的情感、想象和幻想，通向广袤无垠世界的窗口须逐渐开启，不可骤然完全敞开，变为畅行无阻的大门，致使那些被你所讲内容的思想所吸引的小家伙们不顾您的意愿如珠粒一般冲撒出来……起初，他们面对浩如烟海的事物会茫然不知所措，尔后，对这些实际上尚未认识的对象会视而不见，成为空空洞洞的东西。

蓝天下的学校教给我怎样为孩子们打开通向周围世界的窗口，而我则努力使所有的教师都学到这门生活和认识的科学。我建议他们切莫让过量的知识潮水般地涌向孩子，不应希冀在课堂上把自己所知道的关于所学事物的一切都讲出来，潮涌般的知识可能淹没求知欲和好学精神。要善于向孩子只揭示周围世界中某一样东西，但要做到使得生活中的这一小块能在孩子面前显示出它的全部光彩。总要留有某些未尽之意，从而让孩子总要一而再，再而三地去回顾他已知的东西。

人的思维成就是无止境的。例如，人所创作的书籍是数不胜数的。您只需给孩子展示一本书的内容所包含的美和智慧以及它的思想深度，但定要展示得让每个孩子能永远爱好读书，并为在书海中独立畅游做好准备。我曾跟教师们探讨过我关于走向生动语言源泉的“旅行”的想法，我把孩子们就他们亲眼所见的周围世界的事物和现象所做的富有表现力的、充满情感的简短的讲述叫作“旅行”。低年级教师仿效我的做法也搞起了这种“旅行”。教室的门敞开了，孩子们开始乘着清新的微风踏上绿色的草地。语文和算术课，特别在一、二年级，开始越来越多地到蓝天下去上了。这并非为投身大自然而放弃课堂讲课或是脱离书本和科学。相反，这使课堂更加充实，书本和科学更加生动。

低年级教师常常课后聚集在教师休息室里讨论，怎样才能使对周围世界的认识及自然和社会知识的学习，任何时候都不致变为令孩子感到枯燥和厌烦的事情。在这种集体性创造中产生了新的想法——让孩子们了解农业劳动和技术装备，逐步熟悉优秀人物的创造。低年级教师 В. П. 诺维茨卡娅、А. А. 涅斯捷连科、М. Н. 韦尔霍维尼娜等在拟订引导他们的学生到活的语言的源头去“旅行”

的计划时，按我的建议确定了适合于在春、夏、秋、冬各季用来发展儿童思维和言语的一些自然现象以及与之相关的某些农业劳动。

我们的“幻想角”

村外离学校不远有一个树木丛生的峡谷。在孩子们看来，这是一片神秘莫测的茂密森林。有一次我发现谷坡有一个洞口。洞内很宽敞，四壁都很牢固而且干燥。这简直是一块宝地！我们的“幻想角”就要设在这里。当我第一次带孩子们到洞里的时候，他们的高兴劲实在难以形容。他们欢叫，歌唱，相互呼唤，捉迷藏玩。当天我们就在地上铺了干草。

起初，我们只是欣赏这个神秘的场所，尽量把它搞得舒适方便一些：墙壁上挂了几幅画，拓宽了入口，搭起了一张小桌。孩子们高兴地接受了砌一座火炉、必要时生火的建议。

我们挖好了炉基，凿通了安烟筒的孔道，把多余的土运了出去，搬来了砖块，运来了泥浆。这些活并不轻松，但是我们有个希望，就是火炉。这座火炉砌了约两个星期。所有的人都被这项工作吸引，不论是科利亚还是斯拉瓦或托利亚，都没有袖手旁观，他们几个原来总是对我们大家所做的事无动于衷，因而是使我放不下心的孩子。现在，能越来越多地看到他们的眼睛闪闪发光，兴致勃勃的神情久久不衰。这项有趣的活动使萨沙、柳达、瓦利娅这些怯懦、腼腆而又优柔寡断的孩子也振奋起来。我越来越确信，一个集体的情绪——喜悦和振奋状态，是一种强大的精神力量，这种力量能把儿童团结起来，还能激发冷漠的心灵对集体正在做的事情和活动的兴趣。

不久，我们在火炉里生起了火。干燥的柴火燃起欢快的火焰。暮色降临大地。我们这个洞穴里又明亮又舒适。我们望着覆盖沟崖的树木和灌木丛，于是从那神秘的树丛中产生了童话形象。它们好像在提示，在要求我们：讲讲我们吧。树丛笼罩在一层半透明的薄暮中，它开始呈蓝灰色，然后变为淡紫色；树木在薄暮中显出一种意想不到的轮廓来。

孩子们在这种时刻很乐意作种种幻想，编撰各种故事。

我问道："遍布沟坡的这些树木像什么？"这话与其说是在问孩子们，倒不如说在向我自己的想法提问。我觉得，它们像是从悬崖上倾泻而下的绿色的瀑布，而此刻则凝固在那里，变为又似玄武岩又像孔雀石的巨幅雕刻。我很想知道，是不是有人，哪怕只有一个孩子，他的思路的发展像我的一样？在这傍晚时分是有时间来观察孩子们是怎样想的。

于是我看到，一个孩子的思潮在汹涌澎湃地涌来，不断产生新的形象；另一个则如同一条气势磅礴、水面宽阔、深浅莫测，却缓缓流动的大河。河水的流动甚至无法察觉，但它却奔腾不息，无法使它转入新的渠道；而另一些孩子的思想河流则轻快急速，似乎可以堵截，使它立即转变流向。舒拉看树冠像牛群，但只需谢廖扎一问"那它们在哪儿吃草？那儿可没有草"，舒拉的想法便奔向新的渠道：那已经不是牛了，而是夜里降到地上来休息的云块。尤拉的想象也是这样急速地在飞翔。而米沙和尼娜却默不作声，他们专心致志地看着——看到了什么？已经有几十种由孩子们幻想出来的形象从我们面前掠过，可是米沙和尼娜还是沉默不语，斯拉瓦也没说话。难道他们头脑中什么想法都没有出现？已经该回去了，在男孩中最不爱说话的米沙终于开口了："这是一个发狂的公牛挺着犄角冲向山石，没有顶动，它就站住了。看，现在看样子它正在使劲，眼看就要把悬崖推动了……"

这时，那些好像聚集我们中间的种种形象都四散而去，我们看那树丛确实十分像一头狂怒而无力地挺立着的公牛。孩子们叽叽喳喳议论起来：看它那腿在沟底挺得多有劲；你看它的脖子都拱起来了，大概连筋都在打战，犄角都戳到地里去了……

是的，米沙琢磨得真不错！当那些生动形象在我们的脑海里闪闪而过时，他的思路却按自己的渠道在运动。他留心聆听了小朋友们的种种说法，但没有一个形象吸引住他。他的思想鲜明，最具乡土气息。这个孩子在这里看到的，可能就是他在生活中见到过而且在头脑中留下了印象的东西。然而像这样的沉默寡言、脑子迟钝的孩子在课堂上课却是十分苦恼的。老师总想让学生快一些回答问题，他不管孩子怎样思考，要的是立即说出答案并给他评个分了事。他却想不到，要使那水流缓慢的大河加快流速是不可能的。让它按它的本性去流动，它的水必定会达到预定的标界，但请不要性急，不要焦躁不安，不要用评分这根树条去抽打这条壮阔的大河，那是无济于事的。

……是不是每个教师都考虑过，机体的发育期，从出生到成熟，与动物界其他代表相比，人是最长的。人的机体直到 20 岁乃至在更长的时期内都在成长、发育、壮大。在人体发育的长期性中蕴含着自然的巨大奥秘。自然本身好像把这个时期划分出来专供发展、增强和培养神经系统——大脑半球皮质用的。人之所以能成为人，是因为他要经历一个为期很长的神经系统幼年期，脑的童年期。

婴儿降生时就带着数十亿能对环境做出精细反应并能（在一定条件下）发挥思维功能的细胞。这些细胞构成他意识的物质基础。从出生到成年、从成年到老年的整个时期内，大自然再不会给人增添一个新的细胞。神经系统思维物质的细胞在幼年时期应当经常在积极活动中经受锻炼，而这锻炼的基础则是活跃的感知、观察、内省。

人在学会洞察周围世界各种现象因果关系的实质之前，应当在童年时代经历一个思维操练的阶段。这种操练就是观察物体和现象；孩子看了生动的形象，然后进行想象，在自己的观念中塑造这个形象。观看现实的对象和在观念中创造幻想的形象，思维活动的这两个步骤中并不存在任何矛盾。儿童把童话的幻想形象作为鲜明的现实来感知和思考并由自己来创造。创造幻想形象——这是使思想幼芽迅速发育的最好土壤。

在思维的童年时期，思维过程应当尽可能密切地同周围世界中生动、鲜明、直观的事物相联系。让孩子起初先不去思考那些因果关系，让他只是细心察看对象，在里面发现某种新东西。这个男孩子就能从傍晚的昏暗所笼罩的树丛中看出一头暴怒的公牛来。这不单纯是小孩的幻想游戏，它同时也是思维的艺术因素，诗的因素。同是这些树丛，另一个孩子则从中看到另一种东西，属于他自己的东西——他在形象中加进他个人感知、想象和思维的特点。每个孩子不光在感知，而且也在描绘，在制造，在创作。儿童对世界的视觉，是一种特殊的艺术创作。被孩子感知同时也是被创造的形象都带有明显的情感色彩。儿童在感知周围世界的形象并通过幻想往里添加什么东西的时候，他们也在体验极大的快乐。感知饱含情感，这是儿童进行创作的精神渊源。我确信，没有情感的高涨，就不可能有儿童脑细胞的正常发育。儿童大脑中发生的生理过程也和情绪有关。每当精神紧张、情绪高涨、兴致专注之时，大脑半球皮质细胞的营养就在增强。细胞在这种时刻的能量消耗较大，同时从机体得到的能量也多。我通过对低年级学生脑力劳动的多年观察证实，在情绪十分高涨的时候，孩子的思维特别清晰，识记进行得也很紧张。

这些观察对儿童的教学过程做出了新的说明。低年级学生的思维与情感和体验是分不开的。教学过程，特别是对周围世界的感知要充满情感，这是儿童思维的发展规律提出的要求。

……到了初秋，天气暖和得出奇。我们并没有待在一处不动，而是常到田野和丛林里去，只是偶尔才去“幻想角”。孩子们在离村子两公里的地方找到一个小山丘，从这里可以看到优美的景色：隐没在果园里的村子、一望无际的田野、蓝色的山峦和林带。空气格外清澈洁净，地面上飘舞着银白色的蛛丝，蔚蓝天空中越来越多地出现成行的候鸟。离我们所在的山丘不远，有一片丛林，林边长着一丛丛野蔷薇。我们常常去欣赏那串串绛红色的野果粒和悬挂在树枝上的闪着银光的蛛丝，铭记每丛树的轮廓，眺望果园和村边的排排杨树。孩子们每天都发现一点新东西，葱绿的丛林眼看着披上深红色秋装，树叶泛映出奇妙的色彩变幻。这些发现给孩子们带来极大的愉快。

活的语言和创造性思维的源泉如此丰富而又取之不尽，假如我们一小时发现一样东西的话，那么这些发现也足以延续若干年。且看我们面前这一丛野蔷薇，上面挂满了一串串绛红色果粒，滴滴晨露在果粒间的银白细丝上颤动。露珠呈琥珀色。我们为景色所迷，站在这丛野蔷薇前，眼前出现奇妙的景象：露珠好像有生命似的由蛛丝末端在朝前移动，好似都在向着下垂的丝网中心爬，彼此相融合，可是它们为什么不增大，也不掉在地上？我们凝神观察着：原来露珠蒸发得很快，眼看着体积变小，然后完全消失。

“这是太阳把露水喝掉了，”拉里莎低声说道。她的幻想创造出来的形象引起了小朋友们的兴趣，于是一个新的童话诞生了。就在这丛野蔷薇旁，在这个活的语言的源泉之畔，孩子们面前又出现一条新的绝妙的小溪。或许这是偶然的事，但迟早总会发生的：拉里莎发觉 росинки（露珠）、паутинки（蛛网）、бусинки（珠粒）这几个词的谐韵。① 奇妙的巧合好像启发了孩子们。在此之前孩子们知

① “росинки”等三个词都以“инки”结尾，因而谐韵——译者注

道的诗都是从哥哥姐姐那里听来的，都是从书本里学来的，而这里，却是从活的语言，从周围环境中产生了诗。

夜里落下露珠，

落入银白色的珠网，

拉里莎说着，眼睛闪出欢快的神情。大家都不作声，但是我看得出，每个孩子的思想都因为受到语言魅力的感染而像飞鸟一般地翱翔了。

“琥珀色的珠粒，颤抖起来了，战栗起来了。”尤拉接了下来。

当一个人接近了事物本源的时候，当词语对于他不单是事物的标记，而且也是花朵的馨香、泥土的气息、故乡田野和森林发出的乐声及亲身感受与体验的时候，就会出现这种情景。

依照教育学常规，或许该让孩子们把诗句接着编下去，然而这些常规已被我置之脑后，我被孩子们的创作思潮吸引，脱口接着吟下去：

太阳吮吸了露珠，

洗涤了银色蛛网，

笑逐颜开的是那琥珀珠粒……

我们围着这丛野蔷薇欢笑，雀跃，一遍遍吟诵新编的诗句。我很想尽快向教师们讲讲源于周围世界的这种灵感激发。我想建议他们，最初的一些思维课不应当在教室里，在黑板前上，而要到大自然中去上。我还想说，真正的思想总是饱含激情的；孩子一旦领略了语言的芳香，他的心就会激动。到田野、到公园去吧，要从源泉中汲取思想，那溶有生命活力的水会使你的学生成为聪慧的探索者，成为寻求真知、勤于治学的人，成为诗人。我千百次地说，缺少了诗意和美感的涌流，孩子就不可能得到充分的智力发展。儿童思想的本性就要求有诗的创作。美与活跃的思想犹如阳光与花朵一般，是有机地联系在一起的。诗的创作始于目睹美。大自然的美能锐化知觉，激发创造性思维，使言语为个人体验所充实。为什么人在童年岁月中能掌握这样多母语的词汇？这是因为他对每个词，不仅领会它的含义，而且也能感受它的美的细微差异。

大自然——健康的源泉

经验告诉我们，约有85％的不及格学生学业落后的主要原因是健康状况不够好，身体有某种不适或疾病。这种情况常常不易察觉，而且只有在家长、医生和教师的共同努力下才能治愈这些疾患。为儿童的活泼好动所掩盖的身体不适以及心血管系统、呼吸道和肠胃等方面的毛病往往不是疾病，而是健康状况不正常。多年观察表明，所谓头脑迟钝，在多数情况下是由于连孩子自己也感觉不到的周身不适所致，而并非大脑半球皮质细胞有什么生理变化或功能不正常。个别孩子也会有面色苍白的病态或食欲不振的现象。经过最精细的化验分析也查不出什么，一切似乎都正常。多数情况下，这是由于新陈代谢遭到破坏所致，是在室内逗留时间过长的结果。孩子在遭到这种破坏的情况下，就无法集中精力进行脑力劳动。在身体迅速成长和性成熟时期，身体不适的毛病尤其会多起来。

在这些情况下唯一的治本办法就是改变作息制度：多在新鲜空气中逗留，开着通风窗睡觉，早睡早起，保持良好营养。

个别孩子表面上好像很健康，但一经仔细考察他们的劳动情况，就会发现某种隐蔽的疾患。有意思的是，当教师竭力要使课堂的每一分钟都用来进行紧张的脑力劳动时，那些隐蔽的毛病和疾患就特别明显地表现出来。对某些孩子来讲，教师那种“课堂上一分钟也不能丢”的方针，是完全无法承受的。我相信，这种“加快”的进度即使对于完全健康的孩子来讲，也是难以承受而且有害的。

脑力的过度紧张会使孩子变得两眼无神，目光模糊，动作迟缓无力。孩子已经筋疲力尽了，他本应多待在新鲜空气中，然而教师却把他挽在“车套”里，还吆喝：快，快……

“快乐学校”开学的头几周里，我精心考察了孩子们的健康状况。尽管所有的孩子都是在村里，在自然环境中成长起来的，但是个别人却面色苍白，身体虚弱。而沃洛佳、卡佳和萨尼娅几个孩子，则如俗话说的那样，简直是皮包骨，瘦弱得厉害。各家的饮食状况几乎都很好，个别孩子体弱多病的主要原因是，他们的生活环境如同温室；妈妈们生怕孩子吹着一点风。孩子很容易疲倦，在“快乐学校”的最初日子里，他们步行个把公里都很费力。母亲都抱怨这些孩子的食欲不好。

我做到了使家长相信，他们越护着孩子，怕他们着凉，孩子就越虚弱。大家都接受了我的坚决请求，热天让孩子赤脚去上学。（对孩子们来说，这是极大的乐事。）有一次我们在野外遇上了温暖的暴雨。孩子们只好蹚着泥水回家；虽然家长很担心，然而事后并没有人生病。曾经费了很多事才做到使家长不给孩子们一层层地穿许多件衣服，不“为了保险”和“以防万一”而多给孩子加一件毛线衣或绒衣。我们这里形成这样一条规定：春天和夏天，孩子一分钟也不应待在室内。“快乐学校”的头三四周，孩子们每天步行二三公里；第二个月四五公里；第三个月六公里。而且这都是在田野和草场、在丛林和大树林里走。一天内所走的路程长短孩子们是不易察觉的，因为并不提出要走多少公里的指标；活动、行走只是达到其他目的的手段。孩子是乐意走的，因为他感到自己是世界的发现者。他们回到家里时是疲倦的，但感到幸福，心情愉快。要知道，没有疲倦就没有健康。孩子在紧张的劳累后休息，健康就会如涌泉一般注入他的机体。

在新鲜空气中步行若干公里之后，用家长的话说，孩子就会出现“饿狼似的胃口”。每逢我们准备到森林中去的日子，我就让他们随身带着面包、葱头、盐、饮用水和几个生土豆。家长们起初表示怀疑：孩子们哪里会吃这些东西？因为，在家里比这更富营养的食物都会遭到拒绝。而结果，不论是黑面包还是葱头和土豆，在林中都变成了最好吃的东西。同时孩子们的食欲也得到改善，他们已能在家里津津有味地吃完盛给他们的整盘肉汤或菜汤。一个月之后，那几个最苍白的孩子面颊上已出现红晕，母亲们对孩子的旺盛食欲也赞不绝口：挑食的毛病没有了，给什么，吃什么。

运动——这是锻炼身体的重要条件之一。孩子喜欢跑跑玩玩。给他们修建了一个游戏场。大凡户外游戏和娱乐所必需的，这里都有，不过我设想的还要多些。我还想给孩子们装一台旋转木马，架起秋千；我想让活动性游戏跟童话结合起来，里面渗进幻想。我已经想好在我们的转台上安上驼背小马、大象、灰狼、狡猾的狐狸等形象。这样，孩子不仅是转着玩，而且还会因为自己骑上了驼背小马或骑在了大灰狼背上而兴奋激动。这些暂时还只是计划，但我确信，半年，也许一年之后一定会实现。我筹措到了安旋转木马用的器材。我还考虑了为孩子们过冬做准备，让他们冬天也尽可能多地在户外活动。

对学龄初期儿童身体发育情况的观察使我认识到，具有充分价值的、符合孩子健康要求的营养的作用是多么大。许多孩子的饮食中缺少为增强体质和预防伤风感冒及新陈代谢失调疾患所必需的一些重要物质。只有八家有蜂蜜，而蜂蜜，形象地讲，这是餐盘里的一块太阳。我通过跟家长的谈话，使他们认识到吃蜂蜜对于孩子的健康具有多么重大的意义。到九月末，就已经有 13 户养了一到两群蜂。到春季，养蜂户已达 23 家。

秋季我建议母亲们储备用野蔷薇、刺花李及其他富有维生素的果实做的果酱供过冬用。还跟家长们谈过，希望各家都栽培足够数量的果树，特别是苹果树。整个冬季都应当备有新鲜水果。在农村条件下，这很容易做到，只要费一点心就行。

饱含禾本科（小麦、黑麦、大麦、荞麦以及各种青草）植物杀菌素的空气，是促进健康的强壮剂。我常带孩子们到田间、到牧场去，让他们呼吸沁透庄稼馨香的空气。我还建议家长在孩子卧室窗外栽几棵核桃树。这种树能使空气充满可消灭多种致病菌类的杀菌素。哪里有核桃树，那里就没有苍蝇、蚊子。我也关照到，要各家院里夏季都有淋浴设施。

几年来一直使我感到不安的一个问题是，为什么许多孩子的视力都不好？为什么孩子到三年级就要戴眼镜？对许多低年级孩子观察的结果表明，这里的问题与其说是由于阅读过度疲劳，还不如说是由于作息制度不合理，特别是由于饮食缺乏维生素，孩子身体缺乏锻炼，容易患伤风感冒。童年时期的某些疾患会影响视力。合理的作息制度、符合要求的营养、身体的锻炼——这一切可以预防孩子生病，赋予他欣赏周围世界美的幸福。

几年来对儿童的观察使我看到一些令人不安的现象：春季，从三月份开始，所有孩子的体质都要下降。孩子好像精疲力竭了；身体抗伤风感冒的能力下降，工作能力下降。视力到春季月份特别明显地减弱。

我在医学家和心理学家的著作中找到了对这些现象的解释：在春季这几个月身体各系统相互作用的节奏有显著改变。原因是体内储存的维生素已用尽，到了春季太阳的辐射强度会显著降低，而且长时期的紧张的脑力活动使神经系统处于疲劳状态。

我考虑过如何去削弱这些不良因素的作用。家长开始更多地注意专为春季那几个月储备富有维生素的食物。冬、春两季的每个晴天我们都尽量利用来进行户外活动。我考虑应在春季那几个月降低智力活动强度，这个想法一直使我无法平静，我认为可以用智力活动多样化的办法解决这个问题。智力活动应尽可能地不在教室而在大自然中进行，同体力劳动结合起来。这渐渐成为在春季进行教学的一条原则。

在战后最初的年月里，许多孩子明显地容易患神经官能症。我的某些学生，特别在托利亚、科利亚、斯拉瓦、费佳几个人身上，表现为情绪抑郁，对生活态度冷漠。我尽量使孩子的拘谨、胆怯、优柔寡断、病态的腼腆，不发展成神经官能症。我们低年级教师在讨论如何使集体生活给孩子带来快乐的问题时得出结论认为，非常重要的是，要在学校环境中来平息孩子在家庭生活中遭遇的那些苦痛、悲伤和冲突。教师们都努力设法了解每个孩子的心里都发生了什么，他是在什么心境下来到学校的，为的是避免给孩子敏感的心灵造成任何伤痛。任何一个孩子精神生活中应予细心关注的问题，都要在我们称为心理研讨会的会议上进行研究。学校集体应该能驱散孩子的忧伤和悲痛。

对那些因悲惨遭遇而心灵蒙受了创伤的孩子，要给予特别的关注。科利亚、萨沙、托利亚、彼得里克和斯拉瓦等人的神经有时紧张到极点。稍一触动，就可能“着火”、“爆炸”。个别日子里，甚至不能对他们提问题。教育别人的有效感化方式，对这几个孩子完全不适用。我在医学家的学术著作中接触到“医疗教育学”这个概念，它最确切地表达了那些在行为上带有心理病态烙印的孩子的教育实质。医疗教育学的主要原则有：(1) 怜惜孩子易受损伤的病态心理；(2) 用学校的整个生活方式和制度使孩子摆脱阴郁的思想情绪，激发乐观情绪；(3) 在任何情况下都不让孩子觉察到人们在把他当病患者对待。

学校曾有一个有癔症性神经官能症倾向的男孩沃洛佳。他的父母过分夸耀这个孩子的做法使我甚感不安。他们自认为自己的儿子是个特殊儿童。我担心，随着必然会发生的失望，可能激起孩子对父母乃至对所有成人的憎恨。依我看来，治疗这种孩子的主要手段，就是培养谦逊和尊重别人的态度。我一直力求做到使沃洛佳尊重他所接近的每一个人。

那些思想上迟钝和忧郁的孩子，在医疗教育学中居于特殊地位。治疗大脑半球皮质细胞的迟钝和怠惰，也要如同治疗心肌或肠道疾病一样地缜密和有耐心。不过这种治疗要求千百倍的审慎精神和教育技巧以及对每个孩子特点的深入了解。

每个孩子都是画家

早在“快乐学校”刚开学一周之后，我就告诉孩子们：“明天把图画本和铅笔都带来，咱们要画画。”第二天我们来到校园草地上。我对孩子们说：“你们看看周围，看看什么东西好看，你们最喜欢什么就画什么。”

一派秋色，灿烂的阳光铺洒在我们面前的学校果园和实验园地。孩子们七嘴八舌地谈论起来，有人喜欢红色和黄色的南瓜，有人看中了花盘低垂的向日葵，有人对鸽子窝发生了兴趣，有人则被串串葡萄吸引。舒拉欣赏飘浮在天空的轻盈蓬松的云朵。谢廖扎在注视水面如镜的池塘里的白鹅。丹科则想画小鱼，他还兴致勃勃地述说了他有一次怎样跟叔叔一起去钓鱼：虽说一条也没钓到，可是看到了小鱼怎样在“游戏”。

塔尼娅说：“我要画太阳。”

大家安静下来。孩子们专心致志地画着。我读过许多关于图画教学法的书，而这时在我面前的是生气勃勃的孩子。我看出来，孩子的画、画画的过程，这是孩子精神生活的一部分。孩子们不单纯是在把周围世界中的某种东西搬到纸上，而是生活在这个世界里，进入了这个世界，并作为美的创造者欣赏着这种美。看，这是万尼亚，他全神贯注地在画蜂箱，旁边是一棵树，树上开着一朵很大的花，花朵上方是一只蜜蜂，这只蜜蜂几乎跟蜂箱一般大。男孩的面颊泛着红晕，两眼闪射出给教师以巨大快慰的兴奋神情。

儿童的创作——这是他们精神生活中十分独特的一个范畴，是鲜明揭示每个孩子个人独特性的一种自我表现和自我肯定。这种独特性不可能用大家都必须遵循的某种统一法则去概括。

科利亚没说他喜欢什么，因而使我非常不安，不知他到底会画出什么来。我看见他的画本里画着一棵枝叶繁茂的大树，上面是圆圆的果实，这就是说，是一棵苹果树，果树周围布满了光芒四射的小星星，果树上方高悬着一弯新月。我多么想从这幅有趣的画中悟出这孩子隐蔽的思想和情感；因为我在他的眼神中看到了我们在观察世界时的灵感的火花。

“苹果树上空是些什么星星?”我问科利亚。

“这不是星星，”科利亚说，“这是从月亮上往果园里洒落下来的银色火星。月亮上不是也有巨人铁匠吗，是不是呀?”

“当然有。”我回答说。我为在那些宁静的夜晚曾激动过孩子的那些想法而惊异。这就是说，他观察过夜空，欣赏过月光，觉察到了在果树上空闪烁的淡淡的月晕。

“可是巨人铁匠夜里锤打什么线呢?”男孩在沉思中说道。我觉得，与其说他是在询问老师，倒不如说是在追忆那夜晚的天空、淡淡的月光和群星的轮舞游唱。我怕惊扰了孩子的创作灵感。我的心由于这可喜的发现而激烈地跳动起来——创作可以揭开儿童心灵中沉睡着善良情感的那些隐秘的角落。当教师帮助孩子感受周围世界的美的时候，他就在不知不觉地触及这些角落。

我仿照拉里莎的样子画起巨人铁匠来。我觉得自己画得不错。铁匠画得像真正的锻工，铁砧跟农庄铁工房里的那座一模一样。我忘了自己是成人，体验到一种欢快的情感：我画的铁匠当然会比拉里莎的好。然而孩子们的目光并没有停留在我的画上，而拉里莎身旁却围满了人。“她究竟画的是什么?”我在想。我从孩子们头顶看过去。她的画里似乎没有什么特殊的，但是为什么大家都很喜欢，而对我的画却不予理睬呢？我越细看这个女孩的画就越清楚，原来小孩子看世界有他们自己的眼光，有他们自己的艺术表现手法上的语言，不论你怎样努力，也是无法仿效的。我的巨人铁匠戴着普通的帽子和围裙，留着长胡须，穿着大皮靴。而她那力大无穷的铁匠的蓬松头发周围却闪耀着火星四射的光彩，胡须也非同寻常，而似火舌狂卷的火焰一般。巨大的铁锤几乎比人头还大上一倍……对孩子来讲，这不是脱离真实，而是鲜明的真实——是想象力和灵巧性的真实，是强大的人与火焰力量的童话统一性的真实。不能让孩子幻想的这种绝妙语言来迁就我们成人的语言。要让孩子们彼此用自己的语言去讲话。我对低年级老师说，教给孩子们比例、透视、相称规律——这都很好，但同时也要为孩子的幻想提供广阔天地，切不可破坏孩子观察世界的那种童话语言……

每个孩子都想讲讲他画的东西。正是在这种讲述中，那些鲜明的形象和比喻放射着宝石般的异彩。绘画发展了孩子们的语言。

这时，我们去田野和森林时几乎总是带着图画本和铅笔。高年级同学给小朋友们订了一本可以装进衣袋里的小图画本。春天，在我们学校开学后的几个月之后，我装订了一本大画册。每个孩子都可以把周围世界中他所喜爱的那一角随意画在里面。我在画册里还写了一些短故事。画册简直变成了我们这个集体的生活和精神发展的一幅画卷。

爱护生物和美

个别孩子对待生物和周围世界的美的冷漠态度使我非常不安，

孩子的那种乍看起来令人不解的残忍行为也使我不安。譬如，我们走在草地上，草上飞舞着蝴蝶、野蜂和甲虫，尤拉捉了一只甲虫，从兜里掏出一块玻璃片就把虫子剖为两半，“研究”起它的内脏来了。在我们学校的一个僻静角落里连续多年都有好几窝燕子。有一次我们到那里去，我还没有来得及说几句燕窝的事，舒拉就已经往燕窝里扔了一块石头。所有的学生都爱护长在院子里的美丽的美人蕉，可是柳夏走近花坛把这株花拔掉了。凡此种种，在“快乐学校”的最初日子里就出现了。我为孩子们这种既赞美美好事物而又对美的践踏无动于衷的混乱现象感到诧异。在我没和这些学生相处之前我早就确信，欣赏美——这只是良好情感的最初萌芽，必须发展它，使它变为要求行动的积极愿望。科利亚和托利亚的行为尤其使我不安。科利亚有捣毁麻雀窝的一种狂热。据说，他常把那些从被毁的鸟巢里跌落下来的羽毛未干的小雀扔进榨油厂的污水管里。小雀久久地在里面唧唧叫，而科利亚竟然还把耳朵贴近管壁去听。孩子的残忍性不只表现在目睹过家里丑恶行为的科利亚一人身上，也出现在正常环境里生长的孩子身上。而最令人焦虑的则是孩子们不以这些“微小”的凶狠行为和对美、对生活的冷漠为耻，这种行为和态度会逐渐发展成麻木不仁，乃至冷酷无情。

怎样才能唤起孩子们的快乐、善良的情感？怎样在他们的心灵中培养起对生物和美好事物善意的爱护态度？一次在田野里游玩时我们发现一只翅膀受了伤的云雀。鸟儿拍打着双翅艰难地在地上挣扎，但是飞不起来。孩子们捉住了这只小云雀。这小小生命在孩子手里颤抖着，珠粒般的两只眼睛仰望着晴空。科利亚攥紧了拿着鸟的那只手，小鸟发出凄厉的叫声。孩子们笑了。“难道他们当中谁都不怜悯这只被它的同类遗弃在旷野的小鸟？”我这样想着看了看孩子们，看到莉达、塔尼娅、丹卡、谢廖扎和尼娜几人的眼里含着泪水。

“你干吗要折磨小鸟?”莉达抱怨地问科利亚。

“怎么，你可怜它吗?”科利亚问。“那你就拿去伺候它吧!”他就把鸟扔给了莉达。

“就是可怜，就要伺候。”莉达抚摸着小云雀说。

我们来到了林边空地。我给孩子们讲，秋天候鸟都要准备飞到很远的南方去。只有一些孤苦伶仃的鸟遗留在荒凉的田野里，有的因为翅膀受了伤，有的是从猛禽的利爪中挣脱出来而致残的……可是严酷的冬季带着暴风雪和严寒就要来了。这只小云雀的命运将会怎样呢?可怜的小鸟一定会冻死。可是它鸣叫得多好听啊，它使春天和夏天的原野充满令人神往的音乐。云雀是太阳之子。童话里讲“这种鸟是从太阳的火焰中诞生的”。因此，咱们的人民把它称为“жаворонок”，即“жар-воронок”① ……你们当中有人知道吗，当手指冻得发僵的时候是多么疼痛，令人窒息的凛冽寒风吹来时是多么难忍。你们可以赶快回家，到火炉旁烤烤暖融融的火……可是小鸟到哪里去躲避呢?有谁去管它呢?它冻得僵硬僵硬的。

“可是我们不会让小云雀冻死，”瓦利娅说，“我们把它放到暖和的地方，给它搭个窝，让它等着春天的到来……”

孩子们争先恐后地出主意，怎么给小云雀弄个住处。每个人都愿意把小鸟带到自己家里去过冬。只有科利亚、托利亚和几个男孩没说话。

“孩子们，干吗要把小云雀拿到家里去?咱们给它在学校里搭个暖和的窝，咱们喂它，给它治伤，到春天就放它回晴空中去。”

我们把云雀带回学校，放进笼子，摆在房间里（这时已经给这班孩子拨了一个房间）。每天早晨都有一个孩子来照看小云雀。饲

① жар 炎热，воронок 小乌鸦；云雀（жаворонок）一词即由这两个词合成。——译者注

料由孩子们带来。

几天之后，卡佳拿来一只啄木鸟，是她爸爸从森林里捡回来的。看样子，它是从猛禽爪中侥幸逃脱的。啄木鸟的翅膀无力地耷拉着，背部还凝着一层血。我们把它和云雀放在了一起。谁也不知道该给啄木鸟喂什么，是喂小甲虫吗？上哪里去找，在树皮里去找吗？

“这我知道，”科利亚带着自诩的神情说道，“它不光吃小甲虫和蚊蝇，还爱吃柳树嫩芽和草籽。我看见过……”他本想再说些什么，但是有些不好意思了。可能是他捕捉过啄木鸟。

“好吧，既然你知道怎样喂啄木鸟，那就由你来弄饲料吧。你看，它的眼神多可怜啊。”

科利亚便给鸟送起饲料来了。当时他还没有怜悯生物的情感。他只是由于小朋友的赞扬（“咱们的科利亚真行，知道该给鸟喂什么东西。”）而感到高兴而已。不过，即使良好情感始于虚荣心也无妨。先让好行为形成习惯，过后它就会唤醒心灵。

我追忆了男孩子们对于“你们想成为什么样的人？”这个问题的几百种答案：想成为力气大的、大胆的、勇敢的、聪明的、机灵的、无所畏惧的人……但谁也没说成为善良的人。善良为什么没能跟英勇和无畏这样一些高尚品质列在一起？为什么男孩子甚至会因善良行为而感到不好意思？要知道，没有善良，没有一个人给予另一个人的那种出自内心的温暖，就不可能有心灵的美。我也思考过，为什么男孩子比女孩子的善心要少些？或许，这只是一种感觉？不，实际就是这样。女孩子之所以比较善良、富于同情心、温柔，大概是由于她从幼年起就已经带有一种尚未意识到的母性本能的缘故。在她成为新生命的创造者之前，爱护生命的情感早已在她的心灵中确立了。善的根源在于建造、创作、确立生命和美。善与美密不可分地联系在一起。

费佳带了一只黄鹂到学校的那天早晨，简直成了孩子们的节日。这只鸟不知因为什么也飞不动了，它是费佳在饲养场附近的树丛中找到的。孩子们目不转睛地欣赏着小鸟身上色彩美丽的羽毛。我们总是在“小鸟医院”（孩子们这样叫自己房间里的那个角落）旁迎接新的一天并在这里送走这一天。科斯佳拿来一只瘦弱不堪的麻雀，这是他在路边拣到的。小麻雀连一粒粮食、一粒面包渣都不吃。科斯佳为小麻雀的病而心里不好受。当这只麻雀死了的时候，我们都很难过。科斯佳哭了，女孩子也都哭了，科利亚变得郁郁不乐，沉默寡言。

我记得亚努什·科尔恰克的一段话：“那纯净的孩童的民主是不顾宗法制度的。长工的汗水和同年伙伴的饥饿，小黄马和被宰杀的母鸡的厄运，都很容易地会使他伤心。鸡犬使他感到亲切，蝴蝶和花朵被他视为同类，石子和贝壳被他当作兄弟。孩子不会带有爱出风头的人的妄自尊大，他不知道唯独人才有心灵。”① 是的，事实就是如此，不过善良的孩子不会从天而降，那要去培养。

有一次在山谷中散步时，孩子们找到一只一条腿受伤的小兔。我们把它带回自己的活动室，养在一个新笼子里。又办起了一所医院——小兽医院。一周之后，拉里莎抱来一只冻得发抖的小瘦猫。我们把它跟小兔养在了一个笼子里。孩子们操心的事多了起来：他们给小兔带胡萝卜，给小猫带牛奶。一天早晨，当我们看到小猫和小兔彼此紧紧偎依在一起熟睡的情景时，孩子们的欢喜劲，简直难以形容。他们担心吵醒小动物，都低声细语地说话……

冬天，“小鸟医院”里又添了几只山雀，是孩子们在给过冬的鸟设的食槽旁边捡回来的……还有一件使我非常高兴的事：有些孩子在家里也设了自己的“鸟医院”和生物角。而当我们的活动室有

① 亚努什·科尔恰克：《教育文选》，莫斯科，1966年，第271页。

了养着小鱼的鱼缸时，孩子们便央求家长在家里也搞一个鱼缸。许多家长来到学校，询问该怎么搞。当时很难为鱼缸物色水草和鱼苗，饲料也不好找。可是由于孩子非要搞不可，所有这些困难都被克服了：孩子们既不让家长也不让我安宁。斯拉瓦和季娜的母亲来说，孩子们让人不得安生，别人有金鱼，可咱们家没有。只好向高年级同学求援了。

那些年还没有学校工厂，为了制备鱼缸，迫使我们装备起第一个少先队员和共青团员小工厂来。

我们永远也忘不了大家围坐在有小灯泡照明的鱼缸旁欣赏小金鱼的那些夜晚。我给孩子讲大洋的深渊，讲海洋生物非常有趣的生活。我那些很早就毕业现已长大成人的学生终生都铭记着那些夜晚。前不久科利亚对我说：

“我常常梦见那只小灯泡。它那亮光成了知识的第一个源泉。它使我想更多地知道海洋深处的奥秘，知道神奇的鱼类……”

既然年已 24 岁的成人还能怀着这样的热情回忆那些鱼，这说明那不是微末琐事，而是善良情感的一条渠道。我一直怀着急切不安的心情期待周围世界的美什么时候能在最冷漠的心灵中唤起善良的情感——爱抚和恻隐之心。我永远忘不了那年秋季初寒的日子。我们来到花园的玫瑰丛旁，看到开着一朵鲜艳的花，细嫩的花瓣上挂着露水。这朵花出奇地熬过了寒夜幸存下来。我们看着花朵，内心产生了忧伤之情：严寒不久即将摧毁这幅美景。我的眼睛跟科利亚的目光相遇：第一次在他的眼神里看到了忧伤和牵挂——纯洁的幼儿情感。随后我们又到暖房，那里有几盆在我们当地少见的花卉——杜鹃花、仙人掌等。我们围在了一朵小红花旁，这是仙人掌开的花。我们久久欣赏着这朵花。

对生物和美的事物的关爱，逐渐融入孩子们的生活。1951 年深秋，正当树木落叶时，我们到树林里去挖了一株幼小的椴树，带回来栽在校园里。小椴树成了我们的朋友。我们想象、幻想、创作关于它的故事，把它当作会感受和体验我们的关怀和不安心情的人物。每当下起温和的秋雨时，孩子们就高兴：我们的朋友正需要多一些水分。而当严寒封冻了大地、刺骨寒风在旷野呼啸时，我们又担忧：我们的朋友会感到寒冷。孩子们便铲起积雪培在树干周围。女孩子们拿来一些芦苇把树干包扎起来。春天到来时，我们常常到我们的朋友那里，怀着不安的心情察看：发出新芽了没有。第一批嫩绿的小叶子使孩子们欣喜若狂：椴树活着。夏天我们给它浇水。

集体的爱抚和善良情感，集体的良好意愿，是一股多么巨大的力量。它犹如汹涌的巨流把那些最不易动情的人也触动了。我高兴地看到科利亚、托利亚、斯拉瓦、彼得里克怀着激动的心情来到自己的朋友——葱绿的小树旁，看到他们喂鱼缸里的鱼时眼睛如何闪耀出喜悦的光芒。

那些曾因想到小小的椴树在隆冬严寒中会觉得冷而心情不安的人，如今已是成熟的成年人了。我们的朋友也已长成一棵枝叶繁茂的大树，现在来到它身旁的已经是青年男女、年轻父母了，当他们回忆起童年时代那黄金之秋时，他们的心还激荡着美好的情谊。

经验证明，善良之情应当在童年扎下根来，而人性、仁慈、抚爱、同情心则在劳动中，在爱护和关怀周围世界的美中产生。善良情感、情感修养——这是人性的核心。如果在童年培养不出善良情感，那就永远也培养不起来了，因为在心灵中确定真正人性的东西，是和认识最初的最重要的真理和体验与感受本民族语言的细微色彩同时进行的。人在童年时期应当经历一个培养情感的学校——培养善良的学校。

我们去劳动世界的“旅行”

“怎样才能做到使劳动成为孩子最重要的精神需求?”这是我们全体教师关心的一个问题。低年级教师 В. П. 诺维茨卡娅、А. А. 涅斯捷连科、М. Н. 韦尔霍维尼娜、В. С. 奥西马克、Е. М. 扎连科等，从进行教育的第一天起就吸引孩子们参加学校果园和实验园地里力所能及的劳动。我们同 В. П. 诺维茨卡娅老师一起修建了一间小暖房，供孩子们冬季在里面劳动。为了让孩子们的劳动具有思想动机，老师经商讨决定：我们每年在战胜法西斯德国的胜利日那天都栽一棵小橡树。这将成为我们欢乐庆典的活年鉴。从那时起，我们的“橡树林”每年都增添一棵百年树——孩子这样称呼橡树。

我们认为，一项重要的教育任务是让孩子的周围不光有自然世界，而且也有劳动、创造、建设的世界，因为人的美在劳动中显示得最为鲜明。

我们“快乐学校”到劳动世界去的“旅行”开始了。孩子们永远不会忘记到集体农庄粮仓去的这第一次“旅行”。孩子们见到了大堆的小麦——成千上万公斤的粮食。万尼亚的父亲给我们介绍了种植农作物方面的高产能手。联合收割机手格里戈利·安德烈耶维奇把孩子们带到了地里，这是在粮仓后面靠近村子的地方。“就是从这块 100 公顷的地里我今年收获了 40 万公斤粮食。而十年来我用那台联合收割机总共收割的粮食，够亚历山大市这样的城市全市用的。”

这不仅是对世界的理性认识，而且也是心灵上的认识。孩子们赞叹劳动者的美，他们为人而感到自豪。他们在劳动世界“旅行”的过程中同自己的父母见面时，这种情感就会更加深切。在奶牛场他们知道了塔尼娅的妈妈能供应 1 500 人需用的牛奶。在秋天一个暖和的日子里我们去机械制造厂。在那里瓦利娅的父亲接待了我们。他带领孩子们参观了熔炼生铁的铸工车间。大概这是孩子们所听过的和自己编过的故事中最有意思的一个：人把硬东西变成火红的铁水，铁水按照人的意志、通过人的劳动变成铁的铸件。我高兴地看到孩子们的创作增添了新的内容：他们开始编起能炼出火红铁水的壮士的故事来，画起炼钢工人来。去铸造车间的第一次参观留下了不可磨灭的印象。他们似乎对过去见过的事物有了新的看法：要是没有金属，人一天都不能生活和劳动。钢铁工人、机械制造工人才是生活的真正创造者，在我的学生心里确立了深切尊敬他们的情感。

我们去拖拉机机械站的“旅行”也很有意思。在那里访问了站上的能工巧匠——钳工和车工。孩子们在这里看到一块金属怎样被做成拖拉机或联合收割机的零件。他们屏住气注视拉里莎的父亲熟练的双手怎样做出螺丝钉来，没有这颗螺丝钉，机器就不能工作。

人对待人的态度、他的社会生活，首先是在他为人们谋福利的劳动中显示出来。看人怎样为他人劳动，就能看出他的人性。我首先关心的问题之一，恰恰就是要让孩子周围的环境反映我们社会主义现实的这个方面。我竭力做到，使孩子们不仅对与大自然的美相关的事物，而且也对构成我国新人本质的行动——为祖国、为社会、为人们服务，感到欢欣鼓舞。孩子对劳动者的爱就是人的品德的源泉。

我们欣赏大自然的音乐

音乐、旋律、乐音之美是人的德育和智育的重要手段，是心灵高尚和精神纯洁的源泉。音乐能使人看到大自然的美、道德关系的美、劳动的美。人借助音乐不仅可以认识周围世界的美，而且也可以认识自身的崇高、壮丽和美好。音乐是自我教育的有力手段。

对同一批学生从幼年到成熟期的多年观察使我确信，电影、广播、电视对儿童的那种自发的、无组织的影响，不利乃至有害于正常的审美教育。大量自发性的音乐印象则尤其有害。我认为教育儿童的重要任务之一是，要使音乐作品的感知同那种能够使人借以理解和感受到音乐美的背景的感知交替进行，也就是同感知田野和草原的寂静、树林的飒飒声响、晴空云雀的鸣唱、成熟麦穗的窃窃私语、蜜蜂和熊蜂的嗡嗡声等，交替进行。这一切也就是大自然的音乐，就是人在创作音乐旋律时从中摄取灵感的那个源泉。

一般在审美教育中，尤其在音乐教育中，心理目标是很重要的。教育者在让儿童接触美的世界时就要掌握这个目标。我所定的目标是培养饱含情感地对待美的那种能力和获得美学性的印象的那种需求。我认为整个教育体系的重要目的是：使学校教会人在美的世界中生活，使他离开美就不能生活，使美的世界能在人身上创造美。

“快乐学校”很重视听音乐，听音乐作品和自然的音乐。这里提出的首要任务是，引起对旋律的情绪反应，尔后使儿童确信，音乐美的源泉在于周围世界的美；音乐旋律好像在召唤人：你停下来，听听大自然的音乐，欣赏欣赏世界上的美，要爱护这种美，增添这种美。多年的经验证实，人只有在孩提岁月才既能学会语言，又能掌握初步的音乐素养，也就是掌握感知、理解、感受、体验旋律美的能力。凡在童年错过的，很难乃至几乎不可能在成年岁月中去弥补。儿童的心灵对本族语言、对大自然的美和对音乐旋律，其敏感程度是相同的。如果在很早的童年能使他从内心感受到音乐作品的美，如果孩子能从乐声中领略到人在情感上的多种多样的细微变化，他就会提高到用任何其他手段都不可能达到的文化修养水平。对音乐旋律美的感受会向孩子揭示他自身的美——小小的人会意识到自己的长处。音乐教育——这不是培养音乐家，而首先是培养人。

……初秋，当清澈的大气中能清晰地听到每一种声响时，一到傍晚时刻我就和孩子们坐在碧绿的草地上，我让他们听了 H. 里姆斯基-科尔萨科夫的歌剧《苏丹王的故事》中的“熊蜂飞舞”的旋律。音乐引起孩子们情感上的反响。他们说：“熊蜂一会儿近了，一会儿又远了。还能听见小鸟在叫……”我们又听了一遍旋律，然后去到正在开花的含蜜草地。孩子们听到蜜蜂的竖琴在演奏，熊蜂嗡嗡地叫个不停。瞧，这就是那个毛茸茸的大熊蜂，时而在花上飞舞，时而落在花上。孩子听了很高兴：这差不多就是录在唱片上的那个旋律，但是音乐作品里有一种特殊的美，这是作曲家从大自然中听来而又表现给我们听的。孩子们还想再听一听唱片上的旋律。

过了一天，我们清早又到繁花似锦的蜜源地段去。孩子们倾听蜜蜂的竖琴声，试图捕捉到熊蜂的嗡鸣。在此之前他们觉得很平常的东西，现在显示出美来——这就是音乐的魅力。

我选来供欣赏用的乐曲，都以儿童理解的鲜明形象来表达他们在周围经常听到的那些声音：小鸟啾啾、树叶飒飒、雷声隆隆、流水潺潺、风声呼啸，等等。同时我还防止他们感受过多的印象。我要再说一遍，音乐形象过多，对儿童有害无益；它可能使心绪惶惶不安，继而则使情绪反应迟钝起来。我在一个月中使用的乐曲不超过两首，但是配合每首曲子都要做大量的教育工作，目的是唤起孩子希望一再听那支乐曲的愿望，并做到让孩子每次都能在作品中发现新的美。很重要的一点是，在聆听那些对掌握初步音乐修养具有特定作用的乐曲之间不要夹杂任何自发的、杂乱无章的印象。听过乐曲之后，孩子们应当细细听听宁静的原野，并在接受两首乐曲之间去认识大自然的美。

有一天我们去橡树林。这是初秋一个阳光明媚的日子，阳光下的树木绚丽多姿，秋天的小鸟在歌唱，远处传来拖拉机的轰鸣声，雁群在晴朗的碧空中列队南归。我们聆听了柴可夫斯基的《秋歌（十月）》。乐曲帮助孩子去感受在此之前未察觉到的周围自然界中无与伦比的美——橡树的黄叶在微微颤动，清新的空气散发着馨香，道边野菊在凋谢。

孩子们情绪很高，心情很愉快，但是欢乐的曲子也引起了淡淡的愁意。孩子们已预感到秋雨绵绵的连阴天、寒风呼啸的暴风雪、夜长黄昏早的日子又快来临了。根据音乐曲调的印象，他们谈到了夏日的美好，谈到金色的初秋季节。每个人都记住了一些鲜明突出的东西，这时他们意识中的夏季和秋季的形象已是十分优美的了。如拉里莎说："我跟爸爸去峡谷，山坡上是一堵大绿墙——树林，树林，尽是树林，到处都有阳光普照。不知哪里还有一只斑鸠在咕咕地叫。树林子里真美，真美……真想走啊走，让太阳总是那么明亮地照着。斑鸠咕咕叫的时候，树上的叶子好像都安静下来在倾听。"

舒拉回忆道："妈妈带我到地里去过。她跟着联合收割机干活。我和联合收割机手叔叔坐在上面。后来我困了，妈妈把我抱上了新麦秸垛。我仰望蓝天，一会儿我觉得麦秸垛飘了起来，飘得很高很高。我一会儿来到一只小鸟跟前，可是小鸟还是在天上飞着，一会儿我就离它远了。小蚂蚱也跟着一起飞，它们成群地唱着，迎着小鸟飞去。我就这样睡着了。醒来的时候，小鸟还在天上飞着，小蚂蚱唱得更响了。"

我们又欣赏了一遍柴可夫斯基的乐曲。我觉察到孩子们已经能从曲子中听出他们记忆中感到亲切的那些不可忘怀的盛夏和秋色美的景象。孩子们还听出了新近的情景。

"我跟着父亲拉了一车干草。我躺在干草上，满天星星在眨眼。旷野里只有鹌鹑在叫。星星变得那么近，好像伸手就能摘到，像小灯笼一样。”

这是济娜的回忆。我听着这女孩的追述感到万分惊喜。要知道，济娜向来少言寡语，很难让她说上一句话。可是现在音乐使她开口了。

真令人高兴，音乐使得情绪反应更加敏锐了，它唤起了由音乐形象美所引起的想象。真想让每个孩子都能在音乐的影响下去想象，去幻想。音乐能增强儿童天性中诗情的和想象的成分，这是多好的事。使我高兴的是，不论科利亚还是托利亚，在听了塔尼娅和拉里莎兴奋的讲述后也在那里沉思起来，他们也在回忆着什么。

音乐——这是强大的思想源泉。没有音乐教育就不可能使儿童得到长足的智力发展。音乐的最初本源不仅仅是周围世界，还有人本身，他的精神世界、思想和言语。音乐形象按新的方式向人们揭示现实事物和现象的特点。孩子像是把注意力集中在了音乐从另一种角度展现在他面前的那些事物和现象上，于是他的思想便描绘出一幅鲜明的图画：这幅图画又要求用语言来描述。孩子从世间为新的想象和思考摄取素材，并用语言进行创作。

音乐—想象—幻想—童话—创作，孩子就是按照这样一条途径发展他的精神力量的。音乐旋律能唤起孩子一些鲜明的表象。它是培养理智创造力的无与伦比的手段。孩子们一面听着格里格的乐曲，一面在自己的想象中描绘神奇的山洞、茂密的森林以及善良和凶恶的人物。最不爱说话的也想说话了；孩子们把手伸向了笔和画本，要把童话形象留在纸上。音乐甚至把最消极的孩子的思维能力也激发起来了。似乎音乐给思维物质的细胞注入了一种能产生奇效的力量。我认为音乐影响下的这种智力高涨，就是思维的情感源泉。

冬天，所有小道都被积雪掩埋，我们便待在学校的活动室里欣赏柴可夫斯基、格里格、舒伯特、舒曼等作曲家的作品。黄昏时听童话乐曲尤其让孩子们感到高兴。我给他们讲了乌克兰民间童话老妖婆的故事，然后听了柴可夫斯基的《老妖婆》。在这段曲子的影响下产生的幻想形象和想象之丰富简直难以用语言来述说。孩子们幻想着奔向遥远的山岭，奔向层层密林，奔向蓝色的大海，进入那神奇的峡谷和岩洞。我惊讶地倾听了孩子们创作的一些完全无法料到的故事，其中有些使我终生难忘。老妖婆在尤拉的想象中变成一个蓄意破坏人的欢乐——不让人们歌唱的仇世者。“她带了一个大罐，坐着一个臼满世界乱飞。她一听到哪里有歌声，就飞到人们欢乐歌唱的地方去，用罐往臼上一碰，人们就不唱了，就忘记怎么唱了，因为歌子被藏在罐里了。妖婆就这样把所有的歌曲都藏了起来。只剩下唯一的一个会唱歌的牧童。他一边吹芦笛一边唱歌。不管妖婆用罐子怎么敲臼，一点办法也没有，因为那是神笛。妖婆在她的山上气呼呼地坐在藏着歌曲的罐子上，世上静悄悄，谁都不唱歌也不高兴，只有牧童在吹笛。牧童睡觉的时候妖婆把他的芦笛偷走了。牧童一觉醒来，召集了一些胆大的伙伴就找妖婆去了……”接着尤拉凭着幻想讲到牧童怎样解放了歌曲，欢乐又怎样回到人间。孩子在音乐影响下在想象中创造了那样鲜明地体现善与恶的童话人物形象，使自己成为主持正义的斗士，这正是惊人的现象。音乐使童话形象具有了有力的脉搏和活跃的思想。音乐把孩子引进了善的世界。

每当我发觉孩子们的思想不活跃时，我就带他们到树林或花园里去，我们倾听能激起善与恶的鲜明形象的音乐。音乐旋律犹如在开凿思想的源泉。

冬天，我们学校不断发现新的幻想家。小丹科是那样腼腆，使人觉得永远都不能指望他说一句话。可是这个男孩也讲了他编的老妖婆的故事。固然，它跟尤拉的故事有一些相似。丹科的妖婆坐着臼飞到世界各处，摘下了所有的花朵；又飞回她那地狱似的厨房，把罐子放进烤炉里——所有的花都死了。“可是我（孩子们往往把自己摆在故事里好人的地位上）把各种花的花籽都收集起来种在地里。花又开起来了。老妖婆知道之后，一气之下砸了她的臼，还折断了一条腿，现在她再也不能害人了。”

听孩子们讲述这些故事之后，我跟教师们一起座谈了教育中的困难和不足之处。我们得出的一致结论是：我们的教育学经常忘记，学生在学校学习期间的大半时间内他首先还是个孩子。教师在往孩子头脑里填塞现成说法、结论和论断时，常常甚至不给儿童机会去接近思想源泉和生动语言的源泉，捆住了想象、幻想和创作的翅膀。孩子由一个活泼、积极、好动的人变成一部记忆机器……不对，这是不应该的。不能用一堵高墙把孩子同周围世界隔离开来。不能让学生失掉欢快的精神生活。孩子只有生活在游戏、童话、音乐、幻想、创作世界中时，他的精神生活才有充分价值。没有了这些，他就是一朵枯萎的花朵。

当然，学习不可能是轻松的游戏，也不可能纯粹是娱乐或经常不断的娱乐。学习首先是劳动。但是在组织这种劳动时，要照顾儿童在他智力、道德、情感和审美能力发展各个阶段中的精神世界的特点。儿童的脑力劳动与成人不同。对于儿童来讲，掌握知识这个最终目的不可能像成人那样成为他付出智力努力的主要动力。学习愿望的源泉在于儿童智力劳动的性质，在于思想的情感色彩，在于理性的体验。如果这个源泉枯竭了，任你用什么办法也不可能让孩子坐下来念书。

我永远忘不了“快乐学校”的第一冬。如果没有音乐、幻想、创作，那个温暖舒适的教室也会很快使人生厌。音乐使我们的四周充满惊人的魅力。在寒冬腊月的暮色中，在银白色月光的笼罩下，在旋卷的暴风雪中，在池塘水面的噼啪声中，我们到处都能看到由我们的想象创造的童话人物。

“快乐学校”的第一春来临了，小溪发出潺潺流水声，雪下的报春花开放了，在盛开的苹果和梨树的白色花海中回荡着蜜蜂飞舞的嗡鸣。在这些日子里我聆听了春天的森林、晴朗的蓝天以及牧场和田野发出的音乐之声。

静静的傍晚，我们来到牧场。伫立在我们面前沉思的柳树已绽出嫩叶，池水映照着深蓝的苍穹，成行的天鹅掠过晴朗的天空。我们凝神静听这优美黄昏的乐声。一会儿从池塘那边一个什么地方传来了奇妙的音响，好像有谁轻轻地触动了一下钢琴的琴键，似乎池塘、池岸和蓝天都发出了声音。“这是什么声音?”万尼亚问。“这是春季草地的音乐，”我对孩子们说，“你们在池塘里看见了晴空的倒影。在那无底的深渊里有一座巨大的水晶钟。在那里的神奇宫殿里住着一位美丽的春姑娘。她用金锤轻轻一敲水晶钟，四面八方的草地都响起回声来。”

这个声音又一次响起。科利亚笑着说:“那是青蛙在呱呱叫。”我一直担心孩子们会哄笑起来，冲散那吸引大家神往的情景，然而谁都没动一动。“也许是青蛙，也许不是青蛙，”萨什科说，“就算是青蛙吧，不管它，反正草场在歌唱。”

从邻近一个池塘传来了声音，好像在响应他的话，片刻之后又有远处的草场在响应。我们站在那里，陶醉在这春季草场的奇妙音乐中。这种音乐——就是乐观地感知世界的生气蓬勃的泉源。它帮助儿童在美中去理解、发觉、感受生活的快乐。在我看来，美的和谐犹如光芒四射的光环，它终生都在我们的回忆中照耀着那些不可忘怀的童年岁月。

在四月的第一个阳光明媚的日子里，当古老家冈在雾霭中颤动时，我们来到旷野聆听云雀歌唱。晴朗的天空中有一个小小的灰色生物在颤动，银铃般的轻柔声响传到我们耳边；忽而铃声静了下来，灰色的小生物向地面坠落；小鸟在嫩绿的冬麦田上空突然伸展双翅，好似紧牵着一根无形的琴弦又缓缓向高处升起，越飞越高。我们听到的已不是银铃声，而是银弦的声音了……我要让这美妙的音乐沁入孩子们的心灵，使他们看到周围世界的美。于是我讲了一个关于云雀的故事。

他是太阳的孩子。冬天太阳离开我们很远很远，大地被雪覆盖，被严寒封冻。太阳慢慢地、慢慢地回到我们这边来，可是很难把雪化开。他就把火花撒在积雪上。火花落在哪里，那里的雪就融化，那块土地就苏醒，神奇的小鸟——云雀就在那里诞生。他在晴空高高飞起，向着太阳飞去，他飞啊，唱啊。太阳撒下银色的火花。云雀停留在天空往下看，看哪个火花最亮。看准之后，就团成一团冲向地面，一下子衔住那个火花，火花立刻变成细细的银线。云雀把线的一头引向地面，把线头挂在麦秆上，而把另一头向着太阳、向着蓝天拉去，越拉越高。你们看他往上飞多费劲，要多么使劲地扇动他那对小小的灰翅膀。那根银线像琴弦一样奏出声音，云雀越往上飞，这根弦发出的声音就越高。云雀把银线一直拉到太阳那里，又重新飞回地面，重新察看火花。

童话会不会妨害孩子们对真正自然规律的认识呢？不会，反而会有助于认识。孩子们非常懂得不存在“巨人铁匠”、“老妖婆”和“长生不老的卡谢伊”①，等等。但是如果孩子们缺少了这些，如果他们体验不出善与恶的斗争，感受不到童话中反映的是人关于真理、荣誉、美好的观念，那么他们的天地将会是狭隘的，不舒适的。

云雀的童话故事帮助了孩子们去理解大自然的音乐，为欣赏乐

① 卡谢伊——俄罗斯童话中的恶老头，拥有长生秘方。——译者注

曲做了准备。我们回到学校，听了柴可夫斯基的《云雀之歌》。当孩子们从美妙的乐曲声中听出了响亮的银铃声和那联结绿色原野和太阳的细细银弦发出的悠扬婉转的声音时，他们无比欣喜。我们不止一次地听了这支曲子，不论在碧空无云的清晨还是在乌云密布的阴天都听过。而孩子们总是回忆起阳光四射的美妙景色、蔚蓝的晴空、灰色的小小生命和一望无际的田野。孩子们还想把这神奇小鸟的表象用鲜明的形象体现出来：他们画出了云雀的童话形象，银白色火花和从地上拉向太阳的银弦。

我们逐渐辑成了孩子们喜爱的音乐作品集。我们常常来活动室欣赏音乐。我把作品集叫作“音乐宝盒”，孩子们也喜欢这样叫。他们自豪地说：“我们有个音乐宝盒。”于是产生了一个想法：我们一年年把音乐文化宝库中最优秀的作品搜集起来建立一个“音乐室”，我们就在里面欣赏大自然和人所创造的美。我们将唱歌，学习演奏小提琴和钢琴，不过这是将来的事，暂时我们先学着吹奏我们简单的芦笛。

在一个阴天里，我们到小树林去，用接骨木做了一支笛子，打光后钻了孔。我吹起了关于快乐牧童的乌克兰民间曲调。孩子们的欢乐简直难以言表。孩子们个个都想一试身手，大家都幻想着置备一件自己的乐器。每个人都做了一支笛子。莉达、拉里莎、尤拉、季娜、谢廖扎和科斯佳等人显示出具有敏锐的音乐听力和对乐曲的很好感受性。仅仅几天之后，孩子们就已经能吹奏民歌和民间舞曲了。我永远都忘不了那幽静的傍晚时刻，季娜那天演奏了乌克兰民歌《哎，山上收割忙》。她两眼闪烁着热情的光彩，面颊泛起红晕。她母亲对我讲过，季娜在家里往往长时间地拿着笛子在园子里坐着，“琢磨着”什么，吹着笛子，有时还深情地凝视天空和树木。

有一次我很早来到学校。四周一片寂静。突然从花园深处传来轻轻的笛声。我循着声音走去，有人在随便吹奏，旋律显然是即兴吹奏出来的。全曲贯穿着忧伤情绪，是一种明朗纯洁的忧伤。为了不惊扰奏乐人，我小心翼翼地走近玫瑰丛。季娜坐在草地上。笛子似乎已变成她本身的一部分。她在看着正在开放的玫瑰，眼睛饱含温存的柔情。这时我才理解了乐曲：女孩吹奏的是美丽的花朵，是春天的碧蓝天空。我以为是忧伤，却原来是忧虑：孩子在乐声中表达的是她对未来的思考。

科斯佳也爱上了笛子。他用一只手演奏是有困难的，但是他很快就学会了吹奏一些民歌，随后开始“自编”——即兴演奏，在音乐中表达思想、情感和感受。有一次在春季的雷雨天里我们待在“幻想角”。雷电过后，天空映出彩虹来。我们都沉默着，欣赏着美丽的景色。传来轻轻的乐声，是科斯佳在吹奏。乐声中响起潺潺溪流声，忽而转为令人惊骇的隆隆声，雷雨前的乌云越来越近，远处响起雷鸣。科斯佳已忘记人们在听他吹奏，一心沉浸在创作中。忽然，他看到同学们沉思的面孔，有些不好意思……并非他们当中的每个人都会成为音乐家，但我深信，在每个人身上都能培养出因音乐旋律而欢喜的情感。

对这种质朴的民间音乐的喜好，在很大程度上成为我们个人的事。不时地会出现“音乐情绪”：孩子们想坐下来，演奏一番。这大多是在宁静的傍晚，日落之后，太阳隐没在地平线后面射出的余晖还照耀着大地的时候。我们感到极大欣慰的是，音乐已能使我们享受到快乐和满足。

科利亚具有敏锐的音乐听力，他很快学会了吹奏民歌曲调。有一次，当我们从林中返回的时候，我对科利亚说：“你还记得，你画过铁匠锻造银花吗？你现在试试用笛子说说那两个铁匠：他们是怎么锤打，冷冷的火花怎么洒向地面……”

“不对，它们不是冷的！”他坚决反驳道。“它们是很烫的，啊，它们多烫呀！”

“对，火花当然是烫的……从铁锤和铁砧下怎么可能飞溅出凉东西来。我也要试试用笛子说说铁匠，说说太阳上的铁匠。”

第二天早晨我们来到学校的园子里。我们用自己的笛子吹出朴实的旋律来述说那两个神奇的铁匠。我们不仅能相互理解，而且还能感觉出支配我们乐曲的那种情绪。我们留心听了科利亚的音乐《铁匠》。他不仅表达了他们的两把铁锤铿锵的锤击声，而且赞美了他们的力量。他赞叹洒落到田野和园林的银色火花所构成的美景，又为不能纵览全球而遗憾。他总想看到他在万物中隐约感受到的美。

的确，我确实看到了通向这个孩子心灵的一条途径。音乐曲调在培养他的灵魂，使他的情感人性化。在音乐中如同在语言中一样能表现真正人性的东西。我们发展孩子对音乐的敏感性，也就是在提高他的思想和志向。任务在于，要让乐曲在每个孩子心灵里开辟人的情感的生气勃勃的源泉。不论是生动活泼的本族语言还是乐曲，都在向儿童揭示周围世界的美。但是，乐曲，这人类感情的语言，传达给儿童心灵的不只是世间的美，它还向人们展现人的伟大和尊严。孩子在欣赏音乐的时刻感到他是一个真正的人。孩子的心灵，那是敏感的音乐家的心灵。心灵中紧绷着心弦，您若能触动它们，就会发出很有魅力的音乐，这里不仅指音乐这个词的引申含义，而且也指这个词的直接含义。童年不能没有游戏和童话，同样也不能没有音乐。

经验证明，音乐——这是教育者与儿童产生精神上的一致性的最好基础。音乐似乎能开启人的心灵。教师和学生通过听乐曲，感受和赞赏它的美，就会变得亲近起来。

在那只有音乐才能唤起的共同感受出现的时刻，教师才可以在孩子身上看到在没有音乐的情况下永远不会见到的东西。在乐声的影响下，当心灵陶醉于崇高的感受中时，孩子会把他的激动和不安都信赖地告诉您。科利亚有一次就是在这种时刻告诉我，他有一本画册，他把使他激动、关心和高兴的一切，都画在里面。过后还给我看了他的画。他的理想展现在了我面前。科利亚向往着驾驶拖拉机，在哨卡上守卫边疆。

冬季的活动和欢乐

冬季，这个美好的季节蕴藏着教育和发展儿童的多么优越的条件。谁若认为只有夏季才是锻炼儿童的季节，那就大错特错了。如果不利用那寒冷适度和瑞雪丰足的冬季去增强体质，则夏季也不会带来裨益。我一直培养小家伙们习惯于待在寒冷的环境中，呼吸洁净的冷空气。

清早我们总是到学校温室去迎接太阳，日出时朝霞总把温室走廊玻璃上凝结的奇妙花纹照得通红。我们的想象在每块玻璃上描绘了奇异的情景：我们看到了幻想的走兽、神秘的峡谷、云块和花朵。孩子们在结冰的玻璃前创作了不止一篇故事。他们在这里学习阅读，关于这一点将在后面讲到。

孩子们在日出之后才去打开从走廊通往温室的门，进入花的世界。冬天我们的一间温室里有菊花开放。每个孩子在这里都有一朵花做他的朋友。孩子们给花浇水。这是很愉快的时刻：细小的水珠中会映出彩虹来，孩子们看着它非常欢喜，盼望着夏季的到来……关于太阳桥——金色彩虹的故事就是在这里诞生的。

每次暴风雪之后，当地面的积雪又变换了姿态时，我们都要到学校的花园里去看雪堆。风后雪堆——这是一种奇妙的景致，同天空的浮云一样神秘莫测。从这些千姿百态的雪堆中可以发现高踞山巅的小神屋、凝固了的海涛、雪白的天鹅、灰色的大狼、狡猾的狐狸……有一次大自然好像有意为我们建造了一只童话帆船：船张着风帆，甲板上头有驾驶台，船上挂着船锚，还有海盗向远方眺望。一连好几天我们都去看那只船，直到大风和太阳把它毁了为止。晚间孩子们都到学校里来听我讲故事，讲的是关于海盗和好人，这些好人解救弱者和被凌辱的人，关于善与恶的斗争，关于正义战胜邪恶。

天气非常寒冷时，我们是不出去活动的。不十分冷时，孩子们要在户外逗留。而待融雪季节来临时，我们就像开始过节一样了。少先队员们帮助建造了一个冰雪城。用大块雪片搭起了一座屋子，结果倒像是一个洞穴。在这种场合下，在劳动和休息的同时，也有童话和游戏相伴随。我们玩了北极考察队的游戏。我给孩子们讲了关于辽阔无垠、寂静无声的冰雪世界的故事。故事里，幻想故事和真实的人们创造的英雄事迹交织在一起。当雪搭洞穴被阳光消融时，孩子们满怀依依之情惜别了这个安身之所。

冬季我们去两次森林，一次坐汽车，一次乘马拉雪橇。微微寒风刺着面颊，但谁都没有叫冷。在冬季森林里度过的日子永远留在了孩子们的记忆里。我们聆听过冬季森林的音乐，观察过禽鸟的生活。在森林峡谷里找到一眼未封冻的水泉。围着篝火取过暖，煮过粥。欣赏过美丽的晚霞，我们眼看那覆盖白雪的树木的色彩变幻：它们时而呈淡淡的粉红色，时而变为橘红色，一时又呈绛红色，继而则变为紫蓝色。关于太阳的故事增添了一些新的形象，它们以想象的新奇和美妙吸引了孩子。我们在这里编了短诗，孩子们在诗句中表达了他们对冬季森林的印象。卡佳边欣赏披着冬装的美丽的松树边说：

“松树睡了。”

济娜描述了一个更鲜明的形象：

“松树熟睡到夏天……”

“松树熟睡到春天。”谢廖扎说，大家随即感到了这些词语音韵的和谐。孩子们想把他的思路接下去。

“连连美梦现。”孩子当中有人接着说。

松树熟睡到春天，
连连美梦现。

孩子们都唱了起来，由于自编了歌词而感到自豪。这个隆冬夜晚，向我揭示了孩子们相当丰富的精神世界。我终于彻底证实：必须直接在思想和语言的源头去教孩子思考，去发展他们的智力和才能。

小孩子有哪个不喜欢堆雪人，玩雪橇！每逢天气不太寒冷而且无风雪时，特别是有明媚阳光照射时，我们整天都待在户外。我们在村边建造了一个小冰山。我们对木制和金属制雪橇感到不满意，因为滑起来不够快，我们自制了二十来个冰制小雪橇：把麦秸同厩粪拌和在一起做成鸟巢形状，浇水冰冻而成。这种雪橇十分安全。

我回忆起自己童年时代的一件事……我们找到一个废马车轮，把车轴插在了池塘冰窟窿里封冻起来，车轮就变成了冰上转盘。孩子们手握着拴在车轮上的那些木棍在池塘冰面上跑着滑动。整天这样玩乐。体弱的孩子，萨尼亚、沃洛佳、卡佳、科斯佳等，面颊上出现了红晕，气色大为好转。

在宁静晴朗而又寒冷的傍晚，冬季大自然独特的美尤为绚丽地展现在孩子们的面前。我们站在花园里的某个地方观赏那鲜红的晚霞，期待着最早出现的星星。晚霞映雪，雪地上呈现一片粉红色，随即又变为淡青色。在这种时刻孩子们产生的激情都是用言语和音乐旋律表达出来的。他们回忆起与眼前的美妙景色相呼应的民歌旋律。我们怀着被美景激动了的心境回到学校，生起炉火，唱起歌来。

在冬季宁静的清晨，孩子们欣赏朝霞。他们默不作声地观赏景色，总想找出词语来表达自己的赞美之情。我便帮助他们寻词觅句。每有所得，不仅感到喜悦，而且进一步提高了思考能力。

第一届云雀节

冬天，我们在禽鸟和走兽“医院”的木笼旁期待天暖春回的日子，到了春天我们这些小小的朋友们将飞向晴空，奔向丛林。久已想望的节日终于来到了。天空出现第一只云雀后的第二天，我们就把养着鸟兽的箱笼搬上了土岗。鸣禽的啼啭响彻原野。孩子们打开了笼子，听任云雀、啄木鸟、黄鹂和小兔远走高飞。顷刻间，我们的云雀已在天空中放声歌唱；转眼间它又向地面俯冲而下……我们站在那儿，美景使我们心旷神怡，我们因拯救了几条小生命而感到满心喜悦。

此刻，我内心设想着未来：以后我们每年都登上土岗，庆祝我们的云雀节。

云雀节变成了划分春夏之交的日子。孩子们把拯救小鸟的生命引以为荣。每个孩子都有了自己的“生物和美丽角”。云雀的形象、鸣响在阳光普照的田野上的独特旋律——这一切都永远融入了孩子们的精神世界。孩子们之所以迫不及待地盼望这个节日，还因为这个日子同艺术创作的激动心情相联系着：他们总是和妈妈一起用白面制作一些小云雀、小燕子、椋鸟、喜鹊、夜莺、山雀等，并把他们的制品带到学校里来。孩子们在自己的小小创作中体现对大自然的热爱，各自按自己的方式表达自己对美的认识。

到了秋季，孩子们总是怀着惜别之情送别南飞的候鸟。这是一种使人心高尚的惜别之情。缺少了这种情感就不会有善良。

我们怎样学习读和写

我讲讲小家伙们是怎样学习读和写的。亲爱的读者，请不要把这里所讲的东西当作识字教学的新方法来看待。我没有去思考我们所进行的创造（这确实是孩子们的创造，是有助于教学的教育工作）的科学根据，也不认为它能在某种程度上取代那些经过几十年检验的识字教学方法。这种创造产生在田野和草场上，在树荫下和草原热风的吹拂中，在夏日朝霞升起和冬天黄昏到来的时刻。

我已经不止一年地思考：在初入学的日子里读和写对于孩子变成那样困难、那样无趣而又恼人的事情，在通向知识的艰难道路上孩子又要遭遇那样多的失败，而这一切就是由于学习变成纯粹跟书本打交道的缘故。我看到过孩子怎样在课堂上费力地辨别字母，这些字母怎样在他眼前跳跃，汇合成无法辨认的图案。同时我也见到过，当识字教学具有某种趣味、同游戏相结合，而且特别重要的是当谁也不要求孩子“你必须记住，学不会你就当心”的时候，孩子们多么容易记住字母，并且用它们拼成词。

从学校生活的最初日子起，在艰难的学习道路上孩子面前就要出现一个偶像——分数。对于有的孩子，它是和善的，宽容大度的；而对于另一个孩子，则是严厉的、铁面无情的。为什么这样，为什么袒护一个人而折磨另一个人，孩子不理解。因为，7 岁的小孩还不能理解评分要取决于自己的劳动，取决于个人的努力，这是他暂时还理解不了的。他要设法去满足或者（在最坏情况下）去欺骗偶像，并逐渐习惯于不是为自己的乐趣而是为分数学习。我绝不是说要把分数根本驱逐出学校。不是，没有分数不行。而是要等到孩子已经懂得了自己的智力劳动质量要取决于自己在学习上所付出的努力这个道理的时候，才在他身上使用分数。

依我看，对小学里评分的最主要的要求，就是它的乐观主义和富有乐趣的原则。分数应当是奖励勤奋的，而不是惩罚懒惰和懈怠的。如果教师把 2 分和 1 分当作可用来警戒懒马的皮鞭，而把 4 分和 5 分当作糕点，那么孩子很快就会既痛恨皮鞭也痛恨糕点。2 分和 1 分——这是十分锐利和精细的工具，聪明而又有经验的低年级教师总是备而不用的。也可以说，这件工具存在于小学，就是为了任何时候都不动用它。教师的教育机智就是要让孩子任何时候都不失掉信心，都不使他感到他什么都弄不好。每次作业都应当成为学生的一个哪怕是微小的进步。一个刚刚迈进校门的 7 岁小孩，勉强能辨认“a”和“б”，突然就得了 2 分。他还弄不清这是怎么回事，起初甚至既不会觉得苦恼，也不会觉得不安。他只会感到茫无所措。亚努什·科尔恰克写道：“在看到上了岁数的人干出刻薄的蠢事来，连聪明的孩子也会立即惊讶得停滞不前。”“要尊重孩子的无知。”① 波兰教育家的这句话我终生铭记不忘。只有当教师掌握了人学的最高智谋——善于尊重孩子的无知的时候，2 分才能成为那种最锐利、最精细但在小学从不动用的工具。

在“快乐学校”诞生前几年发生过这样一件事。我们带着一些幼儿，6 岁的学龄前儿童到树林去，在林中空地停下来之后，我给他们讲起蝴蝶和甲虫来。在草丛中爬行的一只大甲虫引起我们的注意。它几次试图飞起来，但总未能离开草丛。孩子们十分仔细地观察了这只虫子。我面前放着一个图画本，我便把甲虫画了下来。孩子当中有人要求我写上标题。我用大写印刷体写了“жук”②。好奇的小家伙们便重复着说这个词，并端详起这几个在他们看来像是图画的字母来。有人在沙土上画了这几个字母，有人用草秆编了这

① 亚努什·科尔恰克：《教育文选》，莫斯科，1966 年，第 282 页。

② жук，即俄文“甲虫”一词。——译者注

个词。每个字母都使孩子们联想起某种事物；例如在字母 ж 中，他们看见了我们刚刚看到的那只倒霉的甲虫的样子，它张开翅膀试图飞起来，然而屡遭失败……几个月之后，我到这些孩子的班上去听课（这时他们已经入学了）。教师抱怨说，阅读上有困难。事有凑巧：这节课恰巧学字母 ж。孩子们满面笑容，教室里顿时发出一片甲虫的飞舞之声，孩子们重读 жук 一词时特别加重了 ж 的发音。① 孩子们纷纷举手，老师疑惑地发觉全体学生都能写出 жук 一词。那是多么愉快而又令人欢喜的一堂课……对我来讲，这是教育学受教于生活的一次经历。

此时，我在“快乐学校”里又回忆起这件事来。孩子应当生活在美、游戏、童话、音乐、图画、幻想、创作的世界里。当我们要教会他阅读和书写的时候，就应当让他置身于这种世界。而且，孩子在踏上认识阶梯第一级时的感受如何，心境怎样，决定着他日后整个认识的（通向知识的）道路。一想到这一级台阶正在成为许多幼儿的绊脚石时，简直觉得可怕。请您仔细观察一下学校生活，您就会看到许多孩子正是在识字教学阶段失去信心的。亲爱的同行们，这一级阶梯我们要上得使孩子不感到疲劳，要使得通向知识的每一步都走得像鸟儿在高傲地直冲云霄，而不像精疲力尽地挑着力不胜任的重担的人在艰难迈步。

我开始同孩子们进行到词语源头去的“旅行”：让孩子们看到美的世界，并竭力使他们从心底里感受到词语的乐音。我力求做到使词对于孩子不光是事物和现象的标记，而且还包含情感色彩——它的芳香和细微差异。重要的是要让孩子们像听美妙的旋律那样聆听词语，要让词语美和词语表达的那部分世界的美能引起对字母的兴趣，也就是对表达人的言语声音的那些花纹的兴趣。在孩子们还

① 俄文字母 ж 发音近似汉字“日”，可用以模拟甲虫飞舞声。——译者注

没有感受到词语的芳香、没有觉察它的细微差异之前就不能开始识字教学；如果教师教字，那就会使孩子陷入繁重的劳动。（孩子最后会挑起这副重担，但要付出多大的代价啊！）

读写教学在下面这样的条件下才会容易进行，这就是使识字对于孩子成为生活中鲜艳夺目、兴趣盎然、充满生动形象、声音和旋律的一部分。要孩子必须记住的，首先应当是有趣的。识字教学要同绘画紧密结合。

我们到词语源头去"旅行"时总是带着画册和画笔。下面就是我们最初的一次"旅行"。我确定的目的是让孩子看看"牧场"这个词的美和它的细腻色彩。我们站在垂向池塘的一棵柳树下面。远处是阳光灿烂的一片牧场。我对孩子们讲："你们看，我们面前多美。草地上有蝴蝶飞舞，蜜蜂在嗡嗡唱。远处的牛群像玩具一样。牧场看上去像一条淡绿色的河流，而树木就像是深绿色的河岸。牛群在河里洗澡。看，这初秋季节开出了多么漂亮的花。咱们细听听牧场上的音乐：听见小飞虫的嗡嗡响和蝈蝈的歌唱了吗？"

我在自己的画本上画起了牧场；画了牛和散在牧场上的白绒毛一般的鹅，隐约可见的炊烟，还有地平线上的几朵白云。孩子们被宁静清晨的美吸引，也画了起来。我在画上题词"Луг"①。对多数小孩子来讲，字母就是花纹，而且每个花纹都引起某种联想。是什么呢？是草秆。把草秆折过来就成了"Л"的花纹。把两根草秆一搭配，又是一个花纹"у"。孩子们也给画题了"Луг"一词。随后我们便读这个词。对大自然音乐的敏感性帮助了孩子们去感受词的发音。孩子在识记每个字母的笔画时，在每个花纹里都加进了生动的声响，字母便很容易地记住了。词的笔画是作为一个整体感受的：词被读出来，这个读音并不是对声音进行长时间的分析综合练

① Луг，即牧场。——译者注

习的结果，而是与孩子刚刚画出的那个视觉形象相对应的、有声的音乐形象的自觉重现。就是在视觉和声音的这种统一感受中（这种感受饱含着既加进了视觉形象也加进了音乐音响的丰富的情感色彩）同时识记着字母和小小的词。亲爱的读者，这并不是发明了一种识字教学的新方法。这是在实践已被科学证实的东西：更容易记住的并非是必须记住的；被感知形象的情感色彩在识记中起着非常重大的作用。

词的视觉形象、发音和情感色彩的一致性，丝毫也不削弱对发声进行单独的分析。相反，孩子们听了“Луг”一词的发音，区分其中的每个音，懂得词是由单个音组成的，而每个音都有相应的字母。

几天之后，又有一次新的“旅行”。清晨，我们来到学校的花园里，太阳已经升起，地上的草、树上的叶子、成串的葡萄、金黄的梨和紫红的李子——一切都挂着露珠。每滴露水都闪烁着阳光的火花。火花在一处消失，又在另一处闪现，就好像太阳把一些露珠吮干了，又把另一些撒出来。但这只是人的感觉而已。露珠里的火花是阳光照到它时出现的。可是露珠究竟到哪里去了？有一些蒸发了，另一些则顺着叶秆滚下来让大地吸收了。没有露水，花草就会枯萎。接着我们观看了紫菀、金莲花、美人蕉、玫瑰等花朵上闪光的露珠。我画了草、金莲花、太阳和闪光的露珠。孩子们也画了。我在画上题写了标题“Роса”①。这些字母使孩子们联想到太阳和露珠。我们读了这些字母，即花纹。每个孩子都按自己的方式描画了字母，表达他们对周围世界的认识。谢廖扎对小朋友这样说：

“这是挂在草上的一滴露水。”他这样想象字母 Р。“它快要滑到地上了。这颗露珠着急地等着太阳。”他就是这样看字母 О 的。

① роса，即露水。——译者注

“这滴露水里就已经有太阳的闪光了。”谢廖扎又一次用铅笔描画了字母C的轮廓。

我让每个孩子都在大画册里画一棵挂着露水的小草。孩子们给自己的画标上了“Poca”一词。孩子们画了画，写了标题，这说起来很容易，可是对于他们来讲，不论是画还是标题，都是一系列形象、音响、色彩和感受。每个字母在孩子意识中都与直观形象相联系，因此不论整个词还是每个字母都很容易记住。

连续几天我们一次又一次地去欣赏露珠，一次又一次地画画和写标题。而且每一幅新画都不是例行练习，而是创作。两三周内我们的创作都跟“露水”一词相联系着。每个孩子一次次画他所喜爱的那棵草或那根树枝，倾听着词的发音，区分出其中的单个音，再用字母把它们标记出来。字母同环境中的对象的相像，这实际上就是孩子们的幻想、故事和创作。

我在画本的封面上题写了《我们的祖国语言》。我对孩子们讲：“这个画本我们要保存很多年，直到你们从学校毕业，长大成人。你们每个人也会有自己的有画有字的画册。这一本是我们大家的。”

日子一天一天、一周一周地过去。我们一次又一次地不断到活的语言源头去“旅行”。特别有意思的是对下面这些词的认识：村子、松林、橡树、柳树、森林、烟、冰、山、穗、天空、干草、小树林、椴树、白蜡树、苹果树、云朵、山冈、橡实、落叶，等等。春天我们进行了以下这样一些词为题的“旅行”，如花朵、丁香、铃兰、槐树、葡萄、池塘、河、湖、林边、雾、雨、雷电、霞光、鸽子、杨树、樱桃，等等。每次都是由那个词激起了最鲜明的想象、情感和回忆的孩子在《我们的祖国语言》画册里画他的画。谁也没有对祖国语言的美无动于衷。到1952年春，就是说，在我们开始工作八个月之后，孩子已经认识了全部字母，并且会写、会读词了。

这里要防止机械地搬用经验的做法。用这种方法教读和写是一种创造，而任何创造都不能容忍死板公式。新事物只能创造性地去借鉴。

很重要的一点是，没有向孩子们提出必须记住字母和必须学会阅读的任务。孩子们在游戏中迈上认识阶梯的第一级；他们的智力生活受着美、故事、音乐、幻想、创作和想象游戏的鼓舞。凡是激发了他们情感并因美而吸引了他们的，都深深地印在了记忆中。使我感到惊讶的是，许多孩子热切希望不仅用话语表达自己的经历，而且还要把它写出来。

有一次我们在森林守卫的小屋里避雨。外面雷鸣电闪。一会儿地上撒满了小颗粒的冰雹。雨后，绿草地上仍有一段时间存留着冰雹。阳光从云隙间照射下来，冰雹显出了绿色。孩子们欢喜地叫了起来：“这多好看哪！”第二天，小家伙们想把昨天的见闻画出来。而尤拉、谢廖扎、舒拉和加利娅还给自己的画写了标题。他们已经能很好地阅读。于是我们看到了他们最初的作文。他们写的是：“乌云在草地上撒下了冰雹”、“绿草白雹”、“太阳融化了白色的小雹子”、“巨雷撒下了白色的冰雹”。

通过这个例子我又一次证实：儿童越接近思想和语言的源头——越接近周围世界，他们的言语就越丰富生动。我相信我的小家伙们很快就会写出小作文来。我的信念在 1952 年夏得到了印证。校园的一个角落里种了虞美人花。当虞美人花呈现五颜六色的光彩时，我带领孩子们到那里去。色彩之美激起了孩子们内心的喜悦。我们长时间地观赏花朵，倾听了蜜蜂的嗡嗡歌唱。第二天我们带着画册和彩色铅笔又来到这里。孩子们画了画，我给他们讲了虞美人花子的故事，讲了彩虹怎样把七彩美赠送给它。许多孩子想用言语表达自己的喜悦，于是写出了鲜明生动的作文：“开出了一片虞美人花的地毯”（塔尼娅）、“虞美人花地毯覆盖了大地”（尼娜）、

“虞美人花开放了，太阳很高兴”（济娜）、“小蜜蜂在虞美人花毯子上歌唱”（加利娅）、“太阳撒下了遍地的花朵：蓝的、粉红的、红的、天蓝的”（拉里莎）、“淡蓝色花瓣中有毛茸茸的熊蜂”（谢廖扎）、“花朵在细细的枝上摇摆”（舒拉）、“太阳在虞美人花间嬉戏”（科利亚）、“天上掉下了蓝花瓣，地上铺上了花地毯”（卡佳）。孩子们把他们自己画册里的这些画和文字转载入大画册《我们的祖国语言》。

我们去观察向日葵和开花的荞麦地的时候，孩子们的想象非常活跃，不断涌现新颖的形象。周围环境的美越能激动孩子，字就识记得越牢，尽管从来也没有把记字当作首要目的。我越发确信，形象地观察世界，力图用言语表达对美的感受——这就是儿童思维的核心。儿童的思维是艺术的、形象的、饱含情感的思维。要想让孩子变得聪明伶俐，就要让他享受到艺术地观察世界的幸福。

当孩子看到和感受到美好事物时，在他的意识中，幻想、创造和活跃的思想无穷无尽，犹如泉涌！我永远忘不了我们到活的词语之源的一次“旅行”。夏天我们去参观农庄的养蜂场。养蜂老爷爷请我们吃了新鲜蜂蜜，喝了清凉的泉水。孩子们坐在果树下欣赏荞麦田开花的美景。蜂群从田地返回蜂房时在那清凉泉水的溪流上空盘旋着，轻声嗡嗡着。孩子们说：“它们在互相讲述花和小树林，讲荞麦和向日葵，讲鲜艳的罂粟果球和苜蓿草的小蓝花。”

再过五年，我这些小家伙将成为四年级学生，我将让他们写一篇作文，即写一篇故事《蜜蜂说些什么》，六月里这一天的这些深刻印象将化为鲜明的形象和活跃的思维。是的，幼年时期喜爱过的东西永远都不会忘却。让祖国语言和周围世界的美在童年时代就在孩子的意识中留下永不磨灭的印象。让攀登陡峭艰难的知识阶梯的第一步得到美的激励吧！

随着孩子们识字水平的提高，书本越来越多地进入他们的精神生活。我们建立了一个小小的画书图书室。遗憾的是没能在书店里找到好的图画书，因此不得不由我自己来画和写。我画的第一本图书是关于严冬爷爷、狠毒的后母、善良的继女和懒惰的女儿的乌克兰民间故事。这本书画成之后篇幅也不算小——共有三十多页，每一页都有一幅画和几句话（有时只一句）。到 1952 年春，多数孩子都能流畅地阅读了。瓦利娅、科利亚、加利娅、拉里莎、谢廖扎几个人读得尤其好。我们坐在草地上，有个孩子翻开图画书，读了起来……这不单是读词，还用它们造句。这是创作。孩子读故事的时候就如同进入了画上所画的那个境界。他读的语调表达了情感和愿望的细微差异：严冬爷爷的善良、后母的狠毒、继女的勤劳和热情以及女儿的懒惰和冷酷。孩子们被他们读的东西深深触动着：他们憎恨邪恶，为善良的胜利而欢欣鼓舞。

有意思的是，孩子们几十次地读一个故事，竟然总能兴趣盎然地听它。我想起了教师们的忧虑：孩子们朗读起来为何如此单调、呆板？为何在孩子的朗读中很少能听出情感色彩？这是因为在很多情况下朗读脱离了孩子的精神生活，脱离了他的思想、情感和观念。使孩子激动的是一些事，而他朗读的却是另一些事。只有当语言触动了孩子内心深处时，朗读才能丰富他的生活。

我们开始创作新的图画书。尤拉、谢廖扎、卡佳、莉达、柳芭、拉里莎等都画了画。没有一个孩子不想画画。识字中的困难主要是靠对画画的兴趣克服的。

1952 年夏，孩子们开始读印刷的儿童小读物了：Л．托尔斯泰编写的民间童话和 K. 乌申斯基的《祖国语言》里的小故事以及普希金、莱蒙托夫、涅克拉索夫、舍甫琴科、列西・乌克拉因卡、伊万・弗兰科等作家的诗。有一次，孩子们读了乌申斯基的《祖国语言》中的短诗《孩子们，该上学了》之后，立即就把它记住了。

我在为此欢喜之余，十分焦虑地想到充塞着某些儿童读物的那些拙劣的短诗。这些用文牍语言写成的枯燥诗文与其说是在培育对语言的爱，还不如说在扼杀诗情。

每一次成败我都和教师们切磋琢磨。培养学龄前儿童准备入一年级学习，成了我们学校全体低年级教师们的共同工作。在 M. H. 韦尔霍维尼娜、E. M. 扎连科、P. K. 扎泽、A. A. 涅斯捷连科、B. C. 奥西马克、B. П. 诺维茨卡娅等老师的创造性经验中，教育工作方法，更确切一些说，是课外和校外教育工作方法，一年年地越来越完善，这些方法促进了孩子们的智力发展同掌握顺利学习所必需的初步实际技能的结合。这些技能中居于首位的就是阅读。

那些从事学龄前儿童教育的教师，已经连续几年都做到了使他们的学生一进课堂学习就会阅读。这在很大程度上不仅使低年级而且使中、高年级的整个教学过程更容易进行。我们多年来的集体经验使我们有可能就流畅、生动而又自觉的诵读，在儿童的智力发展中和在学习过程中的创造性脑力劳动中的作用问题，做出非常重要的结论。这个结论就是：孩子的阅读开始越早、阅读同他全部精神生活越能有机地发生联系，阅读时思维过程就越复杂，阅读对智力发展就越有补益。7 岁以前就学会阅读的孩子能练出很重要的一种技能：他对词和句子成分的视觉和思维感知先于发声。读的时候孩子不被词束缚，他便有可能在那顷刻之间使目光离开书本，并在这个时间去思考和理解将读出声的那些东西。这样一来，孩子就能边读边思考、理解和领会了。

我们的集体经验，特别是 E. M. 扎连科和 M. H. 韦尔霍维尼娜两位老师的经验证明，正是这种流畅的阅读才是自觉学习的一个极重要的条件。

我的孩子，你生活在人们中间

少先队员们在校园的一个僻静角落栽培了菊花。秋天开出白色、蓝色、粉红色的花。在一个风和日丽的日子，我带着我那些小家伙们到了这里。孩子们看见这样多的花欢喜得不得了。然而痛苦的经历告诉我，美所唤起的孩子的欢喜往往是利己的。孩子可能去摘花，而且并不以为这有什么值得责怪。这一次就发生了这种事情，转眼间我便看见一朵朵花已拿在孩子们手里。当花朵剩下不到一半时，卡佳叫道：

"难道可以摘菊花吗?"

她的话里既不带惊讶也没有激愤。她只是在问。我没作任何回答。让这一天成为对孩子们的一次教训吧。他们摘下了几朵花，角落里的美消逝了，那块地方顿时显得一片荒凉。孩子们的心里燃起的对美景的满腔喜悦也消失了。小家伙们拿着花不知如何是好。

"怎么样，孩子们，这块地方还美吗?"我问道。"你们摘掉了花，剩下的这些光秆好看吗?"

孩子们都不出声，接着有几个人同时开口说道：

"不，不好看……"

"现在我们到哪里去看花呀?"

"这些花是少先队员栽的。"我对孩子们讲。"他们再来这里欣赏花的时候，看见的是什么呢?不要忘记，你们生活在人们中间。谁都爱欣赏美。咱们学校里花虽多，可是如果每个学生都摘一朵，结果会怎样呢?那就什么都剩不下了。大家都没有可欣赏的了。应该创造美，而不是破坏它，不是毁坏它。到秋天，天气凉了，我们把这些菊花移到暖房里去。将来在那里欣赏它们的美。为了能摘一朵，要培养出十朵才行。"

几天之后我们又到另一块地方去，那里的菊花更多。孩子们已经不再摘花了。他们在观赏花的美。

孩子的心对于为人们创造美和快乐的号召是敏感的，重要的只是发出号召之后，接着要有劳动跟随才行。如果孩子能意识到他身边有别人，意识到他的行动能给他们带来愉快，那么他从幼年起就能学着使自己的愿望符合人们的利益。而这对培养善良和人道，是非常重要的。个人欲望无止境的人永远不会成为好公民。利己主义者，只图私利的人，对别人的忧伤和不幸漠不关心的人，恰恰就是由那些只管个人喜好而不顾集体利益的孩子发展而成的。要善于驾驭欲望，在这个看来似乎很简单而实际上十分复杂的人的习惯中，蕴含着人道、同情心、热情、内在自制力的源泉。没有了这些品德，就没有天良，没有真正的人。

这里还要强调一下幼年期在培养人道中的作用。道德观念、观点和习惯都跟情感紧密相连。情感，形象地讲，乃是高尚行为的肥沃土壤。哪里不注意细心、关切地去感知周围世界，那里就会产生漠然无情的人。心灵的易感性和同情心都在童年形成。如果童年蹉跎，那么所荒废的就永远无法弥补。

把孩子引进错综复杂的人际关系世界中去，这是极其重要的一项教育任务。儿童的生活不能没有欢乐。我们的社会在尽力做到使孩子们能幸福地生活。但是欢乐并不等于无所用心。如果幼儿从成人精心栽培的树上摘下使他欢乐的果实时不考虑给别人留下什么的话，他便丢失了人最重要的品质——天良。当孩子还没有意识到他是社会主义社会的未来公民之前，就应当学会以德报德，学会用自己的双手为他人创造幸福和欢乐。

在“快乐学校”建立之前，几年来一直使我感到焦虑不安的是，许多父母出自对子女盲目的、本能的爱只看到孩子美的一面，而看不见丑的一面。记得有过这样一件事：一个 4 岁男孩没有去厕所而是当着母亲和邻人的面小便。母亲非但没有生气还颇为爱怜地说："您瞧我这儿子，什么都不在乎。"从这个4岁郎当小子的调皮眼神、气恼的嘴角和轻蔑的神情中已经能够预料这将是一个令人生厌的人物。如果不加纠正，不迫使他用他人的眼光看看自己的话，就可能变成一个下流坯。

我曾不止一次地和沃洛佳的母亲谈话。每当她开口说话，儿子就揪住她的衣衫来回扯动，就拽她的手，好像总有什么急事似的。纠缠不休、恣意放纵——都是孩子个人主义的不同表现，其祸根就在于宽容无度，万事迁就，惩处不力。某些家长（遗憾的是也有个别教师）认为，跟儿童讲话总应当带着一种孩子腔；孩子那灵敏的耳朵便能从这种腔调中听出迁就之意来。阅历浅薄的儿童心灵，对成人喁喁儿语定会应之以事事任性。我时刻提防着有失于此类腔调，片刻不忘在我面前的都是孩子，总是把这一个个的小人看作未来的成年公民。我觉得，当话题涉及为他人劳动时，这种态度便尤为重要。伴随儿童的劳动而来的最糟糕想法往往是：他们给了成人很大的帮助，因此理所当然地应当大大受到赞扬乃至奖励。

……秋天我们把菊花掘出来，移进了温室。对于农村孩子来讲，这是可以胜任的劳动。孩子们每天都给移栽的花株浇水，急切地期待着开出第一茬花来。温室变成了一个美好的地方。我向孩子们建议："现在咱们请客人到这里来参观好不好？请谁来呢？"多数孩子都有弟弟、妹妹。孩子们带他们到温室里来看，小弟弟、小妹妹们向菊花伸手时，我的学生便能制止摘花了。

我对孩子们讲："如果我们能培养出好多花来，到'三八'节的时候就给你们的妈妈每人送一朵菊花。"这个主意使孩子们受到了鼓舞。到三月初，我们已经有了足够的花朵。节日那天我们邀请各位妈妈来参观我们的温室，给每人都献了一朵花。加利娅的继母也来到学校，孩子也给她献了花。我多次跟加利娅谈起过她对继母的态度问题，向她说明妈妈是个心地善良的人，我的话终于打动了女孩的心。我很高兴科利亚和托利亚的妈妈、萨沙的奶奶，还有科斯佳的非亲生母亲也都能来过节。

许多东西还不可能给小孩子们讲清楚。那些谈论高尚情操的美好言语还远非经常能为他们所理解。然而，即使幼儿，也能从心底感受人道的美。从“快乐学校”最初的日子起，我就力求做到使每个孩子都能感受别人的欢乐、苦楚、悲伤和忧患。春秋两季我们常去农庄养蜂员安德烈老爷爷那里做客。老人没有家，孤身一人生活得很不幸。孩子们体察到，我们的每一次来访都使安德烈爷爷很高兴。去养蜂场之前，我总是建议孩子们：“咱们给老爷爷带些苹果、葡萄、李子，他会高兴的；咱们给他采些野花，这对于他也是一个安慰。”小孩子们的心变得越来越会体察人的心境、情绪和感情了。他们开始自己考虑可以带给老人一些什么快慰。有一次我们在森林里煮粥。当篝火燃起时，孩子们感到多欢乐呀……就在这个欢乐的时刻，瓦利娅若有所思地说：

“可是安德烈爷爷这时候就一个人。”

孩子们陷入沉思。或许某个成年人会觉得这种情景似乎有些感伤主义情调，也可能有人会想：7 岁小孩难道会有这种精神上的冲动？是的，亲爱的老师们，同志们，如果您正是在这种年龄就去磨炼孩子心灵的敏感性，如果您让他从内心深处认识到“你生活在人们中间”这个伟大真理，孩子就会有跟他人共享欢乐的愿望，就会因想到自己欢乐的时候朋友却遭受孤单而感到十分痛苦。

孩子们决定跟安德烈爷爷共享欢乐。“咱们给他送脂油粥去……”科利亚建议。话音刚落大家便欢呼赞成。孩子们送去的粥多得连极度饥饿的人也未必吃得了。我们在养蜂场又一次跟老爷爷共进了午餐。

对悲与喜的敏感性只能在童年时代培养。在这个年龄，心灵对人的苦难和不幸、烦恼和孤单特别敏感。孩子犹如在设身处地地进行亲身再体验。记得有一次我们从林地往回走时，经过一座孤零零的屋子，屋子四周十分荒凉。我告诉孩子们，这里住的是一个在伟大卫国战争中致残的人，他还在生病，没办法自己栽果树或种葡萄。孩子们眼睛里涌出了泪水，每个人都为这位孤独的患病人难过。我们为他栽了两棵苹果树、两株葡萄，作为赠给他的礼物；而获得的则是最宝贵的——那就是为他人创造幸福而感受到快慰。

培养对他人灾难与不幸的同情心——是苏联学校的一项重要任务。一个人只有能忧他人之忧，才能成为他人的朋友、同志和兄弟。要让孩子们的心中有他人——可以这样来表述我为自己提出的重要的教育任务。

如果孩子对他的同学、朋友、母亲、父亲以及他所遇到的任何一个同胞的心境怎样都毫不关心，如果孩子不善于从别人的眼神中观察出他的心情怎样，那么，他永远也不会成为一个真正的人。我竭力要把我的学生的心灵磨炼得敏锐，使他们能从人们的眼神中察觉人们的情绪、心境与喜忧，而不论他是与自己朝暮共处的还是邂逅者。

我和孩子们正从树林往回走，看见一位老大爷坐在路旁草地上，像是心情不大好。我对孩子们说："这位老人好像出了什么事，也许是半路上生了病？也许丢了东西？"我们走近老人问道："老大爷，我们能帮您一点什么忙吗？"老人深深叹了一口气说："谢谢孩子们，你们就是有这番心意，也帮不上我的忙啊。我家里出了大事，老伴在医院里快要死了。我是在等公共汽车去看她呢。忙你们是帮不上，可是我心里好受多了：世上有好人啊！"孩子们都沉默了，七嘴八舌的喳喳声停止了。他们回家的时候老人那番伤心的话仍在影响他们的情绪。本打算还要玩一会儿，但是不知怎么着，玩的事自然而然被遗忘，各自回家去了。

教人体察情绪——这是教育中最难的事情。友情、同志关系、兄弟情谊——都是培育热忱、同情、关怀和体贴等品质的渊源。当孩子在为他人的幸福、快乐和精神安宁有所作为的时候，他才能体察别人最细致的情绪。幼儿对父亲、母亲、爷爷、奶奶的爱若不出自善良意愿的激励，则会变为利己的情感：孩子所以爱妈妈，是因为妈妈是他的幸福之源，为幸福而需要妈妈。然而，要在孩子心灵中培养的，则是真正的人道的爱——会急他人之所急，忧他人之所忧，同他人休戚与共。只有在能够体察和关注他人命运的心灵里才会产生真正的爱。让孩子有一个需要人关心的朋友，这是多么重要啊。养蜂员安德烈老爷爷就是我的学生的这样一位朋友。我深信，孩子越会关心别人，他的心就越会体贴同学，体贴父母。我给小家伙们讲了安德烈老爷爷的坎坷生涯：两个儿子都牺牲在战场，老伴也过世了。他感到十分孤单。

“孩子们，咱们以后多去看看老爷爷。每次都要设法让他高兴高兴。”

每当我们准备去看望的时候，每个人都在想：什么能让老爷爷高兴高兴呢？孩子们送了老人一本画册，里面是我们每个人画的画。我们在河滩拣了一些各种颜色的石子，送给了老爷爷。老爷爷做了一只小木匣子，把石子摆列在里面又回赠给我们……男孩子们用麦秸给老人编了一顶草帽。老爷爷常常给我们用木头雕一些小动物——小兔、狐狸、羊羔，等等。

孩子们为他们的朋友由衷付出的关注越多，就越能体察到自己身边的忧虑、悲伤与不幸。他们注意到尼娜和萨莎有时来到学校时神情抑郁，她们的眼睛流露出忧伤神情，显得若有所思。小朋友们询问这对姐妹：母亲感觉怎样？因为母亲的情况不好，两个女儿就不高兴……当孩子们能为减轻小朋友的忧患而有所作为时，内心就在确立善良情感。我们几次走访了尼娜和萨莎的家：清除了园子里的杂草，帮助收完了菜地里的土豆。每当大家准备到树林去的时候，都很关心一个问题：尼娜和萨莎能不能一起去？因为曾经有过她俩不得不留在家里的情况——要帮爸爸做事。于是为了使大家都能一起欢度快乐日子，我们总是事先去尼娜和萨莎家里，尽可能帮他们做些事情。

在社会中生活——这意味着要善于为了他人的幸福和安宁而舍弃自己的欢乐。大概我们每个人都遇到过这样的现象：孩子面前是悲哀、不幸和可泣的事，他却照样尽情欢乐。也有这样的事：母亲竭力设法使孩子注意不到那些忧郁、悲伤的事，以便使他的美满欢乐不蒙受丝毫损害。这是赤裸裸地滋养利己主义。不要引导孩子回避人类生活的阴暗面。要让孩子知道，我们生活中不尽是欢乐，也有悲伤。要让孩子心里也有他人的忧患。

一个人的道德面貌如何，归根结底要看他在童年时期是从哪些来源取得快乐的。如果他的快乐在于无思无虑，坐享其成，如孩子不知什么是忧伤、委屈和痛苦，他就会成长为利己主义者，对别人的事不闻不问。非常重要的是，让我们培养的人懂得最大的快乐——出于对人的关怀而感受到的激动人心的快乐。

我们的集体——和睦的家庭

自“快乐学校”开办之初我就努力使我们这个集体具有家庭般的亲切、热诚、相互关心、信任和帮助气氛。九月份有三个孩子过生日：维佳、瓦利娅和科利亚。我们全体为他们集体过了生日：在学校食堂烤了馅糕饼，① 给过生日的三个小朋友赠送了图画和书本。我惊奇地得知，科利亚家里不论儿女还是父母，从来都不过生

① 俄罗斯习俗，过生日要吃烤馅糕饼。——译者注

日。这一回是这个男孩子有生以来的第一个节庆日。小朋友们对他的关心使他非常激动。

童年时代每个人都需要得到关怀和爱抚。如果孩子在冷漠无情的环境中长大，他就会变成对善和美都无动于衷的人。学校不可能完全代替家庭，特别是代替母亲。但是，假如孩子在家里得不到亲切的爱抚和关怀，我们做老师的就要特别关心他。

我们这个小小集体有了自己的财产，有了自己的秘密、需要操心的事和烦恼。橱柜里保存有玩具、铅笔和本子。“幻想角”里有一个“给养库”，存放着土豆、粮食、食油、葱头等，这都是为在那里度过秋雨连绵的那些夜晚而准备的。我们这个家庭的成员都是幼儿，不过其中有几个特别小的孩子：丹科、季娜和瓦利娅。在路途中、在森林里，大家都知道要关心和帮助年幼的小朋友。

遇有个别同学不知其原因而没到校时，晚上便有小朋友去看望他，了解是否生了病。这已成为一个好传统。眷恋之情——这是极为重要的精神需求的基础，没有它，就不能想象人与人之间会建立共产主义相互关系。我力求做到，使得同学之间的交往和精神财富的交流，成为每个孩子的快乐之源、情感和阅历的丰富之源。每个人都应当给集体献出自己的东西，都要为别人创造幸福和欢乐。

在工作过程中，我在培育儿童集体上遇到过许多困难，为了克服它们，我曾求教于那些能细致体察儿童心灵和集体脉搏的、富有经验的低年级教师 В. П. 诺维茨卡娅、М. А. 雷萨克、Е. М. 扎连科、М. Н. 韦尔霍维尼娜等。我们常常在晚间，当校园里安静下来时，聚在一起交换个人想法，谈我们每个人如何理解儿童集体生活的多面性。我们都很清楚，人的认识活动始于家庭，始于母亲柔声轻唱催眠曲时孩子第一次向妈妈发出微笑的那个时刻。让对于世上一切善意的、亲切的和最美好的事物的最初信念——对人爱人的信念，能在亲身感受中产生，使父母成为孩子最亲爱的人，这是多么重要。而如果家庭里缺少或者全然没有这种真正人道的东西，则集体能在何种程度上加以弥补？以及如何向那易受感动的、敏感的儿童心灵揭示人的心灵之美和善良？

正是在这些夜晚，在我们交谈、切磋和思考中点点滴滴地汇成了一种在我看来是重要的教育思想。这种思想已变成我们全体教师的信念，这就是：只有当儿童集体能在精神上提高每个人，使每个人都确立自尊感并能自重的时候，它才能成为一种教育力量。真正的父母之爱的核心精神，也就是让儿女由于感受到自尊而确立做正派人的志气。我在有经验的教师身上点点滴滴地发现一些极可贵的创造，概括其意义则可归结为：要让孩子为他自己和自己的行为而自豪，并能维护自己的荣誉和尊严。

我精心汇集了我校优秀教师们的点点滴滴宝贵的教育经验，力求让孩子们能在集体的真诚、亲密的相互关系中显示出要做好人的意愿来。集体内部关系真诚、亲密，成了我经常关注的问题。孩子集体生活的多面性，在我的概念中已经不只是由同一目标和共同劳动结合一起的志同道合者的团结友爱，而且还包括彼此之间的热情关怀以及既能从理智又能从情感上体察他人悲欢的那些精神。正是在集体关系的这种亲密无间的真诚中蕴含着要做好人的高尚意愿：不是为显示，不是为求取赞扬，而是出于高尚情操的自然需求。

实际上，我以后那些年的教育工作，就是在儿童、少年、青年心灵里精心确立人的尊严。过去和现在都是按此来建立集体关系的。我总是竭力使儿童集体这个小小社会的生活服从于让人在精神上不断向上这个任务。孩子们的创作，以及对他们的素质、才能和天赋的发展，也都服从于这项任务。

我们在“健康乐园”里的生活

距我们这些幼儿入学只剩下一个月了。夏季最美好的月份——八月临近了。在七月的暑天期间，孩子们是清晨或傍晚之前到学校来。有人回家吃午饭路太远，因此有六七个孩子在学校食堂用饭。我产生了一个想法：让小家伙们离开家到果园里、池塘边上找个地方住上个把月。我们在池塘附近看中了一块地方；少先队员们帮我们在树丛中搭了几顶窝棚，就是夏天农庄瓜地的看守住的那种窝棚。窝棚里铺了麦秸，做了几张画画用的小桌子。我们附近就是农庄大果园。看园人答应我们，把果园当作我们休息的主要场所。窝棚旁边搭起了伙房，农庄提供了给养，并派来炊事员。萨尼娅的父亲给我们搞了个戏水池，池旁停着一只摩托艇，男孩子们一见，真是喜出望外。

我们在“健康乐园”（家长这样称我们的驻地和休息场所）的集体生活开始了。整整一个月我们都是在户外度过的。日出前就起身。在池塘里洗澡，每天都做操，早饭后便出去游玩：进树林，去果园，下农田，等等。这个月我们进行了最有趣的几次去语言源头的“旅行”。从高岗上欣赏过朝霞和日出；观察过小燕子怎样千百只地结合成群准备南飞；观赏过阳光和微风怎样驱散清晨河面上的白色烟雾。不论在田野、草场或树林里，孩子们都要进第二次早餐：吃苹果、梨、李子，吃煮嫩土豆配新鲜黄瓜，吃西瓜、甜瓜、西红柿及煮玉米棒子等。八月是瓜果蔬菜的旺季，在这些日子里，每个孩子吃的苹果和梨不下两公斤。安德烈老爷爷每天都给我们送蜂蜜来。一早一晚孩子们都喝鲜牛奶。炊事员给我们做香甜可口的红菜汤吃。

晒得黝黑的孩子们每天只穿背心裤衩、打着赤脚去远足，乘摩托艇游玩。

良好的营养，加上阳光、空气、水以及适当的劳动和休息，所有这一切配合起来便是无以取代的、有益的健康之源。

第一学年前夕的一些想法

我们“快乐学校”的活动就要结束了。我教的这些幼儿不久就要当小学生了，想到这一点，我感到既快慰又不平静。所以快慰，是因为我还要不止一年地带领我这些小家伙沿着生活、劳动和认识的道路迈进，是因为一年来小家伙们强壮起来了，晒得黑黝黝的，显得很健壮。

当“快乐学校”的日子行将结束的时候，我在想象中把现在的沃洛佳、卡佳、萨尼亚、托利亚、瓦里娅、科斯佳与他们一年前的样子作了比较。他们原来面色苍白，身体虚弱，两眼下面都有青色血管隐约可见。而现在，变得面色红润，肤色健美，如人们常说的“白里透红”。感到快慰还因为，没有那闭塞的教室、黑板和粉笔，不用那些平淡呆板的画片和字母块，孩子们也迈上了认识阶梯的第一级——学会了读和写。现在，他们比起那些要从教室黑板的长方框子里迈出这第一步的孩子们来，会感到无可比拟的轻松。

我十分尊重教学论，但厌恶搞空洞计划。但是生活本身却要求按部就班地掌握知识，要求学习这种劳动——这是要求儿童用心而又细致劳作的最严肃的劳动——同时又是增进儿童精神力量和体力的愉快劳动。这对幼儿来说尤为重要，他们还不能理解劳动的目的和艰难的实质。

人们千百次地讲道：学习是劳动，不能把它变成游戏。但是不能用一道万里长城去隔离劳动和游戏。我们留意审视一下，看游戏在儿童生活中，特别在学龄前时期占有什么地位。对于孩子来讲，游戏是最严肃的事情。世界在游戏中向儿童展现，儿童的创造性才能也是在游戏中显示的。没有游戏，就没有，也不可能有完满的智力发展。游戏犹如打开的一扇巨大而明亮的窗子，源源不断的有关周围世界的观念和概念的湍流通过这个窗口注入孩子的心田。游戏犹如火花，它点燃探索和求知的火焰。那么，如果孩子在游戏中学写字，在他智力发展的某个阶段把游戏同劳动结合在一起，又有什么可大惊小怪的呢？这样，教师也就无须经常对孩子们说："好了，玩了一会儿了，现在该干正事了！"

游戏——是个含义广泛多面的概念。孩子们并非只是在奔跑、在比赛谁快谁敏捷的时候在游戏；在创造才能和想象力的紧张活动中也可能包含游戏。不做智力游戏，没有创造性想象，就不能想象有完满的教学，在学龄前时期尤其如此。广义的游戏始于有美的地方。但由于幼儿的劳动不可能没有审美因素，所以，幼年时期的劳动活动同游戏紧密相连。学校园地收割季节的开始，是个隆重的日子——孩子们都身穿节日盛装来校。割下的第一把谷穗要插在花瓶里，摆在铺好了桌布的桌子上。这里的游戏充满了深刻的含义。然而，当游戏被人为地强加在劳动之中，而且在美中没表现出人对周围世界和对他自己所做的情感评价的时候，游戏便失去了教育价值。

有一个问题还没有解决：什么时候开始进行识字教学最合适，是当孩子当了一年级学生坐在课桌旁的时候；还是更早一些，在学龄前时期。经验向我们全体教师证明，学校不应当让孩子的生活发生骤然变化。要让孩子当了学生之后，今天继续做他昨天做的事。让新东西在他生活中逐渐出现，不要让大量印象的涌来使孩子应接不暇，不知所措。

我认为，同绘画、同游戏紧密结合的识字教学，恰好也就可以成为连接学前教育与学校教学的桥梁之一。字母笔画图案向我的这些小家伙们揭示了许多景物美：露水珠里的太阳火花、高大的百年老橡树、池边的垂柳、晴空的雁群以及七月天熬过白天溽暑之后沉睡的草，等等。尽管孩子们还不会很好地描画字母，这是无关紧要的；重要的是他们能感受每幅画里生机勃勃的生活。另外，还让我感到快慰的是，孩子们已开始能领会词语的细微色彩和音乐性，他们的意识中已奠定了鲜明的、形象的、诗意的牢固思维基础。绘画已进入孩子们的精神生活。他们总是要竭力在画里表达自己的思想、情感和感受。听音乐已成为这些孩子的精神需求。

使我快慰而又激动的又一点是，孩子们在品德发展上已迈出了第一步：他们已进入人的品行美的境界，他们心灵中已唤起对他人喜忧的共鸣，已经领略了为人创造美和欢乐的幸福。依我看，从孩子迈进学校大门直到成为一个成熟的、全面发展的人这个多年的教育过程，首先培养的是人的情感。我们所培养的人应能深切体察生活在他身边的那些人也会有同他自己一样的悲伤、痛苦、忧患和不幸。我竭力要做到的是，要我培养的这些孩子的好行为在童年就能首先建立在人的情感的基础上。我高兴的是，小家伙们已能产生情感的共鸣，已能敏锐地体察激动着他的亲人或成年朋友、父母或其他成年人的那些情感。最令我欣慰的是，孩子们能把他们在生活中接触到的每个人首先看作一个人。

欣慰之余我也感到不安。日常的脑力劳动将成为孩子们的主要责任，我是否还能让他们保持对周围世界的活跃兴趣？每个孩子都以自己的眼光看周围世界，以自己的方式感知事物和现象，以自己方式进行思考，我是否能既把奔腾湍急的滚滚溪流，也把水波不兴的滔滔大江，一起都导入认识世界的海洋？

更使我忐忑不安的，是每个孩子的精神世界。摆在我面前的是一些敏感、细腻、易受感染的心灵。我跟孩子们接触越多，就越清楚地看到每个孩子的心灵和理智对我的言语、眼神以及我提出建议或批评的口吻的敏感性如何变得越来越敏锐。在我面前的是 31 个孩子，这是 31 个精神世界。我想起海涅的话来：“……每个人都是一个世界，人与它同生共死。每块墓碑下埋葬着整整一个世界的历史。”他们——科利亚与科斯佳、瓦利娅与季娜、丹科与拉里莎、沃洛佳与斯拉瓦……现在，就在这学前年龄，已经有多么不同了。要知道，各自独有的、纯属个人的特性将会一天天、一周周地显示得更加鲜明，更加明显。每个孩子的内心深处都有他自己的一根弦，发出自己的音调，因此，要想让那颗心能与我的话语相呼应，就得使我自己也能和上这根弦的调门。我已经不止一次地看到，在孩子因某种事而焦急不安或不愉快而老师对此却毫无所知的情况下，孩子的心情是多么难过。我能不能了解每个孩子每天关心的是什么？心境如何？对待孩子，我是不是总能做到公正？

公正——这是孩子信赖教师的基础。但是不存在某种抽象的公正，那种离开个性，离开个人兴趣、喜好和激情的公正。要做到公正，就要细致入微地了解每个孩子的精神世界。正因为如此，所以我认为日后的教育就是不断深入地了解每个孩子。

然而，使我在全部工作岁月中安不下心的最主要的问题则是，怎样把年幼的小学生引进社会生活的广阔世界，怎样才能做到使每个孩子不光看到自己的村子和在其岸边度过自己童年的那条河的美；而且也看到自己祖国宏伟辽阔的江山？使他不仅喜爱大自然和人的心灵的美，而且憎恨那奴役各国人民的敌对势力——帝国主义。使他时刻都有决心捍卫苏联人民的胜利成果——社会主义制度，我们国家的自由、荣誉和各族人民的团结友爱。怎样把公民教育同全面发展融为一体？教育低年级学生——这是十分复杂的问题，我能否按年龄要求那样把它解决好？

儿童时代

什么是小学

1952 年 8 月最末一天，一个静悄悄的晴朗的早晨，所有的学生、教师和家长都来到学校大楼前那块绿色的草坪上。新学年开始前这一隆重的日子早已成为我们学校和书籍的传统节日。这天早晨的节日活动尤其激动人心。

我就像正要出发到陌生和遥远的地方去寻找新大陆的旅行者审视自己旅伴和同志的眼睛那样，仔细审视了我这些孩子的眼睛。他们，16 个男生和 15 个女生都站在这里。与孩子们一起来的有父母，还有不少爷爷和奶奶。这就是科利亚的妈妈和托利亚的妈妈。加利娅的继母用手搂着加利娅的肩膀，而小姑娘已不像一年前那样紧蹙双眉了。大家祝贺我们，祝我们一帆风顺。十年级的学生走近这些孩子，赠给每人一件纪念品——一本书，上面题着："祝你一帆风顺，小朋友。爱护这本书。让这本书使你一生都记得学校这个节日，记得你成为小学生的那一天。让这本书永远保存在你家的藏书之中。"（岁月流逝，我的学生都已长大成人，他们每个人都保存着这本书，视为至宝，视为对黄金的儿童时代的最珍贵的纪念。）

我们，孩子们和家长、教师、十年级学生，来到学校的果园。小伙子和姑娘们小心地挖出一棵苹果树，带着大团泥土把它搬到另一个地方，齐心协力地放进一个坑里。每一个孩子抓一把土——坑就填满了。孩子们浇完小树就各自回家了。明天，他们就来上学，开始上他们的第一堂课。这四年，他们是小学的学生，在这四年里，将由我对他们进行教学和教育工作。在这一个日子的前夕，下面的思虑使我忐忑不安："什么是小学？"很多人谈到过小学的重大和决定性的作用。"知识的巩固基础是在小学中奠定的"，"小学——这是基础的基础"——每当论及中年级和高年级学生学习中的毛病和缺点时，每当论及知识肤浅和不巩固时，经常可以听到这些话。人们对小学指责最多的是它没有授予儿童下一步学习所必需的一定范围的知识和技能。

是的，经验证明，小学应当首先教会学生怎样学习。杰出的教育家们，夸美纽斯、乌申斯基、第斯多惠，都写到了这一点。教师们的实践和经验也证实了这一点。小学最重要的任务，就是授予学生一定范围的巩固的知识和技能。学习的能力包括一系列与掌握知识有关的技能：会读、会写、会观察周围世界的各种现象、会思索、会用语言表达自己的思想。形象地说，这些技能是工具，没有这些工具，就不可能掌握知识。

我在准备小学生的教学工作时，力求确切地断定，什么是儿童应当深刻理解的，什么是儿童应当牢牢铭记在心里的，什么是他们应当学会的。

然而小学的任务不仅限于此。一分钟也不能忘记，在小学里，教师是在同孩子打交道。

一至四年级的学习时期——七至十一岁——是一个人的形成时期。当然，这一过程在小学毕业时并未告终，但是，正是在这几年中，一个人要度过他最紧张的一段生活。在这一阶段中，孩子不仅必须为今后的学习做好准备，为日后获取优异的学习成绩积累知识和技能，他还应当有丰富的精神生活。在小学学习的那几年是道德、智力、情感、体力和美感等方面的一个发展时期，只有做到儿童不只是为明日掌握知识做准备，而是今天就过着丰富多彩的精神生活时，这些方面的发展才能成为现实，而不是空谈。

我们国家有着成千上万优秀的小学教师。他们每一个人对于孩子，都不仅是知识的明灯，而且是生活的真正导师和教师。苏维埃国家的小学——这是普及中等教育的牢固基础。但是，不能不指出，很多小学，特别是八年制学校和完全中学的小学班，还存在着严重的缺点。某些学校小学班学生的境遇在我看来是不佳的：孩子背着一只大口袋，而教师则极力把尽可能多的东西放到里面去。把这一重荷一直背到一定的分界线，也就是背到初中和高中的学习阶段。教师就是经常把这看成是小学生生活和活动的意义。

小学授予学生的知识范围应当明确。在这一问题上有任何不明确和不肯定之处，不仅要削弱小学的，而且还会削弱下面的学习环节。对应当授予孩子的知识、技能和实际技巧没有一个明确规定的范围，学校就不复存在。很多学校在教学最初阶段发生的严重缺点之一，正是教师经常忽视一年级的时候、二年级的时候……孩子应当深刻理解和记住哪些定理和定义，他应当学会正确书写哪些字，而且永远不能忘记这些字正确的写法。个别教师在力求最大限度地减轻儿童的脑力劳动时，却忘记了孩子对一些东西不仅应当知道和发生兴趣，而且还应当牢牢记住并永远不忘记。关于小学生的一般发展，目前大家谈得很多。当然，一般发展——这是教学和教育的极其重要的因素，但是有些基本知识所起的作用也是很大的，不去记忆和牢牢记住它们就无法侈谈一般发展，因为一般发展——这就是不断掌握知识，而为了掌握知识，就必须会学习。

虽然小学面临的各项任务非常重要，但是不能忘记，教师是同正处于神经系统急速形成时期的人打交道。不能把孩子的大脑看成是现成的活机器，可以听凭教师让它掌握、记忆和牢记知识。儿童在七至十一岁期间，大脑正处于急速发展的过程中。如果教师忘记应当关心一个人神经系统的发展和大脑皮层细胞的增强，那么学习只能导致孩子变得迟钝。

学习不应当归结为不断地积累知识、训练记忆力，也不是进行死记硬背，死记硬背是任何人都不需要的，它只会使孩子变呆变傻，并对孩子的健康和智力发展有害。我提出的目标是努力使学习成为丰富多彩的精神生活的一部分，这样的精神生活才有助于儿童的发展，有助于丰富他的才智。我的学生学习时决不死记硬背，而是在游戏、故事、美、音乐、幻想和创造的世界中进行朝气蓬勃的智力活动。我希望孩子们能成为这个世界中的旅行者、发现者和创造者。观察、思索、谈论、感受劳动的欢乐，并为所创造的一切而自豪，为人们创造美和欢乐，并在这种创造活动中获得幸福。赞赏大自然、音乐和艺术的美，并以这种美来丰富自己的精神世界，把他人的痛苦和欢乐放在心上，像对待自己切身的事情一样对待他人的遭遇——这就是我的教育工作的最高目标。同时，不能忘记明确和严格规定的目的：儿童到底应当知道些什么，哪些字他们应当学会书写和永远记住如何正确书写，哪些算术规则应当永远记住。早在“快乐学校”阶段，我已拟就了一至四年级儿童要牢记的祖国语言词汇表。

我认为掌握智力劳动的方式、方法和手段是一项非常重要的教育任务。很多校长和视导员对小学的姑息态度令我异常不安。视导员来到学校，首先关注的是初中班和高中班，对于小学班，他持这么一种态度，似乎班上进行的不是真正的教育工作，而是儿童游戏。等学生升入五年级，对这种游戏所表露的这种温情脉脉就会变成对知识低劣的焦虑不安了。

不能有任何姑息——我着手低年级学生工作的时候，我提出了这样的任务。到二年级结束时，他们应当学会迅速、有表情和有意识地阅读，能一眼看懂不长的句子和长句中完整的部分。阅读——这是思维和智力发展的渊源之一。我向自己提出任务，要教孩子这样进行阅读：让他边读边思索。阅读应当成为孩子掌握知识的极为巧妙的工具，同时又是丰富的精神生活的源泉。

在这一部分中，我要讲的是我如何在四年的过程中，从 1952 年秋季到 1956 年春季，完成小学的两项同等重要的任务：第一，授予学生深刻而巩固的知识；第二，防止死记硬背，关心学生丰富的精神生活，关心他们的健康。

健康，健康，再健康

我不怕一再重复：对健康的关注——这是教育工作者首要的工作。孩子们的精神生活、世界观、智力发展、知识的巩固和对自己力量的信心，都要看他们是否乐观愉快、朝气蓬勃。如果掂量我在头四年教学工作中对孩子们的操劳和焦虑，那么多半是为了他们的健康。

不与家庭保持经常的联系，就不可能关心他们的健康。同家长们进行的绝大多数谈话，特别是孩子入学后的头两年中，谈的就是孩子的健康。我向家长们说清楚，不另给他们的孩子留家庭作业。他们在课堂上记住（熟记）规则和定义。学生在家里主要做练习，其目的是帮助他们更深入地领会教材。此外，孩子们在家里要阅读、画画、观察自然现象、就周围环境中的事物和现象写一些简短的作文、背诵喜欢的诗歌。回家后的智力劳动不应当使孩子感到疲劳，但完全没有也是不行的。认为改正课堂上的教学方法就可以根本取消家庭作业的意见是不能信以为真的。这种意见没有反映教学的真正目的和规律，因为不能把孩子的智力劳动全部集中在接连不断的三四小时之内。

家长们答应做到让孩子们更多地在新鲜空气中活动，早睡早起，开着通风窗睡觉。我还跟家长们谈妥，整个夏天及秋季和春季气候温暖的几个月里，孩子们一定要在户外睡觉。父母在可以避雨的廊檐下、干草垛上安排了专门的“睡处”。孩子们非常喜欢这么办。每个有小学生的家庭都要在花园里、在宅旁空地上盖一个亭子，以便从早春到晚秋都可以在亭子里看书、画画、休息。这件事，我们早在几年前就同家长们达成了协议。高年级同学帮助那些只靠单身母亲无法完成这件事的小同学盖了亭子。

早在“快乐学校”里，孩子们就习惯了做操。现在主要的是要使这个习惯保持下来。我深信，做操的习惯正是在幼年时期巩固下来的。家长们要教孩子天天在同一个时间起床。孩子们在新鲜的空气里做过早操后才盥洗。夏天，他们习惯于在池塘里洗澡；此外，很多家长在院子里、花园里安装淋浴设备，于是一年有五个月（从五月到九月）孩子们都可以淋浴。这已经成为他们牢固的习惯，因此他们在冬季那几个月里也能坚持擦洗上身，当然是在室内。

在家长们的赞助下，在露天安装了六个淋浴设备，供特别需要淋浴的那些孩子（季娜、托利亚、科斯佳、拉里莎、尼娜和萨莎、斯拉瓦）使用。我注意让那些天生有某种缺陷，如背有点驼、身材和脸孔长得有点不匀称……的男女生淋浴和做早操。人不仅应当健康，而且应当俊美；而美又与健康、与机体的和谐发育不可分。

身体各部分的和谐和匀称，特别是骨骼组织，更尤其是胸廓的正常发育，是由童年时代的营养所决定的。多年的观察表明，在食物中缺少矿物质和微量元素，骨骼的某些部分就会发育得不匀称，使体态终生受影响。为了防止这一点，我注意使饮食必须合乎要求和富于维生素，注意食物中维生素和矿物质的搭配。

通过前几年进行的观察和专门调查得出了一个令人不安的结论：25%的年龄幼小的儿童不吃早饭就上学——早晨他们不想吃东

西；30%的儿童早晨只吃还不到正常伙食需要量一半的早饭；23%的儿童吃的早餐质量合乎要求，数量却只有一半；而只有22%的儿童按标准进早餐。在班上待过几个小时以后，早晨没吃早餐的孩子心口就隐隐作痛，头发晕。学生放学回家，虽然已经好几个小时没吃东西了，但他并没有真正的、旺盛的食欲。（家长们经常抱怨孩子们不想吃普通的营养丰富的食物——汤、甜菜汤、粥、牛奶；他们想吃点“好吃的”。）

缺乏食欲，这是对健康的一种可怕的灾祸，这是大小疾病的根源。其主要原因是：好几小时坐在不通风的教室里、单调的智力劳动、缺乏在新鲜空气中进行的丰富多彩的活动，而根本的是“缺氧”——孩子整天吸着充满了碳酸气的空气。多年的观察还使我得出一个非常令人不安的结论：长时间待在充满了碳酸气的屋子里会损害在消化中起重大作用的内分泌腺。而且这些疾病逐渐成为慢性病，怎么治都治不好。引起消化器官严重疾病还由于家长极力想激起儿童的食欲，给他们吃各种好吃的东西，特别是甜食。决不允许“缺氧”，要设法使空气的状况合乎要求——这是关心儿童健康的最重要的前提之一。

我建议家长们给孩子做味道鲜美和营养丰富的食品，多储备一些富于维生素的水果到冬天吃。那时候我们养着好几箱蜜蜂，所以过冬时，我们在学校食堂里有蜂蜜给年幼的孩子们吃。

由于一昼夜中大部分时间孩子们都待在新鲜的空气中，活动很多，从事体力劳动，放学后不马上坐下来用功，他们的食欲都很好。早晨，所有的孩子都吃上合乎要求的早餐；上学三小时后（大约在上课后两个半小时）在学校食堂里进餐，吃一盘带肉的热汤或甜菜汤、肉饼、一杯牛奶、面包和黄油。放学后，他们回家进午餐（在学校那顿加餐后三至三个半小时）。

下半天，孩子们都在新鲜的空气中度过——不管在家里还是在学校里。只有雨天或暴风雪天气，他们才待在室内。

在儿童和谐的发展中，一切都是相互关联着的。儿童的健康取决于给他布置什么样的家庭作业，他如何和在什么时候做家庭作业。在家里进行独立的智力劳动时的情绪起着巨大的作用。如果孩子勉勉强强地拿起书来读，这不仅会使他的精神受到压抑，而且还会对内部器官相互作用的复杂过程起不良影响。我碰到过很多极端厌恶作业的孩子，消化功能严重紊乱和患有肠胃病。

我们经常在新鲜空气中、在大自然中——在行军中、在野外休息点上、在森林里游戏和玩乐中……——度过秋假、春假和寒假。早在头一次寒假的时候，所有的孩子都学会了滑雪，他们滑着雪去树林，沿着山坡滑雪。就像当初“快乐学校”时期过冬天一样，他们建造了小雪城，架起了冰上转轮。当孩子们成为少先队员之后，他们在树林中举行最有意思的中队会。

对我们来说，冬季在新鲜空气中从事劳动，是保证身体健康的非常重要的条件。在不十分寒冷的天气（不到零下 10 摄氏度），8 岁的儿童一周劳动一次，每次两小时，9～10 岁的儿童，每次三小时，11 岁的儿童，每次四小时。他们把芦苇扎在树干上，培雪护树，防止植物受冻，等等。在新鲜空气中进行这种劳动是锻炼身体和预防感冒引起种种疾病的好办法。

孩子们在外出去牧场、野外和树林的行军和远足中度过暑假。直接同大自然接触的几个月，无论对儿童的身体健康还是对他们的智力发展，都很有好处。一年级结业后，孩子们在集体农庄的果园里和养蜂场度过了八月份。二年级结业后——在集体农庄的瓜园里过八月。

八月是大自然赐予丰富礼物的月份，是大自然最美的时期和劳动的喜庆时节。这个时期，空气变得分外清新、洁净和令人神爽，犹如沉浸在割下的小麦、成熟的甜瓜、葡萄和苹果的芳香之中似的。夏秋之交，农村空气中植物杀菌素特别丰富。如果想把有肺病、感冒、风湿病病根的孩子们的身体锻炼好，那就让他们在这些日子里，无论白天还是黑夜，都待在户外。

一次，孩子们在集体农庄瓜园里待了一天。主人慷慨地请他们吃西瓜和甜瓜。我们同迷人的辽阔草原告别时都郁郁不乐。就在当天傍晚，农庄主席下令在瓜园里盖四个新窝棚。一天后，窝棚盖好了。当我对孩子们说，我们将在窝棚里休息时，他们还不相信："会让我们到那儿去吗?"只有当他们看到了专为他们盖的稻草顶的窝棚时，他们才相信了。而我们还要在这儿过夜的消息使孩子们欣喜若狂。窝棚里铺满发出香气的干草，铺好了床单和被子，安装了盥洗设备，家长们还盖了一个厨房，给孩子们准备了食物。两个窝棚住男生，两个窝棚住女生。在瓜园度过的一个月，就像一支令人陶醉的歌唱蓝天和灿烂阳光的曲子，使孩子们终生难忘。

我们黎明即起，欣赏从夜间梦乡中苏醒过来的大自然的无比美景，我们踏着朝霞四处游览，用装在大木桶中运来的泉水洗脸，做早操，用冷水冲上身，吃煮土豆加西红柿、吃西瓜，这一切对孩子们来说都是欢乐的事。早饭后，我们劳动，帮助农庄庄员收甜瓜和西瓜。

城里的孩子和家长一起到我们这儿做客。我们骄傲地领他们参观瓜园，用西瓜和甜瓜款待他们。孩子们已学会根据外形识别西瓜的生熟。瓜园旁边栽种着含蜜的植物，到了八月份，农场的养蜂场就往这儿挪，我们就每天到安德烈爷爷那儿去做客——给他带去西瓜和我们的厨工阿姨帕莎为我们做的热肉饼。安德烈爷爷送给我们班一箱蜜蜂。他说："把它带回学校去。"孩子们兴致勃勃地观察蜜蜂的生活。

每天，孩子们到池塘里去游泳，到森林里去玩，在草原上采集野花送给安德烈爷爷和帕莎阿姨。中午炎热的时候，他们就钻进窝棚去睡午觉，在四周墙上开了几扇“小窗子”通风，并用能驱赶蚊蝇的草茎挡上。外面很炎热，可窝棚里却很凉快。从“快乐学校”建立的头几天起，我们就让孩子们养成不怕过堂风的习惯；生活一再证明，只要从小养成习惯，任何过堂风都不可怕。培养孩子受不了空气不流通的屋子里的憋闷的习惯，就像培养卫生习惯一样重要。

炎热有所减轻时，孩子们就去劳动。下午往往有人来瓜园拉西瓜和甜瓜。太阳落山后，一层雪青色的烟雾笼罩着原野、山岗和草地，星星一颗接着一颗在天边闪光，孩子们就在一个窝棚前集合。傍晚时分，特别愿意听一些讲述英雄业绩的神话和故事、引人入胜的历险记和情节曲折的游记。我给他们讲了我们人民在想象中塑造出来的神话式人物——人鱼公主和秋美人等。（根据民间传说，在寂静的八月之夜，秋美人给各处的人们带来丰收的果实。）

在宁静的夜里，我们好几次听到一个惊人的旋律：从原野上，从不久前收割过小麦的田地的上空，传来一个酷似嘹亮的芦笛的悦耳的声音。看来，这是一只我们不知道的鸟在歌唱，然而孩子们却用想象力塑造了一个善良的幻想性人物的形象——一个带着麦穗花环的小男孩。他吹着芦笛使人们快乐。孩子们把这个小男孩称作太阳穗。在他们的想象中，太阳穗是太阳和肥沃土地的孩子。太阳穗就生长在麦浪滚滚的地方。人们收割之后——他就搬进芬芳的干草垛里，一到傍晚，他就唱起欢乐而同时又凄凉的歌曲：冬天临近了，他得躲入那贮存着哺育五谷的玉液琼浆的暖和泥土中去。而到麦苗泛青的时节，太阳穗又重新来到自己的田地上，唱起悦耳的歌曲。

有人可能会觉得，孩子们过分神化了大自然，而幻想在一定程度上会使他们脱离实际。完全不是这样。要知道，这是关于生活、丰收和关于人的神话，这是鼓舞人心的强有力的源泉，受体现着生命、美、丰收和富裕生活的神话式人物形象的鼓舞，孩子们编了一支太阳穗的歌。下面就是这支歌，一支简单的歌。

太阳唤醒了大地，
麦穗灌满了浆；
谁在吹着芦笛？
是太阳穗，是太阳穗。
魔术师身上的衣裳，
是麦穗做的，是小麦做的；
眉毛是绿色的麦芒做的，
而快活的睫毛……

当孩子为神话形象所感染时，就会出现奇妙的现象：过去听到过或见到过的词，好似在意识深处苏醒过来，闪烁着鲜亮的光彩，充满了原野和草地的芳香气息——于是孩子就创作、塑造具有诗情画意的形象。

读者可能要问：为什么在论述健康的篇幅中要提到神话，提到幻想性形象，提到儿童创作？因为这是儿童的欢乐，而没有欢乐，就不可能有健康的身体和健康的精神的和谐一致。如果孩子陶醉于原野的美景、星辰的闪烁、鸣禽绵绵不断的歌声和野花的芬芳之中，如果他在编歌曲，这就说明他正处于这种和谐（身体和精神的和谐）的顶点。关心人的健康，尤其是关心孩子的健康——这可不仅仅是卫生标准和条例的综合，不是生活制度、饮食、劳动和休息方面要求的总和。这首先是使全部体力和精神力量达到彻底的和谐，而创作的欢乐则是这种和谐的圆满结局。

三年级结业后，我们也在瓜田度暑假，不过这次在另一个地方，在葡萄园旁边。孩子们在葡萄园劳动：他们帮助大人把一串串的葡萄放进篓里。傍晚和清晨，他们在池塘里游泳。孩子们想出了一个很有意思的游戏：在他们的想象中，三只小船变成了一支捕鲸船队，小湖变成了海洋，我们出去侦察，寻找鲸鱼……就在这儿，我们制作了芦笛；每到傍晚，我们的音乐小组就集合。他们演奏民歌的旋律、编出描绘夏天的傍晚、雷雨和火红的天空、水坝旁神秘的漩涡和候鸟的乐曲。音乐一年年更多地进入我们的精神生活。不管孩子们在哪里憩息，他们总要听录制的著名作曲家的作品和民歌。

第四学年结束，1956 年的暑假来到了。孩子们在湖边一小片橡树林旁的草地上度假。用树枝搭起了窝棚，顶上铺了麦秸。家长们帮我们盖了浴室和厨房。现在孩子们已能帮助厨工做饭，并到村子里去运粮食、土豆、鱼、牛奶和蔬菜了。我们一共照管 20 头牛犊、两匹马。白天，孩子们放牛，傍晚，就把牛犊赶进在湖边盖的一个不大的牛栏。大家都学会了骑马并到村子里运驮东西。在这件事情上严格遵守轮流制：因为谁都愿意骑马驰骋几公里。我非常高兴沃洛佳、萨尼娅和季娜成了特别优秀的骑手——骑马增进了他们的健康。

这一年，所有的孩子由于在深水湖里游泳而学会了出色地游泳。我挑选了安全的地段去游泳，每次只带一个孩子下水游泳。

刈草季节特别令人高兴。我们帮助大人晒干草，垛成垛，傍晚，我们躺在高高的草垛上。这种时刻特别令孩子们陶醉：他们想听关于星星，关于遥远的世界的故事。在星空下，孩子们似乎觉得自己面对宇宙，就问老师："地球、太阳、星星——所有这些是从哪儿来的?"我深信，只有当孩子们从理智和感情上对大自然的美和伟大感到无比诧异和惊讶时，他们的意识中才会产生这样的问题。

我永远忘不了，当讲完一个关于星星世界的故事后，孩子们问道："比这更远的地方有什么呢?"当孩子们听到，在能看得见的世界后面，也还是这样的世界，它们多得数不胜数，就感到惊讶："那么哪儿才是世界的尽头呢?"世界无尽头的真理对他们来说是最不可思议的。我记得，孩子们如何为这一真理所震惊，他们沉默不语，极力想象无尽头是一个什么样子，却又想象不出来。这一天夜里，孩子们久久未能入睡；不止一个人梦见了遥远的太阳和行星。男孩子和女孩子不时地重提使他们感到困惑不解的问题：什么是无尽头？这个问题在整个学习的岁月中始终使我的学生感到非常新奇。

……从"快乐学校"头几周的教育工作起我就很重视体育游戏。在高年级学生的协助下，我们修建了游戏场，架起了秋千。我们始终有足够数量的球，在二年级时，孩子们已开始打乒乓球。孩子们也喜欢掷铁饼和掷球，爬绳和爬竿。

整个夏天孩子们都赤脚走路，不怕雨淋。我认为这是特别重要的体育锻炼方式。一年级和二年级期间，发生过三例感冒，三年级和四年级期间，则没有任何人生病。

我认为使他们具备防止各类伤风感冒病的免疫力是特别重要的。这类倒霉的事有好几年叫人不得安生：到了气候急剧变换的季节，几乎有一半的孩子都打喷嚏。即使孩子不发烧，他也不能在这种带病的情况下正常地工作。根治感冒的药物是没有的。有好几种感冒并不属于传染性疾病，而是感觉的机体对周围环境急剧变化的一种反应，这已为医学所证实。多年的经验证明，脚特别敏感。如果脚怕受一点凉，这个人就容易得非传染性感冒。我们教育工作中形成的增强体质的步骤是从锻炼脚开始的；当然，同时也应注意孩子总的情况。锻炼脚，没有什么定期的专门训练。必须坚持总的作息制度，不让孩子们习惯于温室的环境，不要对他们进行不必要的照顾，因为这反而会削弱机体的抵抗力，要是孩子夏天不打赤脚——那么任凭洗澡和用湿毛巾擦身都不管用。

……就这样，孩子们小学毕业了。暑期的最后一天，他们在湖里游完泳，集合在绿色的草坪上——瞧，他们长得结结实实，晒得黑红黑红的，十分健美。他们都是十一岁，但看上去都像十二三岁的健康孩子。连大家总是叫他小娃娃的小个子丹科，现在的身高也与很多五年级学生相仿了。

每年医生来给孩子们检查几次视力、心脏和肺部。一年级时，有四个孩子视力差，二年级时有两个，三年级时一个也没有。生活证明，视力弱，这不是眼睛的毛病，而是孩子机体中体力和精神的发展缺乏协调一致的结果。头两年医生确诊：三个孩子有心血管疾病的症候，两个孩子有胸膜炎后遗症，两个孩子有支气管炎症状，一个孩子有结核病嫌疑。到小学毕业时，只有一个孩子有心血管病的症候，而且比头两年轻得多。

学习——精神生活的一部分

极其重要的一点是不要把孩子入学前生活于其中的大自然、游戏、美、音乐、幻想和创作的令人神往的世界关在教室门外。在学校生活的头几个月和头几年里，学习不应成为唯一的活动形式。只有当教师慷慨地给予他们大量入学前的那种欢乐时，他们才会爱上学校。同时又不能使学习迁就孩子们的兴趣，仅仅为了不使孩子感到枯燥而减轻学习。应当逐步地培养孩子习惯于从事整个人类生活中最主要的工作——严肃认真、坚毅顽强和埋头苦干的劳动，进行这种劳动必须紧张地思索。

我把逐步培养儿童进行紧张和创造性的脑力劳动的习惯当作重要的教育任务。在把全部智力用于达到教师或自己提出的目标时，孩子应当善于不受周围的干扰。我力求使孩子们习惯于这样专心致志。只有这样，脑力劳动才可能成为心爱的工作。

小学的任务——逐渐教会学生不仅克服体力劳动方面的困难，而且克服脑力劳动方面的困难。孩子们应当懂得脑力劳动的本质所在，那就是紧张的智力活动，对物体、事实和现象的种种复杂性和细微之处的深入理解，对细节和矛盾的深入理解。在任何情况下都不能让学生感到什么都是轻而易举的，不知道什么叫困难。在掌握知识的进程中，还要培养脑力劳动的技能和自我纪律。智力方面的训练，属于教育者的影响有机地与自我教育相结合的那种精神生活的范畴。意志力的培养是从自己内心提出目标、集中智力、领会和自我监督开始的。我觉得重要的教育任务就是要让孩子在脑力劳动中感受到什么叫困难。

如果孩子在学习中觉得什么都容易，他就会逐渐滋长思想上的惰性，这种惰性会腐蚀人，促使他对生活持轻率的态度。说来也怪，有才能的孩子如果在学习过程中没有相当的困难需要他去克服，那么他往往就会滋长思想上的惰性。而且思想上的惰性最常见于低年级，因为低年级时，有才能的孩子很容易就掌握了别的孩子需要进行一定的紧张智力活动后才能掌握的东西，实际上，他就游手好闲了。不让学生游手好闲，这也是一项特殊的教育任务。

我们的一年级是在一间单独的小房子里。我们在一间宽敞、明亮的房间里学习，房间的窗子朝东和朝南；教室里光线总是很充足。窗下栽着核桃树，核桃树后面是苹果树、梨树、杏树，再过去就是一小片橡树林。不仅我们这所小房子，学校其他的建筑物也都湮没在绿荫之中。树叶使空气中富有氧气。校园中经常一片寂静。我们的教室挨着一条宽大的走廊，走廊里有一扇门通向另一间屋子：我们想在这里建立一个童话室。

在我们小房子的台阶前，有一块铺着水泥的空地，有一个洗鞋的设施（利用贮存的雨水）。几条两旁栽种着桃树、椴树和栗子树的小路，从这块空地通向四面八方。一条通向位于校园中心的大葡萄架，另一条通向我们的近邻——两个五年级班的小房子，第三条通向绿色的草坪和小树林，第四条通向灌木丛生的沟壑。

当时我就觉得一、二年级在单独一幢房子里学习比较合适。他们，特别是一年级学生，有他们自己特殊的学习、劳动和作息制度。特别不要让低年级学生处于人数众多的集体常有的那种叫嚷、推挤的状况之中。要尽可能让低年级学生更多地享受安静，这是充分发展智力所必不可少的。多年的观察使我深信，孩子对他在学校生活头几天中所处的环境会感到茫茫然。他们与其说由于脑力劳动而感到疲劳，还不如说由于课间休息时和上课前的喊叫、乱跑、推挤所引起的长时间的亢奋而感到疲累。在五年的过程中，我对大休息后的一年级学生进行了观察。孩子们在半小时内同大量学生在一起喧闹、叫喊、推挤。课间休息结束后，学生们进入教室，即使有经验的教师也得把课内头十分钟花在使孩子们安静下来的工作上。如果一年级学生课间在自己的小集体里单独休息，出现的就是另一番情景了。使孩子们安静下来，摆脱亢奋状态，花不了两分钟时间。

毫无节制的叫喊、乱跑，这不是学校的好迹象。孩子们欢乐的河流不管水位有多高，它总应当有河岸来挡住冲动和愿望。

现在我们的一、二年级在独立的、舒适的一幢房子里学习，周围绿树成荫。为孩子们创造的环境有助于劳动和休息。

在头几个星期中，我逐步将孩子们导入对他们来说是崭新的生活。实际上，这时的学习同“快乐学校”区别不大，而这正是我力求做到的。九月份，我们每天在教室中上课不超过40分钟，十月份——不超过两小时。这些时间是用于写字和算术课业的。其余两小时我们都在新鲜空气中度过。孩子们急不可待地等着真正的上课——他们这么称呼课堂上的学习。我对这种愿望深感欣喜，我想道："孩子们，你们可知道，你们那些在空气憋闷的教室里疲惫不堪的同龄人是如何焦急地等着下课铃响……"

按部就班地使孩子们做好学习的准备，这是合乎要求的劳动教育、德育、智育和体育的必要条件。其最终目的是教会一个人在各种不同的条件下进行工作。课堂学习，这并不是一件令人沮丧、想摆脱而又摆脱不了的事。这是最好的脑力劳动环境，但应当逐步使孩子适应这种环境——给低年级学生上课的特点就在于此。如果一下就强迫孩子们在教室里学习四小时，那么这种本应对脑力劳动有利的环境，也会严重危害孩子的健康。

在班上，我们读识字课本，画圆圈，画直线，写字母，编习题和解习题，这一切都是逐渐进入孩子们丰富多彩的精神生活的，并没有因为单调而使他们感到腻烦。我们无须一遍又一遍地去读识字课本上的那几个字母，所有的孩子都已熟悉字母了，而为了训练阅读技巧，我采用了多种积极的活动方式。孩子们编写非常短小的描写大自然的作文，这对发展阅读能力的帮助比反复朗读课本上同一课文要大得多。

我密切注意使每个孩子都练出必要的阅读技巧来。不去练习，不订出一定的阅读标准，那会一无结果。只认识字母，只会念音节和单词，那是不够的。阅读——这是通向世界的窗口，是很重要的学习工具，阅读应当流畅和迅速——只有达到这一步，这个工具才能发挥作用。我力求做到以多种积极活动的形式——表情朗读、书写、绘画，将阅读变成半自动化的过程，使孩子们在二年级就能把多音节的词作为一个统一的整体来感知。我之所以采取编写短小的描写大自然的作文的做法，极力激起孩子们对这种活动的积极兴趣，实际上无非是使用一招"教育巧计"来达到一个目的——教会孩子们好好阅读。

课堂上采取多样化的活动形式，可算是"巧计"之一。经验证明，一年级的开始阶段，不应当进行“纯粹的”阅读课、书写课和算术课。单调能使孩子很快就感到腻烦。孩子们刚一感到疲累，我马上转用新的活动方式。绘画是一种使上课形式多样化的有效手段。我一看到阅读开始使孩子们感到腻烦时，就说：“孩子们，打开你们的画本，把我们读到的那个童话画出来。”疲劳的一些征候就会消失，孩子们的眼睛里闪烁起欢乐的火花，单调的活动便为创造性的活动所代替……算术课上也有类似的情况：我发现孩子们难以理解所留独立作业的习题的条件。就用创造性活动——绘画来帮忙。孩子们再一次念那道习题，把它“画”出来。那些原来似乎绝对不可理解的依赖关系变得可以理解了……长时间的听讲也能使学生厌烦。我发现孩子们的眼睛黯然无神了，我就不再讲下去，“先告一段落”，就开始画画。

学年开始后三星期，我的学生开始编写反映大自然的画册。高年级同学给每个孩子做了一本 20 页图画纸的硬画本，封面上挂了一支铅笔。一周一次，我们去思想和语言的源头，编写一段反映周围世界的带插图的故事。我们头一次的“旅行”是去果园，察看一棵晚结果实的苹果树。孩子们编了小故事，反映了他们每个人的感受和概念的领域。

《苹果垂到地上》、《苹果在阳光下取暖》、《红苹果藏在绿叶中》《阳光爱抚着苹果，树枝摇晃着苹果》、《春天开白花，而秋天结出金色的苹果》、《我们到苹果家做客》——孩子们把这些写进了自己关于大自然的画册。孩子们在班里念这些短小的作文，得到了巨大的满足。果园中的学习本身不是目的。编写短小的作文，这是培养孩子将来进行艰苦和紧张的脑力劳动的极好的手段。早在一年级，特别在二年级，我就力求使每个学生都有自己的课题，并把这项课题进行到底。这对培养脑力劳动的纪律是很重要的。

第一学年，所有的画册满都是带插图的小作文。孩子们写到一串串红色的绣球花、收获、沉睡的湖（他们称这个湖是沉睡的湖，也许我们旅行到这儿时，湖水总是像镜子一样清澈、平静）；写到孩子们在学校花园中的劳动、日落时紫红的天空、秋天的初冻、阴郁多雨的秋天、十月革命节的庆祝活动、我们村子的生活、头一场雪、一月的暴风雨、三月雪中浅蓝的阴影、第一朵报春花、过早从暖和地区回来而出其不意地碰上了三月暴风雪的椋鸟、春天里欢乐的候鸟群（用孩子的话说，是“春天欢乐的鸟群”）、风和日丽的初秋飞来同菊花告别的蜜蜂。

描绘大自然的画册成为我们集体的一种特殊的、富有诗情画意的文选，其中反映了故乡大自然细腻的色彩、大地和天空的乐声和语言的精神韵致。它已成为孩子们不可缺少的欢乐，学习随着这种欢乐就进入了他们的精神生活。

如果把孩子在教室中度过的时间按一节一节课来计算的话，那么这一学年头两个月我们每天是一节课，三、四两个月，每天两节课，五、六两个月，每天平均两节半课，七、八两个月，每天平均三节课。从一次课间休息到另一次课间休息的上课时间在头两个月是半小时，以后是 45 分钟。孩子如果在课间休息之前要出去，他征得教师同意后可以出去。如果不便打断教师的讲述，孩子可以不征得教师的同意就出去：教师看到学生要出去，就予以默许。绝大多数孩子很容易遵守作息制度，但是有个别孩子却很难习惯于遵守这种制度。托利亚、卡佳、科斯佳和舒拉就很容易疲劳。疲劳的主要原因是：他们上课时想到与过去相比，现在活动的自由大大地受到一定的作息制度的约束，一想到这他们就感到紧张。对任何愿望都持放任的态度当然不行；应当教会所有的学生刻苦、严肃地进行劳动，但也不能过分绝对地改变孩子的愿望和习惯。几周之内我准许这几个孩子在上课的时候离开教室，逐步使他们习惯于刻苦的劳动。在学年开始后三个月，所有的孩子就都能遵守学校各项活动的作息制度了。

在阳光明媚的秋天，我们总是在“绿色教室”，在高大的苹果树下的一片草地上上课。几年前，我和高年级学生在这儿用铁丝和铁条搭起了未来的“绿色教室”的架子，并栽上了爬藤植物、野葡萄和啤酒花的秧。两年后就成了“绿色教室”，连顶棚都爬满了藤。有几个“小窗子”保证正常的光线。在炎热的日子里，这儿很凉爽；秋天，这儿又暖和又舒适。在“绿色教室”里总是很安静。“小窗子”可以用啤酒花和葡萄的枝叶挡上，这时教室里是一片绿色朦胧，透过枝叶间隙射进的阳光，形成光和影的奇异别致的嬉戏景象。孩子们称它为“关窗讲故事”。在“绿色教室”里放着一些小桌子和小凳子，孩子们可以在这儿写字、读书和解题。

第二处“绿色教室”是一块三面种着耐寒品种的葡萄的草坪。在高温天气，这儿也很凉快（我们这儿春秋两季也常出现高温）。

我们还有一处“绿色教室”——在绿色树丛中的草地上，在一片毗连着沟壑的僻静的小树林中。我们常常在最后一节课的时候来到这里，这样就不用回到学校去了。一年大约有40%的课我们不是在屋子里，而是在“绿色教室”里上的。其余60%的课，有相当一部分是在“绿色实验室”和学校的暖房里上的。“绿色实验室”，这是单独的一所房子，四周种满了树木和葡萄。这儿有一间上课的教室，里面有许多植物和花卉。

相当一部分的课在大自然的环境中、在新鲜的空气中、在蓝天下进行，这对孩子具有特殊的意义。上课的时候，孩子们觉得精力充沛、兴趣盎然，从不头昏目眩。

课后，孩子们在家里休息。尽管采取种种措施使儿童不致因课内的脑力劳动而感到过度疲劳，但孩子们还是非常疲累的，课后他们应当休息。多年的经验使我深信，下午，学生一般不应当进行像在学校中那种紧张的脑力劳动。尤其不能让低年级的孩子负担过重。如果在学校里进行了三四小时的脑力劳动，那么不用多久，他就会精疲力尽。

不留家庭作业是办不到的。应当教孩子集中注意力，进行紧张的脑力劳动。但这首先应当在课内做，逐步培养独立进行脑力劳动的习惯。孩子不容易学会全神贯注地进行工作。经验丰富的教师并不依靠某些影响学生的特殊方法，而是以上课的内容把学生的注意力“拴”到自己的故事、解释和讲述上来。在低年级，组织脑力劳动的技巧在于一开始并不觉得自己在紧张地工作，并没有强迫自己去听老师讲解，去记忆和思考，而实际上却在注意地听老师讲解、记忆和思考。

如果教师做到了这一点，那么孩子就能把感兴趣的，尤其是感到惊异的一切牢牢记住。为什么我这些孩子这么容易就记住了字母，学会了读和写？因为并没有向他们提出做到这一点的目标。因为对孩子来说，每一个字母都是引起欣喜之感的鲜明形象的体现。要是我每天给学龄前儿童“一份知识”——出示一个字母，要求记住它，那就不会有任何结果。当然这并不是说应当向孩子隐瞒目的。应当教得让孩子不想到目的，这样能减轻脑力劳动。这一切远非那么简单。这里说的是儿童智力发展的一个阶段——B. Л. 雷若夫教授称之为人的神经系统的婴儿期。① 在这个阶段——低年级阶段，特别是一年级的时候，孩子简直不会集中注意力。教师应当设法控制孩子的注意力，激发他的心理学上称之为不随意注意的能力。

年幼儿童的注意力，这是难以对付的“玩意儿”。我觉得它像一只胆怯的小鸟，一旦你试图接近它，它就会远远地飞离自己的

---

① 参看 в. Л. 雷若夫：《记忆的分子基础》，《大自然》，1965 年，第 7 期，第 2 页。

窝。而最终如果你抓住了它，你只能把它捧在手里或放在笼子里。如果它觉得自己是一个囚徒，那你别想听到它的歌声。幼小儿童的注意力也是如此：如果你把它当作囚禁的小鸟似的死死抓住，那它是不会好好帮你忙的。

有这样的教师，把在课内能使孩子“始终处于智力紧张的状态”当作自己的成绩。这通常是通过那些对儿童注意力起驾驭作用的外在因素来达到的：频频提醒（要注意听讲），急剧地从一种活动转为另一种活动，预先警告讲解后马上要进行检查（更准确地说是威胁：如果你不听我讲，我就给你打 2 分），在阐明某一理论原理后，要求立即完成实际作业。

初看起来，这些方法给人以积极脑力劳动的印象：上课形式像万花筒似的千变万化，孩子们聚精会神听着教师说的每一个字，教室中一片紧张的寂静。然而这一切是以何种代价换来的，会导致何种后果？为了集中注意力和不漏掉任何东西而始终处于紧张的状态之中（可是这种年龄的儿童还不能强使自己集中注意力），就会使神经极端疲劳，引起神经衰弱和神经不安。在课内不放过一分钟、一瞬间，一直要学生积极进行脑力劳动——在教育人这样细致的工作中，还有什么能比这样干更为愚蠢的呢？教师对工作抱着这样的目的，简直就是要榨干儿童全部的精力。在上了这样“效果卓著”的课后，孩子疲惫不堪地返回家去。他们容易发怒和激动。本来应当好好休息，可是他还有家庭作业，于是他一看到装着课本和练习本的书包，心里就腻烦。

学校中经常发生破坏纪律的事件，表现为学生对老师和对同学态度粗暴，无礼对待意见，其结果是引起很多矛盾，这种现象绝非偶然，因为孩子们在课内神经紧张到了极点，再说教师也不是一部电子机器——请试一试在整堂课的过程中，像万花筒似的不断变换上课方式，使之达到“高效能”，以抓住全班学生的注意力。孩子们经常在放学后脸色阴沉、沉默寡言、对一切聊无兴趣地返回家，或者正相反，病态地动不动就生气，这都不是偶然的。

不，决不能以这样的代价来换取孩子的注意力、聚精会神和积极的智力活动。学生，特别是低年级学生的智力和神经耐力不是一口无底的井，可以一个劲儿地汲水。从这口井里打水应当动脑筋，而且非常谨慎，最主要的——必须不断给孩子补充神经耐力的来源。这种补充的来源就是观察周围世界的事物和现象，生活在大自然中，出自兴趣、出自了解某些事物的愿望而不是由于害怕老师提问而进行阅读，到生动的思想和语言的源头去“旅行”等。

在学校集体生活中有一种难以捉摸的东西，可以称之为精神上的平衡。在这一概念中我放进了这样的内容：让孩子们感到生活充实，思想明确，对自己的力量充满信心，相信可以克服困难。精神平衡的典型特征是有一个安静的环境进行有目的的劳动，相互之间保持平稳的、同志式的关系，从不勃然大怒。没有精神上的平衡就不可能正常地进行工作；这种平衡遭到破坏的地方，集体的生活就变成地狱：学生互相欺侮和激怒，学校里充满了神经质的气氛。用什么方法创造并（这特别重要）保持精神上的平衡？优秀的教育工作者的经验使我深信，在这一非常细致的教育范畴中，最重要的是使经常性的思维活动不要过累，不要突击，不要使精神过度紧张。

善意关怀，相互帮助，每个学生的智能与他力所能及的劳动之间的协调一致，这些都是保持平衡所需要的特殊条件。我十分认真地研究了善于保持学生精神平衡的真正大师——低年级教师 B. П. 诺维茨卡娅、E. M. 扎连科、A. A. 涅斯捷连科等人的教育艺术。我极力设法揣摩依我看来最聪明，同时又是最自然的一件事的“奥秘”：他们班上的每一个孩子都在学习中充分发挥自己的才能；没有一个孩子本来可以学得优秀而却学得平平常常的。得 3 分的学生并不认为自己是运气不好的倒霉鬼，小朋友们也不以怜悯、姑息的情绪来对待他。

我经常以极其惶恐的心情想到追求好分数的狂热性——这种狂热性来自家庭，又蔓延至教师，成为学生幼小心灵上的沉重负担，摧残他们的心灵。孩子暂时还不能学得很好，可是家长非要他得5分，至少也得4分，不幸的学生得了个3分，他几乎觉得自己是一个有罪的人。在B. П. 诺维茨卡娅、E. M. 扎连科、A. A. 涅斯捷连科这些教师的班上从来没有发生过这样的事。优秀生并不觉得自己是幸运儿，而成绩是3分的学生也并不被自卑感压得抬不起头来。我从这些真正的教育家那儿学习聪明和专心地进行脑力劳动的真正本领。从他们身上我发现了依我看来是极其细致的教育艺术的特征：善于在孩子的内心和头脑里激起获得知识的欢乐感。这些教师的学生每逢取得一些或是极其微小的成绩，也总是由于发现了真理、进行了调查、理解了事物而尝到了心情激奋的欢乐。总结了这些教育大师宝贵的点滴经验，我尽力使学生不为追求分数，而为体验智力上激动人心的感情而去奋发学习。我感到非常欣慰，我们的儿童集体里没有过分追求好分数的不正常现象，也不存在同样有害的对3分过于敏感的弊病。

……每周我们都要花几节课的时间到思想和祖国语言的源头“旅行”——去进行观察。这是直接接触大自然，没有这种接触，儿童智力和神经耐力的水井很快就会枯竭。在秋天、春天和夏天的好日子里，我们不等天亮，早早就出发去旅行了——农村的孩子能早起。讲述大自然，讲述周围事物和现象的故事，激起了孩子们的求知欲，我不得不回答大量的问题。下面举其中的一些问题为例。

为什么清晨的太阳是红色的，而中午像火焰一样？云彩是打哪儿来的？为什么蒲公英的花早晨张开，而中午闭上？为什么会有雷和闪电？为什么刮西风就下雨，而刮东风就干旱？为什么向日葵的花随着太阳转，难道它像人一样能看得见吗？为什么铁会生锈？为什么鸽子从不落在树上？为什么不能在夏天当树上带着叶子的时候移植？天上的流星掉到哪儿去啦？为什么雪花好像经过人雕刻似的那么美？鸟飞得很远，它们怎么认得路？为什么月亮四周常常有白色的光圈？为什么太阳下山后快要下雨时天空发红？为什么蜜蜂飞出去采蜜之前要“跳舞”？为什么果树开花的时候，要在果园中烧麦秸？为什么森林中有回声？虹是什么东西？为什么冬天没有雷和闪电？为什么盐水只能在非常低的温度下才能结冰？为什么家兔挖洞而野兔不挖洞？为什么夏天用一条湿毛巾裹住牛奶罐，天气再热，牛奶也不会变热？为什么下雨之前燕子低飞？为什么云雀在庄稼地里筑巢，而椋鸟和山雀在树上筑巢？为什么鸭子会游水而母鸡不会？为什么今天飞机在空中留下一条烟雾而昨天没有留下？为什么天上的星星会陨落，它们落到什么地方去了？为什么风能像漩涡一样卷起尘土？为什么杨柳会“下垂”？为什么雪花莲只能在早春开花？为什么冬小麦在秋天播种而春小麦在春天播种？萤火虫为什么会发光？为什么母牛一次只产一只牛犊，而母猪一次产好几只小猪仔？为什么夏天太阳高悬，而冬天却挂得低低的呢？为什么在冰冻的玻璃窗上会结出美丽的花纹？为什么秋天树叶变黄？

我力求把每一个问题回答得不仅给孩子们揭示大自然现象的本质，而且还更进一步地燃起好奇心和求知欲的火焰。回答孩子们的问题、谈论周围的世界——这是思索的第一所学校。个别问题我不知道如何回答才好。原来，初看起来越觉得简单的问题越难于回答。我们这些低年级教师聚集在一起专门商量应当怎么回答孩子们提出的“哲理性”的问题。B. П. 诺维茨卡娅、M. H. 韦尔霍维尼娜、E. M. 扎连科宣读了 20 年间积累起来的数百个由孩子们提出来的问题。经常整整一个晚上都用来探测儿童思维的极其复杂的迷宫。低年级教师——儿童思维方面的专家的经验使我得出结论：在显而易见的简单和明了的背后常常隐藏着巨大的复杂性。例如，“为什么冬小麦在秋天播种而春小麦在春天播种”这一个问题，要比关于流星的那个问题难回答得多。我认为带孩子们到大自然去“旅行”，其重要教育任务就是让他们注意事物和现象的因果关系，学习看出它们之间的依赖关系。

如果到大自然去“旅行”是在最末一节课，那么在课后我们就做游戏。集体游戏是由孩子们自己想出来的。大自然的种种现象同童话交织在一起。有一个游戏特别吸引孩子们。这个游戏名叫“寻找神秘的岛”。我们所有的人分成两组。一组安置在树林的一个偏僻的角落里。我们在游戏地点的四周标上只有我们知道的记号——这是岩石累累、猛兽遍地的岛屿的岸边。留在神秘岛上的孩子，是一批乘船失事的旅客。在好几个地方，他们做了严密伪装起来的标记，标志通向这个岛的小道（两个小组事先商定好标记）。必须拯救这些乘船失事的旅客，于是孩子们在树林里分头寻找，他们一步一步地勘查好几公里长的岸边，寻找可以通向岛屿的秘密通道。这个游戏不仅要求有敏锐的视力和勇气，还需要有分析许多自然现象和进行逻辑推理的能力。这个游戏还能培养诚实和正直的品质。孩子们找到了通向岛屿的神秘的通道，他们援助遇难的旅客，把病人送往医院，游戏中还出现了飞机驾驶员和医生。游戏以乘船失事的旅客和前来救援的人一起熬粥吃作为结束；我们一起坐在营火旁，由我讲故事。这时，好几个孩子把童话画下来——他们在画中表述自己对幻想中的形象的认识。

到大自然去“旅行”的时候，主要的注意力放在观察动物和禽鸟的生活上。在我们眼前展现出一个全新的奇异世界。在秋天平静的日子里，我们窥视一窝小刺猬怎样从窝里来到饮水处饮水，母刺猬又怎样保护着自己的小崽子。春天我们观察了小野兔。孩子们看到，母兔怎样离开刚生下的小兔后，再也不回来了，而小兔等着偶然来到的母兔来喂它。七月份，孩子们观察雨蛙。有一天，我们在一个偏僻的地方找到了一个狐狸洞。孩子们看到老狐狸怎样领着小狐狸出来散步，教它们跑，同它们玩。在森林的一个僻静的角落里，我们观察了海狸。

我们的“旅行”和观察丰富了想象力和语言。孩子们在途中和在参观中产生的问题越多，当上课时谈到大自然现象、劳动和遥远的异国时，求知欲和好奇心就表现得越明显。每当我观察孩子们到大自然“旅行”归来后的情绪，我就更深信下面这一古老谚语的正确性：思索始于惊异。

我极力促使对大自然奥秘所产生的惊讶心情和认识事物后的欢乐感受，成为激发和活跃儿童思维的推动力。我们班上有几个学生（瓦利娅、彼得里克、尼娜），即使碰到一道并不复杂的习题，也要用很多时间才能弄懂。每种情况都有其原因，但结果是同样的：这些孩子的大脑半球表皮细胞处于一种受压抑的状态。这些孩子对教师向全班解释的东西漠不关心。

观察表明，这些孩子的思考过程存在着缺陷，其原因证实了大脑半球表皮细胞萎靡和迟钝的结论。毛病在这里：这些孩子在记忆中很难建立，尤其难以保持几种物体或现象之间的联系。例如，出一道关于苹果、篮子和孩子的习题。当他想到苹果和篮子时，就忘了孩子。向他提醒了孩子，他又忘了苹果和篮子。而从思想上深入到周围世界的物体和现象之间的因果关系之中，小小的发现，对真相的诧异心情——凡此种种却激起了瓦利娅、彼得里克和尼娜极大的欢乐。他们感到情绪高涨。他们的眼中燃起欢乐和激情的火花。冷漠的神气消失了，出现了对学习对象的兴趣。如果能在孩子的意识中引起具有鲜明的感情色彩的问题，那么孩子的头脑中就会发生一种难以抑制的过程，过去沉睡着的力量好似苏醒过来了。我高兴地确信，在智力发展上最难办的儿童越来越振奋起来了：他们饶有兴趣地听讲了，能较好地理解习题的内容了。当然还面临着细致的教育工作。我同有经验的低年级的教师交流观察所得，我们把这一工作称为从情绪上激发理智。

观察儿童的脑力劳动，越来越使我相信，从脑皮层下的神经中枢传至大脑皮层的情绪冲动（欢欣激动的情感，诧异惊讶的情感），好似在唤醒正在沉睡的大脑皮层细胞，使它积极活动起来。经验证明，年幼的孩子的智育应当通过发展他们求知的要求——求知欲、好奇心来进行。

到大自然去“旅行”已成为小学各年级的传统。孩子们总是急不可待地等着到树林、野外、池塘去的时刻，事先就想好了做什么游戏。与克服困难结合的游戏、有童话中人物和现实中的人物参加的游戏，都成为孩子们心爱的游戏。我给孩子们（二年级时）讲鲁滨孙，于是开始了持续达几个月的富有吸引力的游戏。在讲了斯巴达克的故事后，孩子们在高山上靠近深谷和峭壁的地方建立了一个起义奴隶的童话式的营地。关于在远古时代居住在我国边远地区的斯基台人——牧人、猎人、捕鱼人的故事非常吸引孩子们，他们创造了一些游戏，重现了古代劳动者的生活和劳动。

教学应当与应用智力和体力的多方面的游戏紧密地结合起来，使这种游戏能激起鲜明和激动人心的感情，使周围世界像一本引人入胜的书一样展现在孩子们面前。除了到大自然去“旅行”和游戏之外，体力劳动也提供了发展智力和体力的广阔天地。没有充满欢乐和激情的劳动，就难以想象真正的和幸福的童年。经验使我深信，体力劳动对幼小的儿童来说，不仅是一定的技能和技巧的获得，不仅是德育，而且还是无边无际和无比丰富的思想的世界。这一世界能激起道德方面的、智力方面的和审美方面的感情，没有这些感情，就不可能认识世界，也就是说不可能进行教学。与学习交叉进行的体力劳动，在我看来是孩子到幻想和创作世界中去的引人入胜的旅行。正是在体力劳动过程中形成了我的学生们的最为重要的智能方面的品质：好奇心、求知欲、思想的灵活性、鲜明的想象力。

如果孩子的生活中有为高尚思想所鼓舞的体力劳动，那么课内的脑力劳动就成为心爱的和具有吸引力的活动，就能发展和充实孩子。早在二年级时，我们一周就进行一小时心爱的劳动，孩子们干一些从思想上和感情上愿意干的活儿。到了三、四年级，一周进行两小时心爱的劳动。

心爱的劳动……这可不是说教师应当消极地等待孩子产生兴趣。在劳动教育中也像通常在整个教育工作中一样，什么都不能放任自流。儿童周围的气氛应当是爱劳动的气氛。我的学生的周围，男女青少年都劳动。全校学生对好几十种活计深感兴趣。他们培育树木和庄稼，制作各种机器和机械的模型，调配土壤，照料各种动物，盖新的暖房或学校小工厂，安装水管。

探索精神、好奇心和求知欲，正是这些品质激发着孩子们对劳动的兴趣。劳动不是最终目的，而是达到教育过程中一系列属于各个方面的（社会、思想、道德、智力、创造性、美学、情感）目的的一种手段，这始终是我的座右铭。

学习如果具有思想、感情、创造、美和游戏的鲜艳色彩，那它就能成为孩子们深感兴趣和富有吸引力的事情。我对学习成绩的关注是从关心下面这些事情开始的：孩子吃得怎样和睡得怎样，他的自我感觉怎样，他玩得怎样，他一天有几个小时待在户外新鲜空气中，他读了哪些书和听了哪些故事，他画了什么画和如何在画中表述自己的思想和感情，大自然的音乐和人民音乐家们创作的乐曲在他的心灵中激发了什么感情，孩子喜欢什么劳动，他对别人的欢乐和悲痛的敏感性如何，他为他人做了些什么，并因此产生了什么感情。

只有当知识与积极的活动紧密联系在一起的时候，学习才能成为孩子精神生活的一部分。很难做到使孩子自然而然地对乘法表或计算矩形面积公式本身感兴趣。只有当知识成为达到创造性活动和劳动目的的手段时，知识才能成为儿童要求得到的东西。我极力设法使儿童在低年级时就对体力劳动发生兴趣，使劳动能给他们表现机敏性和发明才能的机会。学校最重要的任务之一就是教会学生使用知识。由于在低年级阶段，脑力劳动按其性质而言，主要是同不断获取新的技能和技巧联系在一起的，所以正是在这个阶段，有把知识变成一堆死东西的危险。如果只掌握这些技能和技巧，而不在实际中应用它们，学习就逐渐脱离孩子精神生活的范畴，就不能吸引他和使他感兴趣了。教师想防止这种现象，就必须注意让每一个孩子创造性地应用自己的技能和技巧。

300 页《大自然的书》

著名的德国数学家 F. 克莱因把中学生比作一门炮，十年中往里装知识，然后发射，发射后，炮膛里就空空荡荡，一无所有了。我观察被迫死记那种并不理解、不能在意识中引起鲜明概念、形象和联想的知识的孩子的脑力劳动，就想起了这愁人的戏言。用记忆替代思考，用背诵替代对现象本质的清晰理解和观察——是一大陋习，能使孩子变得迟钝，到头来会使他丧失学习的愿望。

我们谁都曾为学龄前儿童那种敏捷而又牢固的记忆力感到惊讶。一个 5 岁的孩子跟着父母到树林或野外郊游归来，他脑中充满了种种鲜明的形象、画面和现象的印象。一个月、一年过去了，父母又打算去郊游，儿子急不可待地等候着寂静的、阳光明媚的早晨，回想起从前，很久很久以前，他和爸爸、妈妈到树林里去的情景。在孩子的回忆中，好似闪光一般的栩栩如生的细节令父母惊讶：孩子居然还能回忆起有着两种不同颜色花瓣的奇异的花朵。父亲惊奇地听着儿子复述兄妹两人化作一朵花的那个美丽的传说；这个传说还是一年前父亲在林中空地上讲给母亲听的；在那时，孩子好像没有在听爸爸讲，他在追逐一只蝴蝶。周围世界中这一看起来极其细小的特征怎么会保留在他的记忆中呢？

问题就在于孩子对于鲜明的、闪烁着色彩和发出声响的形象感受十分深刻，并能牢牢地铭刻在记忆中。孩子在接受周围世界各种形象时，思想意识内产生的完全出人意料的问题使成人大为吃惊。现在当孩子回忆起奇异的花朵时，他就问父亲："那哥哥和妹妹互相看得见吗？您说过，植物是活的，那就是说，它们能听得见也能看得见？他俩也说话吧？我们能听见他们说话吗？"父亲面对这些思想不觉感到惊奇：为什么一年前儿子并没有问起这些？这朵花的鲜明形象以及这些难忘的瞬间的感情色彩怎么能如此长久地保留在记忆中。父亲深信，孩子必然还能清楚地想起繁花似锦的林中空地、蔚蓝的天空和远处飞机隐约的隆隆声。

想到这儿，我反问自己：为什么有着活跃、鲜明想象力、敏捷的记忆力、对周围世界各种现象具有敏感的情感反应的儿童，在学校学习了两三年后，却怎么也记不住语法规则，为什么他难以记住正确书写"草原"这个词，记不住6乘9等于几？我得出的结论并不比德国数学家乐观多少：在学校学习期间，掌握知识的过程往往脱离学生的精神生活。儿童记忆之所以敏捷和牢固，正是由于他们的记忆中注入了鲜明的形象、画面、概念和印象的清澈的溪流。儿童的思维之所以能以精细入微、出人意料而具有哲理性的问题使我们感到吃惊，也正是因为他们的思维受到了这一小溪的生机勃勃的源头的滋润。不让学校大门把孩子的意识和周围世界隔开，这是何等重要的事。我力求做到在整个童年时期内，使周围世界和大自然始终都以鲜明的形象、画面、概念和印象来给学生的思想意识提供养料，使儿童能意识到思维的法则像一座整整齐齐的建筑物，其样式是由更为齐整的建筑物——大自然所提示的。为了不把孩子变为知识的库房，真理、规则和公式的仓库，就应教他如何思索。儿童意识和儿童记忆的天性本身就要求孩子一刻也不离开色彩鲜明的周围世界及其规律性。我深信，如果周围世界能成为孩子学习思维、记忆和判断的环境，那么儿童入学后，记忆的敏捷性和思想的明朗性不仅不会削弱，而且还会加强。

不能夸大大自然在智育中的作用。如果教师认为，只要孩子处于大自然中，这本身就蕴藏着促进智力发展的强大因素，那他就大错特错了。大自然并没有任何直接影响理智情感和意志的魔力。只有当人认识大自然，从思想上深入到因果关系中去的时候，大自然才能成为教育的强有力的渊源。过高评价直观性——这是把儿童思维的个别特点加以绝对化，这是把认识活动归结为感性的范畴。不能盲目崇拜儿童思维的特点，特别是儿童以形象、色彩和声音进行思维这一事实，完全不能引申为不应当教他进行抽象思维。有经验的教育工作者强调直观的重要性和大自然在智育中的巨大作用，是把这些因素视为发展抽象思维和进行有明确目标的教学工作的手段。

我通盘考虑了什么应当成为我的学生的思想源泉，规定了什么将在四年过程中成为孩子一天天观察的对象，周围什么现象将成为他们思想的源泉。就这样产生了这一部 300 页的《大自然的书》。这是 300 次观察，300 次深深铭刻在孩子们意识中的鲜明图画。我们一周两次到大自然中去学习思索，不仅是观察，而且是学习思索。实际上这是上思维课。不是有趣的散步，而恰恰就是上课。但上课也可能非常引人入胜、非常生动有趣，这就更能丰富孩子们的精神世界。

我提出了如下的目标：在孩子们的意识中留下对现实的鲜明景象的印象。我极力使孩子们在生动、形象的概念的基础上进行思维，使孩子们在观察周围世界的时候，了解现象的因果关系，比较物体的性质和外形特征。观察证实了儿童智力发展的一条非常重要的规律：课内必须掌握的真理和抽象概括越多，这类脑力劳动越紧张，学生越应当经常求教于知识的直接来源——大自然，周围世界的形象和图景应当在学生的意识中铭刻得越加鲜明。然而鲜明的形象却并不是像反映到照相胶卷上那样反映到孩子的意识中去的。表象，不管它有多么鲜明，不是教学的目的本身，也不是教学的最终目标。智育从有理论思维的地方开始，这儿生动的直觉并不是最终目标，而仅仅是手段。周围世界的鲜明形象对教师来说是一个源泉，在它形形色色的多种表现形态中，隐藏着千百个问题。揭示这些问题的内容，教师就好像在翻揭《大自然的书》的书页。

这里是《大自然的书》的第一页，它被称为“有生命的东西和无生命的东西”。在早秋的一个温暖、明媚的中午，我们走在河边，在一块草地上坐下。我们面前是一片开满了秋季鲜花的草地，清澈见底的河里游着小鱼儿，蝴蝶在空中飞舞，燕子在蓝天飞翔。我们走向高峭的悬崖，那儿在旷日持久的岁月中裸露出土壤的剖面。孩子们饶有兴味地观察着各种颜色——黄色、红色、橙黄色、白色的土层和沙层。这是薄薄一层白陶土，它下面，是金黄色的沙子，再下面，是美丽的晶体。

孩子们对比着土壤的表层、黑土和底层。

“我们在土壤的表层看到了什么？”

“植物的根，”孩子们答道，“在底层就没有根了。”

“孩子们，你们瞧长在悬崖边上那丛绿草和这一层金色的沙子。

草和沙子有什么不同？”

“夏天草就长起来了，到了秋天就枯萎了，春天它又活了……”孩子们说道，“草结出小小的种子，撒落到泥里，就长出新的草儿来……”

“那沙子呢？”我要所有的孩子，特别是脑筋迟钝的孩子——彼得里克、瓦利娅、尼娜都来对比周围世界中的物体。班上还有两个孩子——米沙、萨什科，他们思想的进程可以比作水流徐缓、水势浩渺的大河。还有一个女孩柳达，她的思维对我来说暂时还是一个隐藏得严严实实的秘密。一开始我想，无非是她的智力发展有些迟缓，其他孩子很容易明白的事物她理解起来却很困难。然而在小姑娘生气勃勃和敏感的双眸中，可以感觉出被某种内在的力量抑制着的思想；她好像有意不急于说出她非常了解的东西……

“孩子们，你们瞧，这儿是金黄色的沙子，而这儿是绿色的草。还有更妙的——这儿是绿色的沙子和绿色的草。它们不相似的地方在哪儿，它们有什么不同之处？”

孩子们思索着，对绿色的草地和裸露的悬崖剖面进行观察。在柳达的目光中流露出沉思。彼得里克皱起眉，瓦利娅把沙子从一只手倒到另一只手。

“沙地上不长花，可草地上长花。”柳达说。

“奶牛在草地上吃草，可在沙地上放牧，你倒去试试看！”彼得里克大声嚷。

“下雨后，草就长起来了，”米沙沉思着说，“可下雨后难道沙子会长吗？”

“沙子在很深的地方，而草在地面上……”尤拉说。

但谢廖扎驳斥道：“难道岸上没有沙子？草朝向太阳，而沙子在阳光下只不过晒得发热……”

之后，我们又对比不知谁捡的小石头和绿色的槭树叶、红玻璃碎片和菊花、在池塘里游着的鱼和鹅毛、桥的铁栏杆和在树上爬蔓的啤酒花茎。孩子们思如潮涌，男孩子和女孩子们发现了周围各种物体和现象间一眼就能看穿的相互联系，也发现了一下子注意不到的联系。在孩子们的意识中，逐渐形成有关有生命的东西和无生命的东西的初步概念。一些东西有生命，另一些东西无生命，这一点孩子们通过无数事实业已看到，但当我问道："有生命的东西与无生命的东西的区别到底是什么?"他们就回答不出来。结论是一步步地得出来的，在这过程中，孩子们重又回想起亲眼看到的东西。孩子们不仅正确发现了一些特征，也做出一些错误的判断，于是当场就进行一些生动活泼的观察来纠正这些错误。当科斯佳说"有生命的东西会移动，而无生命的东西不会移动"时，几乎全体同意了他的意见，但接下来的是沉默，孩子们环顾四周，又提出了反对的意见。

"木棍能移动，能浮在河上面漂，难道它是有生命的?"

"拖拉机能移动，可它不是无生命的吗?"

"蜘蛛网在空中飘动，难道蜘蛛网是有生命的东西?"

"旧屋顶上的青苔不会移动，可它不是有生命的吗?还是说青苔是无生命的东西?"

"沙子，它也会移动。我们曾经去过采沙场，看到过沙子像溪水似的在流动。"

不，看来问题不在能不能运动。到底有生命的东西与无生命的东西区别何在?孩子们一次又一次对比周围的东西。舒拉高兴地喊了起来：

"有生命的东西会长，而无生命的东西不会长!"

孩子们思索着这话，他们的目光又转向周围的东西。他们在思考，口中自言自语：草——有生命的东西，草会长；树——有生命的东西，它会长，野蔷薇丛——有生命的东西，野蔷薇会长；石头——无生命的东西——不会长；沙子——无生命的东西，因为不会长。就是这么回事：一切有生命的东西都会长；一切无生命的东西都不会长……米沙望着远处在思索着什么。他听见伙伴的话了吗？当孩子们历数了他们周围全部有生命和无生命的东西以后，这个男孩子说道：

“有生命的东西不能没有太阳。”他用手指指森林、草地、田野。

这话又一次使我深信，思想来得慢的人时常富有巨大的洞察力、注意力和观察力。米沙的话使孩子们恍然大悟。“我过去怎么没有想到这一点呢?”男孩子和女孩子们暗暗自问。紧抓不放的思想似乎重又在探索周围的东西，孩子们重又口中念念有词地在思考：不管是草、是花、是树、是麦子，没有太阳就活不了。人没有太阳也活不了……也许人没有太阳能活？不，难道能想象人在深深的地底下的某个地方生活吗？我们都很熟悉，在枝叶茂盛的树荫下，草就蔫了。爸爸是这么说的：“雨后要有太阳一晒，冬青马上就返青了，要是没有太阳，那就糟了……”而石头，无论是在阳光下还是在地窖里，都是一样。不，也不一样，石头在地窖里会长一层霉……那霉——是有生命的还是没有生命的呢？太阳不仅能造福于人，如果久旱无雨，它也能晒死禾苗。这么说，一切有生命之物不仅喜欢太阳，还喜欢水。

孩子们的思想就这样，像条条小溪似的四处流去，然后，这些溪流汇合到一起，孩子们就更加清楚了，在有生命的东西中，发生着某些他们所不了解的现象，而这些现象同太阳、水以及我们周围大自然中的一切有关……孩子们阅读着《大自然的书》第一页上的头几行。他们懂得了，整个世界是由两大类自然物——有生命的和无生命的组成。对有生命的东西和无生命的东西的初步概念又产生了无数的问题。孩子们回家的途中，注意观察平时习以为常的东西，看到了以往看不到的东西，而他们发现的东西越多，产生的问题也就越多：为什么从橡实中冒出来的幼芽能长成一棵壮实的大橡树？粗大的树干、树枝和树叶都是从哪儿来的？为什么秋天树叶就落了？树在冬季是在长呢还是不长？不可能立即回答所有这些问题，而且也不能提出这样的任务。好就好在孩子们产生了这些问题；好就好在孩子们思索的时候，学着向知识和思想的源头——周围世界去求教；好就好在孩子们能用确切和正确的词来表述自己的思想。思想清晰这个最重要的思维特征来自直接同周围世界相接触的过程。

孩子用形象、色彩和音响来思维，但这并不意味着他应当停留在具体思维上。形象思维是过渡到用概念进行思维的必要阶段。我力求使孩子们使用这样一些概念，如现象、原因、结果、事件、制约性、依赖性、区别、共同性、相似性、并存性、不相容性、可能性、不可能性，等等。多年的经验使我深信，这些概念在抽象思维的形成中起着巨大的作用。不考察生动活泼的事实和现象，不理解亲眼见到的东西，不逐渐从具体的物体、事实和现象转化为抽象的概括，那就不可能掌握这些概念。孩子们在学习大自然过程中产生的问题，正好可以促进这一转化。我教我的学生观察大自然的具体现象，寻找其因果关系。孩子们由于把思维同具体形象紧密结合，因此获得了逐步使用抽象概念的技能。当然，这是一个需要好几年时间的漫长的过程。

阅读《大自然的书》，使孩子们产生极大的兴趣。但这种兴趣——不是目的本身。苏维埃教育学反对在教学过程中过分强调孩子自发的兴趣，也反对把孩子的活动当作教学进程的最终目标。乌申斯基早就写道：“教孩子不仅习惯于做他感兴趣的事，还要习惯于做他不感兴趣的事，为了履行自己的义务去做。你们让孩子做好进行生活的准备，可在生活中并非所有的义务都是令人向往的。”①苏联的教育科学与资产阶级学者从满足学生个人要求的观点来对待教学的内容、形式和方法的倾向有着深刻的分歧。当代“最新的”教学论概念的代表人物，美国教育家戈登·梅尔文认为教师在教学中只应选择学生喜欢的内容：“正是那些学生决心要做的东西，构成了他同意学习的条件。”② 资产阶级教育家把学校教学建筑在“自发的兴趣”上，实际上就是摒弃科学知识的系统性。苏维埃教育学把孩子个人的兴趣看成是完成学校的教养和教育任务（获得一定范围的科学知识，形成辩证唯物主义信念）的一种手段。我并不把阅读《大自然的书》当成趣味盎然的消遣、引人入胜的游戏，而把它看成导入科学知识世界的一条渠道。孩子们渐渐认识的是周围那些能揭示大自然规律性本质的现象。教师并不是从满足每个孩子个人的兴趣，而是从科学地认识世界的辩证法出发来规定《大自然的书》的内容。苏联教育理论对学生活动目的的看法与实用主义者的著名论点（活动授予知识）的原则性区别即在于此。

苏维埃教育学中的活动，并不取代系统的科学教育，而是达到教养和教育目的的一种手段。当然，凡是有助于掌握知识的活动，总是能引起学生个人的兴趣的。苏维埃教育学把兴趣看成是学生在理解和考察过程中发挥创造性精神力量的积极性。随着学生正在掌握的真理不断成为他个人的信念，对于学习和认识的对象的兴趣就不断得到深化。根据苏联的教育理论，兴趣同思想教育和科学唯物主义教育是紧密联系着的。

我们一页接着一页地阅读《大自然的书》，学习思考。孩子们

---

①《乌申斯基论文集》，第 6 卷，莫斯科—列宁格勒，1949 年，第 252 页。

② A. 戈登·梅尔文：《普通教学法》，纽约—多伦多—伦敦，1952 年，麦克普罗姆—希尔图书公司，第 135 页。

看到的第二页题为“无生命的东西同有生命的东西的联系”。我们到暖房去观察高年级同学怎样在从深深的地下取来的金色沙子上和在碎石上栽种黄瓜、西红柿、大麦和燕麦。小孩子们在这儿看到高年级的同学怎样把沙子和碎石铺入金属制的和木制的箱内，给这种混合物浇上含有化学物质的溶液。黄瓜和西红柿的根，从这个培养基中摄取生长和结实所需的养分。没有生命的碎石块，溶于水中的白色粉末，似乎这就是生命必不可少的一切。而就在扁平的容器内，大麦的绿苗甚至不需要沙子和碎石就长起来了：它的根从白色粉末的溶液中吸取营养物。然而，等孩子们仔细观察开花和结实的情况后，他们就看到，无生命的东西只有在有太阳和水的地方，才能成为有生命的东西的培养基。没有光照、温度和水是不可能有生命的。今天是阴天，于是暖房里开了电灯。户外早晨有点凉，而暖房里的暖气使屋里变得很温暖。

教师说道：“孩子们，细细观察你们看到的东西，并且考虑一下，有生命的东西没有无生命的东西能否存在？现在摆在你们面前的是一只大箱子和好几只小箱子：这里放的是各种各样的化肥。你们瞧，高班的同学从不同的箱子里取出白色的、黄色的和灰色的粉末，搅拌在一起，溶解在水里。肥沃的土壤是这么来的：把粗粒沙子同腐殖质掺合在一起。你们看见了吗？从这种混合物中，长出了多么鲜亮的西红柿！植物从什么东西里面吸取了叶子、茎、果实发育成长所需要的东西？从无生命的东西里面。无生命的东西——这是有生命的东西的培养基。”这些真理在孩子们的心灵中激起对大自然奥秘的惊异感。

我又一次想起了亚里士多德抄录的古老的名言：思维始于惊异。对揭示出来的大自然奥秘所感到的真正惊异，是促使思想如滔滔急流的动力。当孩子们见到在化学物质的溶液中长出迥然不同的植物——西红柿、黄瓜、大麦时，他们就纷纷向我提出问题：“透明的溶液怎么能变成粗壮的茎，变成有蜜蜂在上面飞来飞去的鲜艳的花，变成多汁的果实?”“有生命的东西是从哪儿来的? 太阳并不能给植物丁点儿绿色的东西，它只不过照着植物，把植物照热，不是吗?”“为什么用同一种溶液却能长出绿色的黄瓜和红色的西红柿?”“为什么黄瓜是绿的，而西红柿是红的——它们不是并排长的吗?”“这些颜色不同的粉末里头有什么东西?”“为什么掺到土壤里去的腐殖质能使植物泛绿?”

关于有生命的东西与无生命的东西之间的联系的初步直观印象，对孩子进一步的智力发展是多么重要啊！孩子思考这样一些问题：“有生命的物体是从哪儿来的?”“太阳怎么把无生命的东西‘变成’有生命的东西?”他就准备去阅读那本有关生命的大书，去认识复杂过程的奥秘。

我把阅读《大自然的书》看成是培养智力方面的积极性的一种手段。概念、画面、形象，这些只不过是积极的思维活动的开端。第斯多惠写道：“如果教学生习惯于简单地去感知或被动地接受，那么所用的任何方法都是坏的方法，能激发孩子主动性的方法才是好方法。”① 我力求避免使阅读《大自然的书》的活动成为对大自然的画面和形象的简单感知，而极力使它成为积极思维和从理论上认识世界的开端，成为获取系统科学知识的开端。

苏联著名的心理学家科斯秋克写道：“最好的内容，只有当它纳入学生自己活动中去的时候，它才能为学生所意识。”不是为活动而活动，为满足个人兴趣而活动；活动要揭示科学知识的内容。这就是苏维埃教育学关于积极性和科学性的统一的本质所在。

“大自然中的一切都在变化”，这就是《大自然的书》下一页的标题。我们好几次重温这一页书。秋日晴朗的中午，全班都到果园

① 第斯多惠：《教育论文选》，莫斯科，1956 年，第 128 页。

去。苹果树和梨树的枝条被累累果实压弯了。“回忆一下，孩子们，”教师说，“我们的果园冬天是个什么样子——树枝光秃秃的，蒙上了一层霜，树身上满是雪……而现在，树枝上叶子茂密，苹果和梨都熟了。”

过了两个月，我们又来到了果园。园子变成什么样儿啦？枯黄的树叶像柔软的地毯似的铺盖着大地，树枝已半秃了。就在满是窟窿的老苹果树旁边有一颗小小的野苹果树。我们祖辈的人种了这颗老苹果树。它有一半的树枝已经枯干。只有不多的几枝是翠绿的，上面还结着硕大、多汁的果实。老苹果树再在阳光下挺立那么一两年后也就该锯了。而在野苹果树的细细的树干上长着绿色的嫩芽，这是学生从老苹果树上嫁接过来的幼芽。再过几年，绿芽就会变成树，苹果树就会开花，结出金黄色的果实。

“注意观察四周，孩子们，有没有一种植物一年四季总是一个样子的？”

孩子们的生活经验还不丰富，然而他们从小生活在劳动和大自然的环境中，所以知道，植物总是长出来，然后开花、结果……他们会讲述，地里怎么冒出一株嫩苗来，它怎么变成一个粗壮的植物的茎秆，树上的幼芽怎么长出来，又怎么长出叶子来……生物界那种跳跃般的迅速的变化使孩子感到惊异。昨天我们曾在桃园里看到了黑色的幼芽和光秃秃的树枝，今天清晨我们来到这里，我们眼前展开了一幅崭新的画面：枝头布满了朵朵玫瑰色的小花。为什么一夜之间，幼芽这么快就冒了出来，而小树就开起花来了？夜里树睡不睡觉？一般说来，树木睡不睡觉？当剪枝的时候，树觉不觉得疼？为什么树会衰老而死去？对这些问题，我不得不久久苦思，以寻找答案。但答案又会引起一连串新的问题。

这一页《大自然的书》我们在池塘边读过，在小灌木丛中读过，也在田野里读过。在浅水洼里游着小蝌蚪，孩子们知道，它们会变成青蛙。但这一过程是如何进行的？为什么鱼缸里最小的鱼已经是鱼的样子，而蝌蚪却完全不像青蛙的样子？我们观察集体农庄庄员们如何喂养蚕。从罂粟籽那么小的卵中变出一条条贪吃的小蚕。它只吃桑叶——为什么？小蚕变成大蚕，它好几次“蜕皮”——好像脱去旧皮似的——为什么？瞧它在自己身子周围吐丝结网藏身于金色的小屋——蚕茧之中，它在里面发生了什么变化？我们拿了几个蚕茧，放在窗台上，过些时候就能看到出现了漂亮的大蛾子。蛾子产卵——上面这个过程又开始重复进行。蚕怎么会吐出细细的丝线来？为什么它吃这么多的桑树叶后才结茧呢？

与积极地认识大自然相联系的活动越多，对周围世界的观察也就越深刻，越自觉。孩子们每个月都能在自己周围发现更多过去不予注意的现象。这样，他们就能看到完全不同于他们一向熟悉的那些生命形态：在阴暗、潮湿的地窖里，马铃薯块茎上冒出了白丝——这是些什么玩意儿，是根还是未来的茎？树干朝北的阴面长出绿苔——为什么绿苔躲着太阳？为什么绿苔没有种子？它怎么繁殖呢？所有的植物都开花，然而绿苔不开花。这是什么样的植物呢？

《大自然的书》中的几行文字告诉我们，不只是有生命的东西才不断变化。我们来到岸边的峭壁旁。孩子们仔细观察灰色的石块，就发现里面有细细的裂缝。从石头上砸下薄薄一片来，在手掌里就散成碎块了。这么说来，就是石头也不永远是石头啦？孩子们想起，在几个月前，他们还曾说过“石头无论在太阳底下还是在地窖里总是一个样”。白天，石头变烫，而夜里就变凉了，出现了进水的裂缝。原来，就是石头也不是恒久不变的。

分析阅读“大自然的一切都在变化”这一页的思维课，我得出一个信念，孩子知道得越多，越经常地发现在日常生活中不曾注意到的规律，渴求了解的愿望就越强烈，理解周围世界各种现象的感觉器官就越敏锐，感知器官同思维的联系就越细致。苏联人类学家M. ф. 涅斯图尔赫教授在他的著作中有一些话，我认为是阐明孩子智力发展过程的一把钥匙：人在童年时代连续不断地接触大量新材料，所以正是在这个年龄，他开始有日益增长的求知欲望。

大量的材料，这是智力充分发展的最重要的条件。当由于某种原因材料的量减少了而又未加补充时，会出现什么情况呢？孩子自己看到的东西，这还不是大量的材料。人类的教育工作就是由成人向孩子传授自己拥有的关于周围世界的知识，并以自己的思维能量不断供给能影响孩子的大量材料。

我开始留心考察每一个孩子的家庭环境——从出生一直到上学。开始发现一些有意义的规律。如果在学龄前期，孩子无人照管，如果成人不为孩子提供人的正常环境所不可缺少的大量材料，那么孩子的大脑就处于消极的状态：好奇心和求知欲就会消失，会出现漠不关心的状态，日益增长的求知愿望是否就是在很大程度上决定孩子智力发展的最重要的思维能量呢？看来，是的。

彼得里克小时候无人照管。妈妈和外公一早就上班，孩子一个人留在家里。他被安置在棚檐下或围着栅栏的绿色草坪上，不时由女邻居来探视一下，看一看孩子是否安然无恙。彼得里克从 2 岁到 5 岁，受的就是这样的“教养”。这是一种“毫无精神活动”的教养。孩子的吃穿都很好，就是缺少最主要的东西——周围没有人照管。彼得里克从 5 岁起同孩子们，主要是同同年龄的儿童，在街上嬉耍。他入学的时候，连最简单的俄语单词的含义都不知道，他那掠过周围各种物件的冷漠目光，使我觉得好像是一个小老头儿的目光。这就是说，孩子生气勃勃的思维体——大脑半球皮层细胞，处于消极状态，因为在神经系统形成的重要阶段——大脑的幼年时期，孩子缺乏来自周围世界的源源不绝的大量材料。所以阅读《大自然的书》应当在教育孩子的过程中起到重大的作用。

……我们揭开书的下一页——“生命的种子”。孩子们在秋天收集了梨、苹果、桃、李子的种子供创建果树苗圃用。他们根据经验已经知道，种子能长出植物来，春夏季节，草原上、森林里、小树林里生机盎然，植物种子在成熟，传宗接代的过程在进行。我们去郊游。春风刮走了杨树和蒲公英的白絮。孩子们在轻盈的绒絮中找到了细小的种子。他们感到诧异：大自然多么关怀这些植物的种子：在土壤干燥的表层，绒絮挂不住，只要泥土含有水分，绒絮就黏住了，就“下锚停泊”了——于是细小的种子就发出芽来。孩子们深感兴趣地一行一行读这一页《大自然的书》，他们看到，不少植物能把种子“射”出去，而生命的种子就飞向四面八方，他们看到，一些成熟得早的种子，从风中摇摆的罂粟花茎头的“小窗户”中飞出来。我们透过放大镜观察到，很多种子有用以附在人们衣服上和动物皮毛上的“狡猾的”小钩子、小爪子和“小脚”。我们搜集了粮食的种子标本，孩子们思索起来：从小小的种子里怎么会长出巨大的植物来的呢？种子是有生命还是无生命的东西？这一页书上有趣的几行，孩子们是在冬天读的：有些植物把自己的种子撒在雪里，种子必须在雪里待上几个星期，然后才发芽。

认识的愿望越强烈，孩子们工作得越有兴趣，劳动的研究性质也显得越深刻。当亲手操作有助于思维的时候，当孩子期望在劳动中找到使他激动的问题的答案、揭开闷葫芦、确证暂时还只是一种推测的事情是否属实的时候，来自周围世界的大量材料就能成为认识的特别强烈的促进因素。当孩子真正出自愿望而不是被迫成为一个从事劳动的人时，他就变成一个真正的思想家了。儿童愿意劳动的出发点，首先是愿意了解。假如这个愿望能不断发展，孩子对劳动的兴趣就会巩固起来。在教育工作实践中，被称为热爱劳动的东西，就是求知欲、好奇心和孩子个人自尊感的混合物。

阅读《大自然的书》中最激动人心的一页——“太阳——生命

的源泉”时所进行的“旅行”，在儿童的意识和情感记忆中，留下了深刻的印迹。在酷暑炎热的日子里，我们来到田野、花园和葡萄园，我们眼前是种着麦子、葵花的田野，串串的葡萄、黄澄澄的梨和正在成熟的西红柿。孩子们在这些累累果实中看到了太阳的光和热。靠了太阳，大地才能给人以全部需要的东西。通过无数次的观察、对比和因果关系的确立而得出的这一结论，使孩子们产生一种惊诧感，从而进一步推动思想的飞跃。孩子们仔细观察周围世界，思索每一物件的起源。当他们确认，太阳是生命唯一的起源时，他们惊异的心情就更甚了。

粮食、土豆、葵花，无一能缺少太阳，肉类、牛奶、黄油也是如此，因为动物的饲料是靠太阳的光和热才能生长的。惊诧的孩子问道：“太阳到底是什么东西？太阳向我们放出的热是从哪里来的？为什么冬天的太阳照在大地上不怎么热？它会不会熄灭？要是太阳熄灭了，那会发生什么事？”

阅读《大自然的书》时产生的问题，这是活跃的思想飞向知识顶峰的开端，几年后，他们从这个顶峰上便可以发现生命奥秘的全部复杂性。我竭力使孩子们成为渴求了解世界的考察者和发现者，使他们眼前的真理不是教师告诉他们的现成的结论，而是一幅怀着激动心情领略过的有关周围世界的色彩鲜明的图画。一项发现如果能使孩子感到激动，真理就能成为他终生珍惜的个人信念。理智感、求知的欢乐感、对大自然的宏伟和大自然规律的严密性的惊异心情，都是牢固记忆的源泉。

我把理智感看成是发展和巩固个别儿童记忆力的主要手段。瓦利娅记忆力很差，似乎一切都会从她头脑中“消失”。应当尽力使这个女孩子的心由于对周围世界的景象感到惊讶而颤动。一连好几天，我们相继来到田野、树林、河边、花园和养蜂场，阅读《大自然的书》中题为“一切有生命的东西都得适应周围环境”这一页。

我引导孩子们注意有些花在炎热的时候会闭上自己的花瓣，而到傍晚凉爽的时候，重又张开花瓣；指给他们看，早春开花的植物那纤细的茎如何像箭一般冲破又厚又密的一层落叶，蜜蜂如何建造蜂巢，并用蜜填满蜂房，葡萄藤的根如何深入土内三米，以便吸取水分，柳树的枝杈插入软泥如何长出根来，并长成一棵小树……这些发现使这个女孩子的心充满欢乐的激情。她那冷漠的眸子里出现了兴致勃勃的动人神情。沉默寡言的瓦利娅开口了，她问："蜜蜂怎么知道朝哪儿飞才能飞回家去？她怎么找到自己的蜂巢？早春开花的植物不觉得冷吗？——这时树下还积着雪呢。"有问题，就有思想；而有思想，就能记住周围世界的景象和大自然的规律。

下面是我们一页接着一页阅读的《大自然的书》内各页的标题："植物世界和动物世界"、"一滴水的旅行"、"人利用自然力"、"春天唤醒大自然"、"最长的夏日"、"树林里、田野中和草地上春天开的花"、"夏天的花"、"铃兰和紫罗兰"、"菊花——秋天的孩子"、"池塘里的生物"、"初秋的最后几天"、"大自然期待着冬天"、"第一个冬天的早晨"、"冬季树林中鸟的生活"、"麦穗"、"蜜蜂家族的生活"、"燕子筑巢"、"雷雨快来了"、"秋季的连阴天"、"冬季花的世界"、"树林能保持水分"、"鹳飞来了"、"鸟准备飞向暖和的地方"、"夏季雨后的太阳"、"河上的彩虹"、"秋播和春播的粮食作物"、"向日葵开花了"、"天空的星星"、"土壤的生命"、"绿叶——太阳的贮藏室"、"蘑菇和青苔"、"从橡实里怎么长出橡树来"，等等。

"一个拙劣的教师把真理送到人面前，一个优秀的教师教人寻找真理。"① 第斯多惠这样写道。在我们这个时代，以考察的态度对待周围世界的各种现象，具有特别重大的意义。非常重要的一点

① 第斯多惠：《教育论文选》，莫斯科，1956年，第158页。

是：使学生以考察和探索作为思维方法的基础，使他们通过积累、分析、对照和比较事实去认识科学真理。孩子在观察大自然现象和景象的时候就逐渐掌握思维的方式和进程，不断丰富概念，每一个概念都充满由富于探索精神的观察者用犀利的目光发现出来的因果关系的实际含义。经验证明，孩子们读了《大自然的书》，其思维就有一个明显的特点：孩子在使用抽象概念时，就会在思想上回顾作为抽象概念基础的那些印象、形象和景象。

当我那些在童年时代阅读过《大自然的书》的学生成为少年，然后又成为青年的时候，我特别关心的是，对周围世界的积极认识如何反映在他们一般的智力发展上，反映在脑力劳动的性质和方式以及智力志趣的多方面性上。我确信，学生们的精神生活具有巨大求知精神的特点。他们关注一切事物，周围的一切都能触动他们的思想和感情。我的学生在少年时代和青年早期，精神生活中有一个特点，那就是善于从相互关系的角度观察现象和物体。凡是不清楚和不明白的事物，他们都力求在书本中得到解答。书本成为他们知识和精神需求的源泉。

从物的世界到社会：东西从哪里来？

大自然——养育人的天赐发祥地。但认识大自然，仅仅是智慧、感情、观点和信念形成的开始。人生活在社会中，而且实质上，人的全部生活就是他与其他人结成的关系。我极力使孩子们在小学学习的四年内，逐渐明白一条重要的真理：一个人全靠成千上万的人来满足他物质上和精神上的需求才得以生存；不为成千上万的人创造物质和精神财富，也就不可能在社会上生存。一个人的道德面貌、精神素养、对生活的观点和世界观，都是在社会中与人发生相互关系的过程中和在劳动中形成的。教师的一项重大教育任务就是让孩子从内心深处懂得和感到：在我们的社会里，人对待人的态度、一个公民的社会面貌，是通过创造物质财富和精神财富表现出来的。

经验使我深信，一个幼小的孩子是从对物体的理解，特别是从他思索和好似发现“各种物体是从哪儿来的?”这一条非常重要的真理，逐渐走向对社会关系的理解的。

我们在学校食堂进了午餐并洗了餐具。“等一下，孩子们，先别忙着走，让我们在桌子旁再坐上半个小时。我们来想一想，我们今天使用过的东西是从哪儿来的?这儿，食堂给我们提供的一切，都是从哪儿来的?”孩子们点着他们吃过的东西：面包、肉、土豆、牛奶、黄油、鸡蛋……食物是在不久前砌炉匠用新砖砌成的炉子上煮熟的。用煤生炉子，煤是从矿上运来的。我们坐在桌子旁的椅子上。而不论桌子还是椅子，都是用金属管和塑料制成的……

“完了?”我问道。

“完了。”孩子们答道。

“再仔细看看，有东西被遗漏了……”

屋角里放着冰箱，没有电冰箱是无法工作的。墙上安着半圆形的灯罩，灯罩里亮着电灯。孩子们会注意到这些东西吗?

他们注意到了。他们惊奇地发现了一条真理，那就是如果没有电，那就麻烦了，哎呀，会给家里的生活和在学校里的学习造成多大麻烦呀。

我们生活中必不可少的东西是从哪儿来的?

从这一问题问起，我们开始了走向社会生产、走向劳动关系的复杂天地的“旅行”。我们的每一步——都是一次新发现，这样，孩子们感到了对劳动者的深切敬意，因为他们发现了一条真理：为了我们的桌上能摆上大面包，几乎需要全体家长的劳动。而且这还不够。还需要制造拖拉机、犁、联会收割机的工人的劳动——没有机器，种不出粮食来。需要矿工的劳动——没有煤，冶炼不出生产机器所必需的金属来。

在进一步了解其他物体时，等待着我们的是同样令人惊奇的发现。千百个从事不同职业的人们，在我们祖国远近的城市和乡村里，都在为把煤从地下开采出来运到我们学校的厨房而劳动。为了冶炼金属，并用金属制成桌子，用沙和泥土制成砖，必须有千百个人从事劳动。

在这之后，我们以同样的方式开始迈入社会生产，迈入劳动关系的世界，了解我们的衣服是从哪儿来的，纸张的来历，谁为我们准备好了书籍、电影，谁创作了音乐。一周接着一周，一月接着一月，我们渐渐明白了社会关系的错综复杂。我们通过物的世界对人逐渐有了认识。物体、物质和精神财富，帮助我们看到、懂得和感觉到人。当我们在面包工人斯捷潘·马克西莫维奇的工作岗位上同他会晤时，在孩子们的心目中，他不仅是一个以自己平凡的劳动挣得自己的口粮、衣服和其他很多的东西的人，而且还是一个生活的创造者，没有他，成千上万的人就无法生活。每周，我们都要同为成千上万人生产物质财富的劳动者——联合收割机手和拖拉机手、钳工和车工会晤。在三年级结业后的一个春日，我们乘车去克列缅楚格水力发电站，看到了怎么发电，同电力职工们见了面。

孩子们遇到的人们对待劳动的态度，对形成孩子的道德面貌，有着非常巨大的意义。那些为别人创造诸如面包、肉、牛奶、白糖之类物质财富的人，初看起来他们极其平凡，极其普通，他们为自己的劳动感到自豪，把自己的劳动看成是为社会服务，这对孩子的心灵有强大的影响。劳动使人高尚，给人带来无限的幸福，这一真理对孩子们来说已不是某种抽象的东西，而是生活的本质的东西了。人在童年时代就深信不疑，他可以施展自己的力量和创造能力的最重要的场所，就是为社会的福利所进行的勤恳的劳动。

活的习题集中的 1 000 道题

学校的重要任务——培养学生成为具有好奇的、创造性的和不断探求精神的人。我把童年时代当作思维的学校，而把教师视为对自己学生的身体和精神世界成长关怀备至的人。关怀儿童大脑的成长和健壮，使这面反映世界的镜子始终反应灵敏，易于感受——这是教育工作者的主要责任之一。如同肌肉由于身体的操练和不断克服困难而得以发育和强壮一样，劳动和紧张对大脑的形成和发展也是必不可少的。

孩子的大脑在建立周围各种物体和现象之间的多方面联系（因果联系、时间联系、功能联系）过程中得以发育和健壮起来。我认为自己的任务是帮助孩子们理解周围各种现象之间的联系，形成、巩固、发展他们的好学、敏捷和善于观察的智力。

解答培养想象力和敏捷性的习题就是激发大脑内在力和活跃“智能肌肉”能力的训练。这些习题就存在于周围物体和现象之中。我引导孩子们注意某个现象，务使孩子能看到隐藏着的、暂时他还不明白的联系，务使他产生找出这些联系的本质、弄懂真理的意愿。一个人积极的活动和劳动，往往是解题的关键。孩子集中智力，力求在物体和现象之间建立联系的同时就在进行一定的工作。周围世界蕴藏着千万道习题。民间想出了这些习题，这些习题以有趣的故事性谜语形式存在于民间创作之中。

下面是孩子们在休息的时候解的头一批习题中的一个。

要把狼、山羊和白菜从河的这一边运到那一边去。狼和山羊、山羊和白菜既不能同时运，又不能一起留在岸边。只有狼和白菜可以一起运，或者每一个“乘客”单独过河。渡河的趟数不限。怎么运送狼、山羊和白菜才能平安无事呢?

民间教育学有千百道类似谜语式的习题。孩子们对这类习题极感兴趣。这下，所有的男孩子和女孩子都思索起来了：到底怎么运送这些“乘客”才不致让狼把山羊吃掉，也不致让山羊把白菜吃掉?我们坐在池塘边，孩子们在沙地上画一条河，寻找一些小石子。很可能并不是所有的孩子都能解答这道习题，但孩子们紧张地思索着，这件事本身就是发展智力的绝妙手段。

解这类谜语式的习题很像下棋时的脑力劳动：解题和下棋都得预先想好几步。开学不久，我就让一年级7岁的孩子解这道题。过了约莫十来分钟，三个孩子——舒拉、谢廖扎和尤拉解出来了。这几个孩子飞快向前奔跑的思路与牢固、敏捷的记忆力紧相配合。过了15分钟，几乎所有的孩子都解完了这道题，但瓦利娅、尼娜、彼得里克和斯拉瓦又是一无结果。我发现，这几个孩子意识中思索的线似乎不时中断。他们明白习题的意思，对涉及的物体和现象有鲜明的概念，但刚做出几个初步的假设，他们意识中本来十分鲜明的概念突然模糊不清了，换句话说，孩子把明明记得的东西忘掉了。

我从民间教育学丰富的宝库中挑选了一批又一批的新习题，首先指望能引起我这几个思想迟钝的学生对谜语式习题的内容和情节产生兴趣。过了几天，我出了这么一个民间谜语式的题：“一小队士兵走到河边，他们要渡河。桥坏了，河又很深。怎么办?忽然一个军官发现两个小男孩乘着一只小舢板在岸边玩。但是舢板极小，一次只能乘一个士兵或两个孩子，不能多乘。然而所有的士兵还是乘了这只小舢板过了河。用的是什么办法?”

我又观察孩子们如何进行思索。他们在沙地上画图，极力想在脑子中记住“几步棋”。我重又看到尼娜、斯拉瓦和彼得里克如何被折磨得苦恼不堪。瓦利娅的眸子欢乐地闪着光：她解开了这道题。

我开始给思想迟钝的孩子个别补课。我给他们出比较简单的民间谜语式的习题，旨在深入理解自然数列和建立数与数之间的相互依赖关系。下面是五道这一类型的谜语式习题。

1. 鹰和橡树　飞来了几只鹰，落在橡树上。如果一棵橡树上落一只鹰，那么剩下一只鹰无处可落，如果一棵橡树上落两只鹰，那么剩下一棵橡树没有鹰。一共有几只鹰和几棵橡树？

2. 牧场上　两个男孩子在牧羊。如果第一个男孩子给第二个男孩子一只羊，那么他们两人的羊数相等。如果第二个孩子给第一个孩子一只羊，那么第一个孩子的羊比第二个孩子的羊多一倍。第一个牧童和第二个牧童的羊各有多少？

3. 多少雁　一群雁在飞，迎面又飞来一只雁。

“你们好，100只雁。”它说道。

“不，我们不是100只，”这群雁答道，“如果我们这些雁再加上这些，再加上一半，再加上1/4，再加上你，雁啊——只有这样，才能有100只雁。”这群飞着的雁一共有多少只？

4. 头和脚　院子里的母鸡在踱步，兔子在跳，一共有10个头和24只脚。问有几只兔子，几只母鸡？

5. 几个球　口袋里有10个黄色的球、10个红色的球、5个绿色的球和黑色的球。你闭上眼睛取出尽量少的球来，但其中必须有7个同一颜色的球。

这类谜语式的习题是训练智力的极好手段。解答每一道习题，都得记住前前后后两至四步“棋”。经过半年后，瓦利娅和斯拉瓦已经能解答这一类习题了，但彼得里克和尼娜还是毫无结果。他俩记不住为走下一步“棋”所必须记住的东西。

怎么解释这一现象呢？看来由于某些孩子还没有掌握瞬息间把思想从一个对象转向另一个对象的能力，依我的看法，这是记住一道习题所有的组成部分、思想上抓住好几步“棋”的能力。为什么大脑半球皮层细胞未能锻炼出这种能力则是另一个问题。这种能力远非总是由思维物质天赋的特性决定的，但也不能忽视这一原因。观察证明：如果思路骤然中断，如果在同一瞬间，孩子不能从思想上抓住眼前出现的和在这之前不多会儿出现的东西，那他就不能思索，他很难在好几个物件和现象之间建立联系。

我研究了孩子们的思维，特别是像瓦利娅、彼得里克、尼娜这样一些思想迟钝的孩子们的思维，并不是为了某些理论上的目的，而是为了减轻他们的脑力劳动，教会他们怎样学习。观察证明，首先应当教会孩子们从思想上一下子抓住一系列的物体、现象和事件，理解它们之间的联系。孩子应当从对一物体的本质和内在规律进行深入观察，逐渐转向对一系列物体仿佛从远处，在一定距离之外进行观察。我越研究思想迟钝的孩子的思维，就越深信，如不善于理解习题，是由于不善于从具体事物得出抽象概念，不善于从具体转向抽象。应当教会孩子以抽象的概念进行思维。不让瓦利娅在自己的想象中描绘狼的具体形象，不让她的思想停留在山羊怎样探头去吃白菜上。对孩子来说，所有这些形象都应当是抽象的概念。然而通向抽象的路一定得经过对具体事物的深刻理解。必须教会孩子们用抽象概念进行思维，应当培养思考能力，否则孩子就会拼命记忆，死记硬背，这会使他的思维更加迟钝。

一个月一个月地过去，我越来越认识到，学龄前儿童家长在教育方面的修养是多么重要。正是在孩子尚未入学的时候，应当多多与父母谈谈教育的问题。为了关怀未来的小学生，我们成立了家长学校，请 2～6 岁的儿童的父母来学习。我们拟订了学习大纲，其中包括诸如儿童的体力、心理、智力、道德和美感等方面的发展、家长在思维教育等方面对未来小学生的关怀问题。现在这一学校已长期办下去了。

在父母是孩子唯一的教养人员的时期，也就是孩子在学龄前时期，家长的教育学知识显得尤其重要。在 2～6 岁这一段时期内，儿童的智力发展和精神生活主要取决于父母的这种教育学基本素养，它表现在明智地理解这个正在发展中的人的最为复杂的内心活动。我们极力使家长具备一定的知识和技能。在家长学校的教育中，特别注意了如何教孩子思索、用什么方法发展他的智力这个问题。在多年工作经验的基础上，我们提出了1 000道关于周围世界的问题，这是孩子们最爱向家长们提出的问题，我们向他们说明，当孩子提问的时候，应当如何回答，应当如何发展孩子的求知欲和好奇心。我们与家长们一起拟订了一个学龄前儿童到大自然中去散步的计划，预先确定应当成为观察对象的事物。特别注意使每一个有学龄前儿童的家庭里都要有重视书籍的浓厚气氛。

多年的观察证明，也存在着能对智育工作造成困难的遗传因素。父母酗酒，这是儿童整个机体可怕的敌人，而对娇嫩的思维物质的危害性则尤为严重。

每当出现对解答锻炼大脑的习题有利的条件时，我总要把思索缓慢、记忆困难的孩子安排到靠近自己的位置上。往往要想出多种多样的谜语性的习题和逗乐性的习题，才好不容易使尼娜思维活动区之间产生能把周围世界中的概念和形象联系起来的最初通路。

记得在一个冬日，我们坐在鱼缸旁。孩子们数着缸里的鱼，有的数多了，有的数少了。于是我说了一道逗乐性的习题。

哥哥看到鱼缸里有2条大鱼和4条小鱼，妹妹看到有2条大鱼和3条小鱼。妈妈看到有3条大鱼和5条小鱼。妈妈看到了鱼缸里所有的鱼。鱼缸里到底有几条鱼？这道题对很多孩子没有困难，可是尼娜久久思索着。最后，她高兴得一拍手说道："原来哥哥和妹妹没有看到全部的鱼，而妈妈全部看到了。鱼缸里有3条大鱼和5条小鱼。有的鱼藏在水草里——所以没有看见……可是妈妈看见了。"

无论瓦利娅还是彼得里克，也开始能解类似的，甚至比这更难的题目了。

我开始逐步给这几个孩子更为困难的习题，以巩固已有的成绩。到了第三学年，当我们在集体农庄果园中收苹果的时候，尼娜解出了这么一道谜语性的题。

三兄弟在草地上割草。中午，他们躺在橡树下休息，一会儿就睡着了。妹妹来给他们送午饭，有汤、面包和几个苹果。她没有叫醒他们，把装着午饭的包裹放下就回家了。大哥醒来，看到苹果。他把苹果分成三份，但并未把自己那份全吃完，留了一个给最心爱的弟弟——最小的弟弟。他躺下又睡着了。二哥醒来，他不知道大哥已经吃了几个苹果。他又把苹果分成三份，但他也没有把自己那份吃完，留了一个给弟弟——最小的弟弟是爱吃美食的小家伙。他躺下又睡着了。最后，最小的弟弟醒来了。他看到有七个苹果在包裹里。他想：怎么才能分成三份呢？想了很久，怎么也想不出办法来，一直想到哥哥们醒来，于是一切都搞清楚了。问妹妹给三兄弟一共带来了几个苹果？

在我们的习题里，有很多关于孩子们非常熟悉的劳动的习题。孩子们在解这些习题时，一次又一次地观察大人如何耕地和筛选种子、植树和施肥、收割庄稼和贮藏食品、盖房和修路。在生活中建立这些联系就加强了概念之间的联系。思维和记忆是在不可分割的相互联系中发展的。孩子们采用图画或制作有关物体的简易模型来解答绝大多数的习题。孩子们把谜语性习题、逗乐性习题和益智游戏发表在从三年级下学期开始出版的墙报上。解题成为坚毅顽强、埋头苦干和热爱劳动等品质的一种特殊竞赛。在三年级的时候，我们首次进行了全班性的数学比赛。考虑到使每一个孩子都能取得成绩，我发给孩子们难度不同的习题。数学比赛逐渐引起了其他小学班的注意，于是成为全校性的了。

在童年时代解《周围世界习题集》中的习题，能引起思考，教会思索。如果孩子们不学会思索，如果思维过程不能增强大脑，那就谈不上取得数学或其他学科的扎实的知识。

列夫·托尔斯泰建议："避免一切算术方面的定义和规则，促使他们尽量多地从事活动，而纠正他们的活动并不是由于没按规则去做，而是由于所做的事没有意义。"① 这一建议完全不是否定理论概括——定义和规则，对托尔斯泰的"自由教育"抱有成见的读者一听可能会这么看。正相反，这一建议的宗旨是要学生深入理解定义和原理的本质，并且不把原理看成是某种茫然不解的、不知来自何方的真理，而是出自物体本性的规律。教师这样来对待真理，孩子就好像自己"发现"了定义。这种发现带来的欢乐是对发展思维能量起巨大作用的强有力的情感动机。还不能忘却，托尔斯泰的建议只涉及年幼的儿童。

不能把解答《周围世界习题集》中的习题看成是提高算术成绩

① Л. Н. 托尔斯泰：《教育论文集》，莫斯科，1953年，第339页。

的唯一手段。这样解题有助于发展思维，但毕竟只起辅助性的作用，并服从课内教学教育过程的要求。这一手段只有结合在智育、德育、美育和劳动教育的种种方式和方法的总体中，才可能产生效果。形象地说，我把它看成是达到小学主要目的的小桥，小学的主要目的是授予孩子严格规定范围的牢固知识和实际技能。在数学教学方面，要求与目标的明确性和绝对性起着特别重要的作用。每一学年，我都明确规定，哪些东西学生应当深入地和牢固地铭刻在脑海中。形成自然数列原则的知识是决定今后数学教育巩固程度的数学知识的基础。我极力做到一年级的时候，每个学生就能不假思索地迅速回答任何与100以内的加减法有关的问题。为了达到这一目的，我编了一套分析数字组合的练习。没有关于乘法表的巩固知识，我简直不能想象学生会在小学和以后的学习中进行创造性的工作。牢记必不可少的一定范围内的知识，这是创造性思维的重要手段之一。

记忆力差的孩子很难思索和想象。如何加强和增进孩子的记忆力，这是早就挂在我心上的一个问题。“算术箱”成了增强记忆力的手段之一。这是一种直观教具，孩子们用它来检查自己算术方面的知识。检查表现为饶有兴味地构筑数学正方形；用木块组成正方形的各边；每一木块上标明数字，各边木块上数字的总和必须完全相等。在“算术箱”里有复习乘法表的专门练习题。

微型电子算术器，这是一种使用电路工作的仪器，是增强和巩固记忆的绝妙手段。每个学生都在这一仪器上复习乘法表和自然数列的组成。早在三年级的时候，我们就开始制作微型电子数学器，到四年级结业前，我们已经有四台仪器。在进行这一工作的过程中，我再一次确信，思维和动手相结合对学生的智力发展是多么重要。孩子由于参与制作教具，原来不稳固的记忆就得以巩固。（当然，这得与其他影响思维过程的手段相结合才能取得一定的效果。）

下棋对提高思维水平起着重大作用。早在“快乐学校”时期，舒拉、加利娅、谢廖扎、尤拉、万尼亚、米沙和其他孩子就学会了下棋。男生和女生经常久久地身不离棋盘。下棋使思维条理化，促使思想集中。但这儿最主要的是增强记忆力。我在观察小棋手们时，发现孩子如何在思想上重现前几步棋，并想象后面的几步棋。我真希望瓦利娅、尼娜和彼得里克能坐下来下棋。我教他们怎么下，而他们则思考怎么走下一步。棋盘帮助我发现柳芭和帕维尔的数学思维。在下棋之前（这两个孩子在三年级开始下棋），我并没有发现他俩思维的敏锐性和顽强性。

不下棋就不可能充分增强智力和记忆力。下棋应当作为智能修养的因素之一列入小学生活。这讲的正是小学，在小学阶段智育占着一个特殊的地位，要求专门的工作方式和方法。

我们的环球“旅行”

小学各年级的教师应当力求使孩子的视野逐渐从故乡的田野、森林扩大到祖国与全球的大自然和生活图景。

在一年级的时候，我的学生就已经很清楚，地球是一个巨大的球体，时而以这一面，时而以那一面转向太阳；知道在同一个时候，地球的不同角落里，有的是溽暑，有的是严冬，有的是白天，有的是黑夜。从二年级起，我们进行环球“旅行”。孩子们坐在“绿色教室”里，他们的面前是一个被人造“太阳”照射着的巨大的地球仪；“地球”围着“太阳”转，“月亮”围着“地球”转。我对孩子们说：“孩子们，这是我们辽阔的祖国。我们居住在离祖国西部边界不远的地方，让我们向东去作一次长途旅行，访问城市和乡村，看一看，那儿的人怎么生活。”接着，我就讲述我们一路碰到的田野、河流、居民点。一边讲，一边展示图片和幻灯片。

暮色已经降临，两小时的“旅行”已不知不觉地过去了，可我们还没有走出 100 公里。孩子们急不可待地等待着他们继续去“旅行”的那一天。

……重又出现了城市和乡村、森林和河流、建筑物和古迹，但“旅行”并不显得单调，因为在我们祖国的每一个角落里，孩子们都能看到一些新奇的富有特色的东西。几天的“旅行”过去了，我们已临近伏尔加河了，看到了水电站，碰到了伏尔加河流域辽阔草原上的牧人。孩子们屏息静气地听着伟大的斯大林格勒战役的故事，这一次战役关系着人类的命运。若是没有千万名英雄在这儿殊死守卫，猛烈地反击残酷而又强大的敌人，打断敌人的脊梁骨，那我们今天就不会静坐在这间舒适的教室里了。应当从小就把孩子领进一个充满人类各种遭遇、操劳和忧虑的巨大世界中去。要让孩子感觉到，就是目前，地球上还存在着打算发动新的血腥战争的势力。要让对破坏和平的敌人的仇恨感深深地扎根在孩子的心中，要让孩子从祖父辈和曾祖父辈的丰功伟绩中吸取信念；人并不是命运漩涡中的一粒尘屑，而是强大的力量。

孩子们越来越深入到祖国内地，在他们面前展现出新奇的图景：富饶的乌拉尔和它取之不竭的矿藏、神秘莫测的原始森林、汹涌的西伯利亚河流……一连好几天，我们与地质学家——大自然财富的探寻者一起“旅行”到盛产乌拉尔宝石的美好的地方。我们坐上轮船，在贝加尔湖上航行，我们欣赏着高山峻岭，我们在篝火旁露宿……我们再朝前走——远东丰富的资源展现在孩子们眼前，而再向前走——那就是大海了。我们坐上海轮，向萨哈林岛进发，然后上千岛群岛——我们祖国的白昼就是从这儿开始的。我们“旅行”了将近三个月，平均日行一百公里，与四十个以上民族的代表见了面，认识了一些出色的人物——农民、建筑人员、矿工、渔民、地质人员。他们全都为我们能够美好地生活而劳动着。孩子们心中产生了自豪感：瞧，咱们的国家多么辽阔、富饶和团结。

一次接着一次，我们又进行了好几次到祖国各地去的“旅行”。我们来到北方——面前是一片寒冷而美丽的冻土地带、雄伟辽阔的北冰洋；我们见到了北极地带勘测人员、养鹿人、伐木工人。在西部，我们了解了兄弟的古楚尔人的生活，欣赏了山地牧场的美景。在南方，我们在高加索的山间和中亚细亚的平原上“旅行”。

整整一年我们都在旅途中。“祖国”这个词，以其足以激发对苏维埃人英勇劳动的自豪感的鲜明画面充实了孩子们的意识。其他小学班的教师也开始仿照我们的样子在祖国大地上“旅行”。我们极力使孩子把一切用昂贵的代价取得的和苏联人民珍惜的东西纳入“祖国”这个概念之中。

我们到苏联各加盟共和国去“旅行”，从教育的角度讲，这是最有意思的了。我们沿着第聂伯河——俄罗斯、乌克兰和白俄罗斯这三个兄弟共和国的河，开始了这一次的“旅行”。沿着这条伟大的河航行，我们了解了很多城市和乡村，了解了兄弟民族英勇的过去和当前的情况。斯摩棱斯克和洛耶夫、基辅和卡涅夫、切尔卡瑟和克列缅楚格、扎波罗热和卡霍夫卡——每一座城市都使孩子们记起各民族在国内战争和伟大的卫国战争年代中，为同奴役者做斗争、争取不受剥削、争取自由和独立而用鲜血结下的伟大兄弟情谊。在沿着第聂伯河“旅行”的时候，孩子们聆听乌克兰、俄罗斯和白俄罗斯歌颂故乡河流的美丽和雄伟、歌颂各民族的兄弟情谊的歌曲。讲述在整个苏维埃政权的年代里，我们共和国有哪些建树，能在孩子们心中激起对社会主义祖国深切的自豪感。

用了几天时间到纪念友谊的地方去“旅行”。我们从乌克兰人民表示要同俄罗斯人民永远联合的彼列雅斯拉夫－赫麦利尼茨基开始这一“旅行”。我们在想象中经过了几百座城市，这些城市的命运与乌克兰人和俄罗斯人共同为争取祖国的自由和独立的斗争，在粉碎白匪和法西斯侵略者后为恢复被破坏的工业而进行的斗争相联系。

在俄罗斯苏维埃联邦社会主义共和国内进行的几天“旅行”，给孩子们留下了难忘的印象。在我们面前，呈现出举世无双的多民族的伟大友谊——在俄罗斯土地上居住着一百多个民族。孩子们了解了伏尔加流域、北高加索、乌拉尔、西伯利亚、远东和极北地区各民族的生活和劳动。

我们在祖国地图上进行了几次访问列宁居住过的地方“旅行”。乌里扬诺夫斯克、古比雪夫、喀山、列宁格勒、莫斯科、舒申斯科耶——地图上每一个这样的点都能在孩子心目中勾画出鲜明的图画：我讲述了共产党和苏维埃国家的缔造者——弗拉基米尔·伊里奇·列宁的童年、青年和成年时期。

到白俄罗斯和摩尔达维亚、中亚细亚、波罗的海沿岸和外高加索各苏维埃加盟共和国去“旅行”，使孩子们看到一幅又一幅崭新的描述各民族伟大友谊的图画。由于当时我们班已经与俄罗斯和白俄罗斯的小学生们通信，所以我们想象中的旅行就显得更加生动和有趣。

我们还到国外去“旅行”。我的目标是向孩子们展示地球不同角落里大自然的变化万千的天然美景，向他们讲述世界各国人民生活和劳动中一切美好的东西，引起他们对语言不同的人们的文化、艺术、现在和过去的兴趣，展示整个地球上善与恶的斗争。比起在祖国大地上的“旅行”来，直观性在这些“旅行”中起到的作用更大些：应当形成对遥远的地区和在我们这儿见不到的大自然的概念。

一开始，我们到四季如夏的国度去。日复一日，孩子们了解了埃及、印度、斯里兰卡、印度尼西亚人民的大自然、日常生活、劳动和文化——他们听有关这些国家的故事，看有关这些国家的电影。他们好似在挺拔的棕榈树下走过，感觉到热带阳光灼人的暑气和暴雨后的凉爽，他们考察劳动人民的生活。到金字塔之国——埃及去“旅行”是引人入胜的。

然后我们又到邻近的国家去“旅行”。我们去了波罗的海沿岸的国家、斯堪的纳维亚国家、中欧诸国、土耳其、伊朗和阿富汗。以同样的方式，我们完成了去非洲和南美洲、加拿大和美国、澳洲和南极洲的“旅行”。

地球不同角落里人们劳动的情景，给孩子们留下了深刻的印象。不管人住在什么地方，不管他的肤色如何，也不管他讲的是什么语言——他都在劳动、教育孩子和向往幸福。我极力做到尽可能鲜明地向孩子们展示我们的兄弟，社会主义友好国家的人民的劳动和生活，激发孩子们对德国土地上第一个工农社会主义国家——德意志民主共和国劳动人民的友好感情。

鲜明的例子使孩子们认识到，法西斯和德国人民并非一回事，德国工人阶级的优秀儿女在希特勒反动统治的阴暗的日子里献出自己的生命来反对纳粹主义——苏联人民与之作战的共同敌人。

孩子们在环球“旅行”中看到，远非所有的人都能幸福地生活：世界上存在着人压迫人和到处是贫困和饥饿的国家。在孩子们的意识中形成了有关这种罪孽的根源是不公道的社会制度的概念。孩子们逐渐认识到，世界上的剥削者和被剥削者之间，进行着尖锐和不可调和的斗争。我极力使我的学生从心底深处体会至今还受剥削者奴役的劳动人民的痛苦，至今仍处于奴隶地位的人民的痛苦。当我们到阿拉伯诸国去“旅行”的时候，我放映了电影，其中的画面使孩子们大为震惊。在某些国家，如沙特阿拉伯，他们的同龄人，男孩子和女孩子，戴着镣铐被卖身为奴，被逼赶着去服苦役。在奴隶市场的旁边——耸立着这个国家统治者童话般的宫殿。孩子们听了感到十分难受。他们开始以另一种目光看待祖国公民的自由劳动了，感到为祖国的福利、为自己的家庭和自己的人民劳动，这是莫大的幸福。

只要世界上还存在着人剥削人的现象，就不能培养全人类的爱，因为没有抽象的人类，有的是阶级兄弟——被剥削者，和他们不可调和的敌人——剥削者。使每个孩子从小就懂得并打心底里感觉到什么是革命的、共产主义的思想，这是非常重要的。稍加回顾我们祖国不久前的历史，讲一讲祖国人民为自由和独立进行的浴血战斗，用鲜明的例子指出，今天殖民地国家和资本主义国家的劳动人民如何在捍卫自己的权利，我就一步一步地引导孩子们得出信念：人们为了思想而去赴汤蹈火，在思想斗争中，阶级对抗的本质表现得最为鲜明。非常重要的一点是，要使那些为崇高的思想献出自己生命的人，能成为我们学生的典范。反之，毫无怨言地屈从压迫的人，理应引起人们的鄙视。正因为如此，所以首先展现给幼小儿童的必须是一个人们为幸福的未来而斗争、劳动和生活的世界。

我逐步把孩子从对共产主义思想的理解导向对共产党的认识。我通过讲述我们祖国的过去，用鲜明的例子展现了工人阶级的优秀代表人物，为了不再有人剥削人，为了劳动人民能过上幸福的生活，为了财富能属于创造财富的人所有而进行奋不顾身的斗争。谈话中，我绘声绘色地给孩子们讲述列宁和共产党如何发动工人阶级和农民阶级起来推翻专制制度和建立苏维埃政权。我用伟大的列宁的战友、共产党员们的忘我斗争的生动实例说明，为我国各族人民铺平了通向自由和幸福的光明大道、向资本主义国家受奴役的人民指出了独立道路的伟大十月社会主义革命，是在何等艰苦卓绝和英勇顽强的斗争中完成的。

在祖国各地的“旅行”中，我给孩子们讲述了在苏维埃政权的年代里，我们的祖国已改变得令人无法辨认，何等巨大的工厂在它的辽阔的土地上建立起来，何等美好的集体农庄点缀着它的大地，苏联人民的文化和生活是如何在朝前发展。我在讲述中重谈了我们儿童的生活，我们整个人民都在保卫着孩子们的幸福童年。

资本主义国家中的艰苦生活同苏维埃国家繁荣昌盛的生活适成对比。

在到日本去“旅行”中，孩子们知道了广岛原子弹爆炸时得了放射病的千万名和平居民，知道了重病卧床的小姑娘佐佐木贞子。孩子们深深体验着自己远方的同龄人的悲痛。他们愿意帮助有病的小姑娘，可用什么帮助，又怎么帮助呢？到日本“旅行”之后，过了几个星期，我给孩子们念了一小段报纸上的报道，里面提到佐佐木贞子给自己提出了一个目标：做1 000只纸鹤。（按日本民间习俗，谁亲手做1 000只纸鹤，谁就会永远幸福。）我们人民也有类似的说法：热爱孩子的妈妈给生病的孩子做很多银色的纸云雀，这些纸云雀能给孩子带来健康。于是男女孩子们都去做纸鹤，把它寄到遥远的日本国……过了几年，我的学生都成了小伙子和大姑娘了，他们仍然以沉痛的心情听着关于佐佐木贞子健康的每一则消息。远方朋友去世的悲痛消息就像个人沉痛的不幸似的镂刻在年轻的心灵之中。

世界的范围在孩子面前扩大了。这世界已不仅仅是大海和大洋、陆地和岛屿、珍奇的植物和动物、北极地带的北极光和热带的终年酷暑，而首先是人、人为幸福的未来所进行的劳动和斗争、人类对幸福和正义的世代向往，而在消灭了人压迫人的那些国家里，这种向往已成为现实。孩子们不能作为一个冷眼旁观的人，只知道在什么地方发生了什么事情，能讲讲这些事情，而要作为能为人类的命运分担忧虑的人进入这个世界。

在祖国各地和国外“旅行”的过程中，切不可忽视一种危险性——知识和印象“过量”的危险性。托尔斯泰向幼儿教师提出建议：“避免过分沉湎于（特别在供小学使用的外国书籍中）告诉儿童类似下面这样的知识：地球有多重，太阳有多重，太阳由哪些物质构成，树木和人如何由细胞组成，人们发明了哪些奇特的机器等科学方面取得的不寻常的成就。”① 纯粹的结论会对学生产生有害的影响，并使他习惯于听信字面上的东西——这位伟大的作家兼教育家这么解释自己的建议。从他写下这些话起，已过去了几十年，世界已变得不可辨认，科学取得了巨大的成就，幼小儿童的视野也不同以往了，但托尔斯泰的建议即使在今天仍未失去其价值。不能向孩子们讲述过多的令人惊愕的材料。

什么是帝国主义

我认为一项重要的教育任务是向儿童揭示一条决定我们当代各国人民命运的真理：帝国主义和殖民主义是地球上二十亿劳动人民残酷无情的敌人。对一部分人拥有巨额财富，而另一部分人则死于饥馑的不平等的社会制度持毫不调和的态度，在资本主义和社会主义残酷的阶级斗争和思想斗争条件下，培育这一道德品质乃是学校的思想核心。

您不可能用概括的语句和科学定义向幼儿讲清楚帝国主义和殖民主义。教师应当用鲜明的、带有客观的感情色彩的事实和形象使他意识到这个问题，并使他义愤填膺，毫不妥协地反对与我们相敌对的制度和思想。

我们在想象中到拉丁美洲去“旅行”。我曾经去过地球上这一角落里的一些国家，我关于墨西哥和巴西、巴拉圭、智利、阿根廷和哥伦比亚的讲述，使孩子们在思想意识中形成了关于拉丁美洲各国人民独具一格的文化、拉丁美洲奇妙的大自然和勤劳的人民的概

① л. н. 托尔斯泰：《教育论文集》，第 339～340 页。

念。但当我解释到，为什么在半殖民地的拉丁美洲每分钟要饿死4个人，每天要饿死5 500人，每年要饿死200万人时，孩子们大为震惊：在他们面前露出了殖民主义的真正面目，对于殖民主义来说，人的生命、血液和汗水，千百万儿童的眼泪和痛苦是微不足道的，对殖民主义来说，富人的利润加利润就是一切。

在孩子的意识中，怎么也不能一下“装进”这样的事实：工厂、铁路、轮船、飞机都可以归一个人所有。然而事实毕竟是事实，当我讲到离富翁洛克菲勒高级别墅一公里的地方，有成千上万失业的人居住在破棚子里，他们就满怀对不公平的社会制度的愤懑、愤怒和不可调和的仇恨：绝不该这样！

资本主义国家报刊上每天登载的一些消息，给孩子们留下了深刻的印象。我给他们看了英国报纸上刊登的一张少年的照片，他在商店里偷了一个小面包，后来在法庭上供认：“我偷，是为了能被抓进监狱里去关上一年。在监狱里会给我东西吃，而在外面我就会饿死。”而就在这同一天，商店女主人玛尔黛朱莉·考尔琪科特小姐（伍尔弗汉普顿市）举行了一个招待会，有750位客人参加，招待会共花费了女主人1 000英镑（2 500卢布）。一次豪华的交际聚会……是为了悼念过了16年温饱日子后死了的女主人心爱的公猫钦卡……这就是人奴役人。

从南非报纸《兰德每日邮报》上孩子们了解到约翰内斯堡市有一个名叫米阿的黑人病重。他被送到市中心医院，但白人医院的门是不向黑人开放的。他死了。

斯德哥尔摩的税务局雇用了一个会模仿犬吠的年轻妇女。她的职责是在全城溜达，装出各种犬吠声。听到这种犬吠声，那些被主人向税务机关隐瞒起来没经登记的狗就会对她吠叫。请看，对饿死的恐惧心能把一个人导致何等地步——他什么都肯干，就是污辱自己的尊严也干。巴西警察局夜间在里约热内卢对乞丐进行了一次围捕。把他们抓起来，运送到海边，身上捆上石头，绑住手脚，沉入海底……

土耳其报纸《新闻报》报道说，有一个青年妇女杀死了自己的三个孩子。法庭讯问，是什么动机促使她犯下这种可怕的罪行，她答道："我不忍目睹自己的孩子们受罪。家里没有一颗粮食，孩子们冻得发青。于是我下了决心：不如马上夺去孩子们的生命，免得眼看着他们慢慢地饿死。"

亚丁报纸《阿拉伯半岛少女报》报道，沙特阿拉伯政府规定了奴隶的新价格：男奴每个250英镑，女奴每个350英镑。

意大利煤矿主决定停止煤的开采，因为经营美国石油比开采意大利的燃料更为有利。停止矿上的生产，就有500个工人受到失业和饿死的威胁。他们下到矿井里并宣布绝食，声明如矿主不撤销停止开采煤的决定，他们就不出矿井。矿工们在井下静坐了七天，取得了胜利。他们付出了昂贵的代价才获得劳动的权利：在绝食期间，五人死于井下。

光把这些事实告诉孩子们是不够的，还要讲明道理。例如，孩子们很难理解，为什么资本主义世界的工人有失业的威胁。不要用抽象的话来解释，而要用具体事实作为例子，说明什么是私有财产，什么是人剥削人。

孩子们懂得了帝国主义的本质，也就获得了一种最最重要的道德品质——阶级鉴别力，就会对奴役压迫的制度持自己的态度，下定为巩固各国人民之间的友谊和为保卫我国社会主义革命成果而斗争的决心。

让孩子体验脑力劳动的欢乐和取得学习成绩的欢乐

学生的脑力劳动、学习中的成功和失败，这是他的精神生活、他的内心世界，忽视这一点会导致悲惨的结局。孩子不仅仅在认识和掌握材料，而且还会对自己的劳动有所感受，对自己的成功和失败发表个人的看法。

对幼小的孩子来说，教师是公正的生动体现。请看得了一个不及格分数的一年级学生的眼睛……这个孩子不仅觉得自己是一个倒霉鬼，而且还对教师持一种怨恨的，有时甚至敌视的态度。教师实际上不过由于孩子不明白某一点而打了一个 2 分，可在孩子心目中，他却成了一个不公正的人。

在一所学校里发生过这么一件事。一个学生怎么也弄不明白，植物是如何吸取养分和进行呼吸的，幼芽如何长成叶子，花如何结成果实，等等。教师经常提问这个男孩，而且每次都这么说："难道你就不能理解这些简单的、你本应理解的东西吗?"一次上课时，教师说："过几天，栗子树就要发芽了，我们全班都上咱们的栗树林荫道去，到了那个时候，如果阿廖沙还讲不出大家都懂得的那个道理，那么就无可救药了。"教师非常喜爱自己的宠儿——亲手栽培的由小栗子树长成的林荫道。上课前，他同几个学生一块儿又一次来到林荫道上欣赏点缀在每一棵树的枝头上的幼芽。可是到了第二天，当全班来到栗树林荫道来上课时，教师惊骇不已：树上所有的幼芽都被掐掉了。孩子们站在那儿神情沮丧。教师看到阿廖沙的眼睛里闪烁着幸灾乐祸的火花。

在这一行动的后面，隐藏着孩子精神力量的大发作、大爆发，他内心深处的痛苦喷发而出。这个男孩对不相信他的力量表示了抗议。但在教育实践中往往还有这样的情况：孩子一连得了几个2分之后，就似乎同自己的命运妥协了，觉得什么都无所谓了。有时，孩子对自己的分数所持的无所谓的态度，成了小朋友们的笑柄，渐渐地，所有的孩子都习以为常了，大家习惯于万尼亚和彼佳只能得2分，不可能得别的分数。这是一个正在形成中的人在精神生活中可能发生的最可怕的事。如果一个人从童年时代起就缺乏自尊心，那对他还有什么可指望的呢？

最重要的教育任务之一就是使每个孩子在掌握知识的过程中体验到人的自尊心和自豪感。教师不仅应向学生展示世界，而且还应确认孩子是周围世界中一个会为自己的成绩感到自豪的积极的创造者。教学是在集体中进行的，但孩子是独立地在认识的道路上迈出自己的每一步的；脑力劳动，这是一种极为个体化的过程，这个过程不仅取决于孩子的能力，而且还取决于孩子的性格和其他很多经常不被觉察的条件。

孩子总是抱着坦率的胸怀和好好学习的真诚愿望进学校的。孩子甚至不敢想别人会把他看成懒汉或倒霉鬼。好好学习的愿望，这是人类美好的愿望。依我看，这是照亮儿童生活的全部意义和儿童欢乐世界的明亮火花。这一火花是微弱的和不设防的，孩子以无限信赖的心情把它交给您这位教师，而要是您没有觉察儿童的愿望，那就是说您还没有意识到为自己学生的今天和明天所担负的令人激动的责任。粗心大意地接触儿童的心灵，令人感到委屈的生硬的话语或漠不关心的态度，足以使这一火花就此熄灭。只有孩子在学习中获得成绩，只有自豪地意识并感受到，自己在沿着陡峭的认识小径迈步前进、向上攀登，这才是渴求知识的微弱火花所需要的合宜的空气。

对徒劳无功、毫无结果的劳动，即使成人也会感到厌烦、迷惘和兴味索然，何况我们是在同孩子打交道。如果孩子看不到自己劳动的成绩，渴求知识的火花就会熄灭，儿童心中会结起冰块，在火花没有重新点燃之前（而再一次点燃它是多么困难呀!）用任何办法也难以融化这块冰；孩子失去了对自己力量的信心后，形象地说，他就扣上全身的钮子，戒心十足，一触即发，对教师的建议和批评就会采取粗暴的态度。或者更糟：他丧失自尊心后，觉得自己干什么都不行。当您看到这么一个漫不经心、毫不在意地准备耐心听老师整小时的训斥，毫不在乎地任凭小朋友说他，你是落后生，你会留级……的孩子时，您的心就会充满愤懑。还有什么能比扼杀一个人的自尊心更为不道德的事呢!

学生在童年和少年时代如何对待自己，他在劳动世界中把自己看成一个什么样的人，在很大程度上决定他的道德面貌。乌申斯基写道，孩子生来不贪懒，他爱独立做事，愿意什么都自己来干。应当教会孩子劳动，教会他思考、观察，理解什么是脑力劳动、怎么才算好好劳动。而只有在这之后，才能给他的成绩打分。一个从来不知道学习劳动欢乐的孩子，一个从来没体验过克服困难后的自豪感的孩子，这是一个不幸的人。不幸的人是我们社会的大灾祸，而不幸的孩子，则是大百倍的大灾祸。我无意于赞美童年时代；我不安的是早在童年时代，人往往已成为懒汉，他厌恶劳动，甚至轻视要竭尽全力劳动的思想。但为什么孩子会成为懒汉呢？亲爱的老师们，这是因为他不知道*劳动的幸福*。请赋予他这种幸福，教会他珍惜这种幸福，那时他就会珍惜自己的人格，就会爱劳动了。

给儿童以劳动的欢乐、取得学习成绩的欢乐，在他们的心中激发自豪感、自尊心——这是教育工作的头一条金科玉律。在我们的学校里，不应当有不幸的儿童——那种被什么也干不了的思想折磨着心灵的孩子。学习取得成绩，乃是孩子产生克服困难的动力和学习愿望的内在力量的唯一源泉。

如果孩子没有了学习的愿望，那么我们的全部计划、探索和理论就都化为灰烬，化为死气沉沉的木乃伊。儿童学习的愿望只能同学习成绩一起产生。出现了这么一种好似奇谈怪论：要让孩子取得成绩，就要他在成绩上不落后。然而这并非是奇谈怪论，而是脑力劳动进程的辩证统一。只有当掌握知识过程中取得成绩而产生欢欣鼓舞的心情的时候，才能出现学习的兴趣；没有欢欣鼓舞的心情，学习就成为孩子的沉重负担。我倒很想把埋头苦干称作欢欣鼓舞乘以孩子认为他一定能取得成绩的信心。

乍看起来，给学生评分是很简单的事，然而这却是教师找到正确对待每一个孩子的方法的能力，是保护孩子心灵中渴求知识的火花的能力。在小学四年的教学过程中，我从未给学生打过一个不及格的分数——不管是书面作业还是口头回答。孩子们学习读、写和解题。一个孩子在自己的脑力劳动中取得了良好的成绩，另一个暂时还没有。一个孩子已经学会了教师正想教给他的东西，另一个还不会，但这并不意味着后者不愿意学习。我只在孩子脑力劳动取得良好成绩的情况下打分。如果学生还没有取得他在脑力劳动过程中力求达到的成绩，我就什么分都不给他打。他应当专心致志地想一想，把自己的作业重新做一遍。

一年级时，我是在学年开始后过了四个月才打了第一批分数。重要的首先是让孩子们懂得刻苦、勤勉的劳动是什么。孩子的作业完成得不好并不是由于他不愿意，而是由于他还没有什么是好、什么是坏的概念——那么凭什么给他打分数呢？我让孩子把同一作业做上几遍，使他以亲身的体验深信，他可以做得比一开始的时候好得多。这有着很大的教育意义：学生好似发现了自己的创造力；他看到自己的进步感到高兴，就努力做得比这更好。孩子把自己做得较好的作业与差一些的作业进行比较，就会体验到欢欣鼓舞的心情。

考查一年级的作业，我发现孩子们想法不一样，对自己劳动的评价也各不相同。譬如他们写“oca”（黄蜂）这个词，莉达、谢廖扎、卡佳、萨尼娅、帕维尔写得很漂亮、很整齐。尤拉的字母就越出了横线，写得歪歪斜斜；科利亚和托利亚不是在写，而是在画，他们的字母就同他们在图画本里写头几篇关于大自然的作文时一样。在彼得里克的练习本里则是一些小钩子。我没有忙着进行下面的练习，孩子们又把这个词写了好几次。每重复写一次，孩子们就好像登上了更高的一级，不管是写得差的还是写得好的，都是这样。孩子们眼见他们的事情进展得比一开始的时候好，感到高兴和幸福。

正是在这种欢乐之中产生自豪感和自尊心。多次体验过这种感情的孩子不会去寻找捷径，不会去抄袭旁人的作业。只是当孩子学会了重做自己的作业，并由此而产生欢乐感和自尊感时，我才开始给他们打分数——当然，只给成绩好的打分。有些孩子在开学后过了四个月就得了分数，有些则过了六个月才开始得分数。彼得里克和米沙在第二学年开始时才第一次得到分数。我给他俩补了课，让他们哪怕今天做得比昨天稍稍好一些，不让他们失去自信心。

教学，并不是机械地把知识从教师那儿传授到孩子那儿，它首先是人与人之间的关系。儿童对知识和学习的态度，在很大程度上取决于他对教师的态度。如果学生觉得教师不公正，他会大为震惊。而幼小的儿童往往把不及格的分数看成是不公正的，并为之深感痛苦，因为几乎从来没有过孩子不愿学习的情况。他愿意学习，只是他不会，他还没有能力集中注意力，没有能力迫使自己工作。

如果一个孩子今天、明天，乃至整年都感到对自己不公正，那他的神经系统一开始会兴奋，继而就会出现抑制——抑郁、消极和冷漠。兴奋和抑制的剧变会导致孩子得病。乍一看，这是一些奇怪的毛病，即学校神经官能症。离奇的是这种病通常只在学校，在人道主义应当成为师生关系中最重要特征的这个神圣场所发生。学校神经官能症是不公正的产物。家长或教师对待孩子的不公正态度千差万别。首先是冷淡。对孩子的道德和意志力的形成说来，没有比教师对学生的成绩漠不关心更为危险的了。其次是斥责、吓唬、恼怒，而不懂教育学理论的人，甚至还会表现出幸灾乐祸的神气：好，你不知道，那把记分册拿来，我给你打一个 2 分，好让你爹妈瞧瞧，他们的儿子到底是个怎么样的孩子……

我花了好几年的时间研究学校神经官能症。教师的不公正在孩子神经系统方面的病态反应，有的表现为紧张，有的感到委屈和苦恼，表现为万分躁怒，有的表现为怨恨，有的表现为故意装成（假装）的无忧无虑的样子，有的表现为漠不关心、极端的抑郁，有的表现为对惩罚、对老师和对学校的恐惧，有的表现为装腔作势、扭捏作态，还有的表现为冷酷无情，有时带有病态的表现（这极罕见，但不能掉以轻心）。预防学校神经官能症要靠家长和教师的教育学修养。教育学修养最主要的表现应当是理解每一个孩子的精神世界，能给每个孩子以必要的关心，并付出一定的精力，使孩子感到大人没有忘记他，并能分担他的伤心、委屈和痛苦。

对孩子来说，来自教师方面的最大不公平，是他确实认为教师给他评不及格的分数是不公平的，况且还企图让家长为此而处罚他。当孩子看到教师一定要把 2 分的事通知家长时，他就会变得冷酷无情，与教师和学校对立。脑力劳动就会成为他所仇恨的事。粗鲁的情感还会转移到对其他人的态度上，首先是转到家长身上。

很难想象还有什么比由于不公正而产生的情感上的麻木更能摧残儿童心灵的了。孩子一旦感受到了别人对他漠不关心的态度，他就失去了对善与恶的敏感性。他分辨不清周围人干的哪些是好事，哪些是坏事。他心里便产生对人的怀疑和不信任，而这就是怨恨的最主要的来源。

现在在教育界可以经常听到关于奖励的议论。诱人的理论像那短命的蛾子一样迅速地出现，又迅速地消失……可在教育工作中最主要的奖励和最重的（但不见得总是有效）惩罚是评分。这是最锋利的一种工具，使用这工具要求有高度的技巧和修养。

要取得使用这一工具的权利，首先得热爱孩子。不是在口头上对他说自己多么爱他，而要在对他的关怀中表达自己的爱心。托尔斯泰写道："如果教师只爱事业，那他会成为一个好教师。如果教师只像父母那样爱学生，那他会比那些通晓书本，但既不爱事业，又不爱学生的教师好。如果教师既爱事业又爱学生，那他是一个完美的教师。"①

出自内心的同情心，是不可能单靠教学取得的一种品质，而教师的富有人道精神的同情心是建立在智力、道德、美学和情感诸方面修养有机结合的基础上的，这种结合不仅要靠他的学识，也要靠他在集体道德关系中的社会阅历。教师应当意识到和感受到每一个孩子的命运都由他负责，学校正在培养的人的理智、健康和幸福，都取决于他的精神素养和他思想的完美性。

……二年级的语法课。在学习了语法规则和分析了练习后，孩子们做独立作业，其目的是加深知识，同时也是检查。作业是要评分的。检查了作业本后，我发现米沙和彼得里克的作业完成得不好。如果我打一个 2 分，那么全心全意想好好学习的孩子会把这个 2 分当作一种批评："你们的同学都进了一步，而你们却停步不前。"我批改了错误，把字写得漂漂亮亮，作为范例，没有给米沙和彼得里克打什么分数。发作业本子时，我对孩子们说：

"米沙和彼得里克还没有争取到分数。孩子们，你们得好好干。独立地完成另外的练习。努力争取到分数。"

孩子们已经习惯于作业完成得不合格就得不到分数。在他们的

① л. н. 托尔斯泰：《教育论文集》，莫斯科，1953 年，第 342 页。

思想意识中逐渐形成一种信念：完成了的作业并不是以教师的最后“判决”作为结束的最终一步。在孩子们面前，通向进步的道路并没有堵死：他未能做成的事，将来他会做成的，说不定今天或者明天就能做成。米沙和彼得里克并没有产生绝望的感觉，而得了不及格的分数的孩子，通常会觉得似乎比自己的同学落后了一步而感到绝望。就在课内，他俩提出要求：“请给我们练习。”我给了练习。在学习日的过程中，他们挤出时间完成了作业。（我们的学习日是这么规定的：每天每个学生有半个小时归自己支配，以便完成他认为必须首先完成的事。）两个孩子竭尽全力想取得分数，证明他们并不比别人差。我检查了作业——几乎同通常在这种情况下发生的完全一样，作业得到了好分数。

在作业要求进行创造性的智力活动、深入思考和探索研究的情况下，谨慎地用分数作为激起劳动愿望的促进因素，就尤为重要。一个孩子的思维进程迅速、敏捷，另一个孩子则缓慢，但这不是说一个孩子比另一个孩子聪明，或比另一个孩子劳动得多一些。小学的算术课、解题，是教育工作第一条金科玉律（让孩子体验在脑力劳动中取得成绩的欢乐，激发他的自尊心和自豪感）的一块试金石。而且要努力做到，使最初遇到的那些困难不致成为儿童的绊脚石。在孩子们尚未学会独立思考、弄清习题的要求和找出解题的途径前，换言之，在孩子们尚未感受到在脑力劳动中取得成绩的欢乐前，我不给数学作业打分。这里尤其不能允许千篇一律地对待学生：一个月内，一个孩子可能得到三次算术分数，而另一个孩子一次也没有，然而这并不是说，后者什么也没有干，一点儿进步也没有。他在学习理解习题，而第一道由他独立解答的比较复杂的算术题则是孩子发展过程中重要的一步。

我对数学成绩不佳的学生已经进行了多年的观察，并由此证明，在普通学校低年级和中年级，成绩落后的学生从来都不独立解题。他们好似跟在浪头后面游泳，好似把脚伸到他的同学们已经站着的地方：从黑板上或向同课桌的同学抄现成的，实际上根本不知道什么是独立地完成作业。

探寻某种改进教学技巧的方法是不能根除这一恶习的。数学课上的脑力劳动，是思维的试金石。这一恶习的根源在于孩子没有学会思考；周围世界连同一切物体、现象、依赖关系和相互联系，对他来说都没有成为思想的源泉。经验证明，如果在童年的早期，到大自然去的“旅行”就已成为脑力劳动真正的训练场所，那么班上不会有一个数学不及格的孩子。物体应当能教孩子去思索，这是使全部正常的儿童都能成为聪明的、富有想象力的、求知欲旺盛的和好学的人的一个极其重要的条件。我向教师们建议：如果有什么东西学生弄不明白，如果他的思想犹如笼中的鸟一样徒劳地在挣扎，那就仔细审查一下自己的工作，想一想您这个学生的思想意识，是否已成为同永恒的、生机盎然的思想源头——大自然中物体和现象的世界，隔绝的干涸的小湖？请您把这一小湖同大自然、物体和周围世界的大海洋连接到一起，那您就能看到，生动活泼的思想如何像泉水一般喷涌而出。

然而，认为周围世界本身就能教会学生思考，那是错误的。没有理论思维，事物与儿童的眼睛之间仍被一道看不透的墙隔开。只有当孩子脱离开他周围的具体物体能进行抽象思维的时候，大自然才能成为脑力劳动的学校。要使孩子学会把相互作用看成是周围世界的重要特征，现实中的鲜明形象是必不可少的。恩格斯在强调黑格尔关于相互作用是全部存在物的 causa finalis① 这一思想的正确性的时候写道：“我们不能追溯到比对这个相互作用的认识更远的

① 终极原因。

地方，因为正是在它背后没有什么要认识的了。”① 认识相互作用是对抽象思维的直接准备，这是发展数学思维的重要条件。习题解答得对不对，取决于孩子是否学会了看到物体与现象之间的相互作用。

在解题过程中进行的独立的脑力劳动要取得成果，还需要孩子在记忆中经常和牢固地保留有概括性的概念，没有这种概括性的概念，思维是不可思议的（乘法表、自然数列的组成）。

彼得里克长时间不能理解算术题的意思（条件）。我没有急于去作解释。主要的是要让这个孩子以自己紧张的智力活动去理解物体和现象之间相互依赖关系的本质。然而孩子若没有理论思维的锻炼，不会进行比较和分析，那么活跃的思想是不会迸发出来的。我带孩子们到大自然中去，教他们一次又一次地进行观察，对比各种物体、性质和现象——教他们发现它们之间的相互作用。我让彼得里克注意周围世界中的一些现象，这些现象能在儿童意识中形成关于大小和数量这些物件最重要性质的概念。我极力使这个孩子懂得数字的依赖关系，深信数字并不是某个人臆想出来的，而是实际存在着的。这里极其重要的不是要这个学生马上学会算数、运用数字，他应当理解依赖关系的最本质之处。

现在我们坐在瓜园的棚子里观察，联合收割机如何收割小麦。汽车不时载满麦粒驰去。联合收割机的谷箱经过几分钟就满了？孩子们饶有兴味地看着表，原来需要 17 分钟。人们如何计算好工作时间，才不致使联合收割机停工？离谷箱满只剩下五分钟、四分钟、三分钟了——孩子们焦躁不安：看来，联合收割机要停工了。只剩下两分钟了，正好一辆汽车从树林后面开了出来。它开到收购站要整整走一个小时。这么说来，人们估计好了距离和时间的相互

①《马克思恩格斯全集》第 20 卷，人民出版社，1971 年，第 574 页。

关系。安排运粮工作的车辆数正好使联合收割机不停工。若是汽车开到收购站不是走一小时而是两小时，那么安排到运粮工作上的车辆要比现在多还是少？

“当然要比现在多。”彼得里克说道，他的眸子欢乐地放着光。“现在经常在路上的有三辆车，还有一辆在装，一辆在收购站卸。如果路程比现在长了，那么在路上的车辆就要增多。”

这个孩子在紧张地进行智力活动，我看到他已经在考虑，要是路程增长一倍，将需要多少辆汽车。但现在主要的还不是这件事。主要的是他明白了，习题并非无所事事的人们的臆造。习题存在于周围世界之中，因为存在着运动、生活和人类劳动。

彼得里克已升入三年级，然而在习题方面，他暂时仍然没有进展。他还不曾独立地，不经过同学或教师的帮助解过一道题，这使我十分不安。不过我还是相信这个孩子能学会思考。我不仅仅通过在思想上分析作为算术习题基础的那些现象来训练他进行抽象思维。不会计算的思考者掌握不了知识。极其重要的一点是要使彼得里克逐渐在记忆中巩固那些进行思维所必不可少的基本的东西。这个孩子经常坐在“算术箱”旁边做练习，并自我检查答数。我留心注意不让他思索 12－8 、19＋13 、41－19 等于几。（如果三年级的学生思索这些，那他就不能理解习题。）

生活告诉我，有时学生对代数学束手无策仅仅是由于没理解自然数列的组成，由于对数列的理解，没有达到不用再思索基本东西而只要把自己全部的智力用于抽象思维这样一个程度。正如孩子不把构成词的音节念上千万次，他的阅读就不可能成为半自动化的过程一样，如果他不记住几十个、几百个人们在日常生活中由于答数已永远忘不了而无须再加思索的例题，抽象数学思维对他来说依然是百思而不得其解的天书。我力求使思维迟钝的孩子，首先是彼得里克，能尽可能多地掌握数学思维最简单的工具——加、减、乘、除的例题。

我们到大自然中去，我使这个孩子注意人们在劳动过程中经常需要解答的大量习题。这一天终于来到了，这一天我坚信：彼得里克完全独立地解答了习题。孩子的两眼发光，他开始说明习题的含义，他的说明虽然前后并不连贯，但我看得出，孩子眼前那一层荫翳终于拨开了。彼得里克感到高兴。我也松了一口气：好容易等到了这一天。孩子等不及放学，就要跑回家去与妈妈分享欢乐。妈妈不在家，他高兴地告诉祖父“我自己解了习题”。彼得里克为自己的进步感到骄傲，而纯洁高尚的自豪，这是人的自尊心的源泉。没有对自己劳动的自豪感，就没有真正的人。

这一件事曾是我们教师集体思考的对象。我们从另一个角度看到了那些学习困难的孩子。任何时候都不能急于作最后的、绝对的结论：这个孩子无可救药了，他命该如此。一年，两年，三年，他可能毫无结果，但到了时候，就有结果了。思想，像一朵花，它逐步地贮存生命的琼浆。我们给花的根提供汁液，使花得到阳光，花就开了。我们要教孩子思索，给他指出思想的源泉——周围世界。赋予他人类最大的欢乐——认识的欢乐。

我们这些小学班的教师，傍晚不止一次地集合在一起，专为研究一个尖锐和困难的教育方面的问题：如何把学生从物体的具体计算、从现象间明显和直观的依赖关系，引向抽象的概括——原理、公式。В. П. 诺维茨卡娅、М. Н. 韦尔霍维尼娜、Е. М. 扎连科几位老师讲到了一些有趣的事实，这些事实说明，并不是所有的孩子都能顺利地、毫无困难地完成这个过渡。有的学生计算技巧很出色，能迅速地运算，但难于理解习题的内容（条件）。一部分以鲜明、具体和直观的形象思考的孩子，离开了构成习题的具体数字，就有一定的困难。В. П. 诺维茨卡娅说到一个女孩子，她念了习题后，马上就想找出答数：她开始计算，但不明白计算的是什么和为了什么而计算。

我们每一个人都碰到过这样的孩子。我们商量：通过什么途径，把他们从具体思维引向抽象思维。我们得出结论，必须在习题上花一段时间进行工作，这就是议论习题的条件，不用数字，不进行算术运算。我们开始组织算术观摩课，其特定目的是：看看儿童如何议论习题，如何不用运算进行解题。我们相互听课，寻找个别孩子智力发展的途径。

绝不允许让分数成为束缚儿童思想的枷锁。我总是让最差的学生，看起来最没有指望的思想迟钝的学生有机会思考一下他还不明白的东西。孩子们从来都没有对学习失去兴趣。我通过激发孩子们的自豪感、荣誉感和自尊心，做到使他们能努力去独立工作。

要让孩子想一想……这远不是那么简单的一件事。请仔细观察一下一至四年级学生的脑力劳动，您就会看到，在绝大多数情况下（几乎总是如此），孩子回答不出您的问题（或者完成不了作业），只不过是由于他还没有来得及想一想和集中一下注意力（通常是问题来得很突然，使孩子有点茫然若失）。我们这些小学班的教师曾专门集合在一起，商量如何让孩子有机会想一想。我们得出结论：任何时候都不能急于做出结论——这个孩子知道或者不知道。经常有这样的情况，教师对孩子说“你不知道，坐下!”孩子刚坐下，忽然脑子“清醒”了，原来他都知道……他很生教师的气。为什么会这样？我们未能立即找到这个问题的答案。必须观察、观察、再观察，应当研究大量的事实。

孩子达到集中意志和思想的目的之后，就会厌恶偷偷提示、带小抄和抄袭。我与孩子之间一向都保持着相互信任和相互关怀的关系。学生从不害怕坦率地告诉我，尽管他苦苦思索但还是没有完成作业。孩子们的一切疑虑、欢乐和痛苦都向老师诉说。我从来不是孩子们的报忧者，一个不及格的分数对孩子说来是一个重大的忧患。如果一个教师几乎每天都要对孩子说“你得了 2 分”，孩子的精神该有多痛苦呀。微不足道的痛苦，就足以使孩子感到自己很不幸。孩子一旦习惯于自己的痛苦，便开始对周围一切抱漠不关心的态度，心肠变硬了，到了这时候，悲剧就进一步发展了。一副铁石心肠，这是残酷的肥沃土壤。如果班内有不幸的孩子，而同学们又不设法减轻他们的厄运，那就永远不会有良好的、友爱的和相互关怀的集体。

然而也不能允许用分数来娇纵学生，遗憾的是，这正好经常在学校中发生。只要孩子说出了一个词，马上就给他打一个 5 分。往往还有这样的情况：用同一个问题提问好几个学生，而每个学生都得了分数。其结果是形成了孩子对学习的轻率态度。孩子始终应当意识到分数是在智力上做出努力的结果。

学生应当深信，智力活动——这是一种劳动，要求巨大的努力、集中意志力、善于迫使自己舍弃很多娱乐。正是在劳动的气氛中，才能形成顽强性和意志力。学生如果学会了批判地对待取得的成绩，对自己的工作感到不满，并力求做得更好些，他永远不会成为一个游手好闲的人。

孩子亲身体验到如何在脑力劳动中取得成绩，就会习惯于自我监督。顽强工作、争取优异成绩的习惯，使孩子不能容忍粗心大意完成的工作、无所事事和懈怠懒散。

当劳动的欢乐和学习的成绩已成为激发孩子学习的主要动力时，班内就不会有偷懒的学生了。真正的教育大师很少去同个别偷懒的学生进行斗争，他们同作为智能冬眠的后果的懒惰进行斗争。

只给优良的脑力劳动成果评分的制度，渐渐为低年级班、中年级班和高年级班全体教师所采用。读者可能会问：在学季末或学年末，若是有的学生某门学科没有成绩，那该怎么办呢？问题就在于对孩子来说，没有成绩是比 2 分还要大得多的灾祸。在学生的意识里便确立一种思想：如果我还没有分数，这说明我还没有好好地下功夫。因此我们几乎没有学年即将终了而学生还没有成绩的情况。四年期间，我有六次在学季结束时没有给孩子打分。家长知道，如果儿子或女儿的记分册里没有成绩，这说明并不是一切顺遂。他们也知道，没有成绩，这不是孩子的过失，而是孩子的不幸；而有了不幸，就应当帮助。于是我们一起来帮助学生。我说服家长们，要他们切勿要求孩子取得最高的分数，不要把不及格的分数看成是懒惰、懈怠和不够用心的标志。

个别教师轻率地使用分数这一细致的教育工具。在很多学校里已形成一种看法，3 分似乎是一种该受指责的东西。“我们在学习中要消灭 3 分!”这种口号响彻少先队的集会。这种口号在儿童报刊上也可以见到。教师鼓励这样来对待中等的学习成绩，实际上是在挖自己的墙脚：造成孩子不求甚解、粗枝大叶。

二年级开学后过了几个星期，孩子们就登记记分册，把课内得到的分数记入册子。孩子企图向家长隐瞒分数的事，一次也没有发生过。如果分数反映进步的欢乐，就不可能不是这样。教师不需要在记分册里签什么名。签名是旧学校连同其师生之间互不信任和相互怀疑的气氛的残余。如果班内没有相互的信任，如果孩子企图欺骗教师，如果分数成为成人用来驱赶孩子的鞭子，正确教育的基础本身也就毁坏了。

学校最大不幸中的一种——孩子不诚实，既欺骗教师，又欺骗父母，就始于不公正地打一个 2 分。孩子为了向父母隐瞒自己在学校得的坏分数，向教师隐瞒自己的懈怠，他什么诡计施不出来呀。您越不信任学生，孩子就越在欺骗上花样翻新，懒惰懈怠的土壤就越肥沃。懒惰，这是不信任的产物。我教的孩子，他们首先是活生生的人，是活蹦乱跳的孩子，其次才是学生。我给他打的分数，这不仅是他知识的测量器，首先是我对他这个人的态度。

我向全体教师建议：请你们珍惜孩子好奇心、求知欲和渴求知识的火花。点燃这一火花的唯一能源就是劳动中取得成绩的欢乐和劳动者的自豪感。要用恰如其分的分数奖励每一次取得的进步和每一次困难的克服，但不能滥用分数。别忘记，你们教学技巧的基础，就在孩子本身，就在他对知识和对待您，对待教师的态度之中。这就是学习的愿望、激奋的精神、克服困难的决心。要关怀备至地加强这个基础，没有它就没有学校。

童话室

童话、游戏和幻想，这是儿童思维活动、高尚情操和志向的生机勃勃的源泉。长年的经验令人信服地说明，因受童话形象影响而在孩子心灵中产生的美感、道德感和理智感使思绪活跃，从而推动大脑积极工作，并使活动的思维区之间产生积极的联系。通过童话形象，语言连同其最细微的含义就进入儿童的意识；它成为孩子精神生活的一个领域和表达思想和情感的手段，也就是思维的生动体现。在童话形象所激起的感情的影响下，孩子学习用语言思索。没有童话——生动、鲜明而又触动幼儿意识和情感的童话，就不可能想象有儿童思维和作为人的思维和语言的一定阶段的儿童语言。

儿童的思想翱翔于童话世界之中，使他们得到极大的满足。孩子能够五次、十次地重述同一个童话，而每一次都能发现一些新东西。童话形象——这是从鲜明、生动和具体的事物到抽象事物的第一步。如果童话在我的学生的精神生活中不占据整整一个阶段的话，那他们就不会掌握抽象思维的能力。孩子清楚地知道，人世间并不存在妖婆、青蛙公主和长生不老的卡谢伊，但是他把这些形象看作善与恶的化身，每当他重复讲述同一个童话时，总是表达他个人对好与坏的态度。

童话与美是分不开的，并有助于美感的培育，没有美感，就不能想象有高尚的心灵和对他人的不幸、悲伤和痛苦的真诚的同情心。借助于童话，孩子不仅用智力，而且也用心灵认识世界。同时，不仅认识，而且对周围世界的事件和现象做出反应并表达自己对善与恶的态度。关于正义和非正义的最初观念是从童话中汲取的。最初的思想教育也是借助童话进行的。只有当思想体现在鲜明的形象中时，儿童才能理解它。

童话是爱国主义教育的丰富而不可替代的源泉。童话内容中深深蕴藏着爱国主义思想，人民塑造的、千百年流传着的童话形象，把劳动人民强有力的创造精神以及他们对生活、理想和向往的看法传至孩子的头脑和心灵。童话之所以能培育对祖国故土的热爱，就因为它是人民的创作。当我们欣赏基辅圣索菲亚教堂令人惊叹的壁画时，我们领悟到这些壁画是人民生活的一部分，是人民伟大天才的产物，因而在我们的心灵中激起了对人民的创造精神、匠心和技艺的自豪感。民间童话对孩子的心灵也起着同样的作用。似乎童话只是以纯粹的“日常”生活为题材的：爷爷和奶奶种了个萝卜……爷爷决定骗骗狼，于是用草扎了一只小公牛……但是这个童话的每一句话就像不朽的壁画上最精细的一根线条，在每一句话和每一个童话人物身上都呈现出富有人民精神的创造力。童话——是人民文化的精神财富，孩子了解童话，也就了解了自己的人民。

“快乐学校”开办三个月以后，我们布置了童话室。在高年级同学的帮助下，我们创造了一个环境，孩子们置身其中感到犹如置身童话人物的世界。我们花费了巨大的劳动，使周围的一切都能唤起孩子对妈妈以前讲过的童话的回忆和对黄昏和壁炉中欢乐的火光的回忆。瞧，这就是凶恶的妖婆住的地方——支在鸡腿上的神奇小屋，周围是高大的树木和一些树桩，小屋旁是一些童话人物：狡猾的狐狸、大灰狼和聪明的猫头鹰。在另一个角落里是老公公和老婆婆的小屋；空中天鹅在飞翔，翅膀上带着一个小男孩，他就是乌克兰民间童话中的主人公伊瓦西克—捷列西克。在第三个角落里是一片蔚蓝色的海洋，岸上是善良的老爷爷和贪心的老太婆那破败的小屋，门口放着一个旧木盆，老头儿和老太婆一起坐在土堆上，而大海中小金鱼在遨游。在第四个角落里是隆冬的森林、雪堆，一个小女孩在雪堆里蹒跚而行，她的脚深深地陷进积雪——她就是那个被后母逼着在寒冷的冬季去采摘野果的小姑娘……从一所小房子的窗口，小山羊探出头来。这里是那只大手套，里面住着老鼠，几个不速之客正冲着它走来。一个用胶合板制成的大树桩上坐着几个玩偶——小不点儿姑娘、小灰兔、狐狸妹妹、狗熊、狼、山羊、草扎的小公牛，还有“小红帽”小姑娘。

这些都是我们自己陆续做出来的。我动手剪、画、贴，孩子们帮我的忙。布置孩子们听故事的环境时，我很注重环境的美学特点。每一幅画、每一个形象都要使孩子接受艺术语言的能力变得更加敏锐，要使童话的思想得到更深刻的揭示。甚至童话室的照明也起着很大的作用。当讲青蛙公主的故事时，丛林里便亮起一个个小灯泡，暗淡的绿光笼罩全室，把故事发生的环境很好地烘托了出来。

我并不经常把孩子带到童话室去，一周一次，有时两周一次。对审美需求的满足任何时候都不应达到饱和的程度。一达到饱和程度，就开始出现虚情假意、庸俗的不满、乏味、“消磨”时光……我们在秋季和冬季的傍晚到这儿来——在这种时刻讲故事，孩子们听起来非比寻常，譬如说，就不同于在一个晴朗的白天讲故事。外面天色渐渐昏暗下来，我们不开灯，在暮色中静坐着。忽然，童话故事中的小屋子的窗口亮起灯光，天空闪烁起星星，月亮从树林后面升起。室内朦朦胧胧，屋角里光线更暗。我就给孩子们讲关于妖婆——瘦骨嶙峋的脚的民间故事。我讲的内容，孩子们全知道，但他们的眼睛闪着兴奋的光芒。孩子们对故事主人公的命运感同身受，他们憎恨凶恶的东西，热烈地同情善良的东西。凶狠的女妖婆、轻信的小姑娘阿莲卡和善良的天鹅等玩偶在孩子们的意识中获得了生命，变成了有头脑、有感情的人物。童话对年幼的儿童来说，不只是幻想性的故事；这是一个完整的世界，孩子在这个世界中生活、斗争，并以自己的善良意志对抗邪恶。故事的语言成了表达孩子精神力量的实际形式，同游戏中的动作、音乐中的旋律所起的作用一样。孩子不仅想听故事，而且自己也想讲故事，正如孩子不仅想听歌曲，而且自己也想唱，不仅想观看别人游戏，而且自己也想参加游戏一样。

过了几天，孩子们问："我们什么时候去童话室?"对欢乐时刻的期待激动着孩子们，于是我们再次在一个黄昏时刻集合，再次由我来讲童话故事，然后由孩子们自己讲。在这种时候，最腼腆的孩子也变得大胆和坚决了。在另一些情况下说话前后不连贯、缺乏条理的孩子，这时也会说得生动流畅、娓娓动听。在语言和思维发展上有困难的一些孩子——尼娜、彼得里克、柳达、斯拉瓦和瓦利娅，也都讲了故事。

每次我们去童话室时，孩子们总想玩一会儿。不管是男孩还是女孩，大伙儿都能找到心爱的玩偶或玩具。游戏变为创造性的活动：孩子们成了童话中的角色，而玩偶在他们手中则帮助他们更好地表达思想和感情。一个孩子抓起了一个玩具——草扎的小公牛(著名乌克兰童话中的一个主人公)，另一个拿起了玩偶老婆婆，第三个拿起了玩偶老公公。于是孩子们就已经生活在童话世界里了。他们不仅重复角色的原话，而且把自己的想象带进童话来做游戏，他们在进行创造。有些女孩子只是想玩一玩娃娃。于是一个孩子把娃娃放在沙发椅上，用动人的嗓音对它说着温柔和关切的话。另一个女孩的娃娃病了，她正在给它治病。

男女孩子们玩娃娃一连玩上几年，这并不使我担忧。这不像一些教师有时想的那样是什么“幼稚病”，这还是那个童话，还是贯穿着编和听童话的创造过程的那个有生命的人物的化身。娃娃是有灵性的形象，按照法国作家圣爱克久别里的说法，它正是孩子想“亲近”的那个形象。每一个孩子都愿意有一些挚爱至深和无比亲切的东西。我非常留意地观察过孩子和他们心爱的玩偶之间形成的精神上的关系。我为男孩能同玩偶长时间地友好相处而高兴。瞧，科斯佳有一个毫不起眼的玩偶——一个拿着钓鱼竿的老渔翁。这个玩偶有好几次断了腿，最后，科斯佳给它安上了一小块木头，此外，还削了一根带桠的拐杖，老渔翁拄着它就可以去河边了。这个男孩喜欢同自己的老朋友谈话，告诉他哪儿有鲫鱼和鳊鱼……拉里莎心爱的玩偶是奶奶和小孙孙。这个女孩给奶奶做了一副眼镜，脚下垫了一块保暖的小地毯，肩上披了披肩。瓦利娅也有两个玩偶——一只小猫和一只小老鼠。小姑娘每周都在小猫的脖子上系一个新的蝴蝶结，而给小老鼠却不知为什么带来了一条绿色的小毯子……

孩子们在童话室里的幻想是无穷无尽的。只要孩子看到一件新鲜东西，就会在意识中把它同别的事物联系起来，产生幻想，孩子的想象便活跃起来，思绪激荡，双眸发光，语言流畅而又滔滔不绝。考虑到这一点，我就有意使童话室的各个角落里尽可能有多种多样相互会产生某种现实的或幻想性联系的东西展现在孩子们的眼前。我希望孩子们能幻想、创造和编撰新的童话。那里有一只单腿站立的白鹭，旁边是一只惊恐的小猫——儿童以想象力创造了几则以白鹭和小猫为主人公的有趣的童话。这儿有一只带桨的小船，旁边有一只青蛙——这场景本身就在提示人去编撰童话。在熊窝里探头探脑的小狗熊、蚊子和苍蝇——同小狗熊相比，蚊子和苍蝇的个头大得出奇（但在童话中这是情有可原的），小猪仔和放着一块肥皂的洗脸池——这一切不仅能引起孩子们的微笑，而且使他们产生幻想。

如果我使得一个在思维发展上遇到较大困难的孩子想出一个童话故事来，并在想象中把周围的几件事物联系起来，那我就能满怀信心地说，这个孩子已学会了思索。上面我已说过，我曾花费了好大的力气去激发瓦利娅的思维和巩固她的记忆。激发她思维的方法之一就是把周围事物和现象的联系骤然揭示出来，使她产生一种惊奇的感觉。另外一个也很重要的办法就是童话。瓦利娅长时间都未能独自编出一个故事，这一直使我焦虑不安。直到第三学年，这个小姑娘终于编了一个青蛙、小船和小鱼的故事。下面就是故事的内容。

青蛙看到一只小船泊在河边。打鱼的老爷爷把船留在那里，自己进村取吃的去了。小青蛙想划一划船。它爬出小水洼，跳进小船，操起桨。就在这时候，小鱼游过来说："你这是想干什么？你只会在水洼里游，可船喜欢深水。"青蛙没有听小鱼的劝告，把船划向了水洼。当划近水洼的时候，船也说话了："小青蛙，小青蛙，你把我往哪儿拉呀？"青蛙回答说："我拉你到我居住的水洼里去，让我们所有的青蛙瞧瞧，我是怎么划船的。"小船微笑了一下说道："等老爷爷来了，看他怎么教你划船。"青蛙吃力地划进了水洼。船陷入了污泥，再也不能朝前移动了。青蛙呼哧呼哧地直喘气，可是船还是纹丝不动。青蛙们都已从水洼中爬了出来，把什么都看得一清二楚，因为小青蛙早冲着水洼喊过："看哪，我划船划得多好啊！"小青蛙害起臊来，一下子跳进水里，烂泥四处飞溅。青蛙们大笑起来。打鱼的老爷爷来了，把小船从泥污中拖了出来。青蛙们被惊动了，它们藏进厚厚的绿藻里。晚上，它们大着胆子爬出来，咯咯地笑了起来。从此以后，每晚它们都咯咯地笑——从晚上到天明，水洼里响彻青蛙的叫声。这是它们在笑爱说大话的小青蛙。

创作童话故事对孩子们来说是一种最有趣的和富有诗意的创造性活动。同时，这也是发展智力的重要手段。

如果您想要让孩子能创作和塑造艺术形象，那你就从自己的创作火花中，哪怕把一颗火星播种到孩子的意识中去也好。如果你不善于创作，或者你认为俯就儿童的趣味世界是一种无聊的消遣，那你将一事无成。

季娜在童话室里有自己心爱的娃娃——一个冶金工人形象的娃娃，它长着一张被铁水照亮的脸膛。小女孩记得在冶炼车间同炼钢工人的会见，而现在，事过三年，她编了这么一个关于火红的铁水的有趣的童话。

在一个大火炉旁站着一个巨人，他在化铁。铁水沸腾，翻滚作响。巨人走近炉子，打开炉门，于是火红的铁水奔流而下。铁水一边流，一边说："人们哪，别错过机会，快取走通红的铁水，把它做成一切需要的东西。"聪明的工匠来到火红的铁水旁，把铁水取出来，翻砂浇铸，用铁水做成人们需要的种种东西。

在儿童的意识中产生了现代巨人——苏维埃祖国保卫者的形象。反法西斯战争和苏联人民的英勇战绩，在我国人民的记忆中和整个精神生活中留下了不可磨灭的痕迹。捍卫祖国的英雄在儿童心目中是神话中的巨人；他们编了鲜明动人的故事来讲述这些巨人。孩子们创作的所有关于我们人民中的巨人的故事，苏维埃人的英勇、不屈和高尚的品质这一根红线始终贯穿其中。下面是丹科创作的故事。

> 母亲送儿子去参军。她说："儿子啊，取走一把故乡的土吧。记住，你是它的保卫者!"儿子抓起一把故乡的土，放进了红色的小绸袋，并且永远没有让它离身。敌人发动了侵犯我们祖国的战争。儿子在边境上遭遇了敌军的士兵，他用机枪扫射他们，敌人跌进河里。儿子一步也没有后退。但突然敌人的子弹打伤了他的头部，血流进了眼睛，他的两手软弱无力。敌人靠近了，他们想："我们活捉他。"儿子想起了那一把故乡的土。他的手触到红色的袋子，马上增添了巨大的力量。年轻的勇士又开始射击，敌人都淹死在河里，而在这时，援兵到了——有高速飞机和强大的坦克。

我记下了孩子们在黄昏时刻创作的故事。这些故事对我是宝贵的，因为它们是我在孩子们身上点燃的明亮的思想火花。如果不进行创作，不编童话故事，很多孩子的语言将会是前后不连贯和缺乏条理的，而思维也将会是混乱的。我确信，在儿童的美感和词汇量之间有着直接的联系。美使语言具有了感情色彩。童话越有趣，儿童置身其中的环境越不寻常，儿童的想象力就越活跃，孩子们创作的形象也就越出人意料。我的学生在傍晚时分编述的几十个童话故事已收在手抄的集子里，题名为《黄昏的童话》。

在《黄昏的童话》中收集了饶有兴味的关于飞禽走兽和花草树木的故事。编述关于花卉的故事，给孩子们和我带来的喜悦尤其多。我给男女学生们讲了人的感情生活，讲了在描写花的歌曲和传奇故事中寄托着的感情。我给童话故事开个头，孩子们就用幻想创造出鲜明的形象。

我们每隔两三个月改换一次童话室各个角落的布置，用胶合板镂刻新的人物形象、树木、灌木丛，搭盖小房子、童话式的宫殿、渔夫的茅舍和窝棚。孩子们学会了用纸浆板制作童话中的人物，这就丰富了童话世界。就这样，我们给很多故事做了“插图”：有《伊瓦西克-捷列西克》（乌克兰民间童话）、B. 茹科夫斯基的《睡公主》、C. 阿克萨科夫的《小红花》、B. 达利的《尖牙齿的老鼠和阔气的麻雀》、B. 加尔申的《青蛙旅行家》、安徒生的《雪皇后》、格林兄弟的《不来梅的乐师们》、Ⅲ. 佩罗的《睡美人》、《美丽的长辫玛丽亚和万纽什卡》（俄罗斯民间故事）、《自己家里的钉子》（瑞典民间故事）、《夏伯阳的故事》和《驼背的麻雀》（日本民间故事）。这些童话就像永存在我们意识中的给我们带来幸福、为我们所喜爱的人的形象那样，就此进入了孩子们的精神世界。孩子们将终生逐字逐句地记得他们曾听到过的故事，虽然从来谁也没有要求他们这样做。当语言以其独特的美激动着孩子时，它就永远被铭记在心。这样的记忆不仅不会使记忆力感到负担过重，相反，还会使之更加敏锐。

第一次讲述一个新的童话，这在儿童生活中是一件大事。我永远忘不了我们是怀着何等激动的心情为安徒生的童话《雪皇后》布置环境的。那是第二学年的事。初冬的暮色笼罩着大地，孩子们来到童话室。故事发生的环境——尖顶的房子、高耸的山岩中奇异的宫殿、快腿鹿和雪堆，都是孩子们自己动手做的。但当时并不是所有的人都听到过这个童话。转瞬间，小房子里亮起灯光，空中飘起雪花来，薄暮降临。孩子们屏息静气地听着教师讲……故事结束了，可是孩子们请求再讲一遍。对我来说，对语言这样入迷是十分珍贵的。孩子们请求讲多少遍，我就讲多少遍。孩子们一次又一次地想听雪皇后的故事，并不是因为他们一定要记住其中的话，而是因为这些话听来像是奇妙的音乐。

教师时常在想，怎样才能使孩子深入地掌握祖国的语言，使祖国语言进入他们的精神生活，变成锐利而准确的刻刀、色彩缤纷的调色板和认识真理的精巧工具。语言，这是思想的具体表现，孩子们只有在领会祖国语言含义的同时才能领略祖国语言的鲜明感情色彩和动人的音乐韵律，他才能掌握祖国语言。孩子领略不到语言的美，他也就琢磨不透语言含义的奥妙。孩子不去幻想，不亲自去创作那被称为童话的作品，那美的领略也就不可思议。童话是积极的美的创作，包括了孩子精神生活的各个领域：智力、感情、想象和意志。创作始于讲述，其最高阶段是表演。

在我们的童话室里成立了一个木偶戏剧团和一个话剧小组。在这里，孩子们第一次表演了一个名叫《大手套》的乌克兰民间童话，在这只大手套里，居住着许多勇敢的走兽。随后，他们又兴致勃勃地排演了《青蛙公主》和日本童话《驼背的麻雀》。到了第四学年，他们集体编写了《蜻蜓音乐家》的童话，并分别扮演了其中的角色。

在童话室里，我第一次给孩子们朗读了《鲁宾孙漂流记》这部中篇小说，朗读了《缪高津历险记》、《格列佛游记》、《萨尔坦王的故事》和短篇小说《乐师扬科》。孩子们永远也忘不了那几个严冬傍晚的魅力，当时窗外风雪大作，他们却同乘船罹难的鲁宾孙一起登上了杳无人烟的荒岛，与他一起经受同大自然进行严酷搏斗的苦难。在童话室里我们读完了安徒生、托尔斯泰、乌申斯基、格林兄弟、丘科夫斯基以及马尔沙克等作家写的所有的童话故事。多年的经验证明，如果童年时代读过关于善与恶、真理与谬误、诚实与虚伪的作品，那么这些作品中的道德观念就会成为这个人的财富。童话与童年有着不解之缘。

我们的朗读有自己的特色：这里提到的那些童话和故事，我都能背诵出来。我把书带来只是为了向孩子们展示插图。如同讲故事一样，朗读也是培养理智和善良的人道主义情感的有力工具。

可以毫不夸张地说，童年时代的朗读，这首先是对心灵的哺育，是人的高尚品质对儿童灵魂深处的触动。那些揭示高尚思想的故事总是一点一滴地将人性倾注到儿童的心里，构成善良的心地。

我们的“奇异海岛”——童话续编

吸引着孩子的总是一些异乎寻常的东西，如旅行和探险的浪漫情调、同大自然自发现象的斗争等。当我最初给孩子们讲《鲁宾孙漂流记》时，他们就想扮演旅行家，聆听海浪的声响和瀑布的轰鸣。孩子们决意建造一个自己的“奇异海岛”——一个能使孩子们生活在游乐世界中的神奇场所。这个“岛”，我们建在乌荆和洋槐的树丛中：造了鲁宾孙的住房，设置了防备野兽的围栏，搭起了我们小说主人公使用的那种炉灶；开了一个小小的窗子，从这儿可以瞭望一望无际的“大海”，挖了小小的田畦，播种了几十颗小麦和大麦的种子。科利亚还从家里牵来了一头小山羊，因为在鲁宾孙的家业中就有山羊。我们搬来了旧木桶、绳子、砖头。用铁箍做成了刀子，还编织了渔网准备捕鱼。还像原始的猎人那样用两块干木块摩擦取火，因为很可能鲁宾孙除此而外并无其他办法取火。

下雨天，在我们取土造房时挖的那个坑里积满了雨水，变成了一个池塘。孩子们在里面嬉水玩乐；想象把他们带进了无边的海洋。既然有海洋，那就得有海船。孩子们找到了一方柳木，开始用它来造一只小船。这可不是一件轻而易举的活计，但终于胜利完成了；船上装了风帆，它已经可以出航了。

在小土丘的背后（在孩子们的想象中那是一座大山），我们创建了“小人国”。用胶合板和芦苇建造了城市——“小人国”的首都，用泥塑造了马、牛、羊，还塑造了叙事诗中的勇士伊利亚·穆罗梅茨和他的敌手——强盗索洛韦伊的形象。这些泥塑就摆在灌木丛中。这是古俄罗斯茂密的森林。夏季寂静的傍晚，我们来到这里，每个人都想在这里讲一个关于勇敢和坚毅的勇士的故事。

当我们深入到不易通行的灌木丛时，我们在沟壑的斜坡上找到一个不大的坑——这是凶狠的长生不老的卡谢伊的洞穴，就在这儿，在神秘莫测的深处，美丽的公主受着折磨。

天气暖和的时候，如果我们不能到较远的地方去旅行，我们在休假日就到“奇异海岛”来。我们在鲁宾孙住房的附近搭起了窝棚。这是我们喜爱的地方，幻想的翅膀把我们从这儿带进童话世界。童话故事的主人公近在咫尺，当夜幕降临大地时，我们好像听到强盗索洛韦伊的口哨声，长生不老的卡谢伊哼哼唧唧的声音和穿着皮靴的猫那小心翼翼的脚步声。在这儿，儿童幻想的火焰燃得特别旺盛。尤拉、加利娅、季娜和维佳在这个地方创作了美妙的童话故事。环境本身就激发人去想象。思绪潮涌，畅流不止，孩子们能找出表达自己感情的贴切词语。下面是谢廖扎编的关于金色彩虹的故事。

一天傍晚，魁梧的铁匠们来到太阳跟前说：“太阳啊，太阳，我们的铁锤已经敲坏了。不久我们就没有锻造银线的材料了。砧铁也破旧了。放我们到地球上去吧，我们去取一些铁来。”太阳答应了铁匠。魁梧的铁匠们开始走向人间，可是乌云挡住了他们的去路。铁匠们透过乌云遥望大地，老高老高的，可怎么下去啊？他们又回到太阳那里说：“太阳啊，太阳，我们怎么下到地上去呢？造一座桥吧。”太阳放射出自己的光芒，穿过乌云，一座太阳桥闪现在空中。而人们从地上看上去是一条金色的彩虹。铁匠们下到大地上，从人们那儿取了铁，通过太阳桥又回到了太阳那里。当太阳一看到铁匠的白胡子，就收起了金色的光芒，彩虹就消失了。从此以后，当天空一出现乌云，太阳就派魁梧的铁匠到地上来取铁。冬天没有金色的彩虹，因为白天太短，魁梧的铁匠难得用锤打铁。

我非常高兴的是每个孩子都在这里编了自己的童话。静悄悄的夏日傍晚将永远留在记忆中；太阳落山了，天空变成了灰色。每年盛夏时，都有几天这样的傍晚。好像天空本身放射着暗淡的光芒，黄昏比通常要长些，天空久久不闪现星斗……孩子们默默无言，沉醉在大自然的美景之中。在这种时刻，幻想的火花，燃得特别明亮。下面就是我们听到的尼娜编的一个童话。

太阳到自己神奇的花园中去休息了。他躺下休息，可是忘了闭上眼睛。于是魁梧的铁匠以为还是白天。他们打呀打，锻造着银线。银线散开了，化为粉末。银色的粉末在天空中四处飞扬，闪闪发光。

当我听到这篇美妙的童话时，我的心就剧烈地跳动起来。大自然美的魅力、童话故事的神奇形象，这一切打开了儿童意识中思维的源泉，这怎能不让人高兴呢。不知道为什么，在最最漫长的六月的傍晚，灰色的苍穹像一个神秘的罩子，在这种时刻，孩子们的想象异常活跃。

三年级结业之后，孩子们很想在“奇异海岛”上建立一个“游击队司令部”。“司令部”按常规设立在窑洞里，这是高年级同学帮我们挖好和布置的。一个引人入胜的、持续好几个月的游戏开始了。孩子们想在夜里玩，这是难以劝阻的。他们出去侦察，学会了使用指南针。他们制作了木制的“自动步枪”和“机枪”，在出发执行战斗任务之前还发布命令。

最后一学年中，孩子们被俄国童话家П. 巴若夫的作品《孔雀石匣子》迷住了。当我读到奇异的乌拉尔宝石、贮藏着善良的“铜山女主人”无数财宝的岩洞的惊人美景和孔雀石的碎片时，孩子们眼中闪烁着欢乐的火花。在这些日子里，孩子们想创造出一些美丽的、神秘的和浪漫主义的东西来。有人便想出了个建造地下翡翠王国的主意来。我们就开始收集绿色、蓝色、浅蓝色、橘黄色、绛红色和嫣紫色的玻璃片，把它们镶在我们窑洞的墙壁上。当窑洞中点起一盏小小的灯，而四壁辉映出五彩霞光时，孩子们为美景激起的欣喜和赞叹的感情是难以用言语形容的。在这里诞生了新的童话故事。也是在这里，我进一步证实，美感在培养、发展和巩固智力方面，其力量是多么巨大。我眼看着瓦利娅、彼得里克和尼娜的思维能力发生了新的、急剧的飞跃：他们各自创作了童话故事，其想象力之丰富令我惊叹。柳达在这里也创作了童话。我深信，这个女孩子的沉默寡言并不是因为智力迟钝，而是因为她富于梦幻、好沉思。

歌曲为孩子们展现了美的世界

在学校的低年级阶段，也和“快乐学校”阶段一样，我们常常倾听大自然的音乐，这是语言的感情色彩的最重要的源泉，是理解和感受旋律美的钥匙。孩子们聆听大自然的音乐，也就从感情上为合唱做好了准备。我极力使孩子们能在大自然中辨认出与我们将要学习的歌曲相协调的音乐来。

离学校不远有一个优美的地方。这里，傍晚的天空映照在水波不兴、平静似镜的池塘里，草地上传来鸟的啼啭声；蝈蝈清脆的歌声迎来了暮色苍茫中的凉意。我们在学习乌克兰作曲家Я. 斯捷波沃夫的歌曲《我的晚霞》之前，多次在这里聆听大自然的音乐。这一支歌出色地表达了对晚霞美的感受。在它的旋律中，孩子们捕捉着夏日寂静夜晚迷人的音乐。正是在这个地方，我们学会了这支歌曲。孩子们想唱歌。后来，经过了几个星期，孩子们在音乐、歌曲和民族器乐室里演唱了这首歌。歌声唤起了他们对美丽晚霞的回忆，孩子们欢乐的面庞上流露出喜悦的心情。

在树林中我们倾听阳光明媚的中午的音乐。在参天的大树上，叶子轻轻地沙沙作响，啄木鸟叩击着树干，不知在什么地方野斑鸠在啼鸣，布谷鸟“布谷，布谷”的叫声依稀可闻。孩子们感受了这种音乐之后，就能领会A. 阿连斯基的歌曲《布谷鸟》的优美之处了。

孩子们非常喜欢合唱莫扎特的《摇篮曲》、捷克民歌《喜鹊》、柴可夫斯基的《儿歌》、H. 什别耶尔的《长着角的山羊在行进》、Д. 瓦西里耶夫－布格莱的《秋之歌》、波兰歌曲《百鸟争鸣》、H. 雷森科的《小狐狸之歌》、И. 约尔丹斯基的《凤头麦鸡之歌》、M. 韦里科夫斯基的《沃洛佳·乌里扬诺夫的肖像》、B. 罗日杰斯特文斯基的少先队歌曲《少先队鼓手》和《列宁之歌》、A. 菲利片科的《歌唱祖国》。通常我们的合唱没有伴奏。我十分高兴的是大家都喜欢唱歌。孩子们有了心爱的歌曲：И. 杜纳耶夫斯基的《飞吧，鸽子，飞吧》，莫扎特的《摇篮曲》，O. 桑德勒的《歌唱妈妈》，乌克兰民歌《大河奔流》、《嗨，山上收割忙》、《波多良姑娘》和《吹吧，风，吹遍乌克兰》，俄罗斯民歌《少女林中走》、《啊，宽阔的大街》和《花园》，白俄罗斯民歌《哎呀，飞过了两只鸽子》，捷克民歌《牧童》，C. 杰什金的《升起篝火，蓝蓝的夜》，A. 什托加连科的《纵队在行进》，M. 克拉谢夫的《歌唱列宁》，И. 基什科的《我们爱祖国》和C. 博古斯拉夫斯基的《边防军之歌》。

孩子们已经有了集合在一起唱歌的要求。唱歌进入了他们的精神生活，赋予他们的思想以鲜明的感情色彩，激发着热爱祖国和周围世界美好景色的情感。

乌克兰民歌《哎，山上的亚麻》给孩子们留下了深刻的印象。它鲜明地再现了我们民族遥远的过去和他们反对入侵者的英勇斗争。歌曲的旋律好像把孩子们带进了为祖国独立而斗争的严峻境地，呈现在孩子们眼前的景象与几个世纪前我们祖先见到的一样。瞧，田地里大家在收割麦子，男男女女都忐忑不安地不时向远处眺望，那里随时都可能出现敌人，到那时，就得放下镰刀，拿起马刀，保卫家园和躺在麦垛下荫凉处的婴儿。只有歌曲和富有魅力的旋律能够把这些场景传递给人的意识和心灵。只有歌曲才能展示人民心灵的美。祖国歌曲的旋律和歌词具有潜移默化的强大力量，它把人民的理想和愿望展现在儿童面前。

人具有这样一种品质——细腻和富有感情的天性。这种天性表现在环境能使他的感受能力更加敏锐。天性细腻和富有感情的人不会忘记别人的悲伤、痛苦和不幸；良知要求他去给予援助。音乐和歌曲能培育这种品质。

感情丰富是受过德育和美育的人所特具的品性，这一品性表现在他的心灵易于领会善意的话语、教导、忠告和赠言。如果您想使语言能够教人生活，想使您的学生渴求善良，那您就要把幼小的心灵培育得细腻和富有感情的敏感性。在众多的作用于幼小心灵的手段中，音乐当居重要的地位。音乐与品德——这是一个尚待深入研究和探讨的课题。

歌曲能够使人富有诗意地观察世界。我记得有一次唱完一支人民寄寓了深情的歌曲之后，我们来到草原。展现在我们面前的是一望无际的小麦的海洋，地平线上若明若暗地隐现着古老的山冈，小路像一条狭窄的绸带蜿蜒在金黄色的田野中间，云雀在蔚蓝的天空中歌唱。孩子们停下步来，就好像他们头一次见到故乡的这块地方。“这简直就是那支歌唱割麦人的歌，”敏捷而细致的瓦利娅说道。我感到，在这一瞬间，每一个孩子的心灵中都回荡着心爱的歌曲的词句。歌曲好像使人张开眼睛，望见故乡的美丽景色，而她的美也就变得更为亲切、更为珍贵。

民族的歌曲向孩子们指出，民族语言是人民珍贵的精神财富。通过歌曲，孩子们领略到语言音韵的细微之处。

最初一个阶段，我们器乐作品的唱片还很少，可是我认为听唱片是必要的，同朗读托尔斯泰和契诃夫、高尔基和科罗连科、盖达尔和丘科夫斯基、Г. 先克维奇和杰克·伦敦的短篇小说，普希金和舍甫琴科的诗，安徒生和格林兄弟的童话一样必要。人不去聆听音乐，在儿童时代没有心爱的乐曲，这种教育对我说来是不可思议的。当我们的“快乐学校”刚刚开办时，教学人员收集了一些音乐作品的录音带和唱片。我们把这看成是很丰厚的一份财富，而这份财富未能使孩子对人类的精神财富得到一个完整的概念，这的确使我们感到很遗憾。到这批学生的第一学年临近结束时，我们已经有了 27 种音乐作品的唱片和录音带，其中有 7 种是歌曲，20 种是器乐曲。我们一周两次专门到音乐室去听音乐。某些乐曲和歌曲对孩子们并不陌生，当他们还在“快乐学校”时，这些东西已进入他们的精神生活。孩子们多次听柴可夫斯基的《云雀之歌》和《迎春花》，莫扎特的《摇篮曲》，舒曼的《勇敢的骑士》，格里格的《在高山之王的山洞里》、Н. 雷森科的儿童歌剧《山羊和灌木》中的《小狐狸之歌》、《山羊之歌》和《小狼之歌》，乌克兰歌曲《我张望天空》、《咆哮吧，宽阔的第聂伯河》和《太阳落山，山岭黯》。

同孩子们在一起的四年期间，我们的音乐资料差不多增加了一倍。这不算多，但我关注的不是数量，而首先是让人类音乐宝库（首先是乌克兰和俄罗斯人民的音乐）的一切精华进入儿童的精神生活，并且使他们在聆听同一个作品时能得到美的享受，使音乐在思维和感情生活中留下痕迹。

即使孩子在一个月中只听到一支新的乐曲也不要紧，只要这一支乐曲能成为他终生精神享受的源泉。我避免接二连三地给孩子听过多的音乐作品，使音乐成为消遣，而不能在心灵中留下任何痕迹。

除了上面提到的作品外，我的学生们在四年中还听了如下的作品：格林卡的歌剧《鲁斯兰与柳德米拉》中的《黑魔王进行曲》，古诺的歌剧《浮士德》中的进行曲，格里格的《挪威舞曲》和《霍尔宝组曲》，柴可夫斯基的芭蕾舞剧《胡桃夹子》中的《小草绿茵茵》、《牧童之舞》和《糖球仙子舞曲》，芭蕾舞剧《天鹅湖》中的《小木兵进行曲》、《古老的法国歌曲》、《玩偶的病》、《意大利歌曲》、《儿歌》、《喀马林歌曲》和《小天鹅舞》，H. 里姆斯基-科尔萨科夫的歌剧《苏丹王的故事》中的《三件怪事》选曲片断和《熊蜂起飞》，舒曼的《快乐的农夫》，格里格的《爱尔菲舞曲》，舒伯特的《苏格兰舞曲》，И. 杜纳耶夫斯基的《椋鸟飞来了》，K. 斯捷岑科的歌剧《小狐狸、小猫和小公鸡》片断，H. 雷森科的歌剧《冬天和春天》中的片断，贝多芬的《土拨鼠》、瑞士歌曲《布谷鸟》，波兰歌曲《百鸟争鸣》，乌克兰民歌《邻居》、《嗨，山上割麦忙》、《高高一座山》和《吹吧，风，吹遍乌克兰》，匈牙利民歌《夜莺》，俄罗斯民歌《原野上一棵白桦亭亭玉立》，Д. 卡巴列夫斯基的《欢乐的铃声》，A. 奥斯特洛夫斯基的《少先队员》，B. 穆拉杰利的《少先队的篝火》，《同志们，勇敢地齐步向前进》（Г. 洛巴切夫改编的古老革命歌曲），《受着苦役的折磨》（列宁喜爱的歌曲）。

在听音乐之前，我讲述了表现在音乐形象中的真实的或幻想性的情景。这种讲解有巨大意义，它可以为孩子接受作品酝酿情绪。如在听《糖球仙子舞曲》之前，我讲了戈夫曼古老的童话，作曲家以其题材为基础创作了芭蕾舞剧。我尽量用鲜明和富有表现力的语言在孩子的想象中塑造一个善良仙女的形象——她轻盈、飘逸和高雅。“你们会听到小小的水晶铃铛的叮当声，”我对孩子们说。“这段音乐描绘出美丽的仙女周围的环境。我想象得出瑰丽的宫殿中轻巧、雅致的圆柱，周围灯火辉煌。”孩子们先听音乐，然后谈他们想象中的仙女宫殿。在他们的想象中浮现出水池、喷泉、一片绿荫的小树林和神秘的山洞。幻想中的形象激起了再听一遍音乐的愿望。

对音乐作品，特别是对孩子们不熟悉的作品的讲解，要求极有分寸和具有高度的教育素养。任何时候都不能忘记，音乐语言是感情的语言；即使一支民歌，虽然歌词朴实，有时甚至很简单，但是只因为配上了音乐旋律，领略起来就成为艺术品了。为了解释音乐作品中艺术形象的本质，教师必须了解作曲家塑造形象的手法的特点。讲解应当是孩子从教师口中听到的一篇具有特色的、有头有尾的和富有艺术性的故事。这篇故事本身就应该能激发感情，引起感触，并在学生想象中描绘出一幅幅栩栩如生的图景。

我深信，音乐的美是思维的丰富源泉。在音乐旋律的影响下产生在儿童想象中的鲜明形象能活跃思维，如同把思维中无数的溪流汇集成一条河道。孩子们极力要把他们想象出来的和感受到的都用语言描述出来。对于智力发展迟缓的孩子来说，听音乐确实是思维的丰富源泉。我尽量做到让孩子在听完音乐作品之后，能无拘无束地谈一谈自己的印象。

在音乐室里，我们吹奏芦笛，练习喜爱的曲子。二年级时，芦笛爱好者小组中有我们班的九个学生和别的班的四个学生。孩子们自己制造乐器。谢廖扎、尤拉、季娜和莉达真是制造芦笛的能手。他们到小树林中去选取合适的材料，在树荫下检验砍下的树枝，调试乐器的音响，使音色纯正、悦耳。到了三年级，我们有了两只手风琴和三把小提琴。尤拉、谢廖扎、费佳、莉达、科利亚、季娜、拉里莎、萨尼娅和舒拉都学会了拉手风琴和小提琴。在小学最后一学年时，有 19 个孩子自己家里有了乐器——手风琴和小提琴。但是孩子们没有忘了芦笛。有些孩子显示出音乐禀赋，但是我的主要目的不在于培养个别天才，而在于使所有的孩子都爱好音乐，使音乐成为所有孩子精神上的需要。

儿童时代错过了的东西，到了少年时期就无法弥补，到了成年时期就更加无望了。这一规律涉及孩子精神生活的各个领域，特别是美育。儿童时代对美的敏感性和接受能力比个性成长的以后几个时期都要强得多。小学教师主要的任务之一就是培养对美的需求，这种需求在很大程度上决定孩子精神生活的整个结构及其在集体中的相互关系。美的需求奠定道德的美，使人对一切卑鄙和丑陋的东西持毫不调和和不可容忍的态度。

"手中拿着小提琴，人就不可能做坏事。"这是出自杰出的思想家格里戈利·斯科沃罗达之手的一句古老的乌克兰谚语。丑恶和真正的美是不能共处的。教育者重要的任务之一，形象地说，就是递给每一个孩子一把小提琴，使每个孩子都能感受音乐是如何产生的。在我们这个时代，既然记录和传播音乐的技术手段已如此包罗万象，这一教育任务也就获得了特殊意义。不能允许年轻一代只做美的享用者——这不仅是美育的问题，而且也是德育的问题。

书和儿童的精神生活

书在儿童精神生活中能起巨大的作用，但这要到儿童能够很好地阅读时才行。什么叫"很好地阅读"？这首先是掌握起码的阅读能力——阅读技巧。我尽力使个人阅读成为孩子精神上的需求。在一年级和二年级时，每一两周学生就要从图书馆借走一本书，并进行朗诵。没有这一点，就不可能培养扎实、稳固的迅速阅读和理解的能力。

二年级时，每个学生都已经有了笔记本——“词汇匣”。里面记着孩子们认为有意思的词汇或不懂的词（以后我给他们讲解词的意思和感情色彩）。到了三、四年级，“词汇匣”里除了个别单词外，还记孩子们喜欢的短语和各种句子。

作为丰富精神世界的源泉的阅读不能仅仅归结为掌握阅读能力；这种能力仅仅是一个开端。可能孩子已能迅速和准确地阅读，但是（正如经常发生的那样）书并未成为引导他攀登智育、德育和美育顶峰的小径。会阅读——这意味着对语言的含义和优美之处，对其极其细腻的文采已很敏感。只有当学生的意识中字句跃然纸上，栩栩如生，并变幻着周围世界的色彩和旋律时，他才称得上是在“阅读”。阅读是孩子借以观察和认识世界和自我的小窗子。要想使这一窗子为孩子敞开，必须随着阅读，与阅读同时，甚至在第一次开卷阅读之前，就要在包罗儿童积极活动和精神生活的各个方面的语言上做细致的工作，这些方面包括：劳动、游戏、接触大自然、音乐和创作。没有产生美的创造性劳动，没有童话和幻想、游戏和音乐，就不能想象阅读能成为孩子精神生活的一个方面。到思想的活水源头去“旅行”，通过对语言美的感知领会到的词句的感情和美学色彩，以及蕴藏在书籍中的艺术财富——凡此种种都是发展言语和思维的基础。

在首次开篇阅读之前，孩子应当听到教师和父母朗读，领会艺术形象的美。不能把到大自然中去“旅行”看成是与书本脱节的活动。如果孩子不能领略所读书籍中词句的美，他就看不到周围环境的绚丽多彩。通向孩子心灵和意识的道路来自两个方面，乍看起来似乎是相反的两个方面：从书本、从读过的语句到口头语言和从活生生的、已进入孩子精神世界的语言到书本、阅读和书写。在情感和审美上为读和写做准备是孩子学会读和写的最重要的条件，而学会读和写并不是为了去得分数，而是因为读和写是精神生活所必需的，不会读和写，他就会失去许多乐趣。

我的学生早在“快乐学校”阶段就通过绘画和富有表现力的标题来表达他们对周围美景的思想和感情，这就是从情感和审美上为读和写做准备的结果。到大自然中去“旅行”在我们的教育体系中并不是目的本身，而是通过语言发展孩子智力的一种手段。如果没有语言，没有智育，不力图达到教养的最主要目的——教会孩子思考，察觉事物、现象间的相互作用，对自然界、对直观形象和观念加以概括和抽象，那么，儿童就会对大自然的美、色彩和音响的变幻和生活中无穷尽的变化无动于衷。

一年级时，我就力求使阅读成为孩子们的精神需求，而不只是以培养快速感知词义和发音技巧为目的的练习。只有符合学生的发展水平——智力、情感和审美发展水平的东西，同时又能促使其进一步发展的东西，才能进入他的精神世界。对读物的正确选择是教育工作者特别重要的任务。令人遗憾的是阅读课本中缺少好多适合儿童理解力的艺术珍品。学年开始三个月之后，我们就开始读没有收入阅读课本中的富有趣味的童话和故事。

我把《乌克兰和俄罗斯童话》发给孩子们。为他们阅读乌克兰民间童话《草扎的小公牛》做准备——介绍它的内容，并用画片配合讲述。孩子们打开书本。第一个学生朗读了这个童话，接着第二个、第三个学生来朗读。同一个故事，但必须是孩子们觉得有趣的一个故事，不管朗读多少遍，他们也不会觉得厌烦，因为对每一个孩子来说，朗读并不是一种重复的练习，而完全是个人对生动形象的深刻体验；每一个孩子都要给原文加进自己的感受。孩子们听朗读是如此专心，就像他们一个接一个地在唱词和曲子都十分动人的同一首歌曲一样。每个人的唱法各不相同，每个人的唱词各具自己的色彩，细腻地表达各自的感受、理解和体会。语言在这种朗读中同音乐、同旋律一样动听。

在进行富有感情色彩的、生动的个人朗读准备中，特别重要的是孩子曾多次来到过思维的起源地，感受过语言的美。比如读到“小牛走进了阴暗的森林，遇到了一只大灰狼”这一句子时，随着“阴暗的森林”这个词，在孩子脑海中立即出现了难以忘怀的景象：笼罩着森林的暮霭，夜间神秘莫测的簌簌声，暴风雨来临前树叶不安的喧闹声。这一切都进入了他的精神世界，当他一听到“阴暗的森林”时，这一切就会绘声绘色地奏出大自然的音乐。如果教师不知道通向活生生的语言和思维的源泉的途径，那么不管他怎样解释该如何读、如何发音、如何掌握语调，等等，也教不会学生富有感情地朗读。

我打从事学校工作的第一天起，就操心这样一件事：不使一本坏书落到孩子的手中，使孩子生活在已经成为本民族和全人类文化瑰宝的那些饶有兴味的作品之中。这是非常重要的任务，因为一个人一生之中阅读的书超不过两千本，在儿童时代和少年的早期，必须细心选择读物。哪怕孩子读的不多，可是要让每一本书在孩子的心灵和头脑中留下深刻的印象，使他多次反复阅读，不断从中发现新的精神财富。这里很重要的是要让孩子从表情朗读中得到满足和享受。语言的力量和美展现在它的音响之中，因此，要让语言的感情色彩通过表情朗读，也就是通过听觉去感知，这是十分重要的。

我们早在一年级就建立了儿童图书室。它分为四个部分。第一部分是故事。依我看，这是对孩子的德育、智育和美育最有价值的一部分（每种书我们都买 15 本，以便上朗读课时，每张课桌都能发到一本）。这一部分书可供小学四个学年使用。这一部分所选的故事都是通过鲜明的艺术形象体现能为孩子理解的深刻的人道主义思想的作品。它们是：托尔斯泰的《鲨鱼》、《跳跃》、《高加索的囚徒》，叶尔绍夫的《驼背小马》，科秋宾斯基的《小松树》，茹科夫斯基的《睡女皇》、《独眼巨人洞历险记》，马明-西比里亚克的《多嘴的傻猎人》、《冰天雪地里过冬的地方》、《财主和小便帽》、《养子》、《小灰脖》，安徒生的《小不点儿》、《丑小鸭》、《皇帝的新装》，雨果的《柯泽塔》和《加夫罗什》（选自《被抛弃的人》），格林兄弟的《根泽利和格列捷利》、《懒惰的甘斯》、《三个幸运儿》，普希金的《萨尔坦王的故事》、《死皇后的故事》、《驿站长》、《安查尔树》、《囚徒》、《保姆》、《小鸟》、《冬日的傍晚》，亚努什·科尔恰克的《如果我返老还童》，科罗连科的《地下的孩子》，涅克拉索夫的《农民的孩子》、《雅科夫叔叔》、《马扎伊爷爷和兔子》，屠格涅夫的《一只雌鹌鹑》，格里戈罗维奇的《橡胶孩子》，加尔申的《信号》，库普林的《椋鸟》，斯坦纽科维奇的《马克西姆卡》、《保姆》、《逃亡》，契诃夫的《醋栗》、《小白花顶》、《万卡》、《逃亡者》、《男孩子》、《变色龙》，先克维奇的《乐师扬科》，杰克·伦敦的《基什的故事》，马克·吐温的《汤姆·索亚历险记》，高尔基的《贝贝》、《帕尔马的孩子》、《叶夫西卡的遭遇》、《伊利的童年》、《早晨》，盖达尔的《丘克和盖克》、《远方的国家》、《铁木儿和他的伙伴们》，邦奇-布鲁耶维奇的《列宁和孩子们》，捷斯连科的《小学生》，帕纳斯·米尔内的《严寒》，弗兰科的《格里采夫的学校生活》、《铅笔》，科诺诺夫的《列宁的故事》，科斯莫杰米扬斯卡雅的《卓娅和舒拉的故事》、《少先队英雄的故事》，别济克的《奥列格·科舍沃伊的童年》，卡塔耶夫的《团队之子》，戈洛夫科的《皮利普科》、《红手帕》。

阅读这些作品对孩子来说，不仅能认识世界，进行有助于培养扎实的技能和技巧的练习，而且也是培养感情和道德的学校。每一本书都在孩子的心灵中留下深刻的印象。Д. 马明－西比里亚克的妙趣横生的《冰天雪地里过冬的地方》给孩子留下了很深的印象。

这一作品讲述一个孤独的、被人遗忘的老人如何在荒无人烟的原始森林的一所小屋里消磨余年。我看到，读完这类作品之后，儿童对周围世界各种现象的敏感性是怎样在加强。

我们既在课堂上朗读故事，也用课外时间来读。我们图书室的这一部分，可以同专供集体欣赏音乐用的音乐作品的收藏部分相媲美。

我们班图书室的第二部分是俄罗斯和乌克兰现代作家写的故事，它们描写我们今天的生活、苏维埃人的劳动、争取和平的斗争、伟大卫国战争年代英雄们的业绩和少年英雄们。我的学生以极大的兴趣读 C. 米哈尔科夫和 C. 马尔沙克的诗，A. 盖达尔、Л. 卡西尔、H. 诺索夫、M. 普里列扎耶娃、M. 特鲁布莱尼、Ю. 雅诺夫斯基、Ю. 兹巴纳茨基、M. 林科夫、O. 伊瓦年科、Л. 沃龙科娃、Б. 日特科夫和 З. 亚历山德罗娃的故事。

第三部分是童话、诗歌和寓言。这些书只用作课外读物。每个孩子自己挑选他感兴趣的书来读（而兴趣是由优美的插图和看过这本书的教师或同学的叙述引起的）。

班图书室的第四部分是古希腊的神话。这里收集了一些花尽心血才找到的书籍，它们以孩子能够接受的形式叙述希腊神话。古代神话在儿童的智育和美育方面能起重要作用。它们不仅为孩子揭开人类文化辉煌的一页，而且激发想象，发展智力，培养对远古时代的兴趣。

从第一学年的中期起，我们就开始集体朗读。同一本书有好几册，我分发给孩子们，让他们在家里阅读。这是集体朗读的预习。难道到童话室去是为了朗读孩子们早已熟悉其内容的故事吗？孩子们怎么会有这样的愿望，这样做为的是什么，读一点新东西不是更好吗？

是的，新的、不熟悉的也要读，我们也读新书。可是只有当一个孩子想把打动了自己心灵的东西读给自己的同学们听时，想把自己的情感和体会用语言表达出来时，作品才能进入他的精神世界。第一部分图书中的每一本书，我们都朗读过不下十遍，但是兴趣并没有因为重复朗诵而稍减。一本书是在两三周前读的，但是孩子并没有忘了它，而很想再读一遍，并且专门为此目的来到学校。三四个月过去了，孩子们又想重读一遍心爱的书，于是它重又成为集体阅读的书籍。

可是只有孩子在学会阅读之前就能感觉出语言细腻的文采，作品的力量和优美才能感染他的心灵，激动他的理性。凡到思维的发源地去“旅行”而还领略不到语言魅力的人，永远也不会有把已经知道的作品听上两遍、三遍，乃至十遍的兴致。

有的课我们是专门用来朗读心爱的故事的。孩子们怀着激动的心情为朗读做准备。每个孩子都读他最喜爱和最使他激动的段落。

朗诵诗歌在我们班里占有特殊的地位。那些已列入人类文化宝库的优秀的诗歌典范作品——普希金、莱蒙托夫、茹科夫斯基、涅克拉索夫、费特、舍甫琴科、列夏·乌克拉因卡、席勒、密茨凯维奇、海涅、别兰热以及其他一些诗人的诗，我都背诵给孩子们听。孩子们产生了要学会背诵自己喜爱的诗歌的愿望。在四个学年中，学生背诵了很多诗。但是在他们尚未感受到诗句的美妙音韵之前，他们绝对不会去背诵的。

优秀的诗作，总是把语言、形象和音律的美融为一体。我极力使孩子们在幼年就能感觉到这种美学上的完美性和一致性：我背诵了俄罗斯和乌克兰诗人的诗歌。我们多次朗诵了普希金的诗《先知奥列格之歌》和舍甫琴科的长诗《女工》。这些作品几乎所有的孩子都能背诵（并没有专门下功夫去背）。孩子们也会背诵好多首篇幅不长的、描绘大自然美的抒情诗。作品连续朗读受到孩子们的欢迎。在“幻想角”里，我们接连几周朗读《汤姆·索亚历险记》。

孩子们周围的环境强化了从书中得到的印象。我们还用连续朗读的方式读了高尔基的《童年》、B. 卡达耶夫的《雾海孤帆》和 П. 巴若夫的《孔雀石匣子》。

随着时间的推移，我们开始举办表情朗读晚会和晨会。每个愿意参加的人都为朗读自己喜爱的故事或诗歌做准备。许多别的班的学生也来参加这种晚会和晨会，于是这种朗读活动就逐渐成为全校性的活动了。

我们一年两度庆祝语文节，一次是在第一学期末尾，另一次是在学年末尾。这一节日的某些仪式已成为传统仪式。孩子们邀请村里的长者来参加，由他们来评定谁的故事或诗歌朗诵得最好。这是一种别具一格的创造性的竞赛，赠书给优胜者作为奖励。年长的农庄庄员——爱好和珍惜祖国语言的人，把奖品授予孩子。他们自己也讲童话和背诵诗。有时，学生和年长的庄员朗诵的是同一个作品。四年级的春季语文节持续了两天，希望朗诵故事、诗歌和寓言的真是大有人在。

同长辈，也就是同父亲、母亲、祖父和祖母们的经常接触产生了另一个有意思的传统：我们优秀的朗读者开始在家里读给父母听，成年人开始经常到学校来听孩子们朗诵。产生了好几个语文爱好者和朗读者小组（小组由成年人，而且是很受尊敬的人组成）。孩子们如同是这些小组的组织者，这一点更增强了对书籍和阅读的兴趣。

全校性的图书节也成了传统。在开学的前夕，8 月 31 日，孩子和家长都到学校来。在这一天，大家互相赠书：孩子们互相赠，父母赠给孩子。集体农庄的管理委员会在这一天向语文爱好者小组的优秀领导人赠书也成为常规。

我尽力使每个孩子逐步补充自己的藏书，使阅读成为孩子最大的精神上的需求。在孩子们上小学的头两年中我就已做到使每一个家庭都有了藏书。在一些家庭里，藏书超过了五百册，在另一些家庭里，要少一些，但每家的藏书都逐月增加。如果一个月之中家庭藏书连一本也没有增加的话，那我就认为这是一个令人不安的现象。

自我教育和个人的精神生活是从书本开始的。在教育过程中总有这么一个时刻，始终小心翼翼地拉着自己学生的手领着他前进的老师终于认为可以放开他的手对他说："你自己走吧，去学习如何生活。"决定走这一步，要具有很高的教育智慧。为了培养一个人能在精神上独立生活，必须把他引进书的世界。书应该成为每一个学生的良师益友和明智的教导者。我认为使每一个学生在小学毕业时能向往单独与书相处——向往默想与沉思，是一项重要的教育使命。单独与书相处并不意味着孤僻。这是思维、情感、信念和观点的自我教育的开始。只有当书作为精神上的需要进入幼小者的生活时，这样一个开始才有可能。我通过个别谈话弄清楚某个男孩或女孩对什么书感兴趣，这些幼小者在书中寻找哪些问题的答案——我之所以要知道这一切是为了向他们提出忠告，帮助他们找到自己要看的书。

只有当四种崇拜心理控制学校时，学校才能成为真正的文化中心，这四种心理是：对祖国的崇拜、对人的崇拜、对书的崇拜和对本族语的崇拜。

早在我还没有教这一班学生之前，我就听够了关于少年教育工作的难处。人们对我说："教育幼儿最容易。可一旦幼儿成为少年，他就变了，变得叫你认不出来。善良、同情心和腼腆消失了。代之而来的是粗鲁、生硬和冷漠。"以后，我确确实实地认识到这些话是非常错误的。一切好的品质在少年时期"消失"必然有一个前提，即好的品质根本没有形成，教育工作者认为美德是儿童天生就有的。如果孩子从儿童时代起就没有养成对书籍的喜爱，如果阅读没有成为他一生的精神需要，那么到了少年时期，他的心灵就会空虚，似乎不知从哪儿来的坏东西就会蓦地出现在他身上。

本族语言

对我们乌克兰人来说，乌克兰语是本族语。今天有三千六百万以上的人在用这种语言说话。然而我们人民的历史遭遇使我们乌克兰人对兄弟的俄罗斯人民的语言感到十分亲切和珍贵。这两种同源的语言用千百条线交织在一起。这使得同时掌握本族语言和俄罗斯语言既有方便之处，又有困难之处。千百个词，在两种语言中发音相同，但含义却不一样。在千百种情况下，同一个字在乌克兰语中是一种感情色彩，而在俄罗斯语中却是另一种。一个字在这种语言中听起来带有热情的色彩，而在另一种语言中有时却具有讽刺的意味。两种语言文字的感情和美感色彩的细微之处和语气的变幻，是我们乌克兰学校教师精神财富的源泉，我们有责任将它传给后代。

语言是人民的精神财富。“我知道多少种语言，我就做了多少次人。”这是一句民间的谚语。然而一个人若是不掌握本族语，感觉不出它的美，那么体现在其他民族语言宝库中的财富对他来说就是不可企及的。一个人对本族语言的细致之处体验越深，他对本族语言文字在语气上的变幻感受就越细致，他就更具备掌握其他民族语言的才智，他的心就能更主动地去体验文字的美。

我极力使这一生意盎然的源泉——本族语言的财富，从孩子们学校生活一开始就展示在他们面前。我的学生们在到思想和语言的活源头去“旅行”的时候，同时在领略本族语言和俄罗斯语言情感上、美学上和含义上的色调。我努力使他们感受语言的美，小心谨慎地使用语言，并注意语言的纯洁性。

一个人的语言修养是他精神修养的一面镜子。本族语言的美好和伟大、力量和表现力是影响孩子，并使他的感情、精神、思想和体验变得高尚的最重要的手段。小学阶段，孩子每当遇到周围环境中的新现象，总是无限神往，因而这一手段在这个阶段的作用非常大。

我们到大自然中去，到森林、果园、田野、草地、河边去，语言在我手中成为武器，我借助于语言，使孩子们看到周围世界的丰富多彩。孩子们感受到和体验到所看到和听到的东西的美，就能领会语言的细微色彩，而美则通过语言进入他们的心灵。到大自然去“旅行”是对创作的第一次推动。孩子们产生了表达自己感情与感受的愿望和反映美的愿望。孩子们编撰关于大自然的短文。这些短文，是发展语言和思想的最重要的工作方式。每个孩子都编自己的短文，然后到教室里把它写下来。下面我引用几篇孩子们在一年级时口头编的，后来写入《我们民族的语言》纪念册或个人纪念册中去的短文作为例子。

云雀之歌（拉里莎）

在蓝蓝的天空里颤动着一小团灰色的东西。这是一只云雀。我听它唱着奇妙的歌——怎么听也听不够。真好像用非常非常细的银弦在演奏。拉紧连着金色小麦和太阳的琴弦。麦穗在倾听它的歌。

太阳下山了（谢廖扎）

太阳下山了，田野暗下来了。昏暗从峡谷伸向田野和草地，像河流一样向四处漫去。而在杨树顶上闪烁着金色的小火花，这是太阳在发出它最后的问候，闪烁了一会儿就熄灭了。再见吧，太阳。

蜜蜂喝水（加利娅）

我看见了蜜蜂怎样喝水。一小滴一小滴的水顺着细细的苇秆溜到光滑的柳树墩上，树墩潮润了。蜜蜂喜爱柳树的香味。它们飞向树墩喝水。它们振动金色的小翅膀。稍稍休息一会儿吧，蜜蜂，你们还有很远的路要飞呢。

荞麦开花（瓦利娅）

荞麦开始开花啦，田野好像铺上了一条白色的地毯。不过这条地毯是活的，而且散发出这么好的香味。每一朵小花上都落着蜜蜂。地毯在嗡嗡响——这是蜜蜂在嗡嗡叫。一只毛茸茸的熊蜂落到了花上。麦秆颤抖起来，弯了下去。熊蜂没扒住，滑了下来，气呼呼地嗡嗡叫起来。

联合收割机（尤拉）

我的叔叔是一个联合收割机手，他开着一台大机器。他面前是一大片麦子。锋利的刀子割断麦秆，送进脱粒机。脱粒机给小麦脱粒。麦粒小股小股地流入谷箱。一辆汽车开来，把麦粒运到麦场上去。会有很多的白面包。

我们的脱粒机（万尼亚）

我们学校里有一台小小的脱粒机，就是这么一台机器……同学们在学校园地里收割完小麦，捆成五捆。小脱粒机开始嗡嗡响起来，它把小麦脱了粒。我们把麦粒装进口袋。我们将用来播种。

苹果树开花（帕夫洛）

啊，当苹果树开花的时候，果园里多美呀。白色的小花迎着阳光张开了花瓣。微风拂动小花，花就叮叮当当响，就像银铃一般。整个果园都在叮当响，朝着太阳微笑。而当风停了的时候，就听到蜜蜂嗡嗡叫。它们在树梢上飞来飞去，寻找着声音最响亮的小铃。果园还像一千根琴弦似的在弹唱。一只小蜜蜂落到花铃上，伸伸腿，抖抖翅膀。花铃上空像一小片云彩似的扬起了金色的花粉。

在达莎婶婶的奶牛场里（科利亚）

我们去过达莎婶婶的奶牛场。她给 30 头奶牛挤奶。好大好大的奶桶。牛奶运到奶油厂去，在那儿人们把牛奶制成奶油。

傍晚鹤唳（季娜）

太阳落山了。蔚蓝的天空中飞着仙鹤。仙鹤鸣叫道：“你们好，绿色的草地，我们从温暖的海那边飞来。”树上的树枝颤动起来，绿草簌簌响起来，池塘发出声音：“你们好，仙鹤，请你们说一说，你们在温暖的海那边看到了些什么。”

温柔的朦胧爷爷（萨尼娅）

天空星星在闪光。从峡谷中走出了温柔的朦胧爷爷。他老态龙钟，头发蓬松，拄着拐杖。他走进村子，跨进屋子。他把孩子抱在柔软温暖的手里，于是孩子就想睡了。他们做上了好梦。

（这就是她，这个萨尼娅，还在“快乐学校”时期，就想出了一个关于朦胧爷爷的童话。而现在，这个童话重又在孩子的记忆中复活了。）

库兹马叔叔（费佳）

我们去过库兹马叔叔那儿。他是一个建筑工人。他用砖砌墙。现在他在建造一家商店。库兹马叔叔已造了 50 所房子，这些房子里住着好多人。他说：“我盖的房子能维持两百年。很多人会回想起：库兹马叔叔是多么好的一个建筑工人呀!”

雪花莲（卡佳）

太阳唤醒了森林，融化了松树顶上的雪，融化了的雪水滴到雪地上，穿透了雪堆和枯叶。就在雪水滴落的地方，露出一根绿梗，而在绿梗上开出一朵蓝色的铃铛花。它望着雪地，感到惊讶：“我是不是醒得太早啦?”“ 不，不早，是时候啦，是时候啦，”小鸟一齐唱了起来。于是春天来了。

太阳和乌云（托利亚）

金黄色的田地。太阳在每一簇麦穗上嬉戏。田野呀田野，你是多么美丽。但是向你飘来了一块乌云，它遮住了太阳。麦穗上金色的火花熄灭了，田野变得阴沉沉的，就好像谁给大地盖上了一条灰色的大被。太阳，你快从乌云后面出来吧。麦穗在等着你。我们也在等着你，太阳。

陨　星（柳芭）

八月份常有星星从天空陨落下来。在黑压压的森林里有一块很大的空地。有一颗星从天空落到空地上，开了一朵紫红色的花朵。

我们教室很暖和（萨莎）

我们的教室暖和极了。暖气片滚烫滚烫的，有水在里面流动。地下室装着一台锅炉。大炉子里煤在燃烧。它是矿工从地下采来的。通过铁路运送，运到了我们这个地方，卸到地上，然后装上汽车，运到学校。我们觉得很暖和，是因为矿工和铁路员工们在劳动。

椋鸟过冬（米沙）

去年冬天椋鸟没有飞到暖和的地方去。它们怎么会知道没有严寒呢？我看到傍晚椋鸟聚合成一大群，从一棵树飞到另一棵树，它们在寻找比较暖和的地方。它们惊慌地吱吱叫。在暴风雪的时候，它们飞进我们的棚子里。落在什么地方的都有，甚至落在母牛背上。而在阳光明媚的寒冷日子里，它们在雪中洗澡。啪的一声，一只椋鸟落到柔软的雪堆里，陷进雪里。然后，它又从雪堆里爬出来，欢乐地啾啾叫。

新年松树（丹科）

我和妈妈把一棵新年松树摆在桌子上，用各种玩具装饰它，下面放上冬老人。夜降临了。院子里月色皎洁。我想看一看，冬老人在做什么。他拿起了拐杖，离开了新年松树，在桌子上踱起步来。而白色的小雪花在枝头小声交谈些什么。小灰兔躲在树枝上，突然跳下新年松树，跳进冬老人的口袋里。这下就成了新年的礼物。

尤希姆爷爷（柳达）

我的爷爷尤希姆是一个林业工人，他在集体农庄已工作了25年。村后有一片茂密的树林。这是他的橡树，是他栽的。爷爷说，他的橡树要活300年。我也要种我的小橡树。

凶恶的蜘蛛（科斯佳）

在小贮藏室阴暗的角落里，蜘蛛张开网。我瞧着它要干什么。蜘蛛躲在墙上，伸伸它的腿，好像在摇晃它的网。一只苍蝇飞来了，嗡嗡地叫。蜘蛛转身细听。苍蝇碰到了网上，缠住了身子，嗡嗡声变得又尖又惊恐。而蜘蛛快步向苍蝇爬去。不，不让你杀害苍蝇，凶恶的蜘蛛。我扯破了蜘蛛网，放走了苍蝇。飞吧，可别再落进凶恶的蜘蛛的网里。

西红柿（斯拉瓦）

从从绿秧上长着红色的西红柿。清晨，西红柿上布满了露珠，金色的太阳在每一滴露珠上闪光。白色的蝴蝶落在红色的西红柿上。蜜蜂在嗡嗡叫，蜜蜂以为这是一朵大红花。它在西红柿上盘旋了一番就飞走了。

孩子们的作文是巨大劳动的结晶。应当带孩子们到思想和语言的活水源头去，努力使周围世界中物体和现象的概念通过语言，不仅深入他们的意识，而且也深入到内心和灵魂。语言在情感上和美学上的色彩、它的细腻色调——这都是儿童创作的生气勃勃的源泉。语言以鲜明的形象存在于孩子的意识之中，因此，他们把自己的短文写进班上的文集时，常用图画来补充文字。

若期待孩子在周围美景的影响下马上写出作文来，那就太天真了。孩子可不是凭什么灵感就能创作的。应当教他们创作。只有当孩子从教师那儿听到关于大自然的描绘后他才能写出作文来。我念给孩子们听的第一篇作文，是在一个静悄悄的傍晚时分，在池塘旁编的。我力求让孩子们懂得和感到，直观形象可以用语言表达出来。一开始，孩子们只是重复我编的作文，逐渐他们过渡到独立地描绘令他们激动的大自然图景——儿童个人创作的过程开始了。在这一工作中，极其重要的是能领会语言的情感和美学的色调。只有当每个词对孩子说来就像一块预先留着砌放地方的现成砖块的时候，他才能学会编作文。孩子就会选取那块当时唯一合适的砖块来用。他们不可能去用那随意想到的头一个词，情感和审美上的敏锐感受不允许他们这样做。

编写作文成为我的学生们喜爱的活动。他们总想把他们所看到的和感受到的都讲出来。对孩子们来说，语言是表达他们对周围世界美好事物的态度的一种手段。到了二、三、四年级，孩子们写的作文是关于自己长辈——集体农庄庄员和工人，关于苏维埃人的劳动，关于苹果树冒出的幼芽和凋萎的菊花，关于晴和的初秋时分银色的蜘蛛网和在集体农庄果园里采摘苹果。在四年的过程中，每个学生都编写了四五十篇短文。下面是孩子们在二、三、四年级写的几篇小作文。

玻璃窗上的冰窗花是哪儿来的

（塔尼娅，四年级）

我问妈妈：“玻璃窗上的冰窗花是哪儿来的？”妈妈说：“冬老人的小孙子画的。他一到夜里就跟爷爷一起到各家去把玻璃窗画满花纹……”我想看看，他是怎么干这件事的。我躺下睡觉，但没有合上眼。大家都入睡了。窗外的树轧轧作响。一个小男孩走近了窗户。他用一支银色的笔在玻璃窗上画来画去，一边悄声唱着歌。我看到他画了一朵美极了的花。很宽很宽的叶子和小小的花瓣。清晨，太阳开始在窗上闪耀，这朵花——栩栩如生。我不知道，是我做了一个梦呢，还是我真的见到了。

冬季里花的世界

（加利娅，三年级）

秋天，暖房旁边菊花怒放。它们不畏寒雾。但从北方忽然来了寒流，桶里的水都冻成了冰。得防止菊花受冻。我们把它们移到花盆里，放进暖房，剪了枝。菊花重又开始发绿，然后又开花。早晨醒来，我看见院里都是雪。又是雪，又是太阳。我飞快地跑进暖房。菊花盛开——白的、青蓝的、蔚蓝的，而玻璃窗外是雪。菊花朝着明媚的太阳微笑。

我们是怎样从野外归来的

（帕夫洛，二年级）

夏天，我和妈妈一起到野外去拉干草。妈妈装了一大车干草，用绳子捆好。马慢慢地走着。我们高高地坐在干草上。太阳落山啦，天上星星闪亮了。我躺在干草上，仰望天空。这时，我们的大车不再是大车了，而是一只大船。我们在海上航行。我们的头顶上是星星，它们离得好近，你一伸手就能摘下一颗星星来。远处是绿色的海岸。那边鹌鹑在歌唱，蛐蛐在演奏小提琴。我们的船停住了，星星在微微摇晃。船靠岸了。妈妈站起身来，可我还想躺一会儿。

阴沉的秋天

（舒拉，三年级）

白天变短了，黑夜却长了。一到清晨，河上飘着雾。太阳到哪儿去了？为什么它不驱散雾气？天空降下细细的秋雨。树木耷拉着树枝，树叶飘零了，树枝上挂着大颗的水珠。远处雾中一只鸥鸟在曼声啼啭。也许，它未能飞向南方而在向人们诉苦。树林里静悄悄的。啄木鸟啄了几声，就不啄了。金色的橡实落到叶子上。整个世界都是一片白雾。

初　秋

（谢廖扎，四年级）

清晨，燕子惊恐不安地在村子上空来回飞翔。然后，它们会合成一大群，一字长蛇地落到电话线上，唧唧地在轻声细语些什么。它们是在商量，什么时候飞向暖和的地方去。第二天，燕子全不见了。它们飞到哪儿去了？它们又怎么知道秋天临近了？现在天气还暖和，太阳暖洋洋的。我爱秋天霞光灿烂的傍晚。晚霞通红的火焰久久、久久地燃烧着，而白杨树上的叶子也好似变红了。这是晚霞的反照。沉睡的池水像晚霞。只是池塘里一到傍晚就闹哄哄的：禽鸟在飞往南方的途中在这儿过夜。到了清晨，池塘笼罩着一片浓雾。草上有露珠。露珠不知怎么灰蒙蒙的，不像夏天那个样子。秋天来了。

生活中什么是最主要的

（瓦利娅，四年级）

生活中什么是最主要的？矿工说：最主要的是煤。如果没有煤，机器就会停止，就没有金属，人们就会受冻。

冶金工人说：最主要的是金属。没有金属就没有机器、煤、粮食和衣服。

农民说：最主要的是粮食。没有粮食，无论矿工、冶金工人、飞行员、边防军人都不能工作。

那么他们到底谁说得对呢？生活中什么是最主要的？最主要的是劳动。没有劳动，那就既没有煤和金属，也没有粮食。

“火焰驹”

（萨尼娅，四年级）

这件事是妈妈讲的。当村子里成立第一批集体农庄时，农庄庄员买了一匹马。它的名字叫“火焰驹”。谁都驯不服它。最勇敢和富有经验的人都怕靠近“火焰驹”。它用蹄子刨土，用牙咬人，打响鼻儿。

小伙子尤尔科到底骑上了这匹烈马。马腾空而起，嘶鸣起来，跃上大路，把尤尔科摔到地上。它跑出了几里地，在村边停住了。在大路中间，有两个小小的孩子在玩耍。他们跑近这匹马，抱住它的两条前腿。妈妈吓得心直跳。她想：这下马可要把孩子踩死或弄残废了。可是这匹马安静地站着，挪动了一下腿，又站住了。它瞟着孩子们，好像怕碰伤了他们似的。而孩子们一直在那儿玩耍。然后，“火焰驹”小心地离开了孩子，跑着穿过了村庄。人们抓住了它，把它关进了马厩。

刺　猬

（费佳，四年级）

我们台阶下住着好几只刺猬。一到傍晚，它们全家走出洞来，向池塘出发。前面是老刺猬，跟着它的是五只小刺猬，最后是母刺猬。它们在那儿干什么呢？我看了一下才发现：它们在喝水和洗脸。然后又用小脚刨土，从土里找出一些小根茎来吃。这是老刺猬和母刺猬。在这个时候里，小刺猬则跑啊跳啊地嬉戏。它们找的是僻静的角落，那是谁也不去的地方。

一天，不知从哪儿来了一条狗。它跑近了老刺猬。老刺猬团起身子来，待着不动了。接着，所有的刺猬也都团住了身子。狗衔住老刺猬来到池塘边。把刺猬放进水里。刺猬游向岸边。狗瞧着它，然后开始捉弄刺猬。我把狗赶走了。

第二年春天，台阶下只剩下一只老刺猬。其他的刺猬都上哪儿去啦？大概搬到别处去了，而老刺猬不愿搬家。我在台阶旁放了一小盘牛奶。刺猬把牛奶喝了。它不再怕我了。我把它引到屋里。打开电灯。刺猬目不转睛地朝着灯光看。我在地板上铺了一张旧报纸。刺猬开始玩那张旧报纸。到睡觉的时候，它回到台阶下自己的洞里去了。

阿尔乔姆·米哈伊洛维奇——布琼尼骑兵

（丹科，四年级）

阿尔乔姆·米哈伊洛维奇来参加我们少先队的集会。他在蔬菜生产队工作。我们想，他不过是一位老爷爷。可他还是一个布琼尼骑兵，国内战争的英雄哩。他讲述了怎么去侦察，怎么袭击白卫军。有一天，他受了伤，被邓尼金的队伍俘虏了。他们把他押出去枪毙，但他没被打死，只是又一次受了重伤。夜晚，他爬了出来，请求一个农民让他进屋。农民把他藏在房顶小屋里，给他治好了伤。他又同白卫军作战去了。阿尔乔姆·米哈伊洛维奇爷爷就是这么个人。我也想做这么一个人。

胜利日

（沃洛佳，三年级）

胜利日来到了。就在这一天，战争结束了。我们苏联军队战胜了法西斯。炮弹和炸弹不再爆炸。现在每年这一天，人们庆祝自己的胜利，纪念牺牲的烈士。弗拉基米尔·伊里奇·列宁缔造了我们的共产党，并对所有的人说：“你们——乌克兰人、俄罗斯人、白俄罗斯人、格鲁吉亚人、摩尔达维亚人，要友爱相处，那么，谁也不能战胜你们。”

我们也集体编写作文。一个阴暗的秋日，孩子们在“幻想角”里围坐在烧得暖洋洋的炉子旁边。我讲述着远方热带岛屿。孩子们不知怎么回忆起炎热的夏天、河流和在瓜园中休假的情景来了。以这些回忆为素材，编了一篇作文，后来孩子们把它写进了《我们民族的语言》纪念册。

我们的瓜园生活

在滚烫的土地上长着很多大西瓜，蓝的、绿的、灰蓝色的。清晨，西瓜上布满露珠，挺凉挺凉的。草上也有露水，连我们的窝棚上也满是露水。一天，丹科大清早起床，把一个大西瓜拿进了窝棚，切开西瓜。谁一起床，他就请谁吃冰凉的西瓜。丹科说，“谁最后一个起来，给他吃瓜心的甜瓤——‘瓜心儿’。”大家都起来了，只有萨什科还在睡觉。我们坐在那儿等着——他到底什么时候才能睡醒？等烦了，于是我们把“瓜心儿”吃了。又拿来一个西瓜。这个西瓜的“瓜心儿”给了萨什科。

碰上了一个寂静的、雾气腾腾的早晨。雾来自小山谷，笼罩了整个瓜园。太阳从乌云中出来了，映照着西瓜。就好像这不是西瓜，而是蓝的、绿的、灰的玻璃球在白茫茫的河上飘着。

白天，瓜园上空有阵阵热风吹来，蔚蓝的天空中有云雀在歌唱。为什么它们不在瓜园里安家？为什么云雀只在小麦、大麦和谷子地里筑巢和孵幼雏？而云雀的巢大多是筑在荞麦地里的。

瓜园旁边，峡谷附近，我们发现一个蚂蚁窝。老爷爷发现蚂蚁正在急急忙忙地朝什么地方赶去。他就说：不远的地方有一个大蚂蚁窝，蚂蚁自己就能告诉你们，这个大蚂蚁窝在哪里。老爷爷放了几小块西瓜在蚂蚁活动路线的旁边，甜美的西瓜旁立即围满了蚂蚁。我们看到，它们如何衔住一小粒甜瓤，朝同一个方向搬去。我们跟在它们后面来到了蚂蚁窝的所在。灌木下一个灰色的小土堆周围热闹非凡。蚂蚁把小粒的吃食搬进洞里，然后重又回到瓜园去了。老爷爷告诉我们，蚂蚁对森林和人们有很大的益处，每一窝蚂蚁能使好几公顷森林免受虫灾。我们开始保护蚂蚁，后来老爷爷又教我们堆筑新的蚁巢。

当我们回家的时候，老爷爷送给我们每人一个大西瓜。西瓜久久放在我们家里的窗台上。它们使我们回忆起那阵阵的热风、那辽阔的草原、那云雀、那位老爷爷、那离窝棚不远的那只蛐蛐的响亮叫声。现在它在哪儿，这只蛐蛐？

语言的美在诗歌中体现得最为鲜明。孩子们在赞赏诗歌或歌曲的时候，犹如听到了语言的音乐。在优秀的诗篇中，充满诗意的语言揭示出民族语言最为细腻的感情色调。正因为如此，孩子们喜欢背诗。当孩子们重复铭刻于心的语言时，能得到真正的享受。

我极力使孩子们感觉和体验诗的语言的音乐性。在大自然的怀抱里，当孩子们陶醉在周围美景之中的时候，我就给他们念诗。

他们感觉到，在塑造栩栩如生的形象的词句中会产生语言的音乐声响，它不仅赋予语言新的感情色调，而且还展示周围新的美景。在世界第一流诗文优秀范例的影响下，孩子们创造音乐性语言的意愿被激发起来了。孩子们欣赏着春天的美景，试图把话说得带有韵味。孩子们的心充满了诗的灵感：男女学生都赋起诗来。瞧，拉里莎注视着遥远的田野，两眼熠熠发光，她悄声低吟，倾听着语言的音韵：

“金黄的麦海里波浪翻滚。”

“炽热雾气中蓝色土岗的颤抖。”谢廖扎接过她的思路。

大家高兴、激动，都想找到铿锵的语言。在孩子心里充满诗的灵感的时刻，语言——生意盎然、朝气蓬勃、闪烁着彩虹的五光十色、散发出田野和草地的香气，进入孩子的精神生活；孩子们在语言中寻找并找到表达自己感情、思想和感受的手段。激发出孩子心中的灵感，这意味着又开辟一个生气勃勃的思想源泉。这一源泉的力量在于语言传达的不仅仅是用人类语言显示的物体和现象，而且还有纯属个人的体验和感受。

教孩子进行诗歌创作不应当以培养少年诗人为目的，而应当以促使每一颗少年的心灵趋于高尚为目的。我利用种种机会在儿童的心灵中激发诗的灵感，并使语言在每一个孩子的心灵中都具有各自的诗的音响。

一个寂静的冬天的早晨，树木蒙上了一层白霜。蒙上了薄薄的、针尖似的冰霜的树枝，似乎用银子锻成的。我们来到学校的果园，极力不去碰那些树枝，免得破坏了这种绝无仅有的美景的魅力。我们停下步来，我朗诵普希金和海涅描写冬日美景的诗篇。在诗歌和美景的影响下，孩子们找到了可以描绘出布满冰霜的树木的形象的语言，并编起诗来。他们一起来做这件事，一段一段地编——我们好几次来到这遍地冰霜的果园。过去编的童话中那些鲜明的幻想形象重新在诗歌中复活。

来了一个神奇的铁匠，
带来了一只金的熔炉，
他把银子在熔炉里熔化，
倒在花园的树木上。
他整夜在锻造，
金锤叮当敲……
我们的花园披上了银装。
银针碰又撞，
满园响叮当。
神奇的铁匠又去向何方？
他张开金色的翅膀，
又飞向太阳住的地方。
他再去拿银子，
放进自己的袋子
再飞回我们的园子。
他要再次熔化银子，
让果园又唱起歌子……
但是太阳在等待铁匠……
你飞向了何处，铁匠？
你为何久久停留在果园
把我的银子去熔炼？

莫非你忘了，打铁汉，
你应当锻造那金冠？
一道红光射进
我们寂静的银色果园。
太阳万分惊异，
对这美景赞叹不已……

童年时代每个孩子都是诗人。当然，期望孩子凭某种神奇的灵机一动就产生诗的灵感，那是太天真了。我并不为天赋所动，也不认为每个孩子天生就是诗人。在人的心灵中激发出诗情的是人对美好事物的情感。如果不培养这种情感，学生就会对大自然和语言的美无动于衷，他会觉得往水里投掷石子和向一只正在啼啭的夜莺投掷石子是毫无区别的。使孩子能感受诗的灵感的欢乐，在他的心灵中开拓诗歌创作的生气勃勃的源泉，这是与教他读书、解题同等重要的事。在一些孩子身上，这种源泉的水势较猛，在另一些孩子身上较弱。我发现在个别孩子身上，诗的灵感——并不是短时间激越的飞腾，不是火花的闪烁，而是一贯的精神需求。

诗歌创作要求有高水平的语言修养，而语言修养又表现一个人修养的本质。每个人都能进行诗歌创作。诗歌创作并不是禀赋特别聪慧的人的特权。诗歌创作能使一个人高尚起来。非常重要的一点是，务必使创作中这一最为细腻的领域成为每个孩子个人心灵深处的事。

早在三年级的时候，拉里莎、萨尼娅、谢廖扎、卡佳、瓦利娅、科利亚、塔尼娅、莉达就开始悄悄把自己私下写的诗念给我听了。我知道还有别的孩子也在写诗，但不好意思谈自己的这种喜好，即使这样也很好。

孩子们写诗，我看不出这有什么异乎寻常之处；这是正常的精神激奋、普通的创作火花，是充实的童年生活所不可缺少的。而恰恰由于孩子们的精神生活是如此丰富，如此朝气蓬勃，我才感到十分高兴。

诗的灵感使科利亚精神高尚起来这件事尤其使我感到高兴。我和他的友谊日益增强。学校果园中有一个角落，我爱在那儿独处慎思。天气晴和时，我在这儿休息，拉小提琴。在一次偶然的情况下，科利亚“发现”了我的这个角落。大概是他也想找一个僻静的地方。这孩子一见到我就发窘了，想走开，但我要他留下来。我拉着小提琴，我想通过音乐表达夏季傍晚的美所激起的欣喜心情。科利亚倾听着乐曲。接着，我竟如此入迷，以至于没有觉察这孩子怎么坐到了我的身边。我把小提琴递给他。科利亚试图重复我奏的乐曲，但是怎么也拉不好。他不拉了。我们默默地坐着，看着太阳下山，享受着傍晚的宁静。可能对周围美景的感受使我俩亲近了一步，科利亚信赖地把自己描写大自然的诗拿给我看。这首诗是这样的。

绿色的叶片衬托着蓝色的花朵，
蜜蜂儿在花上飞舞。
顷间夜莺飞进了花园，
在丁香丛中唱歌。
清晨花园里电闪雷鸣，
雨水洗净了花朵。
灰暗的乌云飘浮在花园上空，
而丁香依然蔚蓝如晴空。

那天傍晚，我和科利亚久久坐在果园里。这孩子开始经常来这里，而且每次都念一首短诗。下面是他的另一首短诗，这首诗牢牢地铭刻在我的记忆中，因此在他念给我听后又过了一年，我居然还能把它笔录下来。

火红的太阳下了山。
紫红的天空放虹彩，
明天必是一个刮风天。
成群的乌鸦惶恐地飞上天，
朝西飞，朝那漆黑的树林飞。
高高的杨树上，叶子在沙沙细语。
万籁俱寂。只听见远处什么地方，
大车轧轧行进在大路上。
紫红的天空暗下来，
热气蒙上了一层暗淡的灰。
明亮的星星在闪耀，
夜来了。

我打听到，科利亚从不把自己的诗笔录下来：他记在脑子里。诗在他的记忆和心灵中保存着。我的学生中很少有人面对着一张白纸坐在那儿思索诗句。诗的产生不是为了把它们笔录下来。孩子们不能不写诗，就像不能不画图一样。

舒拉也是在心灵亲近的时刻把自己的秘密信托给我的。冬季的一天，我们到树林里去滑雪。火红的太阳快要落山了。松树的树干在晚霞中好似用铁锻造的一般。我们站在林边，欣赏着大自然的美景。正是在这瞬间，舒拉朗诵了描写啄木鸟的短诗。

松树的皮层下有一千根弦，
啄木鸟停在松树的树顶上。

它用喙啄着上面的弦，
勉强听得见弦发出声响。
靠太阳越近——弦越细，
而靠近地面，弦已不像弦。
靠近地面钟声低鸣，
铜钟——就在红色的树皮下。
啄木鸟在跳跃，发现了弦，
它用喙啄，弦发出声响……
森林在歌唱，
可啄木鸟已在寻找另一根弦了。

瓦利娅在童年时代编过几十首诗。这个小姑娘有着颖悟、敏感的气质。我曾看到，瓦利娅陶醉在夏天傍晚的美景中，站在岸边，望着垂向水面的柳树，望着平静如镜映出蓝天的池面。后来，过了几天，这个小姑娘就给我朗诵了描绘这个夏天傍晚的短诗。

蓝色的天空、绿色的柳树、白色的小屋，
全都映在水中。
我站在蔚蓝的明镜前，
眼前一片辽阔无垠的世界。
那儿有火红的太阳、雪白的云朵，
那儿星星在闪烁，而远处大路的上空，
小鸟直冲霄汉——去向太阳道别。
这奇妙的世界响起它特有的音乐：
听，有人拨动粗大的琴弦，
蓝天在歌唱，
柳树在歌唱，小屋也在歌唱。

我只有在傍晚的池畔才听得见这样的音乐，
这时太阳燃起大火——远远地在海的那边，
这时白鸽匆匆赶去宿夜，
而蝙蝠却在树洞里搓着双爪。
这时一天来精疲力尽的风，
在夜幕降临的峡谷里躺下来憩息。

每年当秋天即将来临的时候，孩子总要同夏天告别。我们就到自己的橡树旁编诗——描写业已过去的夏天，描写大雁，描写暖洋洋的初秋日子。同夏天告别时，他们集体作诗，抒发对我们亲爱的祖国的深情。我曾试图把这首诗像所有其他诗那样译成俄语，但译完后的这首诗失去了唯有乌克兰语才表达得出的那种细腻的审美情感色彩。①

在这首诗里，含有情感上十分细腻、丰富的潜在语——热爱祖国大自然的深情，同夏天告别的忧伤，同秋天和百花进行新会面将带来快乐的预感。

主要值得注意和赞许的是孩子想象中形成的那些鲜明形象。我极力使诗的灵感已成为精神需求的那些孩子能阅读诗歌的优秀范例。我们成立了一个小小的诗歌作品图书部。它对诗歌创作尚未成为精神需求的那部分学生，对需要培养对诗歌语言的敏感性的那部分学生尤其有用。我要再一次提醒不要把儿童的诗歌创作看作是天才的征兆。诗歌创作是像绘画一样的规律性现象：其实所有的孩子都画画，每个学生都有画画的实践。然而只有在教师向孩子展示了周围的美景和语言美的情况下，诗歌创作才能成为孩子精神生活中的惯常现象。正如没有音乐不可能培养对音乐的热爱一样，没有作

① 略去这首用乌克兰文写的诗。——译者注

品也就不可能培养对诗歌创作的热爱。

一个喜爱普希金和海涅、舍甫琴科和列夏·乌克拉因卡的人，一个愿意优美地讲述周围美好事物的人，一个人对推敲字眼的需求视同对观察美好事物的需求，一个人认为人类美的概念首先表现为尊重人的尊严和确立人与人之间最公正的（共产主义的）关系，这样的人不可能成为粗暴无礼的和恬不知耻的人。

我们的“美丽角”

春天，在第一学年结束之前，我们开始建设“美丽角”。对此，孩子们已盼望很久了。它在我们的想象中应是一个幽静的所在，是在大自然的自然美上又补充了人类双手创造的人工美的地方。我们做了长远设想，设想我们这个角落每年都增添新的植物品种。我们将在这里休息和劳动，迎接春天和辞别夏天。

在校园和灌木丛之间，孩子们找到了一块小小的空地，它与杂草丛生的沟谷斜坡毗连。下雨的时候，这儿总会积下充足的水分。我们清除了空地的杂草，开始把它变成一块绿色的草坪。

“我们的角落将成为绿色的王国，”我对孩子们说。“沟谷的斜坡上将竖起一道蛇麻草的屏障，灌木丛中将有夜莺和黄鹂栖息。”

设想鼓舞了孩子们。我们付出了很多劳动才使空地变为绿草坪。要从草场移来一块块草皮，铺好后还要经常浇水。孩子们急不可待地盼着下雨，好让雨也来浇浇绿色的小草。我们在树林里找到了好几株蛇麻草的幼苗，把它们移植到了沟谷的斜坡上。我们运气真好，夏天不缺雨水，所有的植物长得都很好。在树林里挖了几十株铃兰花的根茎，栽种在草坪的一角。栽了三丛野蔷薇，我们要给它嫁接上玫瑰花，这儿应当变成花的王国。草坪四周栽种了榛子。孩子们希望我们也能有野花。我们找来了野菊花和其他野生植物。

从暖房里移植了好几丛菊花——让它们一直开到深秋。

瓦利娅种了向日葵。在草坪较远的那一端，孩子们播了一把荞麦种。尼娜和萨莎的父亲送给我们两棵矮种苹果树的树苗。维佳告诉我，他的外婆在栽培郁金香。我们移植了好几丛带着根茎的郁金香。夏季里有一天，孩子们在树林里看到了一棵巨大的开着花的椴树。树丛间，千万只蜜蜂在嗡嗡响，似乎整个树林都像竖琴似的发出响亮的音响。孩子们默默地站着，被大自然的美景所陶醉。他们起了在自己“美丽角”旁种几棵椴树的念头。秋天我们到树林里去挖了一些树苗，开辟了一条林荫道。“到椴树长起来的时候，”孩子们幻想着，“它们茂密的树冠就会连接起来，搭成一条绿荫如盖的走廊。”

每个班都开始建设自己的“美丽角”，力求建得与众不同。1955 年秋季，学校集体开始创建全校性的“美丽角”。在学校大楼旁边，我们开辟了一个玫瑰园。种上了几十株野蔷薇的枝苗，嫁接上品种不同的玫瑰。一年年过去，花园变得越来越美丽。春夏两季，这儿是花的海洋。大家都到这儿欣赏大自然和劳动——来创造美。

玫瑰园——现在是整个学校集体的宠儿。凡在公益劳动中取得最出色成绩的班就被授权做花园的主人。这一权利往往给了低年级班和中年级班的学生。允许他们每天剪下几十枝花。把玫瑰花送到各班，送给老师们、母亲们和村里优秀的劳动者。在收获节那一天，孩子们采摘一大束玫瑰花，献给社会主义劳动竞赛的优胜者。

为创造美而进行劳动，能使年幼的心灵高尚起来，能预防冷漠情绪。孩子们在创造大地上的美的过程中，自己也就变得更美好，更纯洁和更可爱。

在生活理想的源头

我曾试图设想我的每一个学生长大成人后将是怎样一个人。使我惴惴不安的是：孩子，你将成为怎样的公民，成为怎样的人？你将给社会带来什么？什么是你的欢乐？你将赞赏什么，憎恨什么，你将以什么为自己的幸福，将在世上留下怎样的痕迹？

作为一个教师、一个教育者，我曾力求把人类许多世纪以来所创造和取得的精神上的可贵品德——对祖国和自由的热爱、对人压迫人和人奴役人的现象的不妥协精神、为人们的幸福和自由这些崇高理想贡献自己的力量和生命的意愿，注入那些幼小的心灵中去。十分重要的是，关于祖国的豪言壮语和崇高理想在我们学生的意识中不要变成响亮的然而是空洞的辞藻，不要使它们由于一再重复而变得黯然失色、平淡无奇。让孩子们不要经常去空论崇高的理想，让这些理想存在于幼小心灵的热情激荡之中，存在于激奋的情感和行动之中，存在于爱和恨、忠诚和不妥协的精神之中。

尤其不能教孩子们去说他们还没有理解的词语。否则那些为人们视为神圣的东西会因此而变成毫无意义的空谈。

辛勤的园丁总是为刚刚在地面上挺立起来的幼树加紧培植树根，因为树根的强弱决定着树在今后几十年间的生命力。同样，教师也应该注意培养自己学生对祖国的无限热爱，对劳动人民、对共产主义伟大理想的忠诚。这些品质要从孩子开始看、开始认识、开始评价周围世界的时候就着手培养。

十分重要的是，要孩子们珍惜长辈们在为祖国的自由和独立、为劳动人民幸福而进行的艰苦卓绝的斗争中所创造、获得和争取到的一切。对孩子们来说，祖国这一概念是从一块面包和一片麦田、从林边的一块小空地和小池塘上面的蔚蓝天空、从母亲在孩子床前的歌声和故事开始的。在童年的黄金时代，当孩子们对语言、对形象、对他人的内心世界特别敏感的时候，要把年长一代引以为豪的一切送到孩子们的心坎上，把争得自由劳动的幸福所付出的代价讲给孩子们听。我曾力求做到不允许以满不在乎的态度去享受生活上的福利。孩子对周围世界和对自己的认识都不应该是片面的。在认识世界和自己的时候，孩子们应该逐渐认识到自己对长辈们所创造的物质和精神财富应负担的责任。

走访故乡往昔的“旅行”——我们这样称呼我们到田野、树林、河岸、邻村的游览和远足。我曾力求使孩子们看到，在人民精神生活中把过去和现在联结起来的那些东西。我对孩子们说：

“展现在你们面前的是一片肥沃的麦田，麦子正在成熟。就在这块土地上，靠近林边，在国内战争的年代里白卫军枪杀了一个红色游击队员。而在伟大卫国战争第一年的艰难的夏天，我们几名战士和一个连的法西斯匪徒进行过一场激烈的战斗。我们的英雄们在这里牺牲了。孩子们，看一看这广阔的田野。这些小土丘都是无名英雄的坟墓；大地永志他们的功勋。成千上万个土丘就是成千上万个无名英雄坟墓，大地珍藏着英雄们宝贵的鲜血，人民永远缅怀他们的业绩。如果不是他们为祖国献出自己的生命，你们就不可能享有祖国大地的美，法西斯匪徒就会把你们变成奴隶。”

要让年幼的孩子对家乡故土的遭遇作一番深思，让他去感受、体验一下为家乡的未来而惶恐不安的心情。让那发生在遥远过去的事件作为眼前事件的渊源展现在他的面前。

童年，那个被我们认为充满无忧无虑的欢乐、嬉戏和童话的年龄，是生活理想的源头。他们的公民精神的基础正是在这个时候奠定。我们的学生将成为怎样的公民，这要看在童年时代周围环境给孩子展现的是什么，是什么使他欣赏和神往，是什么使他愤懑并使他哭泣（不是因个人委屈而是因同情别人的遭遇而哭泣）。展现在孩子们面前的周围世界是充满矛盾的、纷繁复杂的，他们在这里所看到的有美也有丑、有幸福也有苦难。孩子把周围世界所发生的一切，把人们过去和现在生活中的一切都划分为善和恶。为了在童年就打下人道主义和正义感的基础，应该教会孩子正确识别善与恶。

我说这些话的意思是：孩子们了解到的周围世界的一切事物、一切现象、人们过去和现在的行为都应该在幼小的心灵里激起深刻的道德情感。能正确地分辨善和恶，这意味着孩子对他所认识的事物是十分关注的。善将引起他欢乐的激情、赞叹，引起他效法美德的愿望；恶则激起愤恨、不可调和性和为真理、正义而斗争的精神力量的高涨。孩子的心不应是真理的冷库。我竭力要防止的最大恶习就是冷漠、缺乏热情。儿时内心冷若冰霜，来日必成为凡夫俗子。童年的时候，就应该在每个人的心里燃起公民激情的火花，点燃起对邪恶和对纵容邪恶的毫不妥协精神的火花。

在孩子们的意识中，不难确立人压迫人是最大的恶这一真理。有时，孩子们会正确地回答老师关于什么是恶的问题。但是，如果孩子们未曾被人奴役人的鲜明景象震惊过，未曾体验过对造成这一恶果的人的仇恨，他就不会成为一个真正的公民，成为一个真正具有崇高理想的人。

人的冷漠是危险可憎的，而孩子们的冷漠则是可怕的。我极力使我的每一个学生在童年就深切地亲身体验为别人的命运而忧虑的高尚情感，即使那些人可能离他很遥远，生活在地球另一端的某个地方，或生活在一百年以前。这种情感是抵制冷漠情绪的有效手段，是医治冰霜之心这个苟且偷安心理的危险种子的良药。当代最大的祸害是帝国主义、殖民主义残余和战争贩子。这些都不是什么抽象的概念，而是一种实在的势力，这种势力是与我们时代的最高的正义——共产主义相对立的。

培养对帝国主义的仇恨是教育者的一项崇高任务。完成这项任务，要根据孩子的年龄逐步进行。

我给我的学生们读书，讲述一些生活中的真实事件，这些书籍和事件发出为人类的尊严而斗争的号召，鲜明地阐发着对人压迫人的现象不妥协的思想。孩子们多次听过波兰作家Г.先克维奇的激动人心的故事《乐师扬科》，第一次朗读就使孩子们非常激动。他们把杀害无力自卫的男孩子的地主叫作恶魔和吸血鬼。由于愤怒，孩子们握紧小拳头，眼里燃起仇恨的火焰。乐师扬科永远进入了我的学生们的精神生活。以后我们又将这个故事读了许多遍，有的孩子甚至一字不差地记住了这个故事。为什么孩子们一遍又一遍地要听关于乐师扬科的故事呢？我认为这是由于愤怒激起了精神力量的高涨。一旦孩子们感到自己是面对恶的不可调和的敌人，他就变得更加坚强，希望充分感受一下自己的全部道德力量，想再一次证明他为真理而斗争的决心。这种情感得到充分发展的心灵，对周围世界中的善和恶是很敏感的。

乌克兰的杰出作家阿尔希普·捷斯连科关于贫苦农民的子女凄苦童年和少年的故事，给孩子们留下了极其强烈的印象。当我读完一个讲述很有天才的农村姑娘，由于贫困以及有钱人和沙皇官吏们的凌辱而自尽的悲惨遭遇的故事时，孩子们的眼里充满了愤恨。

在三年级和四年级，我们两次读了比彻·斯托夫人的小说《汤姆叔叔的小屋》。孩子们为奴隶们的命运而深感不安。他们难以想象，人怎能像动物一样被买卖。然后，孩子们在想象中周游世界，他们了解到，即使如今地球上的个别角落也还保留着奴隶制度。孩子们由于想到自己无力给予那些在奴隶市场上被买卖的南非共和国的小朋友任何帮助，总是感到心里不平静。在孩子们的意识中，逐渐展现出当代的善与恶之间进行斗争的一幅鲜明的画面：在资本主义及其附属国内，千百万人不是在为自己劳动，而是在为地主和资本家卖命；那里的小朋友不知道什么是童年；那些为自己祖国的自由和独立而斗争的无数优秀儿女正在被枪杀，被绞死，被送去服苦役。

孩子们永远记住了希腊人民英雄尼科斯·别洛扬尼斯的悲惨命运。在法西斯分子占领希腊期间，别洛扬尼斯与侵略者进行了斗争；当他的祖国从希特勒法西斯分子手中解放出来以后，资产阶级法庭以叛国罪判处这位爱国者的死刑。尼科斯·别洛扬尼斯手拿着红石竹花迎接了死亡；就在同一天，他那同样被判处死刑的妻子生下了一个儿子。为这个生活在狱中的男孩命运而激动的孩子们问道，怎样帮助这个小别洛扬尼斯呢？崇高的感情唤起了积极的行动。孩子们给小别洛扬尼斯的母亲写了一封信，通过国际红十字会寄去，同时准备下一件礼物——绣在白绸子上的一朵红石竹花。以后，每年学生们都在小男孩生日那天，给英雄的妻子寄信，给孩子寄礼物——在白绸子上绣上玫瑰花、罂粟花、丁香花。这个初看起来似乎无足轻重的举动，在孩子们心中却留下了很深的痕迹，因为它是对罪恶行为的谴责，是与不公正行为的决战。

在引导孩子们进入社会生活这个世界时，我使他们确信，就是在人类历史最黑暗的时期，当恶势力压迫着千百万人的时候，总是有奋起反对非正义的人们。这些人的名字，他们的生活、功绩，对青年一代来说是光辉的指路明星。我努力使我的学生们敬佩那些为自己祖国的自由和独立、为摆脱剥削、为确立人的尊严而斗争并献出生命的人类优秀儿女，敬佩他们的坚定不移、勇敢顽强、英雄主义和忠于信念等品质。

我极力使人类过去创造和争取到的，并在社会主义社会得到发扬光大的道德价值，在今天成为每个孩子的精神财富，打动他们的心，激励他们为真理在全世界的胜利而积极行动。安东尼·格兰西说，真理永远是革命的。我竭力不用任何响亮的字眼去揭示道德真理的全部美的所在。人类道德价值的美，只有当它的革命意义以激动人心的显明范例体现出来的时候，才能成为孩子们的精神财富。“言传身教”这句拉丁谚语说得好。一生光明磊落，为人类的幸福建树功勋，这才是照亮孩子生活的光辉榜样。然而，即使范例也只有当它能生动体现人道的、进步的和革命的思想的时候，才会教导人如何生活。伟大的德国诗人歌德说，凡是离开了思想的人，最后剩下的将仅仅是一些感觉。

在童年时代我让孩子们了解一些人的光辉形象，这些人的名字已成为世代人的指路明星。当然，不可能把一切都讲给孩子听。不能使大量形象和情景如潮水般地涌向孩子，不能无休止地使他心绪激动。就让他暂时只懂得一点点，但要让这一点点能把道德价值的美展现在他面前。要让孩子们想一想是什么使他们激动，使他们感到震惊，形象地说，要让思想和情感的融合物在每个孩子的心里得以凝结。四年期间我给我的学生们讲了许多为人类崇高理想而奋斗的战士们的丰功伟绩，其中有：斯巴达克、康帕内拉、伊万·苏萨宁、斯捷潘·哈尔图林、索菲娅·佩罗夫斯卡娅、尼古拉·基巴利契奇、塔拉斯·舍甫琴科、托马斯·闵策尔、赫里斯托·博捷夫、亚努什·科尔恰克等。我还给他们讲述了伟大的列宁的生平和斗争，关于共产党员英雄伊万·巴布什金、谢尔盖·拉佐、卡莫、雅科夫·斯维尔德洛夫、费利克斯·捷尔任斯基、尤利乌斯·伏契克、恩斯特·台尔曼，关于伟大卫国战争的英雄尼古拉·加斯捷洛和亚历山大·马特洛索夫，关于探求科学真理的英勇斗士布鲁诺和伟大的人道主义学者米克卢霍-马克莱。

那些人的思想体现在生动的人道的激情、行动和功绩中，他们的光辉榜样，对孩子们的精神世界会产生很大的影响。无须对孩子们解释如何理解某一行动的实质，当思想和形象融为一体时，孩子是能够很好地理解思想的。对那些我曾给我的学生讲述过的英雄们来说，体现了道德美的实质的极重要的特点是：准备为别人的幸福献出自己的全部力量和生命。恰恰是这一特点使孩子们赞叹，使他们去思考他人的命运。那些在为人民服务中找到了自己的幸福的人们，将成为孩子们的道德楷模。

如不能使孩子读起写高尚品德的书来彻夜不忍释手、使他因欣喜而心情激动的话，就很难想象会有完满的教育。当一个人能做到如同在注视自己，在把自己同他想象中的品德美的典范相对比，即同信念坚定、英勇顽强、不畏艰险的典范相对比的时候，他内心就会产生道德理想。

为了将孩子们引向道德理想的源头，教育者在挑选故事时，应该经过深思熟虑。这里最主要的是要有能构成高尚思想的事实与事件。显示作为青年一代的楷模人物生活中，个人命运与人类命运的一致性是十分重要的。

在给孩子们讲述列宁的生平与斗争的时候，我详细地谈了列宁是如何为劳动人民的命运而操心的事实。伟大领袖所做的一切，都是为了人民的幸福。当孩子们听到，列宁怎样在国内战争和一切遭到破坏的艰苦岁月里关心那些孤儿的时候，他们完全被一种欣慰的激情所激动了。我竭力使列宁的人道主义作为巨大的道德财富深入到孩子们的心底，使孩子们从这一道德的美和真理的高度仿佛看清了自己和整个周围世界。

波兰人民的民族英雄亚努什·科尔恰克的故事，在男女孩子的心中留下了深刻的印象。使孩子们非常激动的是，这位英雄是同他所心爱的孩子们一起去死的。亚努什·科尔恰克本来可以保住自己的生命，但是，当成千上万无辜的孩子们惨遭法西斯刽子手杀害的时候，他认为这样做是耻辱。亚努什·科尔恰克在孩子们看来，成了真正人道主义的象征。

关于“民意党”的英雄——斯捷潘·哈尔图林、索菲娅·佩罗夫斯卡娅、尼克拉·基巴利契奇等人的故事，在孩子们心中激起了敬佩之至的热烈情感。当我读到共产党员英雄尤利乌斯·伏契克和卡莫（特尔-彼得罗相）的坚贞不屈、英勇顽强和信念坚定的品质时，孩子们体验到了作为一个人的自豪感。他们说："就是要做这样的人。这才是真正的英雄。"

我给孩子们讲了许多少年英雄的故事，讲了为苏维埃祖国的自由和独立的斗争中贡献出生命的瓦利亚·科季克、维佳·科罗布科夫、廖尼亚·戈利科夫、沃洛佳·杜比宁、瓦夏·希什科夫斯基等人的英勇事迹。同时，我极力将共产主义道德的一些最重要的特点——思想的坚定性、勇敢精神，对社会主义、和平、自由和民主的敌人的不妥协精神，逐渐展现在孩子们面前。养成像维护自尊心一样维护自己的信念的能力，是教育的重要任务之一；只有从小就开始形成善与恶的观念（这些观念是在鲜明的形象中体现出来）的情况下，才能实现这一任务。但是，只有观念是不够的，还要有个人在情感上的评价。必须把道德现象明确地划分成，什么对孩子是珍贵的，什么是他永远不能容忍的。对年幼的孩子进行道德教育，就是用美德激励他们，唤起他为别人带来快乐的意愿，珍重自己的人格，维护共产主义道德原则。

学龄初期的孩子们正处于道德理想的源头。我们教育者应该把高尚道德精神的美，展现在每个孩子的面前，应该确立坚定的共产主义信念，使一至四年级的学生都体验到自己是富有朝气和创造力的劳动人民这个永恒存在的一部分。

心里要有共产党

学校最重要的任务之一，是培养热爱我国共产党、忠于她的理想、准备为共产主义事业奋斗的感情。孩子们经常听到"共产党员"这个词。我极力使这个词与它的概念在孩子们的意识中，与那些为把我国人民从剥削者手中解放出来、为建设社会主义、为战胜法西斯主义、为对社会进行共产主义改造而奋斗的战士的最光辉、最高尚的形象融为一体。我认为教育工作的目标是使孩子们作为自己祖辈和父辈们的共产主义理想的继承人，能因革命前辈而自豪，使孩子们成为国家真正的主人，成为建设和捍卫共产主义的战士。

我认为要完成这个教育任务，首先就要进行关于共产党员的讲座。这一系列讲座，我们称之为“怀着火热的心的人们”。我讲过关于我国杰出的共产党员的事迹。共产党员是反对沙皇政府、进行社会主义革命的战士，他们光辉的一生和英勇的斗争，使孩子们确信共产党员的最大幸福是忠于人民，为人民的幸福而斗争。

从我们最初生活在“快乐学校”的日子里，到男女学生们拿到毕业证书，走向独立劳动的生活或继续升学，这期间我经常举行怀念列宁的报告会。起初讲的是关于弗拉基米尔·伊里奇青少年时代的一些典型的故事，随着时间的推移，关于列宁的讲座越来越多地与历史问题、共产党的意识形态问题以及我党为人民的美好未来而斗争的问题联系起来。孩子们坚信共产党员是人民的精华，是人民最优秀的儿女。

孩子们开始与共产党员会面了。共产党员们关于自己生活和斗争的故事，对孩子来说成了共产党历史的一部分。孩子们永远忘不了那些与老布尔什维克 B. M. 别斯科罗瓦伊内、A. M. 拉济维尔、H. K. 盖邱克见面的日子。我们的这些乡亲保卫过在摇篮中的苏维埃政权，为工农的胜利流过血，这些都给孩子们留下了极其深刻的印象。孩子们确信，共产党员是有坚定信念的人，他们同时又是平凡的劳动者，不顾年迈，要把自己的全部力量和智慧贡献给共产主义建设事业。孩子们知道 A. M. 拉济维尔是一位优秀的蔬菜栽培家，B. M. 别斯科罗瓦伊内有一双巧手，是一个非常有经验的机械师。他给孩子们讲述了建设村里集体农庄的经过，讲述了共产党员们学会开拖拉机以后，怎样把着方向盘在集体农庄的田地里开出第一条垄沟。

别斯科罗瓦伊内和孩子们进行了几次谈话，谈到了党为苏维埃人民的美好未来而进行的斗争。他讲了农庄党组织所关心的事情。孩子们了解到集体农庄的共产党员关心的是怎样提高收成，怎样使畜牧场为劳动人民生产更多的肉、牛奶和黄油。

特别有意义和激动人心的是那些讲伟大卫国战争的列宁思想报告会。孩子们会见了 C. A. 科夫帕克游击兵团的一员、苏联英雄 A. K. 钦巴尔，会见了从法西斯手中解放罗马尼亚和匈牙利的战斗的参加者，苏联英雄 H. C. 奥诺波依，以及我们的许多同村人——为从法西斯手中解放自己家乡而战的英雄。在孩子们的思想上越来越巩固地确立这样的信念：列宁的事业、列宁的真理生动地体现在共产党的事业和斗争中，体现在人民的劳动中。

活着就要天天关心人

生活证明：如果孩子们只是“享受”快乐，而不是经过劳动和精神上的努力取得快乐，他的心就可能会变得冷漠、无情，对一切都无动于衷。

为人们做好事这是陶冶孩子情操的巨大道德力量。苏维埃学校的教育任务之一，就是要使孩子们从内心深处感受到，他们周围还有许多需要给予帮助、关怀、爱护、诚恳相待和同情的人。最主要的是，要使孩子们的良心不允许他们对这些人视若无睹；要使孩子为人做好事不是出自显示自己，而是出自无私的动机。

孩子们的善良、为别人做好事的意愿，来自对那些内心痛苦和不幸的人的同情。人类最大的快乐从关心别人的精神世界、从善于体察他人的不幸中产生，没有这种感受，就不可能有道德美。还在

“快乐学校”的时候，我的学生们就已经向人类道德美的最高峰迈出了第一步：他们取得了有关人的科学的初步知识，学习了体察日常相处的人们的痛苦、忧愁、悲哀和恐惧。只有当一个人在整个童年时期就天天都关心别人时，这种能同别人共忧患的品德才能融入他成年时的精神面貌，变成他精神生活特点的不可分割的一部分。

我经常教导我的学生去同情他人，我极力使孩子们把自己放在需要同情、帮助和热忱关怀的人们的地位，并且体验他们的感情。别人的痛苦应该成为孩子自己的痛苦，应能触动他去考虑如何帮助那个需要帮助的人。个人之间的相互关系，人们之间的精神交流，对人道主义的培养起着特殊的作用。爱人类比帮助邻居容易。要了解人，必须了解人的具体个性。如果孩子们不能从朋友悲哀、恳求、痛苦的眼里看到他内心深处的苦闷，他的心就不可能被人的痛苦所触动。一个未能对人类生活的各个方面——幸福和痛苦都了解了的孩子，永远也不会成为关心别人和富有同情心的人。

我们班里发生过许多不幸的事，为此不必追溯得太远。正当集体发出愉快的笑声，充满朝气蓬勃的气氛时，个别孩子的眼睛却是忧愁的。瓦利娅进校三年以后，她父亲的健康状况急剧下降。小姑娘变得沉默寡言，经常陷入沉思。尼娜和舒拉的母亲在患重病，为了帮助父亲做家务，两个小姑娘只得经常留在家里。萨什科的奶奶病了。她几次被送进医院，在医院里有时住上一个星期，要不然就是一个月，对这个男孩子来说，这是一件很痛苦的事。奶奶生病期间，这个男孩由他姨母照管。他姨母是一个很好的人，很关心萨什科，但是与奶奶分离却给他带来了痛苦。有一次，在秋天一个寒冷的日子里，萨什科决定去看望奶奶。他一句话也没有对姨母讲就到医院去了。路上遭到雨淋，他因感冒病倒了。几天以后，他被送进了奶奶住的医院里。

沃洛佳的家里也发生了不幸。他母亲是个抹灰工。她每天乘公共汽车上班。在地上常结薄冰的早春季节里，有一天公共汽车和卡车相撞，沃洛佳的母亲受了重伤。医生说，她将变成一个终身残疾的人。就在这个时期，曾为沃洛佳走上正确的生活道路而做过许多工作的祖父重病去世了。

科利亚的家里也遭到了不幸，但这完全是另一种不幸。他的父亲因窝藏赃物而被捕，判刑两年，关进了监狱。家中的道德气氛变纯洁了，但所发生的一切不能不使孩子感到极大的震惊。

每天见到孩子们的时候，我都要端详他们的小脸。孩子们悲哀的眼睛，可能是在教育的复杂过程中一件比较难办的事情。如果孩子们心中有痛苦，那他只不过是人在教室而已。他就像一根绷紧的琴弦：不小心轻轻地碰一下，就会使他痛苦。每个孩子对痛苦的感受各有不同：有的，你安慰一下，他就感到心里好受一些；有的，温柔的话语却会给他带来新的痛苦。在这种情况下，教育的艺术首先就要靠人类的智慧了：要学会怜惜伤痛的心，不要给受教育者增添新的痛苦，不要触动他心灵的创伤。因痛苦而极度不安的学生当然不能像以前一样地学习；痛苦会在他思想里留下伤痕。对教师来说，最主要的是，首先要看到孩子的痛苦、悲哀和他所遭到的不幸。看到并且要体验到这种心情。教师如何对待孩子的痛苦，他理解和感受儿童心理的能力如何，这是教育艺术的基础。

不能叫正处于痛苦中的学生来回答问题，不能要求他专心学习和刻苦努力。不能去问他发生的事情，因为要孩子们讲出这些事是很痛苦的。如果孩子信任教师，如果教师是孩子的朋友，那么孩子就会把能够讲的事情讲出来。如果他默不作声，那就不要去触动他幼小心灵的痛处……教育中最困难的是教会人去体察感情。孩子越大，教师越难以触动他那（形象地说）人的心弦（这心弦的音响，往往会形成一种崇高的感情）。

为了使孩子们学会体察感情，学会看到他亲近的人的精神世界，教育者应善于珍惜孩子们的感情，首先要珍惜那种痛苦的感情。在成人和孩子之间道德情感的相互关系中，没有比成人为了消除孩子的痛苦而轻率地断言“孩子，你夸大了自己的不幸……”的做法更荒唐了。

首先应该懂得孩子们的内心活动。这是不可能通过什么特殊方法学到的。只有依赖于教育家高度的道德情感和修养才有可能做到。不管孩子痛苦的根源是什么，其中总有某种共同的东西，那就是在忧郁、悲哀的眼里令人惊讶地流露出不是孩子应有的沉思、冷漠、苦闷和孤独。正经受不幸的孩子，不会注意到同伴的娱乐和消遣；没有什么能诱使他摆脱痛苦的思想。对孩子的最细心和善意的帮助，就是既分担他的痛苦，又不去触及他内心的隐痛。粗暴的干预会引起怨恨，而劝其不要灰心、不要绝望、要克制自己这一类的话，如果缺乏真正的感情，就会使孩子觉得是不切实际的废话……

教孩子们体察感情，这首先意味把自己的道德情感修养传授给他们。没有对人的精神状态的深刻理解，就不可能具备道德情感修养。而这种理解只有当孩子在心里把自己置于经受痛苦和忧患的人的地位时才会产生。

当萨什科的祖母病倒的时候，他变得悲伤、沉默，而且总怀着戒心：有人对他一说点什么，他就哆嗦，好像触到了他的痛处。有一次，我看到他那双黑黑的大眼睛里充满了泪水。孩子们对我说：“萨什科哭了。”你如果以为孩子对自己的同伴或成年人会满怀同情，只是因为他是一个孩子，那是十分幼稚的想法。同情人是要教的，要像教他初学迈步时那样，十分用心地、经心而又谨慎地去教。同情心，这是认识的最细腻的领域之一，是用思考和心灵进行的认识。有经验的教师应该拥有培养同情心的强有力的手段——语言。

我趁萨什科一时不在班里的机会对孩子们说：“遇到人有伤心

事的时候，不能表示惊讶。萨什科十分忧伤，他只有唯一的一个亲人，就是祖母。他不记得自己的母亲。祖母现在突然病了。也许，她将被送进医院，那萨什科留下来跟谁呢？你们设身处地想一想，你们就会体验到，什么叫伤心事。你们还记得咱们在路上遇见的那位老爷爷吗？记得吗，他的眼睛显得有多悲伤？你们当时感觉到了：老爷爷有伤心事。为什么你们看不见同学眼里的忧伤呢？你们不是发现萨什科已经好几天都沉默不语、心事重重了吗？他人在教室里，但整个心思全在祖母床前。如果他待在家里几天不来，不要急着去问他，为什么没有到学校。一个人要讲出自己的不幸是很不容易的。平常，如果你们看到了有人有了痛苦和不幸，你们不要表现出好奇，而要帮助，不要去刺痛人家心中的创伤。如果你们已经知道咱们集体中有人遭到了不幸，你们要做到，不要因自己的任何一句话，任何一个行动给他加重痛苦。你们再想一想，可以怎样帮助萨什科和他的祖母。不过，这种帮助，不应该是为了显示自己，'瞧，我们多好，帮助自己的同学。'做好事给别人看，这非常不好。如果不是心在召唤你们要帮助朋友，那么不论你做出什么好事给别人看，都不会使你成为一个善良的人。”

萨什科回到了班里，我再也没有提到他，孩子们也领会到，为什么我马上转了话题。课间休息时，他们商量怎样帮助萨什科和他的祖母。孩子们给他送来了苹果和鱼，这一切都是出自最纯洁的心愿。萨什科的祖母被送进医院以后，他住在姨母家里，孩子们常去看望他。当孩子们知道萨什科遭了雨淋，生了病和祖母一起躺在医院里的时候，他们都十分难过。休息那天，我们都到医院去了。孩子们带了苹果和饼干。舒拉还拿了一大块巧克力，这是他父亲从外地给他带来的。我们用了半天时间，让所有的小朋友都能进病房去探望一下萨什科。

这件事使我既高兴又不安。须知这是这个集体热情突发的结果。有的孩子想给别人做好事，首先为了让人家看到自己这一崇高的举动。沃洛佳告诉我，他要把父亲不久前给他买的新冰鞋，作为自己的礼物给萨什科送到医院里去。

“父亲同意吗?”我问。

“当然，同意。”

“好吧，那么没有必要带到医院里去。萨什科现在又不能滑冰。等萨什科好了以后，你给他送到家里去吧。”

沃洛佳没有把冰鞋送给同学。精神的热情突发原是很微弱的……这件事使我思考如何培养善良、热忱和同情心。这是一些非常细腻、复杂的情感。怎样才能使孩子做好事时，不指望受到赞许、得到奖励，而是发自善良感情的需要？善良的感情是什么？它是怎样发生的？当然，集体精神突发的热情对培养同情心起着巨大的作用。但是，这种同情别人的感情，应深入到每个孩子的精神生活领域。

我力图使我所有的学生做好事（帮助同学或其他人）是出自内心的需要，并因此而感到极大的满足。教人做好事，就要这样去做，这想必是道德教育方面最困难的问题之一。那么，在实践中该怎么办呢？看来，最主要的是要发展孩子的内在力量，人有了这种力量，就不会不去做好事，也就是说，最主要的是要教孩子同情别人。但这又怎样去做呢？怎样才能使孩子在看到别人痛苦时，就能设身处地地感受那人的苦楚。怎样才能使鲜明的思想唤起鲜明的情感，使孩子自身与生活中遇到不幸的人融为一体，使孩子从正在经受痛苦的人身上，看到自己并感觉到自己呢?

我们经常召开的，用来探讨关于孩子精神生活和他们相互间关系的最困难、最复杂的问题的会议，逐渐变成了心理学方面的讨论会。不仅低年级的教师参加讨论，中年级和高年级的教师也参加了。成为我们关心对象的是人——儿童、少年和青年。在心理学问题讨论会上，我们作关于具体的孩子的精神世界的报告和报道；作了关于他的智力、道德、情感、体育和美育发展的源泉的报告和报道；作关于以前在学前时期和现在在校期间个人智慧、思维、意志、性格和信念形成的环境的报告和报道。低年级教师好似在用自己的报告给中年级和高年级教师对男女青少年施加教育影响做准备。集体教育的信念，越来越坚定了：为了使我们教育的对象，处于整个集体教育的影响之下，每个教师都必须深刻地了解每一个学生的个性，甚至其中的细枝末节。

要深入到个别孩子复杂的精神世界中去，我们感到两个小时甚至三个小时都不够。当我做完了关于科利亚的个性的报告以后，M. T. 瑟罗瓦特科、E. E. 科洛米琴科、Φ. A. 斯科奇科等老师对我的分析作了非常重要的详细补充：孩子在集体中所看到的一切，在他的情感中是怎样反映的，换句话说，他是怎样感受人与人之间的关系的，怎样体验自己与他人的相互关系的。我们得出一条非常有意思的、经集体肯定是一个关于做好事的内在精神动机的新结论，即孩子怎样约束自己为别人做好事。

孩子们给予蒙受痛苦的同伴的精神力量越多，他们的心就变得越会同情人。在二月一个寒冷的日子，那时孩子们在三年级学习，米沙、科利亚和拉里莎跑来找我，他们好像很不安。

“万尼亚的哥哥廖尼亚牺牲了，”卡佳说，“给他父亲打来了电报。他明天就要到哈萨克斯坦去。现在怎么办呢?”

孩子们的眼睛在祈求：请告诉我们，该怎样去帮助同学呢?

我当天就知道了这件悲惨事件的经过。18 岁的拖拉机手廖尼亚在往饲养场送干草。路上他遇上了暴风雪。本来年轻人可以停下拖拉机，到离路边不远的村里去避一避，但是他没有这样做，他指望大风雪过后，能及时地把干草送到饲养场。可是风雪越来越大，严寒突然降临，于是廖尼亚冻死在拖拉机的驾驶室里了……万尼亚好几天没有到学校来。孩子们都感到十分悲伤，听不见他们的叽叽喳喳的声音了。全都在问：怎样去帮助同学？有人提议到万尼亚家去。我劝他们不要去："这时候万尼亚、他的母亲、他的父亲，他的兄弟姐妹都十分难过。我们到他家里，他妈妈看见我们以后，会想起廖尼亚上学时的情景，她会更加伤心。我们过些时候，等他母亲的内心创伤稍好一些以后再去。当万尼亚到学校以后，不要去问他哥哥是怎样牺牲的。去想、去讲这件事是十分痛苦的。大家对万尼亚要关心、体贴，不要使他再遭到任何心灵的创伤。"

万尼亚的父亲从哈萨克斯坦回来以后告诉我，新垦区国营农场居民区的一条街道以他长子的名字命名。我把万尼亚父亲的话又讲给孩子们听。那些天，我们班正准备参加少先队。孩子们在考虑，以谁的名字来命名我们的中队和三个小队。于是，他们自己讲出了我预期他们会讲的话：让万尼亚所在的小队就用他哥哥的名字——牺牲在战斗岗位上的廖尼亚来命名吧。万尼亚把这个消息告诉了母亲。我又向孩子们建议：我们挑一本画册，每人在上面都画一点关于学校的情况。当然，孩子们都渴望着画一点与廖尼亚以及与他的学生时代有关的东西。高年级的学生把廖尼亚在三年级读书时种的苹果树指给我们看。在物理教室里我们找到了廖尼亚和他的同学一起做的起重机模型。廖尼亚喜欢鸟，学校里常常回忆他和他的少先队一起为鸽子做笼子的事。孩子们把这一切都画在画册里。我画上了廖尼亚的肖像。我们把这本画册献给了他的母亲。这对她是非常宝贵的。使她高兴的是，学校的集体没有忘记他的儿子。我们也为将要以廖尼亚的名字命名的小队，做了同样的一本画册。

十分重要的是，不要把善良的感情和所做的好事变成一种宣扬的"手段"。尽量少谈论做过的好事，不要为做好事给予任何夸奖——这应该成为我们的教育工作遵循的原则。最有害的是，孩子在思想上把人道的行为看成是自己的功劳，几乎认为是一种了不起的行为。这经常是学校的过错。一个学生拾到别人丢的十个戈比，交到班里，整个班集体一下子都知道了这件事。记得在一所邻近的学校里发生的一件有趣的事情。一个女孩子拾到五个戈比，交到了班里，老师大大夸奖了她一番……第二天课间休息时，三个女孩和一个男孩跑来找老师，原来他们几个都拾到了同学们丢的钱，有的捡到一个戈比，有的两个。孩子们都盼着得到夸奖；老师感到有问题，发起脾气来……孩子们就是这样学会了端出“桩桩好事”，如果不为此表扬他们，他们就不满意。

好心应该像思维一样，成为人们的正常现象。它应该成为一种习惯。我们的教育集体力图使好心的、诚挚的、热忱的行为给孩子们带来极大的满足。童年时代对别人精神上的深切关怀，是在教师语言的影响和集体情绪的感染下产生的。十分重要的是，要唤起所有孩子热诚关切他人的激情，愿为别人做好事。这种激情只有成为个人的行动的时候，才能使他的心变得高尚起来。

我的学生们没有忘记自己的老朋友——安德烈爷爷。冬季，老头住在离养蜂场的蜂房不远的一间小屋里。孩子们常常上他那儿去，给他带去苹果、图画。孩子们每句亲切的话语都让老爷爷感到十分高兴。孩子们体会到，孤独是痛苦的，所以他们尽力为老人做好事。

有一次，那是三月里一个暖和的日子，孩子们忙着要去看望安德烈爷爷：今天他们要帮他放蜂。这一天对孩子们来说简直成了节日。看着这些金翅膀的、报春的使者飞来飞去，孩子们真高兴极了。在到蜂房越冬处的路上，我们到一位老大娘家喝水。她请我们吃了自己家做的饼干并希望我们常来看她。

奥莉加·费奥多罗夫娜在战争的年代里经受了极大的不幸，她的两个儿子、丈夫和兄弟都在前线牺牲了，而女儿死于法西斯德国的煤矿上非人的劳动。我给孩子们讲述了这位妇女的悲惨命运，并且在孩子们心里激起了要与奥莉加奶奶友好相处的愿望。孩子们常去看望她。奥莉加·费奥多罗夫娜把自己儿子和丈夫的勋章和奖章拿给我们看。孩子们心中又产生了给奥莉加奶奶带来欢乐的愿望。种果树的季节一到，我们就在她家的院子里种上了五棵苹果树、五棵梨树、五棵樱桃树和五株葡萄秧，纪念她的两个儿子、女儿、丈夫和兄弟。为老奶奶自己我们也种了几棵树。奥莉加·费奥多罗夫娜感激的心情是难以用语言形容的。在炎热的夏天，我们经常去给果树浇水。夏天，孩子们在她家一待就是一整天。

奥莉加奶奶成了孩子们的朋友。每一个节日孩子们都是与她一起度过的。我们注意不错过樱桃、苹果、梨和葡萄成熟的时机。我们总是到奶奶的果园去，摘下第一批成熟的果实送到她身边。孩子们在七年级学习的时候，奶奶得了重病。学年结束后的一星期，她死了。这对孩子们来说，是一件痛苦的事情。事后不久，我们得知奥莉加·费奥多罗夫娜的遗言，要求在她死后把住房和果园交给孩子们。这个遗嘱使集体农庄的领导感到很为难：学生们成了住房和果园的主人，这算怎么回事呢？农庄的庄员们帮助搞清了这个不属于任何法律规范的问题。他们说：让孩子们在这块小小的庄园里做自己的好事吧。我们请安德烈爷爷搬到这里来，他高兴地搬来了，因为这里离养蜂场不远。瓦利娅和济娜在四年级读书时与几个十月儿童交上了朋友，她们俩还帮助他们入少先队。小孩子们在我们自己的果园里度过一天又一天。

在争取祖国的自由和独立的战斗中，失去了儿子的母亲，其痛苦是深沉的。让我们的学生们去感受、体验并分担这一痛苦吧！让成千上万的母亲，她们的儿子已经埋葬在从伏尔加河到易北河、从北冰洋到地中海的无名墓地中了，让他们成为学生们的朋友吧。如果一个孩子没有感受和体验到自己祖国的重大不幸——失去2 200万人生命的不幸，遭到骇人听闻的苦难、灾祸和破坏的不幸（这一切我国人民是不会忘记的，也不会宽恕法西斯分子的），就不能说他的心是高尚的。

孩子对母亲的痛苦体验和了解得越深，他的同情心就越大，他作为一个公民的信念就越坚定，孩子心中对祖国未来的责任感就越强。因此，在组织邀请那些在伟大的卫国战争中牺牲了儿子的母亲来参加少先队集会（一般请到学校里来）这类重要活动时，要做得特别慎重。对孩子们来说，这种活动不应像通常的教育活动那样一晃而过。与那些在个人的痛苦中体现着全民痛苦的人见面，应该在幼小的心灵里留下深刻的痕迹。

教育一个公民的过程，不仅是教育理论上，也是实践上的一个复杂问题。这里最重要的是，要使知识深入心灵，使它反映在个人的精神世界之中。对祖国的认识，对苏联人民神圣的和美好事物的认识，这不是那些记住之后在日常生活中去运用的一般知识。这是应该涉及学生个人生活的真理。只有从人的伟大认识祖国的伟大，这些真理对孩子才是神圣的。

“人民的缅怀——是一部巨著，那里面记载着一切。”① 不读这本书，不深刻理解和体会每句话、每个字的意义，进行公民教育是不可想象的。依我看，我们通常所说的学校和社会生活相联系，这首先就是要把我们最神圣的东西——对祖国的热爱和对它的敌人，即对给人民带来极大痛苦和灾难的奴役者的仇恨，从人民的心中传授到孩子们的思想和心里。每次接触“人民的缅怀”这部巨著，都是树人的一次最复杂、最重要的行动。

---

① Л. 列昂诺夫：《献给英雄的花环》，《传奇式人物》，莫斯科，1966 年，第 7 页。

充满崇高情感的劳动

劳动成为我们的学生精神生活的需要，给他们带来团结友爱的快乐，促进钻研精神和求知欲的发展，能在克服困难之后产生激动人心的欢乐，能在周围世界里不断发现新的美好事物，能唤起初步的公民义务感——人类生活必不可缺的物质财富的创造者的感情，在这样的情况下，劳动就成为一种巨大的教育力量。

劳动的乐趣是一种巨大的教育力量。每一个孩子都应当在童年时代深深体验这种高尚的情感。

那是学校生活的第一个秋天，高年级学生在园地里给我们划出了几十平方米土地。我们把地翻了一遍——农村的孩子对这种劳动是习惯的。我对孩子们说："我们在这儿种上冬小麦，把麦粒收上来，磨成粉。这将是我们第一次收获的粮食。"孩子们很清楚，粮食意味着什么，因此像他们的父母一样拼命地干活；同时，我们所搞的这项活动中又包含有某种浪漫主义因素，即游戏因素。

对收获第一批粮食的向往鼓舞着我们，帮助我们去克服困难。困难还不少：孩子们用小筐搬运肥料，把它与土掺和在一起。给一行行的小麦挖沟渠，一粒粒地挑选种子。播种那天变成了真正的节日。劳动鼓舞着每一个孩子。地种好了，可是谁也不愿意回家。大家想作一番遐想，我们坐在了一棵大树下。我讲起了金色麦粒的故事。我在思考故事，也在考虑如何使劳动在我的学生们的童年时代不仅能引起一种稚气的快乐，同时也能初次引起一种公民的快乐。使孩子们通过劳动，就像通过一条宽阔的道路，走进社会生活，认识别人也认识自己，第一次体验到作为一个公民的自豪感。我从未忘记过，劳动不应该是一件轻松的事情。通常称之为成熟的那个非常重要的过程，就是用孩子们在体力和精神上的努力程度来衡量的。劳动使孩子不断成长。应该确定难度，定得既使劳动带有孩子气，但同时又使孩子逐渐感到自己已经不是一个孩子了。多年的经验证明，只有当孩子的劳动包含有成年人生产效果的极重要因素，即获得物质成果，并把成果纳入集体成员的关系之中的情况下，才能达到这种教育目的。

在麦子出苗之前，孩子们都很焦虑：我们的麦田会很快变绿吗？而当麦苗出来以后，不管男孩子还是女孩子每天早晨都要跑去看一看：绿色的小麦苗长得快不快？到了冬天，我们给麦子盖上了一层雪，让麦苗能暖和些。春天，看到这些麦苗绿茵如毯，覆盖大地，看着小麦怎样长出茎叶，怎样抽穗，孩子们都非常高兴。他们把每一株麦穗的命运都紧紧挂在心上。

收割变成了比播种更加愉快的节日。孩子们穿着节日的盛装来到学校：每个学生都小心翼翼地把麦子割下来，捆成捆。脱粒是又一个劳动的节日。我们把麦子收集起来，装进口袋，做到颗粒归仓。安德烈爷爷把麦子磨了，给我们送来了雪白的面粉。我们请季娜的母亲给我们烤面包。孩子们给她帮忙：男生打水，女生抱柴火。很快四个又大又白的圆面包摆在了面前——这就是我们的劳动、我们的辛劳所得。一种自豪的情感激动着孩子们的心。

盼望已久的一天——新麦登场的大喜日子来到了。孩子们邀请了安德烈爷爷和全体家长来欢度这个节日。桌子上铺上了绣花白桌布，女孩子们摆好了香喷喷的面包块，安德烈爷爷摆上了盛着蜂蜜的盘子。家长们吃着面包，夸奖孩子们，感谢他们的劳动。

这一天永远留在孩子们的记忆里。在这大喜的日子里，我们没有讲关于劳动和人格的豪言壮语。节日使孩子们感到激动的最主要的是他们的自豪感：我们种出了粮食，我们给父母带来了欢乐。一个人以自己的劳动而自豪——这是道德纯洁高尚的重要源泉。

我们收获新麦的节日引起了其他班集体的注意。每个班的学生都想种出自己的粮食。孩子们使班主任不得安宁：为什么别人有自己的粮食节而我们没有?

这件事使全体教学人员产生了许多想法。大家都看到像翻地、施肥这样平常的活茬，也能像去林中游玩或阅读一本有趣的书一样，成为孩子们乐意去做的事。老师们谈到，看来那些没有什么能引起他们兴趣的“懒汉”，在这种劳动中也会变得判若两人，他们也愿意干活了。我们在考虑，“这是怎么回事呢?”最后，大家得出了一致的认识，问题主要在于情感，在于必须用崇高的目的去鼓舞他。热爱劳动——这首先属于孩子情感生活的范畴。只有当劳动能给孩子带来愉快的时候，他才会产生做事的意愿。劳动给孩子带来的愉快越多，他就越珍惜自己的荣誉，越清楚地在工作中认清自己所做出的努力、自己的名誉。劳动的快乐是一种巨大的教育力量。有了它，孩子们会把自己看成是集体的一员。这并不是说劳动变成了一种娱乐。它要求人们做出努力，要求有坚忍不拔的精神。但我们不能忘记，我们与之打交道的是孩子，是一些事物刚刚展现在他们面前的孩子。

孩子们决定每年都庆祝新粮收获节。入学第二年的秋天，他们又新开了一块地，种出冬小麦之后，又邀请家长们来做客，还请来了自己的小客人——学龄前的小朋友。甚至在我的学生们已成长为青年的时候，他们仍然怀着激动的心情，在学校的小块土地上收割小麦、脱粒、烤面包。这一切都带有浪漫主义的色彩、游戏的意味。劳动的欢乐是任何其他快乐所无法比拟的。这种快乐如果没有美的感受是不可思议的。不过这里的美，并不只在于孩子有所获，而首先在于他在创造。劳动的欢乐是生活的美；认识到这种美，孩子就会有自尊感和克服困难后的自豪感。

只有那些善于努力工作和知道什么是汗水、什么是疲劳的人，才能领略这种快乐。童年不应该总是沉浸在节日之中——如果没有孩子力所能及的紧张的劳动，他是不会懂得劳动的幸福的。劳动教育的最高要求，就是要在孩子们心中树立起劳动人民对待劳动的态度。劳动不仅是人们生活所必不可少的——没有它，人的生存是不可想象的；而且，劳动是多方面显示个人精神生活和精神财富的一个领域。人们纷繁多样的相互关系也在劳动中展现。如果孩子体验不到劳动的美，要培养他热爱劳动，那是不可能的。人们把劳动看作是个人自我表现和自我肯定的最重要的方式。常言道：人不劳动，即成行尸走肉。使每个学生的自尊感和自豪感建筑在劳动成果的基础上，这是一项重要的教育任务。

入学后的第一个春天，孩子们培植了一个“献给母亲的果园”，种了 31 棵苹果树和同样数目的葡萄秧。“孩子们，”我对我的学生们说，“这将是给我们的母亲们培植的果园。母亲——是我们最亲爱、最亲近的人。三年以后苹果树和葡萄藤将结出第一批果实。第一个苹果和第一串葡萄是我们献给母亲的礼物。我们将给她们带来快乐。你们不要忘记，你们的母亲非常辛苦，我们要用快乐报答她们付出的辛劳。”

要给长辈、给父母带来快乐的愿望鼓舞着我们在“献给母亲的果园”里的劳动。个别孩子还不懂得爱亲生的母亲，这一人类崇高情感的深刻意义。我竭力在每个孩子身上唤起这种感情。加利娅为继母栽了树，萨什科为祖母、维佳为姨母栽了树。没有一个人对劳动漠不关心。春天和夏天孩子们给树浇水、灭虫。苹果树和葡萄秧长出了绿叶。第三年，第一次开花了，初次结出了果实。每个人都想让自己树上的果实快些成熟。

托利亚、季娜和科利亚的苹果树上结出了水灵灵的苹果，葡萄藤上结出了一串串琥珀般的葡萄，他们非常快活。这对我来说是最大的幸福。孩子们摘下了成熟的水果，给母亲们送去。这是孩子们生活中难忘的日子。记得，当科利亚从树上摘下苹果准备给母亲送去的时候，他眼里闪现出何等喜悦的光芒。

学校生活的第二年，孩子们的劳动充满了崇高的精神。每个孩子都在父母的宅院里为母亲、父亲、祖父和祖母栽种了果树。“瞧，这是妈妈、爸爸、爷爷和奶奶的苹果树。”孩子们自豪地说。萨什科为怀念父母也栽了苹果树；加利娅和科斯佳也都栽了果树来缅怀母亲，他们也没有忘记自己的继母，也给她们每人各栽了一棵苹果树。

孩子们对任何工作都没有像照料这些果树那样精心和感人。个个都焦急地盼望着苹果树开花。从栽种苹果树到第一次结出果子，把它们摘下来，给母亲送去，这不仅仅是孩子们完成的劳动过程，而且是道德发展的阶梯。孩子们在攀登这些阶梯中体验着他们所做的工作的美。

人的生活中最神圣和最美好的是母亲。十分重要的是，要让孩子体验到能给母亲带来快乐的那种劳动的道德美。在我们的集体中逐渐形成并且确立了这样一个好传统：到秋天，当大地和劳动慷慨地赐礼物给人们的时节，我们就庆祝秋季的母亲节。这一天，每个学生都把自己整整向往了一夏天乃至几年的劳动创造物——苹果、鲜花、麦穗等，献给母亲。这些东西都是他们在小小的地块（每个孩子在父母宅院里都有自己心爱的一小块劳动的地方）上种出来的。“爱护自己的母亲吧。”这是我们让孩子们准备秋季的母亲节时，不断在他们的思想中树立的观念。孩子们在为给母亲带来快乐的劳动中倾注的精神力量越大，他们心中的人道主义就越多。

我们这里还兴起了一个春季母亲节。我们在树林里找到一块僻静的林中空地，孩子们把它叫作“草苗园”，因为夏天这里草苗很多。孩子们与这块神奇的地方打交道时体验到了最大的快乐。他们想与母亲们共享这一快乐。于是便产生了这样一种想法：把点缀了大地的第一朵花献给母亲。这样就产生了春季母亲节。孩子们这一天不仅给母亲们送去小铃铛似的娇嫩雪花莲，还送去温室里的鲜花。在欢度母亲节的时候，应该避免喧嚣叫嚷和各种“有组织的活动”。我们极力使为母亲而组织的庆祝活动成为家庭亲人之间的团聚、亲友之间的团聚。这里主要的不是响亮的词句，而是深厚的感情。

相传出自 18 世纪民间哲学家格里戈里·斯科沃罗达之口的一句乌克兰古代格言道：“热爱人类易，孝敬母亲难。”这句格言中蕴含着民间教育学的巨大智慧。如果心中没有确立起对亲近的和敬爱的人的依恋感情，要培养人道主义思想是不可能的。口头上表示对人们的爱，这还不是真正的爱。培养亲切、诚恳、富有同情心的真正的学校是家庭，对待母亲、父亲、祖父母和兄弟姐妹的态度，是对一个人人道主义的考验。

孩子们的劳动应该创造美，这是美育和德育统一的要求。入学后的第一个秋天，我们把野蔷薇的种子收集起来，把它种到了学校校园一个僻静的角落上划给我们的小畦里。我们把白色、红色、紫红色和黄色玫瑰嫁接到野蔷薇上。我们创办了自己的“玫瑰园”。开出第一茬花时，孩子们的喜悦心情是难以用语言来表达的。男孩和女孩都不敢碰花丛，怕损坏了它们。当我告诉他们如果摘剪花朵得法，玫瑰花就会盛开一夏天，孩子们感到非常高兴。每个人都想给母亲送去一朵花。使他们格外高兴的是，他们能够在秋天的母亲节把小小的一束玫瑰花和苹果一起送给妈妈。

在校学习的第一个春天，我们就种了许多花。必须经常去照料它们。特别费力的是浇水。这时高年级的同学修建了一座带有抽水机的不高的水塔。水一直被引到花坛里，减轻了孩子们的劳动。浇水便成了人人都愿意干的一项工作，甚至连年龄最小的丹科，现在花半小时就能给所有的花浇一次水。

栽培花卉已成为每个孩子的爱好。恐怕没有另外的劳动比照管玫瑰更能使人高尚，更能把美、创造与人道主义结合在一起。经过努力，我做到了使每个孩子都产生了在自己家里培植一个花圃的愿望。还在三年级和四年级的时候，我的学生们就已能欣赏宅旁园地里培植出的玫瑰花了。

生活使我确信，如果孩子培育玫瑰花是为了欣赏它的美，如果这种劳动的唯一报酬是美的享受，并且是为了别人的幸福和欢乐而创造这种美，那么，他们就不会为非作歹，不会厚颜无耻，不会冷漠无情。这是道德教育中极为复杂的问题之一。美本身并不包含任何能使人精神高尚的魔力。美只是在创造美的那种劳动因崇高的道德动机而人道化的时候，首先是充满对人的尊重的时候，才能起培养道德纯洁性和人性的作用。为人们创造美的那种劳动人道化的程度越深，人就越能自重，就越不能容忍对道德规范的背离。

美在道德教育中的作用，成了我们全体教师讨论的课题。我们把美作为影响学生精神世界，特别是情感的手段加以重视的同时，也曾担心对这种影响作用估计过高。在怎样的条件下，美才会起到教育作用？在心理学讨论会上我们给自己提出了这个问题。这个问题的答案是从全面分析教育过程的规律得出的。通过交流经验，分析教师对初期、中期、晚期学龄儿童的影响方式和方法，我们越来越认识到，没有也不可能有既能够保证教育的成功，又能弥补其他教育作用范围的缺陷和弱点的某种独特和万能的方法。

美学教育或许安排得很好，但是如果共产主义教育的其他因素和组成部分有严重弊病，那么，美育的影响就会减弱，甚至可能化为乌有。对孩子精神世界的每一种影响，只有当另一些同样重要的影响在同时起作用时，才会具有教育力量。在一定条件下，一个人有可能精心养花、赞赏花的美，而同时却在为人方面表现得厚颜无耻、冷漠、无情。一切都取决于我们这些教育者在施加我们寄予特定希望的那种影响之外，还对人的精神世界施加了哪些影响。

这些真理逐渐成为我们全体教师的信念。对各种具体生活遭遇的讨论，把我们引到教育作用的和谐这一问题上来。依我的见解，这是教育根本的、重要的规律之一。我并不认为，这个问题在我们学校教育工作实践中已经解决，但为了这个问题的解决和探索已经做了许多事。这个问题作为最重要的教育规律之一其实质在于：每一种作用于人的手段的教育效果，都要看另一些影响手段的深思熟虑程度、目标明确程度和有效程度如何而定。美，作为教育手段，它所起作用的大小，要看是否恰到好处地发挥劳动这一教育手段的作用，要看实施理智、感情教育时深思熟虑的程度如何。只有当长者榜样的力量起作用的时候，只有当另一些教育手段充满了道德的纯洁性和高尚精神的时候，教师的话才能发挥教育作用。

教育的各种影响因素之间存在着数十种、数百种、数千种依赖关系和制约关系。教育的效果，归根结底要看对这些依赖关系和制约关系考虑得如何，更确切地说，要看这些关系在实践中实现得如何。在我看来，那些对教育科学的令人生厌的指责——说它落后于生活，正是忽视了这样一种事实，即如果没有其他千百种影响，任何一种对人的影响将失去自己的作用；如果不使其他千百种规律得以实现，任何一种规律都将变成空话。教育科学没有去研究数十种和数百种影响人的那些相互依赖与相互制约的关系，在这方面它是落后的。教育科学只有当它去研究和解释那些最细微、最复杂的教育现象的相互依赖和相互制约关系的时候，才会成为精确的科学、真正的科学。

……出现了花节。花节有几个。春季的花节，是铃兰花、郁金香和丁香的节日。这一天我们去树林和入学后第一个秋天所开辟的丁香花的园地；每个学生都采集一小束花，同时力求有不同色调相间。我们来到林间的草地上，欣赏这些花束。我们把这些花束带给母亲和我们的朋友们——安德烈爷爷和奥莉加奶奶。我们邀请了学龄前的孩子来过节，也给他们采集了花束。

第二个节，是玫瑰节。我们在学校的“玫瑰园”和那些宅院地里采集玫瑰花束。到了第二学年，几乎所有孩子们的家里都有了玫瑰花丛。我们把最美的花束带给了安德烈爷爷和奥莉加奶奶。

第三个节，是野花节。这个节给孩子们带来的欢乐最大。我们总是早晨到田野里去，这个时候的花特别好看。采集一束束美丽的野花，这是真正的创造。我们把这些花束带到学校，休息时大家都向往着在我们这里也有野花开放。我们记住最美的花生长的地方，秋天就去收集种子，挖掘根茎，于是矢车菊、药母菊也在宅院里开放起来。

秋季的花节，或者叫菊花节，是和夏天惆怅告别的日子。为了尽可能晚些过这个节日，我们需要付出很多劳动……我们保护菊花，使它免受寒风和严寒的袭击，在夜里用纸罩把它盖起来。过完秋季花节之后，我们就把花草移入温室。

学校生活的第三年，孩子们首次庆祝了雪花节。树林里遍地还是积雪，但大地已经从冬眠中苏醒。原野上出现了第一批雪青色的和白色的风铃草。在这个日子里，孩子们把这小小的花束送给母亲们。

我曾尽力使孩子们能把劳动当作精神欢乐的源泉。让人不但是为了获得面包和衣着、为建造住宅而劳动，而且也为了使他的住宅旁边经常有鲜花开放而劳动。这些花朵不仅给他自己而且也给别人带来快乐，让人从童年就为欢乐而劳动。

在上学一年以后，我们的孩子们在父母的宅旁园地里就都有了小小的美丽角。几乎所有孩子的美丽角中，都有玫瑰在开放。除此而外，每一个孩子都各有自己心爱的花。瓦利娅、莉达、帕维尔、谢廖扎、卡佳、拉里莎、科斯佳爱上了菊花。萨尼娅、济娜、柳芭、柳达、萨什科培植的是石竹花和郁金香。万尼亚、维佳和彼得里克则栽下了一些丁香树丛。我教给孩子们应该怎样照管花草，怎样培植幼苗和选择植物生长的最好的地点。

对花卉的爱好成了科利亚和他的母亲之间冲突的原因。小男孩喜欢在暖房里工作。我给了他三株菊花并且告诉他怎样栽种它们。这时，我们又给孩子们分了好品种的番茄苗。科利亚把十来株蕃茄苗连同菊花一起带到家里。母亲栽了番茄，而科利亚栽了菊花。两个星期之后，母亲看到菊花秧（它们已经很好地扎下了根），便把它拔出来扔掉了。小男孩在栅栏旁找到了被扔掉的花秧，大哭了起来，并跑去找母亲。这位妈妈笑着说："这算得了什么？这是一些花。我们要它干吗？没有花，我们照样活着，而且还将生活下去。"科利亚默默地拿起这些花秧，再把它们栽到草棚后的角落里。

过了一些时候，小男孩给母亲拿来了几朵浅蓝色的花并说："妈妈，看，这些花有多美。"小男孩的这些话里包含着复杂的感情。他可能是想说："妈妈，我想让我们家里的生活能够像这些花一样的美好。"

孩子们以极大的热情在"鸟医院"里进行活动。

每当风暴和雷雨过后，我们到树林去经常能找到由鸟巢中掉下来的小鸟，在"鸟医院"里，孩子们久久不能安静下来……而到冬天，遇到凛冽的严寒时，孩子们在"医院"的窗外放上盛满南瓜子的饲料槽。很多的小山雀飞到有饲料槽的地方。当饲料不足的时候，小鸟叽叽喳喳地发出乞求的叫声。孩子们在桌上撒些谷粒，小山雀飞进屋里啄食。鸟儿逐渐跟孩子们混熟了，躲在屋里的时间越来越长，在寒冬的夜晚甚至不飞出去。小鸟愉快地欢叫，落在孩子们的肩上、手上、头上。在晴朗的日子里，鸟飞来吃食后就立即飞走。孩子们不愿同这些长着羽毛的朋友们分离。鸟儿似乎察觉到这一点。孩子们在它们叽叽喳喳的叫声中好像听出了一种歉意，好像在说："对不起，我们不能久留。"

科利亚、尤拉、萨什科、科斯佳、帕维尔在“鸟医院”里一待就是好几个小时。我建议孩子们在自己家里设置小饲料槽。在窗户的通风口外出现了撒着南瓜子的板架，而帕维尔则做了一个小房子。

初看起来，所有这一切好像都是无关紧要的，同教育没有什么关系。然而，实际上对活的、有生命的东西的爱护也就是在培养关切、热忱、同情心。

前面已经讲过的那个从三年级开始的云雀节，变成了劳动和艺术创造的独特的节日。女孩子们烤制用面团做的小云雀。每个女孩都力图在她那质朴的作品中表现出鸟儿展翅高飞的形态。这是一种独特的艺术作品。小女孩们相互展示自己的云雀，在这些云雀中她们不仅能看出动态，而且也能听出歌声来。“你的云雀不出声，可是我的在唱歌哩。”在这些日子里，常常可以听到她们这么说。

当孩子们长大成人的时候，他们将到田间作业队和畜牧场工作，将成为耕作人员、挤奶员、农艺师和园艺师。要使孩子们在童年的早期就感受到田地里、饲养场里的那些普通劳动的美。非常重要的是要使这些平凡的农业劳动能给孩子们带来欢乐。但如果没有游戏，没有从劳动中和集体相互关系的美中，即团结友爱的互助精神中激发出来的高涨的集体情绪，那是不可能做到的。我的学生们对大家的事总是非常关心并考虑它们的结果。班级一直是一个劳动集体。

初春时节，我们到畜牧场塔尼亚的父亲那里去。我们被安排在厩棚一个温暖的角落里，又放了四只小羊羔到这里来（塔尼亚的父亲选了几只最弱小的羊羔）。我对孩子们讲：“孩子们，我们来照料这些身体暖和和毛茸茸的小生命，每天我们都要到它们这儿来，用温水泡好的干草液和奶喂它们，直到小羊羔健壮起来。”

我们经常听到这样的说法：有那么一些“懒汉”，什么都不能引起他们的兴趣，他们成了铁石心肠的人，什么都打动不了他们。这不对。举例说您用到畜牧场去照料小羊羔这种劳动去激励小孩子（而不是少年，到十一二岁这样做已经晚了），并和孩子们一起工作一两个月，您就会看到，即使在最冷漠的心中，冰块也会消融。孩子被劳动的美振奋起来的集体精神是爱好劳动的巨大源泉。在我们的班级里没有一个冷漠无情的人，没有一个懒汉，而这是因为孩子们受到了平凡劳动的激励。

我们找到最好的干草，把它碾碎，煮成“喂羊羔的汤”。我们用牛奶喂这些羊羔。当小羊羔开始能吃青草时，孩子们从温室给它们拿来了大麦和燕麦苗。而当草儿一发青，小羊羔这里就出现一捆一捆鲜嫩的饲料。塔尼亚的父亲在厩棚旁边做了一个围栏，我们整天把小羊羔放在那里。这是我们的牧羊场。

在学校生活的第三年，出现了新的、更为重要的操心事——男孩和女孩们想要照管小牛犊，于是又给我们指定了一个角落，这个角落在奶牛场。男孩子们整个冬天都在温室里育青——培育大麦和燕麦。夏天为牛犊晾干草，许多男孩和女孩几乎每天都到畜牧场去。

当春天到来，羊和羊羔被带到野外牧场去的时候，孩子们发起愁来。他们想，哪怕在野地里，在大自然中过上一天呢。我们星期天到野外去了。放了羊和羊羔，收集了放牧人员割下的干草。第一批青草，这是小羊羔的最有益的饲料。夏天，学业结束后，孩子们几乎每天都到野外牧场去。生活说明，如果一个人在童年没有受到日常劳动的美的激励，他是永远也不会喜欢普通的农业劳动的。

孩子们在学校试验园地里的劳动也点燃了劳动热情之火。还在一年级时，我们就分到了十分之一公顷的地，孩子们便和高年级同学一起盖了一座小房子——砖墙、瓦顶、木制地板、小炉灶、自来水、电灯——一切都和真正的房子一样，但都不大。“小绿屋”（孩子们这样称呼这一建筑物）成了又一个舒适的角落。孩子们在那里读关于大自然的书，听关于大自然的故事。过后，当孩子们已经在三年级学习时，我们在这间小屋里做种子试验。

修建小屋子，既是玩又是劳动。小屋子盖好以后，孩子们对自己用双手创造的东西非常爱惜。他们很清楚，小屋子是他们劳动的成果。任何讲解都不能代替这种生活的经验。

为使学生们珍惜社会劳动，他们必须获得初步的社会创造的经验，哪怕一开始这些经验是无关紧要的。只有当人们珍视社会财富的时候，物质财富的本质才能为人们所认识。应该在童年就具备这种品质。教师们经常谈论有些少年浪费公共财物的事，为什么他们（少年们）会这样麻木不仁？如果您想使一个人在少年和青年早期就成为一个懂得节俭、严守纪律的人，使他关心公共利益不是为了做样子，而是出自对公物的关切，那就让某一公有物成为他童年时代最珍贵的、与他个人的欢乐与幸福不可分的东西。

靠近“小绿屋”有一块地，我们在这块地上种小麦、大麦、黍子、荞麦、玉米和向日葵。在屋子里选种，存放收获的粮食，准备肥料。孩子们的劳动为认识的豪情所鼓舞。他们边想边工作，边工作边思考。大自然的奥妙和规律展示在他们面前。我尽力使我的学生在儿童时代就能根据亲身经验认识到，知识会帮助人利用大自然的力量，知识只有在劳动中才能得到。我讲过一颗麦粒的故事，讲过劳动怎样掌握这颗麦粒的命运。孩子们面前展现了土地生机的奇妙世界。我们给那块地施了有机肥，土壤变得肥沃了。孩子们每人种了一百粒麦子，并以极大的兴趣观察它们的生长。“喂饱”土壤，好让麦穗长出沉甸甸的大麦粒来，这一向往鼓舞着孩子们。每人都想尽量用营养丰富的稀肥施加给自己的庄稼。这是真正的创造，它鼓舞着孩子们，激发他们去完成一些最简单的劳动程序。孩子们小心翼翼地割下麦穗，每人取出一颗颗麦粒称一称，谁的收获量大，谁就感到无比自豪和愉快，其他孩子也想着要更好地干活。

我高兴地确信舒拉、米沙、帕夫洛、萨什科、尤拉、拉里莎、季娜、万尼亚、尼娜、瓦利娅、济娜、科利亚已经爱上了庄稼，感受到了土地的生命力。他们在三、四年级种出的麦粒比平时一般地里长出来的要大一倍。

在“小绿屋”和暖房的肥沃泥土里，我们种植了黄瓜和西红柿。在冬天孩子们就准备好了用腐殖质和黑土混合的肥料，春天把肥料送到地段里，到秋天就获得了土豆和西红柿的丰收。

另有一些孩子则在“绿色实验室”里劳动，这个“绿色实验室”是为学龄中期儿童建造的。在这里，我的学生是在年长一些的同学的带领下进行园艺和植物栽培方面的有趣实验的。在这里我告诉孩子们，怎样把培养好的各种果树枝嫁接到野生树苗上。到二年级所有的孩子都学会了这种精细的工作，他们感到了知识支配自然的能力、理论和实践的统一。为了看到嫁接的结果，孩子们都焦急地等待春天的到来。当嫁接的树枝长出嫩叶的时候，孩子们感到无比快乐。我们决定建立一个集体苗圃，每年培养树苗。苗圃也成了进行心爱劳动的一块地角，特别是万尼亚、柳夏、科利亚、沃洛佳、柳芭、济娜、费佳、卡佳、瓦利娅、拉里莎、谢廖扎、季娜、加利亚这些孩子喜欢在这儿干活。到夏天，在三年级结业以后，我们在野生的灌木丛中找了一株野生李子做砧木，我们每个人都在上面嫁接了培育果树的芽，有人接了李子，有人接了杏子，有人接了桃子。所有的接枝都成活了。孩子们惊异地注视着各种不同品种果树的幼芽怎样在同一树冠上生长。两年后结出了果实。

已经提到过，自然界是思维的最丰富的源泉，是创造性的、探索性的智能最丰富的源泉。孩子会通过认识自然规律而成为人，因为他会逐渐认清自己是自然界发展的漫长阶梯上的最高一阶。但是，自然不可能自发地创造奇迹——它不可能自发地发展儿童的自然能力、培养他的理智、丰富他的思维。不经过积极的努力，不经过劳动就不能发现和认识自然的奥秘。只有当人为了利用大自然的力量而有意识地迈出第一步的时候，大自然才会给人以报酬，起初是微薄的，尔后随着人在认识中，以及同时进行的创造中付出的更多努力而越来越丰厚。儿童劳动得越多，大自然奥秘在儿童的意识面前暴露得也就越多，他们碰到新东西、不懂的东西也就越多。而不懂的东西越多，思想就越活跃；困惑不解——这是最牢靠的思维“引火线”。从麦种播到松软的泥土里到收获庄稼孩子们产生了二百多个“怎么样”和“为什么”的问题。很难找到作用于自然界的另一个领域能像土地上的劳动（如种树、种粮食和经济作物等）那样启发思维和促使思考。

我尽力使孩子们的劳动多样化，以利于发现他们的天资和爱好。在教学实习工厂的旁边，我们为幼年孩子装备了一个工作间，里面摆了工作台，安装了台钳。我的夙愿终于实现了——高年级学生为小同学制作了两台小旋床和一台小钻床。在柜子里和板架上有小刨子、锯子，在钳工工具箱里有一套金属加工的工具，还有金属板和铁丝，这些都是设计和制作模型所需要的。工作间的劳动引起了男女孩子们的兴趣，渐渐组成了一个少年工匠小组。谢廖扎、斯拉瓦、尤拉、托利亚、加利娅、米沙、维佳、柳达、塔尼亚、萨尼娅、万尼亚、帕维尔等对设计、制作模型和用细工具锯东西表现出特别大的兴趣。

大家总是饭后到工作间聚会，我们同时制作好几件有趣的模型——风力发电站模型、脱粒机模型、扬谷机模型以及像真房子一样的小房子、书桌和放置钳工小工具的箱子等。孩子们制作木质的和金属的零件，进行集体劳动。模型越小越精细就越难以把它做得和真的，也就是如孩子们所说的和“大人的”一样，而他们干得也就越起劲。

我提出吸引孩子们参加这种劳动的主要目的，是开发他们的天赋和喜好，使他们感受创造的快乐以及培养他们将来所必需的技能和技巧。我尽力以实际操作吸引孩子们，具体地给他们看怎样加工木料和金属，怎样使用工具。施教者的技艺是点燃爱好之火和唤起灵感的火花。我们在工作间的活动是从我当着孩子们的面用木料给娃娃做玩具床开始的。小床做得越来越像真床时，孩子们的眼睛就越炯炯有神，小家伙们都希望能参加进来一块干。其中有很多人当时就帮起忙来，拿起小床的部件又刮又磨。待我们着手制作风力发电站模型时，我已经不只有了可靠的助手，而且有了真正的劳动伙伴。尤拉、维佳和米沙很快就学会了使用各种工具。所有孩子都想参加劳动，因此，我们就开始同时制作好几件模型了。

这里要插一小段话。儿童的能力和才干来自他们的指尖。形象地说正是来自手指的那些细小溪流在补充创造性思维的源泉。孩子两手动作的把握性和创造性越大，手和劳动工具配合得越精细，这种配合所需要的动作越复杂，孩子智力的创造精神就越鲜明，这种配合所要求的那些动作也就更准确、更细致、更复杂；手与大自然和社会劳动的相互作用越深入孩子的精神生活，孩子的活动就越富有观察力、钻研精神、洞察力、专注精神和研究能力。

换句话说，孩子的手越巧，就越聪明。但技巧不是靠什么灵感得来的。它取决于孩子的脑力和体力。智能随着技巧的完善程度而增强，而技巧则又得益于智能。我总是竭力把认识周围世界的活动变成孩子们的双手同周围环境之间积极相互作用的活动。用眼睛去观察，而且用双手去探索，不只用问题而且用劳动来表现和发展自己的好学精神。

从“快乐学校”开学最初那些日子起，我的学生就收集植物标本，收集种子和各种树木的标本。他们不仅在观察过程中，同时也借助于使用简单工具（如小锤子、刀子、剪刀、凿子）的双手同各种材料的交互作用来熟悉物质的属性。在一、二年级孩子们学习怎样用小刀干活。孩子们把各种木头（柳木、白桦、杨木、橡木、松木、梨木、樱桃木）削成薄片，把它们打光，贴在纸上或是钉在纸上，比较它们的硬度和其他特征。他们用白蜡树树干上的木瘤（这是很容易加工的东西）做成字母、野兽和鸟类的形状。所有的男女孩子都刻了“木头字母表”——孩子们是这样称白蜡树瘤字母的。离我们村不远的地方有一个岩洞。我们经常到那里去收集各种岩石标本。孩子们兴致很浓地用小锤子凿云母片，收集不同颜色的石块，用黏土制成玩具砖块，在太阳下晒干，然后盖小房子。夏天，当收获季节到来时，我们从黑麦和小麦秸上切下均匀的麦秆，用它们编成草帽辫，再缝成草帽。

所有这些不只是进行技术创造的准备。我在发展技能的同时也在发展智能。当我们制作风力发电站模型时，孩子们建议用木制螺旋桨叶片代替金属薄板。谢廖扎说：“不是有又结实又轻的木料吗，用这种木料做叶片稍有点风就能转……”

小学四年期间，孩子们做了三十多件能动的模型，按构造的复杂程度同那种能带动一个小发电机的风力发电站的模型不相上下。孩子们的个人爱好也一年比一年更明显了。舒拉、维佳、米沙、谢廖扎、尤拉爱上了金属和机器。他们能一连几小时在虎钳案子旁干活，忘记了时间。有时叫他们回家都要费很大的劲。当我看着男孩子们在虎钳台案和小旋床上做活（他们在旋床上旋、磨一些木质的和软金属的零件），使我回忆起孩子们在“快乐学校”和一年级时学习刻本质字母的情景。如果把这种孩提时代的爱好看成是他们未来的专业或职业的某种预兆的话，那就太幼稚了。生活经验证明，技艺要经历复杂的变换。很少有人能成为他在童年时代所要成为的那样的人。

体力劳动与智力培养紧密相连。手的技艺是头脑的好钻研、聪颖、创造精神的物质体现。使每个孩子在童年就能用自己的双手实现自己的意图，是非常重要的。

在四年级，孩子们就为自己做工具——小刨子、粗刨。但男孩子们也没忘记最简单的工具，他们用小刀雕刻野兽和家畜木偶，为木偶戏和皮影戏雕刻童话人物老妖婆和常生不老的卡谢伊，谢廖扎和米沙为教室和“故事室”做了两个鱼缸。

还有一件有趣的工作给孩子们带来了巨大的快乐，我们建立了一个以小内燃机为动力的小发电站。发电站发的是低压电流，对儿童没有危险。

在三年级和四年级，孩子们每周有两小时从事喜爱的劳动。有的孩子到“小绿屋”，有的到工作间，有的到暖房，有的去试验田或花园劳动。爱好畜牧场劳动的就去照看小羊羔和小牛犊。每个学生在这个时间都按个人的爱好去活动。我则今天和孩子们到这个心爱的劳动场所去，明天就到另一个场所去。每一群孩子当中都有几个表现出对某种活动有嗜好的人。他们成了这些小劳动集体的组织者，以自己的榜样吸引其他同学。在工作间那部分人中带头的是尤拉。小植物栽培家中为首的是万尼亚，小园艺家中是瓦里娅，畜牧家中则是萨莎。使我非常高兴的是，这些孩子比他们同年龄的同学会的和知道的要显著地多一些。其他孩子都想赶上他们，劳动活动带有创造能力的竞赛性质。

劳动，作为体力和智力的有趣游戏，作为确立自尊心的活动而进入我的学生的精神生活。非常重要的是，应该使每个人在童年期间就在自己喜爱的劳动中获得显著的成绩，具体地看到自己创造力的体现，掌握所喜爱的劳动的技艺，当然，这是在孩子们能达到的程度上去掌握。孩子在学龄期就应学会很好地做某一种事的技艺。从做某种心爱的事取得的成功中所感受到的自豪感，是自我意识的最初源泉，是在儿童心灵里点燃创造灵感之火的第一朵火花；而没有灵感、没有快乐的激情和力量充实之感，就不会有人，不会有在生活中将占有应有地位的坚强信心。我力求做到学校里每一个孩子都能在劳动中显示出自己的个性来。

当我回忆我每个学生的童年时，我就看到为自己的劳动成就而闪烁着自豪神情的快乐的眼睛。看，那是抱着小无线电收音机的谢廖扎，那是他在四年级时做的。三个月的埋头苦干换来了巨大的快乐。站在繁花满枝的桃树旁边的是费佳，是他把桃树的幼芽嫁接在野生李子树上的，而且盼到了开花结果的时刻。瓦利娅留在我的记忆中的是在她从畜牧场的小屋里抱出一只小羊羔时的那个欢喜情景。小姑娘照看好了那只又瘦又弱的小羊羔。季娜对着灿烂的太阳和蔚蓝的天空快活地微笑，她在欣赏那紫红色的玫瑰花，是她把三棵玫瑰幼芽嫁接在野蔷薇上，现在长出了异常美丽的一丛玫瑰。当提到萨什科的名字时，出现在我面前的便是一个黑眼睛的小男孩，抱着一小捆麦子；秤过他在三平方米土地上种出的麦粒之后，我们确信，这么大的颗粒一公顷能产8 000公斤粮食……离学校水井不远长着一棵枝叶繁茂的苹果树。每年，当苹果树开花我欣赏那粉红色花朵独特色调的时候，我就仿佛觉得马上就有一个扎着浅色发辫的小姑娘跑到苹果树这里来微笑着说："这是我的苹果树。"当这棵树第一次开花的时候，卡佳曾这样说。回想中的科斯佳是忧郁的，他紧紧搂住小牛犊，而牛犊却毫无反应——牛犊病了。

浮现在我回忆中的孩子们就是这样的，我认为他们都喜爱劳动。但我绝不认为，对劳动的这种喜爱会在某种程度上决定每个孩子今后的生活道路。如果一个学生喜爱生物界，如果果园或田间的劳动能给他带来快乐，这并不意味着他一定会成为一个园艺家或农学家。素质、才能和爱好犹如一丛盛开的玫瑰：一些花凋谢了，另一些含苞待放。每一个孩子总是有好几种爱好，否则就无法想象儿童会有丰富的精神生活。不过，每一个学生总会在某一方面表现得最明显。孩子在某项劳动中取得显著成果之前，那他就不会作为一个有个性的人留在我的记忆中，而一旦劳动开始引起极大的个人乐趣时，一个人的个性就会显现出来。

臻于完善的那种劳动，可以使人确立自己的个性，它是蕴含无限威力的教育源泉。当一个人感到自己是创造者的时候，他就要竭力想变得比现在更好。人在童年，在即将成为少年之前，就意识到自己的创造力和才能，这意义是非常重大的。这个自我意识，也就是个性形成的实质所在。

这里还要就前面已经谈到过的有关各方面教育影响协调一致的问题作一点说明。劳动作为教育人的有目的的活动，是与其他诸方面的教育作用紧密相连和相互制约的，如果这些相互联系与制约的关系不能实现，劳动就会变成令人生厌的义务，不论对智慧还是对心灵都不会有何裨益。我们的心理学讨论会（会上讨论的内容在个性培养问题方面逐年得到充实），对劳动与其他方面教育影响的协调问题给予了很大的重视。关于手在智育培养中的作用的报告的讨论，引起了特别大的兴趣。劳动与其他教育方面的影响的相互作用与相互制约的问题，我们的集体至今也还在继续研究。

少年列宁主义者，你们是祖国未来的主人

在我的学生上一年级的时候我就有了第一个助手——12 岁的少先队员、四年级女生奥莉娅。她请求少先队大队委员会，把培养“十月儿童”入少先队的任务交给她。奥莉娅热爱小朋友——这是主要的。（我们学校里不指定十月儿童小组和少先队中队的辅导员；谁有这个愿望，谁爱孩子，谁就去做孩子们的工作。）奥莉娅帮助我做许多事情：同孩子们游戏，带他们到树林和田野去远足，讲关于英雄少先队的故事，关于苏维埃人在伟大卫国战争年代的英雄

事迹。

奥莉娅开了头的工作已经延续了十五年以上，并在少年列宁主义者的思想教育方面起着很大的作用。经我建议，她举办了孩子们同伟大卫国战争英雄人物的最初几次会见会。英雄们的讲话很引人入胜，小姑娘把它们都记录了下来。由这些记录逐渐形成了一本手抄杂志《伟大卫国战争年代里的乡亲们》。在奥莉娅做孩子们工作的那几年期间，以及以后由少先队员们所做的记录共记下了一百多篇故事。这本“杂志”里还收入了英雄们的照片。现在手抄杂志里已有六百多篇故事。这是培养热爱祖国情感的一份生动的无价之宝。

经常和孩子们交往并不是奥莉娅的义务，而是她的精神需要。我认为这种需要是卓越的、美好的天赋，是人道主义的天赋。谁具备了这种天赋就一定能成为一个优秀的教育家，并能在自己的劳动中享受到巨大的幸福。您用心观察一下学校集体里的孩子们，您将看到有些男孩子和女孩子，如果不能为自己的小朋友做些事情，他们就无法生活。男孩子们的这种要求常常在调皮、淘气、顽皮的把戏中表现出来，男孩子总想成为带头人，由他来带领同伴，但他不知道自己的劲儿该往哪里使。我建议教师们，不要压制这种沸腾的精力。小男孩，那些顽皮的、淘气的孩子，这是您潜在的助手。设法让孩子们亲近自己，把他们的精力引向需要的轨道。

我竭力使培养孩子们准备加入少年列宁主义组织的过程和少先队的整个生活都能培育孩子们热爱我们神圣疆土的深厚感情，这土地洒遍了我们为自由和独立而战斗的战士们的鲜血。对故土的热爱萌芽于儿童对自己亲眼所见、所欣赏并倾注了自己一分情意的那些事物的美的赞赏。我和奥莉娅一起使孩子们注意故乡大自然的美和苏维埃人双手创造的美。

我们去野外，坐在山冈上，眺望广阔的田野、麦浪，欣赏鲜花盛开的果园和一排排挺拔的杨树，以及蔚蓝的天空和歌唱的云雀。对故土之美的赞赏——这是爱祖国的一个极其重要的情感泉源。这块土地是我们祖辈居住过的地方，也是我们注定要生活、养育后代并养老终生的所在。世界上有许多国家的自然景色胜过我们的田野和草原，但故土之美应成为我们的孩子最亲切的一种美，应使孩子们不只是看到，树木怎样被春天的白花所覆盖，蜜蜂怎样在金色啤酒花上飞舞，苹果树怎样灌浆和西红柿怎样变红，通过这一切他们应感受到精神上的欢乐和充实。让他们在色彩绚丽和喜气洋洋的形象中回忆童年吧——果园开遍了白花，在荞麦田里蜜蜂的竖琴奏出独特的音响，鹤群在深秋的天际飞翔，蓝色山冈在远雾中颤动，紫红色的晚霞映着池塘边的垂柳和路边整齐的杨树——让所有这一切作为童年生活的美和最宝贵的记忆，在心中留下不可磨灭的印象。

但是要让这些优美的景色同这样的思想一起深入儿童的心灵，即如果不是在严冬的早晨 19 岁的青年亚历山大·马特洛索夫扑向敌人的机枪口，用自己的胸膛挡住敌人的子弹，为战友开路；如果没有尼古拉·加斯捷洛驾着他那熊熊燃烧的飞机冲向敌人的坦克；如果没有千万名英雄把自己的鲜血从伏尔加河岸洒到易北河边；那么无论是盛开的鲜花还是欢唱的蜜蜂，无论是母亲情意绵绵的山歌还是黎明时刻当母亲关切地给你盖好被子时的美梦——所有这一切都是不可想象的。每当孩子们感受到生活快乐的时刻，我们灌输到他们意识中去的正是这种思想。我给自己的学生讲述，苏维埃战士们为了我们祖国的自由和独立就在这里，在我们的故乡，在这片田野上，在这些大树下是怎样进行战斗的。

生活的快乐，这不仅仅是个人自我意识的最鲜明的表现，而且也是对周围世界的评价，是孩子对他所看到的周围事物的积极表态。社会主义社会生活的逻辑就是这样，周围世界的美理应成为我们的学生的快乐童年，即快乐生活的源泉之一。因此，教育者应努力使每一朵花、每一根草都使孩子高兴。然而，是否因为周围世界十分美孩子们就会珍爱它？要知道，生活的快乐，这只是孩子从老一辈那里得到的一系列满足的总体。而只有当小孩子看到和感受到祖辈和曾祖辈为祖国的自由和独立洒下的汗水和血泪的时候，周围世界对他才会是宝贵的。立陶宛诗人Ю. 马尔岑恰维丘斯在他的长诗《鲜血和灰烬》中，很好地表达了快乐生活和公民精神的融合。下面是这部诗的片断。

母亲们！在孩子的心灵里，
播下热爱祖国的种子吧，
让这崇高的爱国热情，
使孩子们变得更勇敢，更坚贞！
让孩子们深深地懂得吧，
在那群星闪烁的夜晚，
祖国的天空虽然不比异国的更高更美，
却和他乡有别。
同孩子情感交融的人，
才使孩子感到亲切。

当生活的快乐和对捍卫了美的人们的感激之情融合在一起的时候，故乡就会变得无限可爱。在这个融合中反映了青年一代的德育和美育的统一。生活快乐不应该不知忧患。有的教师认为，讲述为社会主义社会自由公民的幸福而遭受苦难、悲伤和付出牺牲的种种事迹会使孩子们的快乐蒙上阴影，这是十分错误的。

阳光灿烂的初秋，苹果压弯了枝头，一串串的葡萄正在成熟，黄色的麦秸堆在集体农庄的打谷场上，银色的蛛丝在碧空飘荡。我和奥莉娅带着孩子们向村边走去。这里有一座高冈，从这里可以远眺旷野风光，近处是布满了灰蓝色西瓜的瓜地，过去便是果园，果园后边是挺拔的杨树，杨树后面是草原、绿色冬小麦的庄稼地，在地平线上是蓝色烟雾中的远山。男孩子和女孩子们都感受到了这难忘的时刻。他们从展现在面前的美景中感觉到了自己幸福童年生活的一个侧面：傍晚，妈妈和爸爸就是从这片田野回来，在温柔的眼神中带来太阳的闪光。我们坐在高冈上，我讲述善与恶的童话，孩子们为善者的胜利而高兴。

过了一星期，我又来到山冈上，在大自然的美妙画面上又有新的景色展现在孩子们面前：大自然染上了初秋色彩，苹果树和杨树呈现出金色，碧绿的田野变得更加鲜艳，天空更加深邃。我们就这样每周在同一时刻到这块地方来，欣赏大自然的美，感受美妙的民间童话中善与恶的斗争，倾听秋天田野里的音乐，呼吸着新鲜的空气，想象春天怎样到这里迎接云雀。这片草原的一角便进入孩子们的精神生活，成为他们珍爱的东西。这片草原就是永远镂刻在孩子们心上的祖国最初的鲜明形象。

没有对周围世界的美的感受和体验就唤不起对祖国的感情。在讲述先辈以多大的代价换来他们童年的快乐之前，应当使孩子们看到大自然的美。要让遥远童年中的有关这小小角落的回忆，在孩子们心中保留终生。要让伟大祖国的形象和这个小小角落联系在一起。

在一个寂静的秋日，我指给孩子们看山冈上一个已经几乎看不出的土坑，我说：

“你们看，这是个坑地。时间已经把它填平了，坑里长满了杂草……那是和今天一样的一个阳光灿烂的秋日。我们的部队沿着这条路向第聂伯河对岸撤退。一位年轻的机枪手来到了这个山冈上。他把机枪摆在这里，为的是截击敌人，不让他们接近第聂伯河。大路上出现了敌人的摩托车队。机枪手消灭了他们。法西斯匪徒开始用迫击炮和大炮向山冈轰击。你们看：山冈南面好像被掘过一样。这块土地上布满了致命的弹片。爆炸声停息下来后，摩托车手们又出现在大路上，就在这时，山冈上的机枪又响了，敌人在苏维埃战士的枪弹下丧了命。法西斯向山冈开来了一辆坦克，坦克就是向这几棵树开来的，并且向山冈开了火。枪声沉寂了，大路上又有摩托车开出来，山冈上机枪又开火了。战士的手臂、头部和胸部受了重伤，但仍然坚持战斗。流下的鲜血模糊了他的眼睛，他知道，这是最后一次看自己祖国的蓝天。直到一颗炮弹在机枪旁边爆炸，青年战士的心脏才停止跳动。晚上，集体农庄的庄员来到了这里，他们挖了一个坑，掩埋了战士血迹斑斑的尸体。苏联军队从敌人手里解放这个村子前，遗体一直埋葬在这里。战士的战友们来到了山冈上，挖出了战士的遗体，运到村里，以隆重的仪式将他埋葬在阵亡将士公墓里。我们不知道英雄的名字，战士的母亲也不知道她的儿子埋葬在哪里。”

孩子们感到沉痛。生活的美和这片故土的美，对孩子们变得更加可贵了。孩子们已经在用英雄的眼光看世界了。青年英雄献出生命是为了让他们生活得幸福、安宁；为了星光在天空闪烁，草和苹果树发出幽香；为了草原上有蛐蛐的温柔鸣叫；为了在新年除夕妈妈把冬老人送的礼物放在枕头下面……孩子们默默不语，凝视着用烈士鲜血浇灌的土地。他们想抚爱每一小块泥土、每一棵蒿草和香薄荷的草根。

想必，我的学生中有很多人在这天晚上很久不能入睡。眼前是一片家乡的草原，它时而阳光灿烂，时而战火弥漫。他们十分沉痛：英雄永远看不到这个美，而我们今天看到、明天还将看到，并且明年还将看到。想到这些，眼里又充满了泪水，而在睡梦中又感到妈妈温暖的、柔和的手。

第二天早晨瓦利娅在上课之前就来到学校。她读了一首昨晚创作的诗。

草原的大路旁
有一个高高的山冈。
多少年来风儿在山冈上呼呼地吹，
太阳明媚地发出光芒，
秋天的浓雾在轻轻飘荡。
凶狠的敌人侵犯我们的家乡，
青年英雄挺立在高高的山冈上。
他勇敢地挡住敌人的去路，
却被炮弹炸开了胸膛。
在这里，在这古老的山冈上，
年轻的战士英勇阵亡。
他那鲜血淋淋的心颤动在大地上，
蔚蓝色的天空顿时变得黯然无光；
乌云遮住了灿烂的太阳。……
你为国捐躯，我们才能活在世上。
在你洒满鲜血的地方，
我们为你栽下了一棵小小的橡树，
我们永远把你牢记在心上。

过了一星期，我们又来到山冈上。孩子们想知道这位英雄是谁？他在哪里诞生？曾在哪里学习？他母亲是否还活着？现在孩子们已能用为祖国而献身的英雄的眼光来认识他们听到的和看到的一切。孩子们为了表达自己的感情，想做些什么。当树叶凋落时，我们把小橡树送上了山冈。当孩子们的心为善良的感情所激动的时候，不需要任何语言。孩子们为自己做的事情深深激动：我们不是简单地栽种一棵树，绿化山冈，我们是为英雄建立活的纪念碑。

孩子们知道，橡树在山冈上是很难生长的，但任何困难都吓不倒他们。冬天我们为保护小树不受寒风的侵袭，用雪将它覆盖。春天，当山冈上小草刚刚出土时，孩子们每天都跑上去看小树是不是发芽了。这不只是表示对树的关怀，这也是缅怀英雄。小橡树开始发绿了，孩子们在每片小叶子里都能感受到过去那个苦难的日子。曾参加过埋葬战士的老人们帮助我们建立了功勋日。我们每年都把这个日子当作光荣的日子、追念和哀悼的日子来纪念它。这一天孩子们很早就到校，每个人都带着鲜花；他们用鲜花编成花圈，把它安放在据说是英雄倒下的地方。

山冈上这块小小的土地对孩子们来说已成为前辈们捍卫祖国自由独立的英雄主义的象征。“你们是土地的主人，这块土地是前辈用鲜血浇灌的，你们应当关心我们祖国的富强。”我用这样的思想来激励孩子们。

在一个风和日丽的日子里，我和奥莉娅带领孩子们去“烈士公园”。这个荣誉纪念公园是由学校的学生集体开辟的。1941 年深秋法西斯占领时期，就是在这个地方发生过一桩充满英雄主义和自我牺牲精神的悲壮事件。法西斯匪徒砍光集体农庄的果园，在这里建立了一个战俘营。用铁丝网围在露天地里的是6 000名负伤、饥饿、被剥去了衣着的苏军官兵，他们必将惨遭死亡。战俘被断了水，他们在寒冷的秋夜里从冻结的土地上收集冰霜，吃草充饥。每天都有几十名战俘死亡。禽兽一般残酷的法西斯分子却在等待，等他们全都死去，然后炸毁战俘营旁边的炸弹库，并把罪责转嫁给苏联军队，说这是苏军飞机投下的炸弹，炸死了自己人。

苏维埃的爱国主义者在战俘营内建立了准备集体越狱的秘密组织。于是在一个寒冷的黑夜里，当几千人在阴冷的风雨中寒战时，部分战士和军官爬向了铁丝网的 20 个地点。他们是去赴死：他们扑在了铁丝网上，很多难友踏着他们的躯体跑出营地，来到了草原上。那天夜里有 4 000 多人在集体农庄庄员家里找到了避难的地方，无论是德国纳粹分子还是伪警察都未能查出他们来。为了 4 000 多名遭残害的难友能重新拿起武器，回到为祖国自由而战斗的行列里去，400 名英雄献出了自己的生命。

当我们村从法西斯分子手中解放出来之后，学生们决定：让这块神圣的地方变成生机蓬勃的一角，成为一座活生生的英雄纪念碑。他们清理了荒地，填平了壕沟，栽种了 400 棵橡树，当作 400 座活的纪念碑，纪念那些为拯救同志而献身的烈士。橡树林长起来了，有关英雄功绩的真实故事代代传颂。栽植橡树几年以后，又一代新生加入少先队时，在原来的橡树旁边又种了自己的橡树。在那凝结着英雄们鲜血的铁丝网上，在他们用鲜血浇灌的土地上，让那长青的树木繁茂生长吧。每个少先队员种上了自己的小树。学生入队时，每人在“烈士公园”栽种一棵橡树，这已成了传统。

我和孩子们来到这里。奥莉娅讲了英雄们的事迹，并给孩子们看了自己栽的那棵树。孩子们焦急地等待着自己入队时刻的到来。

春天到了，离列宁诞辰纪念日还有几个星期，我们总是在这一天举行少先队大队的隆重集会，接受少年列宁主义者入队。我们又来到“烈士公园”，每个孩子都带来了橡树苗、小铁锹和装满肥料的篮子。孩子们种了树苗又浇了水。4 月 22 日在这里，这个英雄们献身的神圣地方，年长的少先队员们给小朋友授了红领巾。在这里，少年列宁主义者们庄严地宣誓，要忠于自己社会主义祖国。

每年我们都要去几次“烈士公园”。初春时节，孩子们去清除枯枝和枯叶，在冻死了的树的位置上补栽新树苗。深秋，在英雄们献身的那个日子，我们来这里举行少先队的中队会。在原来围铁丝网的地方挺立着一排排整齐的橡树。在肃穆的气氛中孩子们从那里走过，每个人都把鲜花放在树下——在那里，在那难忘的夜里土地被鲜血染红的地方，紫菀和菊花发出耀眼的光彩。

在最幸福的日子——暑假、远足之前，我们也去“烈士公园”。这块神圣的地方永远保持庄严肃穆的气氛。这里不可以奔跑、嬉耍、叫喊，但可以欣赏大自然的美，可以休息，可以看书。伟大卫国战争年代里牺牲的烈士们的子女经常到这里来。儿女在这里向父亲俯首致意。父亲的墓可能在某个遥远的地方——在北冰洋岸边或在喀尔巴阡山脉。关于英雄的故事代代传颂着，英雄们用自己的生命为苏维埃人民保住了阳光、鲜花和自由的劳动。

小橡树在山冈上长得越来越高。成年人看到小树骄傲地把繁茂的枝叶伸向蓝天，他的心就会在胸中激荡，祖国对他会变得更加亲切，更加宝贵。

几十年过后，历史上前所未有的战役的参加者将离开人世，代代新人将怀着惊异和感激的心情缅怀那些从法西斯奴役的威胁下拯救了人类的人们。

我们永远不能忘记战争的无尽苦难和灾祸：熊熊烈火、在炸弹爆炸中遇难人们的呻吟，被驱赶到法西斯德国服苦役的人们的哭泣、开往前线的父亲们的难舍的拥抱、接到丈夫或父亲英勇牺牲的死亡通知书的妇女的号啕大哭……青年一代应当给烈士们奠立永久性纪念碑。在这里，就在我们学习的这个学校里，法西斯分子占领期间曾设了一个转运监狱，负责遣送苏联男女青年去服苦役。孩子们，你们永远不能忘记这一切。你们将要长大成人，你们也将有自己的孩子，要像传接力棒一样，把对敌人的深仇大恨传给他们。

战前我们村子的居民有5 100人。我们有 837 名同村人在卫国战争中英勇牺牲，其中男子 785 人，妇女 52 人。除去 837 名同村人未能从前线返回之外，我们村里还有 69 人死在法西斯的集中营里——他们死于饥饿和非人的残酷折磨，法西斯分子折磨和杀害他们，然后在焚尸炉中烧掉。法西斯刽子手们还出售他们的骨灰。孩子们，让你们兄弟姐妹的骨灰、父亲和祖父们的骨灰敲击你们的胸膛吧！让它敲击你们的孩子们和孙子们的胸膛吧！永远不要忘记，有 276 名少年、青年和姑娘从我们村子里被赶到德国受法西斯苦役，其中 194 人被杀害，被整死在死亡营里，他们还死于饥饿和无法忍受的繁重劳动，有些人活活在火葬场被烧死。被押送到波恩市去的帕维尔的哥哥由于抵抗，法西斯刽子手用烧红的铁烧他的眼睛，然后用钉子把他活活钉在木桩上。塔尼娅的姐姐由于进行共产主义宣传，纳粹分子将她活埋了。科斯佳的叔叔被抛进铁笼子里，他赤身裸体在那里一连几昼夜，受尽折磨而死。尤拉的堂兄由于想逃出虎口而活活被狼狗撕碎。法西斯军官从瓦利娅堂姐怀中夺过吃奶的婴儿，当着孩子妈妈的面把婴儿的头砸碎。柳夏的姑母，一个 26 岁的妇女和两个小孩子，一个 4 岁的女儿和一个 3 岁的儿子，一起被遣送到奥斯威辛集中营。在集中营里把妈妈和两个孩子分开。柳夏的姑妈对法西斯军官说：“他们病着，请允许他们留在我身边。”法西斯匪徒狂叫道：“如果他们病了，我们会给他们治病……”当着快急疯了的母亲的面，把裸体的孩子们摔在石头上，用钉着铁掌的皮靴把孩子们的躯体踩得稀烂……

我对孩子们讲：“我们不但自己永远不能忘记这一切，而且要像传递接力棒一样，将人类良心的记忆传给后代。”同时我们决定建立我们村的英雄殿，也就是那些为了苏维埃祖国的自由和独立而牺牲了的英雄们的肖像陈列馆。在第三学年末和第四学年初，孩子们访问了村里每个家庭。

母亲们把在战斗中牺牲了的英雄和死亡营蒙难者的照片交给我们。我们把按照小照片画成的肖像陈列在“光荣与哀悼室”中。这将是英雄殿的基础，公墓的全部陈设将由一批批新学生逐步完成——我们给自己提出这样的目标。这是我们的义务，为了地球上永远不再发生战争，为了各民族兄弟般的情谊，为了使孩子们为和平和幸福而生，而不为战争和死亡而生，我们应该完成这项任务。这是我们对全世界各国人民应负的义务：为了不使法西斯主义的灾难重演，我们丝毫不应该忘记和宽恕这一切。

有一次远足行军，我们在第聂伯河峻峭的河岸上露宿。孩子们多次到山谷的泉边去取水，每次孩子们不得不兜一个圈子，绕过小路上的一块大石头。

“大石头为什么摆在这里?”孩子们感到诧异。“人们为什么绕着走而不把它推下树丛中去?”他们出于好意，把大石块推开，使小路畅通了。而第二天早晨有一位老渔夫来到我们这里。他问，石头在哪里。孩子们期待着受到他的表扬。而老爷爷却摇摇头说：“这块石头在这里已经多年了，它就该摆在这儿……”接着他向我们讲述了三个苏联侦察兵的事迹。他们在伟大的第聂伯河保卫战中渡过河来，带着冲锋枪隐蔽在大石头后边，整整一昼夜和敌人进行了力量悬殊的战斗。法西斯强盗在战斗中使用了大炮和迫击炮，炮声轰鸣达数小时之久，这块石头却依然是坚不可摧的堡垒。夜里，我们的战士渡过河，救出了侦察员。三名战士躺在石头后面，被子弹和弹片炸伤，浑身是血，但没有死。侦察员被送进第聂伯河附近的军医院，但谁也不知道他们的名字，现在只有这块花岗岩保留在这里作为英雄们的功绩的纪念碑。孩子们跑到石块旁，久久在石块前肃立。孩子们把石头从灌木丛中推回来，摆在了原来的地方。他们这时候才注意到，大石块布满了子弹和弹片留下的痕迹。我们在地上找到许多石块碎片，每个孩子拿一小块留作纪念。

从此以后，少年旅行者们行军总要从这块有纪念意义的石块旁经过。如同山冈上的橡树和“烈士公园”一样，这块灰色花岗石对孩子们来说，便成了功勋美的标志，在少年的心中荡漾着高尚的爱国主义情感。

一个人在童年怎样对待自己父辈和祖辈的英雄业绩，决定他的道德面貌，他对待社会利益的态度和对待一切为祖国谋福利的劳动的态度。我力求使孩子们每当想到，就在我们今天劳动着的这个山冈上英雄曾洒下了自己的鲜血，能为之心情激动。这种感情在树立一种信念，这就是：为了祖国的利益在自己故乡的土地上劳动，这是莫大的幸福，为争取这个幸福，人们进行了殊死的战斗。孩子们的心灵深处产生了良心的声音：你走在灿烂的阳光下，你看到晴朗的天空，这是因为在白杨树和白桦树下，在橡树和苹果树下埋葬着为你保住了光明和生命的人们。

这个声音提醒少年列宁主义者们，他们是祖国土地的未来主人。对前辈所创造的物质和精神财富的主人翁感，这是公民成熟性的根本。我和奥莉娅曾考虑过，怎样以出自对那些给我们保住了灿烂阳光和蔚蓝天空的人们的责任感而进行劳动去鼓舞孩子们。

有一次孩子们来到了自己的庄稼地。为了让那土壤贫瘠、从来什么都没长过的地块上能长出麦穗来，要给这小小一块地里送好几百公斤的腐殖质肥料。这活儿又繁重又单调。在工作开始前，奥莉娅给孩子们讲了，在伟大的伏尔加战役那些严酷的日子里，乌克兰共青团员米哈伊尔·帕尼卡霍的英雄事迹。

19 岁的青年站在位于法西斯坦克前进路线上的掩体里。敌人的坦克驰向掩体。战士决定把一瓶混合燃烧液抛向坦克。在这一瞬间子弹打碎了手中的瓶子。液体燃烧了起来，火焰沿着衣服烧到战士脸上。英雄好似一具活的火把，拖着浓烟烈火，毅然跳出掩体，扑向坦克。米哈伊尔手中握着最后一个燃烧瓶。转眼间他已经跃上敌人的坦克。用瓶子敲击坦克的炮塔，坦克冒出烈火，团团转了起来。就在坦克爆炸前的一刹那，米哈伊尔挺身而起，举起燃着火焰的手臂高声疾呼。战友们应着战斗的呼唤，冲出掩体，消灭了敌人，夺回了街道。

故事使孩子们非常感动。这个时刻，英雄和孩子们站在一起，活在一起，这位永垂不朽的战士好像在说：“我就是为了保卫我们神圣领土的这样一小块土地，献出了自己的生命，难道对这块土地上是长野草还是小麦能无动于衷吗?”在这一瞬间，孩子们心里响起良心的声音——不能无动于衷。

我绝不是说，每当孩子们劳动之前，都要给他们讲述英雄事迹。不能老是这样去提示孩子：如果你偷了懒，没有像应该做的那样完成某件事，你就是没有很好地尽到对祖国所负的责任。责任感——这是神圣的感情，孩子应精心珍藏在心里。同时，重要的是要用英雄事迹教育他怎样生活，在孩子意识中唤起最初的作为一个公民的信念。我建议奥莉娅只是讲一讲米哈伊尔·帕尼卡霍的英勇事迹，而不要联系眼前的劳动，不去强求孩子能像一个公民一样来看待这一小块故乡的土地。

孩子们加入少年列宁主义者的组织

1955年的春天，三年级结业前不久，孩子们加入了以列宁命名的少先队的组织。共青团委员会委派奥莉娅担任少先队辅导员。她当时在八年级学习。

以卓娅·科斯莫捷米扬斯卡娅命名的少年先锋队大队的隆重集会，按照传统是在4月22日列宁诞辰纪念日举行的。在这一天以前有很长一段时间，奥莉娅和她的同学一起，就开始了孩子们入队的准备工作。八年级学生给孩子们讲了列宁的党、共青团和少先队组织的光荣历史。

奥莉娅对孩子们说：“谁的事迹对你们的鼓舞最大，就以谁的名字命名你们的中队。”孩子们一致决定：我们中队将以斯大林格勒保卫战中的英雄米哈伊尔·帕尼卡霍命名。我们中队的口号是：“像列宁一样战斗和胜利。”我们中队的标志是橡树叶和橡实，这意味着我们要为祖国的富饶而斗争。

来参加少先队集会的，不光是学生，还有家长、伟大十月社会主义革命的参加者、游击运动和国内战争中的老战士、1919 年在村子里建立青年共产主义者组织的最早的共青团员。

集会在一大片绿草地上举行。八年级的少先队中队和三年级同学——未来少年列宁主义者，面对面排成两列。八年级中队委员会的主席宣布，今天他们的中队停止活动，把接力棒传给三年级的少年列宁主义者们。

授红领巾的庄严时刻来到了。按学校的传统，将停止活动的少先队中队把红领巾授予加入少先队的“十月儿童”。于是男生和女生摘下自己的红领巾，把它们给少年朋友戴上。每一个学生都把红领巾授给与他友好的孩子。八年级和三年级的同学中间有的是兄弟和姐妹，大孩子把红领巾作为最珍贵的传家宝传给弟弟、妹妹。接受了红领巾以后，孩子们宣读了少年列宁主义者庄严誓言。他们宣誓做像米哈伊尔·帕尼卡霍那样坚强英勇的爱国主义者，实践“像列宁一样战斗和胜利”的口号。为了纪念参加少先队组织，每个孩子得到一份礼物，一本关于杰出人物生平和斗争事迹的书。

这个集会永远铭记在我的学生的心中。接受入少先队的庄严仪式中，最主要的是一代少年列宁主义者把红领巾传给下一代。红领巾，这个革命斗争的标志，不是买来的，商店也不出售，而是授予的，并要小心保存。孩子们不经常戴红领巾，而只有在节日、庆典中或少先队集会的日子才戴，这是我们少先队大队的传统。

要像列宁那样斗争和胜利

列宁教导我们，为共产主义而进行的斗争，体现在每一件平凡的工作中，体现在日常的平凡劳动中。我和奥莉娅考虑，怎样才能使周围发生的一切，都能由衷地引起孩子们的兴趣；怎样才能使他们关心属于人民的物质财富。奥莉娅在少先队中队里建立了一个少年自然保护小组。孩子们担负起了看管学校附近护田林带的责任。他们沿林带巡视时发现，有人剥去了几棵树主干下部的皮，显然，这是要让这些树干枯，那样就有理由砍伐了：这些树都枯死了，还让它们戳在这儿干吗？孩子们非常气愤：这是怎么搞的，我们在种树，培植树，可有人在毁坏它们！一定要查清楚是谁干的。

从那天起，自然保护小组的队员开始了监视巡逻。晚上，队员们到护田林带去巡查，等待那个不速之客。过了几天，肇事者被当场抓获——是两个集体农庄庄员带着锯来锯树。孩子们向集体农庄管理委员会报告了这两个毁坏树木的人。结果决定要犯事者为毁坏的每棵树补栽十棵。孩子们很高兴：正气取得了胜利。这是完整的道德教育的必要的条件。只有当少年列宁主义者能看到正义获胜的情况下，为共产主义理想而进行的斗争，才会成为高尚情操的源泉。胜利会激发和产生新的力量去克服新困难。

这项有趣的活动吸引了大自然的少年保护者，它的基础所在就是为优美和勤劳而斗争。在一次小队巡视中，他们看到个别庄员的宅院里长满杂草。孩子们给这些庄员送来了苹果树的树苗，建议他们除掉杂草种上果树。有三家懒懒散散的人家懒得这样做，少先队员们写了《大自然少年保护者的警告书》（简称《警告书》），对懒散者发出的呼吁：“我们，大自然的少年保护者，看到您的院子已成了培养杂草的苗圃，十分难过。院里的草丛中，可能不久会有野狼来栖息了，您怎么在这样的‘丛林’中生活？我们请您，除掉杂草，栽上苹果树和葡萄，种上鲜花。这里，在您的住房旁边，我们埋下了五棵树苗和三株葡萄秧，明天就应把树栽上，栽种以后，还要很好浇水。如果您懒得这样做，那就我们来，我们挖好坑，除掉草，栽上树。这里就变成一个果园，但不是您的，而是我们的——

少先队的了。”

《警告书》是用特殊方式递送的：从通风窗投入，或摆在桌子上。为了不让人看见，树苗是在晚上去埋的。这一切都是游戏，给孩子们留下了深刻的印象。孩子们焦急地等待着第二天，看懒散的人将如何行动？下课后孩子们走在街上，已经认不出原来那些荒芜的院落了，杂草丛生的那些地方，都已栽上了树苗……少先队小队自然保护小组的消息很快就传遍了全校。我们中队成了少先队大队的少年自然保护小组的组织者。集体农庄委员会请年纪较大的少先队员负责保护桑树栽培区，因为个别庄员常常毫无顾忌地攀折桑枝。少先队员们进行了几次巡查，折枝现象被制止了。

夏天，中队承担了为新品种试验田备好20公斤精选麦种的任务。孩子们选了最好的麦穗，为了在冬季保存，在校舍里找了一个干燥的地方。春天脱了粒，把种子交给了农艺师。孩子们为这项任务操了很多心也担了不少心，因此当小麦开始播种的时候，孩子们（他们当时已在四年级）来到地里，为的是亲眼看看他们的种子是怎样播下去的。麦苗出土了，又被吸引到麦田里来。到了收割期，少先队员决定帮助高年级同学去收庄稼。我高兴地看到，由于孩子们为别人效了力，他们便对周围发生的事情变得更敏感了。我们从田里回来，孩子们非常兴奋，因为我们的种子出苗很好。我们走过农庄的果园，看见小苹果树上生了小毛虫。孩子们的心又为之不安了。在这种时刻，少先队员们想的不是自己对社会的义务，不是的，是他们无法从正在受到死亡威胁的生物旁边无动于衷地走过。孩子们进了果园，消灭了小毛虫，拯救了苹果树，并查看了周围的树，看看有没有虫害。

对故乡土地的主人翁感是最重要的爱国主义感情，我们要在少年心灵中培育这种感情。一个人在童年、少年和青年早期，如果能对公共田地里的每一棵麦穗、对公共果园的每一棵树、对农庄打谷场上的每一把谷粒的命运，都像对那些能给自己带来很大快乐的个人的东西（如妈妈或爸爸送的玩具、带插图的心爱的图书、冰鞋和滑雪板，等等）一样珍惜的话，他会成为一个真正的爱国主义者。只有当孩子在为别人有所创造的劳动中也付出了自己一点心血的时候，当他用自己的双手创造出能给自己带来极大快乐的某种物质财富的时候，当这种快乐要经历忧虑、担心和挫折才能取得的时候，公共的东西在孩子的内心深处才能变成他自己的东西。我一直都很关心孩子们产生苦痛和烦恼的根源。孩子们最关心什么：是只关心与他个人幸福有关的事，还是也关心与他人利害相关的事？对这个问题的答案，一向都是我衡量孩子道德品质的尺度。使我很满意的是：科利亚和瓦利娅看到暴雨弄弯了教学试验田的小麦时，感到很伤心。当教育者还没有看到孩子会因这种不幸而难过的时候，当孩子还没有经受过烦恼和痛苦的时候，教育者就不能高枕无忧。因为他的学生走向生活时，还可能是一个冷漠无情的旁观者。

个人主义者和利己主义者正是从那些在童年就不关心别人，而只知享受快乐的人中发展而来的。我忧虑地看到，这种危险正威胁着我的学生沃洛佳和斯拉瓦。家里为了使两个孩子尽情“享够”快乐而竭尽全力。只有父母没有给他们买什么新的、好的东西这种事，才会使他们烦恼。一定要以另一种性质的忧虑和苦恼——为别人的物质和精神利益而担忧，来抵制这种个人主义性质的忧虑和烦恼。

在夏天酷暑时节，我看到我们还在“快乐学校”时栽种的那棵小椴树开始干枯了。“我们的朋友缺水了。”我对沃洛佳和斯拉瓦说。我把孩子们带到花园，答应给他们看一样有趣的东西，并把注意力引向因天热而晒得枯干了的小树。“小椴树正在等待我们的帮助，如果我们愿意的话，我们是能够帮助它的。”我对孩子们说。“这种树，特别是幼树，喜欢潮湿空气、湿润、荫凉。孩子们，我们就来帮助一下我们的朋友吧！我们从自来水管道引一条细管子来（这并不远），把它对着小椴树来造雨，树就会经常感到凉爽。”一开始孩子们对我的话表示冷淡，但当我给他们讲了人工造雨之后，他们眼里便闪射出好奇的目光来。这个活儿对于他们来讲如同有趣的游戏，难道有不愿意玩游戏的孩子吗？于是他们便玩了起来。我们把水管引到树旁，装上了喷头，于是椴树上面出现了隐约可见的蒙蒙水雾。在炎热的中午孩子们“拧开”雨，而到傍晚他们就“关”上。孩子们逐渐对树的命运产生了关注之情：在人工雨下它感觉怎么样？当孩子们发现小椴树的树枝重新挺伸了起来、枝上出现新的嫩叶时，他们高兴极了。就这样，在孩子们的生活中产生了与个人幸福无关的情趣。

但这仅仅是开始。如同珠宝匠琢磨金刚石时，为了磨成一块钻石，要仔细端详这贵重石块的每一个面，考虑从何处下手那样，教育者也要思考，怎样去接近孩子心灵最隐蔽的那些角落。我和沃洛佳到树林里去了好几次，为的是寻找和采集野蔷薇的最大个的果实，然后播种它们，并给幼苗浇水。待到该进行嫁接的时候，我们找来了白玫瑰的幼芽，把它接在野蔷薇上。这并不是单纯的劳动，而是对孩子心灵的审慎接触。我逐渐做到了使这个孩子的喜忧之源不只是个人利害，而已经是周围世界。

对斯拉瓦我也给予了较多的关注。小男孩和奥莉娅一起在畜牧场照看病羊羔。对这个小生命的关照，起初好像一场孩子式的游戏，这种关怀之情随后逐渐发展为对劳动的喜爱，孩子也随之逐渐变成一个勤奋的少年畜牧员。我永远不能忘记，在一个寒冬的日子，他含着眼泪来找我。男孩子埋怨说：他心爱的小牛喜欢吃燕麦幼苗，而温室里培育的全是大麦，叫他怎么去喂小牛呢？从此我们也种燕麦了……

关心与个人需要没有直接联系的事，是克服儿童个人主义的良药。如果孩子产生了关心社会利益的个人兴趣，那么只知关心自己的那种恶习，任何时候也不可能在他心中生根。只有生活中的快乐和苦恼只是围绕一个“我”字打转的那种孩子的心灵里，才会充满这种利己主义情感。

“勇敢无畏者”小队

我的学生在体力和精神的发展上进入了那样一个时期：孩子们的精力不可遏制地要往外冲，表现出来是做一些看起来无法解释的古怪的事。我眼看着发生了某种飞跃——羞怯的变成了大胆、冒险的，怯懦的变成了勇敢的和果断的。

有一次，我们到田间去看庄员和高年级同学怎样垛麦秸垛。男女孩子们都很有兴趣地看拖拉机手怎样把一根钢缆固定在自己的机器上，怎样把整捆麦秸拽上高高的草垛。钢缆拉紧，把麦堆举到15米高。看过垛垛之后，我们又去看联合收割机。这时我从远处看见一个男孩子用手把着缆绳越升越高。我一察看，舒拉不在。肯定，这是他吊在15米高空中。孩子们看见舒拉向麦秸垛跑去，高兴地欢叫着，看来，每个人都想享受一下升到令人头昏目眩的高度时的快乐。我好不容易等到舒拉像坐雪橇一样从大垛滑下来。我当时真是不知所措了——不知道是该为这次非同寻常的登高活动的平安告终而高兴，还是应尽快把孩子们从这里带走？

费了很大的劲才使孩子们安静下来，才阻止住了他们也去做这种尝试。但是我看出来，他们对我的谨慎很不满意。感情提醒了我，应该把登高活动搞安全，而不是去制止。于是，我们在缆绳下铺上了麦秸，于是先是男孩子，然后是女孩子，一个接一个进行了攀缆绳登高的活动。

那些年我们还没有经常供电的电源，为了给电池充电，高年级学生建造了一座风力发电站。风动机安装在12米的高塔上。塔顶上是一个本制平台，中间有一个小天窗，供电工通过它去接触发电机。有一天，刮着大风，孩子们去放风筝。每个人都想把风筝放得尽可能高些。万尼亚说："我的风筝要比谁的飞得都高。"这孩子爬上电站塔，俯身贴着平台的木围栏，放起线来。当我发现天窗被万尼亚打开，窗盖挪到一边，从上面滑落在地上的时候，我惊呆了。这个孩子绕着敞着的天窗奔跑，脚下的情况什么也没看见，他两眼只知盯在风筝上。只是由于侥幸，才没有发生任何不幸。

高空对孩子总是有难以抗拒的诱惑力。登高的满足感总会给孩子们带来巨大的乐趣。可是孩子们的这种冲动，却给我们教师增添了不少忧虑。孩子们引起我很大不安，所有行为几乎都与高空的魔力有关。

离学校不远有一座古老的教堂。20米高的钟楼上面，是坡型圆顶。春天，在一个阳光明媚的日子，我向钟楼顶望去，看见楼顶上的十字架旁有三个孩子的身影，定睛一看，认出那是谢廖扎、科利亚和舒拉。我的心几乎都要停止跳动了。孩子们发现了我就要躲藏，从圆顶这一边跑向另一边。这时招呼他们是不明智的，定会有害无益。我跑到学校，让老师们悄悄地把所有的孩子都带出去，让有的到树林里去玩，有的去野外散步，年龄大的让回家；总之，使谁也注意不到那三个孩子，也不致引起他们的恐慌。而我自己则钻进了工作室，从那里能很清楚地看到钟楼，我两手抱头，坐在窗前。也许，这是我在麦秸垛那里兴起的那场游戏，引起了孩子们享受一下登高之乐的愿望吧！随后我又看到，孩子们怎样把着已锈蚀了的破旧管子从圆顶往下爬，这些管子有些地方已是勉强支撑着……

夏天，一场暴雨过后，横跨池塘的桥下形成了一处瀑布。集体农庄的一位老大娘跑到学校里来告诉我："您去看看吧！您的学生们在干什么。"我到了池塘，在拦洪坝上一个人也没看见，可是从桥下却传来孩子们的欢叫声。原来是托利亚和维佳在桥栏杆上拴了两条长绳，做成秋千，在水势汹涌的瀑布上面打着秋千，正在开怀欢叫……

彼得里克、维佳、科利亚不知从哪里把一个掉了半边底的不大的木桶拖到了池塘高高的岸上来。每次都由一个人爬到桶里（按严格顺序轮流而上，互不相让），另外两人则轻轻推一下木桶，让它顺着斜坡滚下去。木桶滚向池塘，在离水边几米的地方便停下来。至今我也无法理解，这种娱乐是怎么会幸免出事的。在这种情况下，结果能平安无事，恐怕只有孩子们才有可能。

在树林散步时，我们观察了伐木工人为集体农庄采伐建筑材料的劳动。孩子们目不转睛地看那些锯断的树怎么倒下去。回家时，孩子们没有注意到舒拉和丹科掉队了。我们在林中空地上休息时，一位老伐木工向我们走来，并把两个男孩领来。老人说，舒拉和丹科想爬到树上去，为的是等树向下倒的时候，能坐在树杈上飞下来。

所有这些事件都是在三、四年级期间，在六个来月的时间内发生的。我感到，去制止孩子们的这些行为，去为避免发生不幸而操心，这不是出路。孩子精力的蓬勃发展要求的不是一般的积极活动。孩子们总想在危险面前证明自己的无畏。对大胆行动的渴望，说明做出英勇的行为的理想正在敲击我的学生的生活之门。应当把孩子们的精力引向正确轨道。

想必读者已察觉到，那些初看起来像是鲁莽的行为，主要是男孩子们干的。没有一个男孩子不曾引起我的深思。甚至，连我一直认为是优柔寡断、胆小怕事的丹科，在1955年的深秋也使我大吃了一惊。他踩着非常薄的冰面走过了池塘。为了减少冰面破裂的危险，小家伙把书包放在自己前面的冰上推着走。冰咔嚓咔嚓作响，向下陷，最深的地方已经漫上水来了，但奇怪的是并没塌陷，小家伙平安无事地走到了学校。跟在他后面有两个三年级学生，也试着从冰上走过去，但是冰在他们脚下塌陷了，幸运的是紧靠岸边塌下去的。

要防止发生不幸？当然，这是很重要的。但问题并不只在这里，也还要迎着危险上，要去战胜它。

于是我们建立了一个“勇敢无畏者”小队。所有的男孩子都参加了，过了一段时间个别女孩也参加了这个小队。我想出了一些需要有意志力和勇敢无畏精神的游戏和娱乐。我们在池塘岸上找到了一处高高的悬崖。我们探察了岸下的水底情况，弄清这里没有危险。在一个炎热的七月天里，孩子们到这里来游泳。我给孩子们作了示范，做给他们看怎样从断崖往下跳和怎样在空中控制身体。舒拉、谢廖扎、科利亚、维佳和费佳立刻跟着我就跳。第二天，尤拉、科斯佳和彼得里克也有了第一次从崖上跳水的勇气。第三天，托利亚、米沙、萨什科、万尼亚也都跳了。下不了决心的只剩下帕维尔、沃洛佳、丹科和斯拉瓦四个人了。

同学们戏弄他们。在下面游泳的女生也在激励这几个男生。季娜也爬上我们这个悬崖顶上来了。她也想跳。结果跳了，而且姿势很美。拉里莎和瓦利娅也学着她的榜样。四个男生不好意思了。终于帕维尔、丹科和斯拉瓦三人也克服了他们的胆怯。

只有沃洛佳一个人怎么也下不了决心。我看得出，他在为自己的胆怯难过，但他却怎么也越不过那一条界线，那条界线一旦越过，他就会由于做出勇敢行动而产生自豪感。因此不得不为沃洛佳找一个低一些的断崖。他和女孩子一起在那里跳，但还是没敢从高崖上跳下去。为了鼓励他去完成勇敢行为，不得不在日后很长一段时间内在他身上下功夫。当春天孩子们四处悬挂椋鸟笼时，我终于说服了沃洛佳爬到一棵较高的树上去。这是他战胜恐惧的第一次胜利。孩子们偷偷告诉我，沃洛佳一个人去过悬崖。在那里脱了衣服之后坐了很久，几度起跑，但还是没敢跳。

跟着头三个最勇敢的小姑娘从高崖上跳下来的是瓦利娅。谁也没有料到她会去跳。瓦利娅的行为使沃洛佳感到很狼狈，他两眼一闭就跳下了水。在瓦利娅之后鼓起勇气跳的还有尼娜、加利娅、柳夏、济娜、卡佳和萨莎等。接着所有的女孩子都跳开了。我发现，女孩子的意志力比男孩子强得多，她们能以更大的毅力克服恐惧和犹豫不决，而且在做出果敢行为之后，表露出的欢乐也不像男孩子那样强烈。

三年级结业以后，当我们在野外休息的时候，孩子们想出个做极地探险游戏的主意。按照游戏假设的条件，在一个杂草丛生的偏僻小岛上，即四周环水的“浮冰”上，有几名探险人员因船遇难而困在上面，我们这里是“大陆”。必须给“受难者”运送给养——面包、土豆。在“浮冰”和“大陆”之间隔着一个不大的湖。按照游戏规定的条件，运送给养必须在令人生畏的夜里进行。

于是“勇敢无畏者”小队里有人自愿前往。孩子们有点害怕：据说，在岛上有人曾看见过狼窝。但舒拉和谢廖扎敢在夜里去运送。他们把装着面包、土豆、火柴和油脂的包裹绑在厚厚的松木板上。我们把两个打好气的橡皮内胎放在水里，在游戏中这就是快艇。太阳落山了，雾笼罩着湖和岛，天空出现了星星。两个男孩脱了衣服，把衣服也绑在木板上，悄悄地游走了。一会儿就看不见了，有几分钟还能听到微弱的划水声，然后就连水声也听不见了。“勇敢无畏者”小队的人都坐在岸边，还有一只小狗特拉夫卡和我们在一起。过了一小时，夜变得漆黑，看不见岛，也看不见湖。忽然在黑暗中出现了微弱的火花——这是少年极地探险者到达“受难者”那里后发出的信号，意思是：可以让下批的两只“快艇”起航了。

我们又把面包、土豆、脂油绑到木板上，把两只汽车内胎放下水。维佳和尤拉脱掉衣服。一个女孩子说，传说古时候这个湖里有很大的梭鱼，可能，现在这里也还有……讲这故事显然是故意来吓唬维佳和尤拉的。当然，孩子们下到漆黑的水中去是挺可怕的，但现在他们不管怎样也不会不去泅渡。就在尤拉和维佳把脚伸到温暖的水里的一刹那，听到了前边浪花飞溅的声音。当然，这是鱼儿在跳跃，但男孩子们还没有忘记关于梭鱼的故事。又过了一小时，岛上燃起了第二团火，接着两团火都熄灭了，这是两批少年探险队员业已会合的标志。我们躺下来睡觉，但谁也睡不着。

岛上生起了篝火，那几个男孩子将在那里过夜，通宵都不会合眼。他们将紧紧地挤在一起，怀着急切的心情瞻望东方，看天是不是快亮了？到明早，当太阳最初的金光刚刚在树梢头出现时，孩子们就要往回游了。那些还没有尝到克服恐惧的乐趣的孩子们将会羡慕他们。而他们这些战胜了恐惧的人，则像男子汉应有的那样矜持地回答说："一点儿也不可怕。"

我们把所有的男生都排好顺序依次进行这种神秘的夜晚泅渡，沃洛佳也包括在内。当游戏兴致达到高潮的时候，连女孩子也提出请求说："为什么男孩子能去，我们就不能？"我预料会有这样的请求的。季娜由科利亚伴随渡湖，瓦利娅由托利亚陪伴。男生在岛上找来干草，为女生安排好睡觉的地方。

夜晚，寂静独处，所有这些都吸引着孩子们，他们把这一切都看作是克服困难的浪漫主义情趣。孩子们又想出一个有趣的游戏——玩地质勘探队游戏。在森林深处离林中空地约五公里的密林丛中，女孩子们搭起了窝棚，白天就在那里做了安营扎寨的工作——这里是地质勘探队的大本营……地质队员们的背囊中装着矿石标本。到天黑时，孩子们就从学校出发，一小时后到达林中空地。在黑暗中要准确辨别方向，除此而外，还要蹚水走过湍急的林中小河，翻越一座山岭。不许女生给他们发任何信号。穿越树林的路要走两小时。男孩子们要在午夜之后才到达营地，他们会很疲倦，但是会快乐而又兴奋。

在八月的一次大暴雨中，集体农庄的畜群丢失了 14 头牛犊。牲口跑到被水淹了的牧场的不知什么地方。成人们寻找了很久，但没有找到牛犊。“咱们去找吧，”舒拉和维佳提议。“勇敢无畏者”小队里的九名队员（六名男生、三名女生）和我一同出发去寻找。我们带了备用的食物、帐篷、指南针和两个渡湖用的汽车内胎。孩子们情绪昂扬。我们一块一块地巡视了水淹的牧场；在某些地方我们不得不分成 2～3 人小组分头去找。过了四天，我们找到了 11 头，牛犊正在林间空地上吃草。其余几头大概淹死在下暴雨时汇成的激流中了。寻找牛犊的这些日子永远留在了孩子们的记忆里。加利娅、柳夏和萨尼娅的印象尤其深刻——这三个女孩子怕黑天，怕青蛙，怕黄颔蛇。可是这里还遇到过猫头鹰和狐狸。

四年级结业的那个暑期后，我们玩登山游戏。我们从断崖上往峡谷里挂了一条绳梯，事先把它固定好。下面就是我们的高山营地，我们是登山队。我们的任务是，把着绳梯攀登几乎成垂直状态的峭壁，爬上断崖，然后再下到谷里。多数男生这时已经不畏惧登高了，但最初还是有些怕。第一个达到顶点又返回原处的是维佳，接着攀登的是舒拉和谢廖扎。尤拉登了一半就下来了。我们只好另找了一处不太陡的断崖，在那里我们玩了好几天。女孩和男孩还进行了比赛。结果季娜、拉里莎和科斯佳表现得最勇敢大胆。他们还激励沃洛佳和斯拉瓦去登山，可是这两个孩子到三米高就开始头晕。最后，所有的男孩和女孩都征服了断崖。

表现出勇敢无畏的孩子都会感受到由衷的快乐。英勇果敢——这是每一个人不仅在非常情况下而且在日常生活和劳动中都必须具备的精神的和意志的品质。

小学结业之日越临近，孩子们很快就要成为少年的念头就越使我心绪不安。关于自己的一些想法已经惊扰他们了，男孩子和女孩子已在思考："我是怎样一个人？我的优点是什么？缺点是什么？同学们怎么看我？"

少年期临近了，这是该有自我教育的年龄了。思量未来，到那时孩子的意志力和坚毅精神将成为最重要的教育力量，我从现在，从孩子们的童年时代起，就在努力唤起他们自我教育的要求。每个孩子都有一个作息制度。孩子们早晨 6 点起床、做早操、冲冷水澡、吃早饭、然后做功课。在去学校之前每个人都要念一小时以上的书。我力求使经常遵守制度成为自我教育的课题。沃洛佳和斯拉瓦很难坚持早起。父母舍不得叫醒孩子，他们也没办法让孩子们早睡。我不仅和两个孩子而且也和他们的父母谈了话。结果，自我教育的美好远景吸引了斯拉瓦。他学会了约束自己。但暂时还没能使沃洛佳做到这一点。家庭使他养成了懒散的习惯。

我们和夏天告别

四年级结业以后，我所有的学生——16 名男生和 15 名女生，都升入了五年级。其中 12 名学生各科成绩全是优秀，校务委员会给他们颁发了奖状。13 人获得良好和优秀的分数。6 个孩子的成绩有"3"分、"4"分和"5"分。

我认为自己教育工作的最主要的成绩在于，孩子们上过培养人道主义精神的学校，他们学会了体察人，会把他人的快乐与痛苦放在心上；学会生活在人们中间，学会热爱自己的祖国和仇恨祖国的敌人。他们懂得了劳动的变革作用，很好地掌握了祖国语言，学会了五种技能——观察、思考、读、写和用语言表达思想。已证明，在 7 岁之前，实际上也就是在上一年级之前就可以教会孩子读和写。如果能做到这一点，孩子们的精神力量就能解放出来去进行思考和创造。

我认为同样重要的一点是，孩子们从道德和精神上都做好了进入麻烦的年龄期——少年期的准备。在低年级我就想到这个时刻，那时，孩子们正在接近划分童年与少年的那个无形的界线。有人已经越过了这个界线。少年时代的麻烦事实际上在四年级就已经开始了。

初秋一个恬静的黄昏，我带着孩子们来到了我们的“美丽角”和夏天告别。

夕阳的余晖在高高的树梢上闪烁。四年前我们亲手栽种的苹果树上挂满了即将成熟的累累果实。熊蜂在一串串葡萄之间飞舞，田野里传来阵阵拖拉机的隆隆声。女孩子们抱来一捆麦子，她们把绣球花的果实和麦穗编在一起。大家唱着歌，赞美这静静的夏日黄昏。歌声沉寂了，孩子们抬头仰望黄昏时分的天空。大自然的美妙乐曲以及有关我们今天来与之告别的夏日种种回忆，这一切都在孩子们心中引起强烈的反响。周围的景色：黄昏的天空、红色的晚霞、琥珀般的苹果、一串串的葡萄、绿色屏障般的啤酒花、白色的秋菊，还有那蜜蜂儿的嗡嗡叫声，整个世界在我们面前犹如一架奇妙的竖琴。孩子们轻轻拨动根根琴弦，它奏出神秘的音乐——语言的音乐。这是既有快乐又有感伤的乐曲。我也是一样既感到快乐也有几分感伤。孩子们啊！转眼你们已经都是少年了，你们将来的前程如何呢？今后我还会天天和你们在一起，带领你们度过青春年华直到长大成人。五年来，我拉着你们的手一步一步向前走，我把整个的心都给了你们。诚然，这颗心也有过疲倦的时刻。而每当它精疲力竭时，孩子们啊，我就尽快到你们身旁来。你们的欢声笑语就给我的心田注入新的力量，你们的张张笑脸使我的精神重新焕发，你们那渴求知识的目光激发我去思考……我遐想未来，仿佛看到你们都已长大成人，我的亲爱的孩子们：我看到你们一个个都成长为英勇无畏的苏维埃爱国者，都怀有一颗赤诚的心，都有一个聪慧的头脑，都有一双灵巧的手。

公民的诞生

肖　甦　诸惠芳　译

目　录

孩子在少年时期有哪些变化

“似乎有人给孩子注入了新的灵魂……”

少年，一说到这个词，就会给母亲和教师们带来多少惶恐！有多少本书都在讲述少年那神秘的内心世界，又有多少篇研究关于少年问题的论文陈列在图书馆的书架上！

我倾听过教师们讲述他们的惶恐和忧虑，观察过那些从小就认识的少年们，阅读过许多有关少年的书籍。随着时光的流逝，在自己藏书中我已经积攒了数十本小册子；每一本小册子都是一个小公民独特的生活写照，他的命运的写照：从入学的第一天到长大成人。经常是，到了那令人激动的一天，那个曾经是淘气的、不管不顾的孩子，又把自己的儿子或女儿送来上学了：“收下他吧！这也是我，外表虽不像，但……本质上大概还是那时的我。”

最令人操心和不安的问题，是一个人在少年时期的精神生活。多年来，通过观察学生集体的生活和工作，我得出结论：在少年这个年龄阶段，人的精神生活会发生深刻的变化。他的认知能力、脑力劳动、行为、与同学的相互关系、情感和审美以及道德的发展等许多方面的实际表现，都使教师感到不可思议和迷惑不解。有经验的教师也经常抱怨——少年工作难做。他们身上常常出现某种神秘莫测、难以理解的现象。

三、四年级的男孩是再好不过了：安静、稳重、注意力集中、和气、富有同情心、能够接受这一年龄段的人所应有的高尚而崇高的情感；可到了五年级，特别是六、七年级就不是他了：任性、缺乏自制力、常常变得粗鲁、没礼貌、过分的自爱、无论是对教师的要求，还是对同学的弱点都显得十分急躁，对周围的世界，特别是在评价成年人的行为时总是直率和偏激。

有时候你会看到这样的情形：在儿童时期令他激动的感情，随着时间的推移好像不再能占据他的心灵。一个亲人或是陌生人的痛苦，如果从前曾在儿童的心里引起过强烈的感受的话，那么一个少年可能根本就发现不了别人的痛苦。

在教师委员会会议上，六年级学生维塔利的班主任说："似乎有人给男孩子注入了新的灵魂。"（我则边听边思考："难道再过两三年，维佳·别兹维尔西或者沃洛佳·别斯克罗夫内也会变成这样吗？因为在三、四年级维塔利的学习和品行堪称是个优等生。"）班主任接着又说："可现在四年级毕业了……我在开家长会时讲了学业成绩。我想讲讲维塔利违反纪律的事。当时我想：家长的参与会对孩子有影响。我一边讲，一边看了维塔利一眼。他一动不动地坐着，没有一点害怕或是悔过的样子。突然我看到：他打开我教的那门课的课本，拿出铅笔在书的扉页上画着什么。他的眼睛里流露出幸灾乐祸的神情。他坐在最后一排，谁也看不见他在干什么。我心里发紧。有什么办法呢？我知道，在这儿当着家长们的面不能谈论他的新的不良行为。我担心这个小伙子会暴跳起来。我感觉到，他正等着我说他呢。他是成心弄坏我这门课的课本……目的就是让我难受。我把话题转到了别的事上，可几天前和维塔利发生的冲突的情形，又浮现在脑子里。

"那次是时事政治讲座，一个十年级的女共青团员在讲国内外的生活。谈到了邻村集体农庄庄员们忘我劳动的事。妇女们种甜菜获得了大丰收。荣誉和光荣属于为共产主义而劳动的人们！这时维塔利举起了手。

"'我想发言。'

"'你说吧。'我同意了。

"'我妈妈洗甜菜，在地里坐了一个月，'维塔利激动地说，'现在她病了，躺在医院里。这么重的活儿为什么要让妇女们干呢？'

"'你想想，你在说什么？'我生气了。'你算是个什么少先队员呀？'

"'那你算个什么老师呀？'维塔利轻轻地、声音颤抖地说。'难道能让一个人整月坐在潮湿的地上吗？是你教的要为真理而奋斗呀。'"

班主任最后说："维塔利的这些话使我惊呆了。这是什么呀。是蛊惑行为还是追求真理？也许是我们给了我们的少年们太多太多，而对他们的要求却太少了？也许，当今时代展现在人们心灵面前的世界，有许多是我们所不知道的特别的东西？也许，世界的某些方面向少年们展现的和向我们展现的不一样。怎么才能使生活中个别的不良现象不再被错误地接受呢？"

随后进行了激烈的、开诚布公的讨论。在讨论中总结出了使我们整个教师集体都感到不安的事实：的确，我们有时忘记了一些东西；我们常常不是从我们的受教育者的角度去看世界；有时我们陷入令人吃惊的、不可原谅的矛盾之中：教育我们的学生要实事求是，要讲真话，而且是只讲真话，但同时又试图在年轻的心灵中，熄灭那股由于与不公正现象势不两立而爆发出的怒火。少年不同于儿童，他已经开始对善良和丑恶都进行概括；通过一些事件他看到一种现象；而这种现象在他的心目中会产生什么样的思想和情绪，都取决于他的信念、对世界的看法和对人的看法。诚然，少年时期区别于童年时期的还在于，这个年龄段的人对事物的观察、感觉和体验与童年时期所观察、感觉和体验到的已经不同了。

我曾长时间地思考：少年眼中的世界与儿童眼中的世界到底有什么区别呢？我曾试图把自己放在学生的位置上，并把所进行的教育观察记录在单独的本子上。在这个本子里有专门的一节“我用少年的眼光去观察”。我在心里把自己放在那个维塔利的位置上，从他的角度观察、评价我的行为；我尽力把自己当作那个少年（那个认真、好学、稳重、严格要求自己，同时又是缺乏自制力、任性、蛮不讲理的学生）第一次遇到的人。

现在，过了多年之后，当我翻看这本不寻常的笔记的时候，又重新感受到当时所感受的那份惊奇。这是令人吃惊和不可理解的现象；那个被我认为是要求严格、蛮不讲理、偏激、直率的少年，在我身上发现的缺点，甚至比我自己能想到的要多一百倍。我情不自禁地想从这份材料中做些摘录，这也许会让我的某些教育同行们报以宽容的微笑。

1. “我的老师在对待周围世界的现象方面有‘缺少同情心’的缺点。一个男孩当着他的面欺负了一个女孩。他平静、毫无反应地看着欺负人的人。他对女孩说：‘我要找欺负你的人谈话。明天就谈。让他再重复一遍欺负你的话。’一天、两天过去了，教师的记忆深处还保留着应该找欺负人的男孩谈话的想法……但是这只是一个懒惰的想法，像只贪睡的猫。而欺负人的人对女孩说：‘我不会有事的。老师会把自己学生的行为忘掉的，他们老师跟我们打交道都打腻了……’”

2. “我的老师一星期前把一本他应该读的书放在了桌子上。每次当他坐到桌旁，他只是看一眼那本书，就又去干别的事去了。昨天他把那本书放到书架上去了。”

3. “我的老师的心是冷的。他给放牧人讲完课后，一个农庄庄员向他讲述了自己的发明：如何减轻劳动强度，在不需要建造大规模的昂贵设备的情况下实现机械化收集粪肥，这事他已经考虑了一年多了。老师答应明天到区里去时向区委会介绍这项非常有价值的发明，让工程师来帮这个人具体实现这个并不复杂的机械化的想法。过了一天、两三、三天。到区里去的热情减退了。过了一个星期，他偶然碰到了区委书记。他是讲了发明者那有趣的想法。可他是怎么讲的呢？本来是一件充满激情、令人激动的事情，让他一说就变得平淡乏味了；如果那么做倒是不错的，要能减轻牧人的劳动强度也是挺不坏的……”

在观察日记中对难教少年的记录也很奇特。这不是行为记录。这是少年所观察到的世界。我把自己放在了这些男孩和女孩的位置上，用他们的眼睛看周围的世界。每走一步都能看到奇怪的、有时是不理解的东西，它们令人感到吃惊，常常还让人感到气愤。少年看到了儿童还看不到的东西；他还看到了成年人常常没看到，确切地说，没发现的东西，因为很多东西对成年人来说已经是习以为常的了。少年对世界的观察，从某种意义上说是人类唯一的、独一无二的、特殊的状态，我们成年人往往对此根本不理睬并泰然处之。

少年对所看到的事物非常关心。比如，苹果树的叶子上生了虫子，他就想：为什么学校（或农庄）的果园里有这么多虫子呢？如果这些害虫不消灭会出什么事呢？为什么没有人注意到害虫在吞噬物质财富呢？少年对所看到的丑恶是否感到愤怒，对善良是否感到高兴，还是对善、恶都无动于衷，这一切都取决于他在什么样的条件下受教育，在儿童时期培养他的思想和情感的认识、思维、观察世界的源泉是什么。

对尖锐而迫切的教育问题的艰苦思考，使我在执教后的第三十四个年头得出一个结论：少年时期教育的困难恰恰在于，我们很少教育儿童把自己看作是、理解成、感觉成是集体、社会和人民中的一分子。为什么常常会听到这样的事：一个学生在儿童时期是个好学生，而在少年时期却受了不良影响变成了坏孩子了呢？这是怎么搞的，是不良影响吗？它又是从何而来的呢？教育工作最基本、最主要的不是保护少年不受坏的影响，而是让他们对任何坏的、不道德的事物都具有抵抗力。那又怎样去做到这些呢？这也就是教育的技巧和艺术的关键所在。

一位低年级女教师四年来对自己的学生一直赞不绝口。

过了一年到一年半，她含着眼泪讲述了自己那些已是六年级的学生的事：在电影院门口他们差点把一个老太太撞倒。

听着这位优秀勤奋的女教师的苦涩的谈话，我想：她的学生们确实曾是善良、有礼貌、努力、守规矩的学生。这些并不是天生就有的品质，这是辛勤教育的结果。那么如何解释在少年时期出现的，只有这个年龄段才特有的困难呢？也许，这只是在少年时期（旧观点认为的不可避免的灾难时期）所产生的困难？我开始研究12～30岁的人违法犯罪的情况，开始是在区的范围内，后来在州的范围内。事实是公正的；它表明12～15岁年龄段的违法犯罪者比15～18岁的男女青年多一倍。

我研究了460个刑事案件的调查材料。每个给社会造就了违法犯罪者的家庭都有些问题。有的家长本身并不是坏人，但却不了解他们的孩子靠什么生活。人际关系中精神上的贫乏在许多家庭里占据统治地位，而在这些学生就学的学校里和班集体里，没有人关心他们的兴趣和要求是什么，他们在哪儿能找到生活的乐趣。

我举个例子，讲一件发生在一个僻静的小城里的悲剧。一个14岁的少年在滑冰。他看见一个8岁的男孩，把他叫到跟前，指着有冰窟窿的方向说：“到那边滑去吧，那儿的冰好，冰平。”小男孩掉到冰窟窿里淹死了，而少年又滑了一个小时，才回到城里。他对同学们讲了如何让一个小孩子上了他的当。悲痛欲绝的小男孩的家长问："你是知道你把孩子往哪儿指的，难道你的心就一点没颤抖吗?"少年平静地回答："我又没把他推到冰窟窿里去。是他自己往那边滑的。我只是建议他到那儿去滑，那儿的冰平……"男孩的家长问："那你为什么不马上来告诉我们呢？可能还来得及去抢救孩子的……"对此少年回答说："跑来告诉你们？关我什么事。每个人只对自己负责……"

我和这个少年、他的家长、老师、少先队辅导员谈过话。展现在眼前的是一幅令人压抑的画面。无论是家长，还是他们唯一的儿子，都没有任何精神上的爱好。孩子只知道两种感情：满足或不满足。在家庭里最崇高的只是最低的需求：吃好，睡好。少年不知道与人交往的乐趣，为他人创造美好和幸福的乐趣是什么。在学校里只要孩子学习没得 2 分，只要他不违反纪律，也就满足了。当我问老师，她在这个少年身上已经培养了或者打算培养什么样的精神需求的时候，她什么也说不出来。这个人在儿童和少年时期把全部精力都用到哪儿了？用到什么方面了？我没有听到一句有关的回答。实质上，学校就没有考虑过教育人的那些最主要、最根本的问题。

一切都取决于儿童时期的教育

对少年期教育的困难分析得越多，我对一条简单而又重要的规律的真实性就越坚信不疑：在儿童期教育进行得过于简单的地方，对少年的教育就困难。我研究了有违法犯罪少年的 460 个家庭的生活，发现了这样一种情况。家庭的知识、美育、道德爱好和要求越贫乏，孩子犯罪的程度就越重，他缺少人性、残忍、愚昧的程度就越重。在这些违法犯罪的少年的家里，没有一家有家庭藏书，哪怕是少量的。而在我上面讲到的那个犯罪少年的家里，除了又破又脏的课本之外，甚至连一本书都没有。我统计了一下，在所有460个家庭里，算上给学前儿童看的连环画，总共有786本书（不包括教科书）。在犯罪或违法的这些人中，没有一个人能说出一部交响乐、歌剧或室内乐作品，没有一个人能说出一位作曲家的名字，无论是古典的，还是现代的作曲家。曾经让这460个少年听过两首音乐作品：柴可夫斯基的芭蕾舞剧《天鹅湖》中的“小天鹅舞”和格里格的《爱尔菲舞》。对这些作品中美的理解和感受是一个少年基本美学修养的标志。这些少年中没有一个人能说出作曲家通过音乐形式所描绘的是什么样的情景。从少年们的眼睛里我看到：音乐旋律没在他们当中任何一个人身上唤起任何情感，没有引起任何回忆。

在研究这些少年犯的内心世界的同时，我还研究了这样一些问题：对于这些少年来说，有没有特别亲近的人们（个人），能值得他们把自己心灵的一部分奉献出来，并把他们作为一面镜子，从中看到自己内心的冲动？我分析过，在难教少年（确切地说是童年期和少年期精神贫乏的人）就学的学校里，是否存在这样一种相互关系，其实质和内容就是奉献心灵，为他人创造幸福，为他人的命运担忧，用智慧，特别是用心灵去理解人类最高尚的欢乐——为他人带去幸福时所产生的欢乐。显然，这些少年无论是在家里，还是在学校里都没有这种最重要的关系。在教育工作中恰恰没有明确的意图、明确的思想和目的，没有在童年期就培养一个人为别人贡献自己的力量，把自己心灵的财富贡献给他人，用智慧和心灵去了解（从而深刻感受和关心）别人内心的细微活动——痛苦、欢乐、恐惧、失望、忧愁、慌乱……我越发不安地确信，许多教师，甚至是优秀教师的学生，在童年时期的自我表现是十分片面的；教师评判一个学生是好学生还是差学生的基本标准，就是看他是否遵守规章制度和要求，是否听话，是否违反了行为规范。许多教师则以学生是否听话、是否顺从来判断他们的内心是否善良，实际上远非如此。人一到了少年期，就不能满足于如此贫乏地表现自己了：他渴望在复杂的人际关系和积极的社会公益活动中表现自己。正因为没有培养他把自己的心灵的力量贡献给他人，正因为他在为别人创造善良而贡献自己力量的同时，没有学会自我理解、自我感受和自我评价，所以少年期的他，似乎就感觉不出自己也是生活在人们中间的。

读者会产生这样的想法：作者为什么要研究未成年违法犯罪者的精神生活？这对搞清少年期教育工作的实质和规律有什么意义？这主要是，违法犯罪行为最能鲜明地反映一种因果关系。我的愿望始终就是不使任何一个少年成为违法犯罪分子。

有人认为，少年期具有某些天生的、不受教育支配的年龄特性，因而教育上出现困难是不可抗拒的。现在这种说法的实质逐渐清楚了。我越发相信，少年的道德面貌取决于他在童年期所受的教育如何，取决于从出生到10～11岁这个年龄段给他的心灵里灌输了什么。童年期不可能天生给家长和教师带来那些少年期才会带来的困难。形象地说，少年是一朵花，它是否美丽，要取决于怎样呵护它成长。关心花朵的美丽要早在它绽放之前就开始。在少年期的那种“不可避免的”和“不可抗拒的”现象面前表现出的慌乱和惊奇，就如同园丁欣赏他种的花时所表现的慌乱和惊奇一样。他在地里种下一粒种子，却不知道是什么种子，是玫瑰还是飞廉，过了几年之后他才来欣赏自己的花。如果不是玫瑰而是飞廉的话就显得可笑了。如果你看到园丁还在给飞廉花涂色画彩，想使它变成玫瑰花，如果你看到园丁还给飞廉花浇灌香水，想使它像玫瑰花一样芳香，这种自欺欺人就会使你觉得更为可笑。显然这样的园丁只会引起人们的愤慨。可是，这样的园丁成千上万，他们给人以生命之后，就认为已经完成了自己的使命，至于这个人将成为怎样的人，那就让别人去操心吧，让大自然去关心吧。为什么这种情况竟没有引起人们的愤慨呢?

花朵的美丽不可能从天上掉下来，需要多年的努力才能创造出来——培养、防暑、防寒、注意浇水和施肥。在塑造大地上最美、最崇高的东西——人的过程中，单调的、使人疲劳不堪而且往往是令人不快的劳动，是不能与那种只是给人们带来愉快的劳动相提并论的。“孩子是生活中的欢乐”这条真理具有深刻的含义，但也有深刻的矛盾。孩子本身不可能是欢乐的源泉；孩子——这是一个在新的基础上再现其父母品质的人，对父母亲来说，从孩子身上得到欢乐的真正源泉首先是他们能够把好的品质灌注到孩子身上。人类最高尚的品质——自尊心，是在对孩子的爱中展现出的。

对少年期令人担忧的种种表现越是日益关注，我就越来越清楚地感到，对童年期的教育决不能掉以轻心，不能怕麻烦。人生的根基是在童年时期扎下的。大自然不会去研磨人的任何一个特点，它只会使它根深蒂固；应该去做研磨工作的是我们——父母、教师、社会。如果用托尔斯泰的话来说，少年的危机现象——道德缺陷、违法、犯罪，所有这一切现象，是恶行的放大镜。我们难以察觉的一些坏事，一些乍看起来似乎是天真琐碎的小事，实际上却是很危险的，因为对一个瞪大眼睛看世界却又不知道该如何生活的人来说，这些微小的冰凌在他的内心里会变成巨大的冰块。

当我准备自己这所“蓝天下的学校”，在低年级班级里对孩子们进行教育的时候，我总是忐忑不安地想着那个时刻：我的学生们快接近那条标志着童年期结束、少年期开始的分界线了。要是一个人一辈子总是儿童的话，那么我在他们处于童年期时曾试图要做的工作，许多就是多余的了。我的同事们和我本人的痛苦经验，以及我们曾经犯的大量错误使我确信，学校教育工作中最大的灾难之一，就是忘记了儿童不能永远总是儿童这个事实。

一个儿童现在不是父亲或母亲，但到了某个时候他们是会成为丈夫或妻子的，他将通过一个新的人来再现自己，这一点教育工作者必须清楚。我倒是注意到了这一点，尽管很少直接对孩子们说，他们将成为父亲和母亲。但凡仔细读过我的第一本札记的人都会发现，我们对童年期的孩子进行了大量的工作，目的在于培养儿童具有感知周围世界的细腻感情和情感修养——能识别人、有感受能力、情感敏锐、亲切诚恳，同时还具有自尊心和人的自豪感，不去侵犯任何私人的和隐秘的事情。为了使儿童置身于集体的劳动、道德、智力和审美的各种关系之中，也做了不少工作。这样做的目的不仅是为了今天，而且更考虑到了将来。

儿童是绝不可能成为犯罪分子的，决不会有意识地去犯罪（对病态的情况需要进行专门研究），但我尽力做更多的工作，务必使我的每一个学生在成为少年之后，也决不允许自己去犯罪。在教育工作中有很多专门建立的、预先规定的、“被设计好的”人际关系，以便达到在学生们的心灵中确立起一种把人作为最珍贵的财富去尊重的目的，使一个人从小就能成为别人的朋友、同志和兄弟。

第一，儿童为别人创造欢乐，并由此而感受到自己的幸福和自豪。我努力使每个儿童都从心底里感到，最值得欢乐、最珍贵、最神圣的是母亲、父亲、兄弟姐妹和朋友。要让儿童准备为自己最亲爱的人的幸福和欢乐献出一切，要使这种献身精神和为别人造就幸福的精神成为最主要的精神需要。我竭力想使儿童无论是在家里，还是在学校都要把与其他人的关系建立在义务感和责任感的基础上。让儿童意识到并感受到自己对母亲、父亲、教师应尽的职责——正是这一点应该成为儿童认识人的世界的出发点。

第二，在表现美的各个方面创造并保持美。一个人进行积极活动的精力和可能性越大，他对美的态度在形成其道德面貌方面所起的作用也就越加显得重要，这里包括创造美，热忱地关心美，特别是关心人们相互关系中的美、为崇高理想而服务的美、思想生活中的美。

第三，儿童在集体活动中所表现出的公民思想财富以及他们与其他的、非学校集体之间的相互关系中所表现出的公民思想财富。努力做到使学生从童年时期起就开始关注祖国的现在和未来，这是防止少年期出现道德缺陷的最重要的前提之一。公民的思想、公民的感情、公民的忧虑、公民的义务、公民的责任感，这是人格品质的基础。只要在谁身上培养出了这些品质，这个人就不会表现出不好的品质，相反，他将努力只在好的方面表现自己，以无愧于我们的思想，无愧于我们的社会。

第四，培养和发展对一切有生命的和美的东西的同情心和怜悯心（我们不怕提及“怜悯”这个词以及它所包含的高尚情感!），培养对大自然中的一切美好事物的热忱、关切的态度。归根结底，也就是培养对人的怜悯心。我们牢记高尔基的话：“怜悯损害人的尊严。”但是，在我们这个社会里，产生社会祸害和与之相联系的痛苦和灾难的任何理由都已经不存在了。而怜悯是需要的，它恰恰能使人品德高尚，在道德上支持人。只有那种瞧不起人的怜悯才损害人的尊严。当一个学生出于怜悯而渴望帮助别人的时候，他会在这样的怜悯中变得高尚。人，必须学会怜悯。

第五，发展高度的智力修养——思想、感情、感受；当一个人认识周围世界，认识人类的过去和现在，认识祖国的物质财富和精神财富，认识本民族精神以及艺术珍品，特别是文艺作品的时候，这种智力修养更能激发他的内心世界。我坚信，一些人在少年期和青年早期之所以头脑简单、情感贫乏、道德不坚定，其最主要的原因之一是知识有限、思想修养水平低、不会从书籍中寻找满足自己精神需要的东西。现在，我们就要实现普及中等教育了，工人和农民的智力修养问题（他们接受中等教育并不是为了上大学，而是为了成为一个真正的人），使他们具有高度的智力修养的问题，就显得尤为重要了。吸引青年人的不应该是酒杯而是书籍。书是一种能战胜酒杯的恶势力的强大力量，而酒杯是巨大的灾难，它像虱子一样总是叮在精神空虚和兴趣贫乏的人的身上。

儿童不可能永远是儿童，他将长成少年、男青年、女青年、父亲、母亲……但是，如果在少年期和青年早期一个人的心灵中仍然保持着儿童的某些特点——直率，对周围世界的各种事件和现象有鲜明的情感反应，对一起工作、学习、患难与共的人们的内心精神活动表现出热忱的关切，那样就很好。

我后面还会不止一次地提到这个最重要的教育问题，现在我只着重谈这个问题的一个方面，即与保持和发展童年期所获得的一切美好的东西有关的方面。我要谈的是儿童精神世界的细腻性和复杂性。细腻不是与生俱来的，而是后天培养出来的。我在我的第一本札记中用了大量篇幅论述如何培养细腻的感觉：感觉语言的美、音乐旋律的美、文艺形象的美，感觉各种生活现象的崇高和优美，或者造型艺术作品中及文艺作品中思想的崇高和优美。一些家长和教师们的议论使我很不安，他们认为，产生感觉迟钝，出现某种莫名其妙的情感“冷酷”，是少年期的必然现象：少年从树上折了一根树枝，马上就把这件事忘到脑后了；他同样会冷漠无情地用弹弓瞄准玻璃和麻雀，他会把自己的姓名和整句、整句的格言刻在课桌椅上。于是我开始仔细观察这类少年。结果发现，他们在童年期虽然都参加过星期日的集体义务植树劳动，但却没有一个人一直照顾树苗直至它长大，他们中间没有一个人感受过那种创造美的欢乐。

生活表明，一个儿童如果不了解在劳动里充满了为人们创造美的崇高思想，那么，他就不能在内心里用细腻、体贴和容易感受的态度去对待那种细致而又“温柔”的教育方法，他变得迟钝，只能领悟原始的“教育方式”：大声呵斥、强制、惩罚。少年们的粗鲁无礼和无意识的破坏倾向就是由此而来的。正因为如此我要努力使我那些未来的少年们，在童年期就能体验到美的激情和对美的赞赏，让自己的劳动成为产生这种感情的源泉。这就是关心培养（后来我深信我的期望是有根据的）少年、男青年、女青年敏锐地、反应迅速地去对待教育者的话——他的劝告和婉转的责备。童年时期感情的细腻和丰富（赞赏自己亲手创造的美），对粗鲁、庸俗、破坏美的行为毫不妥协，这就是少年们情感修养的基础。

我尤其关注的是，千万不能使用体罚的方法“教育”儿童——用皮带抽、打后脑勺、拳打脚踢，这会使儿童的心灵变得迟钝、凶狠，变得冷若冰霜和残酷无情。我一再使家长们相信，体罚不仅表明家长软弱无能和惊慌失措，而且还是一种极不文明的教育方法。皮带和拳头会扼杀儿童心中细腻敏锐的情感，会强化愚昧的本能，在谎言和奉承这种毒药的麻醉下，人就会被腐蚀了。用皮带教育出来的儿童会变成麻木不仁、没有心肝的人。能动手殴打同学的孩子，只能是那些曾经尝过，现在仍在品尝宗法式教育“美味”的人。少年的犯罪和违法行为在很大程度上也是“拳头教育”的后果。

教育中的皮带和拳头……这是我们教育工作者的羞愧与耻辱。所以是羞愧和耻辱，是因为儿童常常害怕到学校里去，害怕走进这个意味着人道、善良和真理的神圣场所，因为他们知道：教师会把他们的不良行为或者学习成绩不好告诉父亲，父亲就会打他们。这不是抽象的图解，而是痛苦的真理；许多母亲以及孩子本人都经常在来信中写到这一点。教师在学生手册里写上：“你们的儿子不想学习，请采取措施。”这实质上就是教师经常把一根鞭子放在学生的书包里，而父亲就用这根鞭子来抽打自己的儿子。试想一下这样的情景：一个复杂的外科手术正在进行之中，技术高超的外科医生正俯身在露出的伤口上动手术。突然，一个腰里别着斧头的屠夫闯进了手术室，他拨出斧头就朝伤口砍去。那么这把脏斧头，就等于是教育中的皮带和拳头。

教师，您要记住，如果我知道，我的格里茨克或者彼得的父亲是一个上帝只赋予他生孩子本领的人，而我却把这个有能耐的家长叫到学校里来对他说："您的孩子是个懒汉，他不想学习。"这样就会出现最简单的现象：我是用他父亲的手来打格里茨克，我就伤害了人的尊严，我就成了犯罪的同谋。

儿童憎恨打他的人。他能很敏感地明白并能感觉到，是教师在指挥他父亲的手，于是他开始憎恨父亲和教师，憎恨学校和书本。

我认识一些儿童，他们简直想象不出，一个人怎么可以打另外一个人。在他们成长的家庭里，处于一种在精神上、心理上都细致入微的相互关系中，大人和孩子之间充满了相互信任的气氛。这些儿童都具有对教育者的话非常敏感的特点。我的理想一直是，不让任何一个孩子知道，什么是体罚的"教育"方法。在我的"蓝天下的学校"里，从来没有一个家长打过我的学生。我相信，我们培养出的后代，当他们在阅读讲述往事的书籍时，如果遇到有人打人的描写，他们就会感到非常痛心。要是在最复杂的环境里（在生活中，在家庭里）消除了人对人施加暴力的现象，要是儿童不再在体罚之下接受教育，那么共产主义教育理想这一伟大目标就能更快实现，到那时，社会上将没有犯罪，没有凶杀，那些现在仍然必要的监狱和其他惩罚手段也将随之消失了。

但愿读者别把我看作是一个鼓吹抽象的仁慈与宽容一切的人。我们是在一个正在建设共产主义的社会里，谈对儿童进行教育的问题。社会主义世界不仅与资本主义世界（被仇视人类的残酷法律所统治的世界）针锋相对地对峙，而且还在思想、精神、道德方面与这个充满暴力和奴役的世界进行经常的决斗；我们的儿童应该做好一切准备：既能在战场上迎战敌人，又能经受住艰苦斗争的考验。

共产主义教育不会使我们社会的公民精神变得温顺柔情和软弱无力。相反，共产主义教育应当使人在体力上和精神上都得到锻炼。我们不仅应当教人去爱，还应当教人去恨，教他们既能多情善感，又能不共戴天。不仅要会欣赏美，创造美，还要会给蓄意侵犯我们祖国的自由和独立的敌人以打击。只有精神境界极其高尚的人才能够真正憎恨敌人、与其不共戴天。

某些教育工作者会问："该用什么东西来代替惩罚呢?"不能这样提问题。这仍然是在问："什么能代替人对人使用暴力呢?"惩罚并不是什么不可避免的手段。哪里充满了相互信任和热诚的气氛，哪里能使儿童从小就深刻地感觉到他与周围的人同思想、同甘苦，哪里能使儿童从刚一懂事就开始学习控制自己的愿望，那里就没有进行惩罚的必要。使个人愿望具有高度的修养，这是根本消除惩罚的必要前提。

童年期和少年期教育的两个源泉

有一件事使教师们震惊不已：科利亚·兹是一个大家公认的文静谦逊的少年，语文老师的骄傲（他的作文写得非常好）。突然，他做了一件可耻的事。在夜里他打开物理专用教室的窗户，爬进去从录音机里偷走了电动机，同时还弄坏了一些零件。他的家庭似乎没什么问题。父亲在一家工厂工作，是一个不错的家长。他多次在家长会上头头是道地发言，大家都还记忆犹新："要是父母热爱劳动的话，他们就是一句话不说，这个家庭也已经在以实际行动来教育孩子们热爱劳动了。"

可突然发生了这件令人痛心的事。这是在战争结束没几年时发生的。物理专用教室还刚刚在筹建；录音机是学校的校友，一位军官送给母校的礼物，它是集体的骄傲。教师们都在想："人身上的坏东西是从哪儿沾染来的呢?”大家开始对培养道德信念和习惯这个复杂的教育过程进行深入的思考。教师们仔细地考察了科利亚·兹的家庭情况，结果发现了初看起来并不起眼，但却是非常令人不安的现象。父亲每天下班总捎带一点小东西回家：或是几段电线，或是几块金属片，或是一根小管子，或是一只轴承。儿子帮助父亲把这些小零件分门别类放在家庭工作间的许多小架子上。儿子从未问过这些东西是从哪里来的，因为这是明摆着的事。父亲并不认为这样做是可耻的；他没想到，他的行为能对儿子产生极其有害的影响。父亲从未拿过邻居的一根钉子，因为他认为这是偷窃行为。我们说了一些令这位父亲感到苦涩的话，把他曾对别人讲过的有关父母榜样作用的那段教诲用来提醒他。

这个事件开始让人们去思考道德教育的两个源泉问题。第一个源泉是预先计划好的教育工作，这包括：集体中多方面的道德、劳动、创造和公民政治的相互关系，这些相互关系是为培养人而专门建立的；教育者的话；把老一辈创造的、设法获得的或通过斗争才得到的宝贵财富传给青年一代。这一切都是由教育者事先规划、制定好了的。

但是还有另一个教育源泉同样相当重要。这个源泉在童年期尤其起特别重要的作用。这就是儿童周围的复杂关系。这些关系对儿童来说是一种氛围，是能向儿童揭示各种道德内容的直观课。谁也没有把这些关系当作一种专门的教育方法进行思考；可是，成年人越是不把这些关系看作是一种能对儿童的精神世界起影响作用的力量，这个力量所起的教育作用就越大。这里必须再一次强调一下“关系”这个词，因为儿童把自己周围的一切（不仅是人，还包括事物和现象）看作是具体化了的人的观点、判断、习惯和意向。

长日制班的教导员带着孩子们来到学校的食堂。他自然不会忘记，让大家在吃饭的时候要遵守行为文明准则，以便在满足自己需要的同时，进一步巩固道德的和审美的日常生活习惯。但是他带儿童来食堂，并不是为了对他们进行教育，而只是为了让他们吃饱肚子。这是最最主要的目的。在食堂里儿童不仅吃饭，还会看见许多事情。有好的也有坏的。这不，一个七年级学生把一个一年级小学生从餐品柜台边挤开，自己买到了需要的食品，而那个小男孩却被挤到了队伍的末尾。这不，学校食堂的女工玛莎，一位接近老年的妇女提着一桶脏水朝院子另一头的水坑走去。迎面走来两个十年级学生，他们比玛莎阿姨高出一头，力气显然比她大得多。他们却都闪到一边，让玛莎走过去，生怕她提的脏水桶碰到他们的衣服上。他们皱起了鼻子，因为桶里的东西不那么干净。他们朝小窗那儿跑去，随即就已经从那边传来了他们的声音："怎么没有干净的大碗啦?"儿童看见两个女孩子走到餐品柜台前。一个女孩买了一块巧克力糖，另一个买了一张汤票。一个女孩在吃巧克力糖，她的女友忘了买面包，又朝餐品柜台走去。在乱糟糟的食堂里似乎谁也注意不到这些，儿童也不会动脑子琢磨他眼前发生的事，但是任何事情都不会消失得无影无踪，眼见的一切都会反映到儿童的脑子里。这不，儿童已经注意到一件不寻常的事情了。在忘记买面包的那个小姑娘旁边，坐着一个顽皮的男孩。他绷着脸，一副不满的样子。他面前放着一杯牛奶和一块白面包。他咬了一口面包，就把它放到桌子上，又跑到餐品柜台，买了些饼干。而面包已经被他推到了桌子角那儿。这不，儿童又看到洗脸盆那儿挂着一块脏手巾。谁愿意洗手就洗，不愿意洗就不洗，而谁都不想多此一举，因此谁也不去洗手。窗台上摆着一盆玫瑰花。盆里扔着一些吃剩的苹果核。玻璃窗被苍蝇弄得很脏。厨房里传来一阵发脾气的声音：是一个男人的嗓音，他正在骂人，说窗户没擦净，脸盆架下面的墙壁没刷白。

儿童所看到的一切似乎只在他的意识表层一划而过。教导员注意的是谁也别提前离开饭桌。吃完饭，孩子们就站起身（大家都想快点跑到运动场去)，在教导员的指挥下齐声说：“谢谢这顿午饭!”(教育工作计划上事先规定好应该这么做。)这句话是用来感谢女厨师和玛莎阿姨的，可是她们现在根本顾不上这些，卫生检查员正在呵斥她们，威胁说为了什么事要在卫生手册上记上一笔。

人们的生活一幕幕从儿童眼前闪过，生活的每一个细节都反映到儿童的记忆中，有时是绕过意识，似乎不知不觉地就进入了记忆深处。生活不但反映到意识中，也反映到潜意识之中。记忆是自动工作的，来自周围世界的信息进入潜意识的要比进入意识的多。在潜意识里，信息不是杂乱无章地堆积在一起，而是分门别类、有系统地排列起来，而人的各种社会本能就是由此表现出来的。如果一个儿童吃完了一个苹果，手里拿着咬剩下的苹果核找地方扔，当他没找到垃圾箱时，就把苹果核揣进了自己的口袋里——这里起作用的就是人的社会本能，这种本能是通过潜意识中信息的长期积累而形成的。虽然这些信息并不是专门为教育提供的，却能产生强烈的教育作用。如果没有这种信息，一切善良的劝导都是徒劳的，对儿童来说如同对牛弹琴。

儿童在学校食堂的20分钟里所看到的一切，反映到他们的潜意识里，有好的东西，也有一些事实是与教师平常经常对他们讲的完全相反。这些事实乍看起来无足轻重，然而从教育角度来说就是危险的。儿童的意识和潜意识中，这种在实质上与教育者的教导相互矛盾的信息反映得越多，人的理智就变得越发软弱无力，因为理智如同人的主要守卫者和行动主宰。预测性、筹划性教育方法和非预测性教育方法(这是形成人的各种社会本能的媒介)之间的差异越大，培养和形成实践中所说的“良心的呼唤”就越难。良心的呼唤就是发自内心要求自己做出有益的、必要的和美好的行为。只有当预测性和非预测性、筹划性和非筹划性教育方法协调一致，良心的呼唤才能够形成。良心的呼唤是一种力量，它能促使儿童在没有找到垃圾箱的时候把苹果核藏进自己的口袋；它能促使一个人懂礼貌地抢过妇女手里的脏水桶，把脏水倒进水坑，把桶还给那位妇女而不求人们对他的行动表示谢意。看来，这些都是很重要的。

在潜意识中，如果没有各种信息经常不断的积累，也就无从谈起良心。因为这些信息中包含着人的高尚行为：热爱人，渴望互相帮助，对以暴力待人的现象疾恶如仇并决不妥协，对集体和社会的责任感，对饱食终日无所用心、怠惰懒散的寄生虫生活的决不容忍，尊敬老人，扶持弱者，富有同情心。良知服从于意志和理智，即服从于人民的智慧所说的“大脑的主宰”，假如人不受制于这个主宰，假如人的各种高尚行为本身不能使机械的、逻辑的和情感的记忆变得丰富起来，那么这个主宰则毫无意义，因为人的高尚行为是人类自古以来积累起来的经验，如今，在人类道德修养的最高成就——共产主义理想（即用共产主义方式实现人的道德完善）的光芒照耀下，人的高尚的行为显得更加光彩夺目。

第一个教育源泉与第二个教育源泉的和谐统一，要求受教育者积极参与创造条件和建立环境的活动，以便加强各种筹划性、预测性教育方法的功效。

马克思曾写道：“……但人并不是抽象地栖息在世界以外的东西。人就是人的世界，就是国家，社会。”教育人的工作只能在人的氛围中进行，人类的道德成就、人的世界、社会和国家的思想在人的氛围中所反映的深度，决定了教育者有筹划、有预测且目的明确的努力会有怎样的效果。道德教养归根结底就是指一个人努力做好事不去做坏事。在我们的社会里，善这个概念具有深刻而多方面的含义：为确立共产主义理想而积极工作，为人民忘我劳动，巩固祖国的强大威力，为祖国树立荣誉、增光添彩，爱劳动、爱人们、诚实、正直、谦逊、与一切坏人、坏事，特别是与祖国的敌人势不两立。善良是道德财富的顶峰，坚信这一点，人的行动就会有无比巨大的动力。

这种信念也就是人民的智慧所产生的、人类和人的世界所创造的“大脑的主宰”。但是人类世界的智慧只有在下述情况下才能驾驭意识：人除了懂得从逻辑上分清善与恶之外，还要有善与恶的情感，这是一种出自本性的情感，它已成为个人的良心和个人的观点。

一个有道德教养的人，看到妇女拿着力不胜任的重物，就会感到身边发生了某种不好的事情，如果他不去帮助这个妇女，就会感到自己很可恶。这时候发自意识和潜意识深处的良心的呼唤就立即提醒理智：“注意！快行动吧！下命令吧！”理智马上就下命令，双手伸向那个妇女拿不动的重物。形成这种良心呼唤的，是个人记忆中大量积累起来的实际经验，其中包含着崇高的道德思想。

对未来教育过程的前景和方向考虑得越多，我就越发深信：道德上的纯洁、精神境界的崇高、人与人之间关系的和美，形象地说，在很大程度上取决于一根连接童年期、青年早期（特别是童年期和少年期）的红线的牢固程度如何，观念、真理、思想都是在这个时期在年轻的心灵里确立起来的，这些对他们个人来说，都是不可动摇的、无限珍贵和神圣的东西。

我认为，使少年对世界的观察和他本人对客观现实、各种现象的态度与其内在的潜力、各方面的才能和具备的条件相适应，是教育的最主要任务之一。祖国这个概念，是少年道德教育和道德成熟的基础。一个人在少年期的道德修养和精神财富，是他带着对祖国的责任感通过观察世界而获得的；对他来说，最珍贵、最神圣的东西是祖国的荣誉、光荣、强大和独立自主。通过一个人在日常生活中的各种行为（对人们的态度、帮助弱者、爱劳动、谦虚）可以判断出他对人民最珍贵的圣物的态度如何。我们的学校集体首先要关心的是，少年在了解共产主义建设者的过去和现在、生活和劳动的同时，应当感觉到自己是一个公民；应当使每个少年懂得，我们之所以努力在他们的内心激发一种人类的美，首先就是要让他们从中理解、感受那种鲜明的、有意义的、精神丰富的公民生活。公民的思想、公民的信念、劳动，这些构成了少年期精神生活的氛围，高尚的、敏感的和严于律己的良知（人的良心的召唤）就是在这个基础上形成的。我们的少年应该把自己当作一个公民来尊重，这样他才能够珍惜最宝贵的珍品——人民的圣物。少年期的公民生活是教育工作的一个重要部分。我总是力图使公民的思想、感情和活动有机地统一起来，以便使他们的感情和体验在高尚的行动中，在为人们、为社会、为祖国的劳动中表现出来。

教育中最细致的方法是表扬好的行为，称赞好人好事，鼓励人们做出从本质上表现人类高尚情操的行为。形象地说，表扬就如同是教儿童阅读那些叙述人类基本素养的书籍。家庭和集体的赞扬，能在儿童心目中提高他自己的地位，确立他的自豪感。但是，如果只有表扬才能给儿童带来欢乐，那就潜伏着一种危险。真正的教育技巧是使人们做好事而不指望表扬。

令人不无忧虑的是，有的学校对儿童的一些理应作为日常行为准则的行为过分夸奖（例如，把捡到的一个卢布放到了教师休息室的桌子上，墙报上就表扬了他的行为）。这是在戏弄人生，这种儿戏会使人养成道德上的不光彩：他洗手是因为人们看得见他的手，但他的脚仍然是脏的，因为反正穿着鞋，人们看不见……在人们面前，他极力表现得规规矩矩，可他独自一个人的时候就不是那么回事了。独自一个人时的诚实，是对人们、对社会尽责的表现，这是在童年期和少年期必须培养的重要的道德特征。

纪律与自我约束
集体责任感与个人责任感

学会用他人的眼光来看待自己

遵守社会和集体已确立的道德准则，是社会教育最现实的课题之一。和谐的教育应当是把纪律教育和对集体、对社会、对自己（即对自己的良心）负责的教育同时开展起来。

在第聂伯河西岸的乌克兰地区的一个村庄里，几年前发生了这样一件事情。在一个炎热的夏日，一个健壮的青年男子坐在池塘边钓鱼。附近有一个男孩在游泳，这个孩子突然往下沉了，他大声呼救，喊叫，哭泣。那个成年人看到了这一切，可他无动于衷，完全是铁石心肠。从此大家再也不理睬这个人了，看见他就绕道而行，他的儿子和妻子也离他而去。这个人尝到了集体谴责的滋味，他感到孤独，感到痛苦，但他无法从自己身上找到力量重新回到人们中间，于是他自杀了。

这里我们看到，对集体负责是与对自己的良心负责融合成一体的。在对集体不负责任的地方，人就听不到自己良心的呼唤。一个人在意识到个人责任感的同时，他也就能更深刻地理解并体会集体对个人提出的规章和准则。

在我们的教育工作中，要找出评定教育和自我教育结果的标准并不容易。这方面的标准首先是，学校造就的是什么样的公民，他们的政治觉悟水平如何，他们用自己的劳动和行为奠定了什么东西，他们拥护什么，反对什么，爱什么，恨什么。他对自己的良心负责，这是人表现其公民政治觉悟的一个方面，同时也是是否有教养的标准之一。如果您能使儿童在独自一人时也能有羞愧感，能为自己不道德的行为而感到自我羞愧，如果儿童迫切希望成为一个比现在更好的人，如果在他的意识中，不仅仅有什么更好、什么更坏的概念，而且这些概念已经成为他个人的信念，这时就意味着您看到了自己教育工作的成果。

为了使理智能有一个像敏感的良心那样灵活而又严厉的捍卫者，还需要些什么呢？怎样才能真正达到下列要求：使儿童独自一人时也会脸红，使儿童把努力去做一个更好的人的志向变成他最强烈的愿望之一，而这些愿望能鼓舞人上进，使人变得高尚，使集体中的相互关系富有生气。善良和高尚的行动是必不可少的，但儿童不应当把这样的行动想成和看作是一种功绩，或是能带来某种特殊的幸福和欢乐的权利。儿童所处的环境应该是道德财富具体化了的环境，这是人类通过挣脱社会压迫和精神压迫的斗争才得以创造和获得的环境。环境这个概念的含义不是一成不变的，受教育者本人所进行的创造、更新和完善活动都包括在里面。道德财富具体化的意思是：学生每跨出一步、他所做的每一件事情、他用来满足自己需求的每一个行动，都能在别人身上得到反映，能给别人带来好处，减轻他们生活中的困难，使他们的精神生活丰富而有意义。

使学生在与周围世界交往时能获得道德上的充实，这乍看起来是一件简单的事情，实际上却是十分复杂的。世界上的任何事物，从物理专用教室的仪器到卫生间，都不可能是中性的。这是一项经常不断的、耐心细致的工作。如果这项工作停止了一星期，那么即使是一个组织得最好的集体也会变成一群只受本能支配的乌合之众。

实质上这项复杂而又有意义的工作，就是要使学生经常不断地创造东西、财富、价值、环境、关系和各种依存关系，其目的是给人们带来欢乐，给人们带来好处，给人们带来美，给人们带来幸福，尔后才是自己欢乐，自己得益，自己美，自己幸福。如果一个人不亲身去做好事，那么他就不能在意识中积淀、确立善的观念。生活千百次地向我们证明，训练儿童向少年期和青年期过渡的工作，离开劳动是不行的，但这应当是一种特殊的劳动，它应能使心灵最细微的活动具体化。这就是为什么我在《把整个心灵献给孩子》中大量论述美丽角、花、葡萄藤、果树和供人游憩的花园的原因。我努力使每个人在为他人创造欢乐、福利、美、幸福，并在此基础上为自己创造这一切的时候，都能深深地感受到创造者个人的欢乐，并使这种感觉升华为一种灵感。劳动中和集体成员相互关系中所表现的高尚风格和道德美的具体化，是我们称作公民性的这棵大树的最重要的根基之一。务必要把每个根都深深地培植到孩子的童年期中去，这一点非常重要。

当儿童把一件原本不属于他的东西视为他所珍惜的东西，而且比属于他自己的东西还要倍加珍惜时，就说明在他身上产生了灵感。如果到少年期再开始培养这种复杂的心灵活动，那么再也培养不起来了。我认为，我的学生已经做好了准备去跨越那条童年期和少年期之间的分界线了。之所以说做好了准备，是因为，当能给他人带来欢乐和安宁的那些物品、珍品、财富受到某种威胁或遭到某人破坏的时候，他们每个人都无数次感到痛苦、忧虑和激动。如果一个人在童年期就漠不关心，那么到了少年期，他就不能体验到这最初的感情。

忧虑、激动、关心他人和社会的福利、幸福、美、欢乐，这些感情越是深入儿童的心灵，儿童对自己的行为所流露的敏锐的感情就越发显得细腻。于是，道德教育的第一个源泉和第二个源泉就融合在一起了。如果一个人感觉不到在他周围和他本人身上什么更好，什么更坏，如果他不是努力追求做一个比现在更好的人，那么他就会对教师、父亲和有益的书籍中最正确、最富有感情表达力的教诲和劝告置若罔闻。情感上的自我评价，是道德教育的种子能够健康发芽的沃土。

如果道德财富在人际关系中的具体化能够使学校生活得到充实，儿童就会用别人的眼光来看自己。他就能看清和弄懂自己的所见所闻。道德教诲对他来说就不是抽象的东西，而是与他息息相关的真理。独自一人时他也会为自己感到羞愧，因为在他的感觉、想象中都意识到，别人会怎样看待他的不道德行为（或者即使是不道德的打算和想法）。他可以在独自一人时扪心自问，但是他不能与世人隔绝，不能与集体和社会隔绝。他根本不去想是否有人看见他在帮助一位老大娘或者在保护一个小姑娘不受别人欺负，他不过是从本性上感到他不能不这样做，这已是他的一种深刻的个人需要，就好像为了给人们带来欢乐而去关心培植"玫瑰园"一样，也像惦记他那些学龄前小朋友独特的儿童小花园——葡萄园一样，都成了他深刻的个人需要。

在童年期和少年期的交替时期，使人际关系中的道德财富具体化具有特别重要的意义。少年期的本性中潜伏着某些困难、复杂因素和矛盾。我们现在就来谈谈这些问题。少年时期是通向道德成熟的一个新的、特殊的阶梯。当一个人临近童年期和少年期的分界线时，他应该像照镜子一样，在他亲手创造出来的珍品中照见他自己，因为这些珍品中有着他个人的一份心血——对人们的爱和劳动的灵感。这可能是一棵果树或者一个小的葡萄园、一簇玫瑰或是一束丁香，儿童是用自己的尺度来衡量世界的。说到底，重要的是使小孩子有自豪感。只有在这样的情况下，他才希望自己成为一个更好的人。而这种希望也正是公民良心感的基础。

现代人的精神世界与童年期、少年期的教育方法

苏联著名的精神病专家B.M.班希科夫教授曾写道："在几千年的时间中人之所以能在争取生存的斗争中获胜，基本上取决于肌肉的力量和神经系统中那种粗野的特性，如勇敢、残酷和顽强等。但近两三个世纪以来，人的生存能力几乎完全取决于神经系统各个最精细、最复杂的机制。而这些机制恰恰是最脆弱的。"这位学者的思想有助于我们理解当今时代在教育者影响受教育者的过程中所出现的一些特殊性。

世界和人之间的相互关系越发展越复杂。社会主义社会里，世界—人—世界这个体系的特点是，个人的作用在社会生活的所有领域中都在不断增加。科学逐渐变成社会的直接生产力，而社会的最高目的是为了人，这个事实在个人和集体的精神世界中深刻而多方面地反映出来。人不再单纯是物质财富和精神财富的创造者。人用自己的创造性劳动谋求幸福、福利、欢乐，既造福于社会，也造福于自己。

创造性活动逐渐成为人的需要，这种需要一旦满足就会令人感到最大的愉快。H.H.谢苗诺夫院士写道："生活经验表明，人们——从天才到最普通的劳动者的最大的快乐，是从事劳动或生活的其他方面的创造性工作所感到的快乐……创造人类的幸福生活的重要性在于，使精神上的创造性劳动在某种程度上成为每个人都必须承担的工作。"

教育工作的目的和内容在于，把通过创造性活动来满足各个不同方面的需要变成人们的道德品质，要使他们在少年期和青年早期为社会工作的时候，就能感觉到自己的公民积极性。

在我们社会里，人们所看到的个人的生活面貌就是人所表现的素质、能力、爱好和志向以及这些方面的发展情况。人的创造性劳动、创造发明、劳动生活中积累的智力财富、不断努力去掌握越来越新的知识，这一切在我们的社会里已经成为人的公民品质的显著标志。人们越来越深刻地体会和感受到这样一条真理：集体劳动首先是一种精神上的交流，在集体劳动中人们互相交换精神财富。马克思所说的那种体力和脑力劳动，在现代人的日常生活中表现为人的个性。主观上人把这种生活看作是一场创造能力的竞赛，在竞争中希望夺取第一名，希望比别人强，比别人美。

现在个人的精神生活的范围越来越广泛了，这与劳动、与物质生产并没有直接的联系。在这个范围里人的最主要的一个需求就是对人的需求。在我们社会里，个性的充分发展，证实了这个方面的需要是个人幸福的基础。假如这个需要得不到满足，人就不可能成为别人的朋友、同志和兄弟。

社会主义社会的公民感情的丰富和发展，都取决于人的全面发展、人对自己的社会作用的深刻认识、人的多方面的需求、兴趣和相互关系，按照马克思的说法，情感生活是人的世界的最鲜明的表现之一。

人的社会活动的范围越大，人的需求和兴趣的面越广，人在劳动中的创造性越多，共产主义道德准则的高尚风格在人的相互关系中表现得越鲜明，那么情感修养对于人的生活所起的作用就越大，情感生活与公民的活动的联系就越密切。情感修养正在成为人的精神生活中的一个特殊范畴。

情感生活的丰富程度并不总是与智力发展、文化修养和知识水平直接有关。使文化修养与情感修养协调一致，是现代苏维埃学校中教育工作最细致的任务之一。情感修养落后于智力“负荷”，是很大的祸害，它往往是某些青年和少年沾染上不良行为的原因。如果深入思考一下这种行为的实质就会明白，我们当代人意识中的所谓旧时代的残余，实质上是智力生活和情感修养的协调一致遭到了破坏。某些情况下这与智力兴趣贫乏、狭窄有关，而在另一些情况下则与“有文化知识的”人却毫无修养有关。

现代苏维埃人的精神生活所具有的特点，促使人们对教育的本质和方法进行认真的思考。

在教师中间经常可以听到这样的抱怨：“我们这个时代对人的教育工作很难进行，特别是对少年的教育。难就难在除了从学校，他们还能通过其他途径获得很多知识，所有这些东西都需要理解、‘消化’。很难对少年进行教育还有一个原因，就是他们极其敏锐地注意自己的精神世界。”

那么，教育者能否变这些因素为自己的统一战线呢？少年已经具有很好的认识能力。自然，我们就应该利用他们在精神生活上的这个特点，使认识周围世界的过程同时又是道德成长的过程。对少年进行卓有成效的教育，在很大程度上取决于他们对人的认识，取决于这些认识如何变成信念，以及这些信念又如何在实际行动中得以巩固。建立在我们生活的这个社会基础上的自尊感，对每个人来说仿佛是一道探索个人心灵的光线，必须使它永不熄灭。这就使教育工作者的责任更加重大，这就要求他具有人类学范畴的特殊的本领。现在，教育者不仅要敏感细致，而且要了解每个人对自身精神世界的看法。因此，完全有必要让每个人都对自己的精神世界具有某种看法，有必要让这种看法成为正确的、具有高度思想性的看法。年复一年努力才使我明白，怎样才能促使少年对自己进行反思，对自己的命运进行深刻的思考。

不会尊重自我的人，也就不会是一个道德上纯洁和精神上丰满的人。我们的最重要的教育手段，就是真正尊重自己学生的人格。我们要用这个手段创造出非常细腻而又精密的东西——做一个好人、做一个今天比昨天还要好的人的愿望。这种愿望是不会自发产生的，必须经过教育才能培养起来。我们社会的性质本身以及社会基础要求我们，要把这种真诚的愿望（受教育者希望自己成为一个更好的人，教育者则希望看到受教育者成为一个比现在更好的人）作为连接教育者和受教育者的重要纽带。尊重受教育者的人格，是集体和教师对人们提出严格要求时最主要的前提，是实行真正的共产主义纪律的前提，如果一个人不善于让自己去做正好是社会所需要的、对社会有益的事情，那就不可能有真正的共产主义纪律。只有当人们感觉到自己是个人精神世界的主宰，只有当他的精神世界中有一条谁也无权逾越的明确的界限的时候，才能够培养起自尊心、荣誉感和自重感。

有一次，六年级学生济娜的母亲来找我，对我讲了家里的隐秘。近来他们的家庭气氛十分紧张：父亲做了不应该做的事情。济娜对此非常痛心，但她最怕的是父亲的不体面行为让别人知道。母亲请求我说："请您帮帮忙，支持一下这个女孩子吧，但千万请您保守秘密……"的确，教师经常要充当外科医生的角色。他要触及最痛的部位，但又要让人们察觉不到。怎么帮助小姑娘呢？我反复多次地创造了这样的环境：我们俩都专心致志投入工作。我给她讲了一些道德坚定、勇敢刚毅、有自尊心、心灵美好的人们的故事。我主要是努力使小姑娘不对邪恶妥协，不对坏事采取回避的态度。甚至是在没有别的斗争办法的情况下，也要激发出她痛恨邪恶、决不妥协的感情。我欣喜地发现，在小姑娘的眼睛里流露出一种自豪感，这是一种非常美好的，被她珍惜、强化的情感。这都是在我和她两个人进行个别谈话时发生的。多年的工作经验使我深信，在少年期这种个别谈话就如同需要以集体去影响个人的精神世界一样，同样必不可少。

保护少年精神世界的隐秘并使它不受侵犯，是教育的最重要任务之一。如果有谁去干涉少年所想、所感受的一切，干涉少年不愿让别人看到的一切，那就会影响少年情感的敏感性，使他性情暴躁，并变得“冷漠无情”，而“冷漠无情”最终会导致情感上的麻木不仁。

公开少年内心深处最敏感的东西，用冷漠无情的双手去干涉他想自己做主的事，试图用各种激烈的、强加于人的做法去“触及”少年的“痛处”，使之“颤抖”、“震惊”不已，这都是教育上无知的基本表现。如果您要想让少年向您请教，向您倾吐衷肠，那您就不要去触犯他内心深处的东西，因为触犯了这些东西会使他感到痛苦。我们教育者的使命在于，要从少年开始独立生活的时候起，就培养他们具有这样的公民品质——坚强、勇敢、坚忍不拔，而培养这些品质在很大程度上取决于儿童意志力的发展和巩固程度，取决于他在童年期和少年期所表现的独立行为如何，这些行为反映着他的道德品质和意志独立性。

尊重学生的人格，当然就会扩大他们个人的那些隐秘的、不能触犯的内心世界的范围。现代人的精神生活的逻辑，要求把一切与儿童、少年、青年和家长的相互关系有关的东西都包括进这个范围。在我们这个时代，家庭里的精神心理关系和道德伦理关系变得越来越细腻，越来越丰富了。很遗憾，往往有这样的情况，教师在向学生提出问题和建议时（如果深入分析一下这些问题和建议的内容），常常是邀请学生把个人隐秘的东西亮出来，把内心“全部摊开来”。有的孩子对自己的精神世界很敏感，有时候把别人的意见理解为不仅是对他本人，而且是对他的父母的侮辱。偶然脱口而出的话有时竟会在年轻人的心灵中掀起轩然大波，使孩子对所受的侮辱终生不忘，而教育者当时却一点儿也没有察觉到……一位女教师问一个五年级的学生，上星期六他的母亲有没有看过他的日记。男孩回答说：“没有，她没有看过。”“哼……噢……她顾不上看你的日记，这我是知道的……”女教师说，她语调里那讥讽的味道把小男孩气得眼泪夺眶而出。那个男孩能够猜到，肯定是那些不怀好意的人散布的流言蜚语传到了教师的耳朵里，说他的妈妈似乎行为轻佻。男孩子感觉到了教师的话里有话，他就开始变得闷闷不乐。他的心肠变硬了，他一次又一次找教师的麻烦。直到毕业他也没有忘记所受的侮辱。而另一个学校里发生的情况更令人不安：同班同学们对一个小姑娘说，她的父亲是个“没有出息的人”，而这个小姑娘竟无动于衷。这太可怕了，这说明孩子的自尊心已经没有了。

有时候，把一些只能和家长个别谈的情况拿到家长会上来讨论。这不仅伤害了某些家长的感情，也伤害了孩子的感情，因为母亲和父亲所听到的一切都会在不知不觉中一点儿一点儿地传到孩子们的耳朵里。

托马斯·曼曾经说过，人介于野兽和天使之间。人能成为什么，这取决于教育。凡是性本能没能使人变得高尚的地方，人面临的最大危险是向野兽靠拢而远离天使。人的世界所具有的多面性使人类种族延续的本能变得比较高尚，但是还必须有一整套使“血的呼唤”变得高尚的专门方法。我认为，在这一整套方法中最主要的是两个东西：崇拜母亲和保持贞节。没有这两点就不可能对少年进行真正的教育。

我一贯力求使母亲的名字成为每个学生最神圣的东西。人们从母亲那儿获得一切最美好、最纯洁的品德；对于少年期和青春早期的儿女来说，母亲的精神财富具有非常巨大的影响。我竭力使我的每一个处于少年期和青春早期的学生为母亲的幸福和欢乐贡献出巨大的精神力量。

小丹科与母亲的关系有点异常。他的母亲在远处的田间宿营地干了三个星期的活之后回到了家里，小丹科听到了这个消息竟无动于衷，他的这种冷漠态度使我感到不安。而这位母亲也不善于在儿子心灵中唤起激动、不安和关切的感情。他们家里的感情关系（这一点使我感到特别不安）非常粗俗。怎样才能使他们的感情关系变得高尚而丰富呢？怎样才能使这个男孩不至于成为一个冷酷无情的人，怎样使他长大以后产生一个小伙子爱慕姑娘的感情呢？于是我就进行了长期的、耐心细致的工作。这项工作可以说是非常谨慎地去触动母亲和儿子的心灵。终于出现了这样的情况：儿子用自己的精神力量使母亲感到快慰。夏天，他在集体农庄劳动，我建议他："用你第一次的劳动所得给母亲买一件礼物。"小伙子高高兴兴地买了一条丝头巾送给了母亲。几个星期之后，他母亲的生日到了，我又对他说："你不但要在母亲生日那天送给她礼物，还要代她工作，替她到畜牧场去劳动，让她能休息几天。"善，这是一种伟大的力量，它会在人们的心中激发起纯洁而高尚的感情。丹科与母亲的关系中的那种曾经使我感到不安的冷漠态度，通过互相体贴而逐渐变成了一种温柔的感情。

年复一年的学校工作使我确信，在复杂的少年期使儿子在自己的母亲身上发现和体验到爱、人的尊严、正直以及疾恶如仇的精神，这些都具有很重要的意义。

只有在儿童期和少年期就具有高度的人道主义精神——学会做一个忠诚于父母的儿子或女儿，这样的人才能成为一个真正的公民，成为为崇高的理想而奋斗的坚强战士。忠诚并不是俯首帖耳，而是在家庭里建立起高尚的相互关系，为母亲和父亲带来欢乐。

贞节，这是建立纯洁而高尚的爱情的道德前提。有人认为（这也反映在教育工作的实践中），只要把男孩子和女孩子在性成熟期所发生的变化向他们解释清楚，就会平安无事，一切顺利了。于是他们就反复地作解释，组织辩论，在青年的报刊上登载十四五岁小姑娘的公开信（《怎样才能找到生活中的男伴侣?》、《我向一个男青年表白了爱情——这样做对吗?》）在共青团（14 岁就能参加共青团），甚至少先队的会议上人们常常用谈论一般工作的口吻来谈论爱情和友谊，就像在谈论收集废钢铁一样。这一切使少年之间的心理关系和道德审美关系变得粗俗了，使纯洁和崇高的感情庸俗化了，在年轻的心灵中撒下了冷漠的种子。性教育中的缺点和错误不仅使人际关系中与之有关的问题显得粗俗，而且还会在人们心灵中留下伤痛和懊恼。

小伙子和姑娘之间，男人和女人之间相互关系中的高尚情操就像是一棵树，要使它枝叶茂盛，就要通过一些很深的根系来吸收营养，保持它的常青，这包括人类的优秀品质、正直，尊重别人也尊重自己，对丑恶的、丧失人格的现象毫不妥协等内容。教育的技巧还表现在，务必使学生在漫长的成长道路上（从儿童跨进校门的第一天起到他第一次开始考虑独立生活）人的尊严从未受到过侮辱，务必使确立个人荣誉感和自尊心的努力成为促使品德日臻完美的最重要因素。如果一个少年在这条生活道路上遇到冷酷无情、蛮不讲理、肆意凌辱的情况，那也是危险的，因为这些都会使年轻的心灵变得粗暴，会摧残他心灵的自尊心和荣誉感，会使人变得冷酷和残忍。

粗鲁能唤起人们内心深处的低级本能。在分析导致个别少年违反我们社会的道德准则（有时甚至导致他们道德堕落）的原因时，我们发现，在童年期、少年期和青年早期，这些人的情感活动和审美活动往往过于贫乏。如果高尚的精神冲动不与坚忍不拔的努力相结合，如果不提倡为他人做好事，为他人创造幸福，不号召人们与邪恶，与损害尊严的现象做斗争，就会出现缺乏情感教养的情况。少年期和青年早期最可怕的敌人之一是情感和审美生活的庸俗不堪，内心精神世界的表现贫乏。我一直很注意让我的学生从各个方面去感受不同表现的高尚的感情色彩，如为别人的善良、幸福和欢乐而表示出同情和怜悯，或者是忧虑和不安，对怀疑的指责。我始终担心的是：我的学生接触别人的时候，是否能察觉到人家现在心神不宁，人家正经历着非常痛苦的内心磨难？少年是否善于从人们的眼睛里看出痛苦和绝望来？我认为，情感修养的这些基本要求同时也是品德高尚的起码标准。没有高尚的品德，就不可能有人与人之间真正的兄弟般的团结，也不可能与邪恶势力势不两立，不可能有友谊、幸福和对崇高理想的忠诚。

为了使男孩和女孩了解基本的情感修养，我让他们多接触人。我们在田间、牧场与许多人接触。我教男孩和女孩仔细听长者说话，从长者的眼睛中发现他的思想和感情；我教孩子们对一切能令人们激动、忧虑和不安的现象都表示出关切。孩子们为认识人们的心灵付出了努力，从而使他们的感情变得高尚了，这使我甚感欣慰。少年们越是能体察人们内心的痛苦、悲哀和沉重，他们的心灵就越发变得细腻、敏感和高尚。有一次，我向六年级的男学生和女学生讲述了一位母亲所遭受的极大痛苦。不久前她年幼的儿子在玩耍时，因为拣起了从地下挖出来的弹药而变成了残疾人。我们和炸瞎了眼睛的男孩会了面，这件事使少年受到很大的震撼。几天后的一个晚上，一个留着淡褐色发辫的小姑娘柳达来找我。她眼泪汪汪地说："母亲今天心情很悲伤，一整天都坐在桌子旁边，低着头，捧着脸。我叫她，问她：'妈妈，你怎么啦？'可她一声不吭，就好像没听见一样。请您帮我出个主意吧！我该怎么办。"

至于我如何帮助柳达和她母亲的情况，可以讲很多，但我们这里是在讨论如何培养每个学生的同情心和高尚的情感修养问题。为了使我们培养的人能生活得丰满充实，无疑必须培养同情心和高尚的情感修养。此外，情感修养，形象地说好比是调准了弦的小提琴。而只有调准了弦的小提琴才能演奏。只有当一个人懂得基本的情感修养，才能对他进行教育。没有情感修养，根本谈不上形成和确立高度的公民感情，谈不上培养信念以及在生活和劳动中培养审美观。

现代人的精神世界要求大幅度地、深入地完善教育过程，以便提高教育者和集体之间、教育者和每个学生个人之间关系中的道德情感修养。个性与人的世界之间的关系是通过那种极为缜密的精神机制和神经机制建立起来的，教育者的使命就是在学生的童年期和少年期发展和完善这种机制。这些机制在童年期和少年期非常敏感，必须很好保护，不能让它们变得粗鲁、简单，不能导致道德情感空虚。

我认为，影响少年心灵的最细腻的方法是语言与美。有一段时间曾经批评学校的教育“染上”说空话的毛病。这个批评（它的余音至今还萦绕耳边）是一种误解，造成了很大的惊恐。用语言进行教育，是现代苏维埃学校致命的薄弱环节。有些学校由于没有正确而有效地用语言来进行教育，因此就出现了许多重大的弊病。用语言进行教育这个问题，是最重要、最迫切的课题之一，我认为，它首先需要从理论上和实践上加以研究。缺乏语言教育的高度修养，就无法培养人们具有细腻的内心世界并确立高尚的道德情感关系。多年的经验证明，教师的话会在幼儿、少年和男女青年身上激发起人的感情，使他们都能深深地感受到，自己身边的人也都有他们自己的喜怒哀乐、情趣爱好及各种需求。

如果你对人没有眷恋之情，不赞赏人的美、勇敢和英雄主义精神，在你身上就不可能激发出，并不断地培养起人的感情。我的学生在童年期听了关于人的美德的故事后，都深深地为人们所表现的伟大卓越和英雄主义精神，为他们对共产主义理想的忠诚而感到自豪。我以克拉夫季娅·伊利尼奇娜·阿布拉莫娃的英勇事迹为蓝本写过一部中篇小说。阿布拉莫娃在反法西斯斗争中表现得十分英勇，她落到了盖世太保的魔掌中，她和两个女儿一起被敌人杀害。“我决不苟且偷生，决不当叛徒！”面对敌人她这样高傲地回答，亲吻了一下自己的孩子们，和她们并肩走向刑场。这个英勇牺牲的事例充分揭示了人的含义——人，是最可宝贵的，祖国的美好和伟大是通过英雄的生和死来衡量的。

经验使我得出一个结论，只有创作出能通过鲜明的人物形象揭示出人的同情和诚恳思想的文艺作品，才能培养高尚的情感修养，确立人的感情。我写了一本《关于人的思考》。书中收录的都是我在不同时期写下的随笔，它们会促使儿童对人进行思考，对人的痛苦和不幸表示同情。下面就是其中的两篇。

爷爷和奶奶为什么要流泪

桌上放着一只小小的收音机。爸爸和妈妈坐在桌子旁边。爷爷和奶奶坐在隔壁房间的沙发上。小阿莲卡在地上玩着长毛绒做的玩具小熊，她看着爸爸、妈妈、爷爷和奶奶怎样听音乐。

这个乐曲优美动听：阿莲卡觉得一朵朵硕大无比的奇异的玫瑰花低垂在敞开的窗口上，一只蜜蜂在花朵上飞舞，天际阳光灿烂，远处的草原隐约可见。

阿莲卡发现，爸爸和妈妈的眼睛里闪射着温柔甜蜜的光芒。爸爸用手抚摸了一下妈妈的手指，妈妈的脸上顿时露出了幸福的微笑。

但是，为什么爷爷和奶奶却这样悲伤？为什么他们的眼睛里满含泪水？难道是玫瑰花、蜜蜂和太阳使他们流泪吗？

难道我们的奶奶是个孩子吗

6岁的卡秋莎有两个奶奶——卡捷琳娜奶奶和玛林娜奶

奶。但实际上她只有一个奶奶——卡捷琳娜，而玛林娜是卡捷琳娜奶奶的母亲，即外曾祖母。她们都年纪很大了，都很善良，对于卡秋莎来说她们俩都是奶奶。

春天的时候，卡捷琳娜奶奶生病了。她病了很长时间，后来就去世了。

卡秋莎哭着跟在奶奶的灵柩后面走着。她去给奶奶送葬。走在卡秋莎旁边的是玛林娜奶奶。玛林娜奶奶也在哭泣，她一边哭一边诉说：

“我的孩子，究竟要把你抬到哪儿去啊？我该盼着你从哪儿回来，我的金头发的孩子？”

卡秋莎问妈妈：

“妈妈，难道我们的卡捷琳娜奶奶是个孩子吗？”

“孩子，小女孩，孩子……每个人到死都是个孩子。”

在卡秋莎悲伤的眼睛里露出不解的神情。

“文学是一门思维的艺术。”Л. 列昂诺夫这样写道。为了培养起高尚的感情，必须创作出能激发儿童把人看作是世界上最宝贵的东西的文艺作品。

如果没有同情心和共同的感受，不能体验别人心灵中最细致的活动，就不可能激发起人的感情。我写了一篇小说，描写在艰苦的1941年，发生在伏尔加河畔的一件事情：母亲带着两个年幼的女儿——一个一岁半，一个三岁，向后方疏散，她把两个女儿放在火车站的候车室里，自己到外面去打水。正赶上那时候敌机来空袭，母亲被打死了，两个孩子成了孤儿。她们躺在长凳上，用悲伤的目光仔细打量着每个走过大厅的妇女，询问着：“我们的妈妈在哪儿？”

语言正是一种微妙、细腻的工具，用这个工具可以培养孩子们从人们的眼睛里看出各种最细腻的感情：痛苦、不安、委屈、失望、悲伤、绝望、孤独。在小说中我用了整整一页来描写两个变成孤儿的小女孩的眼睛。我高兴地看到，孩子们读了这篇小说后，开始仔细观察他们周围的人们的眼睛了。

这样做并不是为了培养悲悲戚戚的多愁善感，不是的。没有丰富的、包容领域广泛的感情，就不能成为一个有价值的人。学校教育的最重要任务之一是使学生在精神上做好准备，为共产党的事业进行意识形态领域的斗争。在这个斗争中最重要的是阶级兄弟的感情，能够在思想上与自己的同志和战友团结一致的感情。同志的友谊和兄弟般的团结，这是共产主义道德的神圣准则。我们要在青少年的心中确立这些准则，并不是为了某种抽象的东西，而是为了使人与人在任何时候都能互相帮助。这里说的帮助，也不是指帮助某一个抽象的人，而是帮助自己的同胞。

引导少年去体验人与人之间微妙的相互关系，这是非常重要的。我设法使每一个少年都能亲自遇到一个要求帮助、需要同情的人。这种情况下产生的纯粹个人的内心活动是任何集体性的措施都代替不了的。我终于使每一个少年不仅遇到一个需要帮助的人，而且都能来分担别人的痛苦，帮助别人解脱不幸，还要使他做了这些事后能觉得无须张扬，后面这一点尤其重要。我看到，这种行动使少年的行为变得高尚起来。费佳和帕维尔从 90 岁的集体农庄庄员马特维爷爷那儿回来时，眼睛里总是流露出高尚的神情。马特维爷爷孑然一身，家里的人都去世了，孤独成了他最大的痛苦。费佳和帕维尔经常带着书和杂志到马特维爷爷家去，给他讲科技成就方面的十分有趣的东西。两个少年给老人带来的欢乐是很难用言语来表达的。而对这两个少年自己来说，这就是真正的道德教育和情感教育。这使他们能够从自己的内心深处理解我们生活中的伟大真理：在我们中间不能有，也不应该有孤独的人。当费佳和帕维尔得知，马特维爷爷孤身一人在孤独中过着晚年生活时，他们感到非常不安。我还记得那个晚上，我们谈论人生的目的、意义和价值，几乎一直谈到黎明。对我来说，一想到这些时间里我始终是在为培养学生的最细腻的感情而工作，我就有一种非常幸福的感觉。

除了语言之外，另一种影响少年心灵的微妙而又细腻的手段是美。理解和感受美，由掌握和创造美好的东西而带来的快乐，按马克思的理解，这是使人能够在他所创造的世界中认识自己的最重要的前提之一。在少年时代，人们仔细地观察自己，感到自己正在形成积极、活跃的个性，并且把自己与自己的父母作比较，与教育者作比较，在这个时期极为重要的是要使少年发现、感觉到并理解自身的美，体验那种赞赏自身美的良好感情。但是，如果不掌握人类所创造的美的珍品，没有建立起人对大自然的感情，集体中的全部生活没有形成和谐的体系，那就不可能在自己身上形成美。学校的任务就是要使人们在少年期就生活在美的世界之中。这是进行自我教育和自我完善的一个决定性的前提，也是用理智、智慧和高尚的道德来支配本能的一个决定性的前提，本能是指人类种族延续的本能，它是要经过长期努力才能够变得高尚的。

教育工作中非常细致且意义重大的课题之一，是努力使人能够从人们为他人所创造的东西和珍品中，看到和感觉到人的美、人的劳动和人的尊严。生活中的美学，这首先是劳动的美，是形式多样、门类各异的劳动之中的美。人们尊重自己和尊重劳动的感情是同时形成和确立起来的。如果你体会不到你正在从事的工作的美(劳动目的的美和劳动过程的美)，就不能也不可能设想你会尊重你自己。我深信，这些感情和能力融合在一起就是创造（一个非常美好的称谓)，也就是对劳动的创造性态度。

哲学家、教育家、心理学家们正在思考这样一个问题，这也是社会的共产主义改造中最复杂的问题之一：如何才能使劳动成为人的自然需要？只有当每个人都在人们所创造的世界中看到和感觉到自身美的时候，我们的社会才会上升到道德发展的这一个阶段。

美是道德教育、情感教育和审美教育的一种方法，要使学生在认识美的珍品的时候，都能为作为创造者的人所具有的智慧和才华而骄傲。审美享受是通过美把人类所创造的一切智慧的和美好的东西介绍给每个人。

教育的技巧和艺术就在于，要使美的珍品在童年期就在受教育者的个人生活中构建一个有个性的美的世界。

应当教育现代人在智力上用一种细致、同情和敏感的态度去认识人类的智慧。仅仅靠上课、掌握必要的知识、完成家庭作业、回答教师的问题等方式，是不可能培养出这些品质的。求知欲、认识事物的热情，是人类自古以来根深蒂固的需要，这是人类通过几千年社会劳动和认识世界的实践所形成的需要。但是，如果把满足这些需要变成仅仅是尽责任和义务，那么求知的热情就会冷却，取而代之的是以冷漠的态度来对待知识。智力上的冷漠态度、缺乏热情和智力世界的贫乏，这一切都会使人们对智慧、新事物、知识财富和知识美的反应迟钝。这对于少年的脑力活动是十分有害的。如果在教师讲解之后学生提不出任何问题，一切都懂，那就不好了。这是第一个征兆，说明满足智力需要已成为令人讨厌的差事。

教师—教育家（每个教育家首先应该是一个教师），他的任务就在于使渴望获得知识的火花在每个学生的意识中永不熄灭。这些火花照耀着人们，帮助人们理解和认识自己，唤起人与人互相了解的兴趣。这是人们进行精神上的相互交往和交流精神成就这一复杂过程的开始。我努力使学生们在童年期，特别是在少年期就能相互交流自己的思想：他们在思考的时候为什么而激动，有哪些感受，在感受的时候他们又在思考些什么，而最主要的是他们在争论什么。没有思想的碰撞，就不可能有什么相互间的精神交往，人也就不可能有“自己还需要他人”的想法。我努力使每个少年都能找到一本这样的书，使他能从中找到那些令他激动的各种各样的秘密的谜底。在少年的生活中，书是教育的一个重要方面，可惜这个领域还很少被人们研究。

丰富的审美要求、审美兴趣和审美需要，同样也能促使人与人之间相互接近。个人的审美生活贫乏，就像一堵石头砌的墙，它使人们互相分离；这是成熟的人们之间精神交往的基础不深厚的根本原因之一，这也是人们相互之间的严格要求受到限制的原因，特别是在一个人建立了家庭之后尤其如此。要关心个人，使之有丰富的美感，形象地说，也就是创造一个磁场，以便能使人与人相互接近。

男孩子和女孩子之间、男女青年之间关系的美学具有特别重要的意义。一个男青年在受本能的支配把一个姑娘作为异性去爱恋之前，在把她作为一个女人、一个年轻姑娘来追求之前，他首先应该*把她作为人去爱*。未来的丈夫与他的妻子之间相互关系的高尚、纯洁和细腻，取决于现在我们的受教育者对这个巨大的创举——把一个女人首先作为人来爱她，所做的精神准备如何。这就是道德修养、情感修养和审美修养的总的根源，也是向人的世界这棵大树提供一辈子营养的根源。如果一般地来讲，少年之间精神财富的相互交流，能在树立高尚的情操、培养个性的精神文明方面起巨大的作用的话，那么在男孩子和女孩子之间、在青年男女之间、在成年男女之间精神财富的交流，就具有尤其重要的意义。要使男孩子与女孩子之间的关系在少年时代就能建立在共同的精神爱好和需求的基础之上，这一点非常重要。个性的道德面貌、智力表现、情感和美感生活的丰富、精神财富的交流，这是人与人之间相互认识的基础。我们的道德理想要求我们在学校里就从这种*相互认识*、相互深入了解别人的精神财富开始，来培养成年男女之间相互关系中的纯洁与美。我一向认为一个非常重要的教育任务是：要使男孩子在童年期和少年期就应当学会欣赏女孩子的智慧美、精神美、意志美和性格美，而这样的欣赏使男孩子本人的情感变得细腻起来，希望自己变得更好这一愿望激励年轻人去好好劳动并促使他去努力加强自我道德教育。

这里可以回顾一下席勒的一个卓越的思想，他认为，个别精神力量的积聚能创造非凡的人，但只有在精神力量均匀地配合的条件下才能创造幸福完美的人。关心道德、智慧、情感的和谐发展，注意培养高尚的心灵，使一切精神冲动和意向保持纯洁，这些是培养新人最根本的要求。

少年期的矛盾

少年就像发现新大陆一样会产生一种想法："我是一个像我父亲、母亲、老师以及任何一个成年人那样的人。"这种想法往往会使少年在头脑中产生大量激烈的矛盾。少年把周围的一切事物以及他们在生活中所遇到的所有人，明确地划分为善的与恶的。少年还不善于对一些事实和现象的本质进行深入思考。他对善恶的评价是直率的，首先是充满激情的——激烈、公开和生硬的。他往往会仓促地做出结论。

我在自己笔记的开头部分讲到有个少年，当教师指责他不尊重人的劳动时，他突然发起火来。为什么他竟会对教师出言不逊（如果可以把这些语气生硬，然而从少年的观点来看是正确的一些俏皮话看作是粗暴无礼的话）？他已进入到这样一种精神发展时期：周围发生的一切都会令他感到激动不安并引起他的个人兴趣。他似乎觉得，他所听到的和生活中所见到的事物之间有一种相互抵触的东西，这使他感到惊讶。少年的突然发火正显示出少年期精神发展的一种矛盾：一方面不能容忍邪恶和说假话并准备与那种稍微偏离真理的现象做斗争，而另一方面却又不善于理解生活中的一些复杂现象。

必须注意少年精神发展的这一矛盾。在这个矛盾中有好的一面，也有坏的一面。好的一面是对邪恶的不妥协。这是对邪恶的一种非常强烈的情绪：对一切贬低少年关于真善美标准概念的现象表示仇视与厌恶。

要像珍惜无价之宝那样珍惜少年心中这种对邪恶毫不妥协的火花。不要去扑灭少年的那种不妥协的冲动，也别要求少年在各种生活场合凡事都做到先进行周密思考与权衡，然后再决定他自己应该做什么：爱或恨、喜或怒、进行干预或袖手旁观。记得乌申斯基说过，一个人的性格是在青春烈火中铸成的。当少年对所见所闻的丑恶现象爆发出急躁的、感情色彩强烈的反应时，千万不可去压制。当您看见少年冲动时，当少年对我们生活中的不良现象说出自己的看法时（当然，在他的话里也会有错误），不应当忘记，我们面前的这个人正处于性格形成的过程中。假如不去刺伤他的心，那么他的心灵之火是不会熄灭的。只要心灵之火在燃烧，就是莫大的幸运。如果真理是在少年一边，教师则自己也会充满一种崇高的激情，那就请助少年一臂之力吧，帮助他理解他自己的各种想法和疑难问题，这是最重要的。这样做教师会成为少年的同伴、朋友和同志；而在教育工作中这又是一种多么巨大的力量啊！当然，“先布置好的”感情是没有的，教育者不可能预见到自己内心的冲动，然而他的感受应该是他真正的精神世界的反映。

如果教师试图扑灭为渴望战胜邪恶而燃烧的情感火花，就会使少年养成冷漠和伪善的品质。如果一个孩子或一个少年面对邪恶与欺诈行为，先无动于衷地看上一会儿，然后走到您这儿讨教他该做什么？那您可别以为，您在教育的田地里培育出了好庄稼。这可不是小麦，而是稗草。冷静的审慎和预测只能培养出胆小鬼和对周围所发生的一切漠不关心的庸人。

只有当狂热的激情使少年的心灵激动不安的时候，教育才能成为一种缔造人的工作。诚然，少年还缺乏经验，找到一条能为自己的心灵之火指明方向的道路对于他们来说不是一件容易的事，因此当外部世界去占据少年的心田时，不应留有平静的角落。感情上的沉睡状态，是少年教育工作中的最大危险，如果一个少年的心处于沉睡状态，任何崇高美丽的话语对他来说只是一种空话。而如果一个人的心处于睡眠状态，尽管他能理解真理，却不能把真理确定为他的信念。情感如果没有参与到认识过程之中，那么教育者所解释的真理，是不会被少年接受的；这样，教育就不能成为一种自我教育，因而也就不能算是真正的教育。

如果您要想使自己的话始终为少年所理解，那么请您点燃评价周围世界的情感火花。请仔细倾听那些使少年感到激动和不安的东西。没有倾向性是个坏的教育者。一定的倾向性则会使教师的话语充满生气和有血有肉的思想性。

只有根植于内心深处的思想，才能成为人的一种十分可贵的、神圣的准则。所以应该使少年的心灵充满丰富的思想。一种思想的表露不可能不带感情。我们的共产主义思想就是一种最崇高的、造福于全世界劳动者的关切，同时也是对共产主义、民主、和平以及正义的敌人的仇视。教育的艺术在于要使每个人的内心里都有一个微型的斗争领域，也就是唯一真正的善——共产主义与最可怕的恶——仇视人类的世界观和人压迫人的资产阶级思想进行斗争的领域。当善只意味着斗争、勇敢、劳动和各种力量的集聚时，少年教育的艺术就是要使每个开始步入社会的人都能正确地确立自己的立场。一个真正的教育者不仅要有一颗燃烧着高尚火焰的火热的心，而且还要有智慧与能力。要指导青年生活，这就是说，首先要教育他们永远不做“心安理得”的人。这就是要教导他们在地球上，在自己的周围发现这样一块土地。年轻人在开垦与耕耘这块土地的同时，树立起一种真正的善，即共产主义思想。如果少年的心灵之火没有迸发出来，您应当感到非常不安。只有当受教育者在您的帮助下，找到了一条正确的斗争道路，以便能够确认自己是一个公民的时候，他才会倾听您的有益的劝告。

少年期的第二种矛盾：少年想成为一个优秀的人，他追求理想但同时又不愿意让别人教育他，也容忍不了那种赤裸裸的思想和倾向，而这种赤裸裸的思想和倾向有时往往会成为学校教育的真正灾难。恩格斯曾写道，倾向应该从场面和情节中自然而然地流露出来。这种思想对教育工作来说是十分重要的。如果一个人像揭示真理那样为认识真理倾注了自己的力量，那么这个真理对他来说就会是十分珍贵和亲切的，尤其是在少年时代。您应当找到一条通向少年心灵的途径，使他能真正倾心于道德美的榜样，并对这样的榜样产生惊叹和景仰之情。如果少年有了这种感情，那么包含了道德准则的思想就会成为个人的一种很有价值的东西，一种个人所获得的精神力量。

当我们谈及心中最珍贵的东西——对祖国的爱和准备为祖国的荣誉、光荣与强大而献身时，尤其不能容忍教育中那种赤裸裸的偏见。只有当崇高的话语埋藏在心灵深处不受侵犯的时候，只有当个人的思想渗入自己最珍惜的领域开始自我反省并提出问题："我为什么活在世上？我应该为祖国做些什么？"的时候，那些崇高的话语才能真正激动人心。

我给少年们讲谢尔盖·拉佐的故事，主要目的是要使我的学生们人人都能自我反省，都能把自己的力量、自己的命运、自己做好事的愿望以及建树功勋的渴望看作是祖国的一个小小的组成部分。我坚信，集体的教育作用是以自我反省和自己想对祖国的宏大事业有所贡献的想法作为起点的，更确切地说，少年对自己生活目的问题进行思考，就会产生另一个想法："别人是怎么想我的，怎么看我的？"如果一个在您的引导下刚刚走上艰难的生活之旅的人，能够把鼓舞他、令他向往的道德理想拿来对照自己，那就说明，教育已经达到了预期的效果。

当集体里的每个成员都能在内心进行这种对比时，这个集体就能构成一股强大的教育力量，因为集体的每个成员都能对自身提出较高的要求，因而对同志们也提出同样高的要求。在我们社会的基层组织中如果教育者只把一个集体中的人划分为“纯的”与“不纯的”两类，只把好学生与坏学生加以比较，那么这就是一种极为简单并且软弱无力的教育。集体对个人施加影响是一种非常细致的教育方法。可以毫不夸张地说，这是人们精神上的相互关系中的最娇嫩、最脆弱的东西。只有当一个精神最脆弱的人从自己绝大多数同伴的眼神里看到了一种对道德理想的向往，看到了他们立志攀登道德美的顶峰的强烈愿望时，集体才能成为一种真正使人上进的力量。要建立一个有教育力量的集体，就必须从形成思想观点与思想信念着手做起。

在许多学校的集体中，我们常常会看到：一个被叫来参加整个集体“讨论”的学生往往会感到，别人对自己施加影响的目的与其说是为了他好，倒不如说是为了杀鸡给猴看，这种现象不能不令人感到忧虑。在那种场合下对精神生活的各种复杂现象进行集体讨论，是不可能做到诚恳和富有同情心的；少年往往要经受一种“掏心”的痛苦，他会变得“桀骜不驯”，拒不回答，或者对那些千篇一律的“忏悔”和“保证”之类公式化的东西嗤之以鼻，他之所以这样并不能说明他道德败坏，恰恰相反，倒能证明他的精神冲动是纯洁而高尚的，他对虚伪是毫不妥协的。

对少年和孩子的教育，像对成年人的教育一样，只有在自我教育的基础上才能进行。而自我教育是人的尊严的具体体现，是使人类尊严的车轮向前推进的巨大动力。教育少年的真正艺术就在于给少年提供一种机会，让他自己去思考：怎样进行自我教育，怎样变得更好，怎样在克服困难和感受胜利喜悦的过程中进行自我奋斗。如果想“迫使”他做出改正错误的许诺，强迫他说出“坚决改正”

的话，那他只能把这看作一种骗人行为，因为他并没想过，应该怎样改正错误以及在这件事情上对他的要求是什么？如果大家都对那些产生不道德行为的个人原因不求甚解，那么小孩子就会感到自己只不过是一个不会说话的教育对象而已，谁也不是总能面对整个集体敞开自己的心扉的。三十年的学校工作，使我有机会对一百例几乎完全相同的过错进行分析：少年向家长隐瞒教师给打的不及格分数。但每一例都有不同的原因、不同的道德动机和情感动机，问题主要在于：要是教师不在学校家庭联系册上打个2分（这是专门给家长看的），而是和这个少年好好谈谈，给他布置个别作业，约定好个别谈话的时间（当然，不是考试，而是谈话），这个少年就能把自己想得好一点，就能有更多的自尊感，而这对教育工作来说就算是取得了一半的成绩。

令人十分痛心的是，我们看到的不是对人的精神世界进行深入研究与探索，而是一种刻板的、公式化的决定：有错或没错。可是在生活中往往会有成千上万各种各样截然不同的情形，这种时候根本不能从一种角度来衡量。必须要用发展的观点来看待少年的思想成长，最主要的是应该看到，少年的公民品质和自尊感正在确立之中。

如果缺乏科学远见，如果不善于今天就在少年的心中撒下数十年后会发芽成长的种子，教育就变成一种最原始的照看，教育者也就成了有文化的保姆，而教育学就会成为一种巫医术。必须学会科学地预见未来，教育过程中的实质性技巧就在于此。细致的、深思熟虑的预见越多，则意料之外的不幸就越少。在体现教育家意图的思想与展示这个思想的具体的人际关系之间，是一个活生生的人，他有思想，有情感，有感受，有意志。我从不召集家长来讨论某个学生内心世界的一些细枝末节。我曾对少年们说过这样的话："我们将花一年的时间准备家长座谈会。谁要愿意，就让谁朗读自己的作品。让家长们听一听。”少年们被创作竞赛的气氛吸引住了。每个人想的都是表现自己；连一丝一毫的褒贬人的痕迹都没有。而集体的教育力量恰恰就在于使每个人都想要别人对自己有好的看法和好的评价。要努力做到，使您的每个学生在少年时代都渴望在集体面前显示自己的长处，并努力做到让那些激动人心的感情因为人们对自己有好的看法而长久地保留在少年的心中。

现在我们来看看少年时期的第三个矛盾：希望自我肯定和没有能力做到这一点。少年有个重要的发现：一个人的道德尊严、他在社会中的地位及其在工作中的成就，都是通过社会的承认体现出来的。谈到某一个人，大家会报以尊敬的态度，谈到另一个人大家会表示出鄙视，而对第三个人大家则无话可说，好像世界上根本就没有这个人似的。少年渴望成为一个有个性的人。因此在少年期的几年中，他们对一切英雄主义、浪漫主义以及不寻常的事物表现出发自内心的强烈关注，这绝非偶然。

追求自我肯定，渴望成为一个有个性的人并得到社会的承认，这些愿望使少年产生了一种内在的精神力量。他感到必须有所行动。但是，要行动就必须有目标。教育的理想是培养共产主义式的自我肯定。我们引导一个人走入生活并为他准备了走上工作及为祖国服务的漫长道路所需要的一切，那么他就应当以一个为全国人民的利益去创造物质与精神财富的人的姿态，以一个人民的忠实的儿子的姿态，以一个同反对我们思想的敌人做斗争的坚强战士的姿态去表现自己。只有在少年时代经常战胜困难、克服障碍，才能形成这些品质。有些东西之所以能成为一个人珍贵的心爱之物，就是因为它来之不易。一个人的真正的自我肯定只能在精神斗争中产生，这时他要集中意志力，使次要的行为动机服从于主要的、起主导作用的行为动机，在这个过程中他体会到了战胜困难的喜悦、令人激动的自尊感，并亲眼看到了自己在成长。

应该怎样引导少年的精力？怎样才能考验他们克服困难的勇气呢？这是少年期教育实践中最主要的问题之一。斗争应该表现在哪里？少年应该反对什么？处理这个重要问题不能片面化。就是说，在我们的社会里，如果一个人的信念没有经过考验，没有在克服困难与障碍的过程中得到磨炼的话，他就不能成为一个真正的有个性的人——一个公民、劳动者、一个继承人类创造的精神财富的全面发展的人以及自己孩子的教育者。这种信念的考验，就是少年时代和青年早期的人的自我肯定的实质，我多年来的经验已经证明了这一点。

应该把精神斗争理解成一种世界观的斗争，一种为自己的信念而进行的斗争。为共产主义理想而斗争的杰出战士谢尔盖·拉佐在自己的日记中这样写道："信念应当饱尝忧患痛苦，应当检验其生命力。对一个人来说，与其放弃自己的信念，还不如早点死去的好。"人类在不断完善人的精神面貌的漫长而又艰难的道路上迈出了第一步。世界上还存在着一种最大的恶，即资本主义和人压迫人的现象。世界各国都在为人们的心灵、信念、生活观以及情感而进行斗争。资产阶级的思想家竭力在苏联青年中散播冷漠与不问政治的情绪，不让他们信仰共产主义理想。我们社会里的每一个男女青年都必须加入到与这种精神邪恶传播者进行斗争的行列，都应当投身于为共产主义信念，为世界上唯一的真理——共产主义思想而战的斗争之中。教育青少年的艺术就在于用浪漫主义的斗争精神来吸引他们。使每个人都渴望成为不屈不挠、毫不妥协地同敌人进行斗争的真正战士。在起步走向生活的青年一代面前，还有许许多多的丑恶现象：懒惰、不学无术、没有情感修养，浅薄、缺乏美感、迷信、自私、本能高于崇高的责任感。遗憾的是，所有这一切在我们周围都还存在着。探索和运用大自然的力量，使理智渗透进大自然的神秘之中，正是在这样的氛围之中，一个崇高的、广阔无垠的精神斗争领域展现在人的面前。

教育者的任务就是要教会青少年肯定自己。我们的职责，形象地说，就是要把少年引导到能发现敌人的领域里，使他产生要与敌人进行决斗的强烈愿望，使他能够认识自己，就像谢尔盖·拉佐说过的那样，通过饱经忧患与痛苦去获得自己的信念和自信心。一个真正的教育大师只会为走向战斗的学生祝福，而不是担惊受怕，生怕他的学生会干出什么不体面的勾当和越轨的行为。一颗受到高尚激情鼓舞的年轻的心，是永远不会让不道德的和卑鄙的东西侵入的。为了避免邪恶的侵袭，应该在年轻人的心中播下善良。一个人只有同邪恶进行斗争时，他才能成为一个善良的人。在我们这个时代，善的标志不只是要为自己亲近的人创造幸福与欢乐，而且还要对邪恶毫不妥协，与思想上的敌人进行无情的斗争。

教会少年肯定自己，不能寄希望于找到一种万能的方法。对少年来说，自我肯定的过程应当成为他生活的真谛。少年在学校的学习生活首先是一种智力生活。我们应努力把学生的这种丰富多彩、内容充实的智力生活变成一种思想领域的生活，努力在学生年轻的心中磨炼出锋芒直指资产阶级意识形态与道德的武器。对少年的精神生活及其内心的精神斗争进行指导，这就是磨炼思想武器。关于这一点我是这样理解的：当自己的观点与他人的观点发生冲突时，照谢尔盖·拉佐的说法，青少年往往会用自己的见解去与敌对思想进行单独的决斗，在年轻的心灵里燃烧着对敌对思想势不两立的熊熊烈火。资产阶级宣传家们在我们的土地上播撒他们思想的稗草，而燃烧在年轻心灵里的烈火会把这些化为灰烬。少年只有在这样一种必不可少的思想教育氛围中，即他的思想不是背诵真理的产物，而是处于一种思想冲突、一种意识形态斗争的状态，他才会得出结论：“我是对的，而我的敌人是错的。”

要把学习社会问题的课堂变成青少年进行精神斗争和自我肯定

的舞台，也许这是教育技能的一个最复杂的方面。帮助学生做出自我肯定正是在智力生活领域中开始的。少年想“表现自己”的最初萌芽也正是在这儿破土而出的。人的思想和精神生活是构成其行为与活动的内核。对少年缺乏思想性与不问政治的倾向应当十分警惕。这是不道德行为的祸根之所在。

我们的少年在成熟之前的很长一段时期中都受到社会观念与社会意向的影响。少年在某种思想的鼓舞、激励和肯定下开始追求道德理想，这是教学过程中开始真正的公民教育的标志。人类的知识是在艰苦的，常常是在流血的斗争中获得的。知识是一种美，是人类自我牺牲、建立功勋的美。在向幸福的顶峰——共产主义攀登的人类斗争史中，它的每一页都像烧红的铁块那样炽烈而激动人心。这部历史的字里行间都能为少年点燃永不熄灭的激情的火焰。培养激情满怀的共产主义战士，这就意味着要使年轻的公民把自己的心，与伊万·苏萨宁、谢尔盖·拉佐、费利克斯·捷尔任斯基、亚历山大·马特洛索夫等人那剧烈跳动的心紧紧贴在一起，要让那些火热的历史篇章激动年轻人的心，鼓励他们努力去创建英雄业绩并教导他们生活。

一个人在少年时期比一生中任何其他时期都更需要别人的帮助与建议。聪明而敏锐的教育家也正是在这个年龄期成为少年的精神导师。那么为什么在实际生活中还会遇到这样一种少年期的矛盾：一方面非常强烈地需要别人的帮助和建议，但同时又似乎不愿意向长者请教。在这个乍看起来令人奇怪的矛盾中隐藏着少年想要独立行动和表现自己的愿望。

怎么才能克服这一矛盾呢？争取教育者与被教育者思想上的一致，是保证教育者真正成为精神导师的一个重要条件。教育中的一些失败往往能从这种不一致中找到答案。一个少年干出了不体面的行为，教师就批评指责：“难道你在家里看到过这样的事吗！”然而，不幸的是，少年有时候会感到孤独，尽管他置身于人群之中。在人群之中感到孤独，那是很危险的。因为不管是谁，教师还是家长，都不知道少年的精神寄托是什么。少年有什么精神需要？脑力劳动、书籍和艺术在他的生活中占有什么样的地位？绝不允许对这类问题一无所知。如果一个少年只对电影、电视、收音机和录音机感兴趣，如果这个少年不知道，他费劲地攻读的那本书并不能激发他去对自身命运作什么思考的话，那么不管周围的人们为他操多少心，他仍然会感到孤独。

教育家应当是一个能够懂得和体察少年思想和情感脉搏的人。当然，如果教师走到少年身边询问："喂，你有什么想法？谈谈吧。"这样做只会把学生推开。只有那种能与学生思想感情一致，共同关心社会利益并与其休戚相关、苦乐与共、与少年共同进行令他好奇但并不十分明确的探索的人，才能成为少年的导师。只有当我和学生感受同样的思想和感情的时候，当我能够把自己心灵的一部分贯注到学生心灵中去的时候，学生才能对我敞开心扉。精神上的一致性就表现为能在自己的学生身上看到自己，看到自己的愿望与理想。如果我能够把自己心灵中的东西倾注到学生的心灵中去，那么学生就会来向我讨教并要求帮助，就会来向我倾吐衷肠。

*一方面是数不尽的种种希望，另一方面是这些希望实现的可能性受到能力与经验的限制，这两者之间的矛盾也是一个复杂的自我*肯定过程。以关切的眼光注意人，这可以确定为少年时代的认知特点。少年对那些建立了功勋以及在劳动、科学和艺术方面做出成就的人颇感兴趣。无论是能工巧匠的作品、演员的创造性劳动，还是运动员的成绩，都能令他们激动。因此，少年的爱好是多方面的，其兴趣是经常在变化的。他昨天迷恋技术创造，今天却痴迷于绘画了；昨天他感兴趣的是少年自然科研小组的工作，今天却醉心于摄影，而明天他想的却只是足球了。当长者对他们说："别贪多嚼不

烂，考虑考虑学习吧，”他就会觉得成年人的要求过于苛刻。这就是产生“逆反症”的原因之一，“逆反症”就是千方百计与别人对他提出的合理的要求和劝告唱反调。

用禁止的办法是不能在少年的愿望、兴趣、志向与其力量、能力、爱好之间建立起协调一致关系的。少年有各种各样的愿望，在这些大量的愿望中他们表现出一种试探自己的力量、条件与能力的渴望，这连他们自己也感到莫名其妙。他们的爱好经常发生变化，这本身就是一种探索。应当帮助少年进行这种探索。但是也要注意，少年对别人过多地干预他的活动是持怀疑态度的。如果教育者不了解少年的精神世界，那么即使是善意的劝告也会被理解为禁止干这件事或者命令做那件事。当少年感觉到迫切需要明智的劝告时，当面对课业选择他举棋不定时，连他本人都害怕承认这种需要。他害怕自己会给别人留下一种不全面的印象。他不能容忍带有倨傲语气的劝告，而且常常反其道而行之：用故作姿态的信心去对抗那些对自己活动的干预，同时又想用坚定果敢的表现来掩饰自己的束手无策。教育者的任务是帮助少年从许多爱好中相对固定一个爱好并使这种爱好成为他自觉的志向。在少年时代，尤其是到这一阶段的后期，合乎一般规律的情况是，他们不再沉湎于对未来的抽象的憧憬之中，而是有意识地估量自己的力量与能力，深刻地思考自己会成为怎样的人，自己能够做些什么。作为教育工作者，我们必须保护他们的这种热情并使那种更加符合少年力量与天赋的活动成为他们长时期从事的爱好。重要的是不要有那种将来一事无成的轻率的爱好。个性的基础——就是爱好劳动，爱好创造。

一个人不热爱事业，在事业中没有取得出色成就，没有自尊感，这个人也就没有个性。如果一个人在少年时代不能在劳动中找到自己的位置，那么，他长大后就可能会一事无成。教育不应该归结为只是寻求一种手段来防止懒惰，或者用一些什么东西去填补少年的心灵，使他不交“坏朋友”，等等。愿望与爱好的修养是教育过程中一项最细致的工作。在这方面只注意表面上的平安无事是十分有害的。但愿教育者不会因为少年都已有所爱好而心满意足。主要还是要注意每个人爱好什么，应当看到每个少年的愿望与兴趣是在发展变化的。最后，应当把少年所必需的东西变成他的愿望。不要把一些任性的念头当作愿望。假如教育者允许少年每天在体育室玩几小时的话，那他当然会使少年们感到满意。乌申斯基写道，如果教育希望一个人获得幸福，那它就应该不是以幸福的名义，而是以劳动的名义培养他。幸福不可能是无忧无虑和无所用心的。

故意否定权威、向往理想的东西，但又怀疑我们日常生活中可能存在理想的东西。少年时代的这种矛盾同样是以复杂的心理现象为基础的，这些现象反映了个性的自我肯定过程。

不对理想进行道德定位，就不可能对少年进行教育。脱离生活，脱离“罪恶的土地”是危险的，可是让理想的热望“降温”就更加危险。不能把小学生行为中的每一个细节都与道德标准相提并论。一个少先队员没有戴红领巾，就马上责备他：“你忘了我们中队是以谁的名字命名的吗？是以一个英雄少先队员的名字命名的。他为了红领巾献出了生命，而你在干什么呀？”一个教师发现少年顽皮淘气，立即来一段关于英雄与理想的冗长的谈话：“我们昨天讲过一些拖拉机手为抢救社会主义财产而献身的故事，可你在干什么？在课桌上乱画乱涂……难道奥列格·科舍沃依是这样对待公共利益的吗？难道卓娅·科斯莫杰米扬斯卡娅在课桌上乱画乱涂过吗？”

教育者的任务是要牢固地确立对理想的纯洁而崇高的向往。不要贬低这种向往，不要使年轻人的心中对有可能接近理想这一点产生怀疑。不要把神圣的真理与神圣的名字变成零星的小铜钱，或者是浇在少年火热的心上的一瓢冷水。对理想的纯洁而崇高的热望，是人的一种巨大的内在精神力量。对它应十分珍惜，倍加爱护。在日常的教育工作中一般不需要讲很多关于理想的话。有关对理想的信仰和渴望成为理想的人物等问题，与其让少年们常挂在嘴边，还不如让他们多进行思考。不能在孩子的淘气行为与对理想道德的要求之间画上平行线。淘气鬼也能够成为真正的英雄。

旨在为认识和确立作为道德准则的理想而进行的思维与内心活动，乍看起来是一种不易察觉的，但实际上又非常复杂的教育过程。它要求教师具有强大的精神力量与高度的文化修养。应当教导学生，照马雅可夫斯基的说法，“以谁为榜样去生活”，但是教，要教得得法、关切体贴，在这种情况下，教育与自我教育往往是融合在一起的。而这种融合越是自然紧密，内心和情感对智慧的影响就越大。

少年鄙视利己主义、个人主义，同时具有敏感的自爱心理，少年时代的这种矛盾要求教师严格掌握分寸并尊重学生的个性。对少年的教育工作应当着重于发展健康的进取心，即自尊与严于律己。人的多情善感、禀性聪颖以及对语言与美的敏感，这是影响心灵的最细腻的手段。所有这一切，都取决于教师如何巧妙地、恰到好处地对少年心中那些引以为自豪的以及被社会认可为美德的东西予以肯定。十分重要的是还要做到社会对个人优点的肯定，不是以奖金、奖励等形式反映出来，也不要把一个人的优点与另一个人的缺点作比较。因为这样的评价方法只能培养儿童的个人名利主义，而不是集体主义，其危害性在于它会使少年把精神的炸药一辈子隐藏在自己的心中：从一个小小的功利主义者成长为一个大坏蛋。

那种以比较为基础构建的美德教育，说什么要做像万尼亚那样的好孩子，而不要做像彼得卡那样的坏孩子。这会把年岁还很小的孩子引入歧途，它对少年来说是一种精神毒药。应该让小孩子以自己的长处而自豪，但并不因自己有这些长处而指望有任何奖励、好处和奖品。我知道下面一件事。有一个六年级学生，很有点数学天赋，每次测验总是只有他一个人得 5 分。可是有一次测验的结果却使大家感到惊奇，得 5 分的不仅仅是那位天才的“数学家”，另外还有四个学生，不及格的一个也没有，绝大多数学生得 4 分。那位天才的“数学家”就不高兴了，并且还大声地哭了起来……教师觉得挺奇怪，不明白这究竟是怎么一回事。可是孩子们却是明白的。有个小女孩说：“他之所以哭是因为得 5 分的不只是他一个人，而且还因为不及格的一个也没有。”

这种建立在对比基础上的教育往往造成这样一个结果：教师总是把优秀生的才能与平庸的常得 3 分的学生作比较。于是，在少年的头脑里就形成了这样一种根深蒂固的思想：我之所以是个好学生是因为有差的学生。应当使每个学生都能有引以为自豪的东西。如果教师对学生的批评少于表扬，如果教师从不轻易指责学生，如果教师总能从学生的作业中发现好的东西，那么学生就会高度重视教师偶尔的表扬。自尊感是一种高尚无私的感情。它表现出人们之间细致的、美的和崇高的相互关系。当一个人仿佛照镜子一般从另外一个人的身上看到了自己，也就是当他把那种他本人所具有的善良的东西注入另一个人身上并在另一个人身上体现出来的时候，就会产生一种特别纯洁高尚的自豪感。我总是力求让少年把自己点点滴滴的精神财富赠送给别人，以便使友谊、同志情谊和兄弟关系建立在密切的个性的精神交流之上。

精神财富的交流，把这些精神财富从一个人的脑子里转移到另一个人的脑子里，从一个人的心里转移到另一个人的心里（这也是个人生活中一个很细腻的方面），这些都是集体关系所包含的内容。防止个人精神世界的封闭，是避免利己主义和自高自大的方法之一。要达到这样的教育目的并不像当初想象的那么简单。教学过程的内在规律本身就包含着产生封闭的危险性，因为在学校里总是不断强调（别无他法）：要用自己的努力去获得成功，别指望别人，因为对脑力劳动的评价总是以个人为单位进行的。为使学校生活充满集体精神，就不应该只局限于课堂教学。丰富多彩的课外智力活动是交流精神财富的重要条件。

惊叹取之不尽的科学宝藏，渴望知识渊博，感受智力劳动的灵感与快乐，但同时又以浮躁，甚至轻率的态度对待学习，对待自己平常的作业。少年期的这一矛盾反映了少年在智力活动范围内自我肯定的矛盾的特点。一个人正是在少年时代才第一次感受到，学校中学到的知识只不过是科学知识海洋中的一滴水，只是科学巨著中的第一页。集体的智力活动越丰富，科学的地平线就延伸得离学生的视线越远；一个少年知道得越多，就越深刻地意识到自己知识的贫乏。

因此，教育的艺术就在于使少年的智力兴趣通过获得科学财富而得到满足。在思想和智力范围内肯定自己，就意味着不仅把日常的、单调的学习劳动看作是一种义务，而且也看作是一种精神需要。这完全取决于教师。真正的教育家永远不会忘记自己正在对少年进行智力自我肯定的引导工作。他善于把学校知识与科学相结合，努力使学生觉得自己不是听话的“知识需求者”，而是一个有求知精神的研究者。在引导学生的智力活动时，要注意他们的个性特点，这对教师的创造性实践有着重大的意义。在准备给二、三年级学生上课时，不应当过多地考虑具体的孩子，而要更多地去考虑智力劳动的一般内容。可是在准备给六、七年级学生上课时，教师首先要考虑少年的个人特点：对他们应当怎样引导才能使每一个人都想到，他们在掌握学校知识的同时正在接近（虽说是缓慢地）科学的地平线？

少年期的这种矛盾，在很大程度上是由于在这一时期思维方法的改变。因为儿童的具体的形象思维正在让位于抽象思维。少年开始用概念来进行思维，而这仿佛在他面前展现了一个新的、陌生的世界。他力图用逻辑思维的方法去认识生活现象，但是又很难把千变万化、错综复杂的世界纳入形式逻辑之中。因而产生了一些少年所特有的错误、仓促的结论与概括。可是由于少年关注的对象不仅仅是他的身外之物，同时还包括他自己，他对他自己也做出了片面的、仓促的结论，时而夸大自己的优点，时而又夸大自己的缺点。由此而产生那种一方面对自己力量充满信心，另一方面又不满意自己的两种心情奇怪地交织在一起的现象。我的一个最机灵的学生尤尔科，在五至七年级时曾经被认为是个出色的数学家。在集体中大家一致公认：任何题目都难不倒尤尔科。有个女孩每次测验之前总是“丧失信心”；尤尔科以自己的信心与朝气从精神上支持了意志薄弱的同学。可是，同学们谁也不知道他的这种信心是靠什么力量来支持的，他单独一个人时内心有什么感受。他对我说，代数对他来说是一门最可怕的课程。“我怕做习题，”尤尔科把自己的秘密告诉我，“可是，为了不让别人认为我不行，我做起习题来往往一做就是几个小时。我挑那些最难的题目一个劲地做呀，做……可是临到要去测验的时候就像上刑场一样。然而我却装出若无其事的样子，为的是让同学们，特别是女孩子们以为我什么也不怕。假如他们从我的眼神中看到了恐惧，那么他们就会不知失措，解不出题目。”

少年的逆反心理隐藏在思维的特殊性中。逆反心理往往是从反对或者否定学校布置的作业开始的。作业是每天都有的，对少年来说常常是十分单调的工作，这种工作“与宇宙飞行相比，就像是蚂蚁在忙忙碌碌搬东西”。舒尔科（六年级学生，也是最好的数学家之一）把学校教学与科学发展作了这样的比较。对学习的轻率态度就是由此而产生的，由此也形成了少年反对成年人“侵犯”其独立性的“保护性反应”。

“教师问我有关南美洲某个地方的地形，可我想：这有什么意义呢？现在人们连人造地球卫星都能发射上天了，难道这些山谷与盆地还有什么重大的意义？”尤尔科说道。

要克服这一矛盾，就要求教师在指导脑力劳动过程中掌握高度的技巧。这不仅是教学论方面的问题，而且也是一个普通教育学方面的问题。不要把少年当成一个记忆载体，只教给他现成的知识，而应该在他们面前进行思维；这是使少年思维协调发展的重要条件。一个有经验的教师，如果了解少年的精神世界，他就好比是在号召少年向科学的地平线进军。他把点滴的科学知识和科学真理用到学校基本课程中自己所教的学科里去，这就能使少年忘记自己离那些令他格外激动的“高深问题”还很远的事实，使他觉得自己是一个研究者和思考者，他把课堂教学、课外阅读和阅读其他书籍连成一条线。少年从智力劳动中得到了欢乐，这不仅使少年对课外阅读材料产生了兴趣，而且对课程本身也有了很大的兴趣。

造就思想的劳动者，使少年以列宁的形象为榜样，我把这些看作是教育者的天职。像列宁那样掌握知识、珍惜知识，这是在课堂上进行的公民教育的主要基础之一。优秀的教育工作者善于这样展开材料的内容：务必使学生十分重视科学的真理，这个真理是在科学与愚昧无知、进步与反动的斗争中产生并予以确认的。

*浪漫主义的热情洋溢与……粗野的举动、道德上的无知；对美的赞赏与……对美的嘲讽。*少年期的这些矛盾往往会给教师与家长惹出许多不愉快的事情。克鲁普斯卡娅曾经写道：“常常会有这样的情况：一个文静的孩子突然像凶神附身那样出言不逊和肆意破坏，等等。”有的家长和教师认为，想折断、毁坏东西和想打人，一般说来似乎是少年的一种天性。这是非常错误的，残暴行为从来就不是人类天性所固有的特征。

少年时期智力与感情领域的相互关系发生了质的变化，而这些矛盾就是隐伏在这一变化之中，但这种变化往往不被教师和家长所注意。对这一变化研究得还很不够，而教师们由于对此缺乏明确的科学认识，在自己的工作实践中往往根据猜测和一般推论行事，认为少年对涉及其个性的一切总是报以激烈的反应。

少年在对外部世界和自身仔细地进行抽象、概括和好奇的观察的同时，还在人的精神世界中各种复杂的现象——思想坚定、刚毅、勇敢、忠于信念、大胆无畏、渴望认识和洞察大自然的奥秘以及决心为崇高的理想而斗争。追求浪漫主义的东西，这就是认识过程中的一个新的质变阶段的结果。

对人的精神世界的认识为浪漫主义精神添了双翼，也是少年进行道德上自我肯定所必不可少的动力。当好少年的导师，首先就是要让他们好奇的目光转向人类思想、情感与理想的世界。这就是说，要在少年的意识中确立崇高的生活目的和人民的理想永生不灭的思想。浪漫主义的热望和对人的伟大精神的惊叹能使少年的感情变得高尚，使他的天性中细腻的感情得到陶冶。没有浪漫主义精神就不会有情感修养。

可是，少年的浪漫主义的热望似乎与其智力活动发生矛盾。浪漫主义精神要经受思想的剖析。在理解周围世界的种种现象的同时，少年也在努力剖析自身的情感。他评判这些感情，为自己的感情感到羞愧，怕别人把他看作是个过于多情善感的人。他觉得那些细腻、善良和仁慈的感情好像是儿童特有的，而他则希望与儿童时代的一切东西尽快告别。人们形形色色的精神现象令他惊奇并为之神往，但他又不善于从中辨别出细腻的感情。少年感到精力旺盛，由于自己体格上的健壮有力，他能够吃苦耐劳，希望通过有关的活动来表现自己的能耐。如果教育者对培养少年的感情修养稍有疏忽，那么少年就会很快丧失在儿童时代所养成的那些东西。

我记得有这样一件事。我和一些七年级学生一起到第聂伯河沿岸去旅行。在一个夏季温暖的傍晚，我们不知不觉地走到了一个荒僻的，仿佛是与世隔绝的地方：一座古老的公墓，它的一边与一个不大的沟壑接壤。在悬崖的顶端长着一棵不高，但相当挺拔、枝繁叶茂的杨树。我们就在离它不远的地方停下来休息。当我在朦胧之中听到我的学生纵声大笑的时候，夜幕已经降临。我站起身来，看见男孩子们站在小杨树的周围，而维佳正在拼命地想把这棵小杨树连根拔起。杨树已经弯倒在沟壑上，眼看就要折断了。我走到孩子们跟前，他们感到很窘，都回到帐篷里去了。而维佳低头站着。我找他谈了话，我们谈了生活与理想，一直谈到深夜。我发现了少年精神世界的新的境界。他读了很多关于斯巴达克的书籍，留在他记忆中的斯巴达克是一个力大无比的人，而斯巴达克高尚而细腻的情感和内心活动却没有引起这位少年的注意。

这个信念对于培养那种可以称作没有旁人在场的个人的诚实，具有很大的作用，没有感性与理性对自己的行动实行统一的监督，这种诚实是不可能培养出来的。这里说的监督是自我约束的一个重要方面。

这些就是少年期的矛盾。这些矛盾并不是不可避免的，然而要绕过它们或者完全把它们推开是不可能的。高水平的教育工作可以缓解和减轻这些矛盾，而笨拙低能的教育工作则会使这些矛盾更加深化、激化并导致冲突。这些矛盾的共同特征是，对自我肯定的渴望和追求与实现这种愿望的能力之间存在着不适应性。为了使少年时期的各种矛盾不导致冲突与破坏，应该把年轻的公民培养成具有成熟的思想、刚毅顽强和思想上坚定不移的人。

少年的身体发育与心理修养仿佛重塑人生

个性的形成

凝视着少年，那些昔日的孩童的眼睛，我试图从中找到对那种惊人的飞跃的解说，这种飞跃是在人生的少年时代完成的：从10～11岁至14～15岁。我常常无法在他们身上找到昨天孩子的影子：眼睛不是原来的那双眼睛，嗓音不是原来的嗓音，而最主要的是，他对周围世界的认识完全变了，人际关系、要求、需要、兴趣，所有这一切都发生了本质的变化。

每逢晚上我对自己学生的命运陷入沉思的时候，我常想，步入少年时代，似乎就是人的再生。第一次是生命本体的诞生，第二次诞生的则是一个公民，一个积极的、富于思考的个性，一个不仅能够认识周围世界，而且也能认识自己的活动着的个性。第一次诞生的人是这样喊出自己的声明："我来了。请关心我，替我担忧吧。我是柔弱无助的，一分钟也别忘记我，请爱护我、屏住呼吸坐在我的摇篮旁吧。"可是当人完成了第二次诞生时，他对自己的声明完全不同了："别老守着我，别总跟在我后面，别束缚我的手脚，别用监督和不信任的带子把我捆绑在襁褓里，有关我孩提时的事一句也别提。我是一个独立的人，我不愿意总让别人牵着我的手。我的面前是一座高山。这是我生活的目标。我看到了它，我在思考它，我想登上去，但我要自己独立攀上峰顶。我已经开始了，我迈出了第一步，越是向高处攀缘，我的视野就越开阔；我看到的人越多，对人的认识就越深，也就有越多的人能看到我。展现在我面前的伟岸与宏大令我惊恐不安。我必须有年长朋友的帮助。假如我能依托在一个强劲有力而又英明睿智的人的臂膀上，我一定能够达到自己的顶峰。但要把这一点讲出来，我羞于出口。我想让大家认为，我是独立地、用自己的力量攀上顶点的。”这就是一个少年要说的最最主要的东西，如果他会表达自己的思虑，如果他想开诚布公地说出自己全部的所思所想。

从生理发展的角度我们能够发现，少年在10～11岁至14～15岁（男孩有时到16岁）的阶段有一个迅猛的飞跃。首先是身体的迅速增高。大自然好像要急于完成自己的作品，以至于匆忙中没有察觉到在由他一手雕刻成的塑品身上，留下了许多疏漏和粗糙不平之处：人体的特征全是用粗线条刻画出来的。但是大自然实在忙得没工夫再对自己的创作精雕细琢。骨头的生长如此之快，以至于肌肉组织无法跟上骨骼的增长速度。因此，少年常常觉得肌肉疼痛，这使得他们自己和他们的父母都感到惊恐不安。少年的整个外观也在发生着急剧的变化，尤其是男孩子到了十三四岁时体形变得很不匀称：细高挑儿，四肢修长，这使他简直不知道该把手脚往哪儿伸。如果考虑到这个时期的少年尤其留心注意审视自己的话，就会明白那种对自己的不满情绪、神经过敏以及爱冲动的表现是从何而来的了。

少年时期身体发育的生理过程，充满了各种内在的矛盾。由于身体增高要消耗巨大的能量，于是他们经常感到疲倦，格外需要休息、实行特殊的营养和睡眠制度。心脏的体积明显增大，而血管的体积与一两年前相比，几乎没有什么变化。因此，少年经常有血压增高（尤其男孩在12～13岁、女孩在10～12岁期间）的现象。

生理发育过程中性成熟期的开始，对少年的精神生活具有特殊的影响。这一过程对他的思维、情感以及与成年人、同龄人的相互关系产生着巨大的影响。遗憾的是，几十年来有关性教育的问题被置于次要地位，不被重视，因此，人们对这一年龄阶段的少年身上出现的一些复杂的、矛盾的现象了解得不够。

深刻的生理发育过程还涉及少年的神经系统。在大脑半球的皮层里发生着巨大的变化。为了完成从形象的儿童式思维向抽象思维的过渡，大自然在这一阶段使出了浑身解数，以便使人体内神经元之间的联系得以发展。经过12年的观察，我得出结论，少年时期（女孩子稍微早些，男孩子则晚些）的思维有非常重要的特点：他们总力求把周围世界所发生的一切，以及在学校里学到的、在书本上读到的各种东西与自己的个性、自己的内心世界、情感和体验加以对比。少年既思考他周围所发生的一切，同时也思考他自己。他在自己所听到的（尤其是读到的）东西中进行筛选，从中找出与他个人的兴趣、需要和观点有关的思想。这种对自己的注意倾向和兴趣所在进行选择的特点，在他们日后的成长中日益被强化。

在我看来，思维过程中的那种既能注意外部世界的客观事物，又能同时注意自己本身的能力，是心理学上被称为少年的自我肯定的重要组成部分。少年的精神发展的这个特点——自我评价、自我表现、自我检查和自我经验，也正是产生一系列矛盾现象的原因，而这些矛盾使许多家长和教师感到焦虑不安。在少年的意识中会出现这样的念头：我就是一个既像我的父亲，也像我的老师，像每一个成年人一样的有个性的人。这个想法是突然冒出来的，它犹如一大发现，令少年震惊不已，同时又产生了一系列新的想法。一个人在童年时期从来不会在像少年时期那样，暗自把自己与父亲、与教师进行比较。关于自己是一个与任何成年人一样的、有个性的人的想法，好像使少年把父亲和教师的地位降低了许多。少年开始注意审视他的长者，从他们身上挑出许多毛病。他愈多地观察别人，也就愈加注重剖析自己，但是这种对自身的认识，并非总能产生上进的愿望。一切都取决于环境的教育力量和集体的影响，取决于我们上面提到过的精神财富和价值的具体化。

孩子对教育者的信任是无条件的：这可以，那不行，这样好，那样不好。就连教师随意说出的话对于孩子来说都是真理的依据。如果察觉不到，在少年身上已经产生了一种要与成年人同样平等、要像他们一样拥有自己管理自己的权利的思想；如果察觉不到，少年个性所关注的不仅仅是周围世界，而且也关注自己，把自己与成年人进行比较，并力求证实自己是一种富于创造、富于理智的、杰出的力量，如果察觉不到这一切，教育者就往往会把那种对儿童使用的断然命令的口吻机械地转用到少年身上。教育工作的严重缺陷就在于，教育者常常察觉不到少年的个性诞生的时刻。善于思考的教育家能够从少年的行为中发现一种转折：以警觉和批评的态度对待成年人所说的话，性情急躁生硬，有时还容易冲动发怒，干蠢事。

几年前，一位从我们学校毕业的过去的学生（现在已经是一位农艺师），交给我一个笔记本，他奇迹般地把它从少年时代一直珍藏到现在。这是一份无价之宝。这个少年给当时的每一位教师和他自己都写了一页纸，记录了他从这些人身上观察到的所有优缺点（我们在那时就教导少年：要自己教育自己）。我面前的这本记录展示了一幅令人惊奇的画面：这个情景不可能不在少年的意识中引起一系列矛盾的思考。在每个教师身上发现的缺点并不比这个少年本人身上的少。而且在某些教师身上的缺点甚至多于优点。

这一事实引起我思考一系列问题：少年时期的教育与自我教育的相互依赖关系、少年观察世界的能力，等等。少年“用自己的尺度去衡量”他眼中的整个外部世界的能力，尤其是衡量人的能力，这是少年发展的一个台阶，它在很大程度上依赖于少年自己的各种新的思想、感受、焦虑和担忧，而教师和家长对此都感到很突然。阅读小说时，少年遇到了须对生与死进行思考的问题，于是，“我也会死去”的念头会像闪电一般在他的意识中冒出来。这想法令他惊恐不安，还常常让他陷入痛苦之中。我认识一个男孩，当他了解这一真谛之后，神经受到了巨大的打击。一连几天他坐在课堂上对一切都漠不关心。令他疑惑不解的是：人们怎么能够忘记他们都会死去？又怎么能够平静地工作、娱乐并把那些生活琐事挂在心上呢？

这并不是某种病态的现象，每个少年都这样或那样经历过这种状态；忽视这些由思考生死问题而产生的复杂的心理状态，是绝对不应该的。尽管在这一阶段，学生接触了许多唯物主义思想，各种科学知识也在不断丰富他的头脑，但接受宗教世界观、教规和宗教训诫，对他们来说还是相对容易一些。我永远也忘不了九月里一个寂静的早晨，临上课前科斯佳（那时我的这些学生们正读八年级）走进校园来找我。我从他那双深邃、不安的眼睛里感受到了一种痛苦。“出什么事了，科斯佳?”我问。他在长凳上坐下，出了一口长气后问我：“这怎么会呢？一百年过后咱们谁都没了，无论是您还是我，还是同学们……柳芭会没有了，莉达会没有了……我们大家都会死去的，这怎么会呢?”随后，我们进行了长时间的交谈，谈生命和劳动，谈创造的喜悦和人们在大地上留下的痕迹。谈完之后，科斯佳对我说：“也可能那些相信上帝的人们更幸福，因为他们相信永生。而总有人没完没了地说，人是由什么化学物质构成的，一个人注定要死亡就像一匹马会死去一样……难道可以这么讲话吗?”

就在那一瞬间，我再一次感到了对人的心灵负责的全部深刻含义。我觉得，在对一些最重要的问题做出解释时，在以人为对象谈及所有关于人的话题时，我们经常把复杂问题简单化了。的确，难道无神论教育就是没完没了地让人相信，根本就没有什么永生，我们大家都会像一切其他动物一样，终将化为灰烬。为什么不能让受教育者确信，自己的个性在某种东西中能够永恒存在呢？为什么不能号召他们创建一种能流芳百世的事业以使自己永生呢？为什么不在这个基础上让人确信，人与马的区别就在于，人是不死的——他的精神永存？但是，这不是像牧师布道时所说的那种意思。与科斯佳的谈话使我坚信，在对少年进行教育的工作中，而且不仅仅限于对少年的教育，我们需要的正是这样的方法。

我们不能忘记，现代人身上的精细的神经系统一代比一代发达，人的道德、智力及美感的发展都取决于其思维和心灵的敏感性、精细度和活跃程度。发展人的细腻的精神世界，是教育的首要任务之一，学校把这个工作做得越好，受教育者就越发注重对生活的意义、理想、永生和死亡、宇宙的无限和物质的不灭等问题的思考。善于敏感地认识儿童、少年和青年男女的精神世界，是教师的教育修养的最重要的特点之一。我最担心的就是，我不能发现、不会用心灵去体察、去感受那个时刻，那个孩童转变为少年的短暂时期。

……那是四月里一个凉爽的傍晚，我到校园里去欣赏落日时的红色天幕（第二天要起风）和苹果树上初绽的花朵。这时在林荫道上遇见了瓦利娅。她把托尔斯泰的《复活》紧贴在胸口，若有所思地走着，一副聚精会神的样子。瓦利娅在大家眼里是个脸上总挂着笑容、乐于向所有人倾诉衷肠的女孩子。我想，她会走过来像小鸟一样嘁嘁喳喳地把自己心中的什么秘密讲给我听。可情况并非如此，她把书抱得更紧，神情显得窘迫而紧张。她好像很怕我看透她的心思。我感觉到，她在用一种巨大的自制力抑制着自己眼里的笑容流露出来。瓦利娅的眼神变得更加深沉、更富于思索也更加忧郁了。她不想和我讲话，这女孩想单独待一会儿。我的心高兴得怦然一跳：这太好了，瓦利娅，你从小女孩变成一位姑娘的那一时刻，我已经觉察到了……

男人的诞生，女人的诞生

人的第二次诞生……这不仅仅是人在自己精神世界发展的阶梯上迈出的最艰难、最重大的一步。这也是具体的人——男人或者女人的诞生。

在童年时期，我们看到的人还没有这样的具体。我记得有这样一件事。一位母亲领着 6 岁的男孩去理发。他的头发理得很短。他 5 岁的妹妹哭得很伤心，她请求妈妈："把我的头发也剪得像小彼得一样吧!"

少年成长为男人或者女人，这对于个人生活来说是一个如此重大的事件、一个如此意外的新发现，以至于对此惊讶不已的少年完全要用另一种眼光去观察周围世界，观察别人和他自己。抽象的少年（人们通常对这个年龄段的人的习惯称呼）已经没有了，有的只是具体的个性——我们眼中的男人或者女人。

男人和女人的诞生，是以复杂的生理解剖过程为基础的，这一过程在机体内部完成。性成熟的同时，人的个子也迅速增高。在 20 年里，我们学校对 1 660 名 9～15 岁的男孩和 1 810 名同年龄的女孩进行了身高跟踪测量。身高的增加虽有一定的个别差异，但从全体孩子身上发现以下规律：身高增长最快的时期也就是性成熟最迅速的时期。

近年来所谓的加速度现象受到了学者的关注。人体发育（同时包括性发育）的过程加快是这一现象的实质。许多资料表明：在近七八十年里，世界各个国家的人在身体和性发育的速度上加快了一年半至两年。这个加快的过程是在少年时期和青年初期进行的。现在 14 岁的女孩，其身体和性发育的程度相当于几十年前 16 岁女子的程度。学者们对加速度现象有不同的解释（营养及总的生活条件的改善、文化水平的提高、体力劳动的作用的减少，等等）。

男孩在十三四岁期间是身高增长最迅速的时期，这时他们正在读七年级。女孩身高增长最快的时期是 10～11 岁，也就是说，比男孩早两年。女孩子身体的增高最初要快于男孩，之后就慢下来。与身高增长同时进行的、复杂的性成熟过程既影响心理发展，又取决于心理发展。当男孩意识到自己是一个和父亲一样的男人时，对他的启示是巨大的。他开始用全新的眼光去观察父亲和母亲的关系，并从中发现原来没发现的东西。

性成熟的过程对于女孩子来说要比男孩子早许多。由女孩变成女人比男孩变成男人一般要早两到三年。这并不是大自然的某种任性，即使用教育的巨大力量也不能将之“推迟”或者“拉平”。只有在考虑到大自然的这种最精细的“任性”时，教育才会产生巨大的作用。如果忽视了大自然的规律性，很可能出乱子。多年来我一直在不安地思考：教育者同五至七年级的男孩、女孩们（他们的年龄在 11～14 岁）一起工作，其实是在同身体和心理发育水平各不相同（有时甚至差别很大）的群体在打交道，我的这种猜测到底对不对呢？

舒拉和卡佳从二年级起就很要好。他们的友谊是牢固而感人的。有一次全班去树林游玩，卡佳的脚受了伤，舒拉撕开自己的衬衫为她包扎了伤口，并抱着她走了两公里的路回到村里。小男孩经常去卡佳的家里玩。卡佳呢，也常去舒拉家。他们都有自己的秘密。就这样升到了四年级。可是，有一天舒拉神情激动地来找我，他含着眼泪向我诉说了自己的痛苦：卡佳不愿意他再去找她，也不愿意他把自己的玩具带去玩了……对这种不幸我能帮上什么忙呢?

教育家们很早就注意到，处于向成人过渡年龄段的女孩子与男孩子相比，在学习上更自觉、更努力，更能专心致志地用功。而这些一般都是妇女所特有的品质。如果是这样的话，又是为什么呢?在低年级时，差不多到10岁之前，男孩和女孩学习都同样地努力。可是女孩子到了10～11岁这个阶段，就会因为爱想事而不能专心致志地做功课，精力集中不起来，在脑力劳动时常显得没有条理性。教育工作越是不力（注意不到孩子已经长大这一点），女孩子在精神发展中的这些特点就会越发明显地影响到她们的学习成绩。但是这个阶段并不长，只持续几个月，然后就会出现显著的变化，乍看上去女孩子在智力方面显出了一种出乎意料的“老成”：到小学学习阶段结束和八年制中学开始的第一年时，女孩子在学习上已经变得更爱思考、态度更认真了，她们能够长时间集中精力地工作，而且还乐于帮助同学。

在女孩子的智力发展过程中，在她们的精神和心理以及道德和审美的相互关系中，那种“骤变”的、令人不安的现象，要比在男孩子发育过程中出现的少得多。如果能够进行正确的教育工作，则性成熟期对女孩子的心理会起到积极的影响——会明显地加速和深化她们的聪明才智的发展，启发她们对未来进行严肃的思考。可见，对于集体中的每一名成员来说，从童年时代起就需要培养他们具有对同志、对自己的责任感，使集体成员之间的相互关系充满了关心人的精神，而对于他人的内心世界的细心关注也正是在这种集体的活动中培养起来的。性发育对于孩子的精神和心理关系的发展能否起到积极影响，主要取决于在童年时代如何使集体与个人的精神生活充满互相帮助、互相关心和互相体贴等内容，并且恰到好处地、理智策略而又坚决地防止利己主义。这里重要的是，要使每一个学生把自己的同学首先看作是一个人。

性的本能、传宗接代的本能是一种非常强烈的自然现象。正是这种本能需要通过一些细腻的关系使之变得高尚，所以应当在这种本能出现之前就提早开始这项工作。在童年时期，男孩和女孩之间的相互关系越是细致入微、精神关怀越多、越是亲切诚恳，则性本能就会变得越深刻、越高尚。良好的、正确的教育，以及对男人和女人的诞生做好必要的准备，也就是要建立起热诚与亲切的关系，以便使置身于其中的人能把自己的精神力量奉献给另一个人。我认为，教师的最高技巧就是善于引导孩子用自己的精神力量为他人创造快乐。

在一个教育有方的儿童集体中，女孩子能够意识到教师说的这样一番话的含义："你是未来的母亲，大自然和人类千百年来的经验赋予你人类的全部生育责任。"对女孩子讲这些话时，既要简单明了，又必须不失纯洁高尚之感。道德的纯洁、父母间高尚的相互关系，对于发展这种清醒的信念具有重大的意义。如果在这些关系中含有肮脏龌龊、欺骗和虚伪的成分，那么教师就很难开展自己的工作。

拿六年级的男孩和女孩来说，他们对友谊、同志情谊的看法有什么不同，这是我几年来一直思考的问题。在阅读有关永恒的爱情、舍己献身的英雄行为的书籍时，六年级的女孩子会眼含热泪，对主人公的命运寄予深切的同情，而男孩子则往往无动于衷。在身体和心理发育的一定时期内，男孩和女孩之间有时会出现互相不理解的情形，因为女孩子机体内部所进行的复杂的身体和心理过程遥遥领先，并深刻地反映在她们对周围世界的认识态度之中，而此刻在男孩子的机体内部这些过程还没有开始或者刚刚开始。这种不均衡性从何而来？又为什么会这样呢？

大自然很英明。它赋予了人类这种不均衡性，仿佛它已经预见到，在人们的相互关系中传宗接代将不再仅仅是一种本能，母亲将不再只是奶妈，还应是教育者，而且对一个人的教育需要许多年时间。在13～14岁时，女孩子便开始发育成女人，而男孩子还远远没有达到能理解生儿育女和传宗接代的奥秘阶段。

人体在发育阶段上的这种差异，是十三四岁，尤其是12岁的男女孩子之间常常发生冲突的根源。六、七年级的女生突然有了来自九、十年级（或者是年轻士兵）的男朋友，其潜在的原因也正在于此，而教师却常常震惊不已："这是怎么搞的？我为巩固这个学生集体做出的努力并不少啊？"如果你忽视了那些不以人的意志为转移的因素，忽视了人在诞生为男女性别角色的个性时所具有的人体发育的自然规律，那你就只能一筹莫展。

男孩子性成熟的迅猛时期，正如我们已经谈到的，是在13～14岁（亦存在个别差异性）。生理过程对男孩子的心理和行为所产生的影响要比女孩子在10岁到11～12岁阶段的影响强烈得多。与一个女人的诞生相比，形象地说，一个男人的诞生是在更多的痛苦之中完成的，尽管好像应当正相反才对。这是因为，这个时期里男孩子的智力发展水平和社会视野要比同一时期的女孩子更高、更广。这时的男孩与女孩的区别在于：比较急躁、直率，评价周围世界发生的现象时爱感情用事，作判断和决策都比较尖锐激烈。而女孩子遇事则多持不偏不倚的态度，依我看，这就是未来母性的幼芽。大自然加快女孩子身体发育的速度绝不是偶然的，因为女人热烈的情感应当与母亲冷静的理智结合起来。

那么在教育工作中该怎样注意这些特点呢？在五、六、七年级的学生集体里，我看到了令人惊奇的现象：男孩子热烈、迅疾的激情与女孩子的稳健、女性的智慧，这两种因素错综复杂地交织在一起。（当然，不能认为大自然赋予女孩子的所有这些特点都已是现成的东西：它们是在集体中才得以发展的，这个集体从一开始，就教育孩子不能只是消极地贪图欢乐，而是要首先为别人，然后再为自己创造快乐。）教育的艺术就在于要使这些因素能相辅相成。用女孩子的感情细腻使男孩子的激情洋溢变得更加高尚。我从来就不喜欢有些女孩子过于勤奋、过于细致，而缺乏主动性、独立性、果敢精神不足。必须培养未来的母亲具有公民的坚定性和自尊感，而不是逆来顺受。由片面教育而形成的顺从（这样行，那样不行）能够导致思想上产生无原则性。必须这样来组织集体活动，要使男孩、女孩所从事的积极生动的活动充满激情，使女孩子在评价她们的所见所闻以及自己的所作所为时能带有鲜明的情感色彩。

一个女孩将来要成为一位具有高尚品格的女性、母亲和妻子，必须用公民的崇高精神鼓舞自己，必须与集体的利益同呼吸、共命运。不是去创造什么抽象的善良，这种东西根本没有，而是要为社会的利益、为人的荣誉和尊严进行积极的、顽强的、目的明确的斗争，这才是从思想上锻炼女孩子。

我一贯主张，集体首先要把每一个女孩子作为一个人来尊重，为她们成为这个集体的思想上的志同道合者而感到自豪，并在她们身上挖掘出对集体和个人都有益的各种品质。女孩子们应当积极地参加社会生活。如果把注意力过多地放在自己身上，只陷入自己的内心世界之中，而不用自己的智慧和心灵对人的领域、对为共产主义理想而斗争的领域进行完整、丰富的认识，不把这个领域的内容反映在自己个人的需求和利益之中，就可能导致感情上的贫乏和空虚。感情的贫乏又会使女孩子在青年早期需要捍卫自己的荣誉和尊严时，感到无力自卫。因此，少年教育的全部问题就在于，使集体活动充满具有高度思想性的高尚情感。

男孩和女孩——男人和女人

女孩子的性成熟期从四年级就开始了。在 10～11 岁，女孩子在个头上一下子“跳”得那么高，以至于全都变得认不出来了：手脚细长细长的，胸脯瘦长而狭窄，脸盘也变得瘦削了，所有这一切都提醒人们，诞生一个女人的神秘过程开始了。这时，女孩子的眼睛就像一面镜子，把在性成熟影响之下开始的各种内在过程都反映了出来。她们的眼睛里充满了探询、警觉、不安和惊奇的神情，仿佛在询问：“我这是变得怎么了？”

女孩子的乳腺从 10 岁起开始发育，到 13 岁前就已经成为少女的乳房了。无论是对她们自己还是对教育者来说，这都是形成女人的最迅疾、最重要的时期。由于比男孩子的成熟早许多，所以似乎自己提前成为女人的感觉令女孩子们焦虑不安。看到女孩子那不匀称的身材，男孩子会吃惊地想到，她这是要变成一个女人了，而这时的女孩子则已经能感觉到男孩子在想什么，在男孩子的目光之下她仿佛变得畏缩不安，这目光令她激动、惊奇，使她产生一些神秘的、愉快的想法。这里必须提醒父母和教育者们注意：一定要保护女孩子们在这个阶段不受某些成年人的不体面的、过于好奇的，有时甚至是淫荡的目光的影响。成年人的不体面的、“鉴赏的”目光常使女孩子产生某种奇怪的、似懂非懂的感觉，但同时她又能猜到（与其说是意识到，不如说是感觉到）她在被人打量、被人琢磨，这使她一开始感到有些不知所措，尔后则会产生两性关系的一些想法。应当要求男青年和成年男性具有一定的道德修养，以便“注意不到”女孩子身体内所发生的那些变化。如何尽量减少有关爱情、性生活和两性关系的话题，如何尽量淡化女孩子对性成熟所产生的兴趣，如何使集体成员之间的相互关系充满更多的人道、真诚、互相同情与互相关心，这是正确的性教育的前提之所在。

对母亲的崇敬，也就是对人类生活与美的源泉的崇敬，这是一种对待妇女的崇高而纯洁的精神，应当使这种精神遍布校园。这能使自然的性欲望变得崇高，并能从人的心灵中剔除那种动物的、粗野的本能。一个人只有学会用神圣、虔敬的精神去尊敬母亲，并且从不用淫荡的目光去扫视女孩子和年轻姑娘，那么他的目光才不会使青年女性感到瑟缩和警惕，或者相反，回报以女性的卖弄风骚。培养崇高母亲的精神，需要把与形成个人、集体的道德面貌有关的各种问题密切联系起来，进行专门的综合研究。

男孩子的性成熟比女孩子晚两年开始。13 岁，尤其是 14 岁时，是男孩子的大脑垂体活动以及由体内激素引起性腺活动的甲状腺活动最剧烈的时期。那些在绝大部分女孩子身上已经完成了的生理过程在男孩子身上才刚刚开始。这就使教育工作一方面更加复杂化，另一方面又变得简单。这是因为当觉察到自己身上发生了不寻常的、相当神秘的变化时，女孩子总是竭力掩饰自己即将变成一个女人的事实，而这种情形能够缓和以至于消除女孩子的那些由性成熟引起的兴奋状态和对外部影响的强烈反应。一些次要的性特征，尤其是想到了乳房的发育，似乎能控制住内部的兴奋状态。这些特征提醒女孩子们，她们即将变成未来能做母亲的人。而这个想法在相当程度上使少年时期的各种矛盾得以平衡。男孩与女孩之间，尔后是少男与少女之间的纯洁关系都取决于集体和每个人有怎样的尊敬母亲的情感。*人类的母性*，决不仅仅是对延续种族的关注，这是一笔用几千年时间造就出来的、最巨大的道德财富，这笔财富是一种强大的精神力量，它能够把男孩子培养成男人和父亲，他们之所以能够尊敬自己，珍惜自己的人格，就是因为他们能够像尊敬未来的母亲那样去尊敬女孩子，像爱护家庭荣誉一样去爱护女孩子的人格。

由于女孩与男孩性成熟期开始的不同步，女孩子见到男孩子就感到害羞，这也是使教育工作变得简单的一个原因。低年级的孩子们夏天在一起游泳：大家兴奋地在池塘边上跑来跑去，把湿沙子垒成各种各样的建筑物，在水中嬉戏。可是到三年级结束时，女孩子就愿意单独活动了。而男孩子则不明白：为什么女孩子不愿意和他们一起游泳了呢？“你们都是个人主义者。”尤尔科对女孩子们说。可女孩子们都只是笑而不答。她们似乎已经明白一些男孩子还无法理解的事情。女孩子身上产生的这种母性的智慧恰恰给教育工作带来了方便。

但是还有许多因素又增加了教育的难度。对于少年还理解不了的、一切与性成熟有关的现象，应当分头讲给男女生听。这种极为隐秘的谈话（男性教师给男孩子讲，女性教师给女孩子讲）不但不应当增加孩子们对性成熟的兴趣，而且正相反，应当使其减弱并变得高尚起来。

我再一次强调：只有使学校里充满一种崇敬母亲的高尚氛围，才能使关于性成熟的谈话不致引起不健康的好奇心。每一次关于人的修养的谈话都应当包含着道德的意义。这一点非常重要。我对男孩子和女孩子们说：“你们将来都要做父母。若干年后你们都会有孩子，你们会像现在你们的父母对待你们那样去思考怎样教育自己的孩子。要记住，男人和女人之间的相互关系能使一个新人诞生。这不仅仅是一种生物行为，而首先是一个伟大的人的创举。只有坏蛋和无耻之徒才会以某种肮脏的心态去琢磨这些男女之间的相互关系。”

在近几年里我编写了一本题为《母性之美》的文选读物。里面都是关于母性的伟大、崇高和美好的短篇小说和故事。这里讲述了许多伟大人物，如弗拉基米尔·列宁、尼古拉·奥斯托洛夫斯基、列夏·乌克拉因卡、米哈伊尔·科秋宾斯基、塔拉斯·舍甫琴科、尼古拉·果戈理、奥列格·科舍沃伊、卓娅·科斯莫杰米扬斯卡娅等人的母亲的不朽篇章；有关于为保卫祖国而牺牲疆场的烈士们的母亲的故事；还有一个故事讲述了一位英雄母亲的悲壮的命运：在德国法西斯占领期间，她让自己当警察的儿子以自杀的方式结束了生命，以便使家族的荣誉不被玷污。我把这本书里的故事一页一页地展现在学生们面前，目的是在他们的智慧和心灵中燃起更加亮丽的火花——崇敬母性美和母性的伟大的火花。

我力求使我的每一个学生在为母亲创造快乐、幸福、安宁与祥和时能够倾注自己更多的体力和精神力量。入校头一年以献给母亲的名义栽下的苹果树上的第一个苹果成熟了，你要把它献给母亲和祖母。第一串葡萄成熟了，你要把它献给母亲和祖母。少一些为他人做好事的吹嘘，多一份对亲生母亲的关怀，这正是我们教育工作的座右铭。

下面就是《母性之美》一书中的一个故事，我常常把它讲给小学低年级的学生们听。

七个女儿

母亲有七个女儿。有一天母亲到儿子家去做客。儿子住在很远很远的地方。过了一个月母亲回来了。她刚一走进屋女儿们就争先恐后地说她们是多么思念母亲。

“我想您就像罂粟花想念阳光一样。”第一个女儿说。

“我期盼您就像干旱的土地期盼水滴一样。”第二个女儿低声地说。

“我想您都想哭了，就像小鸟哭母鸟一样。”第三个女儿絮絮叨叨地说。

“没有您我感到很困难，就像蜜蜂没有花一样。”第四个女儿嘁嘁喳喳地说。

“我梦见了您，就像玫瑰梦见露珠一样。”第五个女儿小声地说。

“我一直在盼望你，就像樱桃园盼望夜莺一样。”第六个女儿小声地说。

第七个女儿什么也没说，虽然她有许多话要说。她给妈妈脱下了鞋，还给妈妈端来了一大盆水，让妈妈洗脚。

我尽量让我的每一个学生都能从小就替母亲分担一份并不清闲的、单调的、令人厌烦的工作，而这一切才真正是实实在在地崇敬母亲。

使男孩、女孩们产生一种隐秘的感情，以使能够正确对待与性成熟有关的所有现象：个人的身体、漂亮和某些身体缺陷，这是我非常关注的一个问题。我对少年提出的所有建议几乎都不涉及与性腺机能有直接关系的生物及生理现象，而是其对整个机体，尤其是对身高、大脑和心脏，对中枢神经和自主神经系统所产生的影响。我让少年们相信，不偏食，是保证身体正常发育、各部分器官和谐运作，而且能长得漂亮的非常重要的条件。我还给他们出主意，怎样才能学会迅速入睡和醒来。男孩子和女孩子们于是都养成了每天早晨按时起床的习惯。差不多所有的孩子都告诉我，他们能在闹钟叫响之前的两三分钟时醒来。有的孩子干脆不用闹钟就能按时起床。

我给男孩子和女孩子们讲解为什么在他们这个年龄容易有疲劳、头昏、心悸和脉搏减弱的感觉，同时让大家相信，这一切都是无法避免的暂时现象。我也向他们提出建议，如何才能预防疲劳过度以及如何保护心脏和神经系统。

为进行性教育而提出的许多重要的建议，都应当尽量避免直接涉及性这个领域本身。进行性教育的明智做法在于，尽可能少涉及有关两性关系的生理方面的内容。至关重要的是身体发育与精神生活的和谐一致。无所事事会导致精神空虚，而在我们的社会生活中存在的所有污秽、卑鄙和丑恶的东西都会乘虚而入，填补哪怕只有一点点缝隙的空白。这种缝隙首先表现为集体和个人的精神利益的贫乏，以及性成熟阶段的男女生之间在智力、美感和创造性的精神财富方面没有或极少进行交流。如果男孩子只能看到女孩子外表上所发生的变化，如果映入他眼帘的只是女孩子一些次要的性特征的变化，那么这已经就是一种缝隙了，不知羞耻的毒素就会通过这个缝隙侵入空虚的灵魂。男孩子应当在女孩子身上发现和感觉到的，首先是她的智慧、精神需求和兴趣爱好，而最最重要的，是她那种对人的高标准、严要求以及自尊感、自豪感和神圣不可侵犯感。

在性教育的工作中，我们特别注意对女孩子进行教育。这种教育可以称为培养母性自豪感的教育。经验丰富的女教师 A. И. 苏霍姆林斯卡娅在同步入性成熟期的女孩子谈话时，首先让她们想到：我是一个女孩子，将来就是一位母亲。大自然和社会赋予我一项伟大的使命——在孩子身上重塑自我和我所热爱的人，把人类所创造的一切优秀的东西都移植到他们身上。我应当成为一个聪慧的、严格的和谨慎的人。我是一个女人，我与男人的关系会导致新生命的诞生。爱情，是一种伟大而崇高的感情，但是这种感情不应该掩盖我与男人的关系会建立一个家庭的想法。我应当成为一个骄傲而严肃的人，我应当比男人——我未来孩子的父亲聪明百倍，因为在繁衍人类、保持和增加人类的精神财富的使命方面，大自然赋予我的责任绝对比赋予他的多得多。

培养母性的自豪感的最终目的在于：女孩、女人在一定程度上应当成为男青年、男人以及未来的父亲的教师。她应当是家庭中聪慧的家长。只有在具备了人类引以为自豪的精神财富的前提下，女孩子才能在自己心中确立起母性的自豪感。要成为一个自尊的、聪慧的、严肃的女性，她必须具有一个普通人值得自豪的东西：个人尊严、崇高的生活目标、创造能力、爱好和志向。

所有这些品质是一点一点在女孩子心中形成的。如果女孩子在其成长为一个女人之前以及在性成熟时期就已经获得所有这些财富的话，她就会成为一个具有强大精神力量的人，这种力量能够使男人变得高尚。

在七年级结束前不久，瓦利娅认识了一个18岁的小伙子，他是一名青年工人。有一次他们在公园里小坐，不知是怎么搞的，谈话总是谈不起来，女孩子发现和这个小伙子没什么可谈的。突然间小伙子一下子把她搂住，开始吻起她来。这一切令瓦利娅始料不及，以至于她一下子惊呆了，一动不动地坐在那里不知所措。而男青年把她的反应理解为同意发生亲密的性关系。女孩子则给了他一记响亮的耳光。后来瓦利娅含着眼泪对母亲讲了事情的经过。

“我开始是想和他谈谈文学、音乐，可他或者闷声不语，或者说一些让我听了都觉得害臊的话。接着开始谈绘画，想找到什么令他感兴趣的话题，可是他对此表现的是那样的无知，简直让我啼笑皆非。我觉得，男青年大都对技术感兴趣，我就谈起量子发生器。我们那儿的男生都一个劲儿地谈论这个话题，可他却一声不吭……后来竟凑过来吻我……挨了揍之后，他嘲讽地对我说：‘你装什么正经啊？你们全都一个德行……你以为我能相信，你是头头是道地来和我谈什么诗歌或者别的什么玩意儿吗？……’可是在这之前我喜欢他，我觉得他挺谦虚的，沉默寡言只是一种羞怯的表现。而他整个儿是一个不学无术的人。现在我一想起他就觉得恶心，长得虽然漂亮，可却是傻瓜一个……”

瓦利娅出色地经受住了这样一个考验，我感到很是欣慰。我把人类这种宝贵的品质，称为女性的、母性的自豪感，而对此起很大影响作用的是美的情感。每当遇到粗俗的性欲、低级下流和厚颜无耻的行径时，我们的女孩子都能表现出头脑清醒的母性自豪感。这使我越发深信：如果美——人的心灵美、道德高尚的美、忠于伟大理想的美，如果人的忠诚之美（正像奥列西·贡恰尔所下的艺术定义那样）能够成为个人的财富，那么，这种财富就能使姑娘成为道德上坚定、富有智慧且远见卓识的人。

体育

体育是一个人得以全面、和谐发展的最重要因素。

体育，这首先是关注健康，关注维护作为无价之宝的生命；其次，是有系统地进行工作，从而保证人的身体发育、精神生活以及多方面的活动能够协调一致。如果把儿童的体育理解为，主要是完成有助于儿童机体的正常发育并能增强体魄的劳动制度的话，那么对少年的体育就具有更加深刻的含义。在少年阶段，他们身上所发生的生理过程与其精神生活和意识的形成有密切的联系，并能深刻地反映一个人的未来，因此体育已经不能仅仅局限于身体的锻炼与健康了，它还涉及人的个性的许多复杂方面，如：道德品质、纯洁而崇高的情感和态度、生活的理想、道德与审美的标准、对周围世界和自我的评价，等等。

少年时期在人的机体中所产生的那种本质上全新的东西，即人的性本能，具体的人——男人和女人，在相当大的程度上反映着人际关系中的道德本质。一个生来就具备人的大脑、人的思维中枢和感觉器官的生物体，会变成怎样一个人：是一个真正的人，还是一个由本能力量盲目支配行为的类人的动物？这都取决于在少年阶段，如何使人体所出现的自然的生理因素变得高尚，以及高尚的程度如何。未来的父母的道德修养，由他们之间的关系所决定的道德发展的特征，在相当大的程度上都取决于在少年时期如何把男女相爱的本能加以人格化。

在少年的身体内发生着复杂、剧烈而又相互矛盾的变化过程。这些变化过程对人体的神经系统、心血管系统、呼吸系统和消化系统等一些重要系统的功能会产生终生的影响。人的这一重要的创造性活动——劳动的生理基础也正是在这个时期奠定的。人的精神世界的多面性——在道德、智力、情感和审美方面的需求、兴趣和爱好，都取决于身体的发育、健康和劳动的和谐统一。在我们这个时代里，人们所从事的劳动需要人体中各个精密系统和环节（思想、记忆、注意和创作灵感）协调地发挥作用。现代人的劳动每日每时都在对体内最敏感的系统（中枢神经系统、心脏和脑皮层下神经中枢）产生多方面的影响。这种影响既有积极的一面，也有消极的一面：劳动会使神经衰竭。对于一个人来说，善于休息、善于保护神经系统的效用是同善于工作同等重要的。

体育应当保证少年能以自觉态度对待自己的身体，培养爱护健康的能力，用正确的劳动、休息和饮食制度以及通过体操、体育运动的方式增强体魄，锻炼体力与神经系统，预防疾病。

我认为，举办一些以人为主题的座谈很有意义。这类座谈是与少年们一起进行的，每周进行两次，其内容范围确定为：从不太复杂的人的生理解剖过程逐渐过渡到涉及心理形成与发展的深奥、隐秘的现象。例如，把座谈内容分别用来讲肌肉与骨骼的组织、消化器官、呼吸器官、心脏血液系统、中枢神经与自主神经系统、感觉器官（视觉、听觉、动作协调系统和内分泌）等。关于人的心理及脑力劳动卫生知识的座谈大约每一个半月进行一次。

我尽量把理论性阐述直接与学生的个性联系起来，以便使少年不是抽象地，而是以活生生的切身体会，去认识座谈中涉及的一些生命过程和现象。而少年对关于人的座谈的兴趣，也通过这种做法表现了出来：座谈能够促使他们深思熟虑地进行自我剖析。进行这类座谈要求严格掌握分寸：任何时候、任何情况下，都不能在分析生理解剖和精神过程与现象时，涉及个别少年的一些具体的身体发育特点。

座谈对于进行自我教育有重要促进作用。我看到，少年是怎样以激动的心情聆听题为“心脏与劳动”的讲座的。这个讲座在五至八年级每年进行两次。我对这个题目格外重视，每一次我都要向他们揭示一些新的事实、现象和规律。学生们在认真倾听每一句话的同时，也陷入深深的思考之中，他们那探询的目光开始转向了自我。有一次，是谈少年型神经官能症，我警告大家，如果在少年时期对心脏不加爱护，就可能引起永久性内伤。这时我发现，这些话使季娜和沃洛佳感到焦虑不安。从与医生的交谈中我了解到，季娜和沃洛佳都有典型的神经官能症的症状，从沃洛佳的心脏里有时甚至还能听到一种像瓣膜缺损那样的杂音。在他们的心脏中并没有发现任何器质性病变，可是，如果使心脏负担过重的话，就可能发生这种病变。我讲的话首先是给季娜和沃洛佳听的，我还谈到他们的某些违反劳动、休息和体育锻炼制度的做法，但我并没有点出名字。而季娜和沃洛佳都联想到了自己，这一点我看得很清楚。

每个人都是他自己的最敏感不过、最必不可少的医生，在教育孩童、少年和青年男女时，我对这一真理深信不疑。少年群体中吸烟的恶习是何等的根深蒂固，这是显而易见的。吸烟会给心血管系统、大脑和消化器官带来巨大危害。由于大脑垂体与甲状腺活动的增强，提高了神经系统的易激性和易怒性，因此，这个时期吸烟就成为一种特别可怕的灾难。

我确信，正是因为吸烟，才使许多少年本来已经兴奋的神经超过了极限，从而导致他们做出了一些受人谴责的愚蠢行为。尼古丁在毒害神经系统的同时，使人的大脑半球皮层的某些细胞群在少年时代就丧失了功能。凡是在少年时代就开始吸烟的人，往往到40岁就感觉出脑病变的早期症状。因此我再三警告少年，给他们讲吸烟的严重后果。这使得我的学生中没有一人在学生时代抽过烟。“每个人都要给自己当医生，要同自己的不良嗜好做斗争。”——这句话起了重要作用。

体育与德育、美育密切相关。在关心自己健康的同时，少年也会为他人的健康、休息与美满的生活去创造必要的环境并珍惜这种环境。关心自己绝不是以漠不关心他人为代价的。

饮食、劳动和休息制度

在少年的机体内部，一切都处于形成和变化的过程中。复杂的生理过程使得新陈代谢十分旺盛。身体生长所要消耗的能量相当巨大。我们所有的女孩子到十二三岁时，就不再像三、四年级时那副圆溜溜、胖乎乎的“小馒头”模样了。有的变得瘦削、平胸、易疲劳并有头晕心悸等感觉。这些现象多发生在一些好动、容易冲动、特别活跃的男女孩子身上。

教育者在这个阶段应当特别注意方式方法，善于观察人的内心。在少年的生活中，往往会有这样的时候，由于他的神经系统和心脏过于紧张，你不该叫他起来回答问题。要是你不善于观察他们的内心，就不可避免地要发生冲突。

旺盛的新陈代谢需要正确的饮食。饮食必须简单（这一点很重要）、定时，要有含量足够的热量。童年时期所养成的遵守饮食制度的习惯，能够减轻少年时期教育工作的负担。我们与家长们一起为每一个少年制定了劳动与休息时间表。早晨醒来后，先做早操、冷水浴，然后到小花园或葡萄园进行一定的体力劳动（冬天就到院子里扫雪）。所有男孩子和女孩子都养成了这种习惯。在以人为主题的谈话中，我总是突出强调做早操和用湿毛巾擦身。我让少年们相信，一个人的自我感觉好坏，劳动能力如何，思维是否清楚，都取决于他早晨醒来开始一天的生活时，脑子的清醒程度以及机体对当天的劳动的调整情况。

与家长们进行的一些专题座谈的内容，主要包括的问题有：少年们在清晨、早餐前、白天、午后分别应进行什么样的体力劳动；少年应当吃什么样的食品及如何安排饮食。如果少年早晨不从事一点体力劳动，我认为整个教育工作是不完整的，于是我一直努力让他们进行这项活动。

我们与家长们商定，给少年提供的饮食既应当会有热量又要品种多样。在性腺剧烈活动时期，饮食上遵守一定之规尤为重要。食物的蛋白质过多、佐料沁香、甜度过大，都会更加强烈地刺激大脑垂体和甲状腺，而它们的激素又会刺激性腺。

在少年时期很重要的一点是，必需的热量要与足够数量的细胞组织联系起来。尤其不能把含有高热量的蛋白与大量的精制糖、蜂蜜放在一起经常食用。童年时期和少年时期的饮食热量高，同时又没有通过体力劳动把能量消耗掉，就很有可能导致一些病态现象出现。

在与家长、少年的座谈中，我常常用一些有说服力的例子向大家证明，在饮食上简单、有节制、避免吃营养过多的食物及不挑食对一个人的健康、自我感觉、劳动及整个精神生活都会产生非常有益的影响。

从年龄小的时候开始，我们就十分重视进行户外活动。这不是一般性的劳动，而是一年四季在新鲜空气中、在大自然中进行的劳动。作为促进身体与精神生活和谐发展的因素，这种劳动对少年的确是很重要的。集体劳动独到的可贵之处就在于，它能使少年感受到一种精神上的快乐和同学们的协助。但也应当教会少年能独自一人在野外进行劳动。在自家父母的园地里，每个少年都有自己的一个“劳动角”。

少年们下午的活动是在课外小组里进行，阅读文艺书籍、科普读物以及从事体力劳动，而不是紧张的脑力劳动。我多次与少年及家长们座谈，希望男孩及女孩的就寝时间不迟于晚上 9 点钟，八年级学生可以再晚睡一个小时。少年需要提醒和督促。但如果没有自我教育，任何提醒和督促都无济于事。正因为如此，我力求使男孩和女孩们都能与我见解一致。我让他们确信，养成早睡早起、在早晨上学之前做家庭作业，把下午的时间主要用于体力劳动、课外活动、小组活动和阅读（不是死记硬背，而是能使智力全面发展）的习惯大有好处。

在身体生长旺盛的时期，每年给少年量数次血压。身体增长越快，血压就升得越高，血压跳跃不稳也就越频繁——早晨血压接近正常，可到中午就明显升高了。我常向少年们解释他们机体内部所发生的那些变化过程，建议他们在这段时期到底应该怎样保护心脏和血管，尤其是脑血管。

每当发现女孩子由于悲伤、惊慌和激动而导致某些不易察觉的自我感觉恶化，我就想办法使她们摆脱抑郁状态，使她们变得乐观。乐观的情绪是预防疾病和避免健康状况异常的最好办法。

全体少年都需要户外休息。我建议大家在天气暖和（春天和秋天）的日子里，吃过午饭都躺上半小时，在小花园里休息一会儿。我告诉他们，在休息、劳动、走路和做课堂作业时，应当怎样正确呼吸，因为少年对氧气的需要远远多于成年人。我教会少年们在花园休息时做呼吸练习。教师在做课间操的时候，也十分重视呼吸练习。在教室里安装通风设备，窗外大量植树种草，就能保证良好的空气条件。

我们在假期中的劳动与休息

每到学年结束后，我们都到野外劳动和休息。我们有自己办的夏令营。每年我们都提前把那里的内务整理就绪：远足与游览用的装备、劳动的工具。考试结束后，我们就在树林里支起帐篷，搭建伙房。

假期的各项任务都由少先队队委会来布置。少年给自己的夏令营起名叫“快乐的柞木林”，营里每天的日常事务由指派的四名值日生来完成。刚念完五、六年级的学生由炊事员玛莎阿姨负责照顾，而七、八年级的学生就自己照顾自己了。

大家都学会了做饭、保管食物、用砖和木料建造并修理伙房，在任何气候条件下都能很快把篝火点着，学会了寻找林中泉水、保留和积存雨水作为饮用及做饭用水，学会了刷洗餐具、洗衣服、搭帐篷、挤奶、保存牛奶、把牛奶加工成黄油和奶酪，学会了给马和牛喂料、照料牲畜，学会了在树林中采集晾晒浆果和各种草药以备万一生病和身体不适之用。一日三餐，伙食既简单又完全符合营养标准，菜肴里没有任何辛辣的东西。

少年时期是大脑的生理过程特别活跃的阶段，保证他们的饮食中含有丰富的铁和磷，是非常重要的。在七、八月份里，少年们每天都要吃苹果、新鲜的蜂蜜和西红柿，西红柿能使食物富有维生素C，它对于消化食物以及中和对性腺有刺激影响的肉类和其他一些高蛋白的食品是必不可少的。睡觉之前，我们不允许吃高蛋白的食品。

男孩子和女孩子们朝夕相处在一起，大热天里，大家穿得都很简单，每天要洗三四次澡，这一切都要求我们注意使集体里的精神生活丰富多彩，使身体与精神方面的各种活动能够协调一致。自我教育是建立劳动和休息制度的基础，也就是克服困难、锻炼和磨炼毅力的基础。经常让孩子们晒太阳是十分重要的。少年们渐渐习惯了灼人的阳光，在远足和游览期间，大家能够在酷暑中晒几个小时的太阳（当然头部是受到保护的）。夏天，孩子们都变样了，一个个被晒得黝黑黝黑的。

每年夏天，我们都要到第聂伯河沿岸进行远足活动，用这种方式来了解故乡。苏联红军与法西斯侵略者英勇作战的那些地方，能给人们留下十分深刻的印象。在夏日宁静的傍晚，男孩子和女孩子们总是凝神地聆听由这些战斗的参加者和目击者讲故事。

在行军时，大草垛下、田野里、林中空地，都是我们野外露营的场所。新鲜的空气、合适的营养以及丰富多彩的精神生活，这一切构成了保证身体和精神健康发展的旺盛的源泉。无论少年们在什么地方——在夏令营也好，在行军途中也好，我总是设法让他们的心脏能得到充分的休息。少年们在“快乐的柞木林”里度假时，白天要休息两次。在家里度假，也要保证这样的休息制度。在小花园里、在宅旁园地上，都为少年准备了一个用来歇息小坐的凳子。

在“快乐的柞木林”里度假并不仅仅是休息。少年们在这儿还参加劳动，研究故乡资源，观察大自然，组织军事游戏。在童年期，尤其在少年时期和青年早期，都不能只是“单纯的休息”。如果没有创造性的精神生活，如果不使思想、情感和愿望在具体的事物中得到体现并加以人格化，如果劳动不能创造人的世界，不能使感情和兴趣变得高尚起来，那么休息就会变成乏味的无所事事，而这种无聊会把人的心灵变得粗俗不堪，从而导致道德上的麻木不仁和公民责任感的贫乏。

从少年成长为男人和女人的时期，其身体状态与精神状态的一致尤其重要。个人的尊严感、自尊心，对于确立纯洁、高尚的道德伦理关系，具有非同一般的作用。一个人只有不断从别人身上发现某种优秀的、道德完美的品质的时候，他自己的尊严感和自尊心才能得以形成。于是，也只有在这种情形下，一个人才会产生不断进取的愿望。

在夏日宁静的早晨，我们到田野里去寻找最大的麦穗，做实验需要这类种子。这种劳动把体力与思维活动结合在一起。特别重要的是，女孩子们都变成了善于思考且聪明能干的劳动能手。

五年级结业后，女孩和男孩们开始迷上了木刻。临近黄昏时分，我们拿起小刻刀围坐在桌旁，这些小桌子是成年人帮我们摆放在橡树的树荫下的。我们刻出的木版画独具特色——各种飞禽走兽，还有童话和想象中的事物。这是一种艺术创作，它体现着每个人独到的思维特点和创作构思。童话中的一个个形象又都变得活灵活现了——欢乐的巨人铁匠、和蔼的黄昏爷爷、骨瘦如柴的老妖婆，还有小云雀。孩子们兴致勃勃地雕刻出一些军人的形象，他们曾听过这些军人是怎样建立功勋的。有些少年对这种创作达到了如痴如醉的程度，而另一些孩子对此却显不出特别的兴趣。像彼得里克、瓦利娅和尼娜，你怎么也引不起他们对雕刻的兴趣。在对少年们的工作进行仔细观察的过程中，我断定，智力发展、智能和手工操作技巧之间是有一种依赖关系的。

我们还在集体农庄的果园里帮助收获果实，在护田林带上消灭害虫，为新的果树苗圃采集种子。

军事游戏给孩子们带来了巨大的快乐。男孩和女孩们不止一次地整夜投入侦察，在假想的湍急河流上，“冒着敌人的炮火”建立强渡点……

冬天我们在户外工作。在没有风又不很冷的天气里，男孩和女孩们在果园里堆雪，保护树木不被兔子破坏，还为夏耕和农田积雪保墒而铡席草。

每年冬天，我们都要到树林里工作几天。在风和日丽、气温为−10 ℃～−5 ℃的日子里，我们把干树枝做成挡板用来积雪。五年级的学生在树林里工作三天，每天六个小时；六年级学生工作三天，每天七个小时；七年级学生工作四天，每天七小时；八年级学生工作四天，每天八小时。

这是锻炼体力与身心的一种非常好的方法。我们穿得既轻便又暖和，在黎明时分就到达树林，在林间空地上安营扎寨，把食品煮得热乎乎的，开始吃早饭。早饭后，我们干上三小时左右的活。而这三小时干下来，大家都感到饿了。于是又搭灶生火，开午饭。人们在这儿都食欲倍增，有的人吃的饭量甚至比在家时多两倍。没有谁感觉冷，从来没有人在工作时或者回家的路上冻坏过。也没有人在这儿生过病。吃完午饭，男孩子们走到树林深处去打回清纯的泉水。这“森林之水”大家都想喝。午后我们又工作几个小时，大家又都饥肠辘辘了。这回，我们把用盐腌制的白肉放进米里熬粥喝，它简直是世界上最可口的美味佳肴。吃完晚饭，我们欣赏晚霞，在暮色中踏上归途。有时来树林里接我们回家的不是汽车，而是雪橇，这让所有人都高兴得不得了。

那浸透着针叶芬芳、清新而寒冷的空气能对人产生哪些细微的影响，我并不很清楚，但通过一些观察，可以得出这样的结论：冷天在树林里干活，二月里在明显地高出地平线的明媚阳光照耀下干活，是增强体质、培养刚毅顽强与沉着镇定的品质之绝妙良方。

每年冬天，学校里也有一些活要干。我们为葡萄园和果园收集积雪，保护树木不受严寒与兔子的侵害，为冷藏库采集池塘水面上的冰块。

每到冬天，少年们要到树林里休息几天。我们就像在孩童时代那样，一清早就来到树林，沐浴着朝霞，搭帐篷，支行军炉灶。我们穿着滑雪板滑到树林深处取回泉水。上午，我们用积雪建造城堡：里面有各种各样的宫殿、地下密室。而有趣的军事游戏更是引人入胜……下午，我们漫步在林间空地上，倾听冬天里鸟儿的歌唱，欣赏银装素裹的林木。回到雪城堡，我们在冰冷的炉子里生起火来，一边烤土豆，一边听故事。这样的日子会永远留在少年们的记忆之中。

每年，我们还选一个好天，到冰封的湖面上去休息，那是远处一个以自然景色秀丽著称的湖泊。我们在那儿住两天，就在帐篷里过夜。我们用冰块建造起水晶宫。阳光在晶莹剔透的“宫墙”上所闪现出的杰作，简直无法用语言来形容。这景象令人神往，令人惊叹，每个人都渴望到宫殿里坐上一会儿，幻想一番，听听那些到遥远的边际去旅行以及善良战胜邪恶的神话故事或传说。

冰晶体中光线变幻的奇妙美丽的景观使人浮想联翩，激发人们进行创造性的想象。我们坐在冰台阶上，头顶上是宫殿的拱顶。在冰体连接处，每一分钟所发出的闪光都是新的颜色，这些色彩扑朔迷离，交相辉映。在一整天里有某个特定的时刻，太阳降临到树林的上空，这时水晶宫就被笼罩在一片朦胧的绿色之中，仿佛海底世界一般。接着它变换成晚霞般的玫瑰色闪光，最后，又散射出紫色的光辉。这奇特的色彩和色调变幻是那样令人神往，那样令人精神振奋，以至于大家呆坐在那里，都如同着了魔法一般。

于是，在黄昏的暮色之中，一首歌颂冰上魔术师的诗歌诞生了。这是我们大家的集体创作。这首诗是这样的。

在森林湖泊的蓝色浪花上面
冷风漫漫。
蓝色的波浪敲击灰色的湖岸，
空旷的树林中风吹枯枝沙沙声响成一片。
太阳刚刚爬上山顶，
冰上魔术师就来到岸边，
他用冰的呼吸触碰蓝色的波浪，
于是那波浪凝固得不再动弹。
冰上魔术师站在森林旁边，
那里，晚霞正涂抹得色彩斑斓，
他挥挥手，把一口冰气

吹到那早已结冰的波浪跟前……
冰的晶体中无数银针闪烁——
深蓝、鲜红、粉红、湛蓝、
绿的、黄的、淡紫的斑点……
冰上魔术师把太阳的火花
注入凝固的蓝色波浪里面……
点点星光在冰凌深处小憩，
他们翘首企盼着春天，
渴望能在如歌般的小溪里嬉戏游玩……

在这水晶的宫殿里，有一种强大的、富有激情的因素在刺激着思维：美妙奇特的景观孕育出鲜明的形象，使充满灵感的幻想突然迸发。对于我们的几个“难教”孩子来说，像彼得里克、瓦利娅、尼娜和斯拉瓦，这种冰湖上的休息，是增强和激发他们的思维能力的一剂良药。

我们有时还到离村子不远的山沟里休息，这里有很厚的积雪。我们每个人在童年时代都有不少难忘的回忆与这儿的一个山洞有联系……我们常常在严寒的天气里，或是在暴风雪来临之前，来到这儿，打开只有我们才知道的洞口，把炉子点旺，煮上粥，伴随着寒风的呼啸声读起有趣的书籍。我们在这儿读完了杰克·伦敦和斯坦纽科维奇的一些短篇小说以及儒勒·凡尔纳和奥布鲁切夫的长篇小说。在这儿，我们还如醉如痴地读了许多有关星球探秘的幻想故事。

冬季的劳动与休息是使体力与身心和谐发展的源泉。关心少年的身体健康，我首先是关心他们心脏的健康。在空气新鲜的野外工作与休息、在集体中交往所获得的精神快乐、客观存在中的美好事物所带来的欣喜感受，所有这一切，对于强壮少年的心脏是绝对不可缺少的，因为他们的心脏正处于迅速形成并发生剧烈、深刻的内部变化的过程之中。现在，有半数以上的人死于心脏病。为什么这种病这么普遍呢？为什么有些人到了四五十岁，他们的心脏就变得衰弱无力、功能衰退了呢？这是因为，在心脏迅速生长的少年时代，没有对其加以保护、爱惜与锻炼的缘故。而心脏在这个时期里对许多刺激因素的反应很迅速，也易于接受。它是一些敏感神经的会合点。也正是在这种年龄，心脏会由于体力活动与精神生活的失调以及由于吸烟、伤风感冒、咽喉炎、流行性感冒和鼻炎（这些对于少年来说都是最危险的疾病）而受到损伤。

预防伤风感冒、锻炼身体、增强和保护心脏，我们这么做就是要延长生命。我们的男女孩子们从不患伤风感冒。这是在童年就开始进行长期的身体锻炼的结果。孩子们从幼年起就严格遵守对他们提出的许多要求，并已经养成了习惯，夏天锻炼双脚（无论什么天气都赤脚走路），开着窗户睡觉，用湿毛巾擦身，做早操。

动作的灵活与优美

动作笨拙而又生硬，是少年时期的孩子，尤其是那些力气大的男孩子的典型特征，而我这儿恰恰是这种学生占多数。少年的力气无法遏制地想释放出来，因此十分重要的是使他们能够把一些复杂和细腻的动作与体力互相配合。不正是因为如此，少年才会做出这么多轻率莽撞的（欠考虑的）举动吗？不正是因为如此，少年们才会经常折断和损坏那些他们根本不想要折断、损坏的东西吗？

尤尔科向网里投球，却偏偏打中了窗户，砸碎了玻璃。要不是亲眼看到他对自己动作的判断力多么不准的话，我就会认为他是在搞恶作剧了。帕夫洛在搬床时竟把一条床腿碰断了，要是成年人就不会出这种事。舒尔科（现在大家都叫他黑眼睛的小舒拉）在合上课桌盖时用力过猛，把固定桌盖的螺丝震掉了。我发现，集体生活中的各种事件对少年的刺激越多，他们动作的目的与他们为此而耗费的体力之间就越不协调。生活告诉我们，训练动作灵活、轻巧和优美是必不可缺的，这是协调体格与精神发展的最重要的组成部分之一。我训练少年做一些复杂而细腻的动作，这些动作要求技巧与体力的结合。我首先关心的是使少年的双手成为他们灵巧的、技艺高超的、与大脑有着千丝万缕联系的劳动工具。自觉而又灵活地指挥全身的运动，首先就是从指挥手的动作以及手对大脑的呼应作用开始的，借助于这种呼应作用就能够训练出各个系统优美、敏捷的协同动作：手—大脑，身体—大脑，动作—大脑。

手的细腻、敏捷的动作以及它与大脑的联系首先是在劳动中训练出来的。在少年的劳动中，我注意不让他们多做那些只需要体力的粗笨单调的动作，以避免这类工作造成的疲惫使他们对自己身体与周围世界变得不敏感、迟钝，经验使我深信，如果在少年期单调粗笨的动作占了优势，也就是说只要有大力气就能够使这些动作成功，这就不仅会给人的体格发展，而且给人的智力、情感和美感的发展留下印迹：他不仅笨拙、迟钝，而且还不善于理解思想与感情上的一些细腻的东西。在小工厂、小组工作室、试验室、试验田和果园中主要是从事动作灵巧、技艺高超和精巧细致的工作，它要求考虑和协调体力与智力两个方面并进行经常性的自我检验：做了什么？做得怎么样？正因为如此，我们十分重视木刻这项活动。少年们在实验小工厂里从事对木材和金属进行精细加工的劳动。在生物专用教室里，他们把小麦种子的幼芽移植到黑麦的种子上。男孩子在果园里工作的时候，学会了使用园丁的万用工具——接芽刀。他们把培育出来的幼芽嫁接到野生树苗上。这是一项精细的农活，它能培养人的实践能力、灵巧和美感。操作机床同样具有很大意义。在操作过程中少年们学着同时完成几项必要的动作。

有些农活要求整个身体的活动都参加进去，而且如果没有驾驭全身活动的本领，就很难使灵活、轻巧的动作与体力配合好。七年级或八年级结束后，男孩子们特别乐意参加割草劳动。这种劳动能够鲜明地表现出体力与轻盈、灵活和优美的动作的结合。凡是爱好割草劳动的人，他的体格一定匀称而优美，也善于在劳动和体育运动中驾驭全身的活动。

我们很重视骑自行车、溜冰、滑雪以及游泳等运动项目。这方面的本领也能培养与锻炼一个人的动作协调、轻盈和优美。男孩与女孩们自行车骑得如此熟练，拐弯时甚至可以撒把。在组织溜冰比赛和游泳比赛时，我们在定出的取胜条件里，首先就要求动作的轻盈与优美。

夏天，在“快乐的柞木林”里有三匹马拨给我们使用。在离我们宿营地不远的地方，集体农庄庄员盖了个夏天用的马棚。男孩们和女孩们总是以极大的兴致储备干草，到村子里去取燕麦。每批六年级结业的学生还被指派在晚上放马。这使他们感到特别愉快。每次，有三个男孩去值夜班。有时候，给我们几匹马，我们就骑着马，到远处的草场去，直到第聂伯河附近的一个湖岸边。不少神奇的童话就从这里诞生了，有的是讲幻想中的各种生命，有的是讲遥远的星球的故事。

男孩们酷爱打排球和篮球，女孩们则迷恋乒乓球和篮球。女孩们在家里也打乒乓球。整个少年时代，男孩和女孩都参加体操组。这是我们全校学生最喜欢的运动项目之一。劳动与体育运动把男孩和女孩们的体形美渐渐地塑造出来。

请爱护少年的神经系统

少年期是大脑发生深刻质变的时期。在额叶、颞叶以及顶叶部分，正在进行着树突快速发育的复杂过程，人类所特有的认识、思维和创造功能，通过这些过程得以形成。神经纤维的数量正在增加，不论是神经元还是某些质点，以及包括大脑皮层神经中枢在内的皮层各区域，都是由这些神经纤维连接在一起的。

抽象思维的生理先决条件并不是在一帆风顺、毫无痛苦的过程中建立起来的。这一过程涉及少年精神生活中表现自我肯定、自我认识、自我监督和自我评价的各个范畴。少年的神经元与脑皮层下神经中枢变得特别敏感，在一定条件下会变得近乎病态地容易受刺激，这不仅是因为来自外部世界的任何一个信息被“破译”，被加以系统化并与先前获得的信息相联系，而且也与思考者本人的个性有关。少年对外部世界和对他本人的思考似乎是同时进行的。从一个神经元节到另一个神经元节的神经脉冲的转换变得很快，信息的积累和保存不仅在意识中，而且也能在潜意识中进行。

少年思维中的这些性质上的新特点，是与急剧变化的生理解剖过程联系在一起的，在这一点上做到心中有数，对于教育工作来说意义特别重大。少年的神经系统有时处于极度的紧张状态：只要稍有不慎或触及不当，少年就会“暴跳如雷”、“火冒三丈”。这就要求教育者必须首先对思想与情感领域，对思维与情感之间复杂的相互作用以及意识的和潜意识的领域采取非常谨慎和敏锐的态度。应当注意到，在这一时期，在脑皮层下神经中枢内特别强烈地印下了认知和自我认知的情感烙印。

科里亚、米沙和托利亚在自己的家中看到过人与人之间不公正与冷漠无情的关系。上学以后，他们看到过的一些情况和事情似乎在记忆中已经消失或者印象淡薄了，可是认知的情感烙印却铭刻在他们的行为和自我感觉之中。如果我向他们中的某个人问起：“你们家里情况怎么样?”那么，回答我的往往是勃然大怒。从男孩们那种激烈的、求知心切的、仿佛要刺穿人的心灵的目光里，或者在沉默寡言的孤僻中，我察觉到了他们内心紧张的精神状态。这使我猜测出，少年正是在这时候需要帮助和忠告，可是如何来体察他们敏感的内心世界呢？我并不把帮助和忠告强加于人，我力求使一些骄傲的、自尊心很强的少年向我倾吐自己的衷肠。要做到这一点，就需要有精神上的一致，使我和我的学生都忽略我们是师生关系这一事实。特别重要的是，少年时期，正值神经系统发生重大变化，少年的内心深处也正进行着最初的自我肯定与自我认识的过程，应当使这个骄傲而又好面子的人感到，与自己在一起的不是一个用教育家的自作聪明来对他人行使巫术的教育者，而只不过是一个富有同情心的、诚挚的朋友。一个教师，他越少摆出教育者的架子，越少一本正经，他就越是个优秀的教育者，少年也就越喜欢接近他。

寻求兴趣与爱好的一致似乎能成为一种使少年向教育者靠近的力量，从而达到精神状态上的，首先是道德情感上的一致：对邪恶、不公正和轻视人的尊严的毫不妥协。当米沙的父亲对家庭所做的坏事也在我心中燃起憎恨的火焰时，当我以不安的心情看着冥思苦想且存有戒心的米沙的时候，他恰好也向我敞开了自己的心扉。对痛苦的共鸣战胜了冷酷，这种冷酷则是少年敏感的心对邪恶、谎言与不公正行为的最激烈和最危险的反映。残忍不仅会使少年的心灵变得野蛮，而且还会影响到神经系统，破坏体格与精神之间的和谐发展，压抑少年的身体与精神。

由于仓促、错误的结论，少年把自己疾恶如仇的感情从对个别人转到对所有的人。有时他还会对世上的一切都变得冷酷无情。所有的一切对于他来说都是凶恶的，与自己格格不入。我们来思忖一下伟大的艺术家、教育家列夫·托尔斯泰在讲到自己的少年时代时说过的话：“是啊，我在描述自己生命中的这个时期时，越是往下写，就越觉得吃力、困难。回首这个阶段的生活，能令我体味到真切温暖的感情（那种能如此鲜明并经常不断照亮我生活的开端的感情）的时刻真是太少太少了。我不由自主地想快些越过少年时代的荒漠，抵达那个幸福的时期，那时，真正温柔而高尚的友好感情重新在明亮的光线照射下为这一年龄画上句号并开创一个新的、充满美好和诗意的青年时期。”

为什么托尔斯泰出人意外地把少年期称之为荒漠呢？因为这个时期的人对各种事情的反应总是尖锐的，激动不安的。最微小的惶恐不安也会在他心中留下很深的创伤。要知道，一个人敏锐而又鲜明地用心去认识世界正是从少年期开始的。而少年的心此时往往变得敏感和易受伤害，它对那些使他精神受到压抑的见解特别敏感。少年只要一想起那些在一天、两天、三天，甚至一个星期以前使其惊讶和激动不安的话，他的心就会不安地跳动起来，血压就会“窜高”，浑身上下忽冷忽热，脸上红一阵、白一阵。如果在这个时候，少年开口说话，他的嗓音往往会打战和由于极度紧张而断断续续。

请您一定要学会注意和理解这种精神状态。别提“你怎么了？”的问题。一般来说，这种对学生的“掏心术”是与苏维埃教育学人道精神相抵触的，在对待少年的关系上这是一种犯罪。人在少年期的内心生活比任何其他的发育成长期都更为丰富，而这种精神生活会影响到他的身体健康，影响到他的思想和行为。内心的震颤会导致少年机体各部分普遍的不协调。我知道这样的情形：少年对邪恶与不公正的愤怒情绪持续几分钟之后，就会引起体温的急剧升高，然后就产生了长时期的神经系统疾病。受强烈的情绪震荡影响，还常常会导致少年消化功能的紊乱。

保护少年的中枢神经系统，也就是爱护他的心脏和整个机体。教师应该掌握一种最巧妙的工具，使人道、同情心以及对少年短处的宽容态度都能暗含于其中，这个工具就是语言。千万要当心，可别使你的话变成为一根鞭子去触碰娇嫩的身体，灼伤它并使它永远留下难看的伤疤。少年时代之所以显得如同荒漠一般，正是因为有这样的触碰存在。富有哲理和同情心的话，就像是一种生命之水，它能给人以安慰，产生乐观的生活感悟，激发正义必胜的信念。

只有当教育者说出的话是真诚的肺腑之言时，只有当他的话里不掺虚假、不抱有成见、没有“谴责”和“痛斥”学生的愿望时，才能达到保护和爱惜少年的心灵的目的。刻意挑选一些尖刻的字眼，以便让少年产生强烈的感受，这是一个人缺乏最起码的教育常识的表现。如果少年处于心情紧张和异常激动的状态中，他的大脑与心脏之间的感受之弦绷得很紧，他是永远不会感到自己有错的。只有在平静下来之后，少年才会体会到自己的过错。因此，教师的话应该首先使少年平静下来。如果说，教师的呵斥在教育工作中本来就是一种毫无意义的工具，那么用这个工具去对待少年，只能说明是教育上的无知。因为呵斥本身，不管少年有无过错，在他们看来就是一种不公正。想用呵斥来压制少年的倔强，迫使他们处于一种颤巍巍的俯首帖耳的听话状态，这就如同是挤压弹簧，我们越是用力挤压它，危险就越大，因为它会压断或者是反弹起来击中那个挤压它的人。

每次，当您努力设法使少年处于不敢说话的顺从状态时，您就像是在激怒和过分地刺激那个本来就已经很紧张的心脏。当教师在大声呵斥的时候，少年的心脏，形象地说，就像是着了火一样：紧张的神经敏感地、近乎病态地把信号输送到大脑，而大脑一次又一次地刺激心脏。

我时常也遇到一些情绪极度紧张的少年，特别是尤尔科、维佳和舒拉，他们一直令我感到不安。少年们好像在等我开口说点有关他们的事，可是只要我说话的嗓门一高，他们就会面红耳赤，全身发颤。这时候，我就竭力保持镇静。我尽量轻声地，但富于表情、充满激情地说出每一个词，仿佛我并不是有意地在缓和他们的情绪。少年（有时候两三个人在一起）注意听我说话；他越是全神贯注，我就说得越轻。一两分钟过后，紧张气氛就消失了，情绪激昂的危险的火苗就熄灭了。我看到了一颗平静的心。如果这是在全班面前说的，教室里就会一片肃静。在这种情况下，就可以控制对少年说话的口气：略微提高一下嗓门，可以使他们觉得是一种要他们注意听讲、勤奋学习和明白事理的合理要求。

用断然命令、不容反驳的语气说话往往会使少年的神经系统极其疲劳、衰弱和过度兴奋，而后又感到压抑。从性质与功能上来讲，少年的智力活动是有其独立性的。只有当少年似乎开始对真理的公正性表示怀疑，从各方面对其进行仔细观察、检验并按照教师的建议独立地得出结论时，真理才能变成他的信念。少年不仅研究自然界各种现象和规律，而且也研究道德真理，研究人。他们特别注意研究教师。教育者与少年们的谈话不应该是绝对的命令，而应该是富有启发性的思维；只有这样，少年才会在您的身上发现一切美好的东西，您内心中一些最细微的想法就会展现在他们面前。

如果绝对命令和不允许怀疑及反对意见存在的气氛占据了统治地位，就会出现一种教师常常察觉不到的危险状况。绝对命令往往会在少年的意识中引起抵触情绪。少年期由于控制情感的脑半球皮层的作用增强了，少年几乎从不公开表示自己的抵触。但这使他的情感体验更加深刻了。即无法容忍、不甘妥协，又要言听计从——这种感受使少年的心脏经常处于一种亢奋和紧张的状态。脑皮层下神经中枢在强大的情感刺激下开始发挥作用，似乎在向理智发出警告：别妥协，你的肩膀上长着自己的脑袋。这些来自脑皮层下神经中枢的信号是那样的强大，以至于少年虽然听到了您说话的声音，但却没有仔细琢磨其中的含义，这些话似乎只附着在少年意识的表面。随后进入抑制过程，心脏不再那么紧张，逐渐松弛下来。可是，教师要是说出某个想法时，少年重又会产生激烈的抵触情绪（当他感到，教师的言行有自相矛盾的现象，或者感到教师所说的与他在生活中所见的实际现象有矛盾时），少年的心脏会重新紧张起来，来自大脑皮层下的信号又重新被送入大脑皮层。

在思考中认识和在认识中思考，这正是少年自我肯定的开始，由于教师不给少年以这种机会，所以少年的心始终受着磨难。经过若干年这样的折腾之后，少年的心就会变得冷酷粗俗、没有人情味儿了。这种人的心中通常也就没有什么神圣的东西。下意识不再是良心的敏锐的卫士。这不仅造成道德的沦丧，而且还会给健康带来巨大的危害。用言听计从精神教育出来的人都有压抑感情的特点。他们不可能具有乐观愉快的世界观。

尊敬的读者，请不要以为我的意思是反对教育工作中的命令、要求与秩序。教育者如果不理性地体现自己的意志，没有集体与社会的要求，那么教育就会变成一种自发力量，教育者的话也就成了一种抽象的善良的糖浆。要知道，真正的教育是要培养一个人对他人、对社会和人民的一种责任感，而没有坚强的意志，没有严格的要求，没有断然的命令，没有理性的教导，没有使个人利益服从于多数人的利益，服从于集体、社会和人民的利益，就不可能有什么责任感。少年往往尊敬、爱戴和钦佩意志坚强的人，而不容忍意志不坚的人和空洞无聊的废话。这是我们教育体系中极为宝贵的真理和原则。我提醒大家在教育工作中要避免那种不应有的、令人厌恶的现象，即除了命令与要求之外别无他策以及不尊重少年个人意志的现象。教育者对少年的心灵施加意志影响的技巧在于，要使少年在理解自己职责的同时，愉快地自己命令自己，自己要求自己，要使您，一个教育者，用人的责任感的道德美来吸引和鼓舞少年，要有一种严厉的，必须无条件服从的纪律，它与鼓吹宽恕一切和抽象善行是势不两立的，并且要使这种纪律成为少年的自我肯定和他本人的道德力量的一种表现。

如果对于儿童来说，人际关系的道德侧面主要是以鲜明的图画和成年人的行为与品行展示出来的话，那么少年就已经能够通过言语来认识道德世界。他往往仔细地倾听别人在讲什么。对他来说，成年人的话就成了讲话人的道德鉴定。少年敏锐的意识与下意识不仅能听出别人说话的内涵，而且还能看出一个人的言行是否一致。对于少年来说，言语的教育力量与其说是取决于言语本身的正确性，倒不如说是取决于教育者的言行一致。因为如果说话者讲话并不代表他个人的信念，而只是例行公事：他只会讲漂亮话，而过去和现在从没做过什么漂亮事；少年就会把这些漂亮话看作谎言与欺骗。这时，话说得越漂亮，虚假的鼓励越多，它就越发激起少年更为深刻的抵触情绪，对其心灵的压抑就越大。对于少年的精神与体格的协调发展非常重要的是，给少年讲道德真理的深刻含义的人一定要具有高度的道德修养，这是讲这些伟大而又神圣的话的前提。

在少年的教育中，尽量不伤害少年的神经系统和心脏，这是非常重要的。多年的观察表明，少年在课堂上等待教师提问的时候，是他心情最紧张的时候。当教师的眼睛在花名册上寻找提问对象的那一瞬间，孩子们敏感的心都仿佛停止了跳动。假如这时测量一下血压的话，就可以看到，指针会突然抖动一下。当全班学生终于（有时经过长久的思考之后）听到了被叫学生的名字后，往往会如释重负地松一口气：没叫到我头上。（当然，只有那些从小受到的是循循诱导的教育，没有听到过恶言恶语，没有亲身体验过强烈“意志”教育方式的人，才会有这种灵敏的反应。而对于习惯于皮带与敲后脑勺的少年，则无所谓，反正叫谁都行。）由于经常经受这种考验，一些少年的心会变得不灵敏了，而另一些少年则还会患一种学生所特有的神经官能症。我是在我的学生升到五年级时，从瓦利娅和柳夏的身上看到了这种神经官能症的最初的征兆。（顺便提一下，女孩子们学习异常勤奋，原因就在于由于生理上的特殊性她们较早地表现出了意识与下意识对言语的敏感性。）我们这个教师集体考虑了这样一些问题：为什么要使少年经常地受到这样一种神经紧张的磨难呢？如果刚一上课，教师就在谈话中不露声色地说出，今天将由谁来回答问题，这岂不是更好吗？事实表明，这样做要好得多。少年们不会心情紧张不安，对教师的提问他们已经有了心理准备。而这并不影响学生的勤奋，也不会影响他们学习的积极性。

实践证明，为了不引起少年神经系统的紧张，需要采取一些特殊的教育方式。这首先是进行户外劳动，单独一个人，没有喧哗与叫喊。每个少年在一天的紧张学习之后，在果园里劳动半小时。把精力转向体力劳动，以便缓解神经系统的紧张状态。使神经与心脏平静下来的最好办法是进行一些单调的体力劳动，这种劳动是达到研究目的的一种手段（例如，用铁锹或铲刀整理土地、施肥、浇水、剪枝等）。这种劳动是十分有益的，如同神经系统和心脏健康操。

对于神经系统与心脏来说，最好的休息是到田野里去劳动一整天，或者就像上面讲过的那样，到森林里去进行冬季劳动。那一望无际的秋天的原野、洁净透明的空气、湛蓝的天空以及在土豆或甜菜地旁做好的美味可口的饭菜，所有这一切达到了身体与精神的协调一致。在这样的劳动之后，就可以在班里开始进行那种可能引起恐慌和不安的谈话。

在集体中待的时间长了，就需要换换环境，一个人单独待一会儿，保证充分的休息以消除那种因精神交往而引起的紧张。在课堂里进行了紧张的脑力劳动之后，不宜开会。这样做，会使神经系统疲劳、衰竭，尤其是当大家在这种会议上谈到个别少年精神生活中某些细腻、十分敏感和脆弱的领域时，更是如此。如果需要集中精力（当谈话会引起骚动和惊慌不安时），我总是在体力劳动之后把大家召集起来（特别是在需要谈到一些会引起少年们极大愤怒的事情时）。感情的直接流露和崇高纯洁的情感火花会通过智慧的思想变得更加高尚，要使这个年龄段的人以清醒的头脑参加谈话，谈话前不能让他受各种烦心事的干扰。

在一个周期的学习生活之后，脱离开集体进行一段较长时间的休整是必要的。每个学季结束后，少年应该单独待在自己家里小住。这的确是必需的，就像他们需要集体的丰富多彩与生气勃勃的精神生活一样。我总是与家长们商量好，在家里的这段时间应该给少年找哪些能吸引他们的工作。

心理修养

令人感到奇怪和不解的是，为什么一个人在自我肯定的时候，学校没有教给他任何关于自己，其中包括关于人的知识，没有教给他关于人之所以高于一切动物的特殊知识：关于人的心理、思维和意识，关于精神生活中情感、审美、意志和创造方面的知识。人对自己实质上一无所知，这一事实常常是造成巨大不幸的根源，为此社会往往不得不付出昂贵的代价。没有心理修养，体格、精神与审美的修养是不可想象的。我努力教给少年们那些基本的、最必需的专门关于人的知识以及在生活、劳动和与别人的相互关系中如何使用这些知识。心理修养的知识并不是一个简短的心理学提纲。我把这些知识称为自我认识与自我肯定的入门知识和个人精神生活的修养。在传授这些知识时，我力求使少年不仅仅懂得有关身体与精神的统一和心理的物质基础的科学唯物主义的观念。复杂的生化过程是精神的物质本体，任何脱离了肉体的灵魂是不存在的，像世上所有的生物一样，人也是要死的，要使少年相信这样一些观念并不是件难事。但这样做，就意味着把人与动物等量齐观了；所以，与此同时，还需要让少年在思想上明白，人是具有崇高理想的创造者。

十分重要的是，要用心理修养的初步知识来激励少年，使他们树立起乐观主义精神和对自己力量的信心。首先我确定了心理修养基础知识的内容。这项工作从感觉的基本概念做起。五年级学生掌握了各种感觉的概念，便兴致勃勃地观察起自己的感觉来了。我们还进行了提高视觉与听觉的专门训练。这些训练在形成感觉修养时起了巨大作用。

在参观旅游时，少年们识别了树叶、草和天空颜色的各种色调。他们能够看出蓝天里由于季节、阳光照射和其他因素而形成的十多种色调。在树林里、在河岸边、在海边少年们学习了区别各种不同的声音。这些训练在培养对母语的词汇及其发音的细微特点的敏感性方面起到了巨大作用。我们所有教师都相信，语言修养在很大程度上取决于声感修养。声感修养还决定着审美修养的形成。孩子们学会了区分玫瑰花颜色的四十多种色调。由于在语言中找不到适当的词，少年们还想出了许多独创的富有诗意的词。

在发展嗅觉修养时，我使学生们养成了在机体上不容忍发霉气味的习惯。他们无法待在空气混浊的房间里。首先要使房间通风后他们才开始工作。

在五年级就已经开始了培养知觉修养的工作。我利用鲜明直观的例子给他们讲授了认识周围世界的事物和现象的概念。我特别注意培养他们认识事物的协调一致的能力。我们进行了培养对空间的知觉修养的训练。我们在不同的季节，从位于高处的草原墓地上观察物体的轮廓是如何因距离的远近而发生变化的。少年们总是怀着极大的兴趣完成这样的训练。我用几句话描绘了某个物体的外部特征。少年们仔细地倾听每一个字，考虑一番之后，就打开绘画本，把自己对所听到的话的理解用图画的形式表现出来。这种训练的目的就是要发展视觉—听觉—动觉的综合的认识形式。

少年们逐渐进入了思维世界。在户外，我用鲜明的例子向他们讲授了有关思维及其过程的知识。对思维修养问题的实质的讲解具有很大意义，因为在少年这个年龄段，抽象思维占据越来越大的比重。我们的课程和练习多数是为了培养抽象能力的。我们对周围世界的事物和现象进行分析、排列、对比，进行推论练习。在观察周围世界时，少年们找到了因果关系。他们为自己的发现而惊奇：同一种现象在一种情况下是结果，而在另一种情况下却是原因。这些发现丰富了智力的感受。

在语言心理修养课上，我讲述了语言的起源与发展，语言与思维的统一，语言的表现力、感染力和形象性。我认为，一项非常重要的教育任务就是要防止学校教育中一个严重的缺点——语言修养与思维修养的脱节。多年的观察证明，少年的精神生活会因死记硬背那些不太理解或根本不理解的词句而变得空虚。使学生把语言作为现实生活的生动而鲜明的反映接受下来，在概括和抽象的概念中贯穿起明确的含义，使语言的相互联系反映出思想的相互联系，这是心理修养的最重要的特征。

自我观察在语言的心理修养教育中占有重要地位。少年们学着自我检验：我对自己所说的话的意思是否清楚？我能否正确地用语言来表达我所想的事情？为此我们进行了一些练习：少年对自己的所见所闻作口头描述，同时力求表达一些最细微的差别（颜色与声音上的）。经验证明，这些练习对于语言修养的形成是非常有价值的。

上课时少年们在叙述、讲解与谈话的过程中学习怎样进行自我观察与自我监督。讲新课之前，我先布置任务：不仅要思考含义，而且还要进行逻辑分析。（例如：区分出主要的组成部分，确立概念之间的依从关系。）

感情的生理基础、高尚的感情与卑鄙的感情、情绪以及感情冲动，所有这些概念，六年级学生已经能够理解了。我把发展高尚感情与预防卑鄙的感情视为一项重要的教育任务。在给这种或者那种感情进行性质分析时，我力求向他们说明感情范畴与道德范畴的一致性，使他们相信，只有高尚的思想和高尚的行为才能产生高尚的感情。于是，孩子们就学着发展自己的高尚感情了。

意志修养的培养与少年精神生活的方方面面紧密相连。与心理修养的其他方面相比，意志行为对少年的精神生活影响更大。因为这种精神生活是自我观察与自我教育的广阔领域。在给孩子们讲述具有意志坚强的人的故事时，我教大家怎样确立目标、做出决断、战胜困难。对一些意志薄弱和优柔寡断的学生要个别地做工作；先教他们给自己提出不太难的工作任务，完成它们后再向难度较大的工作过渡。

记忆力的培养和自我培养在心理修养中占有特殊的地位。我逐渐发展与加深有关记忆力生理基础的概念。我根据少年的年龄特点使他们懂得，在脑力劳动过程中，他们的头脑里发生了什么变化，什么东西决定着他们努力的成果。多年的观察使我得出结论：培养记忆力的源头藏匿在有意识记与无意识记的接合点的某个地方，因为学生对所学的东西的意义思考得越深入，事实、现象的本质在他的思想中表现得越清晰，则他对这些事实和现象的记忆就越深刻。少年们掌握了对认识的研究方法。大量的事实证明，如果学生是在对日新月异的实际情况进行研究、分析中获得知识的话，那么这里进行的不仅仅是有效的识记，而且还有对记忆力的培养。这是一个需要进行专门研究的少年时代精神生活的大课题。

为了使少年很好地了解自己，我对他们谈了气质与性格、神经系统的类型与思维的类型。通过这些谈话，少年自我观察的能力明显地加强了。

少年逐渐了解了诸如才能、嗜好、兴趣、志向这类概念。精神生活这些方面的心理修养与一个人的道德修养、公民政治和社会积极性是不可割裂地联系在一起的。教育的目的在于使每一个少年在能力的培养中成为我的助手和同志。我教导少年们："无论从事什么样的工作，都要专心致志，把智慧和感情投入到工作中去。因为只有这样，才能认识自我和了解自己的使命。"

一位教师同行问我："应在什么时候、什么场合进行这些关于心理修养的谈话？因为在教学计划中没有安排进行此项工作的时间。"如果学生与教师没有共同的精神生活，就不可能进行教育。少年把我们关于少年心理修养的谈话称为"关于人的故事"。在我们长时间的精神交往中，这些故事引起了少年们极大的兴趣。在行军休息的时候，在我们"快乐的柞木林"的寂静的傍晚，在黄昏时分的教室里，当少年们为了要我给他们讲点有趣的东西而特地来到学校的时候，我都讲"关于人的故事"。世界上再没有比人本身更有意义的事物了。

今天，当人的生命活动中细腻的神经系统的作用一代比一代增强的时候，心理修养的培养就成了个性全面发展的主要因素之一。

少年的智育和教养

教师的教育观点和信念的统一

在开始教五年级之前的一年，我就着手准备根据教学科目明显地改变教学的特点。除我之外，还将有八位教师到这个班上来，这就要求班主任尤其要重视教师的教育观点和信念的统一。

我教本族语、俄语和历史，我认为这样的安排体现了一条极其重要的教学与教育相统一的原则：班主任（教导员）应尽可能地承担学生从开始学习到毕业一直要学习的科目的教学任务。

我认为我作为班主任和校长的使命就在于，要使所有的教师在有关教育和教学的一些最重大问题上具有一致的观点和信念。观点的一致是每个教师充分发挥个人的创造才能的前提条件。任何一位教师都不可能是所有的优点的完美的（从而也是抽象的）化身。每一个人都有某一方面的特长，每一个人都具有自己独特的活力，能在精神生活的某个领域内比其他人更鲜明、更充分地展示自己，表现自己；而这一领域恰恰就是教师的个性对影响少年的复杂过程所做出的个人的贡献。然而每一个教师又是一个统一的整体的一部分，这个统一的整体是智力修养、道德修养、审美修养、体质修养、心理修养、情感修养的源泉。

我们的教育观点和信念是在劳动过程中形成的，包括以下几个方面的内容。

1. 每个教师不仅是教学者，也是教育者。由于教师和少年集体在精神上的一致性，教学过程就不仅仅是传授知识，而且表现为多方面的关系。智力、道德、审美、社会—政治方面的共同志趣，把我们每个教师与少年联系在一起。课堂教学，是点燃少年的求知欲和道德信念的火炬的第一颗火星。

2. 我们每个教师都应该对具体的每个学生施加个人影响，使少年对某件事感兴趣，对它入迷并受到鼓舞，激发他特有的个性。我们每个人都不应该是教育智慧的抽象的体现者，而应该是活生生的人，是一个能帮助少年去认识世界和认识自己的人。少年把我们看成怎样的人，这一点是具有决定性意义的。在精神生活的丰富方面我们应该成为少年的榜样；只有在这样的条件下在道德上我们才有权进行教育。世界上没有任何人能像智慧、博学而又大度的人那样，令少年赞叹，吸引少年，有力地激发他产生成为更好的人的愿望。在我们的学生身上，天才的数学家和物理学家、语文学家和历史学家、生物学家和工程师、在田野和机床旁进行创造性劳动的能工巧匠的天赋还没有发挥出来。只有当每个少年从教师那里得到了“生命之水”，这些天赋才能崭露头角，否则的话将枯竭、衰退。智慧要用智慧来培养，良心也要用良心来培养，而对祖国的忠诚，是通过积极地为祖国服务培养起来的。

我们的学生信任地把自己的命运托付给教师，我对这些教师的了解已不止一年了。他们都是些聪明的、诚实的人，他们热爱孩子，热爱科学和书籍。对知识的渴求这一股强大的力量，把我们所有的人亲密地团结成一个集体。我们每个人都感到自己是学生，每个人在智力生活的领域中都有某个方面的爱好：O. A. 皮西缅娜娅精通法语和德语，自学了英语和拉丁语；M. A. 利萨克设想有必要从五年级起开设代数课，并自己编写了算术习题集；A. A. 菲利波夫编写了五年级物理导论课大纲，他深信学习这门课程能为儿童的智育创造有利条件，他还编写了物理课外作业大纲；О. И. 斯捷潘诺娃研究了土壤中的生化过程，进行了有趣的实验；在每个班级中她都有两三名学生立志献身于农业劳动；М. Т. 瑟罗瓦特卡研究了当地的自然财富，绘制了几张地志图；А. А. 伏罗希洛力图在实践中验证自己的信念，他坚信人的智慧就在他的手指上，劳动不仅能培养从事实际工作的技巧和习惯，还能培养求知欲旺盛的、具有创造精神的智慧；绘画与思维修养的培养相统一的思想令 Г. Т. 扎伊采夫神往；С. И. 叶夫列缅科认为他的课上的主要任务是培养音乐修养，因此他制订了欣赏音乐作品的计划。

3. 我们认为，只有当教学是在集体和个人丰富的智力生活的环境中进行时，这样的智育才是名副其实的。我们认为，在少年期人的智育中出现的飞跃，出现的一个本质上崭新的阶段，不仅表现为明显地从形象思维向抽象思维过渡（过渡，这是一个相对的概念：儿童具有抽象思维的因素，而少年保留着形象思维的因素），还表现为少年在智力生活中的自我肯定：在正确进行教育的条件下，他从精神上感觉到需要把自己的知识财富奉献给其他人，并从其他人那儿得到知识财富。上课、在课堂上获得的科学基础知识、课堂上智力劳动的修养，所有这一切对智育都具有重大意义，但所有这一切仅仅是多方面的智力生活的组成部分。在集体中应当经常搏动着渴求知识的思想的脉搏，搏动着追求科学知识的脉搏，搏动着去接触有趣的、吸引人的问题和书本的脉搏。

集体智力生活的源泉、指路的明灯、第一动力，依然是教师。是否存在智力生活这一事实本身，取决于教师知识、思想、兴趣的丰富程度和他的博学程度。教师对于童年期的孩子，是物质世界和现象的发现者，而对于少年期的孩子，教师则是观念世界的发现者。

青年的精神志向的纯洁、高尚、无私，在自我肯定时期的钻研精神和对知识的渴望，教师与学生之间关系的真诚和富于人性，这一切都取决于集体的智力生活的丰富程度。要防止在少年期和青年期出现巨大的灾难，这种灾难表现为灵魂空虚、无所用心地消磨时光、冷漠地对待长者，甚至犯罪。要防止这种灾难必须让人在少年期就体验到智力生活的丰富、美和充实。知识使人的心灵变得高尚，不仅是因为知识所包含的真理的内容（苏维埃学校的道德教育就建立在这些真理的基础之上），还因为在我们的社会中知识能提高人的价值这一事实。

4. 我们深信，世界上每一个正常的人都能够获得智力财富，都能够得到活跃的智力生活的幸福。课堂教学方法不论多么完善，都不可能保证教育是十全十美的。在课堂上学习科学基础知识越困难的人，越不可把自己的智力生活局限于基础知识。当一个人知道的东西比要求他知道的东西多得多时，他才能体验到认知的快乐。防止失败（学习落后，对知识、科学、书本、学校态度冷漠），并不是要无休止地督促和挽救成绩不好的学生，而是要把每个人引进集体的丰富的智力生活世界中去。少年生活中无数的挫折和不正常，其根源在于他产生了一个痛苦的念头，在他面前只有一个悲哀的世界：我干什么都不行，我什么也学不了，其他人能学会的而我学不会。如果在自我肯定时期揭示的是这样的真理，就会给这个人酿成悲剧。他感觉不到集体对自己的有益的影响，因为在这样的情况下不存在真正的集体。这个人会变成孤僻的、多疑的、刻薄的人，而如果常常指责他懒惰、游手好闲，他就会变得冷酷，真的变成懒汉、二流子，堕落的人。书本对他来说是苦难，而不是幸福的源泉。

少年空虚的心灵，这是莫大的不幸。

5. 我们坚信，少年期的智育和教学，与童年期是完全不一样的。我们向少年揭示的不仅仅是自然和社会及其规律性，我们还要揭示他们自己。这里指的不仅仅是心理修养，还指的是在所有各堂课上的智力劳动的性质和目的性。少年在认识世界的同时也在认识自己。少年在认识自然和社会的规律性的同时也应该确立一个信念，确信自己在进步，这不仅是因为知道了某些新东西，还因为一般说来变得更聪明了。少年从自己所学习的任何东西中都应看到思想上的斗争，在这场斗争中他应始终立场坚定，有自己的见解。

我记得开学前夕与五年级教师的一次谈话。我们中间不见得有人能活到 2000 年，而学生们将在创造力旺盛的时期迎接 21 世纪。他们将是世界的主人，将成为工程师、农艺师、医生、教师、建筑师。但首先他们每个人应该成为热爱自己的祖国的爱国主义者，成为真正的人——一个头脑清醒、品德高尚、勇敢顽强、心灵手巧的人。在他们面前还有数十年的创造性劳动。在这期间科学将会有巨大的发展。如果把我们的学生走上工作岗位时所达到的知识水平作为一分，那么，在今后的漫长的劳动生活期间他们中的每个人都必须在自己的精神财富上再添加五六分，否则的话他们将落后于生活并将不能胜任工作。生活越来越要求不断地更新知识。没有对知识的渴求，就不可能有充实的精神生活，也不可能有劳动的、创造性的生活。因此我们必须培养对自学的自觉需求。

我们得出了一个结论：未必可能每天商量该布置多少家庭作业。我们应根据合理的劳动定额，任何时候都不要忘记集体智力生活的充实。我们每个人都要去发现少年身上的禀赋、爱好和才干。我们将在抓住少年的心灵方面展开竞赛。

世界观和信念

教学计划中没有一门课程不在某种程度上涉及世界观。某些真理和规律性，比如数学概论，似乎与科学唯物主义世界观相去甚远，但它们对科学信念的形成却起着巨大的作用，因为人在认识这些真理和规律性时，在通过实践检验其正确性时，同时在进行着自我肯定，感觉到自己身上的积极的力量。数学用真理来进行教育，因为真理是通过劳动认识的，学校多年的工作充分肯定了这一点。

人的世界观，这是个人对真理、规律性、事实、现象、规则、结论、思想的态度。科学唯物主义世界观的培养，就是教师要深入到学生的精神世界中去。教师作为一个教育者，就是从培养世界观开始的。

人在少年期总是力图更多地了解和概括一些东西。当一个人的思维上升到这样一个阶段，在这一阶段上他似乎在环顾周围世界，同时感到自己是世界的一分子，是一种积极的、创造性的力量，这时世界观的形成就开始了。我们认为，教育的任务就是要使少年在自己的智力劳动中，在教学中把自己提高到形成世界观的阶段上。不允许不假思索地死记、机械地识记，这是很重要的。死记硬背不仅是智慧的大敌，也是道德的大敌。在死记硬背时作为积极的创造力量的个性正在消失。

在五年级时开始系统地学习关于自然、社会和人的科学原理课程。我们尽量使这三个部分的教学有机地结合在一起，不仅在少年的意识中构成一幅周围世界的图景，而且帮助他们确立自己对世界，对人类的过去、现在和将来，对自己的观点。我要特别强调这三个部分的教学的有机结合的意义。没有关于人的知识，教育将是不完整的，这就是我如此重视心理修养的原因所在。

缺乏基本的、这个年龄所能接受的关于宇宙的知识，对世界的认识就不可能是全面的。从五年级起直到完成中等教育，我举办了一系列关于宇宙的讲座：地球和太阳系、银河系、世界在空间和时间上的无限性。毕业班时开设天文学基础原理课程，这些讲座到此就结束了。

我认为，由同一位教师向少年讲授有关心理修养和宇宙的基础知识，是很重要的。这种和谐一致的教育其意义就在于，在认识自然界的普遍规律性的广阔背景中进行着自我认识和自我教育。形成科学唯物主义观点，其实质就是这种和谐一致。在阐述关于自然的科学基础知识时，我们，生物教师、物理教师、化学教师、数学教师、自然地理教师，都尽量做到一点：要把对大自然的揭示作为认识世界和对个性的自我肯定的广阔天地。

恩格斯把大自然称作辩证法的试金石。这一思想中包含着深刻的教育思想的源泉。在贯彻这一思想时我们努力做到使人在认识自然、掌握辩证思维的同时，充分肯定自己的价值。

充满朝气的世界观是个人充实的精神世界的基础，没有它就不可能有集体的活跃的智力生活，不可能有学习的愿望，不可能有对知识的兴趣，也不可能有对知识、书籍、教师的爱。我们教师要在少年的意识中提高人的价值，用知识去激发他的自豪感和自尊感，这样我们才能成为教育者，因为这样做我们把自己的学生拉到了自己的身边，在他们的眼睛里我们的知识不再是一份必须例行公事式地熟记的材料，而是我们慷慨地与他们分享的精神财富。

要通过认识和洞悉世界的奥秘去提高人的价值，就必须满足И. Н. 乌里扬诺夫在自己的书信和报告中多次提到的一个条件：教师知道的东西，必须比他给予学生的东西多十倍、二十倍。如果他在传授知识时必须拿出自己知识财富中的一小部分，他就能把关于世界的知识讲得深入浅出。少年在听关于绿叶中发生的复杂的生化过程的讲述后不仅知道了，所发生的这一切是不以人的意志和意识而转移的，还知道了人为探索自然的奥秘做了些什么。如果一个教师能感觉到，他需要讲些什么才能使学生通过投身于人类文化的世界，通过不屈不挠地追求对真理的认识，从而使对世界的认识能提高对自己的认识，这样的教师在知识的宝库中找到的正是能明显地体现人的伟大的那个鲜明的形象和思想。

О. И. 斯捷潘诺娃老师在讲述绿叶是有机物的实验室、地球上生命的源泉时，她在少年的意识中塑造了K. A. 季米里亚泽夫的形象。季米里亚泽夫在造福人类的高尚的劳动激情中，不仅看到了肥沃的土地，也看到了受着饥寒煎熬的贫困的农民；不仅看到了明媚的阳光，也看到了在大气层中和太阳内部正在发生的巨大的变化过程以及无数极微小的细胞。

处于这个年龄阶段的人，热切地观察世界，力求概括无数的事实、事物、现象，在这一阶段将知识予以人化具有重要的意义。这就是教学与教育的结合。少年感觉到、体验到自己正在吸收人类的智慧，体验到想知道一切的不可遏制的冲动。大自然为他打开了发挥创造力的无边无际的天地。我们总是力图使认识过程成为获得知识的过程。在生物课、物理课、化学课、数学课、地理课上，在举行关于宇宙的讲座时，他们扮演着积极的研究者的角色，对事物和现象进行分析。教学中的研究因素，是使人得到提高的一个很重要的条件。没有智力的表现，没有紧张的思维，就不可能有个人和集体的智力生活，也不可能有精神财富的交流。在获取知识时有一个很重要的特点：人不仅仅在知道点什么，他还在证明点什么。他在肯定真理的同时也在肯定自己。

当掌握知识的过程明显地具有从具体事物向反映普遍规律的抽象真理过渡的特点时，特别有利于学生对知识采取研究的态度。在生物课、物理课、化学课、数学课上常常出现这种从具体向抽象的过渡。我们每个教师都认识到，发觉学生的天赋和启发他们对自己的这门学科的爱好的艺术，就在于把学生变成知识的积极的猎取者，事物、事实和现象的积极的研究者。

我们的学生在课堂上和在课外完成的作业，都使他们有可能似乎是在发现真理，从观察中得出结论。我们并不认为智育，尤其是科学唯物主义世界观和信念，是通过分散的各堂课的轮流教学形成的，不把重大的真理看成是由各堂课上阐述的许多小的真理积累而成的，而把科学唯物主义世界观和信念的形成看成是一个统一的、不间断的、长期的过程。我们深信，如果各堂课的教学在少年的意识中结合成一条通向认识世界的路线，而研究是形成这种结合的起点，在这样的情况下少年才会对各堂课的教学感兴趣。每个教师都为他们提供了需要他们持续地进行探索的作业。一些研究作业是观察，另一些作业要求人积极地参与到现象之中去。例如，生物学布置了下面这类作业。

1. 观察各种植物的开花和结果，试对下面的问题做出结论：果实的特性与植物的生长条件以及它的繁殖特点之间有什么依存关系。

2. 在施有机肥和矿物肥时，请观察谷类作物的生长和成熟速度。请对谷穗和谷粒数量的多少与施肥的关系做出结论。

物理教师给五年级学生布置的预习作业是：观察自然现象和劳动过程。我们把这样的观察看作是积累问题，因为在进行这样的观察时少年边观察边思考因果联系的实质，感觉到周围存在着多少问题。例如，让学生观察花岗岩在环境的影响下是如何发生变化的。他们在畜牧场、打谷场、机械车间中看到，怎样从一种机械运动转变成另一种机械运动。曾经布置过这样的作业：描述在我们的生产环境中出现的所有各种形式的从一种类型的能量向另一种类型的能量的转换。少年们做了笔记，画了草图。他们观察得越多，发现不懂的然而却是有趣的东西就越多。观察笔记本上布满了问号。观察是任何东西都不能替代的思维的源泉。我们得出了这样一个结论：在智力劳动的性质方面家庭作业应不同于课堂作业。积累需要进行认识的事实，积累需要进行思索的问题——这种类型的智力劳动首先应是家庭作业的实质。

学生的年龄越大，他们的抽象思维的能力越强，研究工作在他们的精神生活中起的作用就越大，而且在这样的研究工作过程中他们不仅进行认识，他们还在捍卫和证实点什么。我们认为，对个人信念的最精细的研磨就是从这样的研究工作开始的。我们仔细地观察了每个学生。令我们很不安的是，我们发现在个别男孩和女孩的精神生活中缺乏个性，他们没有自己的思想、观点和立场。这是危险的，因为这会导致无原则性，有时甚至会导致阿谀奉承。清除儿童身上的无原则性，要比清除成人思想上的无原则性容易得多。

我们努力使学习与教育结合在一起，让每个少年都去捍卫、证实科学唯物主义真理的正确性。把科学的真理体现在生动的激情中，体现在忧虑、激动和争辩中，这就是形成世界观和确立个性的基础。我们认为，教育者的教育智慧就在于使每个少年成为为科学真理的胜利而奋斗的战士，这也就是人的精神得到了升华。为科学真理的胜利而进行的精神斗争，构成了少年期教育的实质。

萨莎是一个沉默寡言的女孩，她似乎总是在控制自己不要过于坦率地陈述自己的思想。使我们不安的是这个女孩没有坚持自己的信念的热情。她的母亲病得很重。几年来她的父亲像照料幼儿那样照顾着病人……有一天萨莎听到有人说："一个人病了，谁都不需要这样的人；这就是生活的法则；为别人的福利而奉献自己的人，这只不过是书上说说而已。"这番话是一个小伙子与萨莎交谈时说的，而这个小伙子既不认识萨莎的父亲，也不认识她的母亲。萨莎反驳他："有这样的人。我的父亲就是这样的人。"在小学时我就多次考虑过如何坚定萨莎的信念，但当时她的眼界还不够宽阔，她还不能去概括周围世界的事物和现象，而且当时她的处境使这颗柔弱的心灵变得更封闭、更孤独，因为她预见到了母亲的不可避免的悲剧性的结局。现在这个女孩知道的东西更多了，她能更深入地思考现象的本质了，现在可以进而去磨炼她思想深处的个人的信念了。我们委派她担任实验员的工作，在“自然角”当生物教师 О. И. 斯捷潘诺娃的助手。О. И. 斯捷潘诺娃很善于激发这个女孩子对实验的兴趣。萨莎为栽培植物准备好了土壤。女孩子为自己所做的事感到自豪。她用自己的工作证实了，在她所创造的环境中正在开始着与自然条件下相同的那些生化过程：正在创造有机物质。在女孩的悲哀的，似乎是恐慌的眼睛中，燃起了富有生命活力的思想的火花。女孩自豪地把她加工好的那块地指给女友们看，那块地上麦子正在抽穗。当一个人意识到他正在用自己的知识、智慧、意志影响生活时，这种认识能使人得到多大的提高啊！萨莎萌发了想知道得更多一些的愿望，她的思想深入到未知的领域中：有益的微生物是怎样创造有利于植物生长的条件的。在她的面前揭示了越来越多的知识的奥秘，这些知识已超出了科学基础知识的大纲范围。她开始兴趣盎然地阅读科普书籍。在“自然角”工作的两年内这个女孩发生了很大的变化：现在她不再默默地赞同她听到的所有的一切。她确定了自己的对同志之间的道德关系的观点。往往她还与人争论，捍卫自己的信念。

积极地认识自然和劳动，对少年形成科学唯物主义世界观和信念，起着巨大的作用。研究植物界和动物界的现象，这不仅仅是培养对农业劳动的热爱、志向和使命感的手段。远非每个少年将来都要当农民、畜牧家、农艺家，然而在自然界中的工作，对每个少年来说都是必需的，之所以是必需的，首先是为了培养世界观，为了使自己得到提高，为了提高自我评价。

教学与生活的联系，并不在于将体力劳动机械地补充到智力劳动中去，而在于建立手与脑的统一。自然界（学校实验园地、温室、畜牧场）中的劳动，是一个人的自我表现的重要源泉，没有它也就谈不上什么世界观的培养。这首先是思想上的和社会生活中的自我表现，一个人是在为其他人的劳动中认识自己的创造力量的。在大自然中不断地进行着从具体向抽象的转化，因此在大自然中的劳动也是抽象思维的源泉。我们随时随地遇到的东西，例如，绿叶、植物的根、土壤、腐殖质、水，似乎是很简单的，也是很熟悉的，然而正是在这些东西中间潜藏着闪耀着智慧的世界观真理的涓涓细流；这些真理恰恰要通过劳动才能被认识，对于一个正在认识自然的人来说，它们能培养他的个人的情感、智慧、意志、品德。

我们尽量把自然界中的工作安排成细致的、琐碎的，要求进行复杂的、精细的、用脑的操作。手对智慧的培养和智慧对手的培养表现得越明显，人就能越深刻地体验具有世界观意义的真理，就更能把他所知道的东西放在心上。当思想充实着心灵，激发起情感时，具有世界观意义的信念才能变成个人的精神财富。一颗冷酷的心不可能产生崇高的情感、追求和理想。我们在向自己的学生布置研究大自然的作业时，希望具有世界观意义的真理能震惊少年的想象，要让他们感到惊奇的是这些真理的源泉原来是一些他们天天看到的普通的事物。如果一个人在少年时代没有经历过从具体的事实过渡到重大的具有世界观意义的真理，他就不可能有正确的科学唯物主义信念，他就会轻易地改变自己的观点。为了不出现精神上的和思想上的无原则性，我们很关心使学校中所做的一切在智力上是充实的、完美的。“自然角”（后来成了专用教室）、绿色实验室、温室、绿色的小屋、果园、葡萄园、车间、物理和化学专用教室，首先是求知欲的熔炉。我们还建立了一个中心，在那里将生活中常常看到的最简单的东西，引向重要的具有世界观意义的真理。这就是“知识的源泉”室。

对社会的看法，对科学唯物主义世界观的形成起着重要的作用。在正确进行智育和公民教育的情况下少年会对一些具有世界观意义的问题，诸如人和社会、个人与集体、各族人民和人类、物质生产和精神文明、善与恶的斗争、正义与非正义的斗争、光荣与耻辱的斗争、历史和现实两个维度中的社会的和道德的进步、人类幸福的理想、共产主义——人类的最高目的、共产主义社会关系的形成和新人的培养，萌生强烈的兴趣。为了让少年能用脑子去理解这些思想，引起少年对这些思想的兴趣，教育者与被教育者之间的智力关系必须具有一种特殊的性质。历史教师、宪法教师、社会学教师、文学教师都要成为教育者，这就是说，他们不仅应该揭示真理，还要直接诉诸被教育者的精神世界，触及人的对社会生活事件做出反响的敏感的心弦，要使人相信自己是一个积极的创造者。

令我很不安的是，在许多学校中把学习历史和文学变成了让学生厌烦的乏味的死记硬背；教师在对抽象的学生传授一些概念。教师对学生的态度不是教育者对被教育者应有的那种生动的、热情的、直率的态度。人名和事件发生的日期像洪水一样涌入学生的脑海，掩盖了具有世界观意义的真理，剥夺了思考的权利。

我把每堂历史课和文学课首先看作是与被教育者的谈话，诉诸他们的思想和心灵。如果我不了解我的每个学生的心灵，我就无法备课。例如，我在准备讲述斯巴达克的勇士们在温泉关下的战斗时，准备讲述关于布鲁诺、伊凡·苏萨宁或斯大林格勒的永垂不朽的保卫者们时，如果我不能体察到这些日子以来在科利亚和萨什科、托利亚和尼娜、彼得里克和瓦利娅的心里在想些什么，我就不可能用知识去教育他们。每堂课是对少年心灵的召唤，号召他们不要做冷漠的旁观者，不要做各种事件的不偏不倚的见证人。

人是历史的创造者。历史就在你们的眼前创造着。在我们的祖国面临着生死存亡的危急关头，伊凡·苏萨宁和亚历山大·马特洛索夫做了一个真正的爱国主义者应做的事。生活的幸福就在于成为生活的积极的创造者。每个人只要有这样的愿望，并能坚韧不拔，拥有创造的热情，就能成为出类拔萃的、具有独特个性的人。

不要使像历史发展具有客观性这样一种规律，诱发产生这样一种想法：一切得听其自然，在历史的汪洋大海中人只不过是无能为力的一小滴水。做到这一点是很重要的。这是少年精神发展中的一个很重要的因素。

必须使学生用心灵和理智去理解这样一个真理：历史事件是有其客观规律性的，但是，人是历史的创造者，是自己命运的主人。

从关于人和社会的知识中概括出来的真理，是人类饱经磨难之后得到的真理。有一种激情已化为现实生活的美，化为为社会的公正而奋斗的战士的功勋，这样的激情少年的心灵能体验到哪怕微不足道的一点点，他们也就能听得进去我所说的话了。我尽力使每个少年明确地确定自己的立场，想到自己是人民—共产主义的建设者的儿子而感到幸福和自豪，与社会上的不公正势不两立。当在课堂上谈到斯巴达克时，我只字不提这些日子以来折磨着托利亚（他的母亲凌辱了自己的名誉，人们说：她把自己的命运不管与谁扯在一起都无所谓）的沉重的内心体验，但我在课堂上的叙述正是针对他的。我尽量用斯巴达克的高尚的思想去鼓舞这个少年，斯巴达克认为宁可为自由而战死，也不屈辱地当奴隶而生。我想着斯巴达克，同时又希望托利亚能从我的叙述的字里行间听出我对他的号召：做一个真正的人，做一个男子汉，要能够对母亲说出有力量制止她的轻率行为的话！每当谈到在与邪恶的斗争中表现出英勇无畏精神的人时，少年一次又一次地听到了这样的号召。在“自然角”劳动时托利亚也能体验到自豪感，在那里他不仅在认识世界，也在证明人是一种具有创造性的力量。我们大家共同的努力终于使这个男孩对他母亲说了一番话，这番话唤醒了她的自尊感，促使她考虑人们和她的儿子是如何看她的。

我很重视有关人和社会的问题。我反复地对少年们解说，人类为了赢得自由，同不公正的社会制度进行了长达千百年的斗争。不进行这样的斗争就不可能有个人的幸福。在社会主义社会中情况就完全不一样了。在社会主义社会中，人和社会是和谐的统一的力量。我希望少年能用与祖国的发展、荣誉、强盛休戚相关的公民的眼光去看自己祖国的生活。

用公民的眼光看世界，这是决定教学与教育能否统一的一个问题。在研究我们的祖国的过去与现在的所有各堂课上，我都力图在学生的心中激发这样一种情感：祖国，这是亲爱的家园；祖国的幸福，也是我个人的幸福，她的苦难和痛苦也是我的痛苦。在我们祖国的历史上有无数光辉的、英雄的篇章，使我们的人民成为伟大的人民。我在他们的心中激发起对所有光辉的、英雄的篇章的自豪感，在年轻的公民的意识中确立了这样一个思想：他们是先辈荣誉的继承者。但在祖国的历史上也有黑暗的、沉痛的篇章。我力求让这些篇章在少年的心中激起痛苦的情感。

借助艺术手段去认识世界，在智育中占有特殊地位。在文学课上，对周围世界的现象的体验和情感感知，与思维结成了强大的同盟。文学就是人学，同时又是自我认识、自我教育、自我肯定的最细腻的手段之一。如果人的求知的目光不看自己，如果人不从道德、审美理想的角度对自己做出评价，那么文学也就不再是一种教育力量了。

这种评价不应表现为对自己的行为自怨自艾、“暴露灵魂”或巧言辩解，而应表现为对人身上美好的东西的体验，对一切贬低人格的东西的深恶痛绝。在文学课上研究人的内心世界时，需要有很高的教育修养和教育机智。说那些“普遍真理”，不仅会使文化珍品庸俗化，而且也贬低了人格。文学教学在培养世界观方面的意义在于，他在使人的精神得到升华的同时帮助他肯定自己身上的道德美，把他提高到我称之为赞美道德美的那个层次上。为了成为真正的人，少年应该尊重自己，没有自重就谈不上人的修养，也就不可能对一切贬低人格的东西深恶痛绝。

如果没有心灵的参与，个人信念的形成一般来说是不可能的，那么，在文学课上一颗冷漠的、无动于衷的心，这就是还在沉睡的智慧；思想在表面掠过，因为真理没有通过心灵，心灵没有把这样的信息传送给大脑：想一想，这关系到你个人！不能根据学生对教师提出的问题的回答来判断学生的观点和信念。（如果能通过背诵真理来形成世界观，教育就变成一件很容易的事情了。）更不能根据在文学课上的回答得出有关学生世界观情况的结论。学习文学完全不是为了让一个人在中学毕业几年后再去重复他过去背诵过的东西，对于这一个重要的真理我须臾不敢忘却。生活时刻为人安排着考试，人用自己的行为、自己的活动通过考试。形成人的内心世界，即形成人的道德、修养和美，是学习文学的最终目的。当我看到一个少年很激动，艺术形象使他受到了震撼，当他在听文学作品时也在考虑自己的命运，这对于我来说，比他能正确回答问题无比重要得多。也许，在某种程度上这是一种夸张，但下面这一思想让我不得安宁已有 30 年了：在读完文艺作品之后向学生提出问题，就像在听完音乐作品之后要求学生说出所听过的内容一样，是不合时宜的。

由于通过教育学生有了较高的情感修养，于是在学习文艺作品的过程中，一些具有世界观意义的真理就变成了学生个人的财富。广阔的情感范围应与广阔的道德范围相适应。我尽量让少年在艺术语言的影响下去体验丰富的情感——从对祖国、自由、和平、社会主义的敌人的无情的仇恨，到对人的心灵深处的活动的温情细腻的体察、热诚的敏感、含蓄的同情。我评价学生的世界观不只是根据他如何叙述“流动的草地”和“卡捷琳娜”，而主要是根据儿子和女儿是怎样对待母亲和父亲的，孙儿女是怎样对待祖父母的，男孩是怎样对待女孩的。生活，不仅是衡量知识的真理性的最好的标准，也是衡量信念的坚定性、思想与感情的一致性的最好的标准。

语言修养对智育起着重大的作用。我绝不是要做出这样的直截了当的结论，说什么丰富的辞藻表明有丰富的精神世界，对语言有很好的美感就表明有很高的道德修养。只有当语言修养与道德情感、道德关系、道德行为的修养处于和谐的一致之中时，语言修养才能影响世界观的形成。但是语言本身并不能影响智慧的形成和发展：如果我们说人是有天赋才能的生物，那是指积极认识和积极参与社会生活的能力；而如果没有高度发展的语言修养，这样的能力是不可能有的。

语言越来越成为丰富人们之间的关系的修养的必要手段。没有对词汇的极其细微的差别的敏感性，那么，对经常影响人的心灵的一些微妙的手段的敏感性也就无从谈起，而正是这些手段对世界观起着磨炼的作用。如果我们的学生对语言缺乏敏感性，他们就不可能听到我们对他们的智慧和心灵发出的暗示。对词汇的细微差别的敏感性，这就是眼睛和耳朵，没有了眼睛和耳朵就不可能看到世界，也不可能理解其他人的心灵。可能许多教师都遇到过这样的少年，他们无动于衷地听您说话，您在他们的眼睛中看不到思想，您感到震惊，感到莫名其妙："这算是什么样的人？这个少年是否听到了我说的话？他是否感觉到在我的话中所包含的我的一番心意？"这是个可悲的现象，它促使我们去思考教育的本质。要知道我们是用语言，仅仅是用语言去进行教育。所有其他的一切——练习、习惯、劳动，都要依靠语言。对语言的情感—智力的敏感性，这是教育研究方面的一块处女地。我将在"情感和审美教育"部分中谈这个问题。

我们如何指导课堂上的智力劳动

关于课堂上的智力劳动的修养问题，在我们教师中展开了热烈的辩论。我们明确了少年和教师在智力劳动方面的相互关系，搞清了少年期的注意、兴趣、知识的运用、智力劳动的特点和知识的巩固等问题。生活向我们提出了这样一些问题：智力劳动的共同性和个人爱好和能力的发展、课堂教学与少年的范围广阔的智力生活的相互关系、理智和手的灵巧的和谐。我们确信，不可以脱离教师的一般修养和博学程度以及他的智力劳动的修养去研究少年的智力劳动。少年的劳动修养，这是教师的修养的一面镜子。

教师在课堂上不仅应关注所教的科目，还要关注学生，关注他们的知觉、思维、注意和智力劳动的积极性。教师的注意力越少集中于自己的关于教材的思考上，学生的智力劳动的效果就越大。如果教师一头钻进自己的思维中，学生就很难接受所教的东西，甚至听不懂教师在说些什么。这是因为少年的智力劳动具有自己的特点：抽象化已逐渐成为其思维的主要特点，他注意接受新信息，同时又紧张地去理解和加工已经接受的信息。这就对新信息的质量提出了很高的要求：新的信息应该是明确的、清楚的，不应破坏对知识进行思考和予以系统化所必需的智力劳动。

为了让少年能注意听讲，我们努力使思想条理清晰。这对思维操作较慢的少年是很重要的。现在我明白了，在小学能较轻松地克服学习上的困难的学生，为什么到了五、六年级时学习成绩会急剧下降，这是因为他们不适应思维的这一个与过去的阶段在本质上不同的新阶段。如果一个教师的课讲得条理很清楚，而少年对另一个教师讲的课却一点儿也不能理解，就会使这种状况更恶化。

所以，为了能自如地运用教材，为了能在课堂上从大量的事实中筛选出最重要的东西，教师知道的必须比他在课堂上讲的多十倍、二十倍。如果我知道的比我传授给学生的多十倍，我在课堂上表达的思想和语言是在学生不知不觉中产生的，教师的“创造的痛苦”没有打扰学生，学生就能一点儿也不紧张地接受教材，而我注意的中心不再是自己的讲述，而是少年的思维：我根据他们的眼睛看出他们是否懂得了；如果有必要的话，我再补充一些事实。教学的技艺不在于事先确定好课堂上的一切细节，而在于巧妙地、不为学生察觉地根据具体情况做出修改。一个好的教师，尽管不知道他的课将如何发展的一切详情细节，但他善于在课堂上依照思维的逻辑和规律性的提示采用最必需的方法。这种方法对少年的教育具有重大意义。少年正在向复杂的思维过程过渡（从接受信息瞬间转变为加工信息），这要求教师予以高度的重视，并灵活地采用教学方法。学校工作中是不允许公式化的，公式化对学生是有害的。

对抽象思维的需求，必然要求从具体事物过渡到抽象的概括，这是少年本能的需求。我们不仅是传授科学基础知识的教师，而且还是思想的培育者。我们越接近科学，就越容易地观察到少年是如何思维的。为了满足少年对抽象思维的精神需求，我们不惜引用大量事实，而很少进行概括。在教师的讲述中不要把所有的东西都予以证明，唯有这样的讲述对少年来说才是有趣的；我们陈述了一些事实，要求少年对它们进行分析和概括。如果少年能从事实向概括的过渡中感觉到脉搏和思想的跳动，这种过渡就是思维的最活跃的、最充满情感的时期。在备课时我们都要考虑，如何把少年引导到思维的这一独特的高度，如何帮助他成为善于思考和发现真理的人。

在数学课上教师要求学生记下与计算三角形面积有关的数据。未知的东西还很多，但已勾画出了理论概括的轮廓。教师不要操之过急，让学生有机会独立地去进行发现。教师让学生有可能去独立地分析新的事实，少年也就明白了可以用什么方法去计算三角形的面积。他们正是在确立了具体事实和概括之间的思维联系时，体验到进行发现的快乐。这能提高少年的自我认识。他的思想立即从概括集中到具体的事实上：很想把知识运用到实践中去（解题）。

考虑到少年思维的这些特点，我们尽量在教材内容中找到供思维和概括用的养料。在历史课上在谈到一个个具体的国家时，我逐步地把少年引向关于国家的一般概念。少年一旦通过自己的努力理解了这个概念后，他似乎就想脱离具体的事件去进行评判。当少年对国家的产生和发展有了相当多的知识储备时，他们对研究在不自由的劳动占统治地位的条件下国家衰败和迅速崩溃的原因，产生浓厚的兴趣。少年要求从思想上掌握大量的事实，满足少年的这一需求是多么重要啊！如果体验不到作为一个善于思考的人的自豪感，智力劳动就会变得沉重和单调。相反，如果体验到了这种情感，少年就会以新的活力去着手对新的事实的研究。

为了满足少年对抽象思维的需求，我们很注意推理能力的训练。少年对这样的课很感兴趣，掌握知识的过程吸引了每个人，在这些真理的探索者的身上激发起了细腻的智力情感。

自然、历史、物理、生物、数学课上的推导练习，引起了大家特别浓厚的兴趣。斯捷潘诺娃老师在讲述了几种有代表性的植物或动物的新种类后，要求学生想一想，是什么把它们联结成统一的整体，在刚学过的种类与以前学过的种类之间有什么相同性和相异性。我们分析了这类课上的智力劳动，确信在少年头脑中完成的思维过程的性质本身，要求把简单地描述事物、事实、现象与研究它们的实质有机地结合起来。我们逐渐形成了一个信念：需要识记和保持在记忆中的东西越多，就越需要进行概括性的研究，需要摆脱具体事物进行思维和推理。概括性研究似乎能解除疲劳。我们不止一次地发现：在整天紧张的智力劳动期间，如果知觉仍然是一味单调地、机械地“堆积负荷”，就会出现少年很难再接受教材的时刻。

有时候会出现这样的情况：教师讲得很清楚、明白，但少年什么也没掌握；向他提问题，他似乎没在课堂上似的。在这种情况下让少年集中注意力、萌发兴趣是很困难的。我们还遇到过这样一种现象：学习的科目越容易（例如，根据思维过程的复杂程度，植物学要比数学容易），学生对这种机械的“负荷的堆积”的态度就越冷淡。

我们考虑了数以千计的教师在自己的工作中所遇到的困难，我们开始猜测出现下面这样的可悲现象的原因：许多在童年时代学习很好的学生，到了少年时代，根据教师的评语成了愚笨的、能力差的、没有热情的；学习对他们来说成了痛苦的劳役。产生这种不幸的原因在于，正是在智慧需要沉思、思索、研究的时期，少年却不去思考，而教师的全部聪明才智都用来设法使自己的课讲得尽可能地明白易懂，使少年能更轻松地掌握。结果却适得其反：按教师的设想本该能减轻智力劳动的东西，实际上却使智力劳动变得更困难，好像在麻痹少年的智慧，压抑他的求知欲。

我们考虑过，掌握知识意味着什么。显然，掌握知识就是要使少年对事物和事实、现象和事件在一定程度上理解成某种自己的东西。如果少年感觉到知识是他付出的智力劳动的果实，他就能获得知识，同时又能运用知识。我对教师们讲了彼得里克是怎样领会“副动词短语”的概念的。不管我怎么对他讲副动词与谓语动词的相互关系，彼得里克就是搞不明白它们之间的关系。他模仿范例造了一个句子：“回家时我的头疼了起来。”为了让这个男孩自己去发现真理，我利用了这个例句。我启发他：“想一想，哪两个动作可以同时完成，其中的一个是主要的，另一个是补充的。”彼得里克最终懂得了词汇之间的意义联系的微妙。

我们得到了一个结论：对思维慢的少年必须特别耐心。不可以责备他脑子迟钝，也不可以让他的记忆负担过重，因为这都是无济于事的；如果不去进行研究和思索，就会变成一个健忘的人，一个什么也记不住的人。记忆的衰退恰恰发生在少年期，出现这一现象的原因就在于，恰恰在要求人尽可能多地去思考的时期却不去思考。必须引导理解能力差的、不灵敏的学生自己去发现真理，直至茅塞顿开。这样的茅塞顿开不仅对理解具体材料是必要的，它也是智力发展的一个独特的阶段。发现所带来的快乐，面对通过自己的努力获得的真理而产生的诧异，能使一个人增强自信心，使他体验到自豪和自尊。

数学课为全面开展智育提供了最广泛的可能性。在独立完成数学作业的过程中进行着细致的、烦琐的教育工作，这种工作可以称之为少年自我肯定的指南。在五年级的学业开始之前，我对教师们说了我通过数学课和数学课外活动在智育方面取得了哪些成果。孩子们学会了一般的解题——不进行数的运算。他们理解了习题，把它看作是统一的整体，看到了习题中各个条件之间的相互联系和相互的依从关系。我专门安排了几节课研究习题中的条件。孩子说出自己的思路：例如，第一个数和第二个数相加之和乘以 2，从所得的积中减去第三个数，就得到所要求的数。在孩子还没有学会一般的解题时，就不要去想什么顺利地进行数学教学。我开始逐渐引进数字的字母符号，对习题的推理就变得更有趣了。由数字公式转到了字母公式。在四年级的学年中间，班级中一个理解能力最差的、思维迟钝的女孩瓦利娅的智力劳动中出现了茅塞顿开的现象。我开始发现在单独思考习题时在这个女孩的眼中迸发出求知欲的火花。瓦利娅已能完全独立地分析数字之间的关系并能用一般的方法解题了。这是自我肯定过程中的最重要的环节之一。在这个女孩的身上出现这样的状况是不容易的。过去长期的消极性抑制了她的智慧积极性的发挥。某些内在的原因压抑了她的思维。我相信，在不久的将来这个女孩的思维发展过程会加快。

我的这一信心已被证实了。数学教师继续着从低年级开始的教育工作：智力劳动的基本形式是独立解答习题。教师为每个学生选择习题。他不催促学生，也不追逐解题的数量，使每个学生都能够集中思想，深入地思考自己的习题。一个学生在一堂课内能解答三道题，第二个学生只能勉勉强强地解答一道题，而第三个学生连一道题也没做完。瓦利娅常常是在最后的几个学生中间，但她偶尔也能胜任工作。到了六年级，这时她有十二三岁了，偶尔的成功被经常性的胜利取代了：在习题集中已没有她不能解答的习题了。我们研究了这个女孩的作业，确信了她的思维具有深刻的个人特点。瓦利娅对相互依赖关系的本质的思考似乎是分阶段进行的：起初她在思想上抓住总的轮廓，把注意力集中在这个轮廓上面，然后转到细节上面。我们逐渐布置瓦利娅做一些最难的习题，她也能顺利地解答。到第六学年末这个女孩已成为班上数学好的学生之一。教师对她的智力劳动中表现出的迟钝性加以爱护。我们很高兴地看到，她在数学方面取得的成功加强了她的自信心，巩固了她的思维的独立性。现在在学习包括语法在内的其他学科时，她不像以前那样感到吃力了。

我们在指导智力劳动时还考虑到了少年思维的一个特点：学生对具体事物和概括的关系越清楚，越明白，他的主观感受就越深刻。他感受到："我正在研究真理，发现真理，真理成了我的精神财富。"正因为如此，我们把课堂教学安排成让少年从具体的、直观的客体中看到上升到理论的规律性、相互的依存关系、规则和法则。几何图形和机械的模型，动物、植物和器官的模型——做所有这些模型并把它们带到课堂上来，不只是为了演示早已知晓的真理，还是为了把具体的事物变成进行推理、研究的对象。这对于像彼得里克、尼娜、斯拉瓦这样的思维迟钝的学生来说尤其必要。

我们努力把数学思维的特点迁移到所有的课上。少年时期抽象概念的加速形成，由于它能强化大脑的思维能力，所以不仅是智力发展的重要前提条件，而且是生理发展的重要前提条件。如果不通过抽象概念的形成去发展少年的大脑，这个少年的智力发展就似乎停顿了：他不能理解进行概括的现实基础，他口齿笨拙，想象力贫乏，他的双手进行不了复杂的、动作精确的劳动运动。如果一个人在童年时期能胜任智力劳动并能从中找到乐趣，而到了少年期学习似乎成了一种莫大的痛苦，我明白了出现这样可悲的结局是因为没有用抽象思维发展他的大脑。在少年期儿童的智能似乎逐渐衰退，变得迟钝，这种状况是十分令人忧虑的。

在明白了忽视思维修养潜伏着多大的危险之后，我决心把可以用“数学思维”概念予以概括的思维特点，贯穿到所有各堂课的智力劳动中。任何一个概念、判断、推理和定律，都不应该不加理解地去死记。在童年期不理解的识记会带来危害，而在少年期它会带来可怕的危险，因为生理过程的迅猛发展正是在少年期完成的，娇弱的思维物质对抽象思维的影响，任何时候都不像在少年期那样可塑性强，那样敏感。如果学生在少年期没有遇到智力劳动的明智的导师，他任何时候都不会学会真正地思维。

根据这些结论我们尽力做到，在少年的智力劳动中，对概念的思考始终占有相当大的比重。根据少年的眼神我们发现他脑子里正在发生着什么。我们努力使学生掌握概念，把概念作为思维的最初的材料，把概念变成进行积极的认识、获得新的知识的工具和手段。

兴趣和注意问题在我们的教育工作中占有重要地位。

多年的观察使我们得出这样一个结论：如果少年的“情感区”长期处于兴奋状态，兴趣就会消失，随之而来的是疲劳和冷漠。教师的话似乎进不到他们的意识中，少年只是听到了这些词语的语音的外壳，而不能理解它们之间的相互关系。如果教师的讲课中充斥了过多的新材料，教师竭力想用新奇的事实、现象和事件让学生感到震惊，就会出现这种状况。所有这些鲜明的、不同凡响的、似乎是很吸引人的东西，作为刺激兴趣的手段，当教师使用不当时就会走向反面，产生适得其反的效果。

必须十分谨慎地对待大脑“情感区”的兴奋。

我们首先是用具体的和抽象的东西的一定的相互关系去刺激“情感区”。在普通的、毫不显眼的事物中隐藏着具有重大世界观意义的真理，惊奇感正是由这样的事物引起的。少年感兴趣的不是什么专门的、辅助的东西，而是材料的本质。在已激发了少年的兴趣后我们就没有必要经常地去刺激“情感区”。

要善于使少年不断地去思维，引导他们一步步地去进行认识，这是教育修养的一个很重要的特点。课堂上出现“响亮的安静”，即少年专心地听您的每一句话，您可以逐渐放低声音，不必用专门的讲课的声调对学生说话（顺便说一句，专门的讲课的声调使学生很快就感到疲劳），而是用人与人之间通常交谈所用的语调，这就标志着激发兴趣的目的已经达到了。

经验证明，教师过分地用吸引人的、鲜明的、形象化的东西去使少年过分兴奋（引起喧闹、骚动），为了压倒噪声教师就不得不提高嗓门，而这会使学生更兴奋。用紧张的高音调说出的话，使大脑半球的大脑皮层处于某种麻痹状态；少年什么也听不进去，教师不得不高声叫唤，而且还要时不时地敲桌子。一堂课上“充的电”可能使几堂课不能正常进行。如果这样的课一堂接着一堂上，少年就会处于极其兴奋的状态，于是甚至可能会对教师粗暴无礼，心情忧郁地、怒气冲冲地、脑袋疼痛地回到家里。这就谈不上正常的智力劳动了。刺激兴趣方法的简单化，缺乏做这种细致工作的教育修养，是使少年变成“难教的人”的重要原因之一。

激发兴趣的修养越来越引起我们的重视。我们举办了课堂心理学讲座，讨论了个别学生的教育心理特点，报告观察结果，力图弄明白最重要的东西：少年在思考的时候他脑子里正在发生着什么。我们感兴趣的是已知的和未知的相互关系的问题。实践使我们相信，只有当课堂上的材料包含着一定“比例”的已知的和未知的东西时，才能激发起建立在思维的本质的基础上的稳定的兴趣。如果教师一味地讲新材料，少年就不能把教师的讲述与自己的思维联系起来；于是，教师努力维护的那条思路中断了，一种困惑感，一种一筹莫展的感觉控制住了学生。揭示未知的东西与新知识的内在的、深刻的联系，这就是激发兴趣的秘诀之一。我们希望学生从教师那里得到思维的砖瓦，用这些砖瓦砌成新的大厦，知道该把砖往哪里砌，能看到整座大厦，用思想去理解它，时不时地站远一点，以便看到他与教师共同建造起来的这座建筑物的完整的全貌。体验亲自参与掌握知识的情感，是激发少年对知识的特殊兴趣的很重要的条件。当人不仅在认识世界，也在认识自己的时候，就会形成这种兴趣。没有自我肯定，就不可能有对知识的真正的兴趣。

我们不让少年去“体验”已很熟悉的东西，这是为了不使少年产生冷漠和轻视态度。因为他们希望觉得自己是个思想家，而不是一台机械地复制知识的仪器。如果您确信，所有的学生都已经很好地知道了某个问题，就既不要提问这个问题，也不必用其他方式去重复这个问题。顺便说一句，检查家庭作业常常让人感到乏味，这恰恰就是因为在机械地重复已多次重复的东西。

现在我们着手研究知识的应用问题。这是少年智育中的一个十分重要的问题。

少年已经掌握的东西，应该成为他去建立新的联系的内部刺激因素和动力。建立新的联系要求经常应用知识。有的人认为，知识的应用就是时不时地完成一些具有实际性质的任务（测量、计算点什么，等等）。应用知识应该是智力劳动的一种方式，是传授新材料的根本目的。我们力求在讲课时以研究问题的态度去对待事实和现象：让少年通过思考在自己意识的深处找到理解新知识的工具。

在对少年叙述历史事件、讲解语言规律性的本质时，我有的时候把一切讲解得周到详尽，而有的时候留下一些未加证实的东西，这些正是学生可以利用以前获得的知识去予以解释的问题。结果是，无论是在理解快、思维敏捷的少年身上，还是思维迟钝的少年身上，这种方法都使他们的思维积极性蓬勃高涨。他们的眼睛中闪烁着快乐的火花，所有的人都想回答在教师的讲述中没有阐明的问题。在我的面前似乎展示了一幅十分清晰的画面，反映出少年头脑中正在发生着什么：他不仅从我的手中拿走了建造大厦用的砖瓦，并考虑该把这些砖瓦往哪里放，他还在仔细地审察，这是些什么样的砖瓦，它们是否是建造坚固的大厦所必需的建筑材料。

我们努力把少年的智力活动组织成使理解和掌握知识的过程与知识的应用紧密地融合在一起，使一些知识成为掌握另一些知识的工具：兴趣和注意的培养以及知识的牢固程度最终都取决于我们的这种做法。我们在课堂上安排一段时间让学生对事实、相互关系、现象、事件进行深入的独立思考。这就是在实践中称作巩固的实质。巩固不应归结为教师一讲完课马上把学生叫起来回答问题。在这种情况下回答问题的是最有才能的学生，而中等的和思维迟钝的学生则需要进一步研究和思考事实。能力强的学生也需要对事实作进一步研究和思考，如果他们长期学习得很轻松，他们的智能就会退步。在进行这样的工作时，我们没有把识记作为首要目的。如果引导智能进行积极的思考，这恰恰是在完成无意识记。如果长期以来把所有的力量都用在死记硬背上，学生的智能就会衰退。

我们不允许死记硬背，而是帮助少年掌握合理的识记方法，教他们对听到的和读到的东西进行逻辑分析。在许多课上在开始讲课之前，我们向少年提出一个目的——思考教材的逻辑组成部分，不要记住所有的东西，而只记住主要的东西。学生对这项工作的兴趣很大，因为这项工作符合了他们想成为思想家的追求。少年逐渐过渡到去完成最复杂的任务：一边听，一边记录教材的主要的逻辑部分及各部分的顺序。

手和理智

恩格斯赞颂了人的手的完善，它“仿佛凭着魔力似的产生了拉斐尔的绘画、托尔瓦德森的雕刻以及帕格尼尼的音乐”。运用自如的手是意识的伟大的培养者和理智的创造者。对手在培养智力方面的作用，尤其在童年和少年早期生理过程蓬勃发展时期的作用，遗憾的是研究得很少。直到最近还把让学生参加劳动解释成是克服学校过分偏重智育倾向的需要，这一事实令我吃惊。手不活动似乎有导致智力过多的危险，这样的论调是多么的荒诞不经！

在现实中是不存在这种情况的，也不可能出现这种情况。闲着不干活，与只是为了不让人闲着而让他不动脑子地干体力活一样，都会给少年的智力发展带来极大的危害。我在十年内观察了 140 名学生（8～16 岁）的智力发展，发现了这样的情况：每年都有几个月孩子们要完成不需要任何技能的单调的、令人厌倦的体力工作。他们的双手与其说是进行创造的工具，不如说是表现体力的器官。在强烈的生理发展过程期间少年不得不去完成特别令人厌倦的、单调的、时间拖得很长的体力工作。在他们求学的学校里，脑力工作很有限而且单一，不培养智力兴趣和需求，更令人担忧的是，这些学生的双手在童年期和少年期没干过任何复杂的、细致的、需要耐心的智力工作。这在这所学校的智力面貌上打下了烙印：16～18 岁的小伙子和姑娘，当不得不操作最简单的机械时，他们显得是那样无能和胆怯。这所学校的学生没有一个能够通过高等学校的入学考试。这是普遍的智力贫乏的可悲的结果，在此普遍的智力贫乏的背景下劳动修养的水平低下尤为突出。大脑中有最积极的、最有创造力的特殊的部位，如果把抽象思维的过程与手的精巧的、灵巧的工作结合起来，就能激活大脑的这一部位。

我们让孩子们的手从一年级就开始做一些精确的、有目的的动作。在手工劳动课上，孩子们分成小组学习剪纸或者用小刀雕刻细巧的图案。在这项工作中占有主要地位的是培养美感和和谐感（对称、比例）。手似乎在指挥大脑遵守纪律：手似乎在培养自我控制的能力和思维对精确、细致和美的敏感性。谁学会了用刀，谁就能写得很漂亮，就能敏感地发现微小的不整洁，就不能容忍马马虎虎地完成作业。这种敏感性又迁移到思维上。手在教思维变得精确、有条不紊、清晰。

少年工作时我们尽量让他们使用要求手和手指做出复杂的动作的精细的工具。用手工工具对塑料、木材和软金属进行精细的加工，对培养少年的智慧起着重要的作用。学生在个人工作时逐渐习惯自己的工具，能感觉得到它。劳动课教师 A. A. 沃罗希洛在教学生掌握手工工具时完成了一个重要的智育使命。我们一直忧心忡忡地期待着，我们的脑子迟钝的学生的双手什么时候才能灵巧起来？到了六年级，彼得里克干的活不再是马马虎虎的、粗糙的，而是漂亮的、细巧的。我们很高兴，因为这是他在思维积极化的路途上跨出的一大步。后来彼得里克消灭了 3 分（有时连 4 分也没有了），但是如果不做这些烦琐的教育工作，就不可能取得这样的成绩。

少年们逐步转做设计工作。校办工厂中有一套装配各种简图和模型用的木质的和塑料的零件，还有供拆装实物模型和机械用的零件。少年们分析各种零件之间的关系，在脑子中画出一张简图或形成一个模型，然后把这些零件集中起来，进行装配。在这项工作中特别明显地表现出脑、手的结合。在这里信息是通过两条渠道不间断地对流，一条渠道是从手到大脑，另一条渠道是从大脑到手。手在思考，恰恰在这一时刻大脑的最具创造力的部位被激活了。这项工作中占第一位的是理解相互关系和相互作用。思维从整体过渡到局部，从一般过渡到具体：手积极参与了这一过渡。我们深信，在这项工作中必须具有的观察能力和计算能力，是与数学能力的发展直接相联系的。瓦利娅比任何一个男孩都快地学会了分析实物模型零件复杂的对比关系和相互关系，而这也反映在她的思维的觉醒中。

对青年工人班上的学生是如何学习的，我观察了几年。许多学生没时间完成家庭作业，很少来上课，但他们比日校的学生更深入地掌握数学、物理、化学方面的知识。为什么会这样？激发智能的强大刺激因素是手的灵巧的工作。在夜校班中，数学学得好的人，都是有教养的有才智的机务人员，民间称他们为自学成才者。考虑到这种来自生活的智慧，我们努力不仅在劳动课上，而且还通过其他活动方式让手来激发智慧。

“知识的源泉”

我们把一间不大的房间称作“知识的源泉”。在这里揭示许多事物和现象的本质，而占主导地位的是手的智能活动、主动精神和创造性。这间屋子是少年们的。我们设法让所有的少年，尤其是学习困难的少年都来通过“知识的源泉”。我们所有的教师都是“知识的源泉”室的辅导员，都为手、脑的结合想出一些新点子。

在那里陈列的一些模型，反映了五年级学生在学习物理学以前已思考了很久的现象。这里还有簸谷机的实物模型。从机器上卸下了一些部件，这些部件就放在一旁，现在机器不能工作了。为什么不能工作？每个部件各自都起着什么样的作用？如果用另一个构造不同的部件取代这一个部件，就还能簸另外一种谷物。为什么会这样？这里是给畜牧场供水用的装置的模型。为了使这个模型能运转，必须懂得各个组成部分的相互作用，而要弄懂它，就必须思考。

物理教师展出了几件具有特殊奥秘的机械模型：这些模型的个别部件制作得不对，于是模型就不能准确地工作或者根本就不能工作。模型上贴了一张字条："为什么这个模型运转得不对？"这张字条促使孩子们去探索，去研究。这就打开了抽象思维的源泉：从本质上说，所有引起注意的东西都要求分析其相互关系。

化学方面要求少年用心观察一些物质的特性，思考一下为什么这些物质会在不同的条件下起变化（在化合过程中，在温度变化的条件下）。这一切同样也是对相互关系的研究。

这里展出的许多物质和现象，少年在课上还没有学过，对此我们并不担心。我们正是要努力激发他们的求知欲，使渴求知识的智慧自己去寻找对使之激动的问题的答案。让少年在完成课上的必需的智力工作的同时还要完成课外的非必需的智力工作。这间屋子里还有许多书籍（参考书、手册），从这些书中可以了解他们感兴趣的东西。

系统化占据着重要的地位。系统化是思维之母。生物、化学、历史、文学教师都布置本门学科的作业：少年在考虑事物的特性时把它们归入某一类、某一族、某个历史时期、某种风格。在纸夹中夹着数十种杂乱地放在一起的植物的干叶。给他们的作业是：把这些叶子分别归类登记。我们高兴地看到少年是如何专心致志地研究每一片叶子的。在这种情况下书本是他们的第一个助手。他们取来了各种土壤、肥料的样品和不同种类的树木，予以分门别类。历史课方面提供了一些图片，这些图片上画着劳动工具、日常生活用品、武器、什物、衣服。要求学生确定这些东西属于哪个时代。文学方面提供一些文学作品的片断，但不告诉作者的姓名，要求学生根据作品的风格确定这个片断的作者。

我们还布置了一些更复杂的作业。例如，根据简图设计能活动的模型。

我们的目的并不是要把“知识的源泉”室中的作业，变成现在课上正在学习的东西的例证。我们的目的是根本不同的。我们希望少年去思考课上尚未学习过的东西。下面我简要地谈谈这些目的。

智力教育的两个大纲

少年的智力生活、他们广泛而又多方面的兴趣、他们在积极的活动中对自我肯定的追求，所有这一切都会导致这样一个结果：如果在学校中除了上课之外什么其他的活动也没有，这是满足不了他们的需要的。不管课上得多么有趣，不管教师为了把课上得尽善尽美而多么努力地工作，如果少年的智力需求被课堂教学所局限，少年仍然会对课堂教学表现出冷漠的态度。而对于似乎是在与课堂教学无关的情况下偶然地、顺便地获得的知识，少年却十分重视，十分珍惜；人总是特别看重通过自己的努力获得的东西。

多年的经验使我确信：少年在课外，在与课堂教学无关的情况下（这种无关当然是相对的：求知的火花是在课上点燃的，能否在少年的心中点燃求知的火花取决于教师的修养），与课堂教学无关的东西读得越多，知道得越多，一般说来他将对知识、对智力劳动、对教师、对课堂教学和对自己就越尊重。考虑到了这一规律性，我们认为课堂教学有两个教育任务：一是传授一定的知识；二是激发求知欲，鼓励少年越出课的范围，去阅读、去研究、去思考。要求一堂课成为好的课，这首先是为了使少年的智力生活中不仅仅只有课堂教学。如果做到了这一点，课堂就成了少年精神生活的理想的发源地，教师就成了这个发源地的开拓者和保护者，书本则成了无价的文化宝库。

这些认识是对少年进行智力教育的教育智谋的基础。如果您希望少年的精神生活是充实的、有价值的，希望少年不白白地浪费时间，不去寻求某种不道德的强烈的刺激，那么，请您把这些无形的线从课堂引到课外兴趣、需求和爱好上去。

我们每个教师在备课时都要考虑，在哪一个点上点燃少年求知欲的火花，如何把火种传送进少年的心中。这项教育任务的完成取决于少年是否能深刻地体验到自己是真理的研究者和发现者。这种感觉越深刻，少年想知道的东西就越多。从另一方面说，企图用课外工作来改善课堂教学，企图在课外去激发少年对课堂教学的兴趣，这是徒劳的。

每个教师在传授大纲规定的一定范围的知识时，他同时也在揭开第二大纲，即非必修知识的大纲。非必修知识，这是指超出学校大纲范围的所有的知识。它们取决于科学的发展、学生的知识视野、物质条件和少年周围的环境及其个人的倾向性、兴趣、天赋。天赋尤其重要：对同一门学科第二大纲的范围（教学的智力背景），一个学生宽一些，另一个学生窄一些。知识范围的扩大取决于学生，然而，第一推动力、点燃求知欲火苗的第一颗火星，这是教师的修养、教师的知识视野和博学程度。

我们的教师集体坚信，必修的和非必修的大纲的统一，对少年的智育起着决定性的作用。这种统一的性质是由每个学生的个别特点决定的。通过对思维迟缓学生的智力活动的观察，我们确信为了理解和记忆必修的材料，他们必须阅读一定量的大纲之外的科普作品；阅读科普作品不是为了识记，而是为了让读过的东西通过意识在思维物质中留下痕迹，促使大脑去理解和记忆必修的知识。

有一年由我去教物理课。在学习“液体和气体的压力”这一节时，我让那些在掌握教材方面感到很困难的学生阅读有趣的科普小册子。阅读似乎成了一种推动力，激发了他们的智力。这些孩子很快就理解了因果关系，无意识记的作用得到了强化。我深信，抽象思维的能力主要不是头脑中所保留的知识“负荷”，而是取决于经过深入考虑并理解了的东西。记忆的发展，一般说来取决于对理解那些有趣的、希望知道的但又不必熟记的东西，是否付出了紧张的智力劳动。

掌握第二大纲，其实质就是少年在智力上的自我肯定，是集体的多方面的精神生活，是精神财富的经常交流。

掌握第二大纲的重要途径，就是独立阅读。

“思想室”

艺术作品的强大教育力量，在于把审美思想、道德思想、政治思想艺术地融合在一起。我知道人在一生中能阅读的书籍不超过两千册，而其中相当一部分（不少于一半）是在学生时代读的，因此我对少年时代必须阅读的书籍做了极其严格的挑选。于是建立了“少年期金色图书室”。这里全是一些专门以少年为对象的最有趣的书籍。现在图书室里已有 360 本书。在这里没有必要一一列出书名。最主要的是配备图书室的原则以及这些书在少年精神生活中所处的地位。

我们为“少年期金色图书室”精选了世界优秀文学作品。我们认为，如果经典作家的作品没在每个少年的心灵中留下深深的印迹，就不能认为少年期的精神生活是充实的。有这样一些书，学校里如果没有这样的书是不可想象的。“少年期金色图书室”中的每一种书都有好几本（10～15 本），而塞万提斯、莎士比亚、歌德、席勒、马克·吐温、杰克·伦敦、雨果、普希金、果戈理、托尔斯泰、屠格涅夫、契诃夫、科罗连科、陀思妥耶夫斯基、高尔基、舍甫琴科、列夏·乌克拉因卡、弗兰科的作品，每种必须有好几十本。我们做到了使书作为最重要的智力的和审美的需求进入少年的精神生活中。我们的追求是让少年感到必须反反复复地阅读图书，就像一个有音乐修养的人那样需要反复地欣赏音乐。“少年期金色图书室”成了配备家庭图书室的样板。

少年期是树立理想的时期；很重要的是要使一些人的形象进入每个少年的智慧和心灵中，那些人的生活应该成为他们的榜样。所以在“少年期金色图书室”中有描述无产阶级领袖马克思、恩格斯、列宁及他们的战友和继承人以及天才的文化和科学活动家的生活和斗争的书籍，有描写十月革命、国内战争和伟大的卫国战争时期的英雄的书籍。

学生应该记住、背出的东西越多，他就必须更多地阅读那些不一定要记住的东西，而需要的只是了解并体验到认识的快乐。在以识记为目的的最紧张的工作期间，我们为“少年期金色图书室”充实了一些书，在这些书中重大的科学问题饱含着鲜明的形象和激情，阅读这些书籍能使少年的心灵受到鼓舞。人民的过去和现在，关于宇宙、为争取幸福的未来而展开的斗争的规律性，所有这一切在“少年期金色图书室”中都得到了反映。这里有一些书观点鲜明地揭示道德思想——对人民的忠诚、时刻准备着为了人民的幸福而献身、对信念的忠诚、经受考验的坚定性。“少年期金色图书室”对我们来说是个人生活的起点，在那里进行着形成年轻的心灵的细致入微的过程：少年接触到了人类饱经苦难而创造的、获得的、赢得的那些最珍贵的、最神圣的东西，从而他自己也逐步成为一种积极的教育力量，因为道德价值已成为他个人的财富。我们为“少年期金色图书室”配备了关于自然现象、各族人民的生活、习俗和文化的书籍，有的书架上还放着供集体表情朗读用的书籍。

真正的阅读，是能吸引智慧和心灵的阅读，它能激励人去思考世界和自己，促使少年去认识自己并考虑自己的将来。没有这样的阅读，人就会受到精神空虚的威胁。任何东西都替代不了书籍。为什么一个少年在做完功课或放学后，常常想出去玩？为什么少年不想与人类的好朋友——充满智慧的书籍单独在一起度过几个小时？为什么少年不能像产生与其他人待在一起的愿望那样自然地产生自己一个人待一会儿的愿望？为什么少年很少会读书读得入迷，为时间不够用，不能读更多的充满智慧的书籍而感到遗憾？

必须教会少年阅读，教会他通过阅读去认识自己，教会他用书来教育自己，生活在书的海洋中。

“少年期金色图书室”位于“思想室”中。我们称它为“思想室”，是要强调书籍的伟大的精神力量。

“思想室”是在集体阅读了我的一个故事后设立的。我的这个故事讲的是一个俄罗斯士兵，他在拿破仑入侵时期被法国人俘虏了。当敌人在他的左臂上烙上了字母“N”时，对敌人满怀蔑视和仇恨的他，抓起斧子，砍断了“被玷污了的”手臂。这个故事深深地打动了少年们。我建议每个教师：如果您想在少年的心灵中激发起崇高的爱国主义情感，就给他们读字里行间渗透着这样一些伟大思想的书：人最宝贵的是祖国；你首先是个公民，是自己祖国的儿子，祖国的荣誉，就是你个人的荣誉。

第二天我给少年们讲了有关谢尔盖·拉佐的一本书的内容，谢尔盖·拉佐是国内战争时期的一位英雄，被白卫军烧死在机车炉膛里。我给他们看了我写了数十年的读书笔记。我竭力在少年的想象中建立起有关文明人的最高的幸福的图景，这就是与书本交朋友的幸福、智力的和审美的享受的幸福。

少年喜爱听表情朗读。对作品的感知，与听众的数量的多少和朗读的时间有关。听众不应超过一个班级的人数。他们应该有共同的精神需要。在铺满了积雪的花园中间的一间舒适而又明亮的房间、苍茫的暮色、一片盛开着鲜花的树木和草地、树叶的窃窃私语、美丽的晚霞，所有这一切能加强审美的敏感性，突出词汇的美感。

起初“思想室”吸引的少年并不多。他们来挑选一些书籍阅读。“思想室”中的阅读是静悄悄的。令我十分高兴的是少年在阅读时他的眼睛中迸发出的内心的火花，这种火花反映出思想和情感正在起作用。

……费佳在读一本关于宇宙的书。能成功地使他对这本书产生了兴趣，这有多好啊！我为费佳操了不少的心。以前怎么也激发不起他的求知欲。他刚一取得小小的成绩就觉得已到达了顶峰。一种盲目的自信心不知是从哪里潜入他的心灵中的。书本打开了他的视野，而且向他阐明了这样一个真理：他甚至还没懂得那本伟大的认识世界的书的第一行。

如果充满智慧的书籍成了少年的朋友，那么他读得越多，他就越深信：要想知道更多的东西，就必须多多地学习。

我是多么希望所有的少年都熟悉反映杰出人物的生活的书籍。我的一个书柜放了好几十本描述人的勇气和精神的坚定性的书，这些人认为宁可死也不能放弃正义、真理和自己的信念，他们是康帕内拉和亚历山大·乌里扬诺夫、尤利乌斯·伏契克和谢尔盖·拉佐、穆萨·贾利勒和卡尔贝舍夫将军、亚努什·科尔恰克和尼科斯·别洛扬尼斯。描写这些人物的书，是少年自我教育的百科全书。只要在少年的面前没有燃起被对崇高理想的忠诚所点燃的明灯，这盏明灯是许多代人的指路明星，他就不会真正地看到自己。没有理想就没有个人的精神基础。我们竭力使这种理想成为人的精神财富，成为他自己的思想，使他在对自己、对自己的生活的思索中成长起来。

渗透着道德—政治理想的知识，首先是历史知识。正是历史知识反映在个人的精神世界中，构成信念的基础。但只有当人把渗透着道德—政治理想的理论材料与自己联系起来时，历史知识才能成为信念的基础。在思考亚历山大·乌里扬诺夫的勇敢精神时，少年应该想一想自己。

这里有一条需要细心琢磨的心理学规律：那些不必记住的东西，不必专门进行“剖析”的东西，正在与你发生联系，以极大的力量影响个人的精神生活。这条规律正反映了少年期的特点，少年的思想正在逐步把周围世界与他本人划分开来。历史和其他人文学科的必修知识要求具有特别广泛的智力背景的原因就在于此。

我尽量使每个少年都有一本他心爱的书，他阅读并反复阅读这本书，他思考这本书不是因为必须记住读过的内容以便对教师复述，而是因为他为自己的命运而激动。我坚信，少年的自我教育是从读书开始的，这种自我教育就是他要用最高尚的标准——英勇的、忠于崇高理想的人的生活，来衡量自己。如果在少年的精神生活中只有课堂教学，听课和读书的目的仅仅是为了识记，那么就不可能有自我衡量和自我认识。识记时的心理定势会把道德—政治思想降到次要地位。正如一个正在解剖人体的医生那样，他忘记了人的伟大，虽然他的劳动最终能肯定这种伟大；少年也是这样，他正在以识记为目的对理论材料进行着逻辑分析，这就在某种程度上脱离了关于道德—政治思想的思考。在那些在智力劳动中遇到一定困难的少年身上，思想丰富的材料没能在他们的心灵中留下痕迹，这是因为他们的全部精神力量都用到“剖析”上去了。

无论在教室、田野和树林中，无论在旅行中，我都对少年们讲述杰出人物的生活。我很高兴，“思想室”逐渐成为丰富的精神生活的发源地，我看到男孩和女孩们都在反复阅读着同一本书。他们都在动手做笔记。瞧，我们的一位哲学家和思想家尤尔科（他对什么都表示怀疑，对什么都要刨根究底），已经把亚历山大·乌里扬诺夫在法庭上的讲话读了五遍。瓦利娅抄下了谢尔盖·拉佐关于信念的慷慨激昂的言辞。米沙把描写卓娅·科斯莫杰米扬斯卡娅的大无畏的和坚忍精神的书反复读了好几遍。我看到少年的思想已不只是局限于书本上，他在思考自己。对于我来说这样的时刻是很宝贵的。在一个人的面前生活的道路刚刚展开，这时就让他用英雄的眼睛，用勇敢者的眼睛去看自己，用英雄主义的尺度去衡量自己，要做到这一点是多么不容易啊！与自己交谈，对着自己的良心诉说，这就是真正的自我教育。谁在人类的道德财富中找到了自己的榜样，谁希望从道德财富中为自己的心灵获取最宝贵的东西，这个人就登上了思想生活的这一高级阶段。

贯穿在社会科学、文学、艺术中的道德—政治思想，这就是对信念的忠诚、对劳动人民的理想的忠贞不渝、意志的力量、在困难面前的不屈不挠。这样的思想不可能通过一堂课或一系列课来“掌握”。体验和理解需要经过长期的思索。只有当人体验到这一思想的崇高的人道美、道德美时，他才会认真地考虑自己。阅读，即与充满智慧的书的个人交往，能帮助揭示这样的美。

我认为，只有当每个青年，每个姑娘都找到了能在他们的心灵中终生留下深深的痕迹的书时，才算达到了教育的目的。我耐心地期待着少年与他的书本的相遇。如果您能为少年揭示出人的真正的美，这样的相遇是一定会来到的。

我对男女孩子们讲述了关于索菲娅·佩罗夫斯卡娅的一本很有趣的书的内容。我要求他们读一读这本书。我来到“思想室”，我很有兴趣想知道第一个打开这本书的人是谁。我很高兴地看到这个人是季娜。这个女孩 13 岁了。最近她变得若有所思，存有戒心。这本书的最初几页就把这个女孩吸引住了。连续几天季娜手不释卷，她甚至忘记了她积极参加的艺术语言小组的活动。不必去提醒女孩她忘记了小组活动这件事，不应该去破坏激动着她的心灵的思想和情感的激流。不可以去问她："关于这本书你有些什么想法？它在你的身上激发了什么思想和情感？"让她自己去理解和体验这些思想，让她去心潮澎湃吧。过了一个星期、两个星期，这个女孩又去重新读这本书并开始写笔记。在这样的日子里不可以向她推荐其他什么书籍，不可以派她参加任何的座谈会，因为她的思想和情感正在经历着紧张的内心活动，她正在认识世界和自己。

座谈和激烈的辩论是必要的，因为青年追求思想上的交锋，他们在寻找真理。少先队组织有关勇敢精神的辩论，季娜请求发言。她与大家交流了自己的思考：一个普通的、平凡的人，能否在身后在这个世界上留下点痕迹？这个思想像一道闪电那样，用许多精神上的需求和兴趣照亮了每个少年的心。如何回答这个问题，决定着一个人的道德面貌、他的思想倾向和精神财富。

"关于索菲娅·佩罗夫斯卡娅的书使我相信，"季娜说，"人不是一小颗尘粒，它卷在生活的旋风中，随之永远地消失得无影无踪。每个人，如果他热爱祖国，愿意成为真正的爱国主义者，他就有可能在身后留下深深的痕迹。"已经过去了许多年，不久前季娜回到学校里来。年轻的妇女很幸福，她有一个很好的家庭。她来与我商量如何教育她的子女。我们回忆起了"思想室"，季娜说："那本书（关于索菲娅·佩罗夫斯卡娅的书——作者）永远留在我的心上。"我很想让孩子们也找到自己的书。"思想室"，这是十分必要的火种；任何时候都不要让它熄灭。

沃洛佳找自己的书找了很长时间。他是一个很复杂的少年：他一年比一年更明显地显露出自己的智能，同时也暴露出在道德发展方面的一些不良现象。父母对他的过分照顾使他看不到自己，这个少年还没考虑过自己的未来。必须设法使沃洛佳能遇到一本能促使他用新的眼光去审视自己的生活和劳动的书。最终沃洛佳遇到了自己的书，这是一本关于西伯利亚的联合收割机手普罗科菲·涅克托夫的书。普罗科菲·涅克托夫是一个命运坎坷的人，战争夺走了他的双脚，但他有着巨大的意志力，强迫自己用假脚走路，后来他成了联合收割机的驾驶员。普罗科菲·涅克托夫被授予了社会主义劳动英雄的崇高称号。我从许多报刊上剪下了有关他的报道，汇编成册。在那段时间里沃洛佳付出了巨大的努力去克服自己的懒惰。他总是不能以劳动来开始自己的一天。我与他的父母谈过，但把希望寄托在少年本人身上：应设法使这个人看到自己，开始与自己的坏习惯做斗争。终于有了沟通，这不仅是与书本沟通，也是与人沟通。我并不认为沃洛佳会马上大变样，也不自我安慰。大变样是不可能的。但令我高兴的是，这个少年在读到这本小册子时他最初体验到的情感是赞叹。

“他的功绩，与密列谢耶夫①的功勋不相上下。”沃洛佳对我说，他体验到了要与别人交流情感的愿望。

我回答说：“每个人都有自己的心、自己的灵魂、自己通向建功立业的道路。”

“每当我读到这本小册子的时候，我总要想一想自己。似乎普罗科菲在责备我：‘难道可以把今天该做的事推到明天吗？’真正的人的勇敢精神为我们敞开了自己的心灵，我们也想成为真正的人。”

沃洛佳的这番话是发自肺腑的，在他的眼睛中闪烁着火花。我告诉他我在编关于普罗科菲·涅克托夫的这本小册子时自己怎样地受到了教育。我立即就发现沃洛佳是如何全神贯注地听我的叙述。我期待着将发生些什么。沃洛佳把这本关于涅克托夫的小册子读了

① 密列谢耶夫，是波列伏依的小说《真正的人》中的主人公，人们赞誉他是“无脚飞将军”。——译者注

好几遍。精神空虚的表情逐渐从这个男孩的眼神中消失了。

当然，在对沃洛佳的教育中起决定性作用的不只有一本书。用一种方式进行教育，这就好像是企图在一个琴键上弹奏出贝多芬的《英雄交响曲》。和谐才能起教育作用。但是如果没有少年十分珍爱的、成为他的个人财富的书，也就不可能取得和谐。关于英雄的联合收割机手的小册子，后来还有一本关于尼古拉·奥斯特洛夫斯基的书，都进入了沃洛佳的精神生活中。在他中学毕业后又过了几年，他对我说："当我读那本小册子的时候，我感到很羞愧。起初吸引我的仅仅是他的功绩，但后来产生了一个想法：我算是怎样的人？要求我们两个星期写一篇作文，我却老是拖拉，直到交作文的前一天才动手写。好像普罗科菲·涅克托夫就站在我的面前对我说：'你是个懒汉。'我很生自己的气：难道我是这样一个意志薄弱的人吗？在我意识深处的一个什么地方响起了一个声音：'不可能所有的人都能像英雄的联合收割机手一样。'我很想好好听听这个声音，但我又感到很可耻。我是如此的自惭形秽，于是常常有这样的情况，只要哪个老师看着我的眼睛，我就觉得他好像看透了我是个懒惰的、冷漠的人，这个人只敢小声说：'不是所有的人都能成为英雄的。'……在人们面前我感到好像所有的人都把我看穿了。我想成为真正的人。老师布置了写作文。我一回到家当天就写。第二天一清早我就起床，把作文进行了补充、修改，重抄了一遍。我很希望大家把我看成是一个比我现在好的人。我拟了一份文艺作品的清单并下了决心，一定要在三个月内读完这些书。这是在我读了尼古拉·奥斯特洛夫斯基的书之后……"

这是一个经历过生活锻炼的22岁的年轻人说的话。这席话使我有根据确信，书在自我教育中起着巨大的作用。

在"思想室"的有些书架上放着关于世界各国和各民族、关于我国和国外各民族的历史以及各民族的语言的书。我们花了很大的力量去挑选关于杰出的学者和发明家的生活和创造的书籍。

我们为“思想室”挑选书的根据是：人的认识能力是巨大的。当时我们已经有了科学的数据说明人的大脑半球皮层的神经元超过140亿个。过了几年我们知道了学者们又有了新的发现：仅在一个小脑中就有一千亿以上的思维物质细胞。在童年期、少年期、青年早期，人可以掌握的知识就其容量而言，比他以后掌握的要多十倍。对掌握一定量的知识的可接受性概念是一个相对的概念，一切都取决于智力劳动的修养，首先取决于两部分知识的对比关系：一部分知识是必须背诵、识记并牢牢记住的，另一部分知识是只需要思考的。掌握知识的容量还取决于智力劳动的情感色彩：如果人在与书本的精神交往中感到愉快，那么他并不打算熟记的大量的事实、事物、真理、规律性，就会进入他的意识中。

与书本交往的愉悦所引起的精神振奋状态，是一种强大的推动力，借助于这种力量能托起沉重的知识。在这种状态下智力劳动的巨大源泉似乎被打开了，强大的能量喷涌而出，这个源泉就是无意注意和无意识记。精神上的振奋和灵感越强烈，进入意识中的知识就越多。在学年中有一段时间根据所学教材的性质需要加强有意注意，我们的学生就在“思想室”中花许多时间阅读自己喜爱的图书。我们特别关注使图书成为思维迟缓的学生的精神需求。

通向知识的道路对于彼得里克来说是不轻松的。在六、七年级时当学习比较复杂的概括和定律时他就遇到了困难，只有书本能帮助他克服困难。为此我们专门为他挑选了一些数学、物理学和化学方面的书籍。在这些书中包含着非常有表现力的、充满情感的因素：抽象的真理是以人的创造性劳动为背景而予以揭示的，这些人在强烈的求知欲的激励下表现出高尚的精神。对这个少年来说书不再是储存知识的仓库，而是体验的源泉。有时候我们建议彼得里克放下教科书，去读一读这本书。阅读为他补充了新的认识能力。

我们认为，如果少年对科学书籍不感兴趣，如果“思想室”中没有他心爱的书籍，那么就找不到通向少年心灵的道路。少年在“思想室”中读了几本书并体验到了认识的快乐之后，他就也会在家里阅读。一个人在少年期和青年早期读什么样的书，书在他心目中占什么样的地位，决定着这个人的精神财富、意识和对生活目的的体验。年轻人对自己的义务的观点、情感和态度的培养也取决于此。生活在书的世界中，这不仅仅是好好地学习，认真地完成作业。一个人可以以不坏的成绩，甚至以优秀的成绩从学校毕业，可是他却完全不知道什么是智力生活的世界，感受不到与书交往产生的高尚的快乐感。生活在书的世界中，这就是进入文化的最细腻的领域，体验懂得精神财富的真正价值的人的伟大。

只要自学在少年的生活中没有占必要的比重，那么关于把教学变成教育性教学的一切争论和思考，都将是空洞无物的。没有自学，没有付出紧张的智力和意志力去进行认识和自我认识，教养和教学就不可能成为教育性的。没有与书本的经常性的精神交往，现代人的生活就是不可思议的，人对推崇自我的值得自豪的追求，鼓舞着人与书本进行交往。

我深信，青少年中出现的越来越让社会不安的不健康的现象，如酗酒、流氓行为、无聊地消磨时光，其最重要的原因就在于学生从学校毕业后他们的智力生活空虚、贫乏、局限，这些弊端是在学生时代空虚而贫乏的智力兴趣的土壤上发展起来的。现代人的生活时刻都要接触到人的最细腻、最敏感的领域，要求经常地、细致入微地培育这些领域，而这种培育需要采用十分细腻的手段，要利用充满智慧的书籍、音乐和艺术。如果在人的一生中不能持续地对理智和情感进行这样精细的培育，那么，对酗酒、流氓行为和违法行为的任何斗争手段都是无济于事的。但学校后的教育，主要是自我教育，如果一个人在学生时代就热爱读书，学会根据书去认识周围世界和认识自己，只有在这样的条件下才有可能进行自我教育。如果在学生时代没有打下自我教育的基础，如果从学校毕业后一个人或者完全不读书，或者只局限于读一些侦探小说，这个人的内心世界就会变得粗鲁，他在寻找强烈的刺激，并在失去了一切人性的地方寻找这种刺激。如果一个年轻的工人每天不阅读两三小时的充满智慧的书籍，我就不认为他的精神生活是充实的。

我向少年的教育者提个建议：要在学校的作息表中划出整段的时间来让学生从事人的最美好的活动——与书打交道。让书本像一首心爱的旋律那样，像优美的舞蹈那样让他着迷。如果少年始终把书本当作新鲜的、还未得到解释的奇迹，如果年轻人渴望独自去思索这个奇迹的秘密，如果在少男少女中有许多迷恋书本的“怪人”，把书本看作高于其他任何东西的“怪人”，那么，用任何似乎是强有力的手段都无法解决的问题都将迎刃而解……

自学

我们认为自学这个概念包括以下内涵：①充实个人藏书；②在家里单独进行的智力劳动。

没有对书本的爱好，人就不可能接受现代世界的文明，他的智力和情感也不可能得到完善。到了共产主义社会对书本的个人所有制可能达到高度的发展：人将把个人占有的图书看作是自己的一个组成部分。

我的学生们在童年时代就已开始收集自己的藏书。一本好书成了孩子们的最珍贵的节日礼物、生日礼物。到了小学毕业时我的每个学生的个人藏书都已不少于 150 本，而有些孩子已有了 400～500 本书。有的孩子家里没有书，家庭的精神生活贫乏而又单调，还有些孩子在学习上遇到了很大的困难。为了让这样的孩子也有个人的藏书，我们操了很多的心。科利亚和彼得里克的家长根本没想到自己孩子的个人藏书问题。在小学学习期间学校（少先队组织、家长委员会、校长）赠给了这两个男孩许多书。

我们把让每个人在书的世界中都有自己的生活看作是自己的目的。学校里成立了景仰图书者协会，这个协会把儿童与成年人结合在一起。少年们成立了一个合作社，从事图书的传播。“思想室”成了培养对知识的爱的场所。每年每个班级都举行图书节。我们把所有这一切看作是使少年在图书世界中生活的手段。

我们根本就不认为在少年期就应最终确定爱好和志向。这是精神生活中的一个处于不断发展中的善变的领域。但在少年期人应该深入到人类知识的某一个领域中，这只有在多方面的智力兴趣的基础上才有可能做到这一点。

我们深信，不进行独立阅读就不可能自觉地选择生活的道路。为了使一个人对某件事的兴趣不是短暂的，不是由于心血来潮，就要让他在少年时代多读、多想、多探索，要让智力生活与创造的、劳动的志趣紧密地结合起来。自学恰好就是把在课上掌握知识与在家中独立阅读书籍的智力活动结合在一起，在独立的智力活动中反映出爱好、能力和志向形成的长期过程。

如果把家里的学习活动仅仅归结为准备功课，那就谈不上什么多方面的智力兴趣，谈不上对书本和知识的热爱。我们的少年的家庭作业，其中大部分是独立阅读自己选择的材料，小部分是阅读教科书。我们做到了使五至七年级学生能在一个半小时内，八至十年级学生能在两个半小时内完成家庭作业。能做到这一点是因为我们不把智力劳动简单地归结为完成家庭作业。而且，阅读非必读的材料和准备功课，是精神生活中具有同等意义的两个组成部分。

与在小学时一样，家庭作业主要是在早晨，在上学前完成（所有的学生都在上午上课）。如果在童年时没有养成牢固的习惯和自律精神，那么，这个从心理学观点看是合理的劳动制度是不可能实施的。童年期所取得的一切在少年期得到了巩固。我们每个教师都促使学生进行意志的锻炼，对他们说："你们要强迫自己在早晨完成家庭作业，你们要相信，这样做能减轻你们的智力劳动，能给你们更多的自由支配的时间，用来进行阅读、兴趣小组的活动和自学。在你们的精神生活中阅读和兴趣小组的活动越多，你们就越容易掌握课上必学的知识。"

下午（午饭和休息后）学生也从事智力劳动，但这是一种独特的劳动：在"思想室"和家中读书，语言练习（作文）。于是，在下午智力用于每个人感兴趣的事情上。

怎样才能做到使少年在早晨完成家庭作业？要知道他们在早晨还要从事体力活动。为了在早晨完成作业，就必须做到早起和早睡。

我们赋予形成和发展对自学的需求以重大的意义。经验证明，只有在兴趣和爱好的基础上才能产生这样的需求。著名的苏联心理学家鲁宾斯坦说过，只有通过内因外因才能对个性产生影响。对此我还要补充一点：人的行为中任何外界的刺激因素都表现出深刻的个性特点。从爱好兴趣小组的活动到爱好书本，从爱好书本到爱好自己的科学知识领域，从爱好知识到爱好创造性劳动，这就是培养和自我培养对自学的需求的途径。

我们逐渐地，毫不匆忙地但循序渐进地使每个少年都找到了自己喜爱的学科，但不是所有的少年都能同时做到这一点的。一些人在六年级时就迸发出了智力灵感的火花，而另一些人则要到八年级。每个人爱上某一门学科都要经历自己的道路，但在这方面起决定性作用的始终是书本世界中的生活与创造性劳动的结合。通向心爱的学科的道路，是从课堂到课外阅读科学书籍，从教室到"思想室"，从引起兴趣的第一本书到建立有关心爱的学科的小小的个人图书室。每个教师把激发学生对自己所教学科的兴趣看作是创造性竞赛。我们深信，对某门学科产生兴趣的第一朵火花，表现为这个人知道的东西比大纲要求的多，并且他还力求知道更多的。再重复一遍：如果少年的智力生活局限于教科书，如果少年认为背熟了功课，目的就算达到了，那么他就不会有自己心爱的学科。

为了满足孩子们的求知欲，我们当教师的就不得不表现出发明的才能。在暑假旅行期间我们为“思想室”以及为自己的学生的个人藏书找到了有趣的图书。少年们迫不及待地期待着我们回家。我们带回来的图书成了激发求知欲的一朵朵火花。

我们根本没有奢望过什么智力灵感能最终决定每个学生的生活道路。然而我们把心爱的学科看作智力生活的基础。

合理地限制少年期智力兴趣的范围，非但不会限制少年的发展，反而能导致和谐的全面发展。我们认为这样的限制是自我认识、自我教育和自我肯定的重要动因。

在少年和青年的智力发展中，科学学科的兴趣小组起着很大的作用。教师在指导其中的一个小组时，就在实施我们前面谈到的第二教学大纲。没有这样的大纲的学校是不可思议的。参加科学学科兴趣小组的是高年级学生，少年从六、七年级，也有的从五年级开始参加这样的小组活动。我们所有的学生都是这些小组的参加者。这是智力生活的发源地，于是在学校中就出现了对书的崇拜和自学的气氛。

任何一个少年都不应感到自己在智力发展上是不幸的，是命中注定要落后于人的。少年的许多悲剧的根源就在于此，一个人感到自己是不合格的，他就不可能成为幸福的人，而不幸福就会酿成孤僻、戒备、对人不信任，以后发展到最可怕的境地就是不相信人，残酷。一想到在许多学校中课桌后面坐着一些神情忧郁的、存有戒心的或对一切都不感兴趣的 2 分生时，我就不能不感到心痛。这反映了我们，尊敬的教师同事们的教育修养水平低。决不允许一个人走出学校时不仅没学完学业，而且对知识态度冷淡。不培养学生去热爱知识、教育、科学、书本的学校，就不是真正的学校。

精神财富的交流

自学，这不是机械地补充知识，也不是把自己封闭起来脱离其他的人，而是生动的人与人之间的相互关系。在一种细腻的关系中一个人向其他人展示自己巨大的精神财富，没有这样的关系，学校的智力生活是不可思议的。这种关系的实质就是知识和技能的交流。一个人在把自己的知识传授给其他人时，他也在认识另一个人和他自己。这时的智力情感与道德情感交织在一起；一个人体验到在自己的身上产生了对其他人的义务感。这样的情感复杂地交织在一起，是防止智力上的利己主义的保证，智力上的利己主义就是一个人只满足于自己知道，而别人如何他漠不关心。

精神财富的交流是从课堂上开始的。少年在准备向全班宣读自己写的摘要、叙述读过的书的内容时，他体验到奉献出自己的精神力量的快乐。我们有些课的目的首先就是交流精神财富，在这些课上宣读根据观察材料写的作文，总结试验和观察的报告，我们天才的数学家通报一些有趣的习题。集体把这一切评价为是对独立的智力劳动的总结。对其他同学的责任感促使少年去阅读，去思考。

万尼亚、莉达和萨什科在五年级时就学会了为用显微镜观察准备标本。他们愉快地把自己的技能传授给同学们。万尼亚教同班同学和低年级的学生如何把果树嫁接到野生树上。科利亚、谢廖扎、拉里莎、尤尔科、季娜、瓦利娅为上课画了挂图。在低年级时就吸引了所有孩子们的诗歌创作，到了少年期仍在进行。我们举行了几次诗歌创作晨会，在晨会上少年们朗诵了诗。

当加利娅在六年级学习时我建议她去领导二年级和三年级学生的数学小组。这个女孩收集了一些有趣的习题，为小组活动画了图画。她对自己的要求变得严格了。在她的个人藏书中出现了数学史方面的新书。她领导课外小组的活动直到毕业。这项工作对这个女孩的智力发展，对她的公民观产生了深刻的影响。

帕夫洛、济娜、谢廖扎、费佳也成了数学小组的领导者。我们有些担心领导数学小组对科斯佳来说可能是一件不太轻松的工作，所以没把这项任务委派给他。这个少年自己请求派他去领导小组活动。柳达和万尼亚成了生物老师的真正的助手。

小组组员们进行了物候观察，保护小鸟和树木。万尼亚的小组开辟了一个葡萄园。拉里莎、塔尼娅、尼娜、卡佳、柳芭分别领导着艺术语言小组、小故事员小组、小艺术家小组。精神财富的交流，在各个人文学科兴趣小组中具有创作的性质。

当瓦利娅还在五年级的时候她就领导了一个一年级的小故事员兴趣小组。冬天天气好的时候孩子们就跟着瓦利娅去树林、池塘边、花园，去我们的山洞（“幻想角”），瓦利娅对童年时留下的鲜明形象还记忆犹新。每次去大自然的新的旅行都使她想起了这些形象，并赋予了它们新的情感色彩。她对世界童话般的认识感染了小孩子们。小男孩和小女孩们也编起了关于小鸟和动物的童话故事，树木和高山、河流和老橡树的树墩，在他们的想象中栩栩如生。

我和瓦利娅以及她的小故事员一起，到树林、田野、“幻想角”去了好几次。听着孩子们编的故事，我想起了五年前的事，那时候她与现在她指导的那些孩子们一样。我深思起了 12 岁女孩与 7 岁孩子们之间形成的关系，我坚信，只有当大孩子与小孩子之间在智力上建立起了相互联系，即大孩子的思想在小孩子中间得到生动的反响，大孩子教小孩子看世界和理解世界，这时学生集体中才有可能出现真正的主动精神。当大孩子和小孩子有了共同的精神需求时，才有可能建立智力上的相互关系。少年愿意把自己的生活经验、知识、技能传授给孩子们，并从中体验到自我肯定。传授精神财富时所表现出的精神—心理关系越细腻，在大孩子身上所激发起的自尊感就越深刻，他产生自尊感是因为他成了年幼者的朋友和指导者。

与小孩子之间的精神—心理关系的细腻性，对尼娜、瓦利娅、彼得里克和斯拉瓦具有特别重要的意义。他们正在给小孩子什么好的、必需的东西的想法，使这几个男女孩子受到了鼓舞，使自己得到了提高。

从学校毕业几年后瓦利娅对我说："我和小孩子们的友谊起初表现为去树林中游玩，去黄昏树林的童话王国旅行。在那里孩子们听我讲故事，他们也编自己的故事。与小孩子们在一起我感到自己变得更勇敢了，我的思想也变得更明朗了，也能找到该说的话了。我开始给孩子们布置一些训练灵敏性的任务。成立了数学家小组。决定了一星期集中一次，但我瞒着老师一星期召集他们三次。我兴致勃勃地、愉快地、自豪地到孩子们那里去。孩子们求知的、信任的目光在我的身上激起了新的力量。我不能够马马虎虎地准备功课。我想成为最好的，有个其他什么人似乎潜入了我的身上，这个其他什么人严格地对我做出评价……"

塔尼娅、柳夏、卡佳分别和二年级和三年级的学生交上了朋友，开始教孩子们读和写法语单词。这样的兴趣小组现在还存在。许多孩子读完四年级时已经会用法语阅读了。

莉达、萨尼娅和斯拉瓦建立了少年旅行家小组。他们的朋友是三、四年级的学生，这些孩子在"童话室"中听关于世界各国和各族人民的故事，听有关家乡的值得纪念的地方的介绍。在"童话室"中为低年级学生建立了影片库。春天和秋天进行了真正意义上的旅行：男女孩子们对家乡的村庄进行了研究。

萨什科、柳达、季娜、万尼亚、彼得里克成了各个少年自然研究者小组的领导人。在那些小组中实际的研究工作与书本的阅读结合在一起。出现了最初的少年机械师小组。尤尔科和谢廖扎搞到了一台小型的内燃机，他们从四年级的少先队员中挑选人组织了一个技术研究小组。

如果不积极地交流精神财富，就很难设想少年能有充实的智力劳动。建立在交流精神财富基础上的相互关系，是对教育的需求，即对知识的渴求的条件。

六年级学生为当地居民举行了科学知识晚会。晚上，集体农庄的庄员们集中在一间屋子里。少年们来到了自己的父母和爷爷们面前，对他们讲自然现象、技术、科学成就。除了系统地讲述科学自然知识外，还逐步充实了一些关于各族人民的历史和现在的生活方面的知识。晚会引起了成年人很大的兴趣。全班分成五个小组，每个小组都有自己固定的活动地点，集体农庄的庄员每周在那里集中一两次。最初的文化发源地就这样出现了；它们逐渐成为年龄大一点的少先队员和共青团员参与社会生活的重要形式。与领导年幼孩子的兴趣小组相比，向成年人传授知识，对少年来说是与其他人进行精神交流的最复杂的、最理想的形式。与有生活经验的成年人和上了年纪的人接触，使少年对书本和科学的兴趣更强烈了。成年人提出的问题为他们打开了通向认识未知世界的窗户。与成年人会见之后少年们更入迷地读书，产生了新的兴趣。

记忆、思维和学习技能

牢固地、自觉地掌握基本的科学原理，是进行完备的智育的最重要的条件；教学是从基本的科学知识开始的，没有基本的科学知识就不可能掌握知识的顶峰。

在低年级时孩子们掌握了最基本的书写知识（永远牢记单词的正确写法），掌握了算术的概括、规则和公式。在少年期仍然目的明确地进行着这项工作。如果不牢固地记住最基本的科学原理，也就谈不上自学。

在准备五至七年级的课业时，我们每个教师都要明确，哪些内容是应该永远牢记的，哪些内容只需理解，不必背熟。我们为学习乌克兰语、俄语、法语的最基本的书写知识制订了三年计划。我们认为，少年的思维应该为进行创造性的智力工作做好准备，这样的智力工作要求对事实和现象进行思索和研究。多年的经验使我确信，思维的惰性导致了学生智力劳动中的谬误——经常不断地死记硬背。只知道背书的人，可能记住了很多东西，但如果让他从记忆中找出最基本的原理，他的头脑中却是一片混乱，这个人在基础的智力作业面前一筹莫展。他不会为识记选择最必需的东西，他也就不会思考。

例如，一个少年在写作文时，他要考虑怎样写每个单词，而在解答数学题时，他要思考乘法公式，那么，一般说来这个人是什么也想不出来的。有些东西学生是不应该去思索的，在智力工作中对它们应能运用自如。一个有经验的钳工拿起自己的工具时不必仔细打量它，因为他熟悉自己的工具的每个特征：同样的道理，一个学生为准备自己的智力工作从自己记忆的库房中取出最基本的知识时，也不需要思维高度紧张和集中。

这对少年来说具有特殊的意义。少年期抽象思维的蓬勃发展使少年对必须牢记基本原理产生一种独特的轻视心理。（既然世界在时间和空间上是无限的，那么有什么必要记住某个公式呢?）但是不知道具体的事实和事物，就不可能有抽象思维。如果少年的记忆中没有“信手拈来”的基本原理，那么，这个少年在表达思想时就会出现笨嘴拙舌的特点，因为他的思想是混乱的，这会影响到他的全部智力生活。

我们很重视使少年对基本原理既进行有意识记，又进行无意识记。在“思想室”中陈列着一些直观教具和仪器，专门用来进行自我检查和记忆训练。每个少年都有一本“自我检查”笔记本。在笔记上记录必须永远记在脑子里的东西：代数公式、物理公式、化学方程式。在讨论心理修养的座谈会上，我教少年把时间分成几段，每隔一段时间检查一下记忆情况。

在低年级我们很重视培养阅读、书写、推论、观察和表达思想的能力。如果这些能力在少年期未能得到发展和强化，少年学习起来就会感到很困难。

我们每个教师都很重视完善学生的快速阅读能力。默读在少年期具有特别重要的意义。六、七年级的学生应该具有在思想上完整地抓住一个长句子的各个部分的能力。不具备这种能力的少年，其思维就会迟钝，其思想好像停留在许多死胡同面前。不能在思想上抓住一个长句子的完整的、在逻辑上独立的各个部分，不能猜测出一个句子的某个部分的内容，甚至不能把整个句子读完，所有这一切不仅影响学生当时的学习成绩，而且还影响大脑中的生理过程。不掌握阅读技能，这会阻碍、抑制最精细的神经纤维的可塑性，这种纤维对思维物质中枢之间的联系起着保证作用。不会阅读的人，也不会思考。

所有这些并非是无关紧要的，在这些问题中潜伏着智力局限、智力生活贫乏的严重的危险。训练不仅在低年级是必要的。在少年期这样的训练要求所有的教师具有更高的教育修养。我们每个教师做到了在五、六年级时仍坚持训练表情朗读。训练表情朗读是必要的。没有这种训练就不可能培养这样一种复杂的能力，即用眼睛和思想抓住一句长句子中的逻辑完整的部分，理解这一部分并同时转入下一个部分。换句话说，必须教少年同步地进行阅读和思考。这种能力在心理上的复杂性是由于它的外部动因，这种外部动因能激发大脑的内部力量。

教少年学会阅读吧！为什么有的学生在童年时代聪明伶俐、理解力强、求知欲旺盛，而到了少年时代在自己的智能发展方面却很有限，对知识不感兴趣，惰性十足？这是因为他不会阅读。人的大脑，是一个复杂的整体，如果大脑的某一个部分没得到足够的发展，整个大脑的工作就受到抑制。在大脑半球皮层上有控制阅读的部位，这些部位与大脑最积极的、最有创造力的部分相联系。如果控制阅读的部位堵塞了，皮层上所有部分的生理发展就受到了抑制。而且还有一种危险：在大脑半球皮层上完成的过程是不可逆转的。如果一个人在少年期没有学会用眼睛和思想抓住长句子中的逻辑完整的部分并理解整个句子，那么他将永远也学不会了。

我们思考了下面这个现象：有的少年很少做家庭作业，但学习成绩还不错。这不总是能用他们有不同寻常的能力予以解释。往往这是因为他们善于阅读。善于阅读的能力反过来又能发展智能。

我们也注意使书写成为一种半自动化的过程。每个教师都有自己的书写练习体系。少年练习书写这门学科所特有的单词和词组。我们教少年在听和写之间适当分配注意力。谁在课上不能胜任这项工作，他就得完成补充的训练练习。

在语言和文学课上发展观察力和正确表达思想的能力。到思维和语言的源头去旅行，现在已纳入自我教育的范畴。

道德的形成，公民的诞生

从物质世界到观念世界

如果说在人的童年期，其生活的最重要的源泉是物质世界，即物质的本质、它们的因果关系和相互的依从关系，那么到了少年期，在他的面前就展开了一个观念的世界。孩子似乎正在忘记他躺过的摇篮，在这个摇篮里他看到了太阳和天空；正在忘记哺育了他的母亲的乳房。对于这一切，父母们感到奇怪，百思不得其解，甚至自尊心受到伤害。但是这一现象反映了事实的复杂的、矛盾的本质。这一事实就是少年突然一下子觉得，家庭、家园、摇篮、母爱，在广阔的社会生活的背景下显得这样的渺小，这样的微不足道。他甚至觉得像违反社会规范之类的个人的"不良行为"，与具有世界观意义的问题相比也是不足挂齿的小事。

少年开始抽象地议论一些问题，开始用一些广泛的社会、政治和道德方面的概念去思考问题。世界上发生的所有的一切都与他个人有关。你们，少年的教育者们对此千万不要感到惊奇，因为深切地关心其他人的命运，这就是少年期的本质。我还记得我的六年级学生们是怎样激动地、专注地、屏息静听我讲述遥远的阿尔及利亚，讲述热爱自由的人民为争取自由而展开的英勇斗争。当然，事实也能使少年激动，但不管事实有多么生动，它总归要退居第二位，少年的全部注意力都被思想、哲学方面的问题吸引过去了：帝国主义国家的统治集团为什么，有什么理由去压迫殖民地和附属国的劳动人民？到什么时候地球上才会没有压迫者和被压迫者？我们，世界上第一个社会主义国家的少年、青年，可以做些什么去帮助为争取自由和独立而斗争的战士们？

作为教育者，作为班主任和人文学科的教师，我尽力培养少年以公民的目光敏锐地去认识世界。如果对那些似乎与自己的个人命运，与自己的家庭、村庄的生活没有直接关系的不相干的人的命运漠不关心，就不可能进入观念的世界。少年期在人的道德发展中的本质、地位和作用，要求人在上升到社会生活的层面上的同时，从思想上去审视世界，理解复杂的社会、政治现象的意义，认识为了那些让他个人激动的理想而进行的斗争。

少年怎样看待世界，什么东西使他激动、惊奇、关切、感动，引起他的同情和鄙视、爱和恨，所有这一切都完完全全地取决于教育者。我很关心让少年逐步地进入观念的世界。为此每周（有时一周两三次）我都要对他们讲讲世界上发生了些什么。这不单纯是在学校工作实践中被称作政治报告的那类时事报告。这是进行观念的思考。通报的每一件事都要在少年的心中激发起对这件事的个人的情感态度。思想逐渐变成个人精神上的收获，因为这种思想经过了心灵的感受。

给少年留下最深刻印象的谈话，是揭示以下一些思想，可以说是把这些思想具体化了的谈话。这些思想是：人与社会、自由与压迫、幸福与痛苦、社会进步与反动力量。男女孩子们激动地听我讲，在我们的时代，在人造地球卫星和人类刚刚飞向宇宙的时代(这是令人难以忘怀的日子，苏联科学在宇宙方面取得的胜利，以新的方式向我们，向苏联公民阐明我们自己的世界，促使我们用新的观点去认识全人类的命运)，在世界上还有些国家把人当牲口一样卖作奴隶，那些国家的政府颁布法律规定“活商品”的价格。我给孩子们看了一些有关在南非贩卖奴隶的资料，有关意大利的一些母亲因贫困的生活所迫而把自己的孩子卖给美国富人的材料。所有这一切最初让孩子们感到非常惊异，甚至怀疑，然后激起了他们对剥削者的愤怒和憎恨。我给孩子们看了一张英国的报纸，报上刊登了一幅照片：戴着镣铐的一些阿拉伯孩子正在奴隶市场上等待出售。这时瓦利娅痛心地说：“怎么会这样？在我们这里人们期待着到遥远的星球上去旅行，而在那里，人是奴隶，好像是在古埃及！国外有人喜欢称作自由世界的那个可诅咒的世界原来是这样的啊！在什么都可以买和卖的地方，人不可能是自由的。”

我把论述世界的课称作以公民的目光认识世界的课。在这样的时刻男孩们和女孩们敏锐地感觉到生活现象的复杂性和矛盾性、共产主义与资本主义的不可调和性。以人类为摆脱奴隶制残余、压迫、一些人对另一些人的经济上和精神上的依附而进行的斗争为背景，以人民反对恐怖的核战争的斗争为背景，我们的苏维埃祖国就像善良、正义、荣誉的生动的体现者一样出现在孩子们的眼前。

以公民的目光认识世界，是道德的具体体现。我努力使学生不仅知道并懂得什么是善，什么是恶；什么是正义，什么是非正义；什么是荣誉，什么是耻辱。我还尽量让他们体验对社会上的丑恶、耻辱和非正义的势不两立和憎恨。

少年期，是情感火热、不易妥协的年龄期。要在丰富的、高尚的情感生活范围内，在个人对重大的社会现象和政治现象的态度的范围内，确立并表达纯洁的、崇高的道德情感，这一点是很重要的。多年的经验使我坚信，少年和青年中的不道德现象的根源就在于情感世界的狭窄、贫乏、粗俗。如果少年憎恨的不是人压迫人的现象，憎恨的不是那个什么都可以买卖的可怕的世界，而去憎恨手表和大衣比自己好的同龄人，这时就在产生丑恶。这样的少年最关心的不是为被压迫人民的自由和独立而斗争的战士，不是受到迫害威胁的共产党人，他们最关心的是从父母的宅旁果园中收来的葡萄不得不以低于预期的价格在市场上出售。

一个成熟了的人，他的心向往什么，他的心属于谁，什么样的理想使他激动、不安，鼓舞他并促使他去劳动和斗争，所有这一切都取决于这个人在与敌对的信念的斗争中怎样磨炼自己的信念，取决于他在与什么样的思想上的敌人的斗争中形成自己的道德观。不可以把这种斗争仅仅看作是与持有与共产主义世界观对立的观点的人的直接对抗。这种情况往往是较少的。但是每个少年都面对着精神斗争的世界，这个世界要无情地揭露一切敌视共产主义、人类、幸福、人道的思想。这些思想不是什么抽象的东西，在这些思想的背后有原子弹和其他的大规模杀人武器，在它们的背后还有不让黑人孩子进美国的白人学校的警察的棍棒，在它们的背后还有我们决不可以忘记的迈丹尼克集中营和奥斯维辛集中营的魔鬼的焚尸炉。您的学生是否能够成为反对敌视共产主义思想的积极的战士（而共产主义的敌人，是人类、善良、正义和荣誉的敌人），取决于他的心在少年时期和青年早期向往什么和属于谁。

我努力使我所讲的关于世界的故事，能传授给孩子们知识，还要启发他们去思考世界的命运，促使他们考虑这样的问题：我的个人的幸福，家庭的幸福，取决于比自家的菜园、宅旁果园、今年苹果的收成和价格更有意义的某种东西。当少年独自考虑世界问题时，在一段时间里他尤其要对这些问题表现出公民应有的关心、激动和忧虑，受到这种情感的鼓舞。这是多么重要啊！只要我在对每个男孩和每个女孩的教育工作中没能做到这一点，我就认为我还没能把他们引导到道德教育和自我教育的第一阶段。不仅要以集体的方式，还要以个别的方式经常与孩子们交谈国内外大事。我努力寻找与每个学生在精神上的共鸣，不去唠叨那些属于普遍真理的政治概念，而与他谈那些深深地激动我们、使我们不能平静的思想；我的激动心情感染了学生，我和学生被同样的追求所鼓舞。为了使科利亚和托利亚厌恶的对象不再是微不足道、无足轻重的小事，为了使这两个男孩不成为渺小的、自私的利己主义者，我曾做了长期的努力。乘在校园里工作之机，好几天我和科利亚单独在一起，我对他讲了阿尔及利亚人民的女英雄贾米列·布希列特的故事。当我和托利亚一起在"知识的源泉"教室中时，我对他讲了关于霍斯罗夫·鲁兹贝赫的故事。霍斯罗夫·鲁兹贝赫是一个像水晶般纯洁的人，是伊朗共产党的领袖，杰出的数学家，他被伊朗人民的刽子手残害致死。几个晚上我和这两个男孩子一起交谈了有关亚历山大·马特洛索夫的功绩。我期望这位英雄的爱国者的精神世界能成为照亮这两个少年个人幸福之路的明灯。这些故事直接地启发了孩子们的公民意识。我希望科利亚懂得，世界上有比他的母亲的嫉妒（他的母亲嫉妒诚实的、正直的、勤劳的人）更坏的恶行。世界上也有善，与善相比他的母亲的缺点尤其令人不能容忍。我竭力使我的学生们用公民的眼光去看自己周围的世界和看自己。全部道德教育就是建立在以公民的目光去认识世界的基础上。

精神文明、道德修养和无神论

人对周围世界知道得越多，他对人的了解也应越多。忽略这条极为重要的法则，就会破坏知识和道德修养之间的和谐。我把这种现象称作道德上的无知。道德上的无知表现为，一个人掌握了关于周围世界的相当多的知识，但却不了解人无论在历史方面、社会政治方面，还是在精神、心理方面和审美方面的本质。不知道，也不去思考，是什么东西使人高于其他生物，于是情感范畴就得不到发展，并且导致情感粗俗。一批有文化的游手好闲者的存在，使我们的社会舆论深为不安。一个人受过中等教育，一下子成了违法者，甚至成了罪犯，怎么会发生这样的事？我们对此感到奇怪。通常把这种现象解释为是由于这个人脱离了劳动，游手好闲是万恶之源，等等。我研究了100起由16～26岁的人因严重犯罪而被判刑的案件，发现其中88起的罪犯是完全脱离了工作的年轻工人和集体农庄庄员。

如果人不掌握作为道德修养的基础的知识，那么他的精神文明就不是完美的。我对少年们揭示了人是怎样形成的，让他们相信，在社会主义社会中人是最高的价值，他对发生的所有的一切承担着巨大的责任。我每两个星期举行一次以人为主题的教育讲座。我对少年们讲述不懂得自然的力量和自然现象的原始人的艰辛的、充满苦难的生活。Г. В. 普列汉诺夫关于人类的智慧逐渐在其中丰富起来的“体力的必然王国”的论述，激发了少年们的极大的兴趣。有些讲座以劳动为主题，阐明不懂得劳动的意义就不可能尊重别人和尊重自己。

全部教学都应该渗透对人类的劳动是创造性劳动的理解。人类劳动的这一个方面，是道德修养的源泉，是精神文明的基础。我对少年们讲述，人是怎样在创造劳动工具和劳动手段的同时逐步提高自己，征服自己，使自己不仅成为能认识自己的客观现实的有理智的生物，还成为一个有个性的人。懂得了劳动在个性的形成中具有决定性意义这一真理，便能在少年心中孕育并巩固自尊感。

自发的社会力量对人的控制，即马克思、恩格斯关于异化的论述，使我的学生们很感兴趣，很兴奋。几千年以来，只要世界上有过并且现在继续存在着剥削社会，从事劳动的人是“丧失了自我”的生物。对“丧失了自我的人”没有清晰的认识，不做出情感的评价，就不可能懂得十月革命带来的世界上最高的人道。有一些教育讲座的目的是揭示科学共产主义的一个真理，即最终目的和真正的自由王国，就是要使人的力量全面发展。我认为，对人是最高的价值的理解，是精神文明和道德修养的基础，这一点是非常重要的。

宗教是一种社会意识形态，宗教史上的一些基础知识在我的讲座中占有特殊地位。

少年应该把宗教理解为周围世界在人的复杂的、矛盾的精神世界中的反映。不懂得宗教就不可能有真正的无神论。而没有无神论，就不可能有共产主义思想和对人类崇高理想的真理性的信念。不认识人类发展的复杂的历史道路就不可能懂得宗教。我讲述了原始人的劳动生活。原始人出现“类似人的思维”必须经历几千年，这时人自己才成为“衡量万物的尺度”。人在把人的特点赋予有生命的和无生命的自然界，赋予家庭、氏族和部落中的各种关系，赋予自己的激情和弱点的同时，人也在创造着许许多多的神。当人数不多的帝王掌握了政权，代替了已丧失了力量和权势的许许多多的部落首领时，人就创造了专制君主这样的神。

在讲述基督教产生时期人的精神生活这一段历史时，我揭示了这一新的宗教的实质，它不仅仅是一种新的精神压迫，它也是叛逆的人的勇敢的反抗。基督教是人类精神生活的一种复杂的历史现象。在无所不在、无所不能的基督的形象中奴隶渴望找到某种哪怕是虚幻的获得解救的希望。但是在这个世界上，在现实生活中获得解救不仅是不可能的，也是不可思议的。新约的默示录中对火和地狱以及天堂的描述，这是奴隶在深重的苦难的折磨下萌生的对正义的憧憬。在充满社会罪恶和残酷剥削的世界上，教会的神职人员把这种憧憬变成虚伪和欺骗。基督，天上的帝王，和人间的帝王一样，是自由和思想的扼杀者。

十四五岁的少年渴望找到有关世界观问题的答案，应该把基督教看作人的叛逆意向。为了证明宗教是对人的精神的奴役，就必须对少年多多地讲。宗教奴役人，是因为人不知道走向自由的正确道路：不消灭私有制和剥削，就不可能有精神上的自由和幸福。只要存在着人压迫人，上帝对人的压迫就始终存在。这种人性的压迫不局限于经济关系范畴内。它渗透在日常生活中，渗透在人们日常相互关系中，其中包括夫妻关系。我坚信，关于神的思想首先是在妇女的意识中产生的。因为她在“奴隶出现前就已成了奴隶”。（A.倍倍尔）

我的学生在思索人类的精神所经历的充满着矛盾和困难的复杂历程时，他们体验到作为人的自豪，并理解了人类思维的童年。宗教，这是社会生活和精神生活的一个阶段。但是正如在社会生活中人类必然要走上摆脱剥削的道路一样，在精神生活中人类同样也不可避免地要从对根本就不存在的上帝的信念中解脱出来。对上帝的否定，使人真正地得到升华，变得真正的伟大。这个真理包含着无神论信念的实质，即与作为当代对人的精神压迫的手段的宗教势不两立。我努力使我的学生在理解了宗教之后再去否定上帝。对所要教育的人的精神世界缺乏深入、透彻的了解，也就是说没有真正地了解人，就不可能把他培养成无神论者。

要成为真正的无神论者，就必须亲自体验整部历史。如果把道德教育设想成教师像先知者那样宣讲，而学生把一份份知识塞进自己的脑子里并“掌握”这些知识，这就是缺乏教育学修养。不应该这样，应该促使我的学生与我一起去体验整部历史，首先要体验人类精神发展的历史。应该让他们和我一起去拜访尼罗河畔的金字塔的建造者，拜访那些对太阳顶礼膜拜、创作了关于太阳神的传奇诗篇的人。我们应该去古罗马的剧院，与最初的基督徒们一起聆听宣传反暴力和反压迫的慷慨激昂的演说。我们应该一起来到亚述和巴比伦的古观象台，与最初的献身科学的学者一起观察星体，思考世界的本质。我们应该亲自触摸一下伟大的为科学而殉难的布鲁诺的衣服，他是被以上帝的名义活活烧死的……只有这样地深入进历史中，人才能理解什么是宗教，什么是真正的自由思想。

我逐步引导自己的学生得出下面这样的结论：宗教的教条、世界观和道德训诫，必然是与科学相矛盾的。科学和宗教，是不可调和的，是水火不相容的。有大量事实证明许多诚实的神职人员和宗教理论家做出了杰出的科学发现，首先是这样的事实让学生信服了这一结论。少年们兴趣盎然地听我讲述亚述、巴比伦的和古埃及的科学的献身者，最早的天文学家和历法创始人的故事。我还讲了天主教教士尼古拉·哥白尼创立了新的宇宙观，从而证实了托勒密的地球中心说是站不住脚的；耶稣教徒谢基成了天体物理学之父；捷克的新教派牧师扬·阿姆斯·夸美纽斯成了全世界公认的现代教育学之父；多米尼克派僧团教士布鲁诺由于创立了宇宙无限性的学说而被处以火刑；多米尼克派僧团的另一个教士托马佐·康帕内拉在宗教裁判所的刑讯室和监狱中受了长达 30 年的折磨，写出了震惊世界的作品《太阳神》，这部书成了科学社会主义的先声；虔诚的天主教徒托马斯·莫尔是天才的《乌托邦》的创作者，乌托邦成了一个哲学流派的名称，促使人类去靠拢社会主义的理想；法国教士让·梅耶，一个乡村小教区的修道院院长，死后留下了至今仍激动着人类的著名的《遗书》；反叛的神甫托马斯·米恩采尔鼓动了“福音派”的农民去和封建贵族和主教做斗争；捷克的传教士格里戈尔·孟德尔用自己的实验为新兴科学——遗传学奠定了基础。

如果能正确地揭示这些事实的实质，那么这些事实就能清楚地说明人的思想中的反叛精神，使少年深信没有这样一种世界观真理，既可以称之为科学，又可以称之为宗教。在我的学生的心目中，布鲁诺和哥白尼、康帕内拉和梅耶、米恩采尔和孟德尔，不是偶然地开始研究科学和社会问题的宗教人士，而是人类精神的反叛者，反对宗教的斗士。在叙述为获得真正的精神自由而经历的艰难的斗争历程时，我在年轻的心灵中激发起对这些斗士的崇敬，他们为人类思想自由的胜利而战斗，激励他们崇敬伟大的人道主义学者、社会主义者、共产主义者。

如果不了解为获得思想自由而展开的斗争的历史进程，就不可能具有现代人的真正的精神财富。我努力促使我的学生去思考和体验这样一个真理：人的精神是不朽的！人是永生的。人不是时间旋涡中的一颗默默无闻的尘埃，而是创造者。人类的精神财富是不朽的，进步的思想、人类在争取解放的长期斗争中所获得的成就，是不朽的。

我的关于人的所有的故事和谈话，都贯穿着人类在其存在的许多世纪中创造的道德价值的思想。对道德价值本质的理解，是人的精神和道德修养的很重要的因素。

基本的道德修养

道德教育的过程就是把人类的道德财富代代相传的过程。道德价值反映在作为共产主义建设者的道德规范的苏共纲领中。它们是人类道德进步的最高成就，同时也是教育新一代的纲领。

如果说在幼年时首先通过具体的、有强烈情感色彩的行为去揭示道德规范，那么在少年期正在形成一些有利条件去向学生揭示这些规范的思想实质，激发他们对高尚行为的道德需求。因此我们努力把对道德规范本质的解释、教导、说服和对积极行为的强制，统一起来。

我专门组织了一些讲座去讨论道德规范问题，力图以强烈的情感色彩揭示道德规范的本质，使对学生从事正确的、好的行为的激励，成为公民教育的第一课。我力图把下面这些极其重要的道德规范作为道德修养的基本知识向少年揭示。

1. 你们生活在人们中间。你们的每一个行为，你们的每一个愿望，都会在人们中间得到反映。要知道，在你们想做的和可以做的之间，存在着一道界限。你们的愿望会给你们的亲人带来快乐或者带来痛苦。要用意识来检查自己的行为：你们的行为是否给人们带来了不幸、不快和不便。你们的行为应该给你们周围的人带来快乐。在向少年阐明这一道德训条的本质时，我向他们指出在人们中间应该有怎样的举止。在做一件自己感到是很惬意的事情时要想一想，你们是否给其他的人带来了不幸。譬如说，在学校的林荫道上盛开着丁香花。你们很想折一根盛开着花朵的树枝。如果每个人都去满足自己的愿望，那么盛开着鲜花的丁香树丛将变成一片光秃秃的枝条。这样就没什么东西可让人们高兴的了，你们用自己的行为从别人那里偷窃了美。

如果在集体日常生活中具有道德关系的修养，以此来强化这样的道德教育，就能在人的身上形成一种精神力量，这种精神力量能抑制人的欲望，不使欲望变成为所欲为。而这对于培养义务感是非常重要的，义务感的培养是公民教育的基本原则之一。不懂得克制自己的欲望的人，不善于正确处理自己的欲望和其他人的利益之间的关系的人，任何时候都不会成为好的公民。必须使人从小就感觉到并懂得在某些方面克制自己的激情和欲望的必要性。譬如说，你很想在绿地上踢球，但这是不允许的，因为应永远保持青草常绿，因为青草就是纯洁的空气。如果不从小教育孩子控制自己的欲望，这就是在逐步地培养任性、随心所欲，就是认为我什么都可以做，我什么都不怕。

责任心就是对某个人负责，对某个人尽责。我们努力建立起一种劳动关系，使少年去指导低年级学生的工作，为他们做出榜样。

2. 你们享受着其他人所创造的福利。人们给了你们童年、少年和青年时代的幸福。因此要用好的行为去报答他们。这一道德规范是公民的义务感的极重要的源泉。他作为一个公民，承担着重大的职责，一个人在深刻地认识这一真理的全部内涵之前就应该学会以德报德，用自己的力量为其他人创造幸福和快乐。良心不允许他成为仅仅是财富和幸福的享用者。我对少年们说："你们有舒适、明亮、清洁的教室，有专用教室、健身房、直观教具。所有这一切都是其他人为你们创造的。要学会对此表示感谢。在静静的黎明时刻，当你们还躺在床上时，挤奶女工早已在牧场工作：她们在清扫牛粪、挤奶，在为你们准备热乎乎的新鲜牛奶。室外是严寒，而拖拉机手已到田野里去为牛准备饲料，为的是让你们明天、后天有奶喝。厨师点燃了学校食堂里的炉子，为你们准备早餐。锅炉工正在往集中供暖锅炉中添煤，当你们来到教室时暖气管就已是热的了。人们慷慨地为你们提供一切，但是也在期待着你们的回报。你们已有足够的力量为人们做好事了。"

对人民的知恩感，这是责任感、义务感、公民的尊严感的亲姐妹。道德修养的基础就在于使人有准备地听从良心的召唤去为其他人做好事。

这是畜牧场的楼房。这里是牧场工作人员休息的地方。让我们在这里种一些苹果树，让这个角落成为你们的母亲和姐妹享受美的角落。这项工作给了少年们许多乐趣，因为这项工作是在崇高思想的鼓舞下做的。然后少年们又接着为人们做其他的工作，他们就这样沿着道德修养的道路前进。他们的情操变得高尚了，在他们的心灵中坚定了要报答长辈们为他们所做的一切的决心。为其他人做好事的习惯，即以德报德的习惯，在人的童年和少年时代就应进入他的精神世界。如果在童年和少年时期就已养成了这种习惯，那么到了青年时代这个人不为其他人做好事他就活不下去。他感到自己在道德上是成熟的，这首先是因为在进入青年期之前他已多次地体验到创造的乐趣，为社会劳动的乐趣。

3. 生活中所有的财富和快乐都是劳动创造的，而且只有用劳动来创造。没有劳动就不可能有诚实的生活。人民教导我们：不劳动者不得食。游手好闲、好吃懒做的人，这就是吞噬勤劳的工蜂酿造的蜂蜜的雄蜂。学习是你们首要的劳动。你们到学校去就是去工作。为了在少年的意识中确立起人民的劳动观，我们从小就培养每个人的劳动习惯。学校中始终保持着不能容忍懒惰、闲散、邋遢的气氛。年幼时贪吃懒做，这就是为游手好闲、过寄生生活滋生了富有生命力的细小、柔嫩的根。当小懒汉长成成年懒汉时，要铲除从童年和少年时期就已深深扎下的根就很困难。我们任何时候都不可以忽视这样一种危险性：对年长的人创造的财富毫不在意，肆意挥霍；这种态度会导致懒汉和寄生虫的出现。要防止这种危险的出现是不容易的，因为小孩子的偷懒初看起来似乎不是什么了不起的缺点，但事实上这是危险的祸根。家长（有时还有教师）希望儿童和少年生活得轻松一些，不让他们遇到艰难，但是在这种愿望中却潜伏着很大的危险。

劳动是道德的根源。在集体的精神生活中必须贯穿着尊重劳动、尊重劳动人民这根红线，并在此基础上树立起对自己的尊重，必须使我们的少年始终具有一定的公民目标，克服困难，体验斗争和胜利带来的集体的快乐感。劳动领域中有着进行精神斗争的广阔天地，我已经说过这种精神斗争是形成人的道德面貌的极重要的条件。劳动的乐趣是任何东西都不可与之比拟的：劳动的乐趣与所有其他的乐趣的区别，就在于人尽心尽力地去做不是他想做的事，而去做需要做的事，最终他体验到为他人做事的快乐，并渴望去做为了全社会的利益而需要做的事。只有当少年把劳动的乐趣作为自己的最大兴趣时，他们才能懂得没有劳动就没有生活这个真理。

劳动的道德意义恰恰就在于人获得乐观地感知的最高欢乐，即创造的欢乐。就其实质而言这就是自我教育。如果少年在童年时没有养成劳动的习惯，那么劳动的欢乐也就无从谈起。少年能在劳动中实现道德上的自我肯定，这仅仅是因为我们的学生在童年时代，在一、二年级学习的时候就已开辟了小花园、葡萄园，为人们培育各种花秧和玫瑰花苗，把荒地变成一个个鲜花盛开的角落。12～14岁的少年感到自己是个劳动者，由于自己的劳动而体验到最初的公民自豪感，因为他们在9岁、10岁时就看到了自己工作的最初的物质成果。这是形成基本的道德修养的重要条件。一个12岁的人如果看到自己亲手栽种的鲜花盛开的花园时，他会感到无比的自豪；他会用为人们创造的物质财富去衡量走过的生活道路。这种情感越深沉，对他人的公民责任心就越自觉。

我们努力使集体中没有体会不到劳动的快乐的少年。集体中不应该丧失个性。对劳动的欢乐感，这不仅是集体的感悟，还是对个人人格的深切的个人体验。我们关心的是使每个少年通过自己劳动的物质成果像照镜子一样看到自己，看到自己的技艺、坚持性、意志力、创造思维的发挥。没有劳动就不可能有生活这样一个颠扑不破的真理，只有在这样的条件下才能铭刻在少年的心中，成为神圣的真理。如果你们喜欢园艺，那么就去栽种树木，供大家欣赏，让大家从中看到你们的热爱劳动的品质和你们的智慧。如果你们爱好技术创造，那么就去制作能为不止一“代”的你们的小同学服务的物理仪器。一个少年热衷于劳动，深入到劳动中去，在劳动中克服困难、掌握知识、锻炼意志，这时他才开始进行自我教育。这是对少年的教育和少年的自我教育的重要原则。

4. 对人要友善、关怀。要帮助弱者和无力自卫的人。不对别人做坏事。要帮助处于逆境中的同伴。要尊敬、尊重父母，是他们给了你们生命，他们教育你们，希望你们成长为社会主义社会的诚实的公民，成长为心灵纯洁、才智聪明、心地善良、双手灵巧的人。对别人仁爱、关心，乐于助人，这些是人道的表现和为人正派的基本特征，是每个学生都应具有的，应该成为他们个人的道德财富。我认为学校最重要的教育任务之一，就是要使每个人都以善良的、诚恳的、关怀的心态去对待体现出生命的美和伟大的所有有生命的东西。没有起码的人道，就不可能有共产主义的道德。没有细腻情感的、缺乏同情心的人，不可能有崇高的理想。缺乏同情心会导致对他人漠不关心，而漠不关心会发展成自私自利，自私自利会发展成冷酷无情。

有的人认为，既然在我们的时代应该培养能应付任何情况的有力量的、意志坚强的人，那么就不必讲什么善良、诚恳和同情心。这种认识是极其错误的。我们最重要的教育任务，确实是要在我们每个公民的心灵中坚定对祖国的敌人毫不妥协的斗争精神，时刻准备着与企图侵犯祖国的自由和独立的人进行殊死搏斗。但是，没有关于善良、诚恳和同情心方面的经验教训的人，也就不可能有仇恨敌人的崇高情感方面的经验教训。因为勇敢，这是人类的最高的善良，而对敌人的仇恨，是真正的人道。童年期和少年期应该成为培养善良、人道、关怀人的品质的时期。只有在这样的条件下人的心灵，这一最敏感的乐器才能弹奏出人类崇高情感的全部音阶，从对母亲的最细腻的、最敏感的关心到对敌人的仇恨，对思想上的敌人的毫不妥协。

遗憾的是，在许多学校中常常忘却了基本道德修养的培养。要求少年知道高尚的道德真理，然而却没人发现他是怎样用弹弓打死小鸟或毁坏树木。与他谈论有关诚实和正直的话题，而他一边听着老师的说话，一边在准备考试或测验时作弊用的小纸条。在基本行为方面不端正，这就是思想贫乏、灵魂空虚的根源。

只有对人民的伟大的爱，才能激发对敌人的仇恨。为了不使我们的学生成为缺乏同情心的、对他人漠不关心的人，我们努力使儿童和少年在心灵中产生对生命和美好的东西的真诚的关心、担忧和激动。一个孩子非常关心在严寒中的孤苦无助的小山雀，救了它的命，保护小树免遭毁坏，这个小孩就永远也不会成为对人残酷无情的、毫无同情心的人。相反，如果一个小孩毁坏、无情地消灭本该给人带来欢欣、引起崇敬的东西，那么他就可能成为惯于伤害自己的亲人的小霸王。

生活中有多少这样的小霸王啊！一个7岁的小男孩准备去上学，但他怎么也不会扣大衣上的扣子。他不是平心静气地请求成人帮忙，而是把大衣一摔，打算不穿大衣就去上学。他想让妈妈因为他遇到了什么不顺心的事而为他不安、担心甚至哭泣。而当他把母亲折磨得流泪时他感到一阵轻松。必须理智地、机智地、敏感地，但又必须顽强地、无条件地与这种“无罪的”暴虐进行斗争。

少年在智力发展上迈出了很大的一步，一个观念的世界展示在他的面前，他的思想渴望对具有世界观性质的问题找到答案。这是人的生活中符合规律的质变，它掩盖着情感修养落后于思想修养的危险。为了避免出现这种落后现象，在少年期与在童年期一样也必须进行劳动，劳动能激发并发展善良的、真诚的、崇高的情感。如果一个14岁的少年认为，他挽着自己母亲的手与她一起去俱乐部，如果他关心花和鸟，就会降低自己的身价，那是很可悲的。关心母亲、祖母、祖父、弟弟和妹妹，这和丰富多彩的、生气勃勃的集体生活同样重要。少年与家长之间的相互关系，这是教育的一个完整的领域，遗憾的是这个领域还是一个未被开垦的处女地。

我们总是设法让少年大部分时间留在家里，生活在家庭中，尤其是与母亲在一起。没有必要总是用什么东西去“抓住”少年，也没有必要总是为少年组织什么集体活动。在节日前夕和节日期间最好让少年与母亲和父亲在一起。

5. 对那些千方百计依赖父母过日子的人不可置若罔闻。决不迁就那些不关心公共利益的人。憎恨那些挥霍浪费、盗窃社会财富的人。这一道德规范的履行，取决于为人们而劳动的观念深入孩子的精神生活的程度。善于听从自己的良心的召唤去做好事的人，就能认清恶并与之势不两立。我们认为，培养以公民的态度对生活中恶的种种表现进行毫不妥协的、积极的斗争，是学校的一项重要任务。不可以容忍孩子冷冷地旁观像挥霍浪费、不爱护公共财物、懒惰、游手好闲、阿谀奉承之类的恶劣行为。如果成人对这些恶劣行为无动于衷，就不可能激发孩子对此进行斗争的积极性。我们设立了少先队保护绿化岗哨。如果少年发现成年人在毁树，那么与这种恶劣行为的斗争就不应该仅仅限于谈话。如果不进行惩罚并漠然处置，就会伤害少年的心灵。我们设法让社会舆论来迫使干了坏事的成人去赔偿损失。

少年通过自己的经验认识到并确信了善会战胜恶，就会以极大的热情投入到创造社会财富的工作中去。如果少年对他在生活中看到的丑恶现象表示出一分的愤怒和蔑视，并且不能容忍这种行为，他就会十倍地做好事，用自己的行动肯定生活中的善。一个人如果忘却了这一法则，他就会成长为一个好说闲话的人，蛊惑人心的人，“揭发者”，不去为善战胜恶做任何事。

学生在逐步掌握这一基本的道德修养的同时，就是在为理解共产主义的本质做准备，认识到共产主义是人道和道德的最高形式，是吸取了人类最优秀的道德财富的思想和观念的体系。不具有这种基本的道德修养的人，在道德发展方面是一无长进的。他根本就不能理解这样一些思想和共产主义道德原则，诸如，热爱祖国，忠于人民的理想，在为祖国的自由、荣誉、独立、威严和强盛的斗争中表现出的英雄主义、坚忍不拔和勇气。

只有在学校集体中形成了人与人之间的相互关系方面的基本的道德修养时，才能在学生的意识和心灵中培养基本的道德修养。这是一件很简单的，同时又是很复杂的事情。简单就在于这些相互关系都可以归结为一个公式：每一个人都应该像对待人那样去对待每一个人。复杂就在于人与人之间的关系应该囊括精神生活的所有方面和集体的所有成员——教育者和被教育者。我想对从事少年教育工作的人提个建议：如果你们希望能工作得轻松一些（众所周知，做少年的工作是很困难的），那么就要以真挚的相互尊重使你们与少年的关系体现出一种高尚的精神。我们所有的人都在向学生传授科学的基础知识，我们认识到我们的教育工作的起点就在于，对于我们每个人（无一例外地对于我们所有的人）来说，每个学生首先是一个应该得到尊重的具有个性的人。我们用“您”称呼少年。我们赋予这种形式很重要的意义，它体现了一种高尚的思想，使少年感觉到所有的教师都尊重他的创造性的个性，这种个性使他能够达到智力、道德、思想和审美发展的最高峰。在与活生生的个人（包括他们的所有长处和短处）的日常交往中，我们让少年理解、感觉到并体验到一个很重要的真理：我们不仅看到您，年轻人（年轻姑娘）今天是怎样的一个人，我们还看到您将成为一个怎样的人。我们不仅尊重您在我们的帮助下已经取得的一切，而且尊重您将取得的一切。然而只有通过您自己的坚持不懈的努力和在我们的帮助下，您才能达到精神发展的最高阶段。在这一简单的尊称“您”中，我们表达了我们对人的发展前景的认识；我们让少年懂得并体会到我们尊重他首先是因为他是苏联公民，是未来的孩子们的父亲和母亲，是未来的能工巧匠、诗人以及有权自豪的人。要找到一种精神交往的形式，使学生懂得你们尊重他的是什么，你们注意到他的心灵深处的哪些隐秘的角落，只有这样他的心灵才会向你们敞开，就像表示对人的信任的最纯洁的花朵那样。

在这里应该注意教育过程逻辑本身的若干暗礁：教学贯穿着经常不断的、日常的检查（测验）、一个学生与另一个学生的成绩的随时比较。在所有这一切的背后隐藏着一种危险，就是对自己的力量的失望和缺乏信心，变得孤僻、冷漠和凶狠，心灵上的这种变化会导致心灵变得粗鲁，对影响人的精神世界的一些精细的手段——语言和美感，失去敏锐性。为什么少年粗鲁地回答别人的好言好语？为什么他不懂得别人的情谊？教师常常会对此感到吃惊。这是因为对人的心灵的最敏感的部分——自尊心的不信任、怀疑和日常的刺激，使他的心灵受到了“锤炼”，变得粗鲁了。有人说，看看，你的同学回答问题得了5分，而你只得了3分。你怎么不害臊，你还有没有一点点自尊心？话可能不是这样说的，但话里包含的意思确实常常是这样的。经常不断地搬出自尊心来只会使之变得麻木，最终丧失自尊心；少年的心似乎蒙上了一层冰。这时您想用友善的语言去滋润他的心田，这就像想用温暖的手掌去融化一块厚冰一样：冰是化不开的，必须生火将它融化。

怎样才能绕开教育工作中的这些暗礁呢？我们总是害怕让少年感觉到我们对他的不信任。因为只要他一感觉到这种不信任，他就学会巧妙地欺骗教师和家长，而且欺骗得天衣无缝。对少年的不信任会使他的心灵变得麻木不仁，他的心灵就不想为独立解决问题和运用意志的力量去克服困难而做出努力，他已习惯于别人抽一鞭他走一步。我们依靠了人的内在的精神力量：我们不是令人厌烦地催促，不是牵着他的手走，而是给予他选择的自由，而他选择的恰恰就是我们所期待的：运用自己意志的力量去克服困难，从中体验到对自己的自重、自爱。

我们约定了（我们从来没有破坏过这个约定），如果少年是因为有些地方没搞懂而没完成作业，就不马上给他打分，免得他不安。我们一般不打不及格分。“如果您还不懂，那么再努力一下，再想一想，独立地去完成全班都应完成的作业。”我们对少年说话的意思和语调就是这样的。少年以他的真诚和努力工作来回报我们对他们的信任。如果学校生活的整个精神不能培养少年的自尊心，不能培养他们的自重、自爱，那么这样的相互关系只能是一种实现不了的理想。我要强调，仅仅通过课堂教学是形成不了这样的相互关系的。可以说，我们中的每个人在精神需要方面与少年有许多接触点：教育工作者（每个教师首先是一个教育工作者）应在自己的每个学生身上发现这样一种火花，这种火花使他有理由相信一个人永远不会停留在他今天的水平上。

为了保护少年的自尊心我们总是避免进行下面这样的比较：您学习得好，而您学习得差。对能力不同的人的智力劳动的评价，要求高水平的机智。我们对少年掌握知识的评价是根据每个少年积极向上的愿望，根据他们对我们教师的信任和信心。如果少年在学习上，在智力劳动中没有取得一定的成就，如果他的认识能力和潜力没有得到发展，我们就认为他的精神生活是不合格的。

心灵对善的响应，诚挚的、善解人意的态度，相互的信任，教师与学生之间的人际关系的细腻，所有这一切在我们的教育工作中都是起决定性作用的条件，促使男女孩子们敏锐地理解教师说的话，敏锐地接受教师在道德方面的指导、忠告和要求。少年的智力兴趣越丰富，越多样，他在阅读中获得的快乐越多，书籍和一切美好的东西在他的精神生活中占据的地位越重要，他就越能深刻地体验我们的善意、诚挚和关怀，对我们对待他的高尚的、人道的态度他的心能做出越细腻的响应。这是道德教育的最重要的规律性之一。任何外部的方式都不可能把道德修养引进到教师与学生的相互关系中。道德修养的基础在于人的精神生活的深度，在于思想的丰富程度，在于情感的细腻和高尚程度。我不仅很敏锐地倾听少年谈话的内容，还注意他们对我们，对教师说话的语气。少年哪怕只表现出一点点的粗鲁、心肠“冷酷”、心灵“麻木”，都会引起我的警惕。

在科利亚和米沙十二三岁时，我感觉到在他们身上有这些令人担忧的表现。我不得不花很大的气力去“磨炼”这两个少年的情感。为了正是在这一时期用不朽的精神财富去充实这两个男孩的精神生活，我给他们看一些能发展心灵的细腻性和敏感性的书籍；我注意尤其要在这一时期发展他们对音乐旋律的敏感性。多年的经验使我确信，教师的手中掌握着防止粗暴无礼、冷酷无情、道德不文明的强有力的手段，这就是*音乐疗法*。在寂静的冬天的夜晚，我邀请科利亚、米沙和另外几个像他们那样的少年到音乐教室，我们一起欣赏格里格、柴可夫斯基和西比利乌斯的作品。在那样的夜晚我们很少说话，除非必须解释音乐旋律潜在的意义、引导少年进入音乐形象的世界中去时才说上几句。我高兴地看到，少年的心灵是怎样解冻的，他们的目光怎样因高尚的思想而放出了光彩，他们是怎样受到细腻的、崇高的情感的鼓舞。

道德习惯

道德习惯的源泉，就在于高度的自觉性与对一些现象、人们之间的相互关系、他们的道德品质的个人的情感评价之间的统一。从少年心灵深处所进行的那些理智的和情感的过程来看，道德习惯的培养具有特殊的意义。道德习惯是道德观念和信念的入门。道德习惯的形成，是教育者深入到被教育者的精神世界中去的途径，不通过这一途径就不可能理解一个人，也不可能用细腻的手段，即用语言和美感去对人施加影响。

由于有了道德习惯，社会觉悟和社会道德的规范就成为个人的精神财富。没有道德习惯就不可能做出自我肯定、进行自我教育，也不可能自尊自爱。道德真理成为一个人心中的某种神圣的、无条件的、极其珍贵的东西，这正是因为人把这一真理的崇高性铭记在心，闪电似的情感信号进入他的意识中：就是应该这样做，因为自尊心不允许他有另外的做法。习惯使内心中良心的声音高尚起来，情感总是保护着意识。这个复杂的过程只有在少年时代才能完成，因为人正是在这一年龄时期才开始理解道德观念的概括性。少年期似乎对各种思想敞开了通向心灵的道路。如果道德修养的最重要的真理在少年期没能成为习惯，造成的损失是永远也弥补不了的。

如何在少年期培养道德习惯呢？必须做些什么才能扩大觉悟的范围，使其包括成为个人的神圣的绝对真理的那些最重要的道德财富。

在少年期自觉性和道德情感的统一对于道德发展具有最重要的意义。道德情感是照耀人的行为道路的光线。苏联心理学家 П. М. 雅各布松写道："道德情感使人开始生动地理解社会的道德规范，如果没有道德情感，这些规范在本质上是与他格格不入的。"① 我努力促使我的学生对周围发生的一切产生关切的、同情的情感，对周围世界的现象建立起爱憎分明的情感评价，使少年把所有的一切都放在心上，不仅从意识上，而且从感情上去认识它们。

少年们和我一起去了解周围世界，而我仿佛是在向他们传达我自己对事物、现象、事件的态度，没有什么东西能让我们对它无动于衷。我们沿着树林走，等待着我们的是有趣的一天——休息、散步、阅读、观察、认识世界。在路上我们看到：一辆卡车停在路上，司机在忙碌地检查发动机。他看到了我们，好像在问能不能帮他一把。我们感觉到，虽然这个人一句话也没说，但他在期待着我们的帮助。在这种场合必须对少年们说几句，促使他们深入地思考现象的本质，用道德真理去激励他们。我说了这样的话，这些话讲到了孩子们的心坎上，可能这首先是因为这些话带有鲜明的情感色

① П. М. 雅各布松：《情感心理学》，俄罗斯联邦教育科学院 1958 年第 2 版，第 210 页。

彩。我们忘掉了树林的诱惑。（当然，没有完全忘掉；我们还惦记着它，但良心告诉我们，袖手旁观是可耻的。）我们中的一些人到村里的机械维修站去，另一些人留下来帮助司机。

发现现象、人们之间的相互关系中的道德的方面，用心去认识世界，这是培养义务感的很重要的前提条件。公民的义务感是在基本的道德习惯中孕育的，这种道德习惯是在少年期通过正确的教育在人的心中牢固地形成的，养成了帮助人的习惯，就无所谓别人是否请求帮助。

很重要的是要使周围世界的现象，尤其是人们之间的相互关系，屡屡地激动着少年，促使他们去体验各种各样的情感，从亲切的同情、分担别人的不幸，到对恶行愤懑不平。我坚信，如果少年养成了对周围世界的敏感性，他就开始用别人的眼光看自己，产生一些使自己不安的想法，例如，如果我对别人的不幸、恶行无动于衷，人家会怎么想我？人家会怎么想？……这个令他不安的想法，用形象的语言说，就像是一根灵敏的导线，情感信号沿着这根导线从心灵传递到意识：如果我对自己周围发生的一切熟视无睹，我就不能再尊重自己。只有这样道德概念才能成为习惯。使道德概念成为习惯的一个极其重要的前提条件是，对少年单独面对各种情况时的所作所为做出的公民的、集体的道德评价。集体中的精神交往应该如此丰富，个人对集体的义务感应该如此牢固，使得当生活要求少年发挥个人的主动性，表现出决断、毅力、勇气和诚实精神时，即使只有他单独一人，他也能感觉到集体的目光。

我们的任务是要使一些最重要的道德习惯发展成传统，首先要养成当为了他人的利益必须贡献出自己的力量时牺牲自己的利益的习惯。习惯向传统的转化，这是对意识进行的复杂的改造工作的一个组成部分，没有这种改造就不可能建成共产主义。长期形成的旧的传统，用列宁的话来说，是一种可怕的势力。在我们的时代正在进行着一项需要耐心和细致的工作，这就是建立起新的传统，这样的传统无论是现在还是将来都应该具有巨大的精神力量。成为传统的习惯，对人具有巨大的支配力，其教育力量就在于此。在少年时期的我的学生集体中形成了一种传统：集体对你个人的舆论，取决于你对母亲、姑娘和妇女的态度。这一传统成了推动自我教育的强大力量：每个小伙子都愿意以自己的言行举止来证明自己具有高尚的道德。

培养道德习惯的另一条重要的规律，就是对自己的行为，尤其是对那些能反映出对劳动、对自己的亲人、对集体成员的态度的行为，做出情感评价并进行亲身体验。我们总是力求使少年把独立完成作业当作一种乐趣来体验，自己的抄袭和白白享受别人的劳动的行为，使少年产生对自己的不满。为了产生这种体验必须有一定的准备：要准备好能激发自我评价的词汇。培养和发展细腻的情感就需要发挥很大的主观能动性：一个人要对自己的行为做出情感上的评价，他就应该调动自己的意志的力量。就有关自我教育方面的问题提出建议，选择专门的练习，所有这些都是形成道德习惯过程的一部分。很重要的一点是要使少年不仅对好的行为，还要对那些不可以做的、不允许的行为做出情感上的评价。对“不可以”的体验，这就是培养个人在社会中判别道德方向。最主要的“不可以”，这就是不可以对周围发生的事情漠不关心，我们认为每个少年对这种“不可以”的体验是道德修养的基本特征。让每个少年体验到激动人心的快乐和充实的精神生活，积极参加那些初看起来不涉及其个人利益的活动，这一切在实际的教育工作中具有特殊的意义。

培养道德习惯的第三条规律，是使道德原则与教师促使学生做出的行为互相一致。热爱祖国、忠于人民的理想、坚持原则等共产主义道德的神圣真理，不必随时随地地反复强调，也不必与属于基本的道德修养的事情联系起来。一个少年在课桌上乱画，给同学下绊，那个同学摔倒了，碰破了鼻子，不必为了这些事开始对少年长篇大论地谈论对祖国的义务和英雄们的功勋。所有的事情都应该有合适的场合，掌握分寸。

我们依据这些规律制定了道德习惯纲要。纲要中列入了下面这些道德习惯：做事要有始有终；做事不马马虎虎，而只能认认真真地去做；任何时候都不把自己的工作推给别人，也不盗用他人的劳动成果；帮助老弱孤寡者，而不管这些人是否是你的亲人或“外人”；自己的愿望要与满足愿望的道德权利相一致；任何时候都不允许为了满足我的愿望而使家长受到某些限制或造成困难；自己的快乐、满足和娱乐，要与别人的需要相协调；我的快乐不能给别人带来忧虑或痛苦；不隐瞒自己的不体面的行为，有勇气把这种行为坦诚地告诉你认为必须告诉的人。

培养道德习惯不需要采用什么特殊的方法或方式。道德习惯的培养体现在集体主义者的相互关系的本质之中。在道德教育的这一个精细的领域中，最重要的是使少年自己的良知和意志成为促使他做出好的行为的主要动力。不应把教育归结为下命令和盲目地服从。少年应该始终感觉到，如果他缺乏意志，就不可能有好的品行。当环境本身要求少年正确评价自己的不良行为时，这一点就尤为重要。从孩子们来到学校的第一天起我就培养他们习惯于这样去思考：承认自己的不体面的行为，这是高尚的。不允许以惩罚相威胁来“逼供”，不允许采用惩罚去培养道德习惯。一般说来采用惩罚这种手段需要很大的自制力和机智。一个好的、熟练的教师，他随时都准备好了这种手段，但是他从来也不采用它。在盛行惩罚的地方，在为每一件可能的不良行为都规定了相应的惩罚措施的地方，是谈不上道德习惯的培养的。马克思说过，“从该隐以来，利用刑罚来感化或恫吓世界就从来没有成功过。适得其反！”给儿童和少年带来最大危害的是未经过周密考虑的、头脑发热时做出的惩罚。这种危害就是使被惩罚者不需要调动自己内在的精神力量去使自己变好。陀思妥耶夫斯基说，惩罚使人摆脱了良心的谴责。这句话饱含着高明的智慧。要让一个人为自己的过失难受，受自己的良心的谴责，是很困难的，与此相比施加惩罚就容易得多了。童年时期，尤其是少年时期的自我谴责、良心的召唤，能产生巨大的力量。我总是尽量让少年自己去思考自己的不良行为，然后他会产生这样一种思想：我不应该像现在这样。为自己的过失感到难过，这是对其他人的不良行为采取不能容忍的、毫不妥协的态度的重要源泉。

思想转化为信念

道德教育的基础是道德信念。我们认为自己的任务就是要使每个少年掌握辩证唯物主义的世界观，具有战士的信念、诚实的人的灵魂、创造者的手、有天赋的人的美。我们努力使每个少年都把共产主义思想看成是神圣的、不可违背的。用马克思的话来说，使这种思想成为“不撕裂自己的心就不能从其中挣脱出来的枷锁”。这是对人的心灵进行的陶冶工作中的最细致、最复杂的一部分。不要忌讳神圣的、不可违背的这样的词。在谈到新人的道德面貌时，这些词包含着十分明确的和具体的意义：人像珍惜自己的荣誉和尊严那样来珍惜的东西，即他在任何情况下都不会放弃的东西。

怎样使经过反复多次思索、领会、深入考虑、深思熟虑、痛苦求索而获得的共产主义思想，成为主观世界的有机组成部分，与人血肉相连，使人任何时候都不会彷徨于歧途？A. B. 卢那察尔斯基说，有时候各种思想影响会轮流地控制一个人，这时候在我们面前的这个人就属于容易改变信念的那种人的类型；而在另一种情况下各种思想影响会同时结合在一个人的身上，那么在我们面前的这个人就是一个怀疑主义者。这种心灵上的脆弱性，实际上就是灵魂的空虚，是我们所不能容许的，我们把这看作培养思想上的坚定性和道德上的严整性的基础。把思想转化为信念，首先就必须了解少年的心灵，了解人。必须在课堂上阐明的思想越深刻，我在备课时就越迫切地感觉到必须在思想上非常明确我是在与谁说话。

如果我不清楚在课堂上我面对的是谁，不知道科利亚和季娜，托利亚和瓦利娅现在对什么感兴趣，我就是在对抽象的学生说话。在思考我要在课堂上阐明的思想时，我首先要考虑自己的每个学生的心灵。阐明思想的语言应该生动，饱含着心灵和思想的震颤。政治观念要与个性融合在一起，政治观念要体现在学生个人的精神振奋中，体现在教育者的思想和追求中。这就是一个人施加给另一个人的任何东西也替代不了的巨大的影响，通过这种影响（只有通过这种影响，而不能通过任何其他东西）才能展现知识的强大力量和共产主义思想的信念。思想只能存在于信念之中，存在于人的心灵中，用思想去影响被教育者的心灵，也就是去影响一个人。

教育只能从认识真理开始。道德教育过程的本质就是要使道德观念、政治观念成为每个受教育者的财富，变成他们的行为规范和准则。这个过程的展开只能通过多方面的精神活动，没有这种精神活动，就不可能有对理想的追求，就没有生动的人的个性。

精神生活，这是一种复杂的现象。不可以将它简单化，不可以认为如果少年用自己的双手做了什么有益的、社会所需要的事情，那么在他的心灵中形成必要的情感和志向的过程就自动地完成了。我永远也忘不掉在我从事教育工作的最初的十年中发生的一件事。五个六年级的男学生在打水，浇灌一位老奶奶的白菜地。（有时候少年会形成一种不正确的信念，认为“负责照料”白菜就是“负责照料”人。）他们在路上遇到了一个老头。他们很熟悉他，知道这个老头视力不好，要用棍子为自己探路。男孩子们想取乐，于是他们在老头要路过的地方浇了一桶水，而自己躲到灌木丛后面去了。老头无意中走到了这一汪水上，引得少年们哈哈大笑。他们笑够后就回到了水井旁，打了一桶水去给老奶奶浇白菜。少年们是去做好事，他们似乎也做了好事，但是如果这种好事不是在崇高的动机的鼓舞下做的，这样的好事有什么价值呢？如果做好事对他说来是与熟读课本这样的作业完全一样的事情，如果他在自己的童年和少年时代从来也没有懂得过什么是在良心的召唤下做好事，那么这个人在道德上就是不健全的人。像这些六年级学生那样的孩子，做好事还是做坏事，都是偶然的。很难预料这样的少年从家里出来走到街上会做些什么。他们会做出高尚的事情，还是会因为违反了公共生活的准则或因为犯罪而进了警察局。

精神活动，这是个人为了把我们的政治的、道德的、审美的思想、观点、信念和理想，变为个人的财富，成为人的内心的财富而做出的积极的努力。精神活动，这不是什么脱离日常劳动的深刻的自我反省和自我剖析。这是一种创造性的劳动，是受到崇高目标鼓舞的一种紧张的社会活动。精神活动，这是包括劳动在内的社会关系，在人的内心世界、在他的爱好和追求、在他的愿望中的反映。再说一遍：表现在他的*愿望*中。一个人的心灵中出现并确立起高尚的愿望，这种愿望能激励他的行为，产生使这个人仍然深信不疑的并萌生新的愿望的激情和行动，这样的人才是真正的人。我们在教育实践中把这个复杂的过程称为个人的思想生活。不是在熟记了思想时，而是在当这些思想体现在思维和情感的热烈的躁动中时，体现在创造和行动中时，思想才能成为神圣的、不可违背的。如果不是这样，如果少年在接受某些思想时不想一想自己，不把自己的行动和行为看作是思想的生动体现，这样心灵就会空虚，使其行为的好或坏都是偶然的。要使由个人的崇高愿望、对道德理想的追求所驱使的行为尽可能地多，这是少年教育中的一条黄金法则。

如何培养少年的心灵，怎样才能让父母们不为少年担心：孩子出了家门会不会遇上一群坏孩子而倒霉？怎样在少年的心灵中培育对坏人、坏事的免疫力，从而在人生的道路上遇到坏人、坏事时不至于受到伤害，而是使心灵得到锻炼？怎样在传授道德、政治观念的本质的同时，在传授知识的同时与人交谈，直接诉诸他的心灵？

在准备文学课和历史课时，在准备有关人和人性的教育讲座时，我总是向自己提出一个目标：要让少年对照自己，用共产主义思想这一道德品质的最高尺度来衡量自己。为了达到这一目的，我努力在少年的心灵中激发出对道德美的赞颂、对道德功勋的钦佩、对苏维埃祖国的敌人的仇恨。对敌人的仇恨是十分重要的，因为对恶的恨能培养对善的爱。道德的、政治的观念，这些不是抽象的真理，也不是僵死的原则。这是与生气勃勃的人血肉相连的，这是火热的心脏的搏动，这是人为了造福人类而生的幸福，这是人的欢乐和痛苦，是人的成功和失败。如果少年在您的话语中感觉不到人类的激情和追求、斗争和胜利的生动体现，那么您就不可能与他们倾心地交谈，不可能深入到他们的心灵。我总是努力在少年的想象中描绘出一个生动的人的清晰的形象，这个形象成为人类道德美的永恒体现，照亮着少年的心，渗透到心灵中最隐秘的角落，促使少年的心跳动得更快，使少年在感受到对共产主义信念的忠诚的同时体验到个人的公民自豪感。

不必对少年讲下面这样的话：你们也应该成为这样坚强不屈的、英勇无畏的、道德完美的人。要让少年忘记现在是在上课或在举行教育讲座；要让他不认为教师是来教育他的，因为少年不喜欢听教训，他们非常警惕地，以批判的态度对待这样的比较：英雄是在什么环境下活动的，而你们生活在什么样的环境中。我不止一次在科利亚的眼睛中看到这种警惕的刺人的目光。每次都必须付出很大的努力才能使少年忘记教师是来教育他的。我焦虑不安地期待着刺人的目光从这个复杂的（这可是个不简单的孩子!）男孩的警惕的、不信任的眼神中消失的时刻。当道德的美占据了这颗年轻的心时，当少年认识了自己并且用真正的人的眼光看自己的时候，这种刺人的目光就消失了。大概正是在我忘记了他是学生的时候，在我不仅仅向他传授知识，而且用自己心灵的激动去感染他的时候，他也忘记了我是教师。我逐渐成了科利亚的志同道合者，我们生活在观念的世界中。这时就会产生信念，产生并确立对创造力量的信心。如果教师和学生感到他们自己是志同道合者，如果打开观念的世界时他们自己就成为这个世界的主宰，为自己选择防御工事，选择自己在防御工事中的位置，就是在这一时刻完成着我前面讲到的那个复杂的精神活动，完成着真正的自我教育。这时就能在精神上做好与思想上的敌人进行面对面斗争的准备，而这样的敌人每个学生在生活中都可能遇到。

追求道德的美，追求伟大的、英勇的行为，这是少年心灵的一个最重要的方面。科利亚受到对道德美的钦佩的鼓舞，他想："那么我呢，我是什么人呢?"但愿这个少年把这一想法当作最珍贵的东西来珍惜，但愿道德美的火炬在他的眼前永不熄灭，因为能看到这种美，就像给思想的风帆吹来一阵清风。不要急于在应该成为少年心目中的理想人物的举止行为与少年的举止行为之间进行比较。这样匆忙的比较可能给你带来与预期的完全相反的结果。谢尔盖·拉佐和亚历山大·乌里扬诺夫生活的环境，不同于托利亚和科利亚的生活环境。少年需要寻找自己的自我表现和自我肯定的途径。如果我试图在科利亚的日常生活中寻找理想人物表现精神的坚定性所必需的某种东西时，科利亚立即就会警觉起来，从他意识的深处就会露出警惕和不信任的刺，他就把英雄人物的斗争与自己的平凡的日常生活做比较，而这种比较可能会使他得出这样一个结论：现在不是那个时代了。

我不敢做这样的比较完全不是因为想让少年脱离现实生活，促使他们去想入非非。不，我担心的是这种比较的矫揉造作和缺乏说服力。我关心的是使高尚的、英雄主义的崇高精神、对道德理想的信念，与少年对自己的信心融合在一起，体现在少年的生活中，体现在他与其他人的相互关系中。

在揭示道德观念和政治观念的伟大时，我像怕火一样地害怕少年在我的叙述的字里行间听出责备的意思：真正的人是这样做的，而你们做得完全不一样……即使这种含义的暗示也会导致精神活动的停顿，而没有精神活动就不可能培养理想；这种暗示也会在少年的心中孕育对自己力量的不信任，产生可怕的心灵上的虚弱，感到自己没用，觉得在自我教育方面做出的努力是徒劳无益的，理想是高不可攀的。但是少年永远也不会容忍自己是没用的这样的想法。少年会抗争，出自内心，用自己心灵的全部力量去抗争：他不再相信您对他所说的话，您可能使一切高尚的、理想的英雄主义的东西声望扫地。厚颜无耻往往就是这样产生的。失去了自尊心的精神财富是不可思议的。理想生活、美、道德高尚的行为的光辉形象，不应让少年眼花缭乱，而应该照亮他的道路，把他心灵中的一切美好的和丑恶的东西都照得清清楚楚。我们应该做的恰恰正是为少年的心灵照亮通向理想的道路，而不是用双手在他的心中翻寻些什么，也不是让它彻底地“暴露”。

美能够自然而然地影响心灵，而且不需要任何解说。我们在欣赏一朵玫瑰花时把它看作是一个完整的、统一的整体；如果我们从花上撕下几瓣花瓣并来分析美的本质表现在哪里，那么美就被毁坏了。不必向少年解释那些不言自明的东西。让想象把他带到征服了他的心灵的那个英雄所生活和战斗的环境中。

如果思想是通过辩证的思维从大量的事实和事物中获得的，这样的思想才能转化为信念。我常常设法使班级保持辩论的状态。这是教育技艺的一个非常复杂的、细致的方面。少年在思想上周密地思考、分析一些事实，仿佛超脱了事实，看到了问题，于是就形成了辩论的状态。在这种情况下就有“赞成”和“反对”两种意见。少年兴趣盎然地去研究矛盾并肯定自己的观点。他不是一个不偏不倚的“知识的吸收者”，而是一个战士。我认为我的教育任务就在于揭示这些事实所包含的最尖锐的方面，问题情境的实质就在于此。有情感色彩的问题性能丰富思维，因为少年对各种事实之间的深远联系及其相互关系并非是漠不关心的。他们会把很久以前发生的事情当作现在的事情来感知和体验；文学作品中的人物成了他们的志同道合的朋友或思想上的敌人。

知道少年的志趣是什么，善于调整他的心声，这是一种伟大的教育艺术，如果你能用自己的心去感受另一个人的心跳，你就能掌握这种艺术。有人以为只要在课堂上或在教育讲座中塑造了一个道德美的伟大的形象，就能控制少年的智慧和心灵，就能促使他去思考自己的命运，去认真地看一看自己到底是个什么样的人，从而在少年的心灵中树立起要求他树立的那些信念。千万不要用这样的希望来安慰自己。为了使人产生思想信念必须对他的智慧和心灵做多方面的工作，而这仅仅是这种工作的一个开端。这犹如您提供给学生思想上的弹药，它暂时还仅仅是弹药，但威力已很大，少年今后的全部精神活动都取决于这种威力。思想能否转化为信念也取决于这种精神弹药的威力，同时也取决于少年做些什么，他的情感指向什么。

不要忘记，少年并非总是在集体之中，您，教育者，也不是总是与他在一起。他常常一个人独处。很重要的是要让少年单独一人时愿意思考、幻想，在自己的想象中描绘一幅表现美和英勇品质的壮丽画卷，想象自己在为善的胜利而进行的复杂的斗争中的表现。没有进行这样的想象的时刻，就不会有人的个性，少年的心也就不会出现追求道德理想的高尚的冲动。这不是自我欣赏，也不是脱离集体的自私行为。这是个人精神活动的一个阶段，这是自我教育、确立自己的信念的一个阶段。我一直很注意给每个少年提供进行个人精神活动的有威力的弹药，这种精神活动就是严格地、高要求地审视自己，用最高的尺度，即共产主义原则的尺度去衡量自己。沃洛佳的母亲的一番话让我很高兴，她说，14 岁的沃洛佳经常全神贯注地读书，陷入沉思之中，好像为什么事而激动不安。我劝告这位母亲："不要破坏这种状态。不要对儿子说：'去找同学解解闷。'他这是在进行自我教育，是学校中得到的精神弹药在起作用。"

必须再次提醒大家不要不准确地理解我所说的个人的精神活动。这不是脱离生活的幻想，也不是不着边际的想入非非。这首先是在思考人应该有怎样的志趣，什么事情让他激动和不安。这是对自己的工作，对已经得到了的和必须争取得到的东西的思索和幻想。如果集体中缺乏生气勃勃的、思想丰富的生活和劳动，缺乏高尚的道德关系，那就不可能有旨在进行自我评价和自我教育的真正的个人的精神活动。

教育少年的技艺的一个最精细的方面，就是要使教师点燃的火花即使在学生一人独处时也不会熄灭。我尽量使少年入迷地阅读描述杰出人物的生活和斗争的书籍，在这些人的身上体现了道德的伟大和美。我认为，阅读，反复地阅读一本有力的、激动人心的书，是一个人的精神活动中内容最丰富的时刻。

集体是一种教育力量，劳动是有益于健康的力量，所有这一切都是教育的最起码的真理，但是如果没有促使理想形成的个人内部的精神活动，那么它们就只能停留在起码的真理的水平上。道德理想，这既是一种社会的东西，同时也是一种深藏在人心中的东西：这是政治、道德、审美原则在个人身上的折射。

信念就其本质而言不可能是没有活动的精神财富。只有通过积极的活动信念才能存在、巩固并得到磨炼。只有当人确立了他随时准备为之而奋斗的、在任何情况下都不放弃的原则时，人才会坚信什么。这里又该回到精神斗争这个话题上来了。每个少年都应该通过劳动和集体中的相互关系来证实和捍卫点什么，在磨炼真理的同时磨炼自己的尊严和荣誉。这就是精神斗争。使对道德观念的认识活动充满崇高的精神，一个人的人格升华的意义就在于此，在少年时代如不在精神上提高自己，就不可能有自我肯定。帮助每个少年找到进行精神斗争的领域，我认为这是进行个别教育的一个方面。劳动是精神斗争最经常的一个领域。

如果每个少年都没有经历过自我教育，那就谈不上个人精神面貌的形成。当劳动中体现某些思想时，人才对劳动感兴趣。

但是精神斗争不仅仅反映在劳动中。少年在自己的少年思想家晚会上聚会。在这样的晚会上少年对真理问题展开热烈的辩论，洋溢着渴望了解、确信、揭示真理和肯定某种神圣的、不可违背的东西的高尚愿望的气氛。如果没有在崇高的思想指引下的劳动，少年思想家的辩论就会变成脱离生活的幻想。如果一个人通过劳动，通过克服需要竭尽全部体力和精力才能克服的困难，确立了自己的信念，那么对他来说思想领域也成为进行激烈的斗争和自我肯定的领域。人要以亲身经历去理解为取得劳动和创造的胜利而进行的斗争，只有这样的人才珍惜思想和信念。

少年思想家晚会是由少先队和共青团组织举办的。少先队组织首先是一个进行政治教育的组织。12～14 岁的少年是能够理解观念和思想的世界的。少先队员的自主精神不能仅局限于体现在远足、游览、铁木儿队①的活动和收集废铜烂铁的活动中。年龄大一

① 铁木儿队是苏联卫国战争时期儿童帮助烈军属和残疾军人的组织。——译者注

点的少先队员的劳动应该与思想、观念、政治教育以及掌握科学知识和政治知识相联系。从一开始组织少年思想家晚会起，在热烈的集体精神生活的气氛中始终搏动着活跃的、求知的思维的脉搏。我与共青团委员会一起认真倾听什么问题使少年激动不安，然后拟定下次辩论的主题。当然，所有这一切是在少年不知不觉中做的。我们，作为传授科学基础知识的教师，对少年精神生活的干预表现为，激发他的求知欲，参加他们的辩论，使我们的学生感觉到有表达自己的思想、疑问和意见的需求。

少年思想家们有一次辩论这样一个问题："什么可以做，什么不可以做，什么必须做。"实质上这是在辩论一个始终激动着少年和青年的一个问题，即关于人和社会、义务和自由、个人和集体的相互关系的问题。少年从不同的途径去认识真理，热切地想肯定自己是正确的，捍卫自己的观点。他们陈述的思想不仅有正确的，也有错误的；在热烈的辩论中错误被驳倒，真理就变成了自己的、珍贵的思想。我们当教师的，与我们的学生一样，也是这种辩论的热心参加者。在辩论中谁也没在意我们是教师，而我们的年轻的朋友是学生。我们是平等的；我们的某个论点被证明为是正确的，主要的不是靠教师的威信，而是由于我们的知识、博学和眼界。然而正是在这样的辩论中，当少年忘掉了我们是老师时，我们作为教师的威信就树立起来了。

从第一次举办少年思想家晚会到现在已过去了许多年。关于世界观问题的辩论已确定不移地进入了少年的精神生活中。经验使我们确信，如果我们想找到通向少年心灵的途径，如果想让少年向我们打开自己的心扉，就应用激动着他的有关真理的辩论去吸引他。少年在辩论初看起来与他个人无关的问题时能最无顾忌地对您谈论他自己。有两次讨论善和恶的少年思想家晚会，是我终生难忘的。米沙和托利亚激动地谈论人的心灵中普遍的善与恶，但从他们的话语中流露出对自己的联想以及忧心忡忡的疑问：善是否总是能战胜恶？如果就在你的眼前恶取胜了，你怎么办？为什么老一代中的有些人不愿意参与生活中的一些尖锐的，有时是不愉快的、复杂的事情中去？起初他们只是对此做出一些暗示，而后来就坦率地谈出了使我们震惊和不安的一些事实。卡佳、瓦利娅、拉里莎、济娜都从不同的角度谈了自己的想法。她们认为一个人只有为别人做了好事才会幸福。女孩子们谈的实际上是自己家庭的幸福，谈的是主宰着自己的父母之间的关系的友谊和互助。如果少年从生活中接受真理，真理就具有鲜明的情感色彩，从而就是有说服力的。正在探索真与善的米沙和托利亚以及其他少年激动地倾听自己同学的发言。一个真理的形成过程就在我们的眼前进行。我们教师在参与辩论时一字不提自己，但实际上我们是在谈论自己的生活经验。因此教师的话就显得贴心、诚恳、感情饱满。

少年思想家晚会为我们揭示了一条重要的教育规律：当少年不仅是为了直言不讳地说出自己的想法，而且是为了与同学的错误思想做斗争才进行“交锋”，才坦率地陈述自己的思想的时候，道德真理才能为个人所接受。在对真理的肯定中少年体会到极大的快乐。

不可以把学校说成是人为制造的没有思想病毒的环境。在少年的周围沸腾着复杂的、充满矛盾的生活：他们常常处于各种思想影响的十字路口。没有必要去回避异己的思想影响，而是要接触这种影响，促使他们去积极思考、独立分析生活中的各种各样的现象和情境。为了把知识“转化”为信念，用形象的语言说，就必须把少年引向波涛汹涌的河流，教会他游泳并与他一起游过急流。当他登上了坚实的河岸时，年轻的公民就会感到自己是真正的战士。列宁教导我们说：马克思主义的思想不是什么生吞活剥的东西，而是“经过你们深思熟虑的东西”。人类的思想通向真理的道路从来就不是笔直的。我们任何时候都不回避我们的学生提出的尖锐的问题，也不回避有争议的和错误的意见。相反，少年以坦诚的心灵与我们相处，我们是很高兴的。通过真理与错误观点、论点的辩证的斗争，错误得到了纠正。

在自己的少年思想家晚会上我们的少年讨论这样一些问题："祖国可以没有你，而你，失去了祖国就什么也不是"、"怎样使自己树立坚定的共产主义信念?"、"真理只有为人所用时才是真理"（歌德）、"真理总能获胜，但必须坚定不移地扶持它"（尤利乌斯·伏契克）、"我们从社会得到了什么，我们给了社会什么"、"应该怎样学习才能体验到认知的快乐?"、"现代的人是否有必要了解遥远的过去?"、"如果你们遇到了遥远星球上的一个有理性的生物……地球上的什么东西你们乐意向他展示，而什么东西你们暂时竭力想保密?"、"人类引以为豪的是什么，人类的不幸和耻辱是什么?"、"个人和全人类，怎样才能身后在这个世界上留下好的名声?"、"怎样成为幸福的人，怎样为他人创造幸福?"、"怎样培养自己的勇敢精神?"、"什么是善？什么是恶?"。少年思想家晚会成了把我们学生的周围世界和生活经验与道德观念、道德知识连接起来的桥梁。由于每个少年都在进行思索和探索，我们就能成功地使他们的精神生活充实、高尚，使对必要知识的掌握成为有趣的、吸引人的事情。在少年思想家晚会和课堂教学之间建立起了紧密的双向联系：在课堂上点燃了求知的最初的火花，激发了获取知识的愿望；关于真理的辩论引导少年深信，知识的世界是多么辽阔。

我想简要地谈一谈对道德教育起着决定性作用的一个很重要的思想。学校最主要的任务是培养对社会主义祖国、对共产主义思想、对劳动人民的理想无限忠诚的爱国主义者。

我们尽力使每个少年形成个人对祖国的态度：有一种愿望，精神上有一种强烈的冲动，要去维护祖国的尊严、伟大、光荣、荣誉和强盛。一个人认识到什么叫祖国，体验到对祖国的热爱和感激的情感，为祖国而兴奋、担忧，关心祖国的现在和将来，与祖国的敌人势不两立，随时准备为了祖国牺牲自己的生命（没有对祖国的无私奉献，就不会有诚实的、高尚的、自由的生活），这样的人在少年时代就已认识了自己，树立起了自己的尊严。

多年的学校教育工作经验使我确信，爱国主义教育的力量和效果取决于个人对祖国的认识的深度，取决于他用爱国主义者的眼光认识世界和自己的清晰程度。培养准备为苏维埃祖国的独立而奉献自己生命的爱国主义者，这就是说要用崇高的情感充实少年的日常生活，这种崇高的情感使这个年龄的人所认识的和所做的一切都变得更美。

在《把整个心灵献给孩子》一书中，我已经叙述了孩子们在祖国的地图上的“旅行”。在少年期这样的旅行仍在继续。随着每一次对祖国的过去和现在的“拜访”，孩子们似乎越来越摆脱具体的事实和形象，而去沉思这样一些问题：对于一个人来说，祖国是最亲的、最神圣的；没有了祖国，人就失去了自我。少年们开始把苏维埃祖国看成一个统一的整体，看到了她的辽阔的疆土、丰富的宝藏、伟大的过去和英勇的今天、她的社会主义制度和共产主义建设。

我为每次“旅行”准备了谈话，谈话中贯穿着从过去延伸到当代的线索。我注意使少年用思索的目光去环顾空间和时间，因为这是形成祖国意识的最重要的条件之一，并且能使少年用智慧和心灵去领会祖国的伟大。下面这种做法尤其能达到这一目的。我在一次谈话中要概括在几个世纪中在辽阔的空间发生的历史事件，向学生揭示爱国主义的某一个方面，例如，对侵略者毫不妥协，随时准备为了自由和独立献出自己的生命。

对少年期的少年来说，当他用思索的目光环顾世界时，重要的是要使这个世界不是狭隘的，不局限于家庭的圈子。少年看到的越多，越深远，能刺激他去认识在日常生活中不可能直接接触到的遥远的东西的思想和情感越丰富，那么他用公民的眼光去看自己的村庄、自己的劳动、自己的同学、亲人和亲近的人以及看自己时，就会更细致，更关切，更敏感。如果在高高的帕米尔山脚下的某个地方发生的事情使一个少年很激动，那么他在自己的家乡看到的事情同样也会使他激动。

我高兴地确信，在祖国这一伟大、崇高的观念的鼓舞下，我的学生非常关心在他们眼前发生的一切，发现从前发现不了的东西，因为他们是用爱国主义的眼光去看世界，这不是感动，而是公民的担忧，公民的不安。有一次少年们去树林进行了一次想象中的长途“旅行”，在回家的路上，看到了他们过去曾不止一次熟视无睹地看到过的东西。这就是一条沟壑“吃掉了”好几公顷肥沃的土地。这条沟壑年复一年地使越来越多的黑土地块从肥沃的耕地上流失。“这样下去的话，所有的耕地都会变成沟壑，”万尼亚担忧地说。少年们若有所思地在沟壑旁站住。他们在用爱国主义者的眼光审视家乡的土地：他们不仅看到了好的、繁荣的和强大的一面，也看到了我们的悲哀。义务感恰恰就是从看到周围世界存在问题的方面开始的。

如果一个人在领会、体验祖国的伟大这一观念时，他不怦然心动，那么在自己家乡的村子里，在家乡的城市中他就不可能看到祖国的缩影，他就不会有为了祖国的强盛而做点什么的强烈的需求。令我高兴的是我的学生们已经有了这种为祖国而劳动的精神弹药。五年级的学生热情地从事着一项工作，为这项工作他们已花费了不止一年的时间。他们在这条沟壑的四周栽了树，精心地养护这些树木。当沟壑的四周长起了橡树和白蜡树时，对耕田的侵蚀就停止了。

我们的集体在评价某项工作的教育意义时，首先考虑的是这项劳动活动的公民因素表现在哪里。我们认为道德教育的现实意义就在于，使一个人希望自己的祖国强盛、美丽、幸福的愿望，在整个少年期乃至青年早期，始终都能在具有鲜明的公民倾向性的劳动中表现出来。产生爱国主义使命感的源泉就在于此。只有当一个人有了公民的愿望、爱好和追求时，他才会感觉到自己应该做些什么。公民的愿望在少年期表现得越鲜明，在成年期的一切愿望就会更高尚。

В. Г. 别林斯基说过，人就应该在少年时期探索和了解过去，让过去帮助他去认识现在和展望将来。具有历史知识方面的修养，这是通向自我道德教育道路上的极其重要的一个阶段。一个人只有在思索祖国的命运时，当他在思想上回顾自己的人民所走过的道路时，当他认识并感觉到自己是人民中的一员时，他才能深刻地体验到自己对祖国的义务感。“思想室”中的历史书架，是少年获得知识、进行思考和体验的源泉。

每个少年都是在独立阅读的过程中认识祖国的。我深信，一个人在任何时候都不会像在少年时期和青年早期那样，对人民的伟大而英勇的历史的归属感具有如此强烈的和深切的体验，当想到自己是祖国的儿子时他的心会如此激烈地跳动。任何时候都不会像在少年时期和青年早期那样，祖国人民历史上的阴暗、悲惨的篇章会让他们的心如此痛苦地收紧。我的学生们的少年期和青年早期，是如饥似渴地了解我们的人民在过去的几百年和几十年的经历的时期。我为历史书架配备的一些书的主题是：我现在所看到的；我头脑中的家乡（这不仅是指我生活在其中的环境，还包含着先辈的遗训）。家乡的每一寸土地都浸透着为了人民摆脱剥削和压迫，为了祖国的荣誉、自由和独立而斗争的战士的鲜血。我们的先辈对于他们为之献身的那个将来是什么样子的，可能并不很清楚，但是他们关于善良和正义必然取胜的理想，这就是我们的现代。我首先是一个债务人，是那些为家乡创造了财富、为赢得和捍卫我们今天的幸福而经历了千辛万苦的先辈们的债务人。

正是在对这些思想的思索和体验中，向少年揭示了过去与现在的千丝万缕的联系。义务感，这是良心的召唤，它深刻地反映了个人对自己的社会和人民的态度。我们作为长辈，要给予正在成长中的一代取之不尽用之不竭的物质的和精神的财富，关心他们的幸福。但是一个人只有懂得了并且用心感觉到了为什么他是幸福的，知道并体会到自己幸福的源泉时，他才会成为幸福的。认识并体会到在社会主义社会中的自由劳动的幸福，这是个人道德财富的基础，是在少年期形成的。我看到了在少年意识的深处，在少年的心灵中进行着的复杂的过程：每个少年都是逐渐地、一步一步地按自己的方式，用自己的智慧和心灵去认识自己生活的幸福，这种幸福就是他不用为了明天的一块面包而操心，他在接触人类的精神财富，他能欣赏和享受周围世界的美给予他的快乐，他能向往幸福并自觉地创造幸福。

我向 13～15 岁的少年翻开我们苏维埃祖国的英勇历史上的最辉煌的篇章。男女孩子们阅读了有关十月革命、国内战争和伟大的卫国战争的书籍。他们感觉到了历史在叹息：母亲眼中的泪水还未干；许多英雄的墓地还未找到；许多蹂躏苏维埃祖国的领土和精神的法西斯罪犯、出卖了祖先的土地并沦落为敌人的走狗的叛徒还没受到惩罚。我注意使每个少年站在我们人民的历史的这个高度上去思索和体验，什么东西曾经威胁过我们，先辈们保卫的是什么，并更深刻地体验义务感。我的学生们在少年期收集了我们的同村人参加伟大的卫国战争的一些材料。孩子们拿来了村里人信任地交给他们的英雄们（他们是我们的邻居、亲人和朋友）的已经发黄了的照片，把它们当作无价珍宝。孩子们为英雄们制作了大幅的肖像，把肖像挂在我们称之为“光荣殿”的一间房间里。在这间房间里保存着有关伟大的卫国战争的所有的材料。在荣誉台上放着在前线牺牲了的我的学生的家长的照片。起先是少先队员、后来是共青团员的少年寻访者在收集英雄事迹的过程中受到了鼓舞。有些人参加过把祖国从法西斯侵略者的奴役下解放出来的战斗，孩子们把他们叙述的点点滴滴的材料，都当作宝贵的资料记录并保留下来。

孩子们发展到了能认识并体验到创造性劳动的幸福的阶段，在这一阶段为祖国而劳动对少年的教育特别重要。少年从他们平时所热爱的一些平凡的工作中体验到了深刻的公民意义。他们在一块贫瘠的连草也不长的不毛之地上为人们开辟了一个花园。我们为学校建设新的校舍，保护童年时栽下的树林，培育谷类作物的种子。这些工作需要付出很大的精力和体力。在崇高的目的鼓舞下的劳动，是对少年进行的一种独特的精神锻炼。他们感觉到自己是公民。

少年为了家乡更富强而做得越多，个人付出的精力和体力越多，他们就越敏锐地用爱国主义的眼光去看世界。

个人和集体

当少年认识到人身上最细微的特点时，他就开始对人的要求很严格。他希望在别人身上，尤其在自己的父母、同学、亲近的人身上看到深藏在内心中的、一时不易发现的品质。少年敏锐的心灵和爱寻根问底的思想能发现这样的品质，并给予严格的、公平的评价。要培养少年对善的信念和做得更好的愿望，就要使少年周围的人的道德品质符合向少年所揭示的原则、规范和理想，恐怕很难找到比此更重要的。对我们来说，“集体”一词既表示学校集体，也表示家中周围的人和在工作单位与之一起工作的劳动者；也就是少年与之发生各种各样关系的人。

集体，这不是某种没有个性的群体。集体是作为许许多多个人的集合而存在的。如果教育者希望首先通过有组织的依从关系，通过服从与领导去发挥集体的教育力量，那么他的希望就会落空。集体的教育力量始于每个个别的人所具有的力量，始于每个人所具有的怎样的精神财富，始于他给集体带来了什么，他给了别人什么，人们从他那里得到了什么。但是，每一个个人的财富，这仅仅是集体的有价值的、内容丰富的生活的基础。人们进行共同的活动，并且在这种活动中体现出在高尚的道德目标鼓舞下的劳动所具有的崇高的思想性，这时集体才能成为一种教育力量。

少年期的重要意义在于，他不仅在发现人（这也是童年期的特点），还在探索人。在一个好的集体中，集体的活动总是受到高尚的道德的、社会的目标的鼓舞，在这样的集体中人就像照镜子一样地看到自己，觉察到自己的优点和缺点。一个人没有在集体中受到高尚的劳动的鼓舞，他就不可能坚定地形成要做得更好、要自我完善的愿望。自我教育是一个具有深刻的个人特点的过程，是个人精神生活的一个方面，当一个人感觉到高尚的道德关系对自己的影响，在精神上做出努力去求得进步，这时才可能进行自我教育。个人做出的努力越大，集体的生活就越丰富，精神就越充实，思想就越活跃。

在学校教育实践中为什么往往会出现下面这种情况：一个班级在童年时代是一个好的集体，而到了少年期集体确确实实地瓦解了？这是因为，在童年期孩子在自己的每个同龄人身上发现了所有能够发现的东西，少年现在找不到任何新的东西，看不到他的心灵急切地、好奇地寻找的东西。找不到新东西的原因是集体的生活没有被有内容丰富的、有思想性的活动所充实。关心集体的教育力量，也就是关心集体的每个成员精神上的充实和成长，关心集体中人们的各种关系。如果少年在集体中能找到有趣的、精神上较成熟的、思想丰富的各式各样的人，这样的集体对少年就有吸引力。我一直努力使每个少年为自己的同学贡献点什么，为丰富集体的生活做点什么。为了使对人生的探索与集体的关系相一致，少年就应该在自己的同学的身上找到他所追求的东西（在正确地进行教育的条件下）：聪明才智、体现崇高精神的劳动、创造性、高尚的道德品质。在少年期，个人精神财富的充实越来越取决于每个少年的精神生活。因此，承担由少年组成的班级的教学工作的教师集体，应该特别注意使每一个教师都有自己的学生：语文教师和历史教师要有自己的学生，生物教师要有自己的学生，数学教师也要有自己的学生。要发现个性，这就意味着不仅要使某个人学习某一门学科比学习其他学科更用功，我们还要努力在少年身上发现他的创造能力，这种创造能力能激发他对整个知识领域的兴趣，使他的智力情感灼热，并且表现在各种道德关系中。在这方面尤其起作用的是智力情感：少年在有关自己所热爱的事业的一些想法的鼓舞下，充满着崇高精神，他渴望把自己的知识、自己的爱好传递给其他人，而这是对集体的精神生活的巨大动力。

在我们的少年的集体中总是沸腾着有趣的丰富多彩的精神生活。从六年级起少年就举行晨会，然后举行科学知识晚会、文学创作晚会、文艺作品朗诵晚会。少年们把自己的知识财富奉献给自己和自己的小同学们，又从大同学那里吸取这样的知识财富。例如，一名共青团员，十年级的学生，到六年级学生这里来。他对他们讲述遥远的宇宙星空。他全神贯注于自己的讲述，少年们投入地聆听他的故事。过了几天，来了一个爱好数学的九年级学生，他演算了一些有趣的习题。再后来一个八年级学生来朗诵歌颂祖国自然风光的诗歌……现在该轮到我的学生去给四年级学生做报告了（第一次是在第六学年结束时）。这些报告是关于植物和动物的生长、自然现象、英雄们的功勋的短小的、有趣的故事。

精神财富的相互交流，成为集体生活的特点之一。每个人都为同学做点什么，每个人都好像在秘密地准备出人意料的礼物。当我的学生们在七年级学习时，女孩子们就给了男孩子们这样一件意外的礼物。她们写了一组故事，描述在“阳光明媚的密林”中度过的夏天的时光。在这些故事中对每个男同学的行为做出了评价。这些故事引起了极大的兴趣。高年级学生邀请这些女孩到他们那里去，给他们朗读自己的故事。

我的许多学生从五年级起就担任一年级学生的小辅导员。我们当教师的怀着极大的兴趣，以激动的心情注视着，这些已经向少年期迈出了一步的孩子们，怎样揭开自己精神发展中的新的一页。一个人不仅感觉到自己是受教育者，还感觉到自己对其他人的命运承担着责任，这时才开始真正的教育。一个人对另一个人的责任心，对于集体生活来说，其作用就好像水泥浆对于用砖建造大楼一样：没有水泥浆就盖不成房子，没有一个人对另一个人的责任心，也就没有集体。所以，一个人对另一个人的责任心，这是具有高度思想性和创造性的劳动的顶峰。五年级学生是“十月儿童”的辅导员、儿童课外活动小组的领导者，还是培养小同学加入“少年列宁”组织的少先队指导员。到了六年级他们为小同学每周举办一次时事报告。

高年级学生和低年级学生之间的个人友谊，揭示了人类的一种高尚的需求，这就是对人的需求。少年在五、六年级学习时就开始在学习上帮助自己的小朋友。这就确立了对人的责任感。在少年与儿童的友谊中显示出人类的真正的高尚性，而在劳动中体现出来的心灵的感动，正是我们当教师的千方百计地想用各种方式去影响他们的心智而引起的那种心灵的感动。希望看到自己的小朋友取得进步，我们认为这种愿望具有特别重要的意义。少年在帮助小朋友学习书写、绘画、阅读、解题时，就把他们的喜怒哀乐全都放在心上。关心别人，这是自我教育的一种最好的方式。一个人希望在别人身上确立善的愿望越深切，他就能越多地看到、认识和感觉到自己身上的好和坏。少年与其他人的友谊要始于奉献自己的精神财富，对人的需求产生于这样一种愿望，即在做出自己的贡献的同时在别人身上找到自己快乐的源泉。我认为这一点对于少年的道德发展是非常重要的。

发展对人的需求的另一条线，是在自己的集体中产生的男孩与女孩之间的友谊。在五年级，尤其在六年级开始形成一种精神上一致的相互关系，这种关系为牢固的友谊打下了基础。在个别情况下共同的兴趣、共同的活动，也能成为精神上一致的基础。科利亚和丹科都酷爱物理学，他们俩在“知识的源泉”和“思想室”中不止一小时地一起摆弄有趣的活动模型和看书。但是与我的愿望相反，共同的对创造的爱好和活动成为友谊的基础的情况很少发生。在大多数情况下爱好不同的创造性活动的少年成了朋友。爱好生物学和植物学的万尼亚和爱好数学和无线电技术的谢尔盖伊卡成了好朋友。拉里莎和托利亚在自己的爱好和创造性活动方面似乎志趣很不相投（女孩喜欢艺术创作、绘画和写诗；而所有的人都认为男孩是“枯燥无味的数学家”），但他们俩成了好朋友。

我坚信，在少年期，尤其在十三四岁时，友谊的基础往往是精神上的兴趣和需求，而不是对某一种劳动的爱好。思想上的、智力情感上的、审美需求上的微妙的、常常是我们教师难以捕捉到的一致性，更经常地成为友谊的基础。无数的事实让我确信，人们之间关系的情感—审美方面在少年期起着多么巨大的作用：对共同的感受的需要使一个人爱慕另一个人。集体的精神生活越丰富，越充实，把少年连接起来的友谊关系的纽带就越精致，越牢固。

令我十分高兴的是在绝大多数情况下，对书籍和对一般有智力和审美价值的东西的爱好，成为少年在精神上的一致的基础。这有助于少年彼此深入地了解相互的内心精神世界。随着相互之间对精神财富的兴趣的逐渐深入和发展，就逐渐确立起了爱另一个人的情感。几十年从事少年工作的经验使我确信，要培养对人的爱，培养相互的尊重，培养体察另一个人的细腻的精神活动的能力，其中的一个重要方面就是培养友谊。

在少年逐渐成长为男人和女人这样一个创造的时期，友谊的高尚基础就尤其重要。令我们教师十分高兴的是男孩们和女孩们成了朋友，在他们相互之间的好感的深处蕴含着性的吸引力，细腻的、高尚的志趣使相互之间的好感充满着崇高的精神。

少年与成人之间的友谊，在确立对人的崇高需求方面起着重要的作用。在绝大多数情况下父亲和母亲能够成为男孩和女孩们的朋友。为了迎接孩子精神发展上的这一个时期家长必须进行多年的准备。我是这样建议家长们的："要机智地对待并要尊重少年的个性，他正在成长为男人或女人；你们与少年的相互关系应该渗透着平等的精神，同时也要渗透着对长者的生活阅历的尊重；要珍视少年对独立的追求，不得用不信任和怀疑让孩子受到委屈，同时又要了解自己孩子的一切，但不是通过纠缠不休的监视和监督去了解。要教导他们使他们的意见和行为渐趋成熟，使他们确立起对自己行为的责任感，这是表明成熟在道德方面的一个重要特点。"

绝大多数的母亲和父亲都与自己处于少年期的孩子形成了良好的友谊关系。但托利亚、季娜和科利亚没把自己的母亲看作朋友。萨什科是在没有父亲和母亲的情况下长大的。然而一个正在成长为公民，同时成长为一个男人或女人的人，如果与富有生活经验的长辈没有精神上的亲近，就不可能生活。少年需要成人的友谊，这首先是因为这种友谊是确立自尊感的本源。我了解一些少年，他们不幸福是因为他们是孤独的；成人的世界对他们来说是望尘莫及的，是不可理解的；关于成人的概念，他们仅仅是在与过分严厉的、苛求的、吹毛求疵的教育者打交道的基础上形成的。把少年正确地引进成人的世界，这需要有很高的教育机智。有的少年失去了父母的智慧所能给予的幸福，我们当教师的就成了他们的朋友。

季娜和科利亚在低年级时就成了我的朋友。与他们两人的友谊为我揭示了少年的神奇世界中的许多东西。我懂得了，如果您能珍惜地、细致地、慈爱地去触摸少年的心，如果您能珍重他心中的隐秘，他就会向您敞开他的心扉。我越关心我的朋友的喜怒哀乐，他们就越信任地向我袒露自己的秘密，就越经常地找我出主意。但是必须善于保守少年的秘密，不要对他们的秘密表现出过分的兴趣，不要去“掏”别人的心灵。把少年的心“兜底地翻出来”，力图寻根刨底地追问连他自己都羞于承认的事情，干预完全属于他个性深处的东西，这种做法明显地表明缺乏教育修养。这种做法在少年和教师之间砌起了一堵高墙。少年信任地向您，教师，吐露的秘密越多，您越机智地保守这种秘密，您拨动您的学生的敏感的心弦的技艺就越高，您的学生对您的人格的信任就越深切，对您越忠实，他就越渴望成为您眼中的好学生。

与季娜和科利亚的友谊使我确信，一个人在这一年龄期常常会非常强烈地感受到对人的需求感，这时如果没有别人的支持、共感、安慰、帮助和同情，这就有可能导致不幸。有时候对人的这种强烈的需求是有具体原因的，但常常也会有这样的情况，似乎一个人莫名其妙地突然感到自己很孤独，很想与能理解他、能体察他的感受的人待在一起。不止一次出现下面这种情况：课后或星期日科利亚或季娜突然来找我。从他们不安的目光，根据其他不易察觉的迹象我感觉到他（她）感到自己很孤独。在这种场合就不可以询问他们为什么来找我。我们一起去花园，去田野，这是排解慌乱、悲哀的最好的地方……我对他们说些有趣的事，我的话尽量不与少年的情绪联系起来。常常是少年根本就没听进去我在说些什么，一般说来他并不需要听我说话，他需要的只是与另一个人在一起，就只有这点需要。科利亚和季娜常常向我吐露心底的秘密。

与少年的友谊帮助我理解了他们的独特的道德观的许多细节。少年鄙视告密行为，但有时把同学希望别人改正错误的真诚的愿望也看作是告密。在教育工作中必须考虑到所有这一切。我们总是这样诉诸少年的自尊感：谁干了不体面的事，就让他自己鼓起勇气去告诉老师或集体所有的一切。藏在同学们的背后，就意味着是胆小鬼和叛徒。我们教育孩子们从小就要做光明磊落和襟怀坦白的人。谁在承认错误和保持沉默之间举棋不定，他就会感觉到同学们的鄙视，而这是最可怕的惩罚。

与少年的友谊也帮助我们教师明白，要杜绝抄袭、提示和作弊行为，不能依靠严厉的禁止和惩罚，而要通过诉诸少年的自尊感。要让少年认识到坐享同学的劳动是可耻的。

在少年期出现的许多困难，其实质在于相互之间的不理解和不信任：成人不理解少年的精神世界，而少年也不理解成人，对他们抱以戒心和成见，认为成人的一举一动都是为了限制他们的自主性。我认为很重要的一项教育任务，就是要让少年正确地理解自己的自主性，是与自己对别人的义务完全一致的。没有成年朋友，少年就不可能懂得这样一个真理，即少年期的独立性是有合理的限度的，而没有义务和责任的自由是不可思议的。我永远也忘不了与科利亚和季娜的多次谈话：我毫不宽容地、毫不迁就地与他们谈论生活的错综复杂和矛盾，就像与成人谈话一样。这些谈话的实质是谈论人的命运、成人与成人之间的以及成人与孩子之间的微妙的、充满矛盾的关系。当我的学生意识到了世界上最宝贵的就是人，是这个人的幸福，是这个人的快乐和他周围的人们的快乐的和谐统一时，他们的心跳加速了。我深信，处于这样一个充满激情的、不轻松的时期的每一个人，都很需要这种揭示人生真谛的谈话。

把我们连接在一起并使我们相互亲近的还有书本的世界。我常常讲述一些在人类的精神生活中留下了永不磨灭的影响的书籍，常常讲到深夜。这些故事激励少年想更多地了解斯巴达克和泰尔·乌连什皮格尔、威廉·退尔和拉赫美托夫、唐·吉诃德和皮丘林、保尔·柯察金和格里戈里·麦列霍夫、牛虻和卓娅·科斯莫捷米扬斯卡娅。我的个人藏书成了科利亚和季娜的精神生活财富的源泉。在节日时，在生日时他们都能收到一份礼物——一本好书。这是他们生活中最幸福的时刻。

如果与成人之间没有受到崇高理想鼓舞的充满乐趣的友谊，就不可能有甚至不可能设想有精神丰富的少年和青年时代。如果在你们的学生中有人失去了家庭中人情的温暖和快乐，只有与成人之间的友谊才有助于把他们培养成真正的人。但要成为少年的朋友，就必须深入地了解他的内心世界，用心去感觉和响应他的细腻的思想、愿望和忧虑。

恋爱

“任何时代、任何民族的教师都痛恨爱情。”A. C. 马卡连柯在一次与教师的谈话中这样说过。在这句玩笑话中含有真理的成分：有的教师不明白，年龄大一点的少年已是男人或女人了，两性之间的爱慕是符合规律的现象。他们没有考虑到少年的性爱的情感色彩与成人的完全不一样。在丰富的、有意义的精神生活的氛围中男孩和女孩之间关系的隐秘的本质，被理想的、纯洁的、高尚的动机和相互接近的愿望所掩盖。他们相互吸引的客观基础是性的本能，但如果直言不讳地对他们说到这一点，他们会感到震惊。

成人干预少年的不容侵犯的情感领域，对此少年特别强烈地感到不能容忍。掌握尊重和理解少年的爱情（这是两个人在一起的利己主义）的艺术，是使成人（教育者）和少年（受教育者）的精神世界和谐的很重要的前提条件。

理解和尊重主要体现在哪里呢？我认为，在学校中必须杜绝不知分寸地、毫无必要地谈论学生之间的恋爱。关于谁爱上了谁这样的话只字也不要说。不要有任何一点蛛丝马迹使一个15岁的少年感到有人“戴着铁手套在触摸人心”。爱情在人的一生中应该永远是最灿烂的、最隐秘的、最不受侵犯的。在我们的教师和我们的学生之间有一种默契：我们都知道少年已了解男人和女人之间的隐秘的关系，但我们装出似乎不知道的样子；少年们也知道我们成人了解他们在这方面的知识，但也装作对此一无所知。这是对应该渗透到成人与少年的关系中的正派作风的基本要求。这不是玩弄保密游戏，而是对人性的深切的敬重。关于什么是爱情、男女之间天然的隐秘关系会有什么结果之类的不必要的谈话，我们尽量避免，但同时我们认为有必要使男女孩子们怀着深深的责任感去对待他们相互之间的关系。恋爱自由需要最严厉的、最不容忍轻率行为的纪律和自我约束。只有善于把握住自己的人，善于用理智控制本能的人，才能得到人类最大的幸福。只有在这样的条件下才谈得上恋爱自由。

没有卓越的、高尚的情感的自由，没有理智的、美好的、有约束的和不容忍淫荡的自由，发展人的自尊就是不可思议的，让少年抵御侮辱人格的低级情感也是不可思议的。少年爱情的纯洁和崇高，当然取决于对他们的教诲、临别赠言和充满哲理的话语，但更主要的是取决于少年的生活志趣，取决于他们在精神上的兴趣、需求，取决于我们社会的最重要的道德观念（人是最宝贵的财富）在学校集体中的发展情况。

在男孩把自己的朋友当作女性来爱恋之前，他应该首先对在她身上发现了的或正在发现的东西满怀着赞美和惊异的情感。少年的爱情，用形象的语言来说，就是一扇明亮的窗子，进入生活的人穿过这扇窗子看到周围世界最重要的本质——人。我们得知了一个男孩和一个女孩在盛开着花朵的苹果树下坐到深夜，我们不担心也不害怕。我们相信他们之间的一切都是纯洁的、高尚的，因为他们两人都需要相互发现点什么。

通过几十年来对少年的教育工作我发现了一个具有哲理的真理：建立在兴趣、需求这样一些精神财富基础上的少年的爱情，能在人的相互关系中培养起细腻的情感、优雅的举止、彬彬有礼的作风。爱美的人，若能感觉到并理解人的美，他就能更善解人意。对少年的隐秘的内心世界的尊重，是正确实施情感教育的一个极其重要的条件（遗憾的是，这同时也是教育方面的一个几乎尚未开垦的处女地）。干预别人的爱情，这好像是在给人的心脏动手术。在进入这个禁区时我总是有一种巨大的责任感，觉得自己是一个“正在打开人的胸腔，进入他的心脏”的外科医生。我总是担心，在一个人的心还不理解什么是生活的时候就粗鲁地、不知深浅地、笨拙地去触摸他内心最隐秘的角落，这就可能永远地摧毁了这个人的感情，使他对人与人之间关系的纯洁性产生怀疑。哪里关于人与人之间关系的美好的、崇高的观念遭到摧毁、歪曲、玷污，那里往往就会出现害人的罪犯。

如果您希望您的学生能理解并能体会到崇高的道德、政治思想的美（对祖国的忠诚、义务感、为共产主义而奋斗），您就要努力使他理解并珍爱隐藏在内心深处的情感的美。没有纯洁的内心情感，纯洁的公民情感就是不可思议的。

少先队员和共青团员的浪漫主义精神

共产主义的思想性，这并不表现为背诵共产主义的真理，而首先是高尚热情的激发。如果没有鲜明的情感生活，少先队组织就可能变得软弱无能、消极懒散。当一种思想表现为精神的振奋，表现为斗争精神，表现在对待困难的态度和克服困难的过程中时，这种思想才能变成鼓舞少先队集体奋发图强的因素。鲜明的情感使崇高的思想更高尚，少先队员和共青团员的浪漫主义精神实际上就在于此。遗憾的是，人们有时把这种浪漫主义精神看作是一种与政治思想教育无关的东西。思想生活的丰富多彩，这就是浪漫主义精神。

当少年列宁主义者有了“成人的”志趣和追求，并把自己当作成人来对待时，浪漫主义精神就产生了。教育孩子上课不要迟到，要认认真真地完成家庭作业，等等，这就好像是用“饱含乳汁的思想”去“喂养”少年，这样做是绝对不允许的。做这些事情是学生的重要职责，但是思想联系的财富不是建立在这些职责的基础上的，它们也起不了鼓舞的作用；这些职责对于鼓励学生去奋斗和克服困难、形成思想信念，其范围过于狭窄。为了形成这样的信念，必须有思想联系的财富。如果在童年期和青年早期，学生对学习不负责任，这表明在他的生活中没有火花去照亮他的日常劳动，没有为真正的，少年们常说的那种“成人的”事业而奋斗。

在教育集体时我们努力使少先队员感觉到，在为伟大的、崇高的事业的奋斗中，他们是志同道合的伙伴。伟大而高尚，这是共产主义思想的实质。“成人的”思想，这首先是为社会而劳动，是对积极地参加为人类创造物质的和精神的财富的一种体验。在我的学生还在上小学时我就给他们讲有关列宁的思想的故事，开始把他们引进成人的世界中。我讲了列宁的生平，以及他为创建共产党而进行的斗争，讲了革命，讲了经济崩溃和国内战争的艰苦岁月，讲了社会主义建设和苏联人民反法西斯侵略者的伟大的卫国战争。我郑重地号召学生：“成为像列宁那样的人！”为了使知识转化成信念，必须调动巨大的精神力量。应该怎样生活和斗争？我的理想应该是怎样的？对于这类问题孩子们越多地进行独立的探索，道德思想的高尚性就越深刻。我力图通过讲述关于列宁和列宁思想的故事，首先用为人民服务的思想去激励少年。个人的最大幸福，就是为比个人利益更有意义的某种东西而奋斗。一些揭示列宁思想的实质的光辉事例使孩子们得出了这样一个结论。

少先队员和共青团员的浪漫主义精神的实质，我认为就在于要让男女孩子们在做某件社会所需要的事情时感到自己是幸福的。这是教育工作中最复杂的一件事情。这里埋伏着许多像漠不关心和高谈阔论这样的“暗礁”。我非常谨慎地对待职责和为达到既定目标而做出的保证。要做出承诺，道德修养的水平就必须达到一定的高度，即要善于为了履行职责而生活。集体中已有了高尚的思想、精神面貌，从内心做好了为人民劳动的准备，能体会到劳动的幸福，这时集体中的这个人才能承担起义务。只有在这样的条件下，每个少年才能从与自己对他人和对自己的良心所承担的义务相联系的工作中产生自豪感，当他想到不仅是为自己活着时这种自豪感就会油然而生，成为他个人的精神财富。

在从事这项复杂工作的教育技术中，重要的是要使为人民服务这一崇高的列宁主义思想，成为个人的动力和动机。要让少年少说些他为了什么而劳动并克服困难，什么鼓舞了他。所有这一切要让他在心灵的深处完成。

在我们面前是一片光秃秃的、阳光灼烤的坡地。“这里将有一个‘休闲园’，”少年列宁主义者们这样决定了。我们在坡地上挖了坑，栽下了苹果树。开始了长期的、不轻松的工作，这项工作构成了少年精神生活中的整整一个时期。夏天和秋天要给树木浇水，否则的话它们会枯死的。每次浇水都必须提来上千桶的水。冬天要做防雪处理，保护树木免遭野兔的侵害。如果我们在困难面前退缩了，如果扔下已开始了的工作，那么空虚和虚伪就会占据少年的心。

在开始了这项工作后的一年，少先队中队又开始了另一件事情：我们开辟了一个葡萄园。又开垦了一块被人遗忘了的杂草丛生的小山丘，掘松了土壤，挖了很深的坑，栽下了细小的树苗，并保护土壤免受侵蚀。种植葡萄比种植苹果需要花费更多的劳动，付出更多的关心。少年在每棵葡萄藤下培上了不少沃土。这不单纯是劳动，我们还进行斗争，感到我们自己是志同道合的战士。虽然很少有人提到集体的荣誉这样的词，然而恰恰是集体的荣誉感激励着我们去克服困难。每个人都感觉到自己对集体的责任。团结一致的精神，这大概是可以用来描述每个少年对集体事业的态度的最准确的词。绿色的幼苗令我们高兴，对我们来说绿色的幼苗是集体品格的物质体现。

两年后我的学生们已读完了六年级，一场自然灾害——干旱袭击了“休闲园”和葡萄园。大自然似乎在考验我们，土地被骄阳烤得龟裂了。“难道我们退缩吗?”这句话是在六月的一个炎热的一天，当我们来到花园里看到在酷热下正在枯萎的嫩叶时说的。“不，决不退缩!”少年列宁主义者许下了自己的诺言。在晚上少年们决定用一个响亮的、含有深意的名词命名自己的集体，把集体命名为“不可战胜者”。这是一种独特的浪漫主义的誓言：“任何时候都不向对手——大自然的狂暴力量屈服，也不向自己的懒惰、不愿劳动的毛病让步。”

就在那里，在六月明朗的星空下，只字未提思想上的坚定性。这并不是因为在我们每个人内心的深处认为自己不配说这样崇高的词，而是因为少先队员的浪漫主义精神表现为更细腻、更复杂的情感和体验；不管取得了什么样的成就，理想总是在我们的前面，我们正在通向理想的道路上。这鼓舞着我们去克服困难，这就是这种崇高精神的实质，没有这种崇高精神就谈不上少先队员的浪漫主义精神。孩子们的心灵对精神的振奋和进步总是很敏感的。如果您希望这种崇高精神的火苗在孩子们的眼中永不熄灭，那么任何时候都不可以安于现状、姑息迁就，说什么我们已经达到目的了，可以休息休息了。想在思想生活中喘口气，就如同所有的战士想在战场上睡一觉一样是不可思议的。

几个星期后少年们为自己的不可战胜者中队拟定了座右铭："永远战斗，永不退缩！"这条座右铭号召、鼓舞并激励每个人去审视自己，用集体的眼光去认识自己。除了座右铭外不可战胜者中队还有一个标志，那就是一幅画，那幅画以鲜明的形象体现我们的工作的内容和目的：在蓝天骄阳灼烤下的一串葡萄和一片绿叶。它的意思是：无论如何我们都要让生命获胜，要开花，要美！我们要给人们带来幸福。

在坡地上的花园里，也就是在离我们的"幻想角"所在的沟壑不远的地方，我们建了一个草棚。每天有两名少先队员在那里执勤。傍晚和晚上，有时候在清晨给树木和葡萄浇水。我讲述的一些关于具有崇高的道德美的人的故事，使少年灵感的火花保持不灭。我不敢采取单刀直入的方式，觉得这种方式不适合于少年所进行的这种精神斗争。如果在每次紧张的劳动之前都要讲几句专门为了鼓舞士气的话，这会贬低高尚的思想，也是对少年心灵的不信任。少年会去琢磨单刀直入地说出来的那些话，并把此理解为对自己的不信任。我讲的话在一定程度上与劳动是无关的。我越是能巧妙地找到这种无关的形式，就越能使少年的精神生活与劳动建立起有机的联系。这种联系是在心灵的深处：每个人都以自己的方式向往道德美，为之而激动。但由于崇高的思想鼓舞着所有的人，整个集体都感受到精神振奋的状态，所以少先队员们感到彼此是思想上的志同道合者。

两年之后我们看到了自己劳动的最初的成果：葡萄藤开始结果

了。所有的人都为自己的成果欢欣鼓舞。我们把自己的劳动果实分送给学龄前孩子、老人和病人。我们把第一批葡萄送给了在伟大的卫国战争前线牺牲了的烈士的母亲们，还送给了一生在这块土地上劳作的、受到全村人尊重的老爷爷和老奶奶们。我深信，对少先队员进行思想教育的全部逻辑和哲学在于一个英明的真理：一个人在为他人的劳动中出力越多，他在这样的劳动中表现得越出色，那么他心中要求进步的愿望就更深沉，他的愿望、追求和热情就越纯洁，越高尚。少先队员的浪漫主义精神的实质，就在于对人的内在精神力量的物质体现中，在于对这种精神力量的肯定：一个人可以在集体创造的成果中看到自己的美、自己同学的美、自己集体的美。

在与葡萄园同时开辟的苗圃中长出了几百棵葡萄树苗，我们把它们分送给了人们。村子里出现了几十个葡萄园。在秋天和冬天的夜晚，少先队员到集体农庄庄员的家里去串门，人们聚集在那里听我们讲大自然和科学、人和社会、远方的国家和人民反对剥削和战争的斗争。我们向集体农庄庄员们证明，如果我们认认真真地工作，那么在我们的土地上可以得到多好几倍的收成。我们希望使葡萄在我们村子里成为像面包一样普通的食品。要知道谁吃了葡萄，谁就能活得更长久。

我们越为我们用双手创造出的好东西而高兴，我们就越能发现不好的方面。我们发现，在甜菜种植场工作的集体农庄庄员们，中午只能在灼热的阳光下休息。于是我们在地里开出了三片丁香园。成人也来帮助我们，两年后人们就可以在树荫下休息了，而在春天到这里来欣赏鲜花。斗争的天地随时随地为我们敞开着。庄稼地里有一条不易察觉的小沟：这是土壤流失的可怕征兆，发展下去会变成一条沟壑。我们投入了战斗，栽下了树，建起了防止土壤流失的防护林。

劳动是与游戏结合在一起的。这种游戏的本质是，在争取美、人性、友谊的斗争中的审美的和情感的表现，是对精神上的一致性所带来的欢乐的体验。没有游戏就没有少先队员的浪漫主义精神。我们的校舍中有一栋是有阳台的。少年们不知怎么发现了阳台上长着一株菊花。于是就冒出了一个念头：再在这里设一个角——美丽角。他们想保守这个秘密。于是到了晚上孩子们来到了学校里，把有腐殖质的土壤送到阳台上。春天他们移栽了一丛玫瑰，背着其他同学给花浇水。玫瑰开花了。在静谧的夏日的夜晚少年们聚集在这里，读着有趣的书，幻想着未知事物的奥秘。

少年对童话的兴趣尚未消失。许多游戏是根据童话编排的。在结束五年级、六年级、七年级时，我们的集体都要出去旅行几天。这是引人入胜的去童话世界的旅行。在第聂伯河纵横交错的支流中间我们发现了一块似乎从未留下过人类的足迹的地方。那里有一个静静的，仿佛还在沉睡的湖泊，有树木丛生的小岛，在岛上生活着野猪，在树林中我们看到了驼鹿。少年们把这里称作“神秘的世界”。我们发誓要保护这块地方。每个夏天我们都要在树林里安排两个住处：一个在第聂伯河岸上，是给男孩子们的，另一个在岛的深处，是给女孩子们的。我们想出了一些有趣的游戏，例如夜渡湖泊，扎木筏。男孩子最感兴趣的游戏是“走游击队员的小路”。我们准备了一些干草，这是为山羊和驼鹿过冬准备的。为了保护自己的神秘世界不遭到“好奇的”猎人的破坏，在通向小岛的路上我们设置了一些障碍物，堆放了许多树桩、石块，可靠地挡住了外人的视线，使他们发现不了冬天通向小岛的路。

假期中我们悄悄地来到了神秘世界。我们找到了一个山洞，建起了一个冬天用的厨房，在那里做饭，在火炉旁取暖，从雪下掏出干草。驼鹿在冬天变得特别驯顺。有一次我们在岛上遇到了暴风雪。谛听着风的呼啸我们捕捉到了某种神秘的音节。在那里我们阅读了杰克·伦敦的《北方故事》和游击队的首领C. A. 科夫帕克写的关于从普季夫尔到喀尔巴阡山的英勇远征的书。在那些难忘的日子里我们做了军事游戏：进攻敌人的防御工事，强攻难以攀登的高峰。

在一次夏天的旅行中我们发现了一条长着树木和灌木的沟壑。在沟壑的深处我们找到了一个小湖，湖水清澈，能见到鱼。这些鱼是怎么到湖里来的？可能是春天的洪水把它们带来的？但在最大的春汛时湖水也流不到这里来。于是，小湖中的鱼依然是个谜。在离湖不远处长着一棵椴树，它很挺拔，很美丽，在它的下面长着二十几棵小椴树。深秋时我们来到了这条沟壑边，把小椴树挖了出来。现在七年级临近结束了。还在五年级时孩子们就栽下了友谊树。每一棵树都由一对朋友来栽种。栽树的地方是保密的，因为友谊完完全全是个人之间的事。我的愿望就是要形成精神上的一致性，这种一致性是神圣不可侵犯的，要当作某种最珍贵的、最隐秘的东西保存下来。如果您希望集体的精神是丰富多彩的、有价值的，您就应该创造充满纯洁的、高尚的情感的个人生活，这种生活能给人带来幸福，不受任何人的干扰。这是教育工作中非常精细的一个方面。

朋友们找到了只有他们两人知道的一个角落，栽下了从沟壑中挖出来的小椴树。很难找到比高尚友谊的浪漫主义精神更能使年轻的心灵变得高尚的力量。不体验友谊的美，不体验人的忠诚的美，少年的心灵就会对忠于职守、忠于祖国这样一些崇高的道德观念置若罔闻。没有人对人的崇高的需求，也就没有对思想的忠诚。我尽力使友谊的浪漫主义精神在童年和少年期就扎下根。有了对人的需求感，少年的心中就产生了忠于人民的崇高的思想。有了友谊感的体验，孩子们就认识了人民的美，认识了人民的理想、劳动和创造的美。

我的学生在五年级学习时我们的学校与戈麦尔州科尔米扬斯克

中学的集体结成了友好学校。每年我们的少先队员都要到朋友那里去做客，而客人们也从白俄罗斯到我们这里来。在白俄罗斯和我们这里的树林中举行篝火晚会已成了传统。

白俄罗斯客人第一次来做客时我们开辟了一个友谊园。我们的和白俄罗斯的少先队员们在这里栽下了苹果树、樱桃树、李树、杏树。每个新来的尊贵的客人都要在友谊园中增添一些树木。在少年们的生活中任何时候也没有过别的劳动，能像照料友谊园中的树木那样鲜明地体现出既是高尚的公民情感，又是深切的亲密的情感。每个少年都把自己心灵中的最真诚的热情注入这种劳动中。我们当教师的都深信，与其他兄弟民族孩子们的友情，是能使少年的心灵高尚起来的一种强大的精神力量。在这种情感的控制下少年的心灵确实起了深刻的变化：麻木的和不关心人的人会变得敏感和关心人，自私自利的人产生了对其他人的义务感。

托利亚、彼得里克、科利亚和季娜的家庭环境，使他们的心变得冷漠无情，他们到白俄罗斯朋友那里做了几次客。我永远也不会忘记，托利亚在与成了他的终生兄弟的同龄人告别时哭了，而且并不为自己的眼泪感到害臊。这是他生活中的第一次流泪，也是第一次由于体验到了一种崇高的需求（即对人的需求）的美而心情激动。我高兴地发现托利亚的性格逐渐地发生了变化：这个男孩对别人的话开始敏感起来了，也容易接受了。过去似乎根本听不进去的话，现在能使他激动、担心，促使他去参与到周围生活中发生的各种事情中去。

在从白俄罗斯朋友那里回来后，托利亚突然看到在离他家不远处住着一个残疾的学龄前孩子彼得里克。被困在床上的这个小男孩的悲痛震撼了托利亚的心。有一天彼得里克对托利亚说："你是多么幸福，你可以在地上走，可以走到池塘边的柳树旁……"这席话深深地铭刻进 12 岁少年的心灵中。他到我这里来，对我描述自己的这个小朋友的眼神。在彼得里克的眼神中他看到了乞求：“带我到树林去吧，到田野去吧，哪怕一次也好!”他与这个小孩的友谊就是这样开始的。这种友谊对培养托利亚的情感起了巨大的作用。

有一次白俄罗斯朋友带来了云杉树和花楸树的树苗，这些树在我们这个地区是很少见的。我们开辟了一条友谊林荫道。我们给白俄罗斯朋友带去了苹果树苗。在白俄罗斯的土地上也出现了一个绿色的友谊园。少年们挖掘起我们乌克兰的普通的泥土，把它装进箱子里运到白俄罗斯去，铺在苹果树下，让这些苹果树长得更健壮，在这样一个独特的、不易再现的时刻少年们体验到一种深切的细腻的情感。而当在白俄罗斯的土地上打开这些箱子、种下了苹果树时，我在托利亚、彼得里克、科利亚和季娜的眼睛中看到了闪耀着人类高尚情操的光辉。在这样的时刻人正在攀登道德美的顶峰，他会感到自己在精神上是充实的，体验到实现人民神圣理想的情感。我向自己保证：我要引导自己的每个学生经历这个过程，要与他们每个人一起攀登上道德美的顶峰。生活使我相信，思想教育，这就是形成用理智和心灵去认识世界的非常精细的能力。

少年的道德和审美情感变得越细腻，他们就能越敏锐地领会教师的话，我的话所创造的形象和画面对他们意识的影响就越微妙。处于与白俄罗斯朋友的会面给少年们所留下的深刻的印象之中，他们对我所讲述的列宁的思想特别敏感。细腻的感受，用心地深入到其他人的精神世界中去，对人的深刻的需求，所有这一切都能培养少年对革命的浪漫主义的敏感性，这种浪漫主义就是为了人民、为了红旗、为了少先队员的红领巾去建立功勋。在对少年列宁主义者讲述对少先队誓言的忠诚时，在讲述为了革命的红旗的荣誉而献出了生命的英雄们的功勋时，我看到了在少年的眼神中是如何燃起了崇高情感的火花。在这样的时刻我想起了许多学校的教师们是怎样抱怨的：“为什么少先队员有时候对红领巾无动于衷？为什么有时候他们甚至不好意思戴红领巾?”这是因为思想教育常常缺乏牢固的情感基础。只有当思想与美感，与人的高尚的情操不可分割地联系在一起时，这种思想才能变成个人的收获，变成心灵的财富。如果一个人珍爱道德美，他就不能抛弃这种思想，就像不能扔掉自己的心一样。

八年级时我们班里建立了共青团组织。少年们怀着激动的心情筹备这件事。少先队中队的全部精神生活，实际上就是为加入共青团组织做准备，少年把共青团组织看作是成年人的组织。主要的是要使每个人以自己的方式进入共青团组织，使每个人的个人的成熟把他引进这个组织中。不可以认为，只要我们对还是少先队员的八年级学生说“现在你们是共青团员了”，并且在一个庄严的场合下授予他们团员证，从而我们就使他们变成成年人了。教师如天真地相信团员证有魔力，那么他们就会遭到报复：如果少年感到在庄严的仪式之后他被忘却了，他就会变得冷漠。他甚至会开始想：所谈论的一切高尚的、崇高的东西，都是虚伪的。

我们很注意使每个少年在公民的、社会的、政治的方面达到了内在的成熟的基础上加入共青团。在这方面个人的社会工作经验起着很大的作用。我尽量使我的班级中的每个少年都感觉到别人需要他，体验到个人为集体劳动的快乐。人不仅应该认真地完成托付给他的工作，他还应该成为重要的社会工作的组织者和倡导者；只有在这样的条件下他才为加入共青团做好了准备。每个人都必须找到一件自己喜欢的事。

万尼亚在七年级时就已经是少先队探索大自然小组的领导人。他有自己的培养对象——三、四年级的学生。暑假期间万尼亚带孩子们一起去旅行：少年育种家们去寻找最抗寒的麦种。他很关心自己的小同学，把他们的成功和失败都放在心上。我们所有的教师最关心的是使每个少年的社会活动，都贯穿着与小同学的细腻的、形形形色色的关系。

尤尔科在六年级时就已是一名机械师了，学校里的一切技术设备（拖拉机、汽车以及修理机械）都由机械师们管理。在他的周围逐渐形成了一个研究内燃机的发动机的少年机械师小组，其成员是三至五年级的少先队员。这样的社会活动的教育力量在于，少年首先看到的不是机器和机械，而是活生生的人。

许多少年在七年级时就走出了学校的围墙，村庄和集体农庄成了他们开展社会活动的天地。有一些男孩和女孩喜欢在居民中传播科学知识，觉得这是一件很有趣的工作。村子里成立了爱书者协会，少年们也参加了协会的工作。在村子的边缘地区，在秋天和冬天的夜晚，彼得里克、塔尼娅、柳达和柳芭为集体农庄庄员们朗读文艺作品。他们有了成人朋友。

我经常劝告少年们："好好想一想，衡量一下自己的力量，检查一下自己是否已做好了加入青年共产主义者组织的准备。不应该匆匆忙忙，但也不可以浪费时间，哪怕一小时也不行。"我们希望少年的精神生活能充满许许多多的思想、情感和体验。我们尽力创造有利于这个年龄期的少年单独一人去读书和思考的环境和条件。在这个时期为了恰到好处地向每个少年推荐合适的图书，需要有高明的教育机智，师生之间需要有共同的兴趣。

瓦利娅、拉里莎、科斯佳、加利娅、柳芭和万尼亚是最早提出入团申请的。伟大的十月社会主义革命和伟大的卫国战争的参加者出席了吸收他们入团的大会。我们村里的第一个党员，国内战争的参加者瓦西里·穆西耶维奇对新团员作了指示。在此之前为培养少年的社会积极性所做的一切，实际上都是为接受老一辈指示的精神所做的准备。我们赋予指示的内容和形式很重要的意义。请共产党员做指示成了共青团的传统之一。

道德的坚定性

季娜的遭遇是不幸的。她的母亲不想生下季娜。她想尽一切办法使自己早产，或者使孩子生下来就是死的。女孩生下来很健康，但容貌有缺陷——前额是扁平的……孩子出生后母亲还想摆脱她：把她一个人扔在房间里，长时间地不给她喂奶。幸亏一次偶然的侥幸救了女孩的命。在这之后母亲对女儿的爱心苏醒了。她感到自己给孩子带来了灾难，这种思想折磨着她。母亲常常趴在孩子身上哭，为她的健康担忧；而小姑娘长得很健壮。

季娜上学后很少有人注意到她的扁平的前额。女孩戴了头巾这个缺陷就不易发现了。“蓝蓝的眼睛，淡色的小辫，长大后一定是个真正的美人。”我们当老师的都这样想。

季娜是个聪明、好学的小姑娘。她心地善良、有同情心，容易相信别人，她的这些特点在集体中是很突出的。她把同学的快乐和不幸都放在心上。不管谁生病没来上学，她都要担心、难过，并要去看望病人。情感上的敏感性和强烈的感受性，这样的心理特点既可能使教育工作容易一些，也可能加大教育工作的难度。道德真理一旦被理解了，就会在她的敏感的心灵中留下深深的痕迹，思想很快就变成了敏感的心灵的信念。然而，敏感的和感受性强烈的心灵，对真理的感受非常强烈，而要理解这些真理必须有一定的生活经验。季娜 10 岁时她的敏感的心灵第一次向她提示自己童年时的不幸……一天清晨，离上课时间还很早，季娜的母亲来找我，她很惊慌，哭哭啼啼的。

“怎么办？季娜一个晚上没睡。从晚上起她就满腹心事。好久好久她都眼睛睁得大大地躺在床上。我已经睡着了，女孩的哭声把我惊醒了。很长时间她不想告诉我是怎么回事，后来说了：‘妈妈，难道我们都会死吗？您，我，和所有的，所有的人？……’我该对她说什么呢？我尽量地安慰她，而她还是一个劲地哭。后来稍微安静一点了，但一分钟也没睡着。”

根据经验我知道，关于人不可避免地要死去的想法，使这颗在感情上是敏感的、感受性强烈的心灵受到了震撼。但是我以前从未遇到过像季娜这样深刻的感受。女孩变得沉默寡言，落落寡合。她周围发生的一切似乎都与她无关，她被封闭进自己的思想中去了。常常有这样的情况：在听老师讲课时，开始她好像在注意地思考所学的东西，然后她的目光就会凝视空间的某个地方，眼睛里充盈着泪水。如果对她说话，她会吓一跳，好像从熟睡中惊醒。

高尔基说过，对死亡的恐惧把人驱赶进宗教的监狱。① 这种恐惧束缚人的精神力量并可能终生对人的道德面貌和思想留下痕迹。我们花了很大的力气去使季娜感受到、体验到生活的快乐，使乐观主义的世界观成为一块三棱镜，使女孩能借助这面镜子去看大自然，看人们，看自己。幸福，这首先是一种乐观主义，是对光明的未来的信心，是创造性的劳动，是对人的最高需求，即对人的需求的满足而体验到的快乐。少年还不善于想象未来。他的幸福就是欢乐的今天，就是精神生活的充实，就是为创造人们今天的快乐奉献出身体的和精神的力量。我努力使季娜的生活充满今天的幸福。对死亡的忧虑逐渐在她的意识中消失了。季娜又像以前一样朝气勃勃了。

但是又出现了我一直担心但又是意料中的新的危机。女性意识觉醒的时期来临了。小姑娘感觉到了自己的美是残缺的……这个想

---

① 高尔基在《责任》一文中写道：“死亡的危害在于，出于对死亡的恐惧人们的想象创造出了神、‘阴间’和天堂、地狱之类的庸俗的谎言。”载《高尔基全集》第 25 卷，莫斯科，1953 年，第 74 页。

法使她很痛苦。对自己容貌的残缺感震撼了季娜的心。母亲已感觉到了女儿的心事，但她害怕加深女儿的痛苦，所以一句话也不说。季娜对同学们的每一句话都很敏感，感受性极其强烈，在女同学的窃窃私语中她捕捉到了有关她的容貌的话。这加深了她的痛苦。怎样治愈这颗敏感的心灵中的创伤呢？直截了当地与季娜谈论引起她痛苦的原因，这是绝对不可以的，这会使她更孤僻。不管怎样回避这些伤人的话，但这些话总有一天在与小姑娘的谈话中要说出来的。只能当小姑娘自己对此已做好了思想准备的时候，即自己愿意诉说痛苦时，才可以这样做。需要耐心地等待这种坦率，还必须做点什么去激发这种坦率。

正当我在考虑所有这一切的时候发生了一件意外的事。在温暖的春天的傍晚，季娜常常来到河岸边，坐在一块石头上，默默地看着河水。有一天，天已黑了，女孩感觉到在自己的背后站着一个什么人。她回过头去看到了一位美丽的、穿着节日盛装的中年妇女。那位妇女慈爱地、亲切地看着她，她的目光让季娜感到很愉快。季娜认出来了，在她面前站着的是玛丽亚，她是基督教福音会——浸礼会教派的一个传教士的妻子。

在这次会见后所发生的一切，我是在季娜面临巨大的危险时才知道的。我不逐字转达她所说的话，因为这足可以写一部小说了。我只简要地说一说事情和季娜所体验到的精神上的恐慌。所有这一切对我们教师来说是个严肃的教训：个人的幸福，个人幸福的充实的精神内涵，这就是那种最珍贵的宝石，表现出共产主义理想的所有的东西——科学唯物主义的真理、伟大的社会目标、社会的安宁和繁荣富强，在这种宝石的光辉照耀下都成为人的最宝贵的东西。没有个人的幸福，没有真正的个人的欢乐，就不可能有完整的世界观。幸福、理想、世界观，这些都是重大的哲学问题。这不是书本上研究的哲学，而是心脏的充满生机的搏动，是生气勃勃的人的火一样的热情。

……第二天傍晚季娜又来到河边，此时玛丽亚又来了。现在她走近小姑娘的身边，在她的旁边坐下，用手抚摸着她的肩膀，又像昨天那样慈爱地看着季娜的眼睛。

“我看出来了，你很不幸，”玛丽亚说，“你的不幸是那么巨大，使得你想离开这个世界……”

季娜想表示反对，但玛丽亚继续轻声细语地说：

“什么也不必说。上帝已经知道了你想说什么：‘这不干你的事，阿姨。’你错了，姑娘。这是我的事。我们大家都是上帝的孩子，大家都是兄弟姐妹。所有的人都会死去，我们所有的人在这个世界上仅仅是匆匆过往的旅客，而我们永久的家是在那里，在天上。但是上帝不允许我们在他召唤之前去他那里。上帝知道什么时候你的时刻到了，他就召唤你，召唤我，召唤每一个在这个世界上过往的人。小姑娘，在那里有永恒的生命。你的灵魂是纯洁的，就像那朵白云一样。你的灵魂是美丽的。而躯体，仅仅是罪恶的贪欲和诱惑的暂时的栖身处。不要让关于美的思想困扰你，美只不过是昙花一现。到我们这里来吧。我们是真正的人。来听一听我们都谈些什么，我们也喜爱歌唱和音乐。在我们这里你可以找到你期望的东西，找到真正的善、真理和安宁。”

季娜听着，思考着她的每一句话。她不止一次地听说过，也读到过一些关于宗教的故事全都是欺骗的论述，但现在这一切她全都忘了。在她的面前是一个活生生的人，这个人的眼睛里燃烧着虔诚的信仰的火花。这位妇女大概是幸福的，她幸福大概是因为她相信她所说的那个真理。难道一个真诚地、全身心地希望你好的人会是坏人吗？

玛丽亚的话能打动季娜还因为这些话回答了她的疑问，而这个回答恰恰是她所需要的，是她的心灵深处所期待的。是的，她真的想结束自己的生命。她想象不出还有什么比想到自己有缺陷的容貌更可怕的思想了，于是她就想去死。从这个女人的嘴里她听到了永生的、美丽的灵魂，这时她不再觉得这些话是宗教故事。在灵魂深处的什么地方可能隐隐地想到这是一种欺骗，但在绝望的时刻她只希望这是真的。人在困难的时刻会自己制造关于真理的幻想，他愿意相信自己的想象所编造出来的东西。可能人就是这样地在自己的想象中创造了上帝。

季娜到“真正的人们”那里去了。那一天教徒们集合在一起做祷告，庆贺他们教团的一件喜事：庆贺一个20岁的少女嫁给一个40岁的鳏夫。一系列印象涌向季娜，使她震惊。教徒们有一个出色的合唱团，这使她深感惊奇。更让她吃惊的是，“圣歌”是用季娜很熟悉的乌克兰民歌的“尘世的”曲调演唱的。亲切的旋律使她激动，抓住了她的心灵，赋予这些歌词某种特殊的意义。

玛丽亚送季娜回家时提醒她，两天后便是礼拜六的祷告。星期六季娜又去了“神圣的教堂”（教徒们是这样称呼一所普通的房子的）。这一次她认真地聆听了神甫的布道。他用平静的、柔和的父亲般的语调教诲大家：“我们大家都受上帝支配，我们谁也不知道明天将怎样，一分钟后会发生什么事。只有上帝知道，所以相信上帝的万能吧。”

神甫说，现在由他们的教堂的骄傲——传教士讲话。他的话很吸引季娜。他的话里充满着崇高的灵感和真诚的信仰，使小姑娘感到心跳加快了。但然后在她的意识的深处不由地产生了一个疑问：为什么玛丽亚、传教士和神甫都强调一件事：要不假思索地去信仰，要用心，而不是用理智去信仰，不要对心灵告诉你们的东西进行理性的评判；上帝是看不见的，也不能用思维去理解和认识他；凡人只能用心去感觉上帝，去信仰……这仍然是玛丽亚说过的那些老一套的思想：我们在自己周围看到的一切仅仅是场梦，我们是这个世界上的客人，我们真正的位置在那里，在永生的法官身边。你工作，吃饭，睡觉，感受阳光的快乐，生儿育女，但你每时每刻都要准备着结束你在这个世界上的短暂的漫游。上帝越早召唤你，你就越幸福。

季娜感到自己的身体麻木了，头脑发晕。难道她寻找的是这个吗？在她的眼前，像一道耀眼的闪电一样，在一瞬间闪耀出关于灵魂的永恒的美的思想，而结果是不能去思考，也不能在自己的想象中描绘一下什么是永恒的美，什么是灵魂。关于这些疑问她小声地询问玛丽亚，而玛丽亚用严厉的、愤怒的目光看着她，这使小姑娘很吃惊：难道这就是那个美丽的、慈爱的妇女吗？而玛丽亚推了她一下，生气地小声说："要用心去信仰，用心，不要用思想去评判。除了天堂之外还有地狱的苦难。上帝要惩罚自作聪明的人。"季娜后来说："在那一时刻似乎所有的一切在我的眼前都黯然失色。我差点昏过去。玛丽亚把我带出了房间，送我回家，对我说了点什么，但我什么也不记得了。"

小姑娘大病了一场。忧心忡忡的母亲来到学校里。她说了所知道的一切：关于与玛丽亚的谈话，关于女儿去做祷告。"现在她在说胡话……在胡话中她在呼唤您。请来吧。"在病人的床边我们见到了玛丽亚。在季娜恢复知觉的一刹那间她看到了玛丽亚，就大叫起来："滚！滚！……"

过了三天女孩的病情好了一点。她诉说了一切。教徒们提出的不要思考任何问题的要求，使她深感惊愕。怎么可以这样呢？而灵魂又是什么呢？什么是灵魂的美呢？难道可以不假思索地去相信什么吗？这一切深深地震撼了小姑娘。

小姑娘还坦率地诉说了自己的痛苦，说了她为什么要到教徒们那里去，在这之前她想些什么和心情怎样，说了她怎样想用自杀来结束自己的生命。现在，季娜敞开了自己的心扉，这时就可以谨慎地触及她内心的创伤。“姑娘，你很美，”我对季娜说。“不仅心灵美，外表也美。你有美丽的眼睛和辫子，美丽的面容和身材。你的美还在于你的自尊，在于你能感受到自己的尊严。你会找到自己的幸福的。你已经确信真正的幸福不在于做一个毫无怨言的、俯首听命的上帝的羔羊，而在于相信理智的力量，在于自己去创造幸福。赶快恢复健康吧，朋友们正等着你。而对那些虚伪的人要尽量离远一点……”

我还没来得及说完季娜就打断了我的话：

“不，我还要去那里。我要对他们说……”

她又到他们那里去了一次，对他们说了一些实实在在的、热情的话。当传教士又一次开始说必须用心，而不是用理智去信仰时，季娜站立起来，响亮地问：

“那么理智难道就不是灵魂吗？”

吃了一惊的传教士猜不透小姑娘在想些什么，他回答说：

“是的，理智也是灵魂。只有人有理智。”

“如果像您教诲的那样不可以去思考，那么灵魂还剩下些什么呢？我想知道究竟什么是永恒，而关于永恒您已说了很多。我想知道天堂究竟是什么样的。我还想搞明白，为什么我应该时刻准备着去死。我倒是想相信所有这一切。但让我吃惊的是为什么不允许思考所有这一切。怎么能相信不允许去思考的东西呢？”

传教士不说话了。一个 14 岁女孩的简单的、充满哲理的论证把他搞糊涂了。后来他又开始激动地重复同样的那些话：

“必须用心去信仰，因为上帝是这样要求的。”

“但人的心，这也是理智，”季娜说，“没有理智就没有人的心。动物也有心，但没有理智这样的心就不能成为灵魂。关于灵魂你已经说了很多，而您自己又给灵魂套上了枷锁。您把灵魂变成了奴隶。您掏出了人的生动活泼的灵魂，把灵魂变成了木乃伊。而我想活着。我想看到的不是死亡，而是蓝天和鲜花。”

读者也许会觉得难以相信，一个14岁的女孩居然能够表达这么深刻的思想。如果这颗美丽的心灵没有进入我的生活，她说的关于生活、真理、美丽、幸福、理想的话中所包含的鲜明性、哲理性和灵感，如果没有多次深深地打动我的心灵，我也不会相信的。我没有夸大季娜对教徒们的影响：在听了季娜的愤怒的，但是公正的话之后他们并没有变成无神论者。但这席话使他们多少受到震动，她的话里所包含的真理、真诚、对恶行和强加于人的暴虐的不妥协精神，尤其震撼了年轻人。

在遇到异己的思想影响时，季娜为了自己的精神的自由投入了战斗并成为胜利者。如果在那些日子里，当人难免一死的想法困惑她的时候，后来又被自己的容貌有缺陷和不可能得到真正的幸福的念头困扰的时候，没人去帮助她；如果在学校中季娜周围的全部生活不是渗透着乐观主义的世界观，她就可能屈从宗教世界观的影响。反对异己的思想影响的坚定性，是由集体精神生活的整个体系来形成的；当一个人面对思想上的敌人时，这种品质表现得最鲜明。

个人的道德财富的特点就是思想、情感、体验和活动的统一。

在规划一年的、几年的、整个少年期的教育工作时首先应该设法确定，这一时期的少年对周围世界和对自己将知道些什么，认识过程是如何反映在精神生活中的，尤其是如何反映在活动中的。就其本质而言，少年期所要求的积极性应能使少年通过与他人的道德关系，去深刻地思索、理解和体验那些必须成为人的财富的思想。要注意使对激动着我国人民和全人类的思想和真理的认识，不要脱离人在这个时候所做的事情。

很重要的是使少年的思想、情感和体验的领域不断地扩大，把眼光从自己的村子、城市、州扩大到自己的祖国，扩大到当代和将来。如果少年考虑涉及祖国命运的问题，他所十分关心的事情就会越出对日常需求的满足。要尽量使那些似乎并不涉及个人利益的具体的事情，成为少年的具有深刻的个性的事情。当个人利益的范围扩大了，包括进许多其他人的利益时，这个人就开始成为公民了。

少年个人与他人的道德关系最好表现为，其他人的利益也成为少年个人的利益。在这里我们进入到个性教育的细腻而复杂的领域，进入了情感教育和审美教育的领域。

情感教育和审美教育

情感教育与道德教育的统一

用毫无热情的、漠不关心的态度去解释和理解世界，就不可能认识周围的世界。在人的活动过程中缺乏高尚的情感修养，情感缺乏崇高的思想性和方向性，那么，对共产主义理想的信念和忠诚是不可思议的。

我国的社会、政治发展，我们社会的每个成员所面临的任务，扩大着干预世界的领域。对前辈人所创造的物质财富和精神财富的公民义务感和公民责任感，是培养道德富有的、全面发展的、思想积极的人的重要的源泉之一。个人对我国人民所创造的一切承担着责任，这种观念只有当在少年的心灵中根深蒂固地确立了对这一观念的正确的个人态度时，才能成为每个少年的道德财富；而缺乏对社会的极其细腻的义务感，就不可能形成这种态度。

在我们这个时代，当一个人还在学校学习的时候，他的脑子中就已充满着对大自然的、社会发展的和自己个人精神生活的复杂规律的思考。个人和社会、个人和祖国、个人和集体、人和自然、人和未来等问题越来越成为关注的对象。

一个人的劳动态度和在日常生活中的行为，越来越多地反映在其他人的命运中。一个人的平安、幸福，取决于每个人是怎样感觉自己周围的人，他怎样使自己的行为与集体和社会的利益相一致。集体主义、友谊、善良、对其他人的内心世界的尊重之类的情感的培养和发展，其社会意义的分量越来越重。在对他人的态度方面缺乏情感修养，就会导致利己主义，而利己主义是漠不关心、违反社会利益的行动和反社会的犯罪行为的主要根源。有些人不知道什么叫人剥削人，他们的不道德行为的根源就在于他们在情感和道德方面非常无知，而这种无知又是与他们的精神世界的普遍贫乏紧密地联系在一起的。年轻人可以支配的从前辈那里得到的物质的和精神的财富越多，他们个人对社会的义务感就应该越强烈，越深刻。我要强调指出：不仅要懂得，为了我们每个人的幸福社会是毫不吝啬的，而恰恰是要从感情上和态度上去正确对待我们国家社会关系中的这一个因素。在少年的教育中让少年体验个人对长辈的义务感具有特别重要的意义。要极其庄严地向少年揭示这样一个思想：人高于一切，我们社会中的一切都是为了人的幸福。如果对这一真理的认识不伴随着高尚的情感修养，那么旨在培养人的自尊的宏伟思想就不可能取得预期的结果。有些少年体验不到对自己的行动、行为和对他人的关系的道德美的向往，恰恰就是仰人鼻息的心理的结果。

个性的自由，也包括情感的自由，是我们的社会给予我们的巨大的幸福。但是这也可能变成坏事，如果人们之间的相互关系没有渗透一种最纯洁的、最崇高的情感——人的情感，没有感觉到在我身边的人们的利益和兴趣也许与我不一致。只有当情感的自由来自强大的内心情感的自我约束，情感的自由才能带来普遍的幸福。必须发展一个人对其他人的责任感，这在任何精神生活领域中都是十分重要的。必须通过情感的约束，通过自我教育和自我制约去引导少年理解“情感的自由”。

要把道德情感、智力情感和审美情感紧密地联系起来加以培养，在实践上具有明确的方向性，就是要教年轻人学会控制自己的欲望，自觉地限制自己的欲望，成为欲望的主宰者，培养自己具有高尚的人的需求。

И. П. 巴甫洛夫把情感称为模糊的力量。情感的生理基础隐藏在使人与动物相近似的本能中。但人上升到动物世界之上恰恰是因为特殊的修养、人的认识、劳动和社会关系，使人的情感变得高尚。为了制造生产工具而出现的手的最初的自觉的行为，人类思想的最初的火花，都是在发现美的世界的道路上迈出的第一步。当人看到了晚霞和蓝天上飘浮的白云的美，当他听到了夜莺的歌声并赞叹空间的美，这时人才成为了人。从那时起思想和美同时发展，但要培养高尚的情感需要花费巨大的教育力量。

情感教育与审美教育的统一在少年期具有特殊意义。一个崭新的思维阶段促使人用思想和情感去认识和掌握的已不仅仅是事物、事实和现象，还有观念和原则。个人对社会观念的情感—审美态度越明确，道德情感就越深刻。在少年时期人对观念和周围世界的情感、审美评价特别鲜明，这是因为人似乎是通过观念和原则去发现并第一次看到世界。崭新的世界观、对许多新东西的发现，促使少年对观念和原则产生个人的态度；使少年表现出高尚的精神，他赞美善而憎恨恶。这是道德情感形成过程中的一个重要方面。少年的道德修养在很大程度上取决于，在深刻理解复杂的社会生活现象的本质和人们相互关系的本质时，他体验到的高尚的、崇高的情感的程度。

一个人对他人和对集体的态度，对他人的苦和乐的态度，是否细腻、热情、真诚，这取决于在少年期他所认识到的观念和原则的情感色彩的鲜明程度，取决于这个人的思维视野的宽阔程度，取决于他对周围世界的情感的和道德的评价有机地融合、结合在一起的程度，也取决于这个人所认识到的观念反映在他个人的活动和斗争中的深刻程度。要在认识过程中鼓励少年去为了崇高的理想而奋斗，使他感觉到自己是一些人的志同道合者，这些人由于自己思想上的勇气其形象进入了人类的精神宝库，高水平的教育技艺就反映在这上面。

必须对少年进行细致的、理智的情感教育。它取决于知识、教学和智力发展在少年的精神生活中的作用。世界上没有比童年期、少年期和青年早期的教学更困难、更紧张的劳动。只有当人在认识和掌握知识的同时也获得了很高的情感修养时，这种劳动才能达到预期的目的并丰富精神世界。没有可靠的情感基础，不仅不可能进行有成效的教学，连正常的教学也不能开展。情感教育与对世界的认识之间的不统一，是导致对知识的冷淡态度并最终导致不愿学习的最顽固的、最危险的根源之一。智力劳动的情感修养，掌握知识的过程，一般来说是学校智力财富的一个重要的方面。

感觉修养和知觉修养

情感教育和审美教育是从发展感觉修养和知觉修养开始的。为了培养劳动技能就必须长时间地操练手，手的操练能发展智力和智能，同样，要培养精神的、道德的、情感的和审美的修养，就需要长期地操练感觉器官，首先是视觉和听觉器官。情感、体验、对周围世界以及对自己的情感—审美态度的细腻性，取决于感觉和知觉的修养。感觉和知觉越细腻，人在周围世界中看到的色彩、听到的纯音和半音越多，对事实、对象、现象和事件的个人的情感评价越深刻，那么，代表这个人的精神修养的情感领域就越宽阔。

对观念、原则的情感—审美评价，是思想教育的一个极重要的因素，它取决于人在认识周围世界的同时，他体验高兴、赞美、惊奇、悲伤、忧愁、羞愧、气恼、愤慨、腼腆、良心的谴责等情感的深刻程度。我努力使少年在童年期就得益于细腻的感觉，在认识大自然的景象和现象的过程中始终伴随着这样的情感及其形形色色的情感色彩。在少年期这种教育的目的性更加强了。每个男孩，每个女孩，都应经过长期的感觉和知觉训练，这种训练能使每个人具有广阔情感范围，而且这种情感始终伴随着认识过程，并在认识过程中产生和发展。

我们选择可以揭示知觉财富的时间和地点去自然界旅行。春天来临时我们每天都要到村子的四周走走，登上草原上的山冈，从那里瞭望辽阔的盆地，遥远的草地一览无余。每次我们都能看到明媚春光的新的色彩。我们发现树木从冬天灰暗的颜色到绿色盛装的细微的变化；灌木丛生的坡地呈现出嫩绿的棕色。这种色彩每天都在变。随着天气的变化，尤其是随着春天的太阳的游戏（少年们是这样说的），绿色的色彩在不断地变化：从像宝石一样明亮的碧绿色变成淡紫罗兰色，从湖绿色变成雪青色。我们发现了春天的绿色有二十多种色彩。绿色草地上的色调的闪变尤其色彩纷呈。

少年体验到了欢乐、欣喜和惊讶的情感。知觉的细腻孕育了情感的细腻，发展了去体验这种情感的人的高尚的需求。

当秋天展现自己焕发的容光时我们去树林里旅行，这是培养感觉和知觉的奇妙的课堂。很难用语言去表达在初秋宁静的阳光明媚的日子里树叶的五彩缤纷的色彩，尤其在雨过天晴或夜露初霁的清晨，沁人心脾的空气似乎展开了树林、花园、草原的新的秋色。有一些少年发现了七十多种色彩的变幻，从红色变成黄色，从黄色变成绿色，从绿色变成蓝色；另一些少年发现了八十多种色彩的变幻。瓦利娅和柳达说她们在一片槭树叶子上找到了九种色彩的变幻。米什卡、柳芭、科斯佳看到了冬小麦的绿色有六种色彩。在阳光绚丽的日子里少年们都喜欢在课后到田野、树林、池塘边去发现，去欣喜。

在我们面前展现出周围世界的令人惊讶的新的美色——空间的美。我们开始观察、端详并发现，清晨和傍晚时分色彩的变化正是由于空间起了变化。初秋的一个星期日我们到田野上进行如少年们所说的对遥远的草原的观察。当太阳高挂在天穹的最高点时，我们登上了古代西徐亚人的高高的陵墓。在我们的眼前展现出一派令人惊讶的景色，少年们不由地欣喜和激动地观看着。我们久久地默默不语，好像害怕破坏了这幅迷人的景色和在这一时刻所体验到的现实的幸福。我们的面前田野像风平浪静的大海，树林就像绿色的岛屿。鳞次栉比的盆地、绵亘不断的丘陵、此起彼伏的波涛、错落有致的树林，所有这一切都在向远方延伸，就像是神秘的海洋王国的迷人的海底世界，而辽阔的空间、田野上空微微颤动的雾气，就像是阳光照耀下的一汪清澈见底的水面。我们看到了空间怎样把几十种色彩涂抹到农田和草原上，涂抹到丘陵和小树林上，涂抹到散布在山谷中、似乎在和煦的阳光下打盹的村子上，涂抹到深绿色的樱桃园上和绿色的柳树怀抱的静穆的蔚蓝色的池塘上（少年们说："这是在地上的几小块蓝天"）。我们欣赏着颜色的细微的变化——从明亮的碧绿色到暗紫罗兰色，从嫩绿色到深蓝色。空间把它的颜色和色彩展现在我们面前。远方，笼罩在地平线上的林带的雪青色的雾霭使我们神往。下个星期日我们要到那里去，新的远方将展现在我们的面前：第聂伯河、村庄和农田、第聂伯河两岸一排排挺拔的杨树和枝叶纷披的柳树。

对周围世界的美的观察和感受，是理解和体验现实生活的快乐，生活的美的最主要的源泉之一，使我们产生了一种思想，即世界、大自然和美的生命是永恒的，而我只能生活在大自然指定给我的一段时间内，这种思想的不可逆转性和唯一性的重要源泉也在于对周围世界的美的观察和感受。重要的是要使每个人在少年期就考虑应该怎样度过自己的一生。我们应该教会人去珍惜生命，教会他去珍惜人，爱护人，保护生命。

我永远也不会忘记，在夏日的静悄悄的清晨我们怎样在林边欣赏白天的诞生和旭日东升。男孩子们和女孩子们像着了魔似的站在那里，目不转睛地盯着朝霞色彩的变化：天空中色彩的变化，池塘的镜子一般的水面映出清晨的美色和色彩的变化，把他们吸引住了。在宁静的、温柔的秋日我们学会了区分万里无云的晴空的14种色彩。塔尼娅用“冷淡的、不安的天空”来描述其中的一些色彩；丹科把其中的一种色彩称作“平静的天空”；费佳找到了“深沉而凝滞的”这样的词来形容天空的色彩。

去大自然旅行也丰富了我们的听觉和知觉。在少年时代和在童年时代一样，聆听大自然的音乐给了我们许多欢乐、赞叹和惊讶。春天草地奏出的音乐在我的学生的心灵中留下了终生难忘的印象。他们从童年起就熟悉这种音乐，但现在更细腻地接受和感受它。在阳光明媚的春日，当草地刚铺上一层嫩绿，树上爆出嫩绿的幼芽，我们来到池塘边，坐在老柳树下，倾听远处传来的春天草地的细语（这一艺术形象是少年们创造的）。世界为我们奏出了极微妙的音色的变化。在欢乐的、喧闹的天空中（这是卡佳的话）从温暖的地区飞回来的鸟儿在鸣叫；细浪拍打着河岸，柔嫩的树枝在头顶上颤动，在远方草地的什么地方不时传来轻柔的音响，就像蓝色的苍穹在叮当作响。这种音乐能在心灵中激发出愉快地感知世界的细腻的情感。人体验到与自然交往的快乐，他就想成为更美的，更好的。着了迷的莉达说：“生活有多好啊！……”

我们去听树林的喧闹。在宁静、炎热的夏日和在愉快的晴朗的清晨，然后就该是阳光明媚的白天（舒拉的话）和警觉的傍晚（托利亚的话），当通红的霞光预示着将有一个有风的、凉快的日子时，少年们捕捉到了森林音乐（加利娅的话）的最细微的音调。

夏日田野的音乐给了我们莫大的享受。中午我们来到田野上，躺在麦穗下面，看着滚烫的天空（拉里莎的话），细听偶尔能捕捉到的麦穗的细语、受惊的鹌鹑的双翅的扑簌声、云雀的银铃般的歌声。云雀的歌声是这支交响乐的主旋律。我们的诗人瓦利娅说："好像全世界都在发出银铃般的声音。"

在灌木丛生的沟壑中我们又发现了（科利亚的话）大自然的另一个令人陶醉的旋律——林中小溪的音乐。小溪的涓涓细流从泉眼中涌出，唱着歌（诗人柳达的话），潺潺细语。

在寒冷的冬日我们来到了自己的"幻想角"，在神秘的山洞里我们点燃了火。在暴风雪顽皮捣蛋（米沙的话）或寒风敲我们的门（斯拉瓦的话）的那些日子里，我们体会到了真正的幸福。

我的学生们从童年起就记得他们在离村子不远的草原上度过的欢乐的时刻：我们观察白天的消逝和夜晚的降临，倾听夜晚田野的音乐，到少年时期这样的时刻变得特别愉快和动人。我们坐在高高的白蜡树下，观赏着暮色如何裹罩（谢廖扎的话）田野和村庄，聆听白天的喧闹声如何静寂下去，新的音乐——夏天夜晚的音乐如何奏响。

在对周围世界的细微色彩的感知的影响下产生的情感，使观察变得更细致，使心灵变得更敏感，感受性更强烈。每次当我们从树林、田野、池塘边回来，我都看到，（用形象的语言说）男孩们和女孩们不仅对自然的美，还对整个人类睁大了眼睛。他们不仅更关心彼此的精神状态，而且也关心其他"不相干的"人。在聆听了林中小溪的音乐后回家时，我们看到了路旁有一棵被汽车撞而折断的不大的小树。男孩和女孩们走近这棵小树，他们若有所思地、哀伤地、久久地站在那里。虽然一句话也没说，但可以感觉到，在这一时刻在少年的精神生活中正在出现一些复杂的现象。

在这些年里少年们栽培了"人民花园"和"人民葡萄园"。不轻松的劳动成了孩子们的精神需求。培养感觉修养和知觉修养，对少年，尤其对家庭环境中隐藏着使心灵变得冷酷的危险的那些少年，具有特别重要的意义。科利亚和托利亚只要在家里待上两三天，不与学校集体来往，他们的心就好像套上了一层铁石心肠的盔甲，他们变得粗暴，容易发脾气，尤其是托利亚（产生这样的缺点，常常是由于少年家人的粗暴、冷漠、冷酷）。通过激发对自然界的美、对观念和原则的美的感受性，激发对其他人的精神世界的感受性，是可以除掉这层盔甲的。我把激动的、戒备的、警觉的托利亚带到花园或草地。我努力使人在这种环境下感觉到自己周围的美，设法在他面前展现人道的、诚挚的新的境界。在少年激动、戒备、发怒的时刻，他从教师那里领会到的东西是很重要的，多次的实践使我对此深信不疑。我给托利亚讲述了那些为其他人创造美和快乐的人们的事情。在有的人的心中，恶已播下了冷漠、凶狠、冷酷的种子，十分重要的是要让这样的人看到、感到某种人道的东西。我看到了少年心中的冰块正在一点点地融化，他的眼神逐渐变得温和。我们深入到树林的深处或去远方的草地，在我们的面前是风光绮丽的世界。我使少年在这样的时刻接受了美的微妙的色彩。这对培养少年的心灵对语言的敏感性是尤为必要的。

语言和人的情感修养

现在我们开始探讨教育的一个神秘的领域——对这个领域研究得还很不够。为什么一位教师的话语能成为强有力的教育手段，而另一位教师的话语对学生来说却是难以忍受的折磨？

对于“不能用语言去教育人”这样的论点，我是无论如何也不能同意的。关于“用语言进行教育是一种片面的教育”的“理论”，已经带来并还将带来许多危害。有的教师确信，语言作为一种教育手段，必须尽可能少地运用；制度、劳动和监督，才是最主要的。

这些观点和论点反映出对教育过程的肤浅的认识。在教育中没有一种唯一的、万能的手段可用来影响人的精神世界。劳动是一种强大的教育力量，这是一个最基本的真理。但是如果不能用对人的教育中的最精细的工具——语言去触及人的心灵的最敏感的角落，那么这种教育力量将是沉睡的壮士。不重视语言，不相信语言的力量，会导致教师缺乏教育修养和教育上的简单化。“如果在‘语言教育’这个概念中包含了某种不体面的东西，”有些教师想，“那么有什么必要在这方面再去进行创造和探索呢?”

我把许多学校中教师与学生之间的精神联系称之为教育上的笨嘴拙舌。糟糕的是教师不善于从语言的宝库中选择恰恰需要的词汇，从而找到通向人的心灵（心灵是独一无二的，每个人都不一样）的道路。不经意地想起的几句话毫不起作用地被学生的意识弹了回去。教师的话学生一个字也听不进去，他的心灵对这些话语就像聋子一样。

在一定的意义上语言是唯一的教育手段。这特别适用于少年期，少年期是认识观念、原则、概括性真理的年龄期。希望掌握复杂的现象和关系的愿望，要求对语言及其色彩十分敏感。不发展少年对人的思想和情感色彩的感觉能力，对少年进行情感的和审美的教育则是不可思议的。一个人理解并感觉到语言的变化，即理解并感觉到它的丰富的内在含义和情感色彩，对于语言的这种敏感性也就培养起来了。

培养对语言及其色彩的敏感性，是人的和谐发展的前提条件之一。从语言修养到情感修养，从情感修养到道德情感和道德关系修养，这就是通向知识和道德和谐的道路。我认为语言教师和班主任在工作中的相互配合，是形成这种和谐的有利条件。高度的感觉修养和知觉修养，是培养对语言的情感色彩和词语变化的敏感性的手段。在上文中我不是随随便便地举出一些定语作为例子，在这些定语中少年赋予了语调和语音的色彩。少年在祖国语言宝库中找到的每一个词，都要求他在智力和情感上付出很大的努力。语言反映了少年在自我培养情感方面内心所做的大量的工作。人的智力要认识周围世界，需要有很高的情感修养，而情感修养的物质载体只能是语言。

为了使教师的语言能起教育作用，这种语言就应该能在学生的心灵中生存。我对学生讲述共产主义思想观念的美，讲述为了祖国的自由和独立而斗争，讲述人的精神的力量。如果我不能在学生的心灵中引起对语言的细腻的敏感，如果我说的每一句话没能在他们的心中激发出内心的情感响应，那么我所说的一切只不过是空话连篇。为了用语言进行教育，就必须在少年的心灵中创造语言的精神财富。如果没有这种财富，教育上的笨嘴拙舌就开始了。

我坚信：少年教育中的许多困难就在于，在从智力上去认识世界的同时，教师没有进行细致的工作去发展学生的情感—审美修养及对语言的敏感性。

在少年期我们继续去思想和语言的源头旅行，但我们的目的不再仅仅是积极地积累新的词汇和揭示这些词汇的情感—审美色彩；在少年的个人创作中，在他们相互的精神联系中表现出自己的情感修养，也成了我们旅行的目的。去思想和语言的源头的旅行揭示了语言的微妙及其情感—审美色彩，我努力使这样的语言在少年的心头开始自己的生命。

瞧，我们在欣赏正在扬花的荞麦田：我们在倾听犹如竖琴演奏的蜜蜂的独特的嗡嗡声，潜入语言的细腻中。在低年级时在这样场合下会立即开始集体创作：孩子们写作文，写诗。现在由美激发的灵感更具有个人的特点。男孩子们和女孩子们似乎不好意思在集体面前表达自己的情感，于是开始了个人的创作。每个人都写下了自己的歌颂大自然的小故事和小诗。在少年期的确所有的孩子都很喜欢诗歌。这是形成情感—审美修养的一个重要阶段。我们经常举行诗歌创作晚会。男孩子们和女孩子们都愿意把自己在灵感萌生时创作的东西拿出来与同学交流。他们牢牢地记住了这些诗，这就证明了语言已在学生们的精神世界中扎下了根。

几乎所有的诗歌都是自由体。这在一定程度上反映了我对他们的影响：我就常常写这样的诗；孩子们不仅沿用了我的风格，也接受了我的思维特点以及我感知周围世界的特点。我抄录了几十首我的孩子们写的诗。下面就是我们的女诗人瓦利娅的一首诗。

云雀之歌

黎明的雨水洗涤了蓝天。
苍穹一片蔚蓝，
就像一首嘹亮而又欢乐的歌。
晶莹的水珠挂麦穗，
颗颗水珠映出一个小太阳。
草原上静悄悄，静悄悄。
麦穗和雨滴向着大地探下身。
我漫步在草地上，
生怕惊扰了田野的宁静。
我来到古代西徐亚人的陵墓，
高高举起双手，
呼吸着暴风雨的气息。
我站着，屏息倾听这寂静。
突然从太阳那边，
从被黎明的雨水洗涤过的蓝天的深处，
飘来平静而又温柔的音响，

就好像从蓝色的玻璃中传出的响亮的铃声。
好像有人把金色的谷种
撒向明澈的大钟——蔚蓝色的苍穹。
大钟颤动着，摇曳着，歌唱着。
我眺望蔚蓝色的天空，
看见一小点灰色在跳动。
这是云雀在迎接晨曦。
有一个关于春鸟的美丽的传说：
太阳的火花
溅落到黑色的沃土上，
大地上万物生机萌发，
鸟儿飞向天空……
云雀在歌唱母亲——亲爱的大地，
歌唱明媚的太阳，
歌唱自己的孩子们，
在某一片麦田的小窝中，
小鸟们在甜甜的、香香的睡梦中。

热爱语言美的人对自己周围现实中的审美的、道德的方面变得更敏感，要求更严格。他们对语言，对语言色彩的丰富性的感受越细腻，年轻的心灵对道德说教的领会就越深刻，对影响少年精神世界的最精细的手段——教师的语言和整个人类的美的感受也就越深切。对于培养这种感受性具有重大意义的是去观念世界旅行：讨论精神的力量、思想勇气、对邪恶的毫不妥协、克服困难中的不屈不挠的精神、人对崇高思想的忠诚所表现出的伟大和美。这样的讨论的一个突出的特点就是似乎避开了具体的事实、事件和现象，而去追求概括化的真理和原则。少年非常需要这样的讨论，因为他们很希望进行推理。认识观念世界，是少年期的特点。但是，要使观念产生教育作用，少年就应该感觉到，体验到它的美。这能使人得到升华，使人变得高尚。

我从叙述能揭示人的精神生活的现象、事件着手开始去观念世界的旅行。在宁静的冬季的夜晚，少年们来到了“故事室”，我给他们讲亚历山大·乌里扬诺夫的故事。他的勇敢精神和对信念的忠诚所表现出的美，吸引住了男孩和女孩们。当我讲到亚历山大·乌里扬诺夫如何愤怒地驳斥了律师要他请求人民的刽子手的饶恕的建议时，我的学生的眼睛中燃烧着一团火，他们为真正的人而骄傲。于是开始了激动人心的讨论。男孩子们和女孩子们好像远离了具体的历史事件和具体的功勋，对于思想的坚定性、对信念的忠诚、荣誉等问题他们陈述了自己的想法。这些概念的真正含义在我们面前展开了。少年们坚信：做一个真正的人，就要珍惜自己的荣誉，终生不渝地忠诚于崇高的理想。比起为人要正派这样一个基本要求，这无可比拟地高尚得多。通过讲述谢尔盖·拉佐的英雄业绩，列夫·托尔斯泰、康斯坦丁·齐奥尔科夫斯基、伊利亚·列宾和伊戈尔·库尔恰托夫的宏伟的劳动成果，我努力使这一信念更深入人心。我努力使“荣誉”、“功勋”、“勇敢精神”、“英雄气概”这样一些崇高的词语的真正的含义，不在少年的意识和心灵中消失，不让他们轻率地对待下面这样的格言：“生活中处处可以建立功勋”，“人人都可以建立功勋”。少年深信，在高尚的行为与功勋之间，在基本的正派作风与共产主义信念之间，在执行纪律的要求与勇敢精神之间，在日常生活中的诚实与崇高的公民荣誉之间，存在着巨大的差别。

对思想的认识

在懂得了真理之后，人的全部精神力量都集中到熟记、背诵、了解、回答、向教师“和盘托出”自己的知识。这时心灵对理智所思考的东西仍漠不关心。有的教师在课上阐明道德的、政治的、社会的、审美的真理的意义时过多地采用智力劳动的手段，让学生熟记一些事实并对之进行逻辑分类，等等，从而降低了这些真理的教育力量。我认识一位历史老师，他热衷于采用各种各样的表格和图片。他向少年们阐述我们的人民在1812年的卫国战争中的丰功伟绩。孩子们屏息凝神地听着全体人民反侵略者的斗争的故事。突然，这位老师匆匆忙忙地结束了自己的故事，要求学生画出一张逻辑图，“逐条列出”促使我们取胜的各种原因。于是崇高的激情消失了，“对事实的解剖”把生动的思想变成了一张死的图表。思想好像在意识的表面一掠而过，没有触动心灵。

对思想的真正认识（用理智和心灵去认识，形成个人对道德真理和道德原则的态度），是在您诉诸自己学生的内心精神世界时开始的。如果学生已经理解了教材，您不必急急忙忙转入下一章或下一个专题。您要找到一些能激发孩子们去思索和深入理解的词语。要让少年有机会用自己的眼睛去看事物，使之似乎成为事件的参与者和评判员，这在少年期是很重要的。实质上，情感—审美认识就是从这里开始的，信念也是这样形成的。

少年对善良和邪恶、对正义和非正义、对荣誉和耻辱是非常敏感的。所以对社会生活和人的精神世界的规律的认识，对他们来说应该同时也是对善和恶的情感—审美认识。您要找到一些能诉诸自己学生的理智、心灵和良心的词汇，要使他们不仅懂得善和恶的本质，还要明确地确定自己的道德、思想立场。要找到一些词汇去促使学生体验对社会邪恶的毫不妥协的情感。与思想上的敌人针锋相对的情感体验，这是一种很重要的精神状态，没有这种体验道德信念的形成是不可思议的。当我讲述布鲁诺时，孩子们的眼中就迸发出对宗教裁判者们的仇恨的火花，因为他们残酷地迫害那些让人们睁开眼睛看世界的最优秀的人物。在阐述理智与愚昧、自由思想与宗教的斗争的思想时，我眼前看到的不是只会对我所说的东西进行“加工”的抽象的学生，而是一个个有着敏感的心灵的活生生的人，他们是托利亚和科利亚、斯拉瓦和尼娜……学生们相信善必胜，相信正义，相信一切光明和诚实的东西，这种信念取决于他们将怎样对待善与恶的现实载体。我认为我的教育工作的一大成功，是让一些英雄人物的形象深深地印在孩子们的心坎上，这些英雄把拒绝真理看作奇耻大辱，把为宣传真理而死看作莫大的荣幸，使孩子们在自己周围的生活中不仅看到善，也看到恶。

在谈到法西斯侵略者在我们苏维埃土地上的兽行时，谈到马伊达内克集中营中的焚尸炉时，我尽力在少年的心中树立起斗争的精神，敢于与在当代还准备燃起世界大战烽火的反动力量进行斗争。

在文学和历史课上，在孩子们的意识和心灵面前展现的是一部道德发展的历史。

我向孩子们指出，基本的道德修养规范是如何在人类社会中形成的，劳动者是怎样珍爱为了幸福的生活而用共同的劳动和斗争获得的和创造的所有最优秀的东西，并把它们代代相传。

祖国观念和情感的形成，在道德史的讨论中占有特殊的地位。对这一观念的情感态度决定着公民的道德面貌。在人的生活中应该有某种最主要的东西，它高于所有日常的琐事、日常的忧虑和激情。两个人可以彼此没有好感，但当事情涉及一件伟大的、神圣的事情时，即涉及祖国时，他们就成了志同道合者，成了战友和朋友。把祖国看作是最神圣的、最宝贵的，这种态度使人类的全部情感高尚起来，使人们互相接近，互相亲近，荡涤心灵中一切贬损其尊严的东西。

要在每个年轻的公民心中确立一个神圣的、不可侵犯的观念，就必须细致地、审慎地去研究人类的历史。我在前面已经说过，祖国的情感如何使人变得高尚，如何鼓舞人去完成英雄的业绩。人的真正的不朽，就在于对祖国的无限的爱。我好几次对孩子们讲述了我们的同乡，苏联英雄，黑海舰队水兵阿列克谢·卡柳日内的不朽的功勋，他在保卫塞瓦斯托波尔的战斗中受了致命的重伤，在临死前他给自己的父母、青年和后代们写了一封信。我读着这封镌刻在英雄墓碑上的信，激发孩子们去思考自己的命运和祖国的命运。这个故事一直能激发起浓厚的兴趣和交流思想的愿望。孩子们也是怀着这样浓厚的兴趣去听关于亚历山大·马特洛索夫、尼古拉·加斯捷洛和其他创造了丰功伟绩的人们的故事。我永远不会忘记，在我讲述了关于亚历山大·马特洛索夫的功勋的故事后托利亚说："没有祖国，真正的人是一天也活不下去的。祖国使我们每个人成为真正的人。"

"为什么会这样？"万尼亚问。"我们怎么常常忘记最宝贵的东西。在我们面前是广阔的田野，麦子正在成熟。我们想的是：将是个丰收年。不知为什么我们忘记了这就是我们的祖国。这大概是因为当人有眼睛的时候他常常会忘记自己的眼睛，有手的时候也常常会忘记手。我听到过一个卫国战争中的残疾人的故事。他被法西斯匪徒俘虏了。他的口袋里不知怎么保存着一块灰色的小石头，这块石头是他在被法西斯匪徒驱赶战俘去西方的路上拣的。这块小石头温暖着他的心灵，让他想起祖国，坚定了他对胜利的信心，因为小石头提醒他，祖国的土地还在。"

科利亚说："我望着草原上高高的陵墓，心想：在那里，在我们的土地上，我们的很早很早以前的祖先打败了鞑靼入侵者。当瑞典人从波尔塔瓦逃往土耳其时还打败了瑞典人。他们还打败了白卫军和法西斯匪徒。这已经是我们的爷爷和父亲辈的事了。这条路就是解放者，苏联红军到我们村子里来走过的路。这就是祖国。”

这些话似乎是很普通的，说过不知多少次了。但是对少年来说不是这样，这些话对于他们是一种启示。在这些话中包含着祖国的观念，因为祖国在他们的心中。

少年精神生活中的情感刺激

我在学校工作期间，关于情感状态与思想、道德、智力发展及信念的形成之间的相互关系和依从关系的问题，一直让我不安。对同一些学生的精神生活、劳动和学习的长期观察，直接参加集体的精神生活和劳动，与一些学生多年的友谊，所有这一切使我有可能得出涉及个人生命活动的所有方面的和谐的结论。用形象的语言说，情感状态是乐队的指挥，随着他的神奇的指挥棒的挥舞，各种各样散乱的声音变成具有美妙旋律的和声。如果在童年时代情感能很快地控制人的精神世界，而且情感变化很快，那么到了少年时代情感的稳定状态就占据优势。理智与情感、情感与道德意识、对周围世界的情感态度与现实这三者之间的关系，就变得更细腻，更敏感。

少年思维的内容、性质和倾向性，都深刻地反映在他的情感状态中，不仅孕育智力情感，还给他的全部精神生活打下烙印，并形成一种情感，我称之为丰满的精神生活的情感。教师的任务是要使智力劳动（在少年的生活中智力劳动起着决定性的作用）成为一种活动，表现出心灵的积极的力量，成为人的自我肯定和自我认识。教师真正的本领表现在，少年在他的指导下在教学过程中表现自己。少年在复杂的、多侧面的周围世界中对自己的态度和对自我的认识，对少年情感状态起着决定性的作用。表现自己，是教育和自我教育中的一个很复杂的和困难的领域。它不局限于课堂上。教学，获得知识，这是多方面的智力活动，是对社会有益的劳动。我们尽量使这种活动与少年的复杂的、多种多样的智力生活，与他在劳动和思想方面的自我肯定，发生千丝万缕的联系。

少年越深入到知识和劳动的世界中，他就越感觉到自己是个人，是个有创造性的人。我们注意使知识的获得与创造性地运用知识联系起来，使知识不致成为一堆死的东西。完成这项教育任务，更适合于学习困难的少年。彼得里克、尼娜、斯拉瓦的勤奋学习和爱好劳动，就维系在情感刺激这根纤弱的细线上：只要这根细线一断，就什么也没有了，他们的学习就变成了沉重的、不胜负担的劳役。使这根细线结实可靠，使人不受失望的威胁，这是多么重要啊！

我们得出一个结论：一个少年，不管他的能力的一般水平是多么平庸，他都应该在某一个方面取得并能体验到一定的成就，感到自己在某个方面是真正的创造者，是知识的主宰。而这恰恰就是把人与学校，与智力生活的世界，一般说来与人类的文明联系起来的牢固的基础。斯拉瓦在理解历史科学的规律方面非常吃力。他对理解概括化了的真理感到很困难。在数学方面这个男孩很难“抓住”从现实的东西和事实向抽象规律的转化：代数公式和定理对他来说是百思不得其解的秘密。必须在智力劳动中，在智力生活中找到能使这个少年感到自己是真正的创造者的那个领域。我们找到了两个领域。第一个领域是阅读关于世界各国和各族人民的科普书籍。斯拉瓦对这样的书很入迷，逐渐地他收集了一大批这样的书，在集体中他成了地理学和人种学的行家。他可以连续几小时地给同学们讲述印度尼西亚的各个民族、印度洋和非洲的各个岛屿，讲述他们的文化、日常生活和习俗。第二个领域是制作几何模型。教师教斯拉瓦利用用塑料和玻璃制作的模型来表达与定理相联系的体积概念和空间概念。他对这项工作入迷之后就开始理解抽象真理的实质。通过顽强的劳动和钻研教科书，几何成了他喜爱的一门学科。把斯拉瓦与智力劳动，与学校联系起来的这根线变得越来越牢固了。他感觉到了自己是一个合格的人，在困难面前没有不知所措。

彼得里克在理解语法规则方面困难很大，常常犯重大的语法错误。长期以来文学课上的写作让他头痛。我和他多次去田野，去池塘边、去树林，一起观察颜色和色彩，倾听大自然的乐声。这个男孩开始逐渐发现语言的微妙之处。迷茫的表情在男孩的眼中消失了，这对我来说是一件大喜事。他对创作的兴趣觉醒了。我读了一些在大自然中构思的小作文；他产生了强烈的愿望要用自己的语言描述使我产生灵感的景象和现象；我的灵感传给了他。

知识反映到情感中，这是知识转化为信念的重要条件，是形成信念和世界观的条件。情感状态对少年的智慧和全部智力活动的影响，具有巨大的反馈力量。在少年期智慧对情感状态特别敏感。无数的事实使我确信，乐观愉快地感知世界，对事物、现象和真理的支配感，对自己力量的信心，能刺激记忆、思维和灵敏性的新的源泉。

精神生活的充实，这是一个宽泛的、多侧面的概念。创造性劳动把手的技艺与知识有机地融合在一起，它是使少年的精神生活丰富的一个很有效的源泉，但遗憾的是，对它的研究还很不够。在“活动”这一概念中，我们正是包含了智慧的创造和手的创造的融合，精神生活的丰富就来自这种融合。我们尽量使每个少年都有自己喜爱的、感兴趣的、令他兴奋的工作；使在工作中产生的情感迁移到学习中，迁移到集体中的道德关系上。完成这种迁移的条件，不一定是工作与现在正在课堂上学习的理论材料的直接联系。工作能丰富智力生活并强化对学习的兴趣，这和工作与教学大纲及教学过程的联系情况如何是无关的。相反，使手的创造性工作促进认识范围的扩大倒是很重要的。

对有世界观意义的和道德的观念、原则、真理的情感感受性

高尔基在谈到自己艰苦的童年和卡希林外祖父爱打人的手时写道："从那时起在我的身上出现了对人的不安的关注，就好像从我的心上剥去了一层皮，对自己的和别人的委屈和痛苦的这种令人不安的关注变得极其敏感。"培养对人的不安的关注和不可忍受的敏感，是学校的最重要的任务之一。在残酷的时代，在残酷的环境中，被"剥去了一层皮"的心变得富有情感的感受性，这是很大的幸福。在绝大多数情况下常常是另外一种情况：委屈和残酷使人心变得粗鲁、残酷。但是培养情感感受性完全不是要人去经历委屈和屈辱的考验。

情感感受性对形成人的所有品质具有特别重要的作用，而教师的话语和学生活动的统一则是培养情感感受性的极其重要的手段。对具有世界观意义的真理、观念、原则、规律的情感敏感性，形象地说，就是一颗小小的火星，它点燃起信念、原则性和人对自己的信念的忠诚的火焰。只有当人体验过、经历过并感觉到了观念、原则、真理的深刻性时，他才会把它们当作神圣的、不可动摇的东西去珍惜。共产主义信念的形成是由于对具有世界观意义的观念的逻辑认识与情感认识的统一：学生在认识具有世界观意义的真理和观念的本质时，体验到一种欣喜、惊奇的情感，并为人的伟大、智慧和美而感到骄傲。

要达到这一步并不需要采用什么特殊的方式，也不需要说大话或装出慷慨激昂的样子，而要对真理、观念、原则做出深刻的唯物

主义的解释，这种解释强调人的理智、他的创造性的威力，强调在思想上对邪恶和黑暗的毫不妥协精神的威力。情感认识不要求少年采用什么特殊的手段去表达情感。情感认识应反映在心灵的深处，它的力量恰恰就在于此。

对具有世界观意义的观念、真理、原则的感受性，始于对它们的伟大、智慧和美的体验。在少年期积极地表达自己的观点和信念，在人的精神生活中起着特别重要的作用。为了有充实的精神生活，为了朝气勃勃地感知世界、乐观地认识世界并形成对自己力量的信心，重要的是要使少年感觉到自己的观点和信念似乎与某种对立的观点发生冲突。

这种对抗犹如激发新的情感的燃料，激发个人对真理、正义和具有世界观意义的真理的伟大和美做出鲜明的评价。我们一直关注少年的劳动所具有的世界观意义的性质，力图使劳动对少年不仅是一种义务，还是表达、确立对真理的观点和态度的形式和手段。为了表现自己而需要克服的困难和障碍，就是一种反作用力。例如，少年知道，可以在一年内把板结的黏土变成能结果实的沃土，为此就必须创造一种有利于有益的微生物的生命活动的环境。他在完成这项工作时不是单纯地相信科学知识的真理性，而且还确认了自己对科学、对人的认识能力、对自己的自豪感。这就是锻炼人的道德力量的那种精神斗争。没有情感的培养就不可能有真正的道德教育。

道德观念和政治观念对成千上万的现象、事件、人的激情进行概括。就其本质而言道德观念和政治观念具有强壮的情感的根，在受到适当教育的条件下这个根会长出诸如人的活动、关怀和忧虑这样一些生机勃勃的枝条。但这种根需要有一定的环境。为了使这种根生机勃勃并长出幼芽，就必须体验、感受观念，而这就是说要与自己作对比。如果在少年的生活中他对人有个人的态度，就是说，为了懂得道德，就必须去爱人，同时还应该会仇恨损害人的尊严的一切东西，少年才可能对观念产生、巩固并发展纯粹个人的情感态度。

少年在认识世界时把自己当作积极的、主动的因素进入世界，这时对道德真理、观念和原则的情感感受才能成为现实。用智慧和心灵去认识周围世界，这就是说，要在道德真理、观念和原则的现实的、具体的表现中，即在与活生生的人们的关系中，在癖好、行动中和在观点和命运的冲突中去理解它们。

少年期道德面貌的形成主要取决于一种观念：有利于为共产主义而奋斗的所有的一切都是道德的。要把这一伟大的道德的，同时又是政治的观念灌输到少年的心灵中，这就意味着要把少年引导进公民生活的世界中，使他对为祖国和社会服务产生一种公民的愉悦感。我们始终认为学校的崇高的教育使命就在于，使公民的情感（喜悦、自豪感和责任感）成为少年精神生活中起主导作用的、最强烈的情感。这些情感和谐地融合在一起，少年就能在自己的活动中看到公民的目的性。

我们也很重视对另一个观念的认识。这个观念就是：要为人们做好事，要感觉得到并懂得与你生活在一起的人的欢乐和痛苦，要把自己的心灵的一部分给予他，决不容忍冷漠无情，要痛恨损害人的尊严的一切行为，这样你就将是一个真正的人。培养对这一观念的情感感受性，这并不意味着要没完没了地反复地陈述这一观念，从而使它根深蒂固地保留在意识和记忆中。一个人甚至可能并不知道这个作为逻辑判断的观念，但如果他为其他人做好事并同时体验到崇高的情感，那么他就是在用智慧和心灵去认识道德观念。一个很重要的特点在少年身上表现得很突出。这个特点就是：他越把周围发生的一切放在心上，他对周围世界的现象就越关心，他的心灵对教师的话语、对道德教诲、对道德观念的词语表达的敏感性和感受性就越细腻。用智慧和心灵去感知周围世界，是形成道德修养的极其重要的前提条件。道德上的冷漠，其根源在于情感的冷漠。

培养情感，这并不是说要去谈论情感或者教学生去体验情感。斯坦尼斯拉夫斯基多次说过“情感是不能命令的”。如果说在教育工作中一般是不允许矫揉造作和故意制造点什么，那么，矫揉造作和故意制造点什么对于培养情感修养是尤其有害的。有一种公式：我对你讲什么，你就去理解什么，我想在你的心灵中确立什么，你就去感觉什么，于是你就成为一个好人。如果教师相信这个公式是切实可行的，相信它的教育力量，这就会导致崇高的话语在少年的意识中可能会一钱不值。情感需要引导，培养道德和情感修养所必需的情感需要激发，而这一切都必须有情感情境。

利用人们之间关系的无限丰富的生活情境，有意识地创造培养情感修养的情境，这是最细腻的教育技艺领域，是教育修养的本质。如果一个人不能对周围世界进行细致的情感、审美观察，他就不能当教师。在儿童、少年和男女青年身边发生的许多事情，对于道德教育和情感教育来说是无可挽回的损失，而造成损失的原因是教师自己没有养成和发展对世界进行情感—审美的观察的能力。这种能力不是什么天赋的精神品质。只有通过生活才能获得、理解、养成、完善这种能力并更聪明地运用这种能力。如果谈到教育经验，谈到取得经验所需要的工作年限，那么我首先是把对世界，尤其是对人进行情感—审美观察的细致性包含在这个概念中。教师成为儿童和青年的导师，是因为他能用智慧和心灵细腻地、敏感地认识世界。这一品质对于少年的教育具有特殊意义。少年的视野在无限地开阔，他的智慧在不断获得认识概括的真理并对之进行逻辑分析的能力；这个年龄的人能看到远离他们发生的事情，却常常不注意近在身边的事情。教师不仅要发展和深化少年期的本质和少年的社会地位所要求的能力，同时还要发展少年用智慧和心灵去观察就在离他两步远的地方出现的事情和现象的能力。

情感和公民的尊严

培养个人的公民尊严感，这是影响少年精神世界的最细腻的领域之一。教师应全力以赴地使学生感觉到自己身上有能影响社会发展的积极力量。公民感，这是心灵最崇高的、最高尚的运动，它们推崇人，在人的心中确立起社会意识、荣誉感和自豪感。道德纯洁的主要源泉是公民感。一个具有高度发展的、深刻的公民尊严感的人，他对世界具有个人自己的观点，他从社会意义的角度去认识在他周围发生的一切：似乎与他个人无关的东西，也被他当作个人的事情进入他的心灵。

公民的荣誉感和自豪感，始于对崇高的道德行为的审美享受。在童年时代人就有了这种情感，而在少年期由于意识并认识到道德的高尚性的思想实质，使这种情感大放光彩。对道德美的审美体验，是认识人的伟大的社会意义的重要条件。对少年精神世界影响的细腻性，就在于把对道德美的审美享受与对人的认识融合在一起。在谈到高尚的道德行为时，我总是尽量直接诉诸少年的精神世界。少年恰恰对我的这种做法很敏感，向教师袒露心扉：他的心灵中最隐秘的角落也变得敏感了，感受性增强了。

我对少年们讲述人类崇高精神的顶峰——伟大的卫国战争英雄们的功绩，他们为了祖国的自由和独立奉献出了自己的生命，表达了对敌人的愤怒的蔑视，他们饱受可怕的痛苦折磨仍保持了公民的自豪，感觉到自己在道德上、精神上压倒了敌人。少年在认识公民的功勋的美和伟大时，就会联想到自己并去思考一个问题："我能做什么?"

纳尔契克市的一个 13 岁的少先队员萨沙·科瓦廖夫的功勋使

我的学生们激动不已。他用炸药包把法西斯匪徒撤退时要通过的一座桥炸飞了，而在爆炸时他自己也受了伤。他被押解到了法西斯的城防司令部。司令官说："是谁教你这样做的，招出来，就放你回家。"萨沙回答："谁也没教我。"司令官把一块巧克力扔给了少先队员。"去你的，法西斯恶棍！"少先队员怒吼了一声，踩碎了巧克力。司令官揪住男孩的头往墙上撞。敌人把他押到橡树林中枪杀了。纳粹匪徒不敢看男孩的眼睛，朝他的后背开了枪。

我还讲过一位无名英雄的故事，他是一名苏联士兵，被关押在布亨瓦尔德集中营中，他拒绝解下腰带，因为腰带的扣环上闪耀着一颗我们的苏联红星。当纳粹匪徒向他走来时，他把他们打死了一个，打伤了一个。我永远也不会忘记我的学生们是如何专注地听我讲我们的老乡，共青团员薇拉·帕夫莎的英雄功绩。她与自己的女伴们一起写反法西斯传单，把从俘虏营中逃出来的苏联士兵藏起来。法西斯匪徒逮捕了薇拉，拷问她。一个法西斯匪徒挖出了她的一只眼睛。"如果你说出自己同伙的名字，"盖世太保说，"你就能活。不招供，就挖掉你第二只眼睛。你将祈求赶快去死。"薇拉鄙视地朝着法西斯匪徒的眼睛啐了口唾沫，她忍受着惨无人道的折磨说："坏蛋，你要死在绞刑架下。"

每个少年在沉思英雄们的壮丽的、崇高的功勋时，他的思想升华到英雄的境界。在他的想象中描绘出一幅幅人民的骄傲、人民精神的力量、情感的美的壮丽画面。在这样的时刻少年怀着崇高的情感用智慧和心灵去理解这样一个思想：在人类的生活中有任何东西都不能与之比拟的、与之相提并论的东西，这就是祖国的自由和独立，祖国的荣誉、强盛和尊严。

情感情境的一般特点

作为一种教育手段的情感情境的本质，在于人是用心去感觉另一个人的心灵细微的运动，并用自己心灵的运动去回答它们。

情感情境的特点是在心灵的冲动中表现出来的一种活动，这种活动似乎是自发的，任何的策划都激发不起这样的活动，以前获得的道德价值观对它起着影响。不是事先规定好的，也不是有准备的这种活动，是在环境的影响下出现的，它同时表现出一定的情感—道德修养，是进一步发展、深化崇高的人类的激情的手段。

母亲决定打发托利亚住到舅舅家去。男孩心情沉重地与集体告别，但在他心灵深处的什么地方隐藏着一个希望，希望到了那边，在另一个环境中他的生活也许会轻松一些。集体感觉到了托利亚的这种心情。所有的人都很难过，离别时大家的心情都很沉重。在他动身前的几天少年们给男孩送了礼物。他们买了纪念册，每个人都在指定给他的那一页上画了或写了点什么。动身的那一天到了。大家说定，五个人，其中三个男孩，两个女孩，去火车站送行（车站离学校有两公里远）。开车时间是在上第三节课的时候。在上第一节课的时候事情就已很清楚了：男孩子们和女孩子们都没心思上课。我明白，他们都想去为同学送行。但我担心的只有一点：难道他们没有足够的决心提出不上课的请求？他们都走了，派了一名代表来说："难道在这样的日子可以扔下同学不管吗？课可以在放学后补……"对我来说这是真正的幸福，因为孩子们所做的，正是他们的崇高的情感提示他们做的事。好就好在这一情感没有受到痛苦的思索的考验："怎么办？可以这样做吗？会不会发生什么不愉快的事？"

在这一类行动中获得了巨大的精神财富：人确定了自己的崇高

情感。内心世界的鲜明的情感表现加强了人际关系的纯洁性：一个人对另一个人的义务感更深化了，心灵变得更加敏感。在托利亚的生活中集体的态度起了重大的作用。

当在教育工作中实现了情感影响与道德影响的统一时，儿童与少年用心灵生活的能力，把自己的心灵献给人们的能力就特别强。这种毫无自私自利之心的能力使生活变得更光辉，更快乐。没有把自己的心灵献给人们、献给一切有生命的生物和事物，献给一切体现着我们的现实美的东西的细腻的需求，而儿童和少年却有丰富的精神生活则是不可思议的。大家都很好地知道儿童具有与周围的人和物亲近的精神需要，他献出自己的心灵，使自己周围的一切都充满崇高精神并生机勃勃。玩具娃娃对儿童来说是活的生命，他赋予玩具娃娃智慧、情感和性格。这种精神需要并不是什么天生的东西。它是人们给予这个来到世界上并努力成长为人的小生命的第一件人性的东西。希望互相亲近、表现出崇高的精神、奉献出自己的心灵，这是一种崇高的人的需求，这种需求指出了一条教育的道路，在培养对道德真理、观念和原则的情感敏感性和感受性时必须走这条路。儿童的心应该给予某个人，某样东西。如果小孩不把自己的一部分心思放在玩具娃娃、小马、长毛绒小熊、小鸟、娇嫩的花朵、小树、心爱的图书上，他就不可能理解人与人之间的友谊、信任、忠诚和眷恋这样一些深沉的情感。

我认为自己的教育任务，是要使在奉献自己的心灵方面童年期和少年期之间不存在界限，要使在童年期获得的心灵的财富不随着时间的流逝而消失。少年教育中出现困难的原因之一，就在于丧失了童年期获得的情感—道德财富，还常常在于童年期的情感—审美世界狭小和贫乏。形式主义对教育工作带来的危害是极大的：儿童和少年所做的许多事情并未触及他们的心灵，而只是在他们的意识的表层一掠而过。（例如，有时候甚至连帮助残疾人和病人这样的工作，也慢慢变成轮流值班的“措施”，成了用打分去进行评价的对象……很难找到有比这种做法更扭曲儿童心灵的其他任何做法了。）

我很关注让少年在友谊和美的世界中过有着丰富情感的生活，使每个少年都能对某一种东西感到无限的珍贵和亲切，使在童年时代进入他们的精神世界中的活生生的人物和事物，能尽可能多地在整个少年期在他们的情感世界中保留自己的迷人的吸引力。

无论是在童年期的劳动还是在少年期的劳动，实际上都要服从于事物、植物和动物所体现出的崇高精神。具有决定性意义的不是每个儿童栽了多少棵树，而是他种的树（哪怕只有一棵小树）在他心目中的地位如何，这棵小树是如何进入他的心灵的。充满崇高精神的劳动把童年期的情感修养与少年期的情感修养连接起来。童年期创造的一个个美丽的角落，成为最可爱的地方永远保存在我的学生的精神生活中。在告别了朋友和老师之后又过去了许多年，已成了成年人，成熟的人的他们，还常常向往着到这些地方来走一走，看一看。

情感记忆对培养少年的心灵对周围世界敏感性方面，起了巨大的作用。因此我尽力用鲜明的印象和体验去丰富一个人在童年期和少年期的情感世界，使他们对周围世界的情感态度不是过眼云烟，而在他们的心灵中留下自己的痕迹，激发起纯洁的思想和动机。

情感教育与审美教育的统一就在于发展和丰富情感记忆。在我们的学生的童年时代在他们面前展现了一些令人赞叹不已的美丽的角落。这就是池塘边的垂柳、柞木林中静悄悄的黄昏、沟壑中的老樱桃树、丁香花园。这些角落的美景在孩子们的心灵中激发起一种惊叹的情感。他们更把眼睛睁得大大的看着这个世界，体验着欣赏美景的幸福。对与大自然的美景相联系的童年的回忆，使他们对周围世界的敏感性、感受性更敏锐。少年看到了自然的美，因为他们在童年时就发现了这种美，自然的美深深地铭刻在他们的情感记忆中。

音乐是丰富情感记忆的源泉。我尽量使童年时代对音乐旋律的感知，与纯洁的、高尚的、崇高的情感与动机联系起来，其中与动机的联系尤其重要。在大自然的环境中听着柴可夫斯基、格里格、贝多芬、巴赫的作品，孩子们在自己的想象中描绘出善良与邪恶斗争的场面，他们全心全意地站在真、善、美的一边。正是在这样的时刻，在儿童的心灵中激发起了要做点什么好事的愿望。音乐的这种使人变得高尚的力量，能持续到少年时期。我们经常举行音乐晚会和晨会。其主要方式就是听音乐。

最重要的情感情境

1. 我们应该在一个活生生的、能思考的、能体验的、但尚未真正长大成人的人的身上培养起个性的精神美，而这种精神美的培养取决于教师是否善于教会自己的学生用心灵去感觉别人的内心世界。用高尚的情感和体验使儿童和少年变得高尚的艺术，就是引起共同的感受的艺术。我在一个人的童年时代就使他能用心灵去理解和感觉其他人的细微的心灵活动。

我给自己的学生讲了关于一个残疾幼童彼得里克的事，重病把他困在床上，剥夺了他童年的欢乐，我希望每个男孩和每个女孩都能设身处地地为这个有病的孩子想一想。共同的感受就是从这里开始的。我们常到这个男孩家里去，给他带去了书和玩具。彼得里克是个感受性很强的孩子，他对周围世界的感知很敏锐。开始时他怀有戒心，对我们有点不信任，但是少年们的真诚和他们善良的动机融化了孩子心头的冰块。他等着少年们到来，对他们讲自己童年的欢乐和秘密，讲在他的小窗上方筑巢的燕子、给他带来许多快乐的有插图的小人书、清晨照在他头上的阳光。孩子的幻想和创造的世界使我的学生感到亲近和亲切，他们很快就全身心地感觉到了彼得里克的种种忧虑和不安。诚挚的友谊建立起来了。我们送给彼得里克一本大纪念册，我们每个人都在纪念册上为彼得里克画了一张画。我们与彼得里克一起为这些图画编写故事。

与这个病孩的心灵的交流，成了进行情感教育的独特的学校。与彼得里克的最初几次见面就在年轻的心灵中激发起深切的同情：少年们感受到，对每个健康的人来说是很平常的许多事情，却是这个孩子所不能想象的。当塔尼娅叙述树林中黄昏的景色时，彼得里克提出了许许多多的问题："啄木鸟是什么样的？树林怎样喧闹？阳光怎样在草地上闪烁？树林中的凉爽的气息是怎样的？猫头鹰在哪里度过白天？小溪的潺潺声是怎样的？"孩子们很激动。他们的整个心灵都体验到一种悲哀，因为彼得里克不能去树林，不能亲眼看到树林的美，不能亲耳听到树林的宁静和音乐。

"我们带你去树林，"托利亚说。彼得里克着急地期待着预定去树林旅行的那一天。少年们找到了一辆橡胶轮的小车，让小男孩坐在车上，推他到树林里去。在这样的时刻所有的少年的心中都怀着要做好事的愿望。在这个风光无限奇妙和美丽的世界中每个孩子都想对彼得里克介绍点什么。大家把他带到了阳光明媚的林中空地。小男孩看到了啄木鸟，第一次听到了树林的喧闹，感觉到了树林凉爽的气息。

一、二年级的课程彼得里克是在家里学的。我们所有的人都成了他的老师。夏天，少年们帮助彼得里克治病。令人兴奋的一天终于来临了，孩子年轻机体的活力战胜了疾病，彼得里克站起来了。他跨出的每一步都在我的学生的心头产生反响。现在去树林里没有一次彼得里克不同行。他自己走一段路，我们用车推着他走一段路。当要到彼得里克力不胜任的远的地方去时，总有一个少年会陪他留在家里。

情感上的敏感性似乎打开了孩子们看世界的视野。共同的感受教会他们从眼睛中流露出的极不易察觉到的细细的一丝悲伤、沉思、惊慌的神色中，感觉到其他人的痛苦。由于我的学生在童年时代，在少年时代和青年早期经历过了情感敏感性的训练，他们能发现成年人和孩子的孤独感，对他们满怀同情，成为他们的朋友。就这样他们发现了已退休的彼得·帕纳索维奇医生感到很孤独。他的妻子去世了，他安葬了她后就迁居到我们村子里，每个星期他都要捧着鲜花去邻村他妻子的墓地。在一次去树林的旅行中孩子们知道了这一切，看到了老人忧伤的眼神。这个人要走 30 公里的路，就为了把一束玫瑰或矢车菊放在亲人的墓上。老人的这种深沉的情感震撼了少年们的心。少年们与彼得·帕纳索维奇交上了朋友。他们帮助他种花，瞒着他把鲜花送到他妻子的墓上，为的是给彼得·帕纳索维奇带来欣慰。

与这位老人的多年的友谊，在少年的思想和情感上留下了痕迹。他们对人与人之间的诚挚的关系的敏感性和感受性变得更强烈了。他们知道了三年级一个女学生家里发生了不幸。女孩的父亲和母亲离婚了。女孩留在奶奶——她父亲的母亲身边，而她的刚满 2 岁的小弟弟住在另一个奶奶——她母亲的母亲身边。女孩很痛苦：她想与弟弟在一起。有一天她去看望弟弟，而弟弟已不像以前那样高高兴兴地迎接亲爱的姐姐，而是恐慌地、警惕地看着她。“尤尔科已不记得我了。”她对女友们说。这话使女孩子们感到震惊。

当我们去树林旅行坐下休息时瓦利娅问：“为什么人们要互相制造痛苦，要给别人带来不幸和委屈？他们为什么要把拉娅和尤尔科分开？为什么常有这样狠心的父亲和母亲？”如果少年没有感觉到其他人的痛苦，没有把其他人的痛苦这样关切地挂在自己的心上，他们是不会提出这样的问题的。

共同感受的范围是逐步扩大的，从少年在自己周围所看到的扩大到住得很远的人。如果在我们的日常生活中没有经历过共同感受的训练，少年就会对世界上发生的事情漠不关心。教师语言的力量、语言对学生精神世界的影响、“用动词去点燃心灵”的技巧，取决于共同感受培养的是怎样的情感修养。

向学生揭示的科学真理和规律越多，他的智力财富所具有的意义越大，对人的精神世界的认识、人的崇高情感的确立就越重要。少年对文艺作品的感知，也取决于他在生活中的情感训练，取决于对其他人的欢乐和痛苦的共同感受的深度。只有当情感和道德修养的种子已播进少年的心灵并滋生细腻的情感—道德关系时，文艺作品才能培养情感和道德修养。这是对少年正确地进行教育的极其重要的条件。

2. *善良情感的物质表现*。每个少年应长期地把自己的善良的情感倾注到劳动中，并用高尚的动机使劳动富有人性。按我的设想，劳动完成时应达到一种境界，这种境界能使人更细腻、更敏锐地去感觉其他人的精神世界。

我们每年在一月份的第一个星期庆祝姑娘节，有一个男孩在节日前好几个月就到树林里去挖了一棵铃兰的根，把它保存在很冷的土中，然后把它移到温室中，等它开花……体验良好的情感，这本身就可以成为劳动的目的和动机。一个人为了瞬间的幸福而劳动好几个月，在这里面蕴含着劳动的巨大的教育力量。这一时刻似乎使一个人升华到情感和道德发展的一个新的高度。这一瞬间在人的心灵中留下了深深的痕迹。每个少年都体验到这一瞬间是最美好的境界，在这一境界中一个人深入到了另一个人的内心的精神世界中。在姑娘节的前夕这个男孩久久不能入睡。他梦见了女孩子的由于喜悦而神采飞扬的眼睛。在男孩把花献给女孩的这一难忘的瞬间，两颗心都向对方敞开了。用形象的语言说，人的心灵挺直了腰杆，充满了自豪感，随时准备着去创造善。

当地平线呈现在少年的眼前时，当少年注意着“世界问题”而忽略了身边的问题时，使人性，即为了他人的快乐而劳动成为少年期个性的基础，这有多么重要啊！我注意使每个少年在劳动中寻找个人情感和审美生活中的丰富的、快乐的领域。每个人在童年时代就已在父母的宅旁园地中建设了自己的玫瑰园。用形象的语言说，这一小块地就是一扇小窗户，通过它展现出人的情感—审美世界。如果没有几十扇这样的小窗户，孩子们就会生活在黑暗中，而当他们长大进入生活时在情感、审美和道德方面他们将是粗鲁的、冷漠的、无知的。我不能想象没有鲜花的所谓真正的道德教育。每个男孩、每个女孩在玫瑰园中的劳动，对于我来说是重要的教育手段。栽一丛玫瑰，体验看到第一朵花时的欢快，把花送给别人，体验这一时刻的激动人心的幸福，这一切对于培养新人是十分重要的；耕耘土地，种植庄稼，体验劳动的紧张、汗水、老茧和欢乐也同样如此。

体察别人时的细致，情感上的感染性、感受性、敏锐性、敏感性，共同感受的能力、对其他人的精神世界的洞察，所有这一切首先是在家庭中，在与亲人的相互关系中出现。在这里必须找到人心中高尚的精神需求在情感—审美方面的根。对孩子来说母亲是世界上最亲的、最宝贵的、最美的人，人道主义的教育就是从这里开始的。但是善良情感的获得要以付出大量的精力作为代价。少年应该通过劳动来获得善良的情感，并把这种情感体现在物质财富中。

在二年级、三年级（有时还在一年级），每个男孩，每个女孩就在自家的宅旁园地上栽种了“母亲苹果树”、“父亲苹果树”、“奶奶苹果树”、“爷爷苹果树”。促使他们进行这项劳动需要掌握分寸，并且要求十分敏锐，因为并非所有的人都有父亲和母亲……当然，如果不提醒的话孩子也可能会忘记种下的树。

岁月流逝，孩子们长大了。小树也长大了，该结果实的时候越来越临近了。那一幸福的时刻来临了，为了这一时刻孩子们付出了多年的劳动。还在春天，当树上开始结果的时候，男女孩子们就已激动地告诉我母亲树上将结多少苹果。大概没有其他劳动能让孩子们如此激动地等待它的果实，因为他们在这种劳动中看到了自己。

在七月的一个黎明时分，斯拉瓦到我这里来。“我们一起去看看苹果熟了吗，”他说。我们到了他的小花园。母亲树上的苹果已经红了。它们可能还没完全成熟，但这个男孩已不能再等待下去了。他走进屋子，拿出一只大碗，小心地摘下了几只苹果。他把苹果送给了母亲。我从来没有看到这个男孩是如此的幸福。在这一瞬间我在想：“如果你的学生体验到为他人做了好事的幸福，你，作为教师，就是幸福的创造者。”

3. *世界上发生的所有的一切都与我有关*。在儿童的生活中常常有不少难以捉摸的情感情境，即周围世界的事物和现象可能会震撼他们的心灵，但也可能完全不为他们所察觉，这完全取决于孩子是用什么样的眼光看世界的。要给予他们观察世界的敏锐视力，要教会他们体验对观察到的东西的欢乐和忧虑，这是情感、审美和道德教育中最细腻的东西。我尽量使每个人都能珍惜点什么，保护点什么，关心点什么。培养崇高的精神和人道主义，是与美，与美感和崇高感不可分割地联系在一起的。但是，如果孩子不用自己的双手去为自己和其他人的快乐创造任何东西，那么，专门为了他们的欢乐和享受而准备的现成的东西你们给得越多，他们看到的东西就会越少，他们对生动的、美好的东西就越冷漠。

当我的孩子们第一次在校园里漫步时，我要他们注意一棵小橡树，这棵小树不知怎么长在了小路边。我们停住了脚步。“孩子们，看那棵长在路边的枝叶繁茂的橡树，”我说，“这棵小橡树本来也可以长成一棵强壮的大树，但它不走运。看到了吗，不知什么人的脚踩了它的娇嫩的树枝，但它毕竟挺了过来。这棵小橡树还有救。”孩子们以前看到过这棵小树，但无动于衷地从它旁边走过。现在受到鼓舞和希望亲近的需求被激发起来了。拉里莎温柔地抚摸着落上了灰尘的叶片说：“小橡树，你疼吗……怎么救它呢?”孩子们问，他们用担忧的、恳求的目光看着我。现在这棵小橡树对他们来说已不是在阳光底下可能长出的成千上万棵橡树中的一棵，而是他们的在世界上唯一的一棵小橡树。我们拿来了铲子，挖出了一大团土，连根带土把娇嫩的小树移了出来。我们在一个幽静的角落挖了一个坑。把带着土团的小树栽进了坑里，就这样我们的小橡树没有危险了。孩子们回家了，心里想着这是我们珍贵的、唯一的小树。第二天一到学校马上就跑去看自己的小橡树。

人并非天生就能用人道主义的观点去看世界，这是通过劳动和人与人之间的关系获得的。这是投入心灵的劳动，心灵不投入其中的劳动是起不了教育作用的。

我的每个学生都在寻找某种世界上唯一的、宝贵的、独特的东西。每个人都关心一切生动的和美好的东西。使男女孩子们受到鼓舞、感到亲近的事物和生物越多，他们就越敏锐地感知周围世界的现象。我们每年都要在一块不大的地上播种小麦。收割小麦成了一个劳动的节日进入了我们的精神生活中。男女孩子们小心翼翼割下麦穗，生怕一颗麦粒掉到地上。这种操心暂时还不是公民感。对孩子们来说一颗麦粒还不是社会财富，而是一个生命。公民感和公民的世界观是随着时间，随着他看世界的视野的开阔而逐渐确立的。但是，如果一个人在童年时代没有任何他感到最珍贵的东西，那么，他也不可能成长为真正的公民。

我努力不让少年对本应使敏感的人激动不已的事情无动于衷，努力发展他们对邪恶毫不妥协的情感和对善的追求。如果不设法使一个人在少年期对那些似乎与他个人无关的事情表现出个人的关切，那么，高尚情感的培养和公民的造就都是不可思议的。如果少年看到冷漠无情、疏忽大意、有损人的尊严的现象时他的心没有痛得发颤，如果对邪恶的崇高的愤慨没能鼓舞他去做出诚实的、高尚的行为，那么，要进行名副其实的道德教育也是不可思议的。要引导每个少年为正义和善良的胜利而斗争，这是进行道德教育、情感教育、审美教育的一条很重要的法则。

我们的少年建立了少年自然保护小组。他们留心观察：是否有人把手伸向绿色的朋友，是否出现了树林和花园的破坏者，在禁渔期是否有偷猎者潜入捕鱼，是否响起过枪声，野鸭或鹌鹑的血是否在草地上流淌。这种保护大自然的活动有时完成得很有成效：少先队员们气愤地去找他们的高年级的同学，但又是非常高兴和兴奋，因为他们成功地制止了某件不好的事，或者，在最坏的情况下他们搞清了真相。在这样的情况下就形成了非常有价值的情感情境。

4. *高尚的情感冲动*。在一个寂静的秋夜，少年自然保护小组的成员科利亚、维佳、谢尔盖、万尼亚来到了教师休息室。万尼亚气喘吁吁地说："他们坐着汽车来了……已锯倒了一棵橡树。"从他的条理不清的叙述中我明白了下面的情况。几天前少年自然保护小组的成员们发现树林里有一棵橡树，它下面的树皮被剥掉了窄窄的一圈，几乎察觉不到。这棵橡树已枯死了。后来另外两棵橡树也是被用这种方式*杀死了*（这是科利亚的话）。这个事件使所有的少先队员都很激动。事情很清楚：有人在摧残树木，让它们枯死，然后就可以很容易地把它们锯倒并运走。少先队"不可战胜者"中队庄严宣誓无论如何要找到这些罪犯。今天，在光天化日之下一辆汽车开进了树林里。两个人在锯树，第三个人到别的什么地方去了。男孩子们震惊了：他们认出了在毁树者中间有一个是畜牧场场长。他们不止一次地从他那里听到关于爱国主义和公民义务的漂亮的言辞。这是怎么回事呢？现在还怎么能相信这个人呢？偷伐者还未锯倒第一棵树就放下了锯和斧，走到林间空地坐下吃饭了。到别的什么地方去的第三个人——司机回来了。三个人在那里又吃又喝。然后就躺在草地上，大概睡着了。男孩子们轻手轻脚地从自己隐蔽的地方走了出来。他们拿起了锯和斧，在车厢里找到了绳子。他们把所有这些东西捆到一起，扔进了沟壑中，还在上面撒上了一层土。而在车厢上他们写了两个字“窃贼”。

孩子们以自己的方式惩罚了罪犯之后现在担心起来了：这些人会不会控告他们淘气胡闹，甚至以流氓行为为名来控告他们。在他们的眼睛中我看到了对邪恶的义愤的火花，同时也看到了信心的不足。男孩子们好像在问：“我们做的对不对?”我勉强抑制住自己喜悦的心情说：“好样的，孩子们！任何时候，只要发现犯罪、欺骗、虚伪，就按照良心对你们的提示和指示去做。良心是永远不会背叛的。要成为捍卫正义的真正的战士。罪犯将遭到惩罚。除此之外，他们每毁一棵树就要自己亲手栽10棵树并照料它们几年。”

在我的表扬下振作起来的孩子们，交出了汽车的钥匙，罪犯很快就被抓住了……

孩子们照良心的吩咐去做了，而良心，这就是乘以真理意识的情感。孩子们的这种行为毫无疑问将终生在他们的心灵中留下痕迹。再有一些类似的行动，通过这些行动少年在道德上将变得成熟、刚强，针锋相对地与邪恶斗争。

我总是担心冷落了年轻人的激情，生怕播下冷漠的种子，害怕熄灭他们心中义愤的火花。对年轻的心灵中迸发出的真诚的激情，任何时候都不可以嗤之以鼻，任何时候都不可以动摇他们对世界上最宝贵的东西的信念，这种信念就像指路的明星一样照耀着他们的生活的道路，这就是对共产主义理想的信念，对最公正的真理必胜（柳达的话）的信念。对于生活的地平线已展现在面前的这个人来说，他的道德面貌取决于他是怎样面对邪恶的。

有一次“不可战胜者”中队的孩子们在遭遇邪恶时，他们干得就更果断了。在还禁止猎杀候鸟的早春时节，他们发现了两个打了许多野禽的猎人。精疲力竭的偷猎者为自己安排好了休息的地方就睡着了。男孩子们拿起了猎枪、子弹，还有一袋很重的什么东西(后来知道了这是炸鱼用的炸药)，把所有这些东西都沉入了河中。在离睡着了的偷猎者100米远的地方孩子们用芦苇点起了篝火，还把十几发猎枪子弹扔进了篝火中。可以对少年们的淘气行为感到气愤，也可以向他们提出这样的要求：“不要这样做。比方说，可以去村苏维埃，至少可以去学校控告犯法者。”但是在这一要求中包含着假仁假义。它是在教导少年：“看到了邪恶，就要好好地看着，记住它，也可以写下来，去告诉大人，让大人去处理……”如果少年遵照这种要求做了10次、20次，长大后他们就会冷酷地、麻木不仁地、无动于衷地对待人类的一切。他的一切所作所为都将遵循淡然处之、不偏不倚、谨小慎微的原则。他将考虑：“如果在我眼前发生了违法行为，应不应该愤慨?”他可能将学会从对自己有利和合适的角度出发去控制自己的感情。这样的人是可怕的、危险的，因为这样的人能干出背叛和背信弃义的事情，在复杂的环境中是不可以指望他们的，对他们来说没有任何宝贵的、神圣的东西可言。

在生活中常常有良心的感召，有最高尚、最理智的情感，也有被愤怒和义愤强化了的正义感。培养和训练我的学生去敏锐地感知一些现象，这些现象就其本质而言能首先对情感产生特殊影响，我认为这就是教育的一项重要任务。这些现象中包括：一个人给另一个人带来的痛苦和苦难，对学生认为是神圣不可侵犯的道德规范的破坏。从成人的眼光看，学生所遇到的邪恶是无关紧要、微不足道的，但是儿童和少年有自己的衡量善恶的尺度和范围。必须不仅看到儿童的兴趣世界，而且必须深刻地洞察儿童、少年的思想，体验他们的情感，与他共忧虑。共同的感受，这是您在您的学生心目中的道德面貌的情感基础。少年根据您怎样对待他对邪恶的义愤感得出您是怎样一个人的结论。形象地说，如果您在熊熊的篝火上浇了一桶凉水，那么心灵的火热的声音将喑哑，取而代之的是胆怯的思想所发出的冷漠的、谨小慎微的声音："是否值得注意它？反正我的干预也是无济于事的，我一个人能做什么呢？"

解除了情感上的武装就会在道德上产生危险的恶习，即产生自卑感，认为自己无所作为。我觉得，在人的情感世界中最可怕的就正是这种情感：一个人认为自己是渺小的一粒尘埃。这种道德沮丧的根源就在于缺乏情感（广义的情感）修养。

审美情感的源泉

审美情感修养要求学校生活在总体上达到很高的修养水平，尤其在道德修养方面，即把人看作是最高的价值。在日常的相互关系中笼罩着粗鲁、冷漠和不拘小节的地方，审美价值就处于软弱无力的境地。

培养集体成员之间的丰富的情感内涵：敏感、真诚、温馨，由此就开始了审美教育。在人周围的美与人本身的美的和谐的结合中，人与人之间的相互关系的美起着主导的作用。儿童还不能从思想和意识上去理解这种美的本质，但他在用心灵去感觉这种美：对他来说，美包含在公正之中。公正使儿童的心灵变得高尚，而不公正则使他变得粗鲁和残酷。人的内心世界与他周围世界的和谐，是从体验公正带来的欢乐开始的。公正具有一种奇妙的特性，能拨开儿童的眼睛去看美，能打开儿童的心扉去接受美。不公正就像是用冰凉的盔甲裹住年轻的心灵，于是心灵就变得对美置若罔闻。儿童的精神状态、他的内心世界与生活在他周围的人和进入他生活中的人的相互关系，取决于在家庭和学校中起主宰作用的是什么，是公正还是不公正。精神状态，这是对行为的深刻的、个人的情感评价，这种行为在一定程度上反映儿童的个性。公正孕育的内心的精神世界的特点可用这样的话来描述：一个敏感的、打开了心扉的人，他能对另一个人的精神生活的最细微的运动做出反应。对于这样的心灵来说，周围世界的美是形成对善的信念的强大源泉。不公正则导致情感的冷漠和审美的迟钝。

不公正对少年的精神生活的危害尤其大。对人与人之间关系的美，少年已能进行初步的逻辑分析。概括能力往往引导少年得出错误的结论，认为人道和人的尊严，不是在某个个别的场合下，而是随时随地地受到损害。

审美情感的源泉是审美知觉的修养。对不公正的体验，会使高度的审美修养所特有的敏感性变得迟钝。不公正使少年的神经系统受到震惊，引起兴奋状态，然后变得精神压抑、消沉。处于这种精神状态下人就不能正常地感知事物和现象，感知它们的色彩和品质，也不能正常地思考。他感觉不到自己周围的人们身上蕴含的美，从而也不去追求自身的美，不去追求人道主义的理想和善行。

人与人的关系中的真正的美——真诚，远非总是令人愉快的。真理常常是苦涩的、忧心的，真理中包含着对邪恶的谴责和不妥协。但最苦涩的真理会在一个人的心中确立起对做好人的向往，因为真理就其本质而言永远也不会贬低人的尊严。

学校中公正的精神首先体现在对儿童和少年做出的努力的评价上。这种努力的表现往往是很细微的，难以捉摸的，常常是没有结果的，即没有表现为深刻地掌握了知识和牢固的实际技能。付出了智力劳动，付出了努力，但没有结果；而教师只评价结果——知识。儿童把这种片面的评价视作莫大的不公正。要设法使智力劳动总能产生积极的成果，这就是在学校中体现人道和公正的艺术所在。

对学生付出的劳动所作评价的公正性，能使学生形成一个信念：他们和他们的老师，是从事共同劳动的同志，是志同道合的人。由于有了这种情感体验，教师和学生就能彼此敞开心扉坦诚相见：他们的心灵是相通的，人性中最好的东西就不会被偶然的、伪装的、次要的东西所掩盖。在受到高尚动机所鼓舞的同志关系和友谊的气氛中，儿童、少年的心灵就会对一切善良的东西很敏感。一个人感觉到其他人身上的美，这种美就在他的心中确立起对善的信念。孩子像接受自己的朋友、同志、志同道合者的忠告那样去接受教师的意志，而如果少年也这样地去接受教师的意志，这对学校工作是非常有利的。我坚定地认为，这是培养自觉纪律的奠基石之一。学生沉浸在同志式的共同劳动中，充分地展示自己的道德力量和意志力量。他的个人意志不会削弱，相反，他会运用自己全部的精神力量去达到目的。体现真正的教育的这条重要的规律在实际工作中表现为，教师很少禁止学生去做什么，而几乎总是用自己的榜样去激励和吸引学生。培养坚强的意志的技巧的全部“秘密”就在于此。一个好教师很少采用禁止的办法，不是因为他对恶熟视无睹，而是因为学生在专心致志地做好事，努力成为一个好人。

如果每个人都努力去成为一个好人，那么每个人的个性就会在集体中鲜明地表现出来。这里说的不仅仅是每个人都表现出自己的力量和能力。这里还展现了知觉的个别性，以及教师对行动和行为的评价所引起的内心的情感反应的个别性。这种反应是人与人之间关系的美的重要因素。由于有了想成为好人的愿望，学生甚至不把教师的愤怒、火暴、痛苦、悲哀看作是不公正。相反，教师内心的这些活动在学生身上激发起要做得更好的愿望，促使他们去体验教师的公正。

如果您想成为一个真正的教育者，请您向年轻的心灵展现人的美，首先展现您自身的美，这是很重要的。这里谈的不仅仅是作为一种巨大的教育力量的教师个人的榜样。儿童、少年应该理解并感觉到在自己的老师的日常工作中表现出的人的美：细腻的情感的美和情感修养的美。真正的教育者，是一个情感领域宽阔的人，他能深刻地体验快乐和悲伤、痛苦和忧愁、愤怒和气愤。他很少提高了嗓门大声呵斥。孩子们能从自己老师的普通的话语中捕捉到担忧、伤心、惊奇、痛苦、愤怒（和任何有情感修养的、有教养的人一样，教师也有权愤怒）等情感以及几十种具有类似色彩的情感。为了能让孩子们感受到这些情感，真正的具有人道主义精神的教师不必进行什么演说训练。我认识一位优秀的教师，他即使在愤怒时说话也几乎是轻声细语的，而全班学生都屏息静听他的每一句话。这不是对嗓音进行什么特别的“调节”。他的话语是出自内心的，出自情感内在的博大的修养。如果一个教育者想让他的学生感觉到在他身上体现出的人的美，他就应该努力使他们在日常生活中感觉到教师对他们的行动和行为做出的细腻的情感—审美反应。这种反应也就是用人道主义精神，用人类美的公正去进行教育的强大的力量，学校中如没有这种力量则是不可思议的。在教师的这种反应中，在教师的丰富的心灵活动中，学生感觉到了他的个性。

在有些学校中孩子们不理解，也感觉不到教师身上的人的个别性，他们不同情，也不理解教师工作中的困难。孩子们常常用自己的各种各样的淘气行为和花花点子让疲惫不堪的、神经紧张的教师感到厌烦：教师“发火了”，他大叫大嚷……这确定无疑是人际关系修养水平低的标志。哪里出现呵斥，那里就出现粗鲁和情感迟钝。在呵斥中反映出来的是最简单的本能的反应，每个教师的心灵中都具有的情感修养的种子在这种本能的反应中失去。在呵斥下受教育的孩子也会失去感觉其他人的最细腻的情感色彩的能力，失去了对善的敏感性，这是尤其令人担忧的。孩子被呵斥，在家里还要遭到拳打脚踢、敲后脑勺、恶骂等粗暴待遇，在这种状况下受教育的孩子看不到，也感觉不到自己周围的美，他冷漠无情，毫无怜悯心，在他的行为中有时候可以发现人身上最可怕的东西——残忍。

人的情感修养的源泉，是教师用心灵去感觉儿童、少年、小伙子、大姑娘的内心精神世界的能力。孩子常常有自己的恐惧、欢乐、忧虑和痛苦。有高度情感修养的教师能根据孩子眼神中流露出的思想、情感、体验去感觉他的内心世界。一个敏感的教师在明白了学生并非一切顺遂后，他不会立即去询问或安慰，他会让孩子感觉到老师已猜测到了他心中的恐惧、悲哀、忧虑和痛苦。当确信孩子需要帮助后教师就与他单独交谈。善于进行这样的谈话，是情感修养的一个很重要的特点。

培养用心去感觉的能力，是完善教师的教育技艺的一个最重要的方面。要努力去察觉在人的话语中所隐含的情感的潜台词。话语和眼睛一样，是心灵的镜子。我学会了从学生的话语中抓住最细腻的情感色彩：压抑、恐惧、悲伤、孤独、痛苦、懊恼、不满、慌乱。米沙的家里常常大吵大闹。这个少年深刻地感受到父亲的冷酷给母亲带来的痛苦。我学会了根据米沙言辞中最细微的色彩猜测到现在他家里发生了什么事。这个男孩常常谈论一本让他激动的书，而我就知道了他现在是高兴还是惊恐，也就是说，现在他家里是相安无事，或者相反，他的母亲正处于绝望之中。

学生对美的反应能帮助教师理解男孩或女孩的内心活动。一个人的心正因痛苦、委屈、愤怒和气愤而发热、颤抖，他就会从自己的心境出发去接受教师关于善良和公正的谈话，对艺术和大自然的美做出自己的反应。慌乱、痛苦、失望、委屈，这样的情感似乎堵上了美通向人的心灵的道路。如果一个人的心灵不能接受美，如果不公正使人的心灵受到了打击、伤害和侮辱，那么美所培育的那个真理就会变成漂亮的辞藻。在把美作为治病的药方前，必须调节好人的敏感的心弦，使美的韵律能在他的心中激起反响。一个处于慌乱、压抑、失望之中的人，只想说与他个人有关的事。学校集体中的气氛应该是，所有的人都能与每一个人有共同的感受，对每个人表现出同情心和诚挚的关怀。这种气氛不是一蹴而就的，也不是用什么特别的手段形成的。它的幼芽就在教师和学生的普遍的情感修养之中，尤其当教师理解并感觉到儿童智力劳动的全部复杂性、全部困难，正确地评价学生做出的每一个努力时，就会产生这种气氛的萌芽。如果教师根据学生的情绪来“调音”，对学生的一切都大度包容、过分迁就，不严格要求，也不讲究纪律，这与同情心是风马牛不相及的。对无所事事、懒惰和任性采取放纵态度，这是不公正的另一面。在有道德方面的祸根的地方，不公正就会渗透到精神的相互关系的最细小的毛孔中，产生欺骗、虚伪和道德上的不轨行为。

大自然和美

大自然的美在培养高尚的精神方面起的作用很大。它在少年的心灵中培养感觉、感知事物、现象和人的心灵活动的各种细微的表现和差异的能力。

大自然是善的源泉。当年轻的心灵在人的崇高的美（善良、正义、人道、同情心、疾恶如仇）的感染下变得高尚时，大自然的美才能影响人的精神世界。多年的经验证明，有的儿童和少年，心灵中的善良感迟钝、没有想变得更好的真诚的愿望，就会对动物冷酷地、残忍地“开膛破肚”，对大自然的美肆意破坏。人的尊严感的迟钝会使一个人看不到大自然的美。作为进行情感教育、审美教育和道德教育的一种手段，大自然的美只有在对人的个性施加精神影响的所有手段的普遍和谐的情况下才能起作用。对于少年来说，大自然的美首先是培养审美知觉修养的学校。大自然的美能培养细腻的情感，帮助感觉到人的美。我认为自己的教育任务，就是要使在童年时代在与大自然交往的过程中获得的情感—审美财富，到少年时代作为人的一种最深刻的需求进入少年的精神生活，使少年对大自然的美的认识比童年时代更深刻，促使少年去认识自己身上的美的、崇高的东西，促使他去肯定人的尊严。在认识大自然的绚丽多彩的美时男孩和女孩们体验到充满了生命活力的精神力量，渴望去认识日新月异的审美财富的源泉。

人在少年期，比在自己的道德、智力、情感和审美发展的任何一个时期，都更需要细腻地、深刻地、在情感—审美方面更清晰地感知周围世界。对科学真理和规律性的逻辑认识，需要思想在情感的感染下变得更崇高。使思想变得崇高的源泉之一是大自然的美，因为对少年来说思想、认识和发现真理的源泉也是自然界。在少年时代，对世界的审美品质的感知是与深刻的逻辑认识、对事物和现象的本质的深入思考融合在一起的。逻辑认识越深刻、越细微，与逻辑认识相联系的智力情感越鲜明，大自然的审美品质对少年的精神世界的影响就越大。逻辑认识和审美认识的统一，智力情感和审美情感的融合，是少年专注地、仔细地观察人，看清人，感觉到人的内心世界的源泉。

在少年面前揭示着这样一些科学真理，如物质的永恒性、宇宙的无限性、能量从一种形态转化为另一种形态、生物和非生物的统一。洞察这些真理的本质，对少年来说是多么鲜明的、多么出乎意料的发现，对这一大堆知识和印象少年不仅必须深刻地思考，还必须进行体验。如果没有这种思考和体验，逻辑认识的过程就失去了灵魂——对理智的威力的惊奇感，而这种惊奇感，正是渴望知识的源泉。必须让少年去体验、感觉这些真理，是为了使他们不被知识的巨大容量所惊倒，使他们面对知识的洪流时不至于惊慌失措。

体验这些极其重要的具有世界观意义的真理的环境、背景，是大自然的美。当向少年的意识揭示了真理和规律性的逻辑方面，我就带他们去树林、花园，去池塘边，去田野，用普希金的话说，到“冷漠的大自然闪耀着永恒的美”的地方去。少年在认识过程中产生的激动人心的思想的影响下，从情感—审美方面对世界的观察变得更敏锐了。第一次向少年的意识揭示物质永恒和物质不灭的思想，我有意识地放在大自然刚开始从冬眠中苏醒的那些日子里。这一思想的伟大使我们激动和惊奇，我们就怀着这样的心情走向草原。少年们以新的眼光看到了春天的美。在少年的智力和情感世界中，生活的美与关于物质永恒和不灭的思想结合在一起。我看到了普通的、熟悉的东西对孩子们产生了新的、意料不到的印象。

我永远也忘不了，托利亚、丹科、科利亚怎样惊奇地睁大了双眼欣赏夕阳照耀下的柳树。红柳树丛披上了初春的彩装，色彩在阳光的照耀下变幻无穷。“我们周围的生活在沸腾。”丹科说。在他的这句话中我感觉到了一种新的，完全不是童年时代的那种对美的惊奇。这是思想的一种新的、情感—审美色彩。

在生命复苏时期（早春），在鲜花怒放、生机盎然的时期（盛夏）和静止时期（秋季）去会见大自然，成了少年们的一种审美需求。关于生命是无限多样丰富的思想，深化了他们的审美感知。男孩子们和女孩子们用一种新的眼光去看树林的绚烂秋装的不同层次的色彩，发现了秋天丽日的新的色彩。他们第一次感觉到并感受到光秃秃的树林的独特的美。似乎通过关于物质永恒和物质不灭的思想，关于生命是无限丰富多样的思想，少年们在冰冷的、凝固的（这是女孩们在赞叹秋天色彩的变幻时说的话）池塘中，在覆盖着树挂的田野中，在发蔫的柳树和杨树中，看到了生命。与大自然进行审美交往的需求，即使在生命似乎完全停止的冬天，也在召唤男女孩子们去树林，去草地，去田野。即使在一月的酷寒中孩子们仍然能感觉到、看到树林中的生命。

我有意在晴朗的秋天去引导孩子们接受宇宙是无限的这一观念，这时候的星空特别生机勃勃，因为在八、九月份我们这颗行星会在自己的轨道上与大量的陨石相撞，在这一时期“流星”会映照夜空。没有别的观念能像宇宙是无限的这一观念那样强烈地震撼孩子们的思想。在九月底，夜空中繁星闪烁，男女孩子们坐在散发出芳香的草堆上，眼望着深邃的夜空，遐想着无限的宇宙。孩子们对朝霞和晚霞色彩的美，对蓝色的苍穹的美的感受变得更细腻、更敏感了。在阴沉的秋日，天空布满了灰色的乌云，男女孩子们高兴地、着迷地遥望着天空，期待着在什么地方露出一小块蔚蓝色的天空。

现在男女孩子们用新的眼光去感知太阳的美。如果说在童年期太阳对他们来说是童话中的一个生命，它藏在地平线的后面，走进自己的仙境般的花园中，躺下睡觉，而神话中的铁匠巨人正在为明天的工作做准备；现在则完全按另一种方式展示太阳的美。在少年的惊异的、充满着求知欲的目光下，太阳就像是一个正在进行着各种各样的神秘活动的威力无穷的世界出现在他们的面前，这个世界就是地球上的所有生命的源泉。这个发现用鲜明的审美情感渲染了关于周围世界的新思想。男女孩子们注视着晚霞和朝霞的变幻、绚丽的彩虹、在平静似镜的池塘的水面上倒映出的苍穹柔和的色彩。美激发了智力，使求知欲更强烈。在宁静的夏天的夜晚，当男女孩子们欣赏着晚霞、倾听着大自然奏出的美妙的音乐时，他们提出了多少复杂而又出乎意外的问题啊！

在童年期自然界首先是以鲜明的、激动人心的童话的形式反映在人的意识中：幻想的翅膀把儿童的好奇心带向遥远的世界。当孩子们看到雪花莲娇嫩的花朵从去年的寒冷的落叶下钻出来时，花朵的诞生——大自然的这种奇异的、雄伟的现象，在他们的意识中反映成美丽的童话：太阳融化了树上的积雪，温暖的水滴掉到了地上，化开了冰的盔甲，温暖了土地，于是在水滴掉下的地方就长出了一朵花，花儿看到了太阳，看到了晴朗的天空，惊异地环顾着四周说："多美的世界啊！"

童年时期就是这样的。现在童话的时代还没有完全过去，但幻想的翅膀已把他们带到了另一个世界：创造关于美和丑、善和恶的童话。男女孩子们幻想着遥远的星球、宇宙飞行、人类还不知道的新的生命形式和能思考的生物。而对大自然和大自然的美的认识，现在不是通过童话，而是通过思维的智慧而大放光彩。下面是莉达的一篇作文。

朝霞

我喜欢迎接太阳。在日出前很久它就在宣告自己的苏醒。它用自己的光芒在苍穹的夜幕上抹上色彩，星星熄灭了。天空的彩色变幻着，颤动着。大地上有一条窄窄的深红色带子。过了一会儿，这条带子变成了橙红色，再以后，成了玫瑰色、淡蓝色、淡紫色、天蓝色。这样的美景是在哪里，在太阳深处的什么地方孕育出来的？在那里发生了什么？地球上的生命的火花是怎样点燃的？太阳会永远照耀下去吗？如果太阳熄灭了，等待着地球的将是什么呢？

看，太阳从树林后面冉冉升起。彩色的光带熄灭了，天空一片玫瑰色，就像刚沐浴了雨水的一朵鲜花。太阳的光芒已给树冠披上了金装，但还看不到太阳。看，从地平线的后面现出了一颗火星，火星在一点一点地扩大，已经是熊熊燃烧的篝火了。东方的天空在燃烧，草地上的露珠中闪烁着火星。万物苏醒了，所有的一切都在迎接太阳。强壮的百年老橡树，这是太阳创造的。雨水浇灌着它，春风抚摸着它。而雨水，也是太阳创造的。那风，那柔嫩的草茎，还有那像石头一样的煤，那温热的牛奶，所有的这一切都是太阳创造的。

在这里最重要的是求知欲。少年的审美知觉越深刻，他的思想的飞跃就越有力，他就越渴望通过自己的思想去看到更多的东西。

少年时期的范围广泛的精神生活，要求自然界不是成为智力兴趣的某种附属品和背景，而是生活环境的本质。少年必须经常接触大自然，生活在大自然中。智力世界、劳动和大自然的有机统一是特别重要的。少年期的审美认识和对大自然的理解，比童年期复杂得多。如果说儿童只是单纯地欣赏周围环境的美，那么，少年在赞叹美的同时已不能不去思考，不去追根刨底地探索这种美的源泉。我认为教育的任务就是要使少年在与大自然的交往中发展自己的智力。在与大自然的交往中的创造性，在少年的真正的精神生活中是很重要的。必须让少年用自己的双手创造些什么，但问题还不仅在于此。大自然应该成为投入精力的场所。每个夏季都有几天，我们从早到晚地生活在“阳光下的柞树林”中，这是一个神奇的角落，用形象的语言说，在这里，年轻的心灵与美的每一次接触，都会萌生求知、求认识、求思考的愿望。在少年期与大自然的日常接触，要求有越来越多的新发现。我尽力使我的学生们这样地与大自然交往，从而使他们经常不断地发现生命的神秘源泉，提高审美敏感度，激发起对智慧、科学和思想的自豪感。

在审美教育和情感教育中，不允许采用教训的方法，也不允许装出被大自然的美所感动的样子。教师只有真诚地爱上了大自然的美，他才可能在少年的心灵中点燃审美情感的火花。但是只有当学生自己善于与自然的美单独相处时，与大自然的交往才能展开其全部的审美教育的可能性。我尽量使每个男孩，每个女孩在大自然中都有自己个人的精神生活的领域。为了使少年热爱与大自然的交往，必须付出巨大的努力。每个少年都在家里布置了一个自己的“美丽角”。我教男孩和女孩们在这个角落里读书、思考。逐渐地我成功地使每个少年在大自然中找到了自己喜爱的某种东西：加利娅喜爱水井旁的枝叶茂密的柳树，萨什科喜欢攀缘着野葡萄的亭子，济娜爱上了樱桃树环抱中的一块绿色的空地，柳达喜欢梨树下的有两箱蜜蜂的养蜂场，柳芭和莉达喜欢葡萄园。

艺术

艺术，这是体现人的心灵美的时间和空间。正像体操能使人的躯体挺拔一样，艺术能舒展人的心灵。人在认识艺术的价值的同时也在认识人身上的人性，提高自己以达到完美，并体验快乐。人的心灵生活，这是我们的共产主义教育学的最高培养目标。知识、技巧、劳动、创造，所有这一切仅仅是达到最高目标的手段。斯坦尼斯拉夫斯基说：“现在你们问我，人间的幸福是什么？幸福就是认识，就是艺术和劳动，就是对艺术的理解。在认识自身的艺术时你也就在认识大自然，认识人世的生活、生活的意义，认识心灵——禀赋。没有比这更高的幸福。”①

如果把学校和教育看作是共产主义建设的一部分，那么在创造新世界的精神财富方面的最重要的任务就是确立人的幸福。教育学是一种人类学，而这种人类学的基础，实质上就是创造幸福。在幸福的创造中艺术起着巨大的作用。

艺术对于在少年时期塑造人具有特殊的意义。少年在认识的过

① A. B. 塔拉诺夫：《K. C. 斯坦尼斯拉夫斯基》，莫斯科，1965 年，第 172 页。

程中应该感觉到自己是个幸福的人，体验到自己充满着创造力。如果少年的认识范围中囊括了所有美好的东西，就有可能产生以上的感觉。艺术认识，这是一个广泛的、多侧面的概念。不可以把这种认识归结为获得和积累知识，以便去回答教师的提问和得到分数。当人们认识美好的东西是为了自己，为了充实自己的精神生活，当人生活在艺术的世界中，体验到对研究美好东西的渴望，这时才开始对艺术的真正的认识。我认为教育的一项复杂而又细致的任务，就是要使艺术珍品成为少年的精神需求，促使他们尽量用最幸福的、最充满生机的心灵的劳动——对美好东西的理解，去充实自己的课余时间。

艺术进入少年的精神世界中是从认识语言的美开始的。最普通的，同时又是最有力量的艺术，这就是文艺作品。认识语言的美，是走向美的世界的第一步，也是最重要的一步。语言，这是锤炼、培养细腻的情感的一种很有力的手段。最重要的一项教育任务，就是要在童年期使语言连同它的多侧面的、令人愉快的、使人变得高尚的美一起，成为认识美好的东西的永不枯竭的源泉和手段，成为内在的精神财富，同时还成为表现这种财富的手段。如果我相信教育的强大的力量，那么产生这种信念的最重要的源泉之一就是诗歌的美，诗歌的语言反映着经过数百年的锤炼才达到的人类语言智慧的深度。

我带孩子们到形成祖国语言的源头去旅行。我们去看朝霞，去听云雀的歌声和蜜蜂的嗡嗡，目的就是要深入到最丰富的，也是人最容易接近的世界——语言的世界中去。在少年期这样的旅行获得了更深刻的意义。不去祖国语言的源头旅行，却能对少年进行真正的审美教育、情感教育和道德教育，对这样的教育我是无法想象的。对语言美的认识，在少年的心灵中孕育着高尚的自豪感、人的尊严感。少年在认识语言美的同时开始体验到对一切丑陋的、邪恶的东西的憎恨。语言的美也能培养对邪恶的毫不妥协、毫不容情的情感。引导少年去祖国语言美的源头，向他们揭示这种神秘的美，我认为，这就是审美教育和情感教育的最细致的、最崇高的任务之一。当在阳光明媚的白天我和孩子们坐在荞麦地里，倾听着蜜蜂发出的竖琴般的嗡嗡声时，当我对孩子们说我看到了什么时，在这样的时刻，语言的美首先就是我的精神需求。语言活在我的心灵中，在我的心灵中涌动，大概正因为如此语言才进入了我的学生们的精神世界。

我们的旅行给少年带来了巨大的满足。在漆黑的夏天的夜晚，在黎明前很久我们就来到了田野，来到了麦田（某个女孩第一次用了这个词，开始表达出祖国语言美的复杂的情感色彩），我们的目的很简单，就是为了欣赏朝霞的美。祖国语言的源泉似乎是在不经意中揭开的，但少年们对它的研究却是全心全意的。四次旅行的情况永远留在我的记忆中，也留在我的学生们的记忆中。田野的不可重现的美、一望无际的蔚蓝色的天空，深深地迷住了我们。“如果今天不到田野来，我们就不会知道世界上竟有这样的美，”柳达在我们第一次旅行时这样说。少年们被周围世界的美迷住了，他们心旷神怡，多么想看到这种美的细节、各种色彩和变化。在这样的时刻一个人就很想表达自己的情感，想找到语言去和其他人交流，而交流的目的就是为了转达自己的惊异和赞美。当我看到这种愿望在少年的心灵中已经成熟时，我就向他们揭示了语言的美。

少年倾听着拨动心弦的、富有诗意的叙述，想象着我们看到的、听到的、感觉到的、体验到的那些情感饱满的形象。

难道还有比太阳升起时晴朗的天空中色彩的变化更美的景象吗？而蒙着露珠的麦田也在变幻着色彩，亿万颗露珠映出苍穹色彩的变幻。麦穗轻轻地垂向大地，飘来阵阵麦香。这种香味是独一无二的，任何东西都散发不出正在成熟的麦粒的芳香。这是太阳把自己的能量注入了生命的仓库、热量的仓库、欢乐的仓库。正在成熟的麦粒的芳香让我们想起了炎热的夏日和树林中的凉爽，还想起了联合收割机的喧闹、傍晚时分姑娘们的嘹亮的歌声，还想起了刚出炉的香喷喷的大圆面包……这就是我们的麦田……

我们侧耳细听草原的寂静。最初它像田野一样无边无际。或像所有的一切都在沉睡。但草原已经苏醒，正在期盼着太阳。听到了蚂蚱的歌声吗？蚂蚱很高兴，因为很快阳光就要在露珠上闪耀。他坐在什么地方的麦穗下面，拉起了他的小小的小提琴。他觉得这片土地是如此的广袤无垠，如同我们置身在宇宙空间中的感觉。也许他正在歌唱自己的宇宙的辽阔吧。听到了轻轻的扑扇声吗？这是云雀醒来了。他抬起了翅膀，振奋了一下身子。他在听着我们的声音。他警惕地默不作声。听到了沙沙声吗？这是云雀在麦秆间穿梭。他不从自己的窝边飞向天空。看，他已经在空中了。看到了吗，一团灰色的东西正在升起。看，正在变成淡红色。这是他在迎接太阳。金色的阳光已经在那里，在高空闪耀。他也看到了太阳，并为太阳歌唱。

我们欢快地欣赏着大自然的美。我的语言帮助男女孩子们去理解、感觉、体验他们想去理解、感觉、体验的东西。于是就出现了教育中的一种最精细的现象，这就是理解语言的情感色彩。我知道，这些话现在将留在孩子们的心中。科利亚听到或者读到“草原的清晨”、“朝霞”、“日出”这样的词时，他就会想起这个早晨。语言将唤醒在他的心灵的最敏感、最隐秘的角落里的情感，即人的欢乐的生机勃发、语言带来的快乐。

我们永远也忘不了“树林的黄昏”的旅行。在一个炎热的七月的一天，我们来到树林里，寻找一个似乎没有人迹的角落。不知什么时候被暴风雨折断了的树干，上面长满了青苔；神秘的峡谷，被树冠遮盖着；在谷底的什么地方流淌着的小溪，传来轻轻的、隐隐约约能听到的潺潺声；在树林的深处，野鸽子在歌唱，布谷鸟在“咕咕”地叫；树叶发出簌簌声，白天正躲在阴暗处的夜间活动的鸟，被我们惊吓得展翅高飞，沙沙作响地扑扇着翅膀。少年们屏息凝神地听着所有这些声音。他们想看到、感觉到、体验到所有这一切。我对他们讲了树林中的泉源、泉水、树林的神秘的生活，语言，人民精神的无价之宝就这样进入了少年的心灵，进入了他们的情感记忆中。语言不仅帮助他们更好地观察、思考、认识周围的世界，还能鼓舞人，激发人们的欢乐感和自豪感，这种欢乐感和自豪感来自这个人认识到了我是一个大写的人，是一个正在感觉、体验和思考的人。

理解语言的情感色彩，这不仅是艺术的入门，还是少年丰富的、真正的智力生活的开始。“语言鼓舞人”这个概念的内涵就在于此。当一个人感觉到、体验到语言的最精细的色彩、味道和情感内涵时，他似乎就在把理智的力量从昏睡中唤醒。我多次发现，一个词的某个他以前不知道的含义会使彼得里克惊异和激动，他的慢腾腾的、惰性十足的，似乎是懒洋洋的思维就变样了：这个男孩变得细心好学，他看到了以前发现不了的东西，思考起了从前根本不去想的事情。对语言的理解能给思维提供能量。对语言的理解是在为阅读文艺作品做准备。只有当语言铭刻在逻辑记忆和情感记忆之中时，阅读才有可能成为一种精神需求。在把一本书，譬如说，涅楚依-列维斯基的《米科拉·杰里亚》、果戈理的《塔拉斯·布尔巴》或科罗连科的《盲乐师》，交给少年并对他说“读吧”之前，必须把他引进艺术的大门。除了去祖国语言的源头旅行之外，我认为叙述文艺作品也具有很重要的意义。如果不是这样地把少年引进艺术的大门，阅读和倾听语言的音乐就不可能成为少年的精神需求。叙述文艺作品要求教师具有很高的情感修养和审美修养。在叙述文艺作品时常常会遇到的一种危险，就是陷入矫揉造作的情感和滥用华丽的辞藻。

我们常常集合在“美丽角”、“故事室”或其他美丽的地方，我在那里讲述文艺作品。我讲述的都是一些中、短篇小说：果戈理的《圣诞节前夕》、米尔内的《牛槽满时难道牛还会叫吗?》、屠格涅夫的《阿霞》、契诃夫的《草原》、科秋宾斯基的《昂贵的代价》、列夫·托尔斯泰的《哥萨克》、伏尼契的《牛虻》、赫克特·马洛的《无家的人》、马克·吐温的《汤姆·索亚历险记》、尤利·凡尔纳的《神秘岛》、维克多·雨果的《被遗弃的人》、波列伏依的《真正的人》、高尔基的《伊席吉尔婆婆》、冈察洛夫的《大地轰鸣》。少年们从这些作品中了解了一些人的生活和斗争，他们是：布鲁诺、托马斯·闵策尔、谢尔盖·拉佐、伊凡·瓦佐夫、伊凡·博贡、亚努什·科尔恰克、费利克斯·捷尔任斯基、亚历山大·马特洛索夫、卓娅·科斯莫捷米扬斯卡娅、尤利乌斯·伏契克、霍斯罗夫·鲁兹贝赫。

孩子们都是怀着急切的心情期盼着讲述文艺作品的课时。

如果我必须把一些思想灌输到少年心灵中最隐秘的角落，如果我必须揭示功勋、英雄主义、自我牺牲、真正的人性的伟大和崇高，我就对孩子们讲述文艺作品。我认为，在这样的时刻，教育者的力量和语言的力量发挥的作用比任何时候都大。

讲述文艺作品时所处的环境，使我们互相接近，带来一种精神上的亲近感，使我们的会谈打上了诗情画意的印迹。我们不愿意在讲述文艺作品时在我们中间出现某个“外人”，即来自另一个集体的人。我们喜欢在冬天的黄昏时刻听人讲述文艺作品。我们也喜欢幽静的夏天和秋天的夜晚。用来叙述的文艺作品全都渗透着这样一些思想：善与恶的斗争、人道和正义的胜利、道德的纯洁和高尚、人的情感的崇高。我努力通过文艺作品去灌输这样一种思想：一个人要忠实于劳动人民的崇高目标和理想。我努力使道德美成为完全是自己个人的、珍贵的、不可动摇的理想。对道德美的体验使少年在心灵上得到升华。在这样的时刻每个少年比任何时候都深刻地感觉到自己是一个真正的人。

我永远忘不了十二月初的那些黄昏，孩子们第一次听我讲高尔基的《伊席吉尔婆婆》的故事。丹科的形象使少年们惊讶不已。我在他们的眼睛中看到了一些最细腻的神情，表现出他们正在思索、担忧、激动。为人而自豪的情感使托利亚的脸神采奕奕。我知道这些天以来他在家里很痛苦，因为母亲正在受到自己被遗弃了的念头的折磨……这个男孩看到的和听到的东西，对他这个年龄的孩子来说实在是太多了，给他的母亲带来痛苦的那个人的无能激怒了他。邪恶得胜了的念头对少年的心灵是不无危险的……丹科的心点燃的熊熊的火炬驱散了这个男孩心中的沉重的思想和感受。丹科对人民的无限忠诚深深地打动了托利亚的心，激动的男孩体验到了为他人而高兴的情感。说真的，人道精神向他解释了一个真理，那就是邪恶不可能得胜。而要让善取得胜利，就必须与邪恶针锋相对地斗争，并且要无限地忠诚于崇高的理想。

我看到了尼娜的眼睛被内心的火焰照亮，在闪闪发光。母亲所遭受的苦难一直使她郁郁不乐。不久前我和这个女孩交谈了一次，我感到震惊的是，她觉得似乎所有的人都在期待她的母亲的死，这种念头使年轻的心灵六神无主。当时我找不到话去安慰尼娜，驱散她心头的惊慌。我始终摆不脱一个念头：万一女孩肯定了自己的想法，甚至更糟，万一她的想法是有什么根据的话，她就可能对善失去信心，变得凶狠起来。一想到这个我的心就忐忑不安。凶狠如果与不公正和孤独、软弱和绝望结合在一起，这对于年轻的心灵来说，尤其对于像尼娜这样的热爱自己的亲人的女孩来说，是很危险的。但是在崇高的道德的影响下这个女孩用新的眼光去看世界了。在她的眼神中有对发现的愉快的体验，这个发现就是：善是存在的，善一定能取胜。

文艺作品的讲述能磨炼少年的心灵，使之对邪恶、谎言、生活中的阴暗面变得更敏感，激发起对一切有悖于理想的现象的强烈抗议和针锋相对的斗争。我深信，被道德美所感染的崇高的情感在人的内心所取得的胜利，能使人用心灵去敏锐地响应周围世界的现象的能力变得更强。正是在孩子们对高尔基的故事中的形象产生深刻印象的那些日子里，一些人的冷漠和自私使他们气愤不平。他们激动地、蔑视地谈论一个 40 岁的男人，当一个男孩掉进水里时这个男人还在钓他的鱼，甚至连身子也不抬一抬，丝毫没有要救人的表示。一个路过池塘旁的拖拉机手跳进了水里，救起了孩子。我的学生早就知道了这件事，但那个时候那个男人的冷酷没有使他们的心灵激动。现在他们以新的眼光审视这种行为并气愤地说：“一个没有良心的人，怎么可以心安理得地在这块土地上行走，怎么可以心安理得地睡觉，心安理得地呼吸诚实的人们所呼吸的空气?”

通过对文艺作品的讲述，可以向男女孩子们揭示作品的潜台词和哲理性，这些东西几乎从来不用语言来表达，但却应激动人心。作品的整个思想深度、它的情感影响的力量，往往就蕴含在潜台词中。当孩子们听完了对屠格涅夫的作品《白净草原》的艺术叙述后，他们是多么想身临大自然中，亲临伟大的艺术家所描绘的那个奇妙的角落。他们的心情激动而又欢乐：这部卓越的作品中一个词也没提到的那些东西，更打动了他们。这就是愉快地被平常的、似乎没有任何特色的美所吸引，这种美随时随地都能看到，但人们对它已习以为常，因而就熟视无睹了。

我对 14 岁的少年讲述了契诃夫的《第六号病房》。剥削制度下的残酷的精神奴役、人们的无力自卫，所有这一切都震撼着我的学生们的心。当我讲完故事时孩子们想到田野上去走一走。

我认为，杰出人物的生活和斗争，在文艺作品的叙述中占有特殊的地位。关于道德美和献身精神的这些故事，直接诉诸每个男孩和女孩的精神世界。关于沃洛佳的意志薄弱我只字未提，但我首先就是为了他而讲费利克斯·捷尔任斯基的故事。这个男孩体验到了对思想上的坚定性和勇敢精神的赞美之情，我认为这也是在解决教育的难点方面取得的某些成绩。这是认识自己的必要条件。虽然我并不指望借助于某一种方法就能轻易地取得成功，但我认为通过文艺作品去揭示道德的美具有特殊的意义。如果心灵没有感受到道德的伟大和崇高，那么就谈不上什么敏感的良知和自我教育。

经验使我确信，抒情诗和散文诗，在某种意义上说，并不是培养情感的唯一手段。在情感教育和审美教育的手段范围内，抒情诗（狭义的）处于叙事诗和音乐之间。抒情作品情感饱满、细腻、语言色彩丰富、形象蕴含着的深刻的潜台词，所有这一切使抒情诗与音乐相近似。不理解也不能感受抒情作品和散文诗的人，对音乐也是听而不闻、无动于衷的。

我很重视让学生学会感觉到诗的语言中的音乐的旋律。人类心灵的最细微的运动是人类的精神财富和成就，少年如果不能对人类心灵的最细微的运动产生共鸣，那么少年情感的丰富和高尚则是不可思议的。这里说的是在世界杰出的诗歌作品中所体现出的情感和体验。应该培养少年对诗歌的情感财富产生共鸣。在大自然中，在“美丽角”、在“故事室”中，我为男女孩子们朗读托尔斯泰、果戈理、屠格涅夫、契诃夫、帕那斯·米尔内、涅楚依-列维茨基、高尔基、肖洛霍夫的作品的片断。我挑选来朗读的是一些富有诗意的片断，这些片断在我童年时就已进入了我的意识之中，而且我认为，与荷马和但丁、普希金和谢夫琴科、莱蒙托夫和涅克拉索夫、列夏·乌克拉因卡和弗兰科的不朽的诗篇一样，这些片断同样也是不朽的诗篇。

诗的语言连同它的细腻的色彩，在少年的心中激起去了解最光明的、最美的东西，了解人类的无价之宝的愉快的情感。在他们的心中产生了阅读和浏览艺术散文中的这些片断的愿望，在这些片断中没有明确勾画出来的情节，但包含着作家的思想和情感，反映出作家对周围世界的细致的观察。书本世界中的生活就是从这里开始的。

只有当在教师的心灵中语言是有生命的时候，才可能培养学生对诗歌的热爱，培养对朗读的精神需求和对诗的语言的体验。对抒情诗我总是背诵。这是直接诉诸儿童的精神世界的方法之一。对某些学生必须说："要关心自己的母亲，减轻她们的劳动，爱护她们的生命。"只有运用情感的语言，才可能去教会感觉，而情感的语言就是从诗的语言开始的。我朗读谢夫琴科的长诗《女工》、涅克拉索夫的诗《听到战争惨祸的时候……》，诗人用自己的灵感的巨大的力量，在这些诗中表达了对生命的创造者——母亲的热爱。我还朗读了高尔基的歌颂母爱的伟大和美的精彩的诗句。

在树林中，在河岸和池塘边，在花园中，在草原上，我朗读歌颂祖国大自然的美和爱祖国的崇高情感的抒情作品。这些诗句引起了男女孩子们对我们祖国的遥远角落、对祖国大地的广袤空间的向往。于是出现了一种最细致入微的现象，这种现象是进行爱国主义教育所必需的，这就是富有诗意地、艺术地认识祖国。家乡的某个小小的、平淡无奇的角落——池塘旁的垂柳、山脚下的樱桃园、披着鲜亮的秋装的粗壮的橡树、灌木丛生的沟壑，都作为祖国的一部分被感知。

我很重视朗读歌颂人的精神世界的抒情诗。对情感世界的认识，这是一种细腻的、富有灵感的认识，这种认识使人得到升华，变得高尚。普希金、莱蒙托夫、涅克拉索夫、谢夫琴科、列夏·乌克拉因卡、叶赛宁、布留索夫的诗，反映出朝气勃勃的世界观，为少年打开了任何说明都无法解释的那些心灵的角落和难以琢磨的心灵状态。

我永远忘不了第聂伯河畔橡树林中的庄严肃穆的宁静，我们坐在沐浴着秋天阳光的林中空地上，我们头顶着深邃的、被雨水冲洗得干干净净的（柳芭的话）蔚蓝色的天空，在傍晚时分的温暖的空气中传来蟋蟀的歌声和仙鹤的鸣叫声。在这样的时刻我朗读了普希金的诗《我在喧嚣的大街上徘徊》。这首诗使我的学生深受震撼。他们感觉并体验到了人的情感的伟大和美、人的欢乐和悲哀、人认识世界以及自身的愿望。这首诗马上就被记住了。伟大诗人的富有思想和情感的一部作品，就像情感语言中的一个词那样进入了男女孩子们的精神世界中，没有情感语言的人是不可能有情感和审美修养的。我高兴地发现，随着我把这样的词一个接一个地注入学生们的心灵中，我成功地使他们变得温柔、优雅、富有同情心。

歌颂爱情、忠实、忠诚的诗歌的语言，是一种强大的力量，它能使少年的心灵变得高尚。当我的学生正在进行着成长为男人和女人的神秘的过程时，我给他们朗读普希金的《我记住这美妙的时刻》、涅克拉索夫的《晚上我奔驰在黑暗的大街上》、谢夫琴科的叙事诗《着了魔的女人》以及其他作家的诗和散文作品的片断。任何说教和解释，无论多么头头是道，多么细致入微，都不能像诗歌的语言那样把爱人类美的全部情感的美传递给年轻的心灵。如果一个人崇拜马克思所描述的那个世界中的最纯洁、最隐秘的东西——妇女、母亲、生儿育女，他才有可能认识爱情的美。没有这种认识，这个人就不可能懂得并具有人的修养。如果我们当老师的希望从学校里培养出来的人，没有一个是没有知识的，没有教养的，那么我们就应该在他们的少年时代，就是在他们即将成长为男人和女人的时候，使他们具有这样的认识。

我高兴地证实了这样一个事实，即由于对情感有了认识，每个少年都有了自己所喜爱的抒情诗、书籍和作家。男孩和女孩们都喜欢阅读和浏览的首先是诗人们的作品，这对我来说是莫大的幸福。对诗歌语言的热爱反映出我的学生们的个性特点。瓦利娅心灵细腻、敏感、富有同情心，于是列夏·乌克拉因卡、叶赛宁就成了她喜爱的诗人。尼娜阅读和浏览谢夫琴科和密茨凯维支的作品。万尼亚喜欢弗兰科。屠格涅夫的《猎人笔记》和奥列西·贡恰尔的短篇小说成了萨什科心爱的书。塔尼娅爱上了保斯托夫斯基的手笔细腻的、富有诗意的中篇小说。孩子们家里的藏书成了他们的精神财富，他们喜欢阅读和浏览这些书，就像喜欢听优美的音乐一样。

音乐

音乐与抒情诗有着紧密的联系，似乎是人的精神发展中的下一个阶段。音乐把人的道德的、情感的和审美的修养连接在一起。

音乐，这是情感的语言。旋律能够表达语言所表达不了的人的感受的最最细腻的色彩。音乐始于语言的终结处。如果教师仅仅局限于用语言去深入到年轻的心灵的最隐秘的角落，如果在使用语言之后不使用音乐（这是渗透到心灵中去的最细致入微的、最深刻的手段），那么教育就不可能是完美的。

音乐和歌咏在学校中不仅仅是一门教学科目，它还是一种有力的教育手段，应该从情感上和审美上美化人的全部精神生活。对音乐不理解，不能感受音乐，对于听音乐并因此而获得享受没有强烈的精神需求，就不可能认识情感的世界。没有音乐，就很难使一个正在步入世界的人相信人是美好的，这种信念就其本质而言，是情感修养、审美修养和道德修养的基础。

我认为一项重要的教育任务，就是要使年轻的心灵能够接受情感的语言，教会他们掌握这种语言，把它作为自我表现的手段去听和使用这种语言。如果说，音乐是用情感的语言去阅读的课本，那么这门学科的初级课本是从倾听大自然的音乐开始的，从认识我们周围产生的各种声音的美开始的。我的学生们在童年时代喜欢听百花怒放的花园和荞麦花盛开的田野演奏的音乐，听春天的草地和秋天的细雨的音乐。他们感觉到了、体验到了周围世界的美，这使他们的心灵变得高尚。但是，大自然的音乐不管有多么美，严格地说，这还不是音乐，这是字母，人学会了这些字母就可以去阅读用情感的语言写成的书。芦笛吹出的最简单的旋律，与夜莺或云雀的最美的歌声相比，更要千百倍地接近音乐修养。我们已经从童年时代聆听大自然的音乐逐步地过渡到音乐创作：吹芦笛。在少年时代只有某些少年喜欢这样的创作。有的人已经对自己的这种爱好感到不好意思了。对此我并不感到奇怪。音乐教育的主要目的不是培养音乐家，而是培养人。

在学年开始前我们翻阅了一遍大纲并标出，哪些音乐作品少年在课上听，哪些在课外听。这不是什么“加班加点”的教育手段。音乐教育的价值和必要性不仅在于对情感语言的理解，还在于听音乐成了一种精神上的需求。

与在童年时代一样，男女孩子们在“故事室”和“幻想角”听音乐作品。现在环境具有了重要意义：在秋天的夜晚或室外是刺骨的严寒时能更好地认识情感的语言。在这样的日子和时刻对情感语言特别敏感，其原因可能是这时候自然界安静下来了，小鸟的多声部大合唱和树叶的喧闹停止了，色彩的变化贫乏了，人对内心的精神世界的敏感性提高了。每一次音乐晚会通常都要听一部或几部作品。

在认识情感的语言方面最困难的是讨论音乐。语言永远也不可能透彻地解释清楚音乐的全部深度，但是不使用语言就不可能接近情感认识的这个最细腻的领域。我尽力使语言，使对音乐的解释，成为一种独特的刺激情感的因素，这种刺激因素能激发对作为心灵的直接语言的音乐①的敏感性。为了认识情感的语言，应用语言去调整敏感的心弦。我找到了一种语言，这种语言能表达反映在我们的情感记忆中的周围世界的某个鲜明的特点。要知道，对音乐的诠释应具有某种诗情画意的特点，要使语言接近于音乐。我努力在我的学生的情感记忆中找到它：我借助语言建立起一种情景，这种情景能激发对往事的回忆，还能激发出感受和来自情感记忆深处的语言，这种语言能调整心弦去感知音乐。

用情感语言阅读的最初的篇章，也是最鲜亮的篇章，这就是民歌。在漫长的秋天和冬天的夜晚，我们倾听乌克兰民歌。果戈理是这样描写我们乌克兰人的：“请告诉我歌声最多的那个民族。”在优美的乌克兰民歌《巍巍屹立的高山》中蕴含着巨大的精神财富，男女孩子们对这首歌百听不厌。这首歌的含义和精神给少年们留下深刻的印象，把他们的兴趣引向从哲学的高度去认识世界。这首歌的全部财富就在于它的含义深刻的潜台词中，只有音乐才能把潜台词的细腻情感传送到人的心灵和意识中。世界是美好的，永恒的大自然是美好的，但是除了欢乐之外还有悲哀……矗立在池塘边的垂柳也有哀伤：它的叶片会凋零，水会把它带走……春天会重新回到柳树身边，而人的青春是一去不复返的。但人生是美好的，人生的美像盛开的鲜花，像绚丽夺目的流星。怎样从情感上推动少年去认识用情感语言——音乐表达的歌曲的细腻的潜台词？我对少年们说：“还记得初秋的那个阳光明媚的日子吗？那天我们沿着河岸走，发

① 这句话引自 A. M. 谢洛夫的《“里奥诺拉”前奏曲的主旋律，贝多芬短评》一文。

现了一块风景秀丽的地方：静静的河湾水面平静如镜，河边有两棵柳树，一棵已经衰老，满身窟窿，奄奄一息，而另一棵，挺拔，年轻，像柳达那时候所说的那样正在欢唱。我们体验到了复杂的情感——哀伤和快乐。树木、花朵不能永生，而生命是永恒的。永生的花冠是人。我们当时体验到的正是歌曲《巍巍屹立的高山》表达的那种情感，但歌曲阐述得更细腻、更深刻。”

情感记忆的泉源被打开了，情感倾泻而出。少年的眼睛发亮、心跳加快。这首歌在年轻的心灵中激发起更深刻地认识情感世界的愿望。平稳的、宽阔的（这是某个女孩说的）、短音阶的旋律似乎托起了强壮的翅膀；人在大地的上空翱翔，看到迷人的美景；对美的体验产生了关于永恒和短暂的哲学思考。认识和理解音乐的有着哲学的和细腻的情感—审美含义的潜台词的神秘的过程，正在我的眼前进行着。歌曲用自己的特殊的，只有心灵才能懂得的语言对每个少年说：“人是美好的，珍爱大写的人这个崇高的称号吧。一个美的世界在你的周围，这种美是永恒的，这种永恒和美的基础就是你，大写的人。”

在宁静的冬天的夜晚，我们倾听 A. 利亚多夫根据俄罗斯民歌摇篮曲的旋律创作的《摇篮曲》，还欣赏由作曲家 C. 科米塔斯记录并加工的亚美尼亚民歌《山鹑》。在 A. 利亚多夫的《摇篮曲》中少年们不仅听到了摇篮的有节奏的摇动，还听到了婴儿的轻轻的、安稳的呼吸声，也听到了母亲的手在温柔地、小心地、慈爱地抚摸着婴儿的身体。没有任何语言能像这首歌的优美的旋律那样传达母亲的情感。情感激昂，深深地打动了少年的心。借助于音乐，男女孩子们认识了人与人关系的深度、细腻性和热忱。当响起了《摇篮曲》的尾声时我在我的学生的眼睛中看到了最纯洁的人的情感——柔情。

柔情、温存、热忱、诚恳，我努力用音乐去激发的正是这样的情感，用高尔基的话说，音乐“神奇地触动心灵的深处”，展现人身上最宝贵的东西——对他人的爱，决心去创造美和确立美。音乐能细腻地揭示大自然的美、爱情的美、赞叹的美、惊奇的美、对妇女的景仰的美，因此音乐能在年轻的心灵中唤起热忱的柔情和极其细腻的温存。每当在音乐的旋律中表现出无法用语言表达的这种有魔力的、迷人的美时，我感觉到我的孩子们信任地敞开了自己的心扉，他们的心灵对语言、目光、号召和请求变得十分敏感，即对人与人之间的细微的接触变得很敏感，在人与人的相互接触中反映出相互关心和体贴的关系。

赞美大自然的壮丽的音乐，具有一种魔力。我的学生们在倾听科米塔的斯《山鹑》或柴可夫斯基的《第四交响曲》的最后一个乐章的片断时，对大自然的壮丽的赞美感染了他们，孩子们对世界的感知变得充满朝气。而这正是人性的柔情、温存、诚恳之类的情感的最重要的源泉。

我努力使少年的心灵能够理解人类情感中最最细腻的一些色彩——爱情。在少年的精神生活的这一个领域中，音乐的教育影响作用是巨大的。一颗爱心在赞叹和神往女性的美，音乐能体现这颗爱心的呼唤，在未来的妻子和丈夫、母亲和父亲的心中培养浪漫主义的、纯洁的、高尚的柔情。那些歌颂爱情的音乐作品是心灵的直接语言，我把理解这样的作品称作培养未来的丈夫和妻子的情感—审美训练。在推荐学生欣赏关于爱情的音乐作品之前，我久久地思考语言问题，我使用的语言应能有助于学生理解人类相互关系的这个神秘的领域中的情感语言。我关注的是使关于爱情的音乐对年轻的心灵所诉说的东西，是语言所不可能表达的。我要对少年的老师们提出一个建议：少举行一些关于爱情的座谈、讲座、辩论和问答晚会，让少年静静地、默不作声地倾听关于爱情的音乐。

绘画

造型艺术作品能在年轻的心灵中确立对人的伟大和美的认识，提高人在自己心目中的地位。

与孩子们一起观画与听音乐一样，也是施加情感—审美影响的一种复杂的方法。由于童年时期思维的具体性、形象性，向学生揭示造型艺术的概括的内容就有一定的困难。在观赏希什金的画《黑麦》时，孩子只看到了黑麦，而为了让他看到某种更有意义的东西，即看到人的情感世界，需要做大量的准备工作。

理解绘画作品的最初的训练是直接观察大自然。为了让一个人能看懂，并能体验和爱上绘画作品，就必须让他在自然界经历长期的情感教育。在童年时代每个人就应该学习去发现大自然的美，使得儿童的精神生活与大自然之间似乎被一条条智力的、情感的、审美的、创造的纽带联系在一起。重要的是使认识自然现象及其美，成为儿童思想和情感的源泉。我不得不等待好几个月才出现这样的现象：孩子惊奇地在一小块初看起来平平常常的孤零零的草地前或林中空地前站住，在被琥珀色的浆果装饰一新的一丛野蔷薇或草原上的一座被一层薄雾环绕的墓地前站住，他们停住了脚步是因为受到了美的鼓舞。对美的这种发现告诉我很多东西，首先告诉我置身于大自然中在孩子身上出现了某种自己的、个人的东西。越早地把儿童提高到审美发展和情感发展的这一个阶段，他对观赏绘画作品的修养就越强。

观赏绘画，这就是加深对事物的认识，尤其重要的是，这是对情感世界的认识。有些画儿童看不懂，这样的画应该在少年和青年时期看，但是在童年时期“看过一眼”，然后终生再也不会看到的画，是不存在的。在真正的艺术中是没有任何初级品的。每一部艺术作品都是取之不尽用之不竭的情感世界。像希什金的《黑麦》、萨夫拉索夫的《白嘴鸦飞来了》、列维坦的《金色的秋天》和《小白桦林》、尤翁的《俄罗斯的冬天》、普拉斯托夫的《初雪》这样的“初级品”，既可以在童年期，也可以在少年期和青年早期观赏；每一次观赏人都能从中看到某种新的东西。对绘画作品的反复观赏，能丰富和发展情感记忆，培养对美的感知的敏锐性。正是由于反复地感知，造型艺术才进入了少年的精神生活中。所以，随着智力发展、情感发展、审美发展的每一个新阶段的到来，在教育中既要采用许多新的绘画作品，同时还要反复观赏已经观赏过的画。

我的每一个学生在少年期就已经在大自然中发现并爱上了一个属于自己的独特的、唯一的角落。普普通通的、没有任何特色的一个池塘、一棵树、一丛灌木、一片土地，在孩子们的意识中获得了情感色彩。正是在与大自然交往的过程中获得的情感财富的基础上，他们反复观赏从童年起就很熟悉的画。奥斯特罗乌霍夫的《金色的秋天》和列维坦的《金色的秋天》，是在初冬的黄昏的不同时刻观赏的，当时雪花正静悄悄地在大地上飞舞。把在画中所看到的景色，与此时此刻大自然中的景色进行对比，这是打开情感记忆源泉的补充动因。少年的心中萌生了一种愿望，想再看一看金色的秋天，但不是在画中，而是在生动的大自然中。正因为现在这已是不可能的了，于是对艺术作品的兴趣就提高了。

我努力使我们去大自然的每次旅行，使每次与周围世界的美的会面，都能在儿童和少年的心灵中留下点滴欢快。这是使对艺术作品的重复观赏成为情感发展的一个新阶段的重要条件。艺术的巨大的吸引力就在于对欢乐的体验中。在三年级时，尤其在四年级时，男女孩子们就建立起了自己的小小的画廊：保存了一些绘画的复制品。令我高兴的是他们很喜欢观画。艺术世界中的个人生活是无比宝贵的，较之建立所谓的“学校的特列基亚科夫绘画馆”等要宝贵得多。如果画在墙上已挂了几个月，学生已不再注意它们了，那么艺术作品的审美影响和情感影响就失去了一大部分。男女孩子们在少年时期就已按历史顺序熟悉了一些造型艺术作品。但是不可以严格地按时间的先后顺序去安排系统的讲座和作品观赏。我们在同一个时期观赏了这样一些作品：约翰逊的《审讯共产党人》、普拉斯托夫的《割草》、列宾的《伏尔加河上的纤夫》、罗丹的群雕《加来义民》、拉斐尔的《西斯廷圣母》、达·芬奇的《蒙娜·丽莎》。

年龄特点要求教师更多地注意反映人及其复杂的、多侧面的精神世界的艺术作品。

我把反映人——崇高理想的斗士的道德美、道德功勋的绘画作品，放在第一位。艺术应该是认识情感世界的源泉。这条审美教育的法则，对于认识绘画和一般的造型艺术是尤其重要的。与少年谈论绘画，自然要比与儿童谈得多得多，深得多。我们多次观赏了谢罗夫的《列宁会见农民代表》，我用语言解释了这部作品在表达性格和相互关系方面的细腻性。少年懂得了并感觉到了农民在讲述自己的生活时所表现出的信任、思索和亲切。接下来谈论了劳动人民的理想、画中所表现的历史事件的伟大意义、我们祖国的命运。这个哲学背景不仅对于深入认识艺术是必要的，而且对于认识公民情感也是必要的，公民情感是人的情感生活的最高阶段。

在评述了约翰逊的《审讯共产党人》的内容之后，我对这幅画进行了心理分析并对其思想性作了概括：艺术家通过那些蔑视死亡的英雄们的形象表现了人民的勇敢精神，以及共产主义理想的伟大和胜利。

我讲述了武切季奇的雕塑作品《解放战士》（树立在柏林特雷普托夫公园），我的讲述在男女孩子们的心中激发起深深的自豪感，他们为从法西斯主义手中拯救了和平的我国人民的伟大功勋而自豪。

讨论苏联人民的英雄主义和大无畏精神，似乎是少年认识关于人（英雄、爱国者、为自己祖国的自由和独立而斗争的战士）的其他一系列艺术作品的出发点。瓦斯涅佐夫的《勇士》、格列科夫的《去参加布琼尼的部队》、谢罗夫的《西伯利亚的游击队员》、普罗罗科夫的《在悬崖峭壁旁》等绘画作品，能激发少年对祖国的命运进行激动人心的思索。库克雷尼克塞的画《末日》、德国反法西斯艺术家克列缅尔的群雕作品《布亨瓦尔德的蒙难者》、普罗罗科夫的画《母亲》，能激起少年对法西斯主义和黑暗势力的深仇大恨。我阐明了对祖国的忠诚和对敌斗争中的坚定性所蕴含的公民思想。这种伟大的精神和对敌人的毫不妥协的气概，深深地打动了孩子们。克列缅尔的群雕作品我们是在五年级时观赏的，以后每年都要反复观赏。孩子们在每一次观赏时，都能在饱受饥饿和严刑拷打摧残但毫不屈服的人们的精神面貌中发现一些新的东西。对这组雕塑的观赏，是在情感和审美方面做准备，以便去感知并从情感和审美方面评价其他优秀作品，如菲韦伊斯基的雕塑《不可征服的人们》和约库博尼斯的雕塑《母亲》。我认为，揭示人的精神的全部美和伟大是很重要的教育任务。受到为人民、为祖国、为人类的崇高理想服务的思想鼓舞的人，是不可战胜的。这一思想像一根红线一样贯穿着对体现出爱国主义思想的艺术作品的讨论。

罗丹的不朽作品《加来义民》，在我的学生的心灵中留下了深深的痕迹。在对沙尔·德·科斯丹尔的长篇小说《季利·乌连什皮格利》进行了艺术叙述之后的几个星期，我们观赏了这幅画。少年们屏息凝神地听我艺术地转述加来城事件的经过。这一早已过去了的英、法之间的长达百年的战争事件，在少年的想象中复苏了。英国国王的军队包围了加来城，国王向加来市民发出了一份措辞严厉的最后通牒：要想使加来城不从地球上消失，只要满足一个条件，即让六名最有声望的、最受人尊敬的市民，脱下衣衫只剩一件衬衣，脖子上套着绳索，向胜利者献上城门的钥匙。国王早就决定要处死这六位市民。为了拯救城市，这六位爱国者决定牺牲自己。瞧，他们向前走着，满怀着英雄主义的坚定决心，他们的心中也充满了临死前的忧伤和恐惧；他们步履蹒跚，怀着痛苦和悲伤向生活告别。

这部作品体现了充满了热爱祖国的崇高精神的人的伟大，我把它所表现出来的悲剧成分和英雄气概，看作是从情感和审美方面所做的准备，以便去感知反映我国人民在伟大的卫国战争中的功勋的苏联造型艺术作品。思考和深刻地体验人民的爱国主义功勋的思想，是对个性的自我肯定的顶峰。艺术是一种强大的力量，它能在年轻公民的心中激发起人的自豪感。这种自豪感的激发和巩固，必须密切联系爱国主义思想，而爱国主义思想的本质是在艺术形象中得到揭示的。我的学生观赏反映我国人民为了祖国的自由和独立而展开英勇斗争的绘画作品，其中既有不久前的反法西斯的战争，也有遥远的过去的战斗。观赏布勃诺夫的《库利科沃战场的早晨》、阿维洛夫的《佩列斯维特与切鲁别的决斗》、苏里科夫的《苏沃洛夫越过阿尔卑斯山》等绘画作品，能激发少年为我们的先辈们的功勋而自豪。

造型艺术是深入到人民的精神生活中去的有力的手段。如果年轻的公民不用心去认识、感觉、体验我们的人民在过去所遭受的可怕的灾难和痛苦，那么对他们的心灵的培养就是片面的。我们特意举办了晚会去观赏一些绘画作品，它们是：列宾的《伏尔加河上的纤夫》、佩罗夫的《葬礼》和《三驾马车》、米亚索耶多夫的《地方自治局在用餐》、伊凡诺夫的《移民的死亡》、阿尔希波夫的《洗衣女工》、萨维茨基的《送别上前线》和《铁路上的修理工作》、韦列夏金的《受了致命创伤的人》和《战争赞礼》。只有理解了并体验到了劳动人民过去所遭受的种种苦难，年轻的一代才会珍惜社会主义社会的物质财富和精神财富。

肖像画是对少年进行智力教育、情感教育和审美教育的一种特别有力的手段。在我们的教育集体的教育工作体系中，占有重要地位的一项工作，是培养学生去感觉人的能力，这种能力就是用自己的心去感觉他人心灵的最细微的运动，善于从他人的眼睛中看到他的痛苦、委屈、忧患、不安、孤独。而最主要的是，必须善于从自己的亲人的眼睛中看到和感觉到他需要别人的同情和帮助。教育工作中的最细微的，也是最困难的问题之一，我认为就是培养学生在情感上对他人的思想和情感非常敏感并富有同情心。眼睛是思想和情感的镜子。不管我们观看什么样的绘画作品，我总是让少年注意艺术家在自己的作品中所表现的这个人物形象的眼睛。从这个观点来看，绘画和雕塑作品构成了一个完整的情感—审美教育体系。

眼睛，这是思想、情感和体验的最复杂的世界。与绘画赏析有关的一系列讨论的主题都涉及这个方面的问题。我努力使各个不同时期和民族的艺术家所描绘的人类的崇高精神，能迁移到我的学生的身上，而首先在人物的眼睛中鲜明地反映出来的精神缺陷，能引起少年的鄙视感。

我们的学校有幸得到了达·芬奇的名画《最后的晚餐》的复制品。关于这幅画我们进行了好几次讨论。在谈了这部作品的宗教基础后我把孩子们引进了人的复杂的情感世界，我向他们证明，宗教神话只不过是一个外壳而已，它是用来揭示具有深刻的个人印迹的人类欲望的一种托词。男孩们和女孩们陶醉于情感认识的领域中，自然就忘掉了他们面前的这幅画是以《圣经》故事为主题的。他们看到了人类欲望的复杂世界，看到了善和恶、高尚和道德堕落（叛变）之间的冲突。

我们举办了几次专题晚会，赏析达·芬奇的《蒙娜·丽莎》、拉斐尔的《西斯廷圣母》等名画，这些晚会让少年们心醉，充满了独特的诗意。我希望我的学生能体验到受人类情感美的感染而得到升华的情感，希望这种美能在世界观形成时期在人的心灵中孕育体验的内在美，在世界观形成时期人的思想特别活跃，对人，对人的道德面貌、精神财富、智力特别敏感。数十年的学校工作使我确信，对人的认识应该受到热烈的、活跃的情感的鼓舞而变得高尚。如果只对少年说“崇高的情感使人变得美好”，这是不够的。如果体验不到、感觉不到情感的美，那么这句话对于心灵可能是毫无意义的。

在赏析达·芬奇和拉斐尔的画时我特别尖锐地感觉到必须把感知的审美修养与语言联系起来。教师的每一句话应成为一种情感—审美的刺激因素，能激发出富有诗意的思维。只有有了富有诗意的思维，才能对人的美产生深刻的审美感。在讲解这些世界艺术杰作的创作历史时，我不仅仅说了这些作品反映了什么。语言作为情感—审美的刺激因素，它是潜台词，是艺术家在周围世界中所感受到、所看到的东西。我讲述了艺术家在蒙娜·丽莎的嘴角和眼睛里留下的永远的微笑可能是由什么引起的。人的眼睛以其特别深刻的和富有诗意的表情在说话。天才的画家在这位年轻妇女的眼睛中所反映的这一瞬间，就是整个情感的世界。很难找到语言来表达在孩子们的想象中对模糊的、不确定的、昙花一现的体验形成的那种富有诗意的概念，如果没有这种体验，他们的心灵就会对诗意的情感麻木不仁。

赏析拉斐尔的绘画作品的晚会对我来说是很困难的，同时又是很愉快的、富有魅力的。在拉斐尔的艺术作品中把基督教与古希腊罗马的古风融合在一起，也把一种使人神魂颠倒的天真的信仰（认为为了拯救人类就不可避免地要做出牺牲）与人类的、母亲的情感的崇高的美融合在一起。我在思考怎样通过这样的艺术作品去揭示真正的人类的美，这种美能使与文艺复兴时代相距几个世纪而且世界观也完全不同的人的情感得到升华。我解释了一个普通的、永恒的真理，那就是人要高于上帝，我使用的语言越恰到好处，艺术的美和人的美就越强烈地打动和感动少年。人的一些情感反映着人对自己的最亲爱的人（儿子、女儿）、对人的幸福的态度，我努力去找到一些词句，这些词句能使孩子们对这种情感形成生动的、鲜明的概念。为了拯救人类，圣母把自身的一部分，即自己的儿子作为祭品奉献给了世界，我的学生在圣母的形象中看到了世界上最崇高的美——母爱的力量。在母亲的眼睛中流露出的不仅仅是担忧和对苦难的预见；在她颤抖的唇角中表现出的不仅是对不可避免的命运的顺从，还表现出坚定的决心。世界上没有其他任何艺术作品能在人的眼睛中传达出如此强大的母亲的力量。克拉姆斯科伊把《西斯廷圣母》称作“各族人民心目中的肖像”。他说：“即使到了人类再也不相信神灵时……这幅画也不会失去其价值。”克拉姆斯科伊的这番话反映了全人类对拉斐尔的创作的共同的理解。

在男孩们和女孩们正在成长为男人和女人的时期，我们反复地观赏了拉斐尔的《西斯廷圣母》、波蒂析里的《维纳斯的诞生》、弗梅尔·德弗德斯基的《读信的姑娘》、德拉克洛瓦的《自由引导人民》、让·安格尔的《泉》、鲁本斯的《叶连娜·弗尔曼与孩子们》和《侍女》、谢罗夫的《拿桃子的女孩》、博罗维科夫斯基的《洛普欣娜的肖像》和《高等女校学生》。我坚定地相信，当不可思议的愿望和激情的最初的冲动轻轻地叩击青年的心扉时，向他们揭示人类美的最高体现——女人的美的全部深刻的含义是十分重要的。我努力使孩子们都能崇拜女性的美，把它看作某种理想化了的、不可侵犯的东西，而在女孩子的心中要确立起隐秘感和贞节感。任何道德说教，如果只有语言而没有艺术，不管它们如何智慧地得到生活经验和对人类美的虔敬感的证实，都不可能在年轻的心灵中确立这种崇高的、高尚的情感。

我很久没能找到让我的学生理解肖像画的深度和美的“钥匙”。当他们还在五年级时，读到列夫·托尔斯泰的《三次死亡》时，我给他们看了由克拉姆斯科伊创作的这位伟大作家的肖像画。少年们在倾听和体验托尔斯泰作品的优美时，越来越注意地观察他的脸部，尤其是眼睛的特征。在他们的面前逐渐地展现了“对人类生活中深藏在内心中的运动的深刻的认识”（这是车尔尼雪夫斯基评论年轻的托尔斯泰时说的话）。刚毅的、在思想的鼓舞下而神采奕奕的脸庞，能洞察并非每个人都能发现的东西的炯炯的目光，专注的、求知的神情，永不枯竭的对寻找真理的渴望——肖像画上的所有这一切，在阅读的影响下都被感知为活生生的现实，同时又被看作是心灵的充满诗意的、复杂的、难以理解的财富，对这颗心灵的认识需要花费终生的时间，但仍然不可能彻底地认识清楚。我永远也不会忘记我对八年级学生朗读《安娜·卡列尼娜》时的情景，我在朗读的时候在他们面前展出了一幅很大的复制品画。我知道列夫·托尔斯泰的这幅肖像画是他在写作《安娜·卡列尼娜》这部长篇小说时画下来的，但我没把我所知道的告诉少年们。在听小说中的主人公议论和对话时，拉里莎激动地说：“这就是托尔斯泰的思想。他本人就是这么想的。”

我不记得还有其他的事实，能像在这个小插曲中那样意味深长地表现出艺术的强大力量。

一年以后我们读《战争与和平》，在我们面前放着列夫·托尔斯泰的大幅肖像，这幅肖像画是列宾在克拉姆斯科伊的那幅肖像画之后的15年创作的。在同一位思想家的眼睛里现在我的学生看到了不同的东西：用他们的话来说，列夫·托尔斯泰的脸“焕发出智慧和安详的光彩”。

在听M. 穆索尔格斯基的作品片断时，男女孩子们仔细地观看了列宾创作的这位作曲家的肖像画。正是音乐帮助孩子们理解并感觉到了画家的灵感和他的创作的高峰，画家正是站在这样的高峰上看到了作曲家的内心并画下了他的肖像，根据斯塔索夫的热情洋溢的评论，画家以火一样的热情在作画。

创造性——精神生活的强大动力

创造性问题，这是教育学中一个尚未开发的领域，而要着手去开发它就需要写一部书，从教育学角度去论述创造性。我在这里涉及的创造性仅仅与少年精神生活的情感—审美领域相联系。

少年的冷漠态度，对学习常常漠不关心，或者干脆讨厌学习，为什么海涅把少年的这种态度称作“心灵的牙痛”？出现这种现象的主要原因之一，是他们的精神生活中没有或者缺乏创造性因素。有些刺激因素，如按照亲人的意志和愿望去做事，对他们进行表扬和鼓励，对低年级学生来说已是足够了的，但对于少年来说就显得很不够了。少年向往着表现自己，不仅要在自己的学习成果中表现自己，还要在内心的精神世界中表现自己。他已不愿意仅仅作为一名精神财富和价值的消极的消费者。他渴望成为创造者。创造某种精神价值的劳动所激发的创造灵感，是使他的精神生活得到充实的最重要的条件。

创造的灵感，这是人的一种需求，个人在这种需求中找到幸福。人在体验创造带来的精神上的满足时，他真正地感觉到他是在生活。不可想象在少年的生活中会没有创造。创造是“生命之水”，把新鲜的力量注入我的男女孩子们的身上，帮助他们克服困难。没有创造因素简直就不能胜任他们要做的任何事情。

当过去获得的、掌握的智力财富和审美财富，正在变成认识、掌握、改造世界的手段，同时人的个性似乎与自己的精神财富融合在一起时，创造也就开始了。

作为个性的自我表现和自我肯定的创造，其最重要的源泉是语言。在童年时代就已体验到的创造灵感，起始于作为个性精神财富的语言成为儿童创造某种东西时用的建筑材料。作文、编小故事，是创造的最初的领域，在进行这样的创造时儿童肯定了自己的能力，认识了自己，体验到了由于自己正在创造着什么而带来的最初的自豪感。我深信，在大自然的环境中构思而成的儿童故事，是一个完整的精神世界，这个世界决定着思想、情感和体验的内容和方向。我的每个学生在童年时代都写了20～50篇童话。到了少年时期孩子们还不愿意与自己心爱的童话世界告别。但少年看世界的视野已不同于儿童，他们写的故事也不同于童年时代写的故事。希望深刻地认识事物和现象并进行概括，这种追求在他们的创作上留下了烙印。我的学生在少年时代仍然编写了许多童话，但在这些童话中鲜明地反映了他们在努力地进行思索和概括。下面是卡佳写的一篇童话。

美和丑

在阳光灿烂的林中空地上住着一个美女，她叫克拉萨。她种了许许多多的花。只要世界上有的任何的花朵，在她的花坛上都有。当静悄悄的黄昏降临大地、所有的生物都进入梦乡时，克拉萨来到了人们中间。她走进一所房子，走近正在熟睡中的人，把花放在他的头旁……如果这个人睡得很轻，他会听到克拉萨的来临并醒过来，拿起花朵来欣赏。这就是一个幸福的人。但是如果一个人睡得那么死，既听不到风的呼啸，也听不到雷的轰鸣，那么他就永远也不会看到克拉萨的礼物。因为丑八怪正紧跟着美女克拉萨从一家走到另一家，从一个人身边走到另一个人身边。丑八怪是个令人作呕的东西。他的凶狠的眼睛里充满着对人的仇恨和蔑视。他住在什么地方的一个臭气熏天的沼泽地里。谁没感觉到克拉萨，没有醒过来，没有拿起花，没有欣赏花，丑八怪就去拜访这个人。他拿起了花朵，一口吞了下去，就像老鹰吃掉从巢中掉下来的雏鸟一样。丑八怪来到谁的身边，这个人的睡梦就变得沉重而惊恐。他会梦见光秃秃的树枝和干枯的田野。

这篇童话出色地反映了求知欲强烈的概括的思想，反映出为把思想体现在鲜明的艺术形象中而做出的努力。

戏剧创作在儿童和少年的精神生活中占有重要地位。我的学生在童年时代就成立了童话剧团和木偶剧团。孩子们把童话故事改编成戏剧。到了少年时期对木偶剧的兴趣依然没有消失。瓦利娅成了“十月儿童”木偶剧团的领导人。科斯佳出人意料地突然对这种类型的戏剧创作产生了兴趣：他组织了一个木偶剧团，这个剧团中的人物全部都是花朵和植物。科斯佳为自己的剧团编写短小的剧本，柳芭给了他帮助。现在男女孩子们最感兴趣的，是反映人们之间的道德关系的童话故事。

少年的一种独特的创造，是艺术地讲故事。卡佳、拉里莎、柳芭、米沙，成为各个艺术语言小组的领导人。

劳动在少年精神生活中的作用

劳动对人的全面发展的作用

人们把劳动称作强壮有力的教师。但是当少年的双手在做着什么的时候，还不能显出劳动的教育力量。脱离了思想教育、智力教育、道德教育、审美教育、情感教育和体育的劳动，脱离了创造、兴趣和需求的劳动，脱离了学生之间的多方面的关系的劳动，就会成为一种劳役，孩子们只想尽快地“服完役”，以便有更多的时间去从事更有趣的工作。在许多学校中劳动没能成为一种精神上的需求，这是一个很严重的问题。当人正处于观点和信念的形成时期时，这种状况会使人的精神生活贫乏。像懒惰这种灾难和恶习的发展，不是因为人什么也不做，而是因为工作不能使人受到鼓舞，不能使他的精神变得高尚，在他的情感记忆中没能留下积极的痕迹。

深入地认识世界和自己以及进行自我教育，是少年期精神生活中一个有决定性意义的特点，没有在劳动中的自我肯定，就不可能有这一特点。人对自己创造的东西体验不到、感觉不到自豪，那么人的和谐、全面的发展是根本不可能的。生活的幸福和充实的源泉就在于此。少年期的人的意识中应产生这样一种思想：“我是什么人？我在生活中的位置在哪里？我的生活道路在哪里？我能干些什么？”一个人对某件事显出关心，在某件事中表现出了自己，对某件事很迷恋，在某件事上取得了对他这样的年龄来说是很大的成绩，这时他才会产生上述的思想。我记得每一个学生，首先是把他们当作个性，这个个性对某件事很入迷，关于创造性劳动的目标的理想鼓舞着他，探索劳动技巧的奥秘的愿望控制着他。劳动是全面和谐发展的基础，这一思想意味着什么？在实际从事儿童、少年工作时，这一思想意味着，劳动与智力发展、道德发展、审美发展、情感发展、身体发展之间，与个性的思想和公民基础的形成之间，有着牢固的联系纽带。不可以把教学和劳动简单化为在实践中巩固和检查在课堂上获得的知识。这是一个更深刻、更细致的问题，涉及智力发展与劳动、智力与劳动之间的关系等问题。机智地解决这一问题，对少年的教育具有特别重要的意义。找到能发展智力和能力的劳动，能把人引入创造的境界中去的劳动，这是智育和劳动教育的主要任务之一，只有统一地进行智育和劳动教育，才有可能取得成功。

劳动能够成为人的和谐发展的基础，还因为人在劳动活动中确认了自己是个公民，体验到公民的尊严感。他感觉到自己不仅可以得到必不可少的面包，还可以使自己的才智、自己的创造能力物质化。公民的尊严感不应该体现在响亮的话语中，而应牢记在心中，这是劳动教育的一个最重要的准则。劳动确立的公民感，连同认识、掌握世界所带来的愉悦，是非常强有力的情感刺激因素，能鼓舞人去从事不轻松的劳动，而只有当劳动不是轻松的时候，劳动才能够起教育作用。教育的最微妙的秘密之一，就是善于看到、找到、发现劳动的公民因素、思想因素。

人在通过劳动认识世界的同时创造美，从而确立起对劳动、创造和认识的美感，这时才能达到劳动与情感—审美教育的统一。创造劳动的美，这是一个完整的教育领域，遗憾的是，这同样是教育学上的一块未开垦的处女地。

劳动习惯

劳动是一种重要的精神需求，在少年期劳动习惯是与对这种劳动的作用的认识结合在一起的。少年在思考自己在生活中的地位，有意识地竭力表现自己的个性。在少年期一个人干了多少，工作得怎样是重要的，但这还不够，重要的是关于劳动他想了些什么。在少年的想象中描绘共产主义社会的蓝图时，不可以向他灌输这样一种思想，以为到了共产主义社会生活将很轻松，工作日将缩减到最少，而人的最大的幸福就在于此。人要享受共产主义生活的最大福利——自由支配的时间，就必须在精神上做好准备。精神生活的充实，取决于人是如何充实自己的闲暇时间的。只有当劳动的目的是认识世界和掌握世界、在创造中实现个性的自我表现和自我肯定时，只有用有丰富的精神生活的劳动去充实闲暇时间时，各种各样的劳动才能给人带来幸福。人不劳动必然会遭受苦难，在物质财富丰富的环境中他依然是个乞丐，就像塔拉斯·谢夫琴科所说的，是个“精神赤贫”。

劳动纪律在少年期具有特殊的意义。每个少年在执行作息制度、克服困难的时候，都应该找到自我培养意志的手段。我坚信，为了进行智育和劳动教育，首先必须要有自由支配的时间。只有有了自由支配的时间，少年才能在能最大限度地显示其才能和天赋的那项劳动中表现自己。少年按自己的愿望工作得越多，他喜爱的工作就能越深入地进入他的精神生活，他就能越珍惜自由支配的时间，就越善于利用它作为幸福与快乐的源泉。

劳动与智力的发展

学校生活的智力财富绝大部分取决于智力生活与体力劳动密切结合的程度。我的学生在童年时代就已看到了，在一个不大的劳动集体中，如在技术小组和农业小组中，智力生活是多么的丰富。这样的小组是对少年进行教育的重要的形式。小组工作的价值就在于，每个人都可以在很长的一段时间内考验自己的天赋和能力，在具体的工作中表现自己的爱好，找到自己喜欢的工作。

根据教学计划，少年每周要到校办工厂劳动一次。他们学习加工木材和金属，制造机器和机械模型。实际上，大纲规定的劳动仅限于此。这样的劳动能否满足少年的各种各样的兴趣和需求呢？当然是不可能的。各种各样的兴趣小组恰恰能把劳动与智力生活统一起来，能用具有巨大精神意义的活动充实闲暇时间。这样的兴趣小组有：少年植物栽培小组、育种小组、园艺小组、养蜂小组、机械师小组、电工技师小组、无线电技师小组、钳工—设计师小组、车工小组、畜牧小组、花卉栽培小组。在这些小组中洋溢着思想活跃、求知欲旺盛的气氛，没有这样的小组，无论是智力教育还是情感—审美教育都是不可想象的。如果不把少年的双手变成理智的良师，少年就不会对知识产生兴趣，一个最强的情感刺激因素就会从教学过程中失落。

在三、四年级时孩子们就已开始参加小组的工作。在最初当然没有，也不可能有自觉的选择，必须经历很长的一段时间才能找到最适合自己的工作。学生换了一样又一样的工作，从一种爱好变为另一种爱好。这对于自觉地选择自己喜爱的工作是必要的。终于有一天少年找到了最适合自己天赋的工作。在这件事情上教师决不可以心急。不可以把少年“固定”在某一个小组中。但是劳动中的自我肯定的复杂的过程，也是不允许任其自流的。必须在每一颗心灵中点燃热爱劳动的火花。这就是说，当少年用双手去工作时，要帮助少年使他们的双手成为理智的良师。

尤尔科喜欢学校养蜂场、养兔场和少年育种小组的工作。他学会了怎样把果树与野生树嫁接，学会了怎样育种和播种、耕地和饲养小牛。但真正吸引他的只有在少年机械师小组中的工作。他目不转睛地看着他的同龄人，其他五年级学生学习驾驶微型汽车。但为了获得学习开车的资格，就必须先学习内燃机。尤尔科就去一个由十年级学生领导的少年机械师小组听课。这个男孩很有兴趣地研究起了发动机，学习如何发动它，拆卸和装配各个部件。研究了发动机后尤尔科就学习驾驶小型汽车。

而在这时小组中又出现了一件新的有趣的事情：在劳动教师和高年级学生的指导下少年们在装配一辆新汽车。尤尔科也迷上了这项新工作。在这项工作中有许多单调的、没有任何趣味的工序：必须磨光金属薄板，清除掉车架的铁锈。但一个有趣的设想支配了所有这一切，这个设想使这项工作体现出高尚的思想。有趣的创造与手的工作联系在一起。思想与手的联系越紧密，劳动就越深入地进入精神生活中，成为喜爱的劳动。劳动中的创造是发展少年智力的最有力的一种刺激因素。制造一辆漂亮的、舒适的、好驾驶的汽车的设想，越强烈地打动尤尔科，他对书本和阅读的兴趣就越大。六年级时尤尔科就已经有了一批技术书籍，他的藏书还在不断地增加。在这个男孩的精神生活中阅读占据了重要地位，但他的阅读不是死记硬背式的。这是一种被对创造性劳动的兴趣所激发的阅读，希望在手的工作中取得成绩的愿望推动了他的阅读。阅读对培养理智、开阔视野（这一点尤其重要），对在教学过程中形成智力劳动的风格和特点，发挥了巨大的作用。这样的阅读能培养对读过的东西的本质进行深入理解和思考的能力。也应该以这样的态度阅读教科书。热爱创造性劳动的人永远也不会去死记硬背。当劳动中没有精神生活时就会出现死记硬背，死记硬背会耗尽智力，使心灵空虚。

每一个兴趣小组都是创造性劳动和生气勃勃的智力生活的中心。我们努力使每个少年都成为劳动者、思想家和探索者，使对世界和对自己的认识是在有趣的、令人振奋的创造中进行的。少年期的自我肯定和自我教育就在于对真理的认识和发现，是与个人的创造力融合在一起的：人感觉到由于有了思想和求知欲，大自然就袒露了自己的秘密。

兴趣小组中的工作具有研究的性质。当我的学生进入少年期时，学校里已经有了几个少年育种小组和土壤学家小组。男女孩子们选好了播种用的种子，收集和保存农家肥，在农田上施肥，耕地。男女孩子们感到自己正在从事研究工作，如果他们没有受到这种思想的鼓舞，那么，在这样的兴趣小组中的工作会变成单调乏味的、令人厌倦的劳务。要点燃求知欲的火花，就必须让年轻的心灵产生从事研究工作的思想。班主任、生物教师和集体农庄的农艺师一起对年轻的研究者们讲解，怎样培育出比普通的麦粒大一倍的麦粒。希望种出颗粒饱满的、沉甸甸的麦穗的想法鼓舞了男女孩子们。在麦收之前我与小组成员一起到麦地里去，寻找颗粒最饱满的麦穗去种在教学实验区中的小畦上进行试验；在地里施了肥，精心地耕耘这几块小畦。每一块小畦都成了小小的研究实验室。孩子们用锹在地里工作，然后跑到土壤学材料陈列角去阅读文献资料，研究能提高土壤肥力的微生物的生活。观察小麦的生长和成熟，收割小麦，仔细地过秤，确定单颗麦粒的重量，所有这一切都是非常细致的和有趣的工作。柳达、萨什科、万尼亚、莉达、彼得里克、尼娜，对他们开出来的 20 块小畦的土壤进行了几年的研究。这是真正的研究：这些小畦上的土壤是用各种能促进微生物蓬勃生长的物质混合而成的，这些微生物能提高土壤中氮和磷的含量。第二年少年研究者就培育出了颗粒饱满的麦穗，其颗粒比丰收年的麦粒的平均重量重70%。第三年有几块小畦上的麦粒就比平均重量提高了一倍。于是孩子们又有了一个新的目标：培育出蛋白质含量丰富得多的麦粒。对这个课题的研究成了一项创造性的工作，不仅在少年时期，而且在青年早期，这都是一项起着鼓舞作用的工作。

在我的学生升入五年级之前学校里出现了少年农业技术设计家小组。我和劳动课教师A. A. 沃罗希洛一起，吸引少年去设计和制造耕地、播种、收割和脱粒用的机械和机器。电越来越多地用于生产和日常生活，我们向自己提出了一个目标：把电用到各种农业劳动过程中。

在这个小组中，少年们常常被一些设计思想所振奋：如何利用电流的力量来代替手的工作？如何使电动机适用于能耕地、收割、脱粒用的机械？少年设计师们制作了一台小收割机，在教学实验园地的小畦上收割谷物。以后又产生了制造小脱粒机的愿望。尤尔科、托利亚、尼娜、舒尔科、谢廖扎、济娜、费佳、沃洛佳为这台机械整整忙碌了一年。他们根据劳动课教师绘制的图纸去切、锯、车、磨。工作越接近完成，少年们的情绪越高，对自己所制作的东西就越珍爱，对评价他们的工作质量的意见越放在心上。

这样的智力生活才是真正丰富的，这是体力劳动与思想的结合。体力劳动、紧张，任何时候都不是最终目的，而仅仅是实现思想的手段。思想才是基本的。但手不是消极的执行者。手能增长才智。与少年设计师们（他们的双手似乎在对假设和猜测进行检验）的劳动合作，帮助我们，教师，理解对手的训练的细致性和巨大的教育作用。在双手对假设和猜测所进行的检验的影响下，思想变得更活跃，而新发现被体验成个人的价值。

我认为学习与劳动的结合，就是使少年工作的时候在思考，思考的时候在工作。每个少年都要经历几年的这种创造性劳动的训练。有一个问题一直萦绕在我的脑际：这种训练如何反映在智力发展上？生活给了我们有益的回答：通过思想与体力劳动的结合，手的细致的动作能使思想变得同样的细腻，少年就能成长为智慧的思想家、研究者和真理的发现者，而不是现成知识的享用者。我观察了少年设计师、育种家、电工技师和无线电技师是怎样对待理论知识的。他们首先竭力去理解的是每一个真理中的各种事实、事物、对象、现象、相互关系的现实本质。他们似乎在仔细研究判断，深入地思考它的各个部分之间的逻辑联系。

兴趣小组中的创造性工作教会了各个少年去思考。随着时间的流逝在彼得里克的思维中越来越鲜明地显现出一个宝贵的特点：这个男孩努力地在自己的知识中寻找能与新知识联系起来的东西，用已经理解了的并成为过去的思想和记忆的成果的东西去证明新知识的真理性。

经历过长期的创造性劳动训练的人，能自觉地不去死记尚不理解的东西。在代数、几何、物理课上，尼娜和彼得里克在抄下了一个新公式后，感到有必要去想一想这个公式，深入地思考一下这个公式概括了些什么东西。对他们来说，这种必要性完全就像是要用自己的手和手指去摸一摸机械的零部件一样。

孩子们在培育饱满的麦粒时研究了植物的生命活动与许多条件的依存关系。这样的条件有：土壤的微生物区系、土壤深层水分保持、播种前对土地的耕耘、种子的发芽能力，等等。劳动就是对这些因素之间的依存关系进行多方面的综合研究和概括，研究和思考它们在时间和空间上的相互关系。生活让我们相信，如果劳动能与思考重要的相互依存关系和因果关系结合起来（例如，在小麦的整个成长期内研究微量元素对禾本科植物的生长和成熟的影响），如果同一个思想深深地印在孩子们的头脑中，使他们激动，那么在这个少年的身上正在培养起一种很宝贵的体验思想的能力。智力情感的第一个源泉就是劳动与理智的结合。

我的有些学生思维比较迟缓，对理解数学、物理、化学、历史的概括性的真理和规律性很吃力，在他们的身上常常会出现这样一个时期，似乎他们内在的精神力量和刺激因素马上就要枯竭了，对知识茫然无知，头脑不再思考。这种情况也不可避免地出现在彼得里克、尼娜和斯拉瓦身上。如果不通过劳动去使精神变得崇高，如果体验不到手的工作与思想的结合所产生的思想，那么这种内在的智力疲劳也会攫住有才能的学生。每当我发现这种内在空虚的威胁时，我就竭力把孩子们拉去从事能使他们感到是在进行研究和发现真理的工作。

当我的学生上五年级时，学校成立了无线电技术、电子学、生物化学、土壤学小组。在这些小组中，操作显微镜、复杂的仪器的细致的工作，与日常的、单调的体力工作交替进行，这些体力工作的主要工具是凿子、锤子、钳子、铁锨、耙子、水桶、大叉。手和脑的和谐结合的“秘密”之一就在于这种交替之中：紧张的体力劳动不被体验成最终的目的，而体验为达到目的的手段。这是对工作的一种刺激因素。

在学校中为无线电技术、电子学、生物化学、土壤学、杂种交配小组安排了进行创造性劳动的场所。男女孩子们全神贯注地研究复杂的电路图或仪器，除了自己感兴趣的工作之外忘掉了世界上的一切。如果他们没有过这样的经历，那么就不可能设想少年时期的教育是完善的。在这些兴趣小组中，少年成了思想家和研究者，出自内心地赞叹和崇拜伟大的科学思想和学者们的丰功伟绩。在那里迸发出对未来的理想的火花。创造性思想具有了特殊的性质和风格：在许多场合下不可能直接看到和观察到的现象成了思考的对象。思索并控制这些现象，这是学校中劳动与理智统一的最高阶段。在我的班级里没有一个学生没被一项有趣的工作所吸引。他们的兴趣爱好五花八门，似乎彼此之间相差十万八千里。有的孩子喜爱文学，在语言世界中有着丰富的精神生活，突然迷上了抗生素。少年机械师爱上了无线电技术和电子学。在许多男孩和女孩的精神生活中很长时间以来都有两种甚至三种爱好。当我的学生升到六、七年级时，学校里开辟了一个“复杂工作工作室”。男孩子们在门上写了马克思的话：“但是在科学的入口处，正像在地狱的入口处一样，必须提出这样的要求：‘这里必须根绝一切犹豫；这里任何怯懦都无济于事。’”在这间工作室中陈列出所有最难的课题，少年只有通过紧张的智力劳动才可能解决它们。这些课题包括：要求根据无线电技术和电子学的电路图制造仪器和模型；物理、化学、数学方面的难题；生物化学和土壤学方面的研究课题。男女孩子们跨过这间工作室的门槛，就好像进入了科学殿堂的前厅。在这里性格得到了考验，意志得到了锻炼；在这里少年通过自己的经验认识了什么是自我教育。

劳动的公民因素

“照亮别人，燃烧自己”，这是自古以来医生的誓言。我努力使男女孩子们受到这个真理的鼓舞，努力用这个真理去使他们的心灵变得高尚，激发起他们的自尊感。真正的幸福是为人们服务。我努力在我的学生所想和所做的一切中贯穿这一思想。

关于为了人们的利益和幸福所建立的丰功伟绩的故事，常常打动少年们的心。但这仅仅是公民教育的第一阶段。照亮别人的直接动因，是对一个人正在做的事情的体验。初看起来这似乎是件容易的事情：少年公民用自己的双手做了些什么，这就是说他们已经体验到了爱别人的情感，体验到了对别人的义务感。但在生活中并非这么简单。如果孩子们在工作时毫无热情，或者把工作看成是讨厌的义务，那么不管他们做了多少工作，都不会在他们的心灵中留下好的印迹。少年公民应该怀着纯洁的心灵，怀着光明磊落的、乐观愉快的思想为人们工作。这样的工作应给他们带来快乐，并用崇高的思想去鼓舞他们。而这种工作带来的疲惫，被渲染得富有生活的充实感和幸福的体验。（没有汗水、疲劳和老茧，就不可能有真正的工作。）

怎样向学生揭示劳动的这个光辉的公民因素呢？这里有一系列教育技术的规则。去为人们工作，不仅需要有充沛的体力，还必须有朝气蓬勃的精神力量。必须从精神上使学生做好准备去按教师的意图从事具有鲜明的公民意义的劳动。必须在少年的心灵中清除掉一切偶然的、暂时的因素。如果在集体中出现了某种不顺遂的现象使集体的情绪不好，这种不好的情绪可能会破坏公民情感的源泉。在去为人们工作之前，我努力做到使儿童，尤其是少年的意识中充满光明的思想。这样的思想首先就是一种明快的、朝气蓬勃的认识，认识到我们用自己的双手为人们创造了什么，我们的劳动给他们带来了什么样的幸福。只有在这样的情况下，少年劳动者才会把自己的一部分心灵投入到他们所做的事情中去。

在一块空地上长着一棵橡树，一年后集体农庄将在这块空地上建一座大楼。这棵树已长了十年了，为了造大楼而要毁掉它，我们的心情很不轻松。能否拯救这棵橡树呢？能否把它移栽到其他地方，让它给后代带来欢乐呢？这件事做起来是很不容易的。必须连根掘起一立方米的土。工作确实不容易，但它能给人们带来多大的欢乐啊。橡树能长 200 年，甚至 300 年。许许多多人将在它的枝叶下体验生活的快乐。关于劳动的明快的认识——创造快乐，激发孩子们产生了光明的思想，如没有这种思想，就不会有干劲和灵感。我们就去工作了。我们工作了几天，工作越临近完成，我们的快乐感就越深切。

让孩子们在少年期看到他们在童年时亲手创造的物质财富，这是很重要的。我的学生们每年都要在他们一、二年级时开始的工作上增加点什么。因此为人们工作成为集体的精神生活。

劳动的公民因素是与自尊感有机地融合在一起的。为了共同的利益而劳动，这并不意味着要放弃个人利益和把个人分隔出来。为他人劳动的快乐，其根基具有深刻的个人的自豪感和自尊感。共产主义教育的重要任务就在于使社会上没有一个庸庸碌碌的人。根据卢那察尔斯基的定义，强烈表现的个性，这是社会的根。少年对劳动产生自豪感，在自己喜爱的工作中体验到自己是最好的能手，要使这种情感和体验成为公民感的基础，这是很重要的。在人的身上寻找、发现和肯定他的劳动使命，使每个人在自己的工作中成为真正的能工巧匠，使劳动创造永远进入精神生活并成为对活动的最有力的情感刺激因素——思想教育与劳动教育的统一就在于此。

必须帮助每个人找到自己的位置，在喜爱的工作中表现自己，掌握必要的知识和技能，成为能手。这就是个别对待，就是培养个性与集体。集体中的一个劳动成员，这不是某个按照命令行事的没有个性的芸芸众生。没有鲜明表现的个性，就没有集体。我认为对集体的培养首先就是要使每个少年情绪活跃，才华横溢。少年应该在少年期在某一件事情上取得突出的成绩，应该有某件事吸引他，鼓舞他，某一项工作应该成为真正的创造。

我激动地、焦虑地期待着有一天少年会如此潜心地投入到某一项工作中去，以至于忘记了其他任何东西。这里谈的是智力创造，谈的是情感深入到工作的细节，深入到技巧的奥秘中。这一时刻是少年在一定时期内从事的创造性劳动的合乎规律的结果。为了深入到一项工作中，必须有一项具体的活动，在这项活动中能非常清楚地看到和感觉到体力对创造性思想的服从。

想到我是我的这项工作的能手，我有一双巧手，人们因为我是劳动的主宰者而尊重我，体验到由这些思想产生的自豪感，创造性劳动激发起的高尚精神——这一切意味着一个公民的真正的诞生。

科利亚有许多劳动爱好：在教学实验园地上，在少年模型设计师小组中，他都饶有兴趣地工作着。他还爱好写生：科利亚喜欢绘画，收集珍藏了许多造型艺术的复制品。但在六年级时他开始在少年机械师小组中工作。他离不开小小的发动机，把它拆了又装配上，清洗它，给它上油。那时在校办工厂中安装了一台锯木板装置。锯木板装置上接上了电动机。但在维修电网时必须把锯木板装置与内燃机相连接。这项工作推动科利亚去深入研究机器设备。根据他的请求在学校的教学电站（供高年级学生用）划出了一个角落，科利亚在那里装配了小型的内燃机，把它接在一台交流发电机上，又在电网上接上了一些电灯。所有这些都是小型的，发电站就像是个玩具似的，但它成了低年级学生兴趣小组的中心。在科利亚的领导下在这里点燃了新的兴趣爱好的火花。这位少年技师把一些小机械——电锯、通风机、电冶炼炉接到电动机上。科利亚到了七、八年级就成了电器安装方面的真正的能手了，对内燃机非常了解。一个满怀自尊感的公民就这样在我的眼前诞生了。自豪地并自觉地尊重自己和他人，这就是教育的结果，教育使一个人找到了自己的位置，严肃地思考自己的未来。荣誉感、自尊感以及由此而产生的生活的充实感，这一切是形成公民的自我意识的基础，而这种基础深深地植根于劳动技巧之中。

可能没有一个男孩像托利亚那样对工作产生如此多的兴趣爱好。他喜欢种花和在畜牧场上的工作，也爱好种植谷物。很长时间以来没有一项工作不在这个男孩的心灵中激发出真正的灵感。但是现在他最喜欢的是在车床上加工金属和设计、制作模型。六年级结束时这个男孩如此迷恋于金属加工，以至于扔掉了其他种类的劳动。用手工工具和在车床上加工机械、仪器和模型的零件，成了他最喜欢的工作。在劳动教师的指导下这个少年着手制造起了电锯。他自己画了图纸，制造零件，装配机械。托利亚把自己制造的锯子与一台小电动机连接起来的那一天，成了他的节日。他的眼睛里闪耀着快乐的光芒。托利亚在毕业几年后说："在那一天我感觉到自己是一个真正的人。而在这一天之前我有时觉得我和大家不一样，我比别人差……而从那一天起世界好像变了样。人们好像更善良了……"

在少年时代找到了自己喜爱的工作，每个少年就在道德成熟的道路上前进了一大步。

劳动和美

我力争使我的学生在少年时期通过劳动培养高尚的情操，劳动为他们揭示周围世界和人的美。劳动中的审美情感的第一个源泉，这就是美的创造。在"美丽角"中，在劳动的节日里，在校办工厂里，在实验园地上，到处都在创造人的美。

当一个少年走出学校的教学实验园地、果园、温室，走出校办工厂、工作室，来到了集体农庄的田野上，在每个少年的生活中这是一个意义重大的、庄严的时刻。他们感觉到跨出的这一步表明他们进入了成年人的劳动大家庭中，表明他们参加到全民的事业中来了。这个事件（挖出第一道犁沟）被作为劳动的节日来纪念。当我的学生升入六年级时，第一次以隆重的仪式纪念这一事件。男女孩子们开始耕作自己的少先队员的土地。他们来到了田野上，运来了肥料，给耕地施了肥。从那时候起开始了在农田上的长期的、细心而有耐心的工作。少年们每年都在那里种小麦。他们努力地、尽可能地给土地施足肥，灌够水，认真地准备种子。

土地肥力恢复节是一个难忘的日子。少年在整个少年时代庆祝一次这个节日。这一天体验到的劳动的欢乐感，是用特别昂贵的代价获得的，并在他们的心灵中留下了不可磨灭的印象。男女孩子们在一块不大的、贫瘠的不毛之地上操劳了几年。他们工作的目的是让土壤恢复肥力。那块几年前还在沉睡的不毛之地，现在成了肥沃的黑土地，当他们把种子播到这块土地上的那一天，是一个庄严的日子，村子里最受尊敬的劳动者都来到了这块土地上。他们来庆贺少年们取得了胜利。

收割第一捆麦穗、采摘第一串葡萄、第一次刈草的日子都是节日，这些节日同样能巩固地确立劳动的美感。

孩子们在暑假期间都要去刈草场劳动两三周。这是一些幸福的日子。开始这项激动人心的工作的那一天，作为传统的刈草节来庆祝。在风和日丽的清晨少年们坐车来到田野，每个人都先要用镰刀刈下几十平方米的草。然后开始日常的劳动：用镰刀和马拉刈草机割草，把草晒干，堆成垛。大家住在田野上，在那里做饭，晚上在一起阅读，听有经验的人讲故事。

劳动和意志的培养

劳动的快乐不同于一般。可以把它与攀登高山顶峰的人所体验到的情感相比拟。在崎岖的山路上跨出的每一步都必须付出极大的努力，但在人的面前有一个崇高的目标，那就是要攀登顶峰。当一个人登上了顶峰，他自己也得到了升华，确立了自尊心。他感到自己是强壮的、勇敢的，已做好了克服新的困难的准备。

我认为，使每个少年都能在少年期登上这个顶峰，是一项很重要的教育任务。劳动应该是对意志的一种独特的锻炼；在劳动教育的法则中反映出身体和精神的统一。每个人都完成了需要消耗大量的体力和精力的工作。

在严冬季节，寒风刺骨，让人透不过气来，少年们来到了田野上，他们必须为畜牧场搬运干草。他们懂得不管什么样的困难都不能成为解除人劳动的理由：不劳动者不得食。生活随时随地向他们证明：必须永远工作。他们迎着暴风雪和一月的严寒向前走去。把干草装上车，运到了畜牧场。完成工作后回来时他们精疲力竭，但非常愉快、兴奋，体验到巨大的人的自豪感。这种自豪感只有通过劳动才能体验到，而且在学校生活的任何其他情况下都不可能有此体验。谁体验到这种情感，谁就懂得了生活的基本道理：要付出劳动才能获得生活的快乐，必须用劳动去获得快乐。这种思想成了每个少年的个人的信念。

临近青年期

六月的一天我们来到了树林里。我们在自己心爱的林中空地上安顿好。明天我的所有的学生都将拿到八年制学校的毕业证书。

我很高兴，因为他们获得了牢固的知识，他们热爱科学和书本，学会了思考并理解周围世界和自己。他们中的每个人都找到了自我——爱劳动，体验到了在自己喜爱的工作中取得成就的喜悦，成了能工巧匠，成了创造者，成了真正的人。每个少年的心灵都能敏感地察觉其他人的快乐和不幸。他把周围世界发生的一切当作个人的事情，这些事情深深地打动他，使他激动不安。我的学生的心灵决不容忍邪恶。善良、真理和人道主义，带给他们欢乐，用高尚的情操鼓舞他们；而邪恶、谎言、虚伪使他们愤怒，激发起他们的斗志。

我的学生们对美，尤其是对人身上的美，是很敏感的。我深信，他们中没有一个人会去欺负人，也没有一个人会去损害自己的尊严。但是爱人类比真正地爱某一个具体的人要容易一些。帮助身边的人，要比在口头上说“我爱人们”要困难一些。

对我的劳动，对我度过的那些战战兢兢的白昼和辗转反侧的夜晚的最高的奖赏，那就是我的学生都成了我们祖国的真正的儿女：他们懂得，他们这一代要付出多么昂贵的代价去获得劳动的幸福和社会主义的物质的和精神的财富。他们爱惜在祖国土地上的每一棵草，他们准备着为社会主义的祖国贡献自己的一生。

给儿子的信

叶玉华　译

目　录

第一封信

亲爱的儿子，你好!

你终于像小鸟一样飞出了巢穴，在大城市居住，在大学里读书，也许觉得自己已经是一个独立的人了。根据我的经验，可以肯定，此时此刻的你，正在被急剧变化的新生活所吸引，很少想家，想念我和你的妈妈，大概不会感到寂寞。当你逐渐认识生活之时，或者在稍晚一些时候，那时，思念亲人的感觉就会油然而生。

这是我写给远离家乡的你的第一封信，希望你把它保存下来，终生留在身边，反复地阅读，认真地加以思考。我和你母亲都知道，现在的年轻人对父母的教导总是一种不以为然的态度。他们往往认为，老年人看不见，也不理解年轻人所看见和理解的东西。也许事情果真如此……也许你读了这封信以后，信手将它扔到随便什么地方，让你少想起父母的那些喋喋不休的说教。那有什么办法呢，你尽管扔好了，但是我只要求你好好记住，信扔到什么地方去了，因为总有一天，你会想起这些教诲。那时候你会告诉自己：父亲毕竟是对的……于是你感到有必要再次重读一下这封被你忘怀的尘封旧信，找到它并且从头至尾再读上一遍。因此，我劝你好好地将信保留一生吧。

父亲给我的第一封信，我也是一直保存着。我离开父母身边的那年只有 15 岁，考到克列明楚格师范学院学习。那是艰难的 1934 年。我至今还记得母亲送我去参加入学考试的情景。用一个旧的但很干净的包袱皮包上从箱子底找出来的新的粗麻布，再带上一个干粮袋，里面装着几块饼和两瓶炒热的豆……

入学考试我考得不错。那时候中学应届毕业生很少，所以允许招收一些七年制学校毕业生进大学学习。于是我的学习生涯就这样开始了。当一个人的肚皮还填不饱的时候，要掌握知识，那真是很难很难啊！然而不久，新粮打下来了。我在任何时候都不会忘记那一天，妈妈请人捎给我的用新打下来的黑麦烤的第一个圆面包。那是请一位叫马特维的老爷爷转交给我的，他是农村供销社的马车夫，每个星期都要进城去拉货。圆面包放在一个干净的亚麻布的口袋里，软绵绵，香喷喷，上面有一层松脆的面包皮。就在面包的旁边放着父亲的信，这就是我在这里向你提及的父亲写给我的第一封信。我把它作为第一个座右铭，一直保留在我身边……信中写道："儿子，你不要忘了，面包这个最起码的生活资料。我不相信上帝，但是我说面包是神圣的。愿面包的神圣永远伴随你一生吧！你要记住，你是什么人，是从哪里来的。要知道，获得这几片面包是多么来之不易！不要忘记，你的爷爷，我的父亲奥梅里柯·苏霍姆林是一个农奴，他是手扶着犁把死在庄稼地里的。任何时候都不要忘本，不要忘记，此时此刻当你学习的时候，有人正在劳动，正在为你提供生活资料。即使你学完了，当上了老师，也不能忘记这块面包。面包——这是人类的劳动，是未来的希望，它永远是衡量你和你的子女们的良心的一个尺度。"

这就是父亲在第一封信里写给我的话。另外还附上几句话，说家里领到了按劳动日分配的黑麦和小麦，以后每星期都将请马特维爷爷给我捎面包去。

我的儿子，为什么我要把这些事写给你呢？不要忘了，我们的根就是劳动的人民，是土地，是神圣的粮食。那些对粮食，对劳动，对哺育我们的人民表示轻蔑的人，哪怕是一个念头、一句话和一个行动，都应当受到诅咒……

在我们的语言中有成千上万个词汇，但是我认为应当把三个词放在第一位，这就是：粮食、劳动和人民。这是支撑我们国家的三根支柱，是我们这个制度的本质所在。这三根支柱如此牢固地彼此结合在一起，既不能将它们割断，也不能把它们分开。如果有人不知道粮食和人民的意义，那么他就不再是人民自己的儿子。如果谁丧失了人民的优秀的精神品质，那么谁就会成为脱离集体的人，不值得尊敬的、失去个性的人。谁忘记了什么是劳动、汗水和疲劳，谁就不会懂得爱惜粮食。如果有人损害这三根支柱中的任何一根，那么他就不能成为真正的人，他的内心就会出现霉菌和蛀孔。

你正在认识农田劳动的辛苦甘甜，了解粮食得来之不易，我为此感到自豪。你是否还记得，有一年的五一节前夕，我到你们班上去（当时好像你正在念九年级）转达集体农庄机械师的一个请求：在节日期间请同学们到大田里去替一下班，农机师们需要休息一下。你现在还记得吧，当时你们所有的年轻人都不想去，你们是那么不情愿地脱下节日的盛装，换上工人的连衫裤，坐到拖拉机驾驶盘的旁边，做一名拖车联结员！但是，当两天的劳动结束以后，你回到家中，感到自己成为一名劳动者的时候，你的双眼闪耀着自豪的神采！

我不相信那种权且称为巧克力式的共产主义。说什么一切物质财富都极为丰富，所有的人都能得到充分的供应，似乎只要一挥手就什么都有了，任何东西都可以轻而易举地获得。你想得到这个吗？它已经给你摆在桌子上，一切都随心所欲。假如所有这一切真的是这样，那么，鬼才知道，人会变成什么样子，也许会变成活腻了的动物吧。幸亏这种情况不会发生。人没有紧张，没有努力，不想流汗，不想付出劳累，不经过焦急与不安，是什么也得不到的。即使到了共产主义，也得把手磨出茧子，也得有许许多多不眠的夜晚。而最主要的，人们永远保持的是他的智慧、良心和人的尊严。

人们将永远依靠自己的辛勤劳动获得食物。耕作的土地上永远是一片繁忙，细心地呵护那些牲畜和娇嫩的麦苗。人们将永远企盼，让土地打出越来越多的粮食，人的食粮的根本永远建立在这个基础上。

对这个根本，每个人都应该加以珍惜。你来信说，不久将要派你到农庄去参加劳动。这非常好。我为此感到非常非常高兴。你要好好干，不要有负于你自己，也不要辜负了我和同志们。干活时不要挑肥拣瘦，你要选择直接在大田里，在土地上干的活儿。铁锨也是一种工具，用它可以大显身手。

暑假的时候，你将可以到我们自己农庄的拖拉机队去劳动（当然，那是在不招募志愿垦荒队员的情况下。如果招募的话，你一定去那儿报到）。

你大概知道我们乌克兰的这句谚语："看见麦穗就能知道种麦子的那个人。"每个人都为自己能为别人做点事而感到自豪。每个诚实的人都想在自己培育的麦穗上留下自己的点滴血汗。我在这个世界上差不多活了五十年，我坚信，在田地里干活的人的身上，尤其强烈地表现出这种愿望。我和你妈妈都在等待你的第一个大学暑假的到来。我将带你去见一位邻近农庄的老人。他培养苹果树苗已经有三十多年历史了。在自己所干的这一行业中，他可以算是真正名副其实的能工巧匠了。在他所培育的树苗上，每一个树枝上，每一片树叶上都浸透着老人的心血。假如今天所有的人都能像这位老人那样对待劳动，那么可以说，我们达到了共产主义的劳动境界……

祝你健康、美好、幸福！你妈妈和小妹妹拥抱你。昨天，他们已经给你写了信。吻你。

你的父亲

第二封信

亲爱的儿子，你好!

你从集体农庄寄来的信已经收到了。这封信让我激动不已，以至于彻夜未眠。我在考虑你写的这封信，也在想你。

一方面，你对那些不善经营的、浪费的事实感到忧虑，这是好的。你在信中说，集体农庄里有一个很好的果园，但是已经有上十吨的苹果被喂了猪，还有三公顷的西红柿没有来得及收获，农庄主席竟然下令，让拖拉机手翻耕了这片作业区，以至于未留下一点痕迹。

但是，另一方面令我感到吃惊的是，在你的信中仅仅停留在困惑不解上，而没有再做什么。面对这些令人愤慨的事实只是张皇失措。

结果怎么样呢？你在信中写道："早晨，当我看到这块地被翻过时，我的心差一点儿从胸中迸出来……"那么后来怎么样呢？你的心到底怎么了？看来，它在逐渐平静下来，并且像往常一样开始平静地跳动了吧？那么，你的那些同学的心呢？恐怕谁也没有从胸膛中跳出来吧？

我想，这不好，很不好。你也许还记得，我给你讲过的关于塔列兰的事，他是一个厚颜无耻、老奸巨猾的政客。他教训青年人，要对心灵中最初的一闪念感到惧怕，因为这个最初的一闪念通常是善良的。而我们，共产党人对青年人的教导和他截然不同，我们教育青年人不要扑灭自己心灵的第一次冲动，因为，它们是最高尚的、最美的。你去按照自己内心最初所提醒你的那样去做吧。压抑自己良心的声音，这是件非常危险的事情。假如你养成一种对某件事情漠不关心的习惯，那么你很快就会对所有事情冷漠无情。不要做违背良心的事情，只有这样，才能锻炼你的性格。

你把摘自《死魂灵》中的一段话记到自己的笔记本上："当你告别温柔的青春年华，踏上人生旅途的时候，你要鼓起敢于面对严峻、冷酷事实的勇敢精神，你要掌握人的一切内心活动，不要把它留在路旁，不要等到以后再回过头来去拣拾！"对于一个人来说，最可怕的是，变成一个睁着眼睛睡觉的人，他有眼睛能看，但是却什么也看不见；即使看见了，他也不去思考所看见的东西。他无视善与恶，面对邪恶与虚伪无动于衷。我的儿子，这与死亡相比，与世上最可怕的危险相比，是更为可怕的。

人不能没有信念。人如果没有信仰，不啻一个懦夫，是毫无价值的人。既然你已经确信，在你的面前发生了丑恶的事情，那就让你的心灵为此而呐喊吧，去和邪恶做斗争，让真理获得胜利！你问我："要阻止邪恶，我能具体地做些什么呢？怎样和邪恶做斗争呢？"我不知道，也不想给你开药方。假如，我处在你的位置，假如我也看到了你和你的同学所看到的那一切，我会知道我应当怎么做。

你十分吃惊地写道，对集体农庄所发生的事情，所有人都熟视无睹，漠不关心。对于你和你的同学来说，这样的情况更糟糕。任何时候都不要害怕表明自己的观点，哪怕你的想法是跟公认的准则相互矛盾的。① 罗丹的这些话你也应该好好记住。假如我处在你的位置上，我会马上和同学们一起去找党组织反映情况，告诉他们：

① 法国艺术家罗丹写过："真正的文学家应当是想什么就写什么，不要惧怕和古老的偏见相冲突。"（罗丹艺术出版社，圣彼得堡，1914 年，第 11 页。）

“怎么能这样做呢？如果他们自己没有能力收获西红柿，那么，我们大学生来收。决不允许糟蹋人类的劳动！”如果找党组织也无结果，那就到区委会去。担负起人民群众监督的责任，真正行动起来。我不相信所有的人对邪恶的事都是那样漠不关心，对问题和不足都是那样熟视无睹。这是不可能的。

现在，你正攀登在精神发展的这样一级阶梯上，那就是人已经不应该仅仅环顾其他的人，看他们在做什么，他们怎样做。你应当独立去思考，独立去做出决定。

吻你。

你的父亲

第三封信

亲爱的儿子，你好！

我非常高兴，因为你在信中能够坦诚地告诉我所有的事情，谈你的想法、疑虑和不安。还有一件使我高兴的事，那就是在艰苦的紧张的劳动日子里，即使你夜里 12 点休息，早晨 5 点起床，你仍然还在激动地思考这些问题。你信中说，如果你起来反对那些不良现象，如果你起来为维护真理而斗争，人们将会以一种异样的眼光看你，把你看成标新立异的人。从你这封信的字里行间，我感觉到你被一种沮丧的情绪、一种无可奈何的感伤情绪所缠绕。在信中你写道：“我感到，在我们这里，人们把思想性看作是希冀积累一定的道德资本。我已经不止一次地听到过，人们是用怎么讥讽的口吻去说思想性这个词：‘看你的思想性有多强！……’这究竟是怎么一回事？难道我以极其虔诚的心情所信仰的那些有价值的东西，那些令我的心灵激动不已的思想，今天都已失去意义了吗？究竟应该如何理解为理想而生活？”

我的儿子，你为这些问题而焦虑，我认为这很好，是件好事。我为你，也为我自已感到十分高兴。因为，你对周围的人说些什么、想些什么表示出关注的态度。

思想性，理想，这是伟大的、神圣的词。一些人自觉或者不自觉地试图将人类思想的美庸俗化，用市侩的自负和淡漠，用庸人的讥讽去玷污这个纯洁而庄严的词，这是对人本身的玷污。思想性，这是真正的人性。你是不是还记得歌德的话：“任何人，一旦离开思想，最终剩下的只是一堆肉。”① 我还记得，这句话在你的少年时代曾让你那样吃惊，当时你还问我：“那么，换句话说是不是变成动物了呢？”是的，我的儿子，一个人在他的心田里如果没有了思想，那么他就开始接近于动物，这无异于行尸走肉。

要记住，我再一次告诉你，要记住人们为了理想可以赴汤蹈火，可以上断头台，甘愿冒枪林弹雨。布鲁诺只要说出一句话，只要他说放弃自己的观点，他就可以免于一死。然而，他没有说这句话，因为一种崇高的理想在鼓舞着他。在成千上万无知庸人的吼叫和嘲笑声中，他戴着丑角的尖顶帽，穿着画有魔鬼像的长袍去承受严刑拷打。即使在遥远的、黑暗的年代里，在布鲁诺的视野里似乎已经看到一支腾空而起的火箭飞向广袤的天宇，他义无反顾，毫不动摇，他对自已充满崇高理想的信仰感到骄傲。亚历山大·乌里扬诺夫只要给“皇帝陛下”写一封效忠信，沙皇就会宽赦他的性命，然而他没有这样做，他不能这样做。索菲娅·佩罗夫斯卡娅只要说

① 歌德：《格言和思想文集》，圣彼得堡，1903年，第15页。

自己没有参与刺杀沙皇的计划，她就会被释放，因为并没有确凿证据证明她是有罪的。但是她不能这样做，因为对她来说，理想比自己的生命更为宝贵，这个理想就是自由，就是消灭暴君。理想能使人勇敢而无所畏惧。

假如我们国家的每一个青年人都生活得充满崇高的理想，假如理想成为每个人良心的捍卫者，那么，我们的社会将会成为一个具有美好的道德和精神的世界。那时候，正如高尔基所向往的，每个人在别人面前都将像星星一样闪耀着光彩。① 但是，这一时刻不会自己来临。为了这一天必须为之奋斗。摆在我们面前最困难的事情在于，包括我，包括你和你的孩子们，必须用崇高的共产主义思想去教育和鼓舞人们。

我的儿子，这种共产主义思想比世界上任何东西都美好。我看过一本很薄的书，书名是《献给暴风雨的心》，现在把它寄给你。这是伊朗共产党领导人霍斯罗夫·鲁兹贝赫在法庭上的一篇演讲。他的整个一生都是富有教育意义的。而对于那些希望了解和认识共产主义理想的美好和真正内涵的青年人来说，可以这样形象地讲，他的一生是饱含思想性的基本教材。霍斯罗夫·鲁兹贝赫本来是一位天才的学者和数学家，他写过许多种科学著作，在他的面前展现着如花似锦的前程。但是为了祖国摆脱暴政、压迫的斗争鼓舞着他，他加入了共产党，多年从事地下斗争。由于叛徒的出卖，他被捕了，并受到审判。死刑威胁着他。如果鲁兹贝赫请求宽恕，法庭是会赦免他的死刑的。然而，这位共产党员清楚，在全国充满白色恐怖的残酷环境中，他的免于一死，将会被同志们看成是一种背叛行为，并且会被同志们诅咒为可耻的叛徒。下面就是他说的最后的几句话。

---

①《高尔基全集》第 8 卷，莫斯科，科学出版社，1970 年，第 127 页。

“死亡总是不愉快的，特别是对于那些心灵中充满对光明和美好无限希望的人们，更是如此。然而，在真理与邪恶之间苟且偷生，对于一个真正的人来说是不足取的。在人的生命的旅程中，任何时候都不应当失去自己的基本目标。假如生命需要用耻辱和羞愧作代价去换取，为生命要丧失人格，放弃自己的理想、信仰和追求，改变自己的政治观点和社会观点，那么宁可去死也要比这些清白得多，比这些崇高千百倍。我为自己选择了这条路，我将沿着这条路一直走到底……我从来不认为自己是应当受到惩罚和犯有死罪的人。但是，我做人的尊严正处于危机之中，我在这里郑重要求，尊敬的法官大人给我判处死刑吧。我之所以提出这样的要求，是为了分享我那些已经牺牲的朋友们的光荣，也是为了蔑视那些威胁我的名誉的指控。无论是我，还是我的那些因从事政治活动而受到审判的同志们都不是罪人，相反，我们都是我们亲爱的祖国的公仆。我相信，公正、诚实的伊朗人民一定会认为这次对我们的判决是专断的，并且最后将证明自己的具有献身精神的儿子是无辜的。你们可以给霍斯罗夫·鲁兹贝赫定罪，但是，你们却不能审判善良的人性、正直、爱国主义、人道主义和奋不顾身的精神。”①

你要记住这些话，我的儿子，让它们成为照耀你生活的火花吧！

有些人对理想、思想性等词加以讽刺挖苦，他们把追求理想的勇敢精神当成是为个人追求功名利禄。对这种人的内心活动，我是十分了解的。这些人的精神生活极其贫乏空虚，他们不知道高尚的精神生活的真正含义，不了解什么是真正的幸福。他们认为，受思想的鼓舞就意味着成为思想的奴隶。（这种看法并不是今天才产生

① 鲁兹贝赫：《献给暴风雨的心》，莫斯科，外国文学出版社，1962 年，第 172、173、175～176 页。

的，它是很早以来从一个历史时期传到另一个历史时期的。）照他们看来，一个有思想的人，就不再作为有个性的人而存在，变成了流行的思想。这是多么可怜而又可悲的事啊！人只有依靠思想才能具有自己的个性，才能显示出人的创造性，才能成为为某种事业而奋斗的真正的战士。人不可以没有理想，人应当成为充满崇高理想的巨大力量。

我们这个州有一位优秀教师，他是我的朋友，名叫伊万·古里耶维奇·特卡琴科。他是波格丹诺夫斯克中学的校长（你大概还记得，他曾经来过咱们家几次），在伟大的卫国战争期间，他参加了游击队，在离兹纳缅卡市不远的黑色森林里和法西斯强盗打仗。不久以前，他向我讲述了一个激动人心的故事。联系到你对思想和理想产生怀疑这件事，我也应当把这个故事讲给你听听。

这是发生在艰苦的战争年代的事，那是 1941 年的晚秋时节。法西斯的宣传喉舌大喊大叫，说什么红军已经崩溃，莫斯科不久将要陷落。但是，法西斯强盗们这时已经被有关游击队的最初消息吓得丧魂落魄。在我们这个州，游击队同样使德国人不得安宁。在离黑色森林不远的一个村子里，人民的复仇者烧毁了敌人司令部的汽车和电台，杀死了三个希特勒匪徒。法西斯决定暂时不采取镇压该村居民的报复措施。他们决定采取另外一种更为狡诈的像他们的宣传员所说的那种所谓“心理上的震惊”的办法。他们在村子的中心地方竖起了一个很大的绞刑架。上面钉着一个用德语和乌克兰语两种文字写的布告牌：“如果在村子里哪怕出现一个游击队员，如果德国士兵因被游击队员刺伤而流出哪怕一滴血，如果谁要是有一句为游击队的抵抗行为辩解或支持的话，那么，就将在这个绞刑架上处死最先抓来的 10 个居民。”于是，把全村的人都赶到这个绞架旁边，向他们解释这道命令。这时，来了一个法西斯少校，他向农民说：“你们的红军不存在了，苏联不存在了，所有的苏联国土都要属于德国边防军。”农民们垂头丧气地站在那里。就在这时，人群中走出一个二十多岁的小伙子，向这个德军少校大声喊道：“不要相信法西斯强盗，红军还在，苏维埃政权还在，莫斯科永远屹立在那里，我是游击队的侦察兵。”

法西斯强盗被眼前这位英雄的大无畏精神吓得目瞪口呆，在最初的一瞬间竟然不知所措。小伙子说完了那些义愤填膺的话，从绒衣的袖口里掏出手枪对准德军少校开了一枪。等这帮法西斯匪徒清醒过来时，那个少校已经僵死在地上。小伙子被抓住捆绑了起来，最后被判处了死刑。临刑前，穿绒衣的这个小伙子和一个游击队员一起被关在一个囚室里，以后这个游击队员得以从监狱逃跑出去。后来，从这个人的嘴里知道了一些有关这位英雄的情况。小伙子说：“我不是游击队员。我是一个被希特勒分子俘虏的苏军战士，因受了伤，被德寇抓去当了俘虏。后来跑了出来。在偶然之中，我跑到了这个村子，希特勒分子正驱赶农民去听训。当那个德军少校说我们的军队垮了，说什么莫斯科即将陷落。我看到农民们一张张沮丧的面孔，我的心再也忍耐不住了。我知道，这样做会导致死亡，但是我没有别的选择。我的话将会在人们的心里点燃起对我们祖国必胜信心的火花。敌人将会把我吊死在那里，就在那个村庄，在那个绞刑架上。他们还会把所有的农民召集来。死亡对于我将是最艰巨的考验。不管怎么说，死亡都是可怕的。再过几分钟，我就要从这个世界上消失了，想起来很可怕。我要在人们的面前经受住这个考验。必胜的信念支持着我。这个信念使我永生。”

他光荣地经受住了考验。在刽子手把绞绳套上他的脖子之前，他大声喊道：“同胞们，不要向刽子手低头。绞架是无法吊死自由的。我为了祖国而献身。”

珍视理想的人，必然珍视自己的尊严。马克思认为，共产主义思想“则是一种不撕裂自己的心就不能从其中挣脱出来的枷锁”。

我相信，你一定会成长为一个真正的人。我们理想中的伟大真理将和你的心融为一体。你要记住，人的一生并不总是一帆风顺和美好的。你会遇到不少丑恶的、肮脏的事情。应当善于把这些东西和共产主义的伟大真理加以对照和区别。没有人的激情的思想性就会变成虚情假意。在我们的社会中，颇有一些“维护正义的斗士”、“真理的探索者”，他们不反对去“揭露”邪恶，但是他们认为还是让警察去和这些现象做斗争吧。这些蛊惑者，这些光说不练的人带来许多危害。问题不在于看到邪恶要大声疾呼，而在于制服这些邪恶。有时候需要的不是用嘴说，而是无言的行动。伊利亚·伊利夫和叶夫根尼·彼得罗夫说得非常好，他们说，应当不是为了一尘不染，而是为了打扫干净去斗争。事实上，在我们周围还有很多必须清扫的东西。我相信，在你的人生道路上，有时会碰到垃圾，这将不会使你气馁，也不会使你失望，更不会动摇你对善良的信心。善良必定胜利，但这一胜利的源泉来自人民，来自我们自己。

祝你身体好，朝气蓬勃，祝你愉快。

拥抱你并吻你。

你的父亲

第四封信

亲爱的儿子，你好！

当我得知诸如理想、生活的目的、真理、美等问题正使你激动不已的时候，我是多么高兴啊！很长时间以来我不记得你对上述这些问题有过如此“狂热”的兴趣。我之所以高兴，是因为我的信激发了你一系列的想法。也许，促成你思想活跃的原因是由于你的面前都是一些新人，每一天你都能了解世界上最为宝贵、最奇妙、最令人惊奇的对象，这就是人。了解人，认识人，也就是重新了解你自己。我发现，我情绪振奋、热情焕发的时刻，正是我走进学校的那些幸福的时日，当我走进坐满学生的教室，对我来说，眼前完全是一些新人。在和他们相处的过程中，我似乎是在“掸掉”自己身上的尘土，在“检验”自己的看法和信念，希望看到自己身上的优点和缺点。

你在信中写道：“在现在，在我们这个时代，未必能找到一个可以说是理想的人。”从字里行间我还看到一个你弄不清的问题，你问：“一般地说，在我们这个世界上，能不能有完美无缺的、最合乎理想的人呢?”于是，得出一个武断的青年人惯有的看法：“产生理想人物的时代已经过去了……英雄的时代一去不复返了……”

我还记得，在你离家去参加入学考试的前一天晚上，我们两人之间曾有过的一场未完的争论。（你记得吧，我们坐在果园里的梨树下面，当我们辩论最激烈的时候，你妈妈说：“到时候了，再有一小时，火车就到点了。”）你热烈地坚持自己的观点：理想人物产生的社会环境，是在所有的社会力量分成两个对立面的时候，即一方是善良，另一方是邪恶。拥护什么，反对什么，孰好孰坏，泾渭分明。然而，现在不是这样：为了理想的斗争正融合在日常的平凡的劳动之中。你举了一个例子：一个挤奶女工挤出的牛奶超出计划 1 000 升，于是把她当作英雄人物那样去谈论。英雄称号难道就是这样容易获得的吗?对平凡的劳动，况且这种劳动是作为生存条件所尽的一种义务，用功勋这样伟大的辞藻进行褒奖，是不是过分了一些?

在你的这封信里，发展了你的这些思想。这是一个非常复杂而又微妙的问题。特别是关于理想这个问题。首先，应当弄清楚，所谓的理想，完全不意味着一帆风顺，一切顺利。人终归是血肉之躯而非钢铁水泥。我想，你不会否认，保尔·柯察金可称得上是一位当之无愧的英雄吧。但是，你还记得，他在谈论自己时所说的话吗？他说："我也办了不少错事，有的是由于糊涂，有的是由于年轻幼稚，但是更多的是由于无知。"① 英雄本人看到了自己身上的缺点，但是瑕不掩瑜，这些缺点并不能决定这位杰出人物的主要的东西。在他的身上，最主要的东西在于："在革命的红旗上，有他身上的鲜血。"

这就是理想的含义。衡量理想的试金石，就是人的热情，是为真理而奋斗，为革命取得胜利而斗争的豪情壮志。我永远不会忘记艾恩斯特·海明威说过的话："人不是为了忍受失败而被创造的……人可以被消灭，但是却不能征服他。"② 在海明威说出这些话之前很久，人们已经从保尔·柯察金的口中听到过这样的豪言壮语了，不仅仅是听过这些话，还亲眼看见了他的功绩。

可以设想一下，让那些早已逝去的人，像亚历山大·乌里扬诺夫、斯杰潘·哈尔图林、索菲亚·佩罗夫斯娅……来看看我们今日的生活，今日的平凡劳动，对他们来说，公正的社会制度还是遥远的未来，是美好的、令人向往的梦想。可以想象一下，他们会如何看待我们的生活，观察我们的生活，理解新世界千千万万个建设者的劳动，他们内心深处会有何种感觉，会想些什么，说些什么？他们的心将会因惊异而战栗，他们把我们这个时代本身，我们的整个生活都看作是理想中的事。他们当中的任何一位英雄都会说，这才

① 尼·奥斯特洛夫斯基：《钢铁是怎样炼成的》，莫斯科，苏联作家出版社，1947 年，第 325 页。

②《艾恩斯特·海明威文集》第 4 卷，莫斯科，文学出版社，1968 年，第 275 页。

是我为之献出生命的那种生活。

遗憾的是，我们自己并没有意识到这一点，忘记了我们生活在怎样的时代。英雄人物，就在我们中间，就在千百万“普普通通的”劳动者中间，他们根本没有想过要当什么英雄，假如有人对他们说，你就是英雄，他会感到吃惊。现在，概念本身发生了变化，在我看来，在“普通的人”、“一般劳动者”这样一些字眼里，似乎包含着对人的某种轻视的意味。人是不简单的。我们这个时代的人就是在田野、在牧场、在车床旁从事劳动的劳动者，他们都是不简单的。

你在信中所谈到的那位挤奶女工，她就称得上是一个理想的人，一位英雄。她虽然没有什么丰功伟绩，但她的全部生活，就是一份功绩。她那沸腾的热血，洒落在革命的红旗上。之所以说她是一位英雄，她的生命就是功勋，就是因为她用自己的劳动使人的精神得到升华。创造物质财富的挤奶女工，她关心的绝不限于物质福利。如果没有这位“普通的”、“平凡的”挤奶女工的劳动，也就不会有帕赫姆托娃的美妙歌曲，不会有肖斯塔科维奇的交响曲，也不会有科学院安巴尔楚米扬关于超新星说这一大胆学说的产生……也就不会有你上的大学，成千上万的首都居民也不会在这么静谧的夜晚阅读有趣的书，或去听音乐会，或上剧院。这个挤奶女工明白她自己是生活的创造者。理想的实质需要通过许多“普通的”、“平凡的”人的劳动去体现。

理想的事物，存在于我们生活之中。你仔细地看看自己的周围，观察一下人们，不要只看表面现象，而要深入到内心世界，你就会看到理想的事物。假如一个人的头上没有闪耀着一颗指路的明星——理想，那他的生活将会是无所事事，混其终生。

祝福你，我的儿子，祝你身体健康，精神愉快。热烈地吻你。

你的父亲

第五封信

亲爱的儿子，你好！

你的来信已经收到。你们终于上课了。在信中，你兴奋地谈到学校里的无线电物理学和电子学研究室的充足完善的设备。我很高兴你确定了自己的专业。如果你深信并且生活也将证实，你选择的无线电物理学是你所喜爱的专业，那么你将是一个幸福的人。然而，人的志向不是某个人强加给他的。假如，在中学时代，你不是从二年级就开始钻研收音机示意图，如果不付出劳动，那么你未必能形成这种志向。志向是成为天才的幼苗。经过勤劳的双手的精心培育，在肥沃的土地才能长成粗壮的大树。不付出辛勤劳动，不进行自我教育，志向的幼苗也会连根枯死。

选择好志向，确定志向，这是幸福的源泉。马克·吐温写过一篇很有趣的短篇小说。① 小说中描写在“彼岸”，既没有天使，也没有圣徒，更没有那些终日无所事事过着神仙般日子的人。居住在天堂的人和居住在罪恶的人世中的人一样，都过着劳动的生活。天堂和人世间只有一点区别，那就是在天堂每个人都能按自己的志向

① 指的是马克·吐温的小说《斯托尔姆菲尔德大尉天堂旅行记》。下面是小说中的一个片断：“在这里像在大地上一样，享乐靠正当的劳动获得。不能够一开始就享乐，而以后获得这个权利。但是在天堂里，与人世间有一个区别：你自己可以为自己找到某种合适的职业，如果你能认真地工作，那么天上的神力就会帮助你取得成就。一个很有诗才的人，他在人世间是个鞋匠，到了天堂，他就不必再去缝鞋了。”

工作。一个在人世间默默无闻的鞋匠死后成了赫赫有名的统帅。一个在生前平庸无能但擅长书法的将军，死后却甘愿在司令部里做一名小文书。一个好写平庸冗长小说被读者唾弃的作家，死后终于找到最适合于他的职业，做了金属旋工。一个偶然做了一辈子教师，从未给自己和学生带来过欢乐的人，死后竟是一个出色的会计师。

我不止一次地阅读过这部优秀的作品。假如在“此岸”，每一个人都能各得其所，各尽其才，该有多么好啊！但是，遗憾的是，往往是事与愿违。我认识许多不称职的专家：农艺师、教师、工程师和演员。像常言所说的那样，他们对自己的工作漠不关心，平庸度日。更令人惋惜的是，这些人不懂得劳动的乐趣，从未感受过劳动给予他们的鼓舞，也从未对劳动产生过迷恋。

什么是生活的最大乐趣？我认为，这种乐趣寓于与艺术相近的创造性劳动之中，寓于熟练的技能之中。如果一个人热爱自己所从事的劳动，那么他就会努力使他的劳动过程和劳动成果中包含某种美好的东西。我已经在信中向你谈起过我们的园艺家和林学家叶菲姆·菲利波维奇。像他这样的人，我在一生中只见过十多个。这个人真是了不起。他精通本行业务，我这里没有丝毫夸大之词。他完全可以和斯坦尼斯拉夫斯基、普拉斯拉夫、肖斯塔科维奇、阿列克谢、乌列索夫等人相提并论。我给你谈谈这个人。他像斯坦尼斯拉夫斯基创造形象、普拉斯托夫在画布上创造生活一样，他每天以树为对象，进行雕琢、修整、创造每一棵树。我看到他不止一次地从各个角度观察一株小树，仔细端详，寻找唯一合适的嫁接点。从寻找嫁接点，小树生长出幼芽起，他就开始了伟大的魔术般神奇的劳动。通过他的劳动，他成为本行业值得自豪的创造者、艺术家和诗人。叶菲姆·菲利波维奇创造出树冠的令人惊异的美。要想学会这种技艺，了解这种技艺，就必须和他一起干几年。这是一个认识人、理解美和艺术的过程。日常生活的巨大幸福就寓于这种劳动之中。在劳动中认识其本身的美，这才是真正的劳动。我在几千株3岁的小树中常常能找到叶菲姆·菲利波维奇亲手栽种的树。他栽种的树都朝着阳光，树枝修整得均匀整齐，阳光照射在每一片树叶上，互不遮挡。

有一次，我问园艺学家叶菲姆·菲利波维奇："您是怎样做的?"他说："人的智慧就在人的双手上。我从3岁就开始劳动。我建议您也这样教育学生。还不要忘记，每个人都应当成为本门专业的主人。假如我当初去学习当工程师、医生或者教师，我会一事无成。或许只是个挣工资度日的人……"应该使每一个人都燃起他心中的"火花"，只有这样才能培养出真正的人。

人的塑造者，教育工作者能够培养志趣爱好，但是禀赋也起作用。你喜爱巴赫的音乐。人家都知道，约翰·塞巴斯蒂安·巴赫家族共有58位音乐家。他的曾祖父是音乐家，祖父是音乐家，父亲也是音乐家。甚至男婚女嫁也都在家族内部。似乎孩子一出生就确定了以后的职业：或成为作曲家，或成为著名的歌唱家。众所周知，大约有80％的孩子可能成为作曲家。但只有为数不多的几个后来成为作曲家。这是什么原因呢？为什么巴赫家族可以产生58位卓越的音乐家呢？因为这些人自己培养了自己的志向。在这个家族里，音乐使每一个孩子获得生活中最初的印象，音乐旋律成为他们在周围世界中最先感受到的美，音乐是首先引起他们赞叹的东西，他们从音乐的美和音乐的创造之中感悟到人最初的自豪与骄傲。

人是自己志向的主人。你感到做一个无线电物理学家非常幸福，说自己十分热爱无线电物理学，对你的兴奋与喜悦之情，我并没有特别的兴趣。一个人可以热爱他为之倾注心灵的事业。你对无线电物理学产生了兴趣，这非常好。但是，要记住，这还只是兴趣。要把兴趣变成自己的志向，必须付出几倍的劳动。乘数比被乘数大许多倍，才会得出一个可观的积数。我想对你提出几点忠告。现在，科学正飞速发展，日新月异。如果你想成为一名精通本专业的出色的专家，那么你必须密切注意无线电物理学领域的最新成果。课堂上所讲授的知识，只是所需要掌握的知识中的一小部分。你要为自己制定几条规则：每天，持之以恒地，不论是假日还是节日，至少要阅读五页有关无线电物理学和相关科学，像电子学、仿生学、天体物理学、宇宙生物学等方面知识的学术期刊。我再重复一遍：一定要坚持每天这样做。例如，你参加五一节游行归来，不要忘记自己的“五页”。任何人也不能替代你完成这件事。要记住，人们在跨学科的领域里往往会有新的发现，那里有许多还未被探索的事物。因此，对跨学科领域必须给予特殊的重视。

我用钻研这个词并不是偶然的。大学生应该深入理解、掌握事实和结论，只有经过钻研和理解了的东西，才记入笔记本。不要照抄科学论文和教科书，只需要记住已被你消化和理解的东西。你对你已确定为自己志向的课程理解得越深刻，它就会在更大程度上成为你的志向。

还有一个建议。任何一个专业都有理论研究、实践和创造三个部分。在无线电物理学里，实验作业部分可能最能引人入胜。我希望你利用各种机会多去实验室和工厂劳动，多装配收音机和无线电控制的活动模型。任何时候都不要满足于一般的成绩，要更上一层楼，精益求精。这是培养志向的必经之路。第一次失败了，再重新来。不能忽视那些最简单的粗活。要勤练两只手，使之成为能胜任各种劳动的最重要的工具。我写了一篇关于手，关于手工劳动的文章。现在连同信一起寄给你。希望能引起你的共鸣。

请你帮我到书店看看，有没有关于劳动心理学和创造心理学的新书。如果有，就买几本寄来。

祝你健康，精力充沛！

拥抱你，吻你。

你的父亲

第六封信

亲爱的儿子，你好！

我非常高兴，因为你在最近的一封来信中与我展开了争论。这太好了。看来，志向问题是一个最令人激动的问题。你抱怨我过高地估价了教育和自我教育的作用，低估了人的天赋。当然，贝多芬在 5 岁时写出了他的第一批音乐作品，然而，这首先应该解释为贝多芬童年时代所处的良好、优越的环境所使然。假如贝多芬生活在一个没有任何乐器、没有人懂得音乐的环境，也就不会形成音乐家的才能。我相信，现在有成千上万的人，他们的天赋还没有得到发挥。如果他们的童年时代处在一个有利于才能发展的环境里，那么他们很可能成为卓越的学者、诗人和作曲家。共产主义理想的高尚人道主义正是表现在，在共产主义条件下，任何才能都有充分发展和展示的机会，都将开花结果，发挥才干。共产主义的理想，正是要使每个人都成为有才能的劳动者，天才的创造者。我们教育的理想（我对这种理想坚信不疑），就是要培养每个人都成为有才干的钳工、电焊工、农艺师和畜牧专家。我认识许多人，他们之所以在自己的岗位上成为出色的劳动者，那是因为教育开发出天赋给予他们的能力。在共产主义条件下，人身上天赋的东西和社会的东西，达到惊人的和谐。我热爱自己所从事的教育工作，因为它的主要任务是认识人，了解人。在工作中，我首先去认识人，从各个方面去观察他们的内心世界。玉石不经雕琢不成器，作为教师，要善于对待，善于琢磨，才能使人成才。教育的艺术就在于能够看到人类精神世界中那些取之不尽的各个方面。例如，我的一个学生，他学数学很吃力，学语法也不轻松，他既没有显示出数学思维能力，也缺少艺术思维能力。他有什么能力呢？同其他任何人一样，在他身上有着取之不尽的精神力量，有未被我发现的天赋和才能。教师要善于发现它和琢磨它，使孩子获得幸福和前途。他可能成为有才干的机械化专家，有才干的农民，有才干的细木工。我坚信这样的时刻一定到来，那就是在我们的社会里将不存在一个没有才能、没有知识、对生活失去信心的人。每个人身上光彩夺目的一面，都将被发掘出来。暂时这还是一种幻想，但是迟早会变成现实。我深信，教育具有强大的力量。

我认识一些人，他们热爱那些看起来极为平常、微不足道的工作。他们成了本行业的诗人、艺术家。他们达到了创造的顶峰。这是因为天赋、才能与后天教育所赋予他们的一切，在其生活中达到了十分和谐的程度。我的一位朋友，是全国著名的两次社会主义劳动英雄称号获得者，他就是建筑工人、电焊工阿列克谢·乌列索夫。有一次，他向我谈起了他的工作。他说：

“从很小的时候，我就想去工地干活。我像着了迷似的看工人焊接，看焊接时迸出的火花。我请他教我。于是我学会了电焊。参加了北方城市和水电站的建设。你体验到作为大地的创造者的幸福，这样的体验哪怕在生活中只有一次也是值得的。看着盖好的一栋栋新房，喜迁新居的一批批居民，看着你自己亲手建设的水电站，你的第一批机组发电了……这一切对我来说，是生活中最大的幸福。”

我还有一个朋友，他是我国著名的畜牧专家斯坦尼斯拉夫·伊万诺维奇·施泰曼。他是这样讲述他的工作的：“我从来没有飞行过，也没有爬过山，航过海。一生中的大部分时间是在畜牧场和牛舍中度过的。然而，每当我回忆起过去的岁月，我觉得我就像一个旅行者，不止一次地穿越过无人行走的小路，不知道在转弯处会发生什么事情；那里等待我的是什么，我常常感到我像一个攀登高峰的登山运动员……”

儿子，好好想想这些话吧。一个昔日的雇农牧人说了这番话，过去的生活条件迫使他没有在学校里读过一天书，然而通过他顽强的劳动，成了卓越的学者和博士，成功地培育出科斯特罗姆良种奶牛。他一生从未离开过“卡拉瓦耶沃”国营农场。

这些事例再一次证明，人是自己志向的创造者。只有通过劳动才能走上通往智慧、创造和科学的道路。

确定自己的志向，这就意味着要有所作为，有所创造，不去背诵现成的公式和定理，不要费尽心思试图找到我是否喜欢这个工作的答案。一个人要喜欢他为之倾注了心血的工作，这才是最重要的。我再劝你一次，任何时候都不要轻视那些最平凡、最“粗”的、最“脏”的劳动，因为创造正是从这里起步。

再见，亲爱的儿子！

祝你健康，精力旺盛。

你的父亲

第七封信

亲爱的儿子，你好！

你怀疑农庄主席的话是否正确，他对在会上批评过他的大学生说："你说的是实话，但实话本身并不能取得胜利。就像大炮要渡河，就必须用肩膀去扛一样。"你对此感到愤慨。你认为，大学生本来是对的，集体农庄每年损失良田 2 000 公顷～5 000 公顷，任其遭受侵蚀。20 年前生长过小麦的地方，如今被冲成了沟。你曾问这是不是事实，如果是事实，为什么农庄主席指责大学生是蛊惑者。

孩子，我们生活中的许多问题是复杂的。我给你讲一件过去的事。早在童年时代，我就记得村子里有一个人，大家都叫他扎哈尔卡。他有过姓，但已没有人记得。村里人只叫他虔诚者。为什么这样称呼他，这正是我要讲的主题。他从来不伤害别人，办事公道，为人正直，像农民那样虔诚，但是他终日游手好闲。后来，村里人成立了集体农庄，人们都干活去了，有的在大田，有的在猪场，有的在马厩。只有扎哈尔卡到处闲逛，无所事事。但是由于他时常说出一些公道的看法，所以大家送他一个绰号"虔诚者"。每到傍晚，集体农庄庄员们都聚集在办公室前面闲聊，有的扯起一天发生的事，有的回忆起往事，有的谈论未来。扎哈尔卡也来到这里，他说东道西，但谈的全是正事，像："该播种了，天老是不下雨，土硬得像石头，即使下了种，连种子也难收回来。"

他东拉西扯，喋喋不休。

又有一次，他说："今年霜冻来得太早了，一夜间西红柿都给冻坏了。"

后来有一次发生了这样一件事。在夏天的一场暴雨之后，扎哈尔卡跑进农庄大院，他的浅蓝色的双眼凝视着天空，用一种漠视观望的腔调对聚集在周围的庄员们说：

"橡皮沟那里下了冰雹，100 亩麦子被打光了。"

农庄的庄员们知道扎哈尔卡说的都是事实，但还是揍了他一顿。大家无法控制愤怒的心情，灵机一动，从扎哈尔卡身上扒掉污浊不堪的短裤，用柳树条夹着荨麻，狠狠地抽了他一顿。为什么扎哈尔卡说了实话却激怒了农庄庄员呢？那是因为在他冷冰冰的、漠不关心的话语里有这样一种思想：你们看，这就是事实，我全告诉你们了，它与我无关，毫不相干……

人民不喜欢这种"讲实话的"人。我这样想，农庄主席非常讨厌空谈关于侵蚀带来的危害。根据我们集体农庄自己的经验，农庄主席确实很难与土地的侵蚀现象进行有效的斗争。

真理这个概念是一个包罗万象的、复杂的，有时又是使人容易弄错的东西。没有抽象的真理，泛泛的真理，也没有抽象的实话，只有造福于人的真理是唯一的真理。有人如果想做一个为真理而鼓吹真理的人，说得形象些，他不想使真理变成造福于人民的工具，那么他将落到与扎哈尔卡同样的下场。

真理存在于我们平日所见和所做的一切事物之中。如果你想找到真理，当为了使人们生活得更美好而去探寻揭示真理时，那么，对真理的探寻也是一项艰巨的劳动；如果你想找到真理，就要去探究事物的根源。这里我想起我们四年级学生写的一个很有趣的故事。我想，如果你能思索一下这则小故事，它会帮助你理解真理的实质，而最重要的是，它将教会你观察和看见真理对谁有利，怎样把它变成造福于人类，造福于劳动者的工具。故事题目是：

蜜饼和麦穗

大清早，太阳还没有升起，一个人往衣袋里装了几块蜜饼就下地去了。他在麦地里走来走去，观看小麦的长势。他摘下一颗麦穗，剥下麦粒，放进嘴里尝了尝，脸上露出了笑容。他把麦穗放进衣袋，于是麦穗和蜜饼见面了。

“你是谁?”蜜饼问。

“我是麦穗。”

“哟，你全身带刺。你为什么要活着呢?你有什么用处呢?”

麦穗微微一笑，把胡子——麦芒一撅，回答道：

“没有我就不会有面包和面包干，也不会有你这块蜜饼。”

蜜饼惊讶万分，它用敬仰的目光看了看麦穗，急忙给麦穗腾出了地方。

“这就是说，一切取决于你。可是谁管你呢?”蜜饼问道。

“劳动。劳动创造一切。但是，劳动掌握在人的手中。劳动和人，这是最重要的东西。”

这是一个令人深思的故事。作者是四年级学生。为把学生提高到这种创作高度，教师需要长年累月把自己的感情、思想、信念以及自己的全部心灵灌注给儿童。

劳动和人，人和劳动，这是所有真理的父母亲。在年轻一代的教育中，一个特别重要的问题是，真理如何进入人的精神世界，我们所教育的人如何进入真理的世界。如果一朵花结成像扎哈尔卡那样的果实，那将是教育工作者的不幸。（如果教师当中有像扎哈尔卡那样的人，那么对学校来说则是更大的灾难。）在我们的工作中时常谈及信念这一神圣的东西。在教育科学著作中，它也是一个十分热门的话题。关于信念的争论，至今不知已写过多少文章，发表了多少见解，但是到今天仍然常常见到这样一些人，他们的胸膛是花岗石的（指知识），他们的腿是胶泥的（指信念）。为什么是这样的呢？因为青少年只记住了真理，但是并没有投入到为争取神圣的真理而进行的斗争。他们没有做那些将真理体现在创造、劳动和行动中的事。在小学、中学和大学阶段，人们大概上千次地听到过诸如此类的话：要为人民谋利益；劳动光荣，懒惰可耻，等等。可是在人们的生活中有时会遇到什么现象呢？不久前，我遇到一位摄影师，他是工学院毕业生。在我们共和国的一所大学里有 10 个毕业生，他们不愿意去农村当教师，留在城里，有的做了发货员，有的摆摊卖水，有的经营菜店。

为什么诸如为人民劳动光荣这样崇高的真理没有在他们的心灵中占据位置呢？多年来，下面这种思想使我内心久久不能平静：当每个学生通过劳动，通过个人的努力掌握了我们信念中最崇高的真理，我们的教育才是名副其实的共产主义教育。劳动是最伟大的美，然而劳动又是最艰巨的事业。认识这个真理，是教育的奥秘之一。

祝你健康，精神好！

拥抱你，吻你。

你的父亲

第八封信

亲爱的儿子，你好！

最困难的事情应该成为最喜爱的事情。这就是人形成坚定信念的辩证法和逻辑。人一生中所珍视的东西恰恰是付出昂贵代价所获得的东西。年轻人热爱劳动的情感不是与生俱来，信手拈来的。只有通过劳动才能获得这个珍宝。遗憾的是，有些人竟然相信，通过给青年人更多的物质福利，才能使他们看到我们生活的欢乐，领悟到生活在社会主义社会的幸福。

我希望你思考一个令我不平静的问题，这就是青年人的幸福生活与欢乐来得过分容易。我们教育青年要有各种各样的需求，但是，遗憾的是，我们还没有很好地培养青年人产生一种重要的需求，这就是对共产主义劳动的需求。我认为，对共产主义劳动的需求是人发自内心深处的对劳动的向往，是人的崇高精神境界的表现。他们认为，不为社会不为人民劳动，生存就没有价值。只有人发现了劳动的乐趣，劳动才能成为人的需要。这种乐趣是其他乐趣所无法比拟的，它既不同于旅行、运动，也不同于欣赏艺术珍品的乐趣。劳动的乐趣，不是轻而易举能获得的。正像婴儿出生必须经过阵痛一样。通往劳动乐趣的道路不是平坦的。必须有登山运动员的坚强意志才能攀登到顶峰。攀登悬崖峭壁并不是件惬意的事，但是对于显示自己的力量，树立自己的荣誉与尊严，却是必要的。

教育工作者的使命就是使人感受到为了别人劳动的无比乐趣。踏上自我教育道路的人，他的使命是通过劳动获得乐趣。我对学生的精神世界了解得越多就越加深信，就像阿芙洛迪特①来自海浪一样，真正的人在艰苦中，在用汗水浇灌过的土地上产生，在战胜了难以克服的困难并对胜利充满自豪的地方产生。这种感情把一个人的精神世界，即个人的利益、志趣和爱好，同社会利益和需求联系在一起。青年人当他回顾自己自觉生活的最初十年，将会亲眼看到自己栽种的树木如今已根深叶茂，种植的葡萄已果实累累，用汗水将寸草不生的荒原改造成麦浪起伏的良田。我相信，此时，这些经历过劳动锻炼的青年人决不会把穿旧的套鞋随意扔在树林里，决不会把书撕碎，不会对埋在泥土中的锈铁或散在地上的化肥无动于衷，袖手旁观。在他们看来，公共财产比个人的东西更宝贵，因为公共财产不只是个人的，而且能给人民带来欢乐。孩子，通过艰苦的劳动获得的欢乐，是培养良心的强大力量，希望你要将此永远铭记在心。形象地说，良心是信念的感情哨兵。我们努力教育人从童年时代起就要在自己心灵中树立信念。如果你已经认识到劳动的乐趣，并且把自己在今后的生活道路上寻找劳动乐趣作为获取个人幸福的最重要的条件，这个哨兵将会永远守护着你的心灵。

你要教育自己，也要准备将来教育好自己的子女。教育他们牢固树立一个信念，那就是：面包要经过艰苦的劳动才能获得。人们为获得粮食不知付出了多少个不眠的日日夜夜，双手不知磨出多少硬茧，不知流了多少汗水，克服了多少困难。你要想一想自己的童年时代，回忆一下你们这些十月儿童奔赴寸草不生的荒原的情景。你们把荒原改造为良田，种出了小麦。你们挖掉了淤泥腐草，掘松了土地。这些都不是轻而易举的事。如果依据某些关于共产主义条件下劳动的巧克力式的概念，天真地认为到了共产主义，机械化就应该完全取代人的劳动，那么，必然把劳动看成是过于繁重的令人

① 古希腊神话中爱与美的女神，传说由海浪泡沫形成。——译者注

厌倦的、单调的工作。登山运动员在冲向高峰时，对自己单调的攀登动作也会感到厌倦，但是他们知道，每攀登一步就更接近顶峰。收获的麦穗曾经是你们攀登的顶峰。你们用自己的双手种出的第一捧粮食，用自己生产的粮食烤出的第一块面包，最初的公民的自豪感，这就是真正的共产主义教育。要从童年时期起培养这种感情。要记住，你将来要做父亲，要在孩子身上重现你的一生，创造自己祖国的未来。如果错过了童年的黄金时代，那么以后再也无法弥补。要记住，童年时代流洒的每一滴汗水，都顶得上成年时期许多天的紧张劳动。童年时期种出的每一捧粮食，其内涵就像堆积如山的金色小麦，就像肥沃的耕地，就像老一代人多年的劳动。

没有战胜过困难，没有负过重荷的人，不能成为真正的人。在通往实现目标的道路上，青春年华应当战胜各种困难。只有这样，我们建设共产主义的理想，才能被每个人所理解和领悟，并把它作为每个人为之奋斗的目标。我们正带领你们进入共产主义社会的美好殿堂。这座宫殿不是人们无忧无虑寻欢作乐的场所，它就像一个蜂房，在这里人们奉献的要比索取的多。它不是博物馆里收藏的稀世珍品，而是一栋建筑物，每个人都要为它添砖加瓦。你即将走向生活。你要学会在我们今天的蜂房里酿出比昨天更多的蜜。当你沿着石阶小路向上攀登时，你越感到艰难时，你就会越加珍惜劳动的乐趣，越加意识到你生活的幸福。祝愿你在遇到艰难险阻时，不要惊慌失措。祝愿你成为一个真正的人。

祝你健康！

拥抱你，吻你。

你的父亲

第九封信

亲爱的儿子，你好！

你说得对：精神空虚从青年早期开始，因为在这个时期，熟记、背诵多于思考。你在信中说："常常是没有时间思考科学真理，总是背啊，背啊……"

这种情况确实令人遗憾。可是，为什么中小学生和大学生没有在教师讲授知识的瞬间去认真地思考概念的实质呢？为什么强大的精神力量——我们时代的真理，伟大的科学真理，常常不能被人们心领神会呢？许多人不关心伟大的真理和我们的美好理想，不珍视人类的美和美的价值，他们热衷于去啤酒馆，或去参加令人疑虑的晚会，对此，为什么不感到惊讶和忧虑呢？

照我看来，变知识为人所有，使教学充满高尚美好的情感，这是普通学校和大学教育的头等重要的任务。人们时时刻刻都听到，现在是数学时代，是电子时代，是宇宙时代。所有这些流行的语言都不错，但是它们并没有反映出我们时代所发生的各种事情的全部实质。当前，世界进入了一个人的世界，这才是最主要的。近来，莫名其妙地鼓吹一种完全令人不能接受的、近乎愚蠢的偏见，认为不具有数学才能的人，是智力发育不全、生来不幸的人。

你想成为一名工程师，这很重要。但是应该首先成为一个人，这一点更为重要。现在，我们要比任何时候都更多地思索用什么灌注人的心灵。许多大学生从中学毕业后就不再学习人文科学了，而在中学时代，这类课程的教学效果大都不太好。这一状况令我非常忧虑。我所说的，是对青年人宽泛的人文科学教育问题，培养细腻的美好的情感，培养情操美感，培养具有关心人、爱心的品质。为什么你们周围的同志，彼此之间那么冷淡？为什么他们对自己朝夕相处的伙伴那么漠不关心？为什么没有把人当成每个青年人最重要的认识对象？为什么认识人，对于你们，我的年轻朋友们来说，没有成为最有意思的事情？这一切都在于情操美感教育太落后了。

防止精神空虚，兴趣贫乏，这不是某个人的事，而是你们每个青年人自己的事。我写信对你说过，无论听课、看书还是阅读学术刊物，都需要理解它，思考它，要在自己头脑中构架起知识的桥梁。当你认识世界时，如果你能够将科学的真理同你本人，同你的命运，同你的个性紧密联系起来，那时，共产主义理想对你来说才成为至高无上的和神圣的。现在，你们正在学习辩证唯物主义中的关于世界可知性的问题。这似乎是一个与实际生活相距甚远的纯理论问题。然而，实际上这是一个和我们的物质生活好坏与精神生活充实有关的实质性问题。认识周围世界，其目的就在于造福于人类。当你在课堂上听了世界可知性的讲课后，要想一想自己的实际工作，想一想你用自己的知识、自己的劳动为我国人民的物质和精神财富做出了什么贡献？想一想，你探索大自然的奥秘，认识世界，阐释尚未被认识的事物，将会给你带来哪些乐趣？你要制订一个终生的自修计划，因为，你从大学毕业后，再过10～15年，科学知识的一半将是你未曾学过的新东西。

人道主义教育，这也是自我教育的过程。把自己培养成为人，这是最主要的。五年寒窗固然能培养出工程师，而学习做人，则是终生的事情。要培养自己具有人道主义的心灵。美是进行自我教育的最重要的手段。我所说的美是广义的美，它是艺术，是音乐，是对人的诚挚的态度。关于这个问题，我们还需要多多地谈谈。

我现在正忙于完成关于学校教学和教育工作体系的手稿，即将付梓出版。

拥抱你，吻你。

祝你健康，精力充沛！

你的父亲

第十封信

亲爱的儿子，你好！

谢谢你寄信来，信虽然写得有点乱，因为你竭力想说出使你激动不安的一些问题。对你热忱亲切的来信，我感到高兴。

你认为在自我教育中最重要的问题是培养自律精神：要能强迫自己工作，向自己提出目标并努力去实现目标……当然，培养意志是自我教育的主要方面。然而，据我看来，意志是自我教育的结果，它的实质要深刻得多。

自我教育从自我认识开始。在青年人的生活中，最复杂和最困难的事情是从多方面观察自己，用理想主义和英雄主义的观点观察自己。我劝你多读一些描写达到人类最美境界的人物的一些书。在我们这个时代，有像丹科那样舍己忘我的人。你只要读一读有关米哈伊尔·帕尼卡霍的书，你就会从一个公民的角度看清周围世界和你自己。米哈伊尔20岁，是个共青团员，第聂伯彼得罗夫斯克人。在保卫斯大林格勒的战斗中，他炸毁了法西斯的坦克，自己也在炮火中牺牲了。当他准备将燃烧瓶掷向驶近的法西斯的坦克时，突然一颗子弹打碎了瓶子，他的衣服被烧着了，于是他像一把熊熊燃烧的火炬，扑向坦克，用自己燃烧的身体烧毁了坦克。米哈伊尔这种舍身忘我的行为甚至连法西斯士兵也为之震惊，竟然停止了射击。人们把米哈伊尔·帕尼卡霍称作伏尔加河要塞上的丹科。世界上还有什么能同英雄的这种崇高壮烈的行为相媲美呢？在他面前，斯巴达的武士和温泉关①的英雄们都要黯然失色。如果你能看到这把为保卫祖国而牺牲自己的活的火炬，它将照亮你的整个内心世界，促使你看到深藏于内心的一隅。在这一瞬间，你将希望成为一个道德高尚的人，希望为祖国做些什么，希望投身到伟大壮丽的事业中去。

去努力创造这一时刻吧，这是非常重要的。要珍惜自己这一瞬间的伟大的崇高的激情。从崇高的和英雄主义的观点出发，你最终将向自己提出这样的问题：我是谁？我为了什么活在这个世界上？我是否具有英勇献身的精神？

建议你读一读介绍西伯利亚的联合收割机手普罗科皮·涅克托夫的书。在战争中他失去了双腿。战前他是集体农庄联合收割机手。从军队医院回到家里来，他十分忧郁，感到自己成了全家的累赘。然而，鲍·波列沃依写的《真正的人》一书让他明白了应该怎样生活。他装上了假腿，用极大的毅力和勇气学会了走路，后来又学会了驾驶联合收割机。为了嘉奖他的出色劳动，苏联政府授予他社会主义劳动英雄的崇高称号。

还有一个名叫伊万·卢基奇·摩尔达维斯基的人，他在敖德萨农业实验站工作。战争期间，他身负重伤，医生截掉了他的两只手，他的左腿也不能弯曲，成了重残。可是，这样一个人竟读完了农学院，做了农艺师。

---

① 指公元前480年希波战争中的温泉关战役，人们认为它是希腊历史上爱国主义战斗的范例。——译者注

类似这样的人，我认识 18 个。在哈尔科夫州彼得罗帕夫洛夫斯克（离我们家乡很近）有一个名叫格里戈里·尼基福罗维奇·兹米延科的人，他是个拖拉机手。在战后几年中，他的拖拉机被地雷炸毁，他也失去了两条腿。他和普罗科皮·涅克托夫一样，依靠自己的力量又重新归队了。如果要介绍所有这些优秀人物的生活，就可以编出一部关于勇敢精神的文选，编出一部青年人的生活教科书。它将是一部对青年人进行自我教育的最得力、最有效的书。可是暂时还没有编出来这样的书。你读一读描写这些真正的人的书吧！

你大概还记得，夏天我曾经答应给你讲一讲苏联战士阿列克谢·别秋克的英雄事迹。他在执行战斗任务时不幸落在法西斯强盗手中。他被带去见法西斯军官。面对所有审问，他一概回答“不知道”。于是，希特勒匪徒割掉了阿列克谢·别秋克的左耳，别秋克只是痛得哆嗦了一下，但是仍然一言不发。刽子手们又割掉了他的右耳。不管是保全性命的诺言还是枪杀的威胁，都没有使英勇的苏联战士屈服。法西斯强盗采用了残忍的方法。他们撬开他的嘴，把他的舌头拉了出来，钉在桌子上。一个刽子手用刀尖在舌面上划来划去，突然一下，竟灭绝人性地割下了别秋克的舌头。夜深人静时，希特勒匪徒把别秋克带到河边，命令他跑，然后朝他背后开枪。阿列克谢·别秋克跌倒在水里，可是他得救了。他忍受住剧烈的疼痛，游到我方前沿阵地，被战士发现，送进了军医院（1964 年 7 月 20 日，苏联《消息报》曾报道过别秋克的事迹）。

我在部队医院曾见到阿列克谢·别秋克。我的床位离他很近。他对于你来说，是一个精神高度完美的光辉形象。无数的苏联战士建立了这样的功勋，可是遗憾的是，这些事迹没有写成书。我相信，这类书将来肯定会出来的。这类书是自我思想教育的不可替代的教材。孩子，你好好想一想阿列克谢·别秋克的英雄事迹吧！用英雄的光辉业绩照一照自己的灵魂吧！每一个苏联青年都应该准备去建树这样的功勋。你将成为捍卫祖国的战士。要知道，在任何时候你都应当准备为了祖国的独立和自由而战。如果战争的火焰在你的身边，在每一个苏联战士身边燃烧，那就需要发扬坚强不屈的英勇无畏的精神，舍生忘死，誓与祖国共存亡。要知道，我们的生活中，有那样一些无法比拟的甚为宝贵的东西，那就是祖国、亲爱的人民和可爱的国家。缺少我们当中的任何人，祖国仍然巍然屹立，但是，我们当中任何一个人一旦离开祖国，他将一事无成。自我教育的首要任务是要把自己培养成为一个勇敢无畏的爱国者。

现在我们该把话题转回到你的信中来。你谈到年轻人的可怕的犯罪行为。他们的精神所以空虚，思想所以落后，目光所以短浅，首先因为他们不具有热爱祖国这样一种人最最重要的品质。热爱祖国，这是一种最纯洁、最敏锐、最高尚、最温柔、最无情、最强烈、最温存、最严酷的感情。一个真正热爱祖国的人，他在各个方面都是一个真正的人……

要不断磨炼自己，培养人性。首先要特别敏锐，能够识别谎言和邪恶，识别欺骗和侮辱人的尊严的行为。在这方面，不仅识别，而且嗅觉灵敏都具有重要意义。例如在你面前发生了一件侮辱人的事。假如你对此视而不见，认为是区区小事，那么要不了多久，你就会对你周围发生的一切熟视无睹，置若罔闻。因此，需要磨炼自己，培养心灵的敏锐性和细腻入微的感情。

美能磨炼人性。如果一个人从小就受到美的教育，首先是阅读一些好书，如果一个人的领悟能力，对一切美好事物的赞赏能力不断发展，那么要让他变成一个冷酷无情、卑鄙庸俗、贪淫好色之徒是很难想象的。美，首先是艺术珍品，能培养性格的细腻性。性格越细腻，人对世界的感悟越深刻，从而对世界的贡献也越多……

有一个问题使我感到不安。那就是在你的生活中是不是每天都能接触到美。我在你的宿舍里几乎看不到文艺作品。在你的书架上只放着两本书，一本是奥莉加·贝戈尔茨的《白昼星辰》，另一本是Г. 秋秋尼克的《旋涡》。这是两本好书，你阅读它们，没有虚度时光，为此我感到高兴。书籍浩如烟海，在书籍的海洋里，一本本好书宛如相距遥远的小岛，你要到每个岛上去……在这个书的海洋中，不容易迷失方向，也不会遇到浅滩。对待黄色读物，你要视之若火。有一些书，在人的一生中需要阅读许多次，每次阅读，都会在他眼前展现出美和人的心灵的最新境界。我不止一次地读过托尔斯泰的《复活》、陀思妥耶夫斯基的《白痴》、《罪与罚》、但丁的《神曲》、莎士比亚的《哈姆雷特》。第一次读这些作品的时候，我16 岁。第二次读的时候，我 20 岁。当我 30 岁第三次读这些作品的时候，感受就完全不同了。你根据自己的体验将会确信这一点。随着你年龄的增长，喜欢阅读的书的范围将会缩小，但这些书确实都是令你爱不释手的好书。我建议你从现在起，把在学校里读过的书再读一遍。这就和再度欣赏优美的乐曲一样，是为了陶冶情操。乐曲《天鹅湖》，我们听过几十次，对这样一部优美动人的乐曲，可以说百听不厌。重温一些不朽的文学作品首先意味着人的自我认识。读契诃夫的《草原》，把他的这部令人惊叹的作品读上五次、六次、七次，你必然希望自己的精神风貌不断地得到升华。我还喜欢 B. 科罗连科、A. 库普林、M. 普里什温、K. 保斯托夫斯基的作品。如果我不读这些语言大师的作品，恐怕连一个月也无法生活。你还应当读些当代俄罗斯和乌克兰作家的作品。我劝你读一读 K. 西蒙诺夫、B. 索洛乌欣、A. 特瓦尔多夫斯基、O. 贝戈尔茨、C. 希帕乔夫、И. 谢利温斯基、A. 加里宁、П. 尼林、B. 坚德里亚科夫、Л. 马丁诺夫、M. 斯捷利马赫、O. 贡恰尔等人的作品。Ю. 亚诺夫斯基的《骑士》、A. 塞格尔斯的《第七个十字架》、A. 谢伊特-埃克久佩里的《人们的土地》、海明威的《老人与海》等书要多读几遍。

要记住，书是人类数千年来的智慧的结晶。伏尔泰说过，第一次读了一本好书，如同结交了一个新朋友。① 那么，重读一本好书，无疑等于重访老朋友。希望你结识更多的良师益友。读书不是一个机械的过程，而是一种创造。要从书中受到教益，要学会思考和判断是非。

请原谅，这封信写得太长了。然而，自我教育这是一个永恒的话题。

祝你健康，愉快！

拥抱你，吻你。

你的父亲

第十一封信

亲爱的儿子，你好！

我非常高兴，因为这封关于自我教育的信会引起你这样大的兴趣。你十分敏锐地看到了现代青年人的一个特点，那就是非常容易激动，有时甚至达到神经过敏的程度。我相信，人们之间的许多冲突，以及时常发生的争吵，其原因往往是他们不善于控制自己的感情，更有甚者，有些人根本不注意感情的自我培养。

然而，培养自己的情感境界，这在我们这个时代，特别是对青

① 见《论书籍》，莫斯科，图书出版社，1969 年，第 232 页。

年人来说，是一个非常严肃的问题。几千年来，人的生活基本上是由肌肉力量以及诸如固执和残忍等神经系统的粗野本性所决定的。

每个年轻人最主要的是要记住，不要用粗野的情感，如喊叫、暴躁和凶狠来填补思想上的空虚。在人的心理深处，在潜意识里隐藏着一种本能，即动物的恐惧心理、凶恶和残忍。一个人越是缺乏文化修养，缺乏智力和美感，那么这些人的不好的潜质就会表现得越突出，让人感到粗暴无礼。当一个人无法更好地证明自己正确时，他或者直截了当地说，没有什么需要进一步证明的了（一般说来，情感丰富、在理智上具有涵养的人就是这样做的），或者大喊大叫，即用“本能的反抗”来填充思想上的贫乏。应该珍惜自己的或者是别人的神经系统和情感世界。要记住，现在对人来说，需要细腻的情感，如同需要空气一样，而细腻的情感来自于细腻的思想和丰富的智力。感情可以使思想高尚，但是，真正的人的感情不能离开思想而存在。感情来自思想，思想滋润感情，感情寓于思想之中。丰富的思想使人成为人的精神世界中的独立力量，它激励人们去实践高尚的行为。

怎样培养自己具有细腻的情感呢？首先，任何时候都不要忘记，你生活在人们中间。任何时候都要记住，同你一起劳动的人，他们都有自己各自的忧虑、牵挂、思想和感受，各自的喜怒哀乐。要学会尊重每一个同你一起生活和劳动的人，看来，这是人的最大的技能。细腻的情感只有在集体中，只有在同你周围的人们经常的精神交往中才能培养起来。

没有比在充满智力和美感的亲密友谊中能更好地“磨砺”和锤炼情感的了。要在友谊中培养自己的情感。友谊帮助你培养对周围每个人的细腻情感。

然而，能使人的精神丰富，帮助人战胜本能和发展人所特有的本性的这种真正的友谊需要什么呢？需要你个人精神上的充实。只有当你给你的朋友以某种帮助时，你的精神才能变得更充实起来。当然，不能奢望，在建立一个新的集体以后才仅仅几个月就能结识新朋友。但是真正的友谊终究会建立起来的。你将同他们交流自己的思想和情感，分享快乐和忧愁。

如果我现在有机会到你那里去，那我就去了，把你同屋的同学聚集在一起，并邀请其他一些同学，跟他们讲讲："年轻的朋友们，要珍惜你们的情感，并去培养它。要记住，在我们这个时代，人对于来自周围世界的影响，变得日益敏锐起来。'人与人是朋友、同志和兄弟'这一思想里面，包含了深刻的意义。但是它的深刻内涵远远没被理解。做一个朋友，这首先意味着教育人，肯定他身上的人的特性。"

教育的实质就在于克服自己身上的动物本能并发展人所特有的全部本性。

兽性就是对一切有生命的和美好的事物缺少怜悯，对别人的精神世界漠不关心，这是所有杀人犯、暴行者的心理基础。要培养对一切有生命的和美好的事物的怜悯之心。你将来会有孩子，要记住，一个小孩子，他们的道德和对人们的态度往往取决于他们从小对飞鸟、花草和树木的态度。

寄给你一本书，A. 谢伊特·埃克久佩里的《选集》。我希望你认真地读一读《小王子》这篇童话并思考它的内容。

祝你健康，精力旺盛！

拥抱你，吻你！

你的父亲

第十二封信

亲爱的儿子，你好！

你的来信使我非常高兴（你很久没来信了，差不多有两个星期了）。在你们的集体中激发了对智力的兴趣，你们开始辩论，而且辩论的题目为“自由和义务”，这都很好。你们邀请我参加你们的辩论，我很乐于参加。你在信中说，你的同学中的某些人坚持这样的观点：在某些活动范围（例如在“个人生活问题”上），人可以不受拘束地发表自己的意见。在另外的活动范围内，这些自由就要受到社会要求的限制。你不同意这个观点，我支持你的意见。你的观点（自由就是学会正确地按照人民的利益去行动）实际上重复了马克思的名言：“因此，意志自由只是借助于对事物的认识来做出决定的能力。”青年人力求用自己的语言去表达最复杂的想法，这很好。绝对的自由是没有的，也是不可能有的。要知道，人生活在人们中间。列宁曾指出，在社会中生活而又不受社会的约束是不行的。在你的反对者中，有些人用隔板把生活隔开：在这一半的生活中，他要按照社会的要求去做；而在另一半的生活中，他随心所欲，绝对不考虑别人。这种划分实际上是以小市民的哲学为基础；在工作岗位上，他衣冠楚楚，道貌岸然，可是在家里，他却是一个吝啬鬼、寄生虫、暴君、对亲人的虐待狂。在我们的社会中，这种人究竟还有多少！在亲情、道德和情操方面，在爱情、婚姻和家庭生活上的绝对自由是十分有害的。在人的生活的这些方面，自由首先意味着最大的责任感。关于这个问题，列昂尼德·马丁诺夫说得好。

我认清了，
什么意味着自由。
我认清了这种情感的艰难，
这是世界上的一种纯粹个人的情感。
然而你知道什么意味着自由吗？
要知道这意味着要对一切负责！
我要对这个世界上的一切负责——
对叹息，对眼泪，对悲伤和牺牲，
对信仰、迷信和无神论。①

顺便说一下，如果你没有读过这位优秀诗人的诗，我给你寄去一本他的《选集》。

苏联人享有真正的自由。但是，我们共产党人任何时候都不隐瞒，我们所理解的自由是为了人民的利益而做的事情。一些人谴责我们没有任何个人的自由。对战争、暴力和腐化的宣传鼓吹，在我们这里要受到法律的惩罚，在这一问题上没有，也不可能有任何个人的自由。如果每个人都可以为所欲为，那么社会就会变成一个疯人院，人们就会害怕上街。苏联人自由的基础是社会利益和个人利益的和谐。社会所关注的，是使你们大学生能学习得好，将来成为优秀的专家。这就是为劳动人民的利益。你要知道，你为了更好地学习，可以有多种途径的选择自由。但是假如你逃避学习，无所事事，即便只有一条路，你也无权选择。

① Л. 马丁诺夫：《自由》，莫斯科，青年近卫军出版社，1965 年，第 345 页。

人本身的意志和自我克制是最主要的。应当敏锐地分辨三件东西：可以、不行和应该。凡是能分辨出这三件东西的人，就都具有一个公民的最重要的特点：义务感。义务，这是行动的自由，是受崇高思想鼓舞的人的行为，我正是为此而行动。尽义务并不束缚人的手脚，不束缚人的意志自由。义务和良心——这些道德情操构成了人区别于动物的最重要的特点。亲爱的孩子，要培养自己人的品德。要记住歌德的教导："如何认识自己？不能通过冥想，只有通过活动。你尝试着去履行自己的义务，才能真正了解你自己。"①

祝你健康，精力旺盛！

拥抱你，吻你。

你的父亲

第十三封信

亲爱的儿子，你好！

我现在从柏林给你写信。临行前我说过，我将在柏林逗留十五天左右。可是到了柏林以后，我就设法尽快办事，以便争取时间提前回国。这样，我将在德国待十天左右。

我已不是第一次出国。我曾经到过许多国家，而且每当命运把我弄到远离祖国的地方，都会有一种新的力量激发我热爱祖国的情

① 歌德：《艺术论文和思想》，《文章汇编》，莫斯科-列宁格勒出版社，1936 年，第 17 页。

感。在国外，我特别深切地感觉到自己对祖国所担负的一切责任。每当有人谈到苏联学校和我国经济状况时，我的心就激动万分，似乎他们谈论的是我个人的事。当听到对国家的评价是“一切都好”时，我的喜悦与自豪之情溢于言表。

祖国，这是慈祥而又严格的母亲。如果她的儿子成了不好的人，他懒惰、冷酷无情、意志薄弱、虚情假意、不诚实，那么母亲将会感到多么伤心呀！如果你不能成为真正的人，祖国会像亲生母亲一样心痛。你的生活和劳动，要让祖国为了你而骄傲。要善于从祖国人民最高利益的高度审视你自己。

要为自己的老一辈感到自豪，他们是为争取祖国自由和独立，为劳动人民解除剥削，争取社会主义革命的胜利，使世界摆脱法西斯统治的战士。你的祖国的伟大儿子们的名字，这是你心中的瑰宝，是你的骄傲。要记住，我们的祖国，是世界上第一个社会主义国家。她开辟了人类走向共产主义的道路。这是你的民族的骄傲。要记住，我们的祖国是伟大的列宁开创的新世界。

我路过波兰、德国时，看到许多安葬苏联战士的墓地。我们祖国的几百万儿女为了使世界免遭法西斯的奴役而献身在这里。

我到过一个叫布亨瓦尔德的地方，现在这里是法西斯主义受害者的纪念馆。而在战争期间，这里曾经是最可怕的杀人集中营之一。当你看到法西斯在这里如何以德国人的所谓准确性和条理性而消灭了几十万人（都说几十万，而也可能是几百万，谁也不知道，因为所有文件都被烧毁了……）你会感到毛骨悚然，其中大部分是苏联人。在那里我看见了干枯了的人头，用人皮制作的手提包，法西斯用人的头发做的口袋和褥子。我还看见了用人的骨头熬制出来的肥皂。

可怕的命运威胁着整个世界。在博物馆里，我看到了法西斯的计划：他们企图灭绝斯拉夫民族。要记住，是那些永远躺在白桦树下的普通的苏联士兵拯救了人类。

你要记住，成千上万的人为了你的幸福献出了他们的生命。在监狱里，在绞刑架上，在枪林弹雨中，在集中营的罪恶的焚尸炉里，在为保卫每一寸土地的殊死战斗中——从伏尔加河到柏林，无数的苏联人牺牲了，你的许多同龄人牺牲了。你要记住，我们祖国的 2 200 万优秀儿女为了保卫你的摇篮献出了生命。几百万母亲甚至不知道自己孩子的尸骨埋在哪里。你要在你一生中最幸福的那一天去瞻仰英雄的墓地，向烈士献花和致哀！

你要记住，每个民族都有自己的瑰宝——为人类的自由和幸福而捐躯的英雄们。你要永远怀念这些英雄们：伊万·苏萨宁、乌斯季姆·卡尔梅柳克、亚历山大·乌里扬诺夫、尚多尔·佩捷菲、谢尔盖·拉佐、恩斯特·台尔曼、卓娅·科斯莫杰米扬斯卡娅、尤利乌斯·伏契克、亚历山大·马特洛索夫、尼科斯·别洛扬尼斯、穆萨·贾利勒、胡利安·格里马乌。要记住，人民对 2 200 万牺牲者当中的每一个人的献身精神和英雄主义也都给予了这样高度的赞扬。

可能你感到奇怪：为什么父亲在信中没有讲述国外生活的所见所闻，为什么他讲的都是过去早就知道的事情……因为，在这里，无论我看到什么，听到什么，都使我想到祖国，看到祖国。我想到了现在正值二十几岁的青年人。这是多么美好的一代，亲爱的儿子，你们的命运多么令人羡慕啊！你和你的同龄人将生活到 21 世纪，你们这风华正茂的一代，将充分展现你们的创造才能。然而，使我深感不安的是：我们，你们的父辈，能不能将我们的全部精神财富和付出极大代价得来的全部物质财富传给你们？你们能不能完全理解并用整个心灵去真正感受我们在伟大的卫国战争年代和祖国经济恢复时期所经历的艰难困苦？

希望你们能成为优秀接班人，珍惜父辈所创造的一切。

再过一周我就该回国了，我一定顺便去看看你。

祝你健康，精神好！

你的父亲

第十四封信

亲爱的儿子，你好！

对你的来信我思考了很久，所以拖到今天才回信。我赞成你以及你的同学们对本校一名学生的行为所表现的愤怒。爱情的道德纯洁性，是人类灵魂的一面镜子。一个人如果在精神—心理方面和道德情操方面是肮脏的，那么他就是一个卑鄙的人，他不能成为一个好公民，一个忠诚的劳动者和一个正派的人。人和世界上其他动物的区别，特别重要的一点是，人使性的本能高尚化。在精神生活的这个领域，理智和意志应该成为性欲的高度警觉的哨兵。我不同意某些作家和评论家的观点，他们说什么对感情不能下禁令，人不能控制性欲。这是一种掩饰性道德败坏和“爱情解放”的柔软面纱。列宁对此提出过尖锐的批评。① 这种“情感至上”的理论对于刚刚步入社会的青年人来说是十分有害的。一个人在产生性欲之前，他应该为心灵之美所陶醉，应该对他人怀有极大的道德责任感。只有在这种情况下，才会有牢固的、真正的爱情。真正的感情能使理智促进感情，能向感情注入道德力量，使精神活动在道德方面趋于高

① 列宁和蔡特金谈话中谈到这个问题。

尚，而不使感情受斤斤计较和瞻前顾后的摆布，不使人去盘算他所爱的人能给他带来多大的好处。只有当情感和思想融合成人对人的道德责任感，爱情才会是高尚的。

你已经是个成年人了，很快就要做父亲了。因此我非常坦诚地和你谈论这些问题。作为父亲，我负有这种职责。假如儿子变成了坏人，社会有权问他的父亲，您为什么没有履行对社会的义务？要知道，每个公民最重要的社会义务，是为祖国培育真正的人。孩子，你要记住，父亲是崇高的公民的称号。

许多青年人的轻率放荡的行为使我不安。在光天化日之下，在熙来攘往的人流中常常见到青年男女旁若无人地搂抱亲吻。有一次我问一个很年轻的姑娘："周围这么多人，难道你不感到害臊吗?"她却回答说："难道友情需要掩饰吗?"

这个姑娘的回答并不高明，虽然她在生理上已有了做母亲的资格，但是在道德上她却还不具备这种资格。一个人把应当深藏于内心的、隐秘的、不可侵犯的情感展示在人们面前，这是一种愚蠢的和下流的行为。一个 18 岁的小伙子，爱上了一位姑娘，又是搂抱又是接吻。这是放荡。真正的爱情，要求终生承担巨大的神圣的义务。如果你不想失去自己的情感，不愿在精神上堕落，那么就不能屈从于第一次情欲。一个人对另一个人负有某种道德义务，他才能亲吻和爱抚她，这种道德义务就是意识到你将做她的丈夫，做她的孩子的父亲。我认为除此以外的其他爱情，追求刺激的爱情，为排遣寂寞而去寻找的爱情，都是道德败坏。

要记住，爱情，这首先意味着对你所爱的人的命运、她（他）的未来承担责任。想借爱情寻欢作乐的人，是贪淫好色之徒，是堕落者。爱情，首先意味着奉献，把自己的精神的力量献给亲爱的人，为他（她）创造幸福。

孩子，你要记住，夫妇一生在道德上的纯洁依赖于婚前他们之间关系的性质，依赖于在这种关系中精神—心理和道德情操因素所占优势的程度。在爱情方面，“经验多”、“阅历深”是十分危险的事。情侣在婚前的精神—心理关系越纯洁越高尚，青年人——未来的丈夫，他的道德义务感就越强烈。对女人的道德义务感，对她的前途的责任感，这就使青年人成长为男子汉。纯洁的爱情使青年人变得健康成熟，轻浮的爱情，消愁解闷的爱情使他们变得堕落。

爱侣之间思想交流的最大乐趣就是智力和美感的相互充实，逐渐认识和发现所有新的道德品质和美，这其中包含着爱侣之间渴求相互汲取一切美好的东西，并相互奉献。忠贞恒久的爱情是每个人的向往。但是这种爱情靠什么去支撑呢？可以这样说，它依靠人的取之不竭的力量。我和你母亲结婚快二十五年了……每当我们分手几天再相见时，我的兴奋之情总是难以平静，我从她这位今世唯一为我所爱的妇女身上又发现了什么未见过的新的东西。她的双眼似乎在不断地显现新的美。内心世界的丰富充实是通过人的目光所表达的大量细腻感情表现出来的。如果这种感情贫乏，那么初次相见时使你为之倾倒的外在美，会随着时间的流逝而变得黯淡无光，失去魅力。迷醉于短暂的外在美的爱情，只欣赏一张漂亮的面孔，一个美丽的身材，这样不可避免地会导致失望，造成“性格不合”，婚姻破裂。

要记住，没有专门的“爱情科学”，但是有人性的科学。掌握了这门科学的起码知识的人，才能同他人建立起道德情操方面的高尚关系。爱情，这是对人性的最严格的考试。列宁在同克拉拉·蔡特金谈话时强调指出，在恋爱上也必须克己自律。我们男人在这方面起主导作用。每当你感情冲动的时候，一定要克制。要知道，爱侣之间的肉体结合，从道德上来说，是精神的结合：他们相互尊重，准备白头偕老，同舟共济，共度此生。要记住，极力想在婚前发生性行为的青年人，会使内心世界充实、聪明正直的姑娘感到极大侮辱和愤怒。

要知道，青年人最幸福的时刻，是拥有纯洁、理想的爱情的时刻，这种爱情使内心世界充实的人们永远不想分离。如果有两个具有同样高尚的自尊和人格的青年相亲相爱，那么他们长时间内不会逾越性行为的界限。这不是说他们没有这种欲望，而是他们清楚，尽管他们的欲望十分强烈，但没有精神上的结合，只求生理上的结合是不道德的。他们在精神上接近、追求理想爱情的阶段比较长，甚至有意这样去做，他们从这种追求中获得莫大幸福。

不知你听说过这样的谚语没有："居家过日子，并非是穿越一片田野。"一个人在家庭生活中的表现，往往反映出他的真实的道德面貌。遗憾的是，在我们的生活中还能见到这样一些人，他们在家庭以外表现出一副为崇高理想而战的斗士形象，而在家中却是浅薄的利己主义者或是暴君。有些人，按照他的道德发展水平，完全不具备结婚的条件，他们娶妻或出嫁是一种严重的不道德的行为，是对下一代的犯罪。有的人把婚姻看作是可以不受阻拦地满足个人的本能的事情。一些道德败坏的年轻人，他们向对方一再恳求，并发出海誓山盟，但是他们还是把结婚看成是一种权利，以便获得婚前未能得到的一切。任何法律都不能巩固精神联系薄弱的爱情。

要记住，人们一旦结婚，就不仅要承担法律和物质上的责任，而且要承担精神上的责任。社会精神的丰富依靠家庭的关系。有时年轻夫妇刚结婚头几个月就感到"失望"，让"爱情的诗篇"从身边消失。造成这种情况的具体内容和引起争执的缘由可能多种多样，但是究其原因总是一个，那就是：年轻人以为一旦结婚，在生理上和精神上的结合会给他们带来无限的幸福，爱情完全没有阻力。他们忘记了，爱情之火，如果形象地比喻，需要经常不断地添加好的燃料，这燃料就是丰富的多侧面的精神生活。假如缺少好燃料，那爱情之火将会熄灭，冒出浓烟，使自己和别人都遭殃。只有精神生活愈加丰富的爱情，才能巩固家庭。

要记住，青年人结婚后在很大程度上应该是自己爱情的创造者，而不单纯是爱情乐趣的需求者。婚后，创造应该超过需求。如果不经常创造和积累精神财富，生理结合就不能达到高尚境界……在家庭生活的某一个阶段里，会突然发生这样的情况：丈夫与妻子都感到自己的感情消失殆尽，各自都不能再给爱人展示什么新东西，不能再给家庭精神生活提供些什么。有时甚至发展到这种地步：婚前因短暂分离也会相互牵挂的两个人，竟然彼此不能容忍。这是把家庭生活变成地狱。应当记住，孩子首先会为此吃到苦头。要成为一个各方面都很好的公民，这首先意味着关心社会的未来，我们的未来——孩子。你要记住，如果你产生了建立家庭的愿望，那你应该很好地检验一下自己，是否做好了履行公民义务的准备。任何时候都不要忘记，谈情说爱，意味着生儿育女。

对于一个善于创造自己的精神财富的人来说，没有第一次、第二次爱情，只有唯一的爱情。要做一个理想主义者（在这里用的是这个词的褒义），贡恰尔的长篇小说《旗手》中的主人公之一布良斯基说："那些朝三暮四滥用感情的人，最终应当感到自己一钱不值。"这段话表现了纯洁的道德，对爱情的忠贞不渝，它包含着深刻的真理。如果你是一个真正的人，如果你能够为你所爱的人创造精神财富，那么让你中止与多年相亲相爱的人的恋情，是不可思议的事。真正的爱情，不因岁月的流逝而减弱，相反，将愈加巩固炽烈。我把自己的心灵献给了我所爱的人，他（她）把自己心灵中的美和道德责任感也献给了我，我们共同去创造那不能再度创造的财富。这些财富包括：我们精神上的进取、理智和情感的相互充实、儿女、忠诚、家庭的荣誉与尊严、传统的继承、对往事的回忆、诗一般美好的青春，以及青年时代的纯洁感情。这一切都在心灵深处留下痕迹，以至于在重新开始新的生活时，不触及心灵的创伤是不可能的。当丈夫或妻子失去自己的爱人，即使许多年后，甚至终生都不能忘怀，使他（她）不能再产生新的感情。这种情况并不是例外，也不是“浪漫的遐想”，而是人性的深刻体现。人之所以不能忘记心爱的人，是因为他（她）已经占据了她（他）的心灵，他们的命运已经融为一体了。

这封信写得太长了。你对父亲的说教不会抱有成见吧。你要好好想一想我所说的每句话。要做一个全面的真正的人。

再见，亲爱的儿子，“五一”节时回家来过节吧，哪怕只待一天也好。

祝你健康，精神好！

拥抱你，吻你。

你的父亲

第十五封信

亲爱的儿子，你好！

你问我，具有不同文化水平、不同兴趣、爱好和需求的年轻人能不能幸福，爱情能不能把他们连在一起？

一年前，我们学校一个毕业生薇拉的母亲来找我。薇拉继中学之后又从大学毕业，在一个大工厂的工地工作。母亲给我看了女儿薇拉的信，姑娘在信中谈到她的忧郁和疑虑。我在这里改动了姑娘的姓名，因此可以揭开这个很有教育意义的秘密。姑娘信中写道：“他是一个出色的工人，爱上了我，可是我一直没有等到我所期待的那种幸福的心灵上的结合。有几次我和他谈起应该参加函授学习，应该渴求知识，因为，没有受过中等教育将来就无法使用机器。他的文化水平只达到六年级……我对他说，最好两人能一同去莫斯科，去列宁格勒，看一看自己祖国的风光。他却惊讶地说：'你想得太远了，应该想想今天；有不错的工资就很好了，至于将来怎么样，我们早晚会见到的，况且这些事与我们毫不相干。'接着他又说：'这种旅行有什么好处呢？除了白白浪费钱，恐怕一无所获。我们需要盖房子，需要做家务事：养猪、喂鸡，等等。我不想再学习了，即使你受完了中等教育或者高等教育，也不会因此而提高工资，你从大学毕业了，可是工资比我还少。'……亲爱的妈妈，你说我该怎么办呢？我现在不想和他见面，甚至不想看他一眼。妈妈，我这样做，对吗？或者像他说的那样，我的行为过于古怪了？我和一个女友谈过我的疑虑，她说我是个理想主义者。我感到和他一起生活将非常寂寞无聊、抑郁寡欢，就像咱们池塘边生长的那株枯柳似的……"

母亲做得对，她给女儿写信说："当每个人面前都在展现出光明、美好的世界时，为什么要把自己的生活束缚在家庭、厨房、喂鸡、养猪这片小天地里呢？根据维克托的话，可以看出他对你的态度。显然，一旦你做了他的妻子，他会叫你退职，接着就抱怨他养活了你……女儿，这种命运是多么可悲呀。"

由此可见，一个人将自己的命运同什么样的人连在一起，这不是无所谓的小事。他要对与之携手共同走过生活的人的精神生活提出一定的要求。在受过高等教育甚至获得学位的人当中，也有愚昧无知、没有修养的人；相反，在普通工人或者集体农庄庄员中也有文化修养很高的人。在我们区的一个村里，有一个 18 岁的姑娘，名叫波林娜，她是甜菜生产小队长，姑娘因为父亲去世只读到八年级。她认识了刚分配到村里来的青年医生。医生很快爱上了波林娜。但是姑娘却把自己的感情深深地埋在内心。她喜欢这个年轻人，对他的真心诚意毫不怀疑，但是有一种想法使她苦恼：医生的文化水平比她高。姑娘痛苦地发现，她所爱的人兴趣广泛，见多识广，而她自己却孤陋寡闻。聪明敏锐的年轻人很快就摸透了波林娜博大、追求上进的襟怀。当他听到姑娘坚决拒绝嫁给他的时候，他明白了，姑娘在没有朝她的目标前进一步之前是不会答应他的。波林娜对青年医生说，她想读完十年级，以后还要读大学。她已经上了函授中学，她的理想是成为一名女教师。

姑娘的目标逐渐吸引了这位年轻人。他帮助波林娜学习，同时自己也决心更熟练地掌握外科医术。他们向往未来，生活在对未来的美好憧憬之中，确信他们的愿望一定会实现。这是一种纯洁美好的、理想的、持续了数年的恋爱。五年之后，姑娘从中学毕业，修完了大学的两门课程，这时她才同意结婚。

他们的爱情是道德高尚的友谊。他们之间未曾发生过性行为，甚至不允许自己产生这种念头。他们彼此忠贞不渝、互相信任，信守理想。人们可以建立起没有痛苦、没有悲伤、没有心灵创伤的生活，可以缔造令人惊叹的人间幸福。要记住，你自己就是自己命运和幸福的创造者。

孩子，认真想一想我说的话吧。

祝你健康，精神好！

拥抱你，吻你。

你的父亲

第十六封信

亲爱的儿子，你好！

从你的来信中可以看出，我说的一番话在你们宿舍中成为引发争论的火花。这很好。好就好在青年人对这些问题并不是漠不关心的。

你在来信中说，你的同学中有些人不相信男女青年之间存在友谊，认为既然是男女青年之间的事就一定是爱情。对这个问题我想说说我的看法。

友谊是培养人的情感的学校。我们之所以需要友谊，并不仅仅是为了消磨时间，而是为了肯定人心中的善，首先是肯定自己心中的善。我认为道德教育的一个最重要的准则，就是要使每个人从少年和青年早期起就深深地赞美人的高尚情操，产生敬爱之心。这实质上是对人、对人性美的信任。如果缺少这种信任，人的内心世界就是空虚的，生活中哪怕遇到微小挫折都会使他牢骚满腹、垂头丧气。所谓人的内心空虚，就是指一个人对任何事物都缺乏信念，这是一种最可怕的缺陷。关于这个问题，我以前曾经写过，这里再重复一次。心灵空虚必然会贪婪地吸引坏的东西，难以接受好的影响，因为精神空虚、思想贫乏本身就是缺陷。心灵空虚的人不可能有真正的朋友，他感受不到友谊中内在的人性。

生活令我信服，如果一个人从少年和青年早期起就不断受到道德理想的鼓舞，如果他理解何谓正确的人，那么友谊就会使心灵不断充实，他就会从友谊中去寻求自我确立和自我教育的一片天地。

男人在成长过程中特别需要这种高尚的对人的精神需求。为了成为真正的男子汉，你从青年早期开始就应该去发现友谊之中丰富的精神世界。你未来家庭的幸福依赖于你的爱情的纯洁性。

没有友谊的爱情是浅薄的。如果小伙子首先把姑娘作为人来尊重，那么这种高尚的友谊像爱情一样是十分美好的。那些想将爱情中精神生活的共同点建立在视爱情为性吸引的人，正是他们不珍惜爱情，因为他们竭力把精神世界的全部内容说成是接吻和争风吃醋。如果爱情缺少高尚的精神生活，没有对共同理想的追求，没有为实现共同的理想而建立的友谊，就会把爱情变成一种感情的宣泄。希望你把别林斯基的话记在笔记本里，一个人好好读一读，对照一下自己。

“爱情是生活中的诗歌和太阳。但是在我们的时代，如果想把幸福大厦只建立在爱情之上，并在内心指望自己的一切意愿都得到充分满足……他将是不幸的。”“如果我们生活的全部目的仅仅在于谋求我们的个人幸福，而我们的个人幸福又仅仅归结为爱情，那么，生活将真的变成暗无天日、遍地荒冢、布满尸体的荒野，变成阴森可怕的地狱，而严峻的但丁在诗歌中天才描述的地狱形象也会相形见绌。”①

你认真想一想这个问题吧：如果把幸福只归结为爱情，那么生活将如地狱一般。如果说在别林斯基时代，不能局限于个人幸福，那么，在我们今天这个时代如果这样做，必然将自己陷入个人感伤和悲痛的狭小天地里。如果说别林斯基在当年就已经看到，“除了内心世界”还有“伟大的生活世界”，而在那个伟大的世界里，“思

① 选自别林斯基的文章《亚历山大·普希金作品选》。见《别林斯基文集》（3 卷集）第 3 卷，莫斯科文学出版社，1966 年，第 230、266 页。

想变成事业，高尚感情变成舍己为人的行为”①，那么在我们这个时代里，这种世界不仅展现在个别人面前，而且展现在全体人民面前。当人们面前除了外在美以外，而且展现出人的丰富的内心世界，包括人的尊严、人的才能和社会活动的时候，性欲才具有人与人之间的道德联系、道德义务的性质。建立在性欲之上的幸福，这是一种动物的情欲，它使人变得愚蠢和轻率。要使爱情成为人的豪迈行为，他必须达到道德高度发展的阶段。首先要确立自己生活的崇高目的，为达到既定目的而精神焕发地去克服各种困难。当为实现崇高目的所进行的斗争成为真正的激情时，那么性欲就不再成为目的了，你所钟爱的人也会成为共同斗争中的战友。性欲不再是目的，它使人变得更高尚，使人的思想置于情欲之上。对个人幸福和全人类的幸福的真正范畴的理解丝毫没有贬低人，没有使人沮丧，相反，提高了人的思想，因为这种认识激发他们要用高尚的精神需求去充实自己一生的愿望。

对个人幸福和人类幸福一致性的正确理解，能预先防止由一些微小的纠葛和个别的不和睦而演变成的“悲剧”，免使生活遭到不幸。在我们的生活中这种令人同情的、有损于人的尊严的“悲剧”屡见不鲜。年轻夫妇之间常出现“尴尬的局面”和“难以解决的矛盾”，其原因大都是人们按照其个人意愿组成了一片小天地，不言而喻的是，他们在这片小天地中到处碰壁，缺少赖以寄托的宽广高尚的情怀。有些年轻夫妇的精神生活中只有爱情，他们常常因为一些微不足道的小事伤害自尊心，或几个星期互相不说话，让这些小事伤害自己的心灵，有时还故意火上浇油，使其激化。这是悲剧，双方都竭力找出什么“观点不同”、“性格不合”等原因，实际上，

① 选自别林斯基的文章《亚历山大·普希金作品选》。见《别林斯基文集》（3 卷集）第 3 卷，莫斯科文学出版社，1996 年，第 266 页。

这些人根本没有做好精神心理交往的思想准备，在没有确定个人幸福的范畴之前，就不应该结婚，希望你能以此为戒。

几个星期以前，我们区的检察长和我谈起一起离婚案件。年轻人在一起刚生活了两周便发生了争吵，“蜜月”的幸福蒙上了阴影。争吵的起因简直令人发笑：新婚夫妇因为对电视机放在什么地方，没能达成一致意见……于是争吵不休，两个人得出结论，彼此性格不合，无法继续家庭生活。在法院里，一位聪明的妇女，人民陪审员帮助他们解决问题。正如俗话所说，帮助他们解开了缠在一起的线团。小两口难为情地回忆起吵架的起因，深感羞愧。如果把小事夸大，将小事说成“世界大事”，如果一个人的所思所想，他的眼光没有任何崇高目的，那么他会堕落到何等地步。

对一个人来说，最重要最艰巨的事情是，在任何情况下都应该不失为“人”，要永远做“人”。

祝你健康，精力旺盛！

拥抱你，吻你。

你的父亲

第十七封信

亲爱的儿子，你好！

你要我“教你，怎么样尊重姑娘的女性美”，要我解释什么是女性美。这件事令你不安，我感到非常高兴。要记住，对待妇女采取什么态度，这是衡量道德的一个尺度。马克思说过，根据这种态度，可以判断一个人的一般文化水平。对待妇女蛮横无理的人，会对一切都武断无礼。女性美是人类美的最高体现，在这种美中，可以看到新生命的诞生，看到美好事物的生长、开花和凋落。妇女是生活的体现者和创造者，她对人类的未来怀有最高尚的道德感情。尊重妇女，这就意味着尊重生活。真正的女性美，集心灵美和身体美为一体，在劳动人民之中产生。在劳动人民看来，女性美除了包括这两种美之外，还应该包括女性的柔弱，这种柔弱使妇女有权享受男人的尊敬和关怀。

女性美越来越成为整个人类美的主宰。如果妇女理解并珍视自己在建立新生活中的特殊作用，她就不可能是不美的。有多少姑娘她们并不具有鲜明的外表美，然而她们的魅力却令人神往，这就是因为她们具有女性美。首先，要善于看到并珍视这种女性美。

女性美——这是道德纯洁和品行高尚的最高体现。这些特点表现在能以纯洁的感情对待同男人的一切道德美学关系。男人不尊重这些关系的所有隐秘的方面，这对道德高尚的妇女是极大的侮辱。

成为母亲之后，女性美像一朵盛开的鲜花焕发出全部的力量和美。要记住，男人的道德越高尚，妇女同他相处时所发挥的作用就越大，她能巧妙地利用自己的女性美来加强自己在家庭中的道德威信。在一个美满的家庭里，妻子—母亲通常是道德的指导和主宰，丈夫—父亲越是服从妇女的意志，孩子就越容易教育好。这一切你应该铭记在心。

女性美——这是妇女的一种精神力量，它不仅是教育子女的力量，而且是教育丈夫的力量。这一点你在我们家看得很清楚。假如没有你母亲，你和其他孩子就不可能对善与恶如此敏锐，也不可能这样富于人情，这样富于同情心。

大自然和人类发展的历史进程赋予妇女的工作比男人的更精细、更富有情趣。我们喜欢妇女的柔弱，这没有什么奇怪的。但是，只有柔弱和巨大的精神力量结合起来的时候，这个特点才具有优势。女性美的魅力就蕴含于这种微妙的结合之中。在管理家庭中，在相夫教子之中，妻子意志坚定，始终如一和言行一致，所有这些优点都保障妻子在确立良好的家庭声誉中起主导作用。

许多男人的内心深处残留着封建思想，青年人也有，应该同这种思想做斗争。青年人结了婚，有了一份不错的工资，就立刻要妻子放弃工作。他认为，他能为妻子带来莫大幸福。妇女应该把时间用在厨房中琐碎的不动脑筋的活儿上，就像列宁所说的那样，这些活儿使女人成了家庭奴隶。有志气、意志坚强的妇女们不允许这样对待她们。一些性格柔弱、缺乏坚强精神的妇女常常表现出自愿同意丈夫在智力上居于自己之上：认为丈夫应该提高自己的学识，应该学习，妻子应该伺候丈夫。这样做，不仅对妇女是危险的，而且对丈夫也是危险的。如果你未来的妻子感到并承认你比他优越，并经常附和你，那你应该感到担心，这可不是一件好事……女性美的确立和发展，在很大程度上取决于妻子的智力发展，决定于她能跳出家庭小天地多远。聪明的丈夫恰恰是竭力使妻子有丰富充实的精神生活，使她在家庭的精神生活中处于平等甚至是优先的地位。

如果妻子善于利用自己的长处树立自己在家庭中的道德威信，那么她的女性美会不断增长，在丈夫的眼中，她就会有特别大的魅力，她那双美丽的眼睛和面容任何时候也不会失去动人的力量和内在的精神美。她把自己的智慧、自己的精神发展作为影响丈夫和儿女的一个重要手段。

我认识一位具有小学文化程度、聪明的、意志坚强的妇女，她和一位受过高等教育的农学家结了婚。她不仅不落后于丈夫，相反，由于自己意志坚强，在家庭精神生活中还获取了牢固的领先地位。从家庭生活的最初日子起，她就开始阅读有关农业技术、土壤学和化学等方面的科学普及读物，以及文艺书籍。她认识到，能否同丈夫进行精神上的交流，这将取决于她能给丈夫多少帮助，能否以他的兴趣为重，此外，还取决于她能对丈夫的精神生活施加多少影响。天生的智慧不仅帮助她理解了所读的东西，理解了丈夫的想法和困难，而且使她在农业方面表现出非凡的创造性。她提出的一些建议内行、有见地，令丈夫惊讶不已，她之所以能做到这一点，在很大程度上因为她是个聪明的、善于思考的勤劳的女人。

她在甜菜小队劳动，她把自由时间都用来读书。她的知识兴趣的范围随着读书越来越广。两个孩子相继上了学。母亲能轻松地帮助孩子们学习低年级的课。当孩子们开始学习代数、化学和几何时，母亲感到不能帮助他们，这将削弱母亲对孩子们的道德影响——因为他们已经习惯了，认为母亲无所不知，无所不能。她决定一步也不落后于孩子们。她做得非常好，以至于孩子们都坚信，不是母亲在向他们学习，而是他们在向母亲学习。

她学习了中学的所有课程。她在家庭精神生活中的主导地位得到巩固。所有这一切都是她付出巨大努力的结果。

某些妇女对她的这种求知欲望有其自己的解释，他们认为玛丽亚力争不落后于丈夫，为的是不失去丈夫。对这个非常复杂的现象作如此庸俗的解释是有一部分道理的，但是这只是道理的另一个方面。由于玛丽亚具有很高的人类自尊感，因此她认识到，为了获得精神财富，获得美，获得具有真正价值的家庭生活，她应该成为受人尊重的、具有魅力的女人。她意识到，没有丰富的内在的精神美，美很快就会在丈夫眼里黯然失色。这个妇女正确地确定了精神兴趣的范围。她在这个范围内的作用不断增长，从而使她处于家庭精神生活的中心。因此，她一生都保持着女人的魅力。

如果你希望你未来的妻子始终成为你唯一所爱的人，那你就要在生活中使你妻子的精神财富不断得到充实。

祝你身体健康，精神愉快！

拥抱你，吻你。

你的父亲

第十八封信

亲爱的儿子，你好！

你正在催促我写一部完整的论文集。论文集中先谈友谊和爱情，然后谈女性。现在你请我谈谈父辈的审美观点。那好吧，我就来谈谈这个问题，不过我希望你能将我的话铭记终生。

自从出现人类的那个时候起，从人对晚霞的绮丽景象出神地观赏那一时刻，人就开始审视人的本身。美——这是人性的深刻体现。它是我们生活的快乐。人之所以成为人，是因为他看到了高远蔚蓝色的天空，夜空中闪耀的灿烂星光，满天耀眼的金色彩霞，刮风天前被落日映红的黄昏，海天相连处那若隐若现的海市蜃楼，茫茫无际的草原，三月积雪里凛冽的阴影，在辽阔天空中飞翔的群鹤，在阳光下灼灼发光的颗颗露珠，阴霾天气里的绵绵秋雨，丁香树丛里的紫色云团、娇嫩的向日葵细杆和蓝色的风铃草——他看到了展现在他面前的大自然的一幅幅美丽的图画，他感到十分惊讶，他走在大地上，去致力于创造新的美。假如你惊叹大自然这绮丽的美景，流连忘返，那么，你的心中也将会绽开高尚的美的花朵。

人是最崇高的美的化身，女性美是人类美的最高境界。伟大的诗人荷马、但丁、莎士比亚、歌德、普希金、谢夫琴科、米茨克维奇把对女性美的炽热情感倾注在不朽的艺术形象之中。他们在作品中歌颂的那些曾让他们自己钟情热恋过的女性的美，成了许多代人爱情、道德、情感的准则。女性美并不是由性的本能所引起的，也不是什么与性的要求不可分离的东西。你把别林斯基下面的一段话记在笔记本上，并把它记住："这是一个非常美丽的年轻妇女，在她的面容上您看不出有什么特定的表情——这不是情感、心灵、善良、爱情、自我牺牲、思想、意向的高尚性的体现……她只是美丽、可爱、生气勃勃——仅此而已。您没有爱上这个女人，也不希望被她爱上。您静静地欣赏她优雅的举止和轻盈的姿态，与此同时，在她的面前，您的心不知为什么却跳得更加强烈，而且温柔、幸福地和谐，刹那间在您的心中发出娓娓动听的声音。"①

人的外在的美体现了我们对美的概念的认识。外在的美不仅是指人类学所说的人的身体的各个部分的完美，也不仅是指身体的健美。这是内在的高尚精神的体现，即内心情感与思想的充实、道德尊严、对别人对自己的尊重以及谦虚的品德。人的眼睛往往是人的精神生活的中心，折射出人的思想，表达人的感情。人的道德修养和一般精神文明程度越高，他的内在精神世界在外表上的表现就越加鲜明。

内在美和外表美的统一——这是人的道德尊严的审美表现。人追求美，更多地追求外貌，看上去很美，这没有什么不好的。然而我认为（不知你怎么看），这种愿望必须具有道德规范。这种道德规范取决于人的这种美在多大程度上反映了创造活动的本质。人的美只有当他从事自己所喜爱的活动时，并就其性质来说这种活动强调人的个性所特有的某种好的品质，这种美才体现得最为突出。这

①《别林斯基全集》第 7 卷，莫斯科，苏联科学院出版社，1953～1959 年，第 322 页。

时，他的外貌似乎由于其内在的精神而更显光华。米龙①的铁饼运动员的美，体现在内在精神力量与强健的体魄结合起来的那一时刻，这并不是偶然的。正是在这种结合中凝聚着他的美。一个正在思考如何去进行创造的少女的美比起一个懒惰度日的少女来要瑰丽得多，深刻得多。你应该记住，游手好闲是美的大敌。那些从事劳动的人——联合收割机手、拖拉机手、飞机驾驶员、果木园艺家才是真正的美。内在精神美，在理智受到鼓舞、被创造之光所照耀时，使得学者、思想家、诗人和发明家显得神采奕奕，焕发出智慧的光彩。如果你希望美，那么就忘我地去工作吧，直到你感觉到自己已经成为一名创造者，一个工作能手，成为自己理想事业的主人。去劳动吧，它使你在劳动中感受到人的最大幸福，即创造的幸福，它使你的眼睛由于劳动而放射出激情的光彩。

美是灵感的伴侣。O. 贡恰尔有一部叫《向日葵》的优秀短篇小说。作品中讲述了一位雕塑家，他受人委托雕塑一位少女——向日葵高产能手的半身像。少女的脸长得不好看，雕塑师看了都感到惊讶。少女的容貌不能激发雕塑师的灵感，于是他拒绝了这件工作。一次在去火车站的路上，雕塑师经过一片正开着花的向日葵地，在这里他看到了自己雕塑作品的主人公，姑娘正在劳动。然而此时她的面庞看上去与上一次见面时截然不同。少女的脸因劳动的美感而显现出光彩，从外表中流露出内在的美。雕塑师禁不住高声说："她真美！"这时在他的想象中已经塑造出少女面部的特征。

外表的美有其内在的道德根源。为人们所喜爱的创造可以使人变美，可以改变人的容貌，使其变得清秀而富有表情。

---

① 米龙（生于公元前约 50 年），是古希腊的雕刻家。他塑造了运动会上的竞技家、胜利者的雕像。最著名的雕像"掷铁饼的运动员"是古罗马大理石的复制品。

繁难，就是通常人们所说的“创造艰辛”，也可以创造美。正如悲伤使人的面部布满深深的皱纹一样，“创造艰辛”是使人的面孔变得美丽的最精巧最熟练的雕塑家。反之，内心的空虚也可以使人的面容变得迟钝、呆板和冷漠。

如果内在精神的充实创造人的美，那么，无所事事，更甚至不道德的行为将会使这种美毁灭。当你在一个大的集体中同许多青年人接触时，在许多清晰的留下记忆的面孔当中，你看见一些没有什么能引起你注意的面孔，这些形象隐约出现，给你一个模糊的印象，又不十分清晰。同样道理，精神的空虚会给人一个模糊不清的形象。

不道德的行为可以使脸变得丑陋。说谎、假仁假义、空谈的习气都会使人逐渐形成一种呆滞的神色；他回避直视别人的眼睛，因为在他的眼光里，很难看到思想的真诚直率的表达。阿谀奉承、奴颜婢膝不仅使眼睛、面孔表现出卑躬屈膝，而且给整个外表举止也留下了印迹。人要做自己的主人，要珍视自己的尊严，这才是真正的人类美的新鲜血液。

人类美的准则，这同时也是道德的准则。健康的体魄、崇高的道德和高尚美感的统一，这正是我们通常所说的那种和谐。如果爱情不能使人变得美好，不能使人的情感变得崇高，那么也就不能使我们的生活变得更美好。在我们的社会里，千千万万人中的每一个人，形象地说，他们的内在美都在闪光，这将是人类美的顶峰。

我坚定地相信，到了共产主义，所有的人都将是美丽的。我相信一定是这样的，因为人的内在美和外在美将同时绽开花朵。

你是自己精神美的创造者，你的美将感染和影响着你周围的一些人们。

给你寄去格林的《选集》。这本书不仅要用脑子去读，而且要用心去读。不仅要逐字逐句地去读，而且要领会它的精神。

祝你身体健康，精力旺盛！

拥抱你，吻你。

你的父亲

第十九封信

亲爱的儿子，你好！

收到了你从农庄寄来的信。五年期间，你至少可以去乌克兰的五个州，这会使你更好地了解农村。你在来信中写道，在你工作的村子里，审判了一名过去的警察——一个祖国的叛徒，他在20年前曾迫害过苏联人，杀死并折磨过游击队员、老人、妇女和孩子。你感到吃惊的是：一个生在苏维埃国家，并在社会主义制度下成长起来的人，怎么会突然成为祖国的叛徒，这怎么可能呢？你感叹地说："要知道，生活本身在教育人啊！"

问题就在这里，我坚定地相信这一点：不是生活本身，而是人在教育人。生活只是帮助人。我给你讲一段历史，从中你会明白，背叛者是怎样产生的……

不久前，在我们区的一个村子里住了一个人，他的命运是可怕的，同时也是富有教益的。

这事发生在战争初期。战火笼罩着整个乌克兰，法西斯强盗野兽般地从西面扑来。我们的军队撤退到第聂伯河的对岸。在八月的一个寂静的早晨，敌人的摩托车队开进了这个人居住的村子的主要街道上。人们都躲藏在屋子里，孩子们不敢出声，畏惧地向窗外窥看。

突然，人们看到一件令人难以置信的事。这个人走出屋子，他身穿绣花衬衫，脚蹬擦得闪光的靴子，双手捧着放在绣花毛巾上的面包和盐。他向法西斯匪徒做出谄媚的微笑，把面包和盐端上前去，鞠了一躬。一个长着红黄色头发的小个子上等兵故作仁慈地接过了面包和盐，拍了拍叛徒的肩膀，并请他抽了一支烟。

这个人殷勤招待敌人的丑态，整个村子都知道了。人们的心中燃烧起仇恨的烈火，握紧了拳头。后来人们开始思考：这个人是谁？是什么使他走上了危险的背叛道路？人们回忆起他祖先的家谱，回想起他的童年。怎么可能是这样呢？要知道，他才是个20岁的青年，也许还是一个共青团员。可是，等一下，他叫什么名字？姓什么大家都是知道的。因为每个人的姓随父母，可是他叫什么名字，却没有人知道。大家对他的母亲，集体农庄庄员亚林娜都很熟悉，所以人们从这个人小时候起都叫他亚林娜的儿子。大家开始思考：究竟什么原因促使这个年轻人走上了背叛的道路？然而关于亚林娜儿子的情况谁都说不清楚。邻居说他是一个娇生惯养的孩子。父母只有这么一个孩子，他生活得无忧无虑，过着衣来伸手、饭来张口的日子。每天睡到吃午饭才醒，在床旁边的桌子上放着母亲精心准备的鲜牛奶、白面包、酸奶油……别人家教育孩子从小就养成劳动习惯，天刚亮就喊醒他们，让他们到地里去干活。可是亚林娜却溺爱自己的“宝贝儿”（亚林娜就是这样称呼他的孩子的：我的宝贝儿，我就你这么一个可爱的宝贝儿!），母亲不让他劳动，什么也不让他操心和牵挂。

你看，这就是生活在教育……一切都取决于人对待生活的态度，取决于生活将用哪一面来影响人的心灵。

这个孩子在学校里上到六年级。后来开始感到学习吃力，于是母亲决定：别让孩子为学习再受罪了，最主要的是身体。在18岁以前，这孩子一直闲逛游荡，并已经开始去找夜校女学生，迷恋上姑娘们了……大家回想起，战争爆发前两年，有一个很美的姑娘的母亲来到亚林娜家，来时脸上挂满了泪痕。她们谈了一些什么，谁也不清楚。村子里只知道，黑眼睛漂亮的姑娘从此不再出门了，后来在医院住了很久，姑娘的美消失了，黑眼睛闪烁的火花也熄灭了。后来，邻居得知，亚林娜把自己的“宝贝儿”送到一个很远的农庄的一个养蜂的叔叔那里去了。村子里传闻，亚林娜的儿子生活得逍遥自在，吃的是面包、蜂蜜，每天晚上，有一个梳着淡褐色辫子、蓝眼睛的漂亮姑娘来到一棵高大的白杨树下同他约会。有一次，亚林娜病了，捎信让儿子回来，因为家里的许多家务事需要他帮助料理。儿子回来了，在家里待了三天。看起来，他干的活并不轻：担水、劈木柴、割草……后来他又回到他自己住的农庄去了。

你看，*生活在教育*……要知道，亚林娜疼爱自己的儿子到无微不至的程度，可是儿子又是怎么报答她的呢？假如生活本身在教育他，那么母亲的爱应该培养起儿子爱的情感。然而，生活中并非这样简单。有时候，爱也可以转变为严重的不幸。

在艰苦的岁月里，亚林娜的儿子什么时候又是怎么回到村子里的，谁也无法说清楚。黄昏时，老人和妇女们坐在枝叶茂盛的樱桃树下谈论着这件事。有一个念头使他们始终感到不安，那就是他长得像谁呢？法西斯匪徒占领村子才三天时间，亚林娜的儿子已经带着警察的臂章在村子里到处走动。

70 岁的尤希姆老大爷说：“我们猜测，我们反复思索，但是心情并不因此感到轻松。他怎么会变成一个如此卑鄙的家伙呢？是精神空虚。这个人百无聊赖，对一切事物都失去了感情，精神没有任何寄托。他无论是对自己的母亲还是对自己家乡的土地都无动于衷，麻木不仁。他并不因为自己祖先的土地的失陷而战栗过一下。在故乡的土地上他没有流过一滴汗水，他没有给家乡的人们创造出任何财富，他没有耕种过家乡的土地，他的双手没有经历过艰苦而愉快的劳动，自然磨不出茧子，结果就长成了荆棘。”

这些话不胫而走，交相传说。这时亚林娜的儿子已经成为法西斯的忠实奴仆。他帮助敌人把人们驱赶到德国服苦役，协助法西斯强盗抢夺庄员的财产。人们都说，在亚林娜儿子那里发现了被杀害的游击队员的衣服……漂亮的黑眼睛姑娘的母亲咒骂这个法西斯奴才，并直截了当地说出，就是他把她的女儿送往德国服苦役去了。

亚林娜最可怕的日子来临了。她看到，人们都鄙视她这个败类儿子，也同样鄙视她。她曾试图规劝自己的儿子，多次提醒他苏维埃政权恢复之后要对他惩治的。然而，儿子却威胁母亲说：“你知道吗，他们怎样对待不同意新秩序的人。”“那我就不再认你是我的儿子！”母亲说完就离开了家，到妹妹家去住了。

可怕的占领时期结束了。在十一月的一个清晨，苏联军队给人们带来自由。激烈的战斗在村子旁边迂回进行。亚林娜的儿子没有来得及同自己的主子一起逃跑。后来对亚林娜的儿子进行了审判，判处他七年徒刑。

七年过去了。亚林娜的儿子从监狱放了回来。这时他的母亲已卧病在床，生命垂危。亚林娜请所有的亲戚和村子里德高望重的老人来到她的床边，唯独不准许自己的儿子走近她的床前。临终前，亚林娜说：“亲爱的乡亲们！不要把这块沉重的石头压在我的心上吧！不要再把这个人当成我的儿子吧！”

儿子站在屋子中间，无精打采，满不在乎，对母亲说的话并不以为然。于是尤希姆大爷就替大伙说：“亚林娜，就照你要求的那样去办吧！我们不会把这块沉重的石头压在你心上的。这辈子就让他像一条丧家犬到处流浪吧！不仅谁都不说他是你的儿子，就连他的名字我们也都忘掉它！”

尤希姆大爷的话看来是有先见之明的：即便过去对这个叛徒的

名字少有人知，大家全都叫他亚林娜的儿子，现在索性把他的名字完全忘掉了。管这个 30 岁的人叫什么的都有。一些人叫他卑鄙的家伙，另一些人叫他是没有灵魂的人，还有一些人叫他是丧尽天良的人。他住在父母的屋子里，任何人从来都不到他这里来。邻居们也不让自己的孩子们走近这个“没有名字的人”的家，这是全村的人最后给他起的名字。

他到农庄干活。人们都躲避着他，不同他一起干活。有一段时间，农庄缺少农机人员，他要求学习开拖拉机，但是找不到愿意与他在一起并传授他知识的人。

亚林娜的儿子成了一个遭人蔑视没有人理睬的人。人民的审判看来要比监狱厉害得多。他想结婚，但是没有哪个妇女或姑娘肯将自己的命运和他结合在一起。

他想法离开村子。就在这个时候他才看清人民道德的全部力量。他开始明白，背叛祖国的人是永远不会得到宽恕的。

从那时起又过了两年。没有名字的人头发长得乱蓬蓬的，就像一个百岁老头儿，他的眼睛也不知怎么看不清了，人们都说他精神失常了。他整天坐在院子里，好像是在晒太阳。他自言自语，也不知说些什么。没事总在地里翻掘，找一些草根之类的东西充饥。有人出于怜悯，夜里常常给他送去面包和菜汤，放在老梨树的大树墩上，没有名字的人清早贪婪地把它吃掉。

有一次我正好到那个村子去。我坐在村苏维埃主席的办公室里，这时进来一个年老体衰的人——看上去有七十岁左右。“这就是他，没有名字的人，他现在 39 岁……听听他想说些什么?”村苏维埃主席小声说。

没有名字的人声音嘶哑，内心沉痛地恳求说：“让我随便到什么地方去都行，我不能再在这儿住下去了。送我到养老院或随便哪个收容所吧！如果不送我去，我就吊死。我知道我咎由自取，应该受到人们的鄙视和诅咒。我希望在临死前能听到哪怕几句仁慈的话。在这里大家都知道我，我只能听到诅咒。”

人们怜悯他，把他送到了养老院。那里谁也不知道他的过去，对待他就像对待一位理应受到尊敬的老人一样。听说，他高兴得像个孩子。当需要他为集体做点事时，如整理花坛或挑选土豆，他都争着去做。可是关于他过去的事后来不知怎么传到了养老院。人们对他的态度立刻同过去迥然不同了。关于这个人的过去，没有人愿意提起，可是大家都开始回避他。两个和他同住一个房间的老人要求搬到别的房间去，于是只剩下他孤独一个人。在年末一个寒冷的深夜，他突然杳无踪影了，至今没有人再见到过他。

我希望，这个没有名字的人的可怕命运能促使年轻人从旁观察一下自己，看一看自己的心灵，扪心问自己：在我们苏维埃的生活中什么对我才是最珍贵的？我是怎样同人民保持联系的？过去我是如何得到，今后又将如何得到人民的尊敬？

你也应给自己提出这些问题。思考一下：如果一个人在心灵中没有一颗神圣的火种，使人得到幸福的火种，这火种就是对人民的热爱，那么他就等于自己把自己推向孤独的深渊？为什么一个诚实的、热爱劳动的妇女，她的儿子会成为叛徒？难道他没有过愉快的无忧无虑的童年吗？从表面上看，母亲为儿子安排了足够幸福的生活。然而，这是什么样的幸福呢？她又是如何来安排的呢？纵情享乐成了孩子的幸福，利己主义的欲望压倒周围的世界，使他变得冷漠处世。这些个人的东西就像一堵墙似的把他同人民的欢乐与苦难隔开，所以年轻人的心变得像铁石一般的冷酷无情。如果一个人把寻欢作乐看作是唯一的幸福，如果人与人的关系只是想从他人那里索取什么，那么就不可能培养出具有诚实和同情心的公民。

人的个性的核心是心灵中至高无上的东西，是比生命更宝贵的东西，这就是忠诚、自尊和苏维埃公民的自豪感。爱祖国、爱人民——

这是两股急流汇合而成的一条浩瀚的爱国主义大河。不要忘记，在你的一生中将会有这种时刻，就是要求你表现出一个公民的勇敢和坚强，并准备贡献出自己的全部智慧和力量。要求你对下面两种命运做出抉择，即一面是快乐和幸福，另一面是巨大的困苦和忘我精神，以至于要为了人民的生命和幸福牺牲自己的生命。要准备在需要的时刻，受命于危难之际，毅然走第二条路，为人民的利益而献身。你知道，在我们学校的光荣榜上悬挂着 18 岁的青年列昂尼德·舍甫琴科的肖像。在开垦荒地的第一年，他志愿到哈萨克斯坦去当一名拖拉机手，后来为了保护社会主义财产，他牺牲在自己的战斗岗位上。在他的肖像下面有一句印度名言："人的一生犹如一块铁，如果使用它，铁就会磨出光泽，如果不去用它，锈就会把铁侵蚀。"让你的这颗心放射出灿烂的光辉，既照亮自己，也给孩子们照亮前进的道路——这才是生活幸福的所在。可是，如果你的心被锈侵蚀，要记住，你将注定要毫无价值地、苟延残喘地活着。列昂尼德·舍甫琴科在燃烧和腐朽之间选择了前者。在 1956 年 2 月的寒冷的一天，他和同志们一起开拖拉机到距离农垦农场 50 公里远的地方去拉干草。在返回农场的路上，暴风雪突然猛烈袭来，本来可以把拖拉机扔下，到离大道不远的畜牧场老乡家里躲避一下。然而，列昂尼德·舍甫琴科没有把拖拉机扔下不管。他跟同志们说："你们走吧！等暴风雪过去了你们再回来！我留在这里，我得把发动机烧热，因为如果把机器停下来，以后就是用一天一夜也甭想把机器发动起来。可我们是来运草的，牲畜没有饲料……"暴风雪转成了风暴，更加寒冷了。人们已无法走近拖拉机队。过了一昼夜，同志们在驾驶室里找到了这个青年，他已经冻死了。可是他冻僵了的双手还紧紧地握着方向盘。

前面所说的那个背叛祖国的没有名字的人和这位保卫人民财产、使几代青年引以为荣的 18 岁青年，都同样生长在这块土地上，成长在邻近的村子里。为什么他们的命运竟如此大相径庭？其原因在于，一个人，如常言所说是苟且偷生，而另一个人爱祖国，爱人民。这还因为，没有名字的人的母亲不让自己的儿子为世界上的事情分忧，供养了他，对他百依百顺，宽容放纵，让儿子尝尽人生乐趣，母亲将此看成最大的快乐。然而列昂尼德的母亲却是这样教育自己的孩子的：你生活在人们中间，要记住，你给人们带来快乐才是你最大的快乐。我回忆起列昂尼德的幼年和少年时期的生活。这个孩子像千千万万其他的孩子一样的平常：课间休息时淘气，和同学们打架，玩弹弓。但这些东西不是人的精神生活的核心。最重要的是，人在幼年时体验到最大的快乐，那就是为人们做好事的快乐。在列昂尼德家旁边是拖拉机队。拖拉机手们经常躲在木制驾驶室里避雨。因为周围是一片空旷的田野，炎热的天气，人们没有地方去乘凉。于是母亲跟孩子们说：咱们给大伙种棵核桃树吧！当时才 7 岁的列昂尼德也参加了劳动。拖拉机手们非常感激，孩子们也都很高兴。现在距离那个时候已经有 14 年了，核桃树枝叶繁茂，茁壮成长，在炎热的日子里，人们都到树荫下休息。

我看着你的眼睛，我的孩子，并且在想：你为大家做了些什么？把你和劳动人民联系起来的那条线在哪里？从永恒的无限的美（革命的成果）中汲取营养并滋润你充实的精神，它的根在哪里？是什么给你生活带来最大乐趣？“五一”节的时候，你和同学们开着拖拉机连续在地里干了两天活，就是为了让老拖拉机手能够休息几天。你下班时感到疲惫不堪，满脸都是灰尘，但是心里却感到十分愉快和幸福，因为你为大家做了好事并从中得到快乐。你往地里运送了二十多吨肥料，结果让寸草不生的不毛之地变成了肥沃的良田。当你望着自己的土地时，你的眼中闪烁着人的自豪的火花。然而这火花能够永远保留下去吗？这就是我感到担心的。

在我们整个人民的大花坛里，千万丛玫瑰要比那些零乱生长的猪蓬草或曼陀罗更娇美更艳丽，人们见到那些野草感到不快。猪蓬草和曼陀罗可以拔掉或从花坛中起走，然而人却不能被摈弃于社会之外。应当关注使野草不再生长，使每颗撒进肥沃土壤里的种子都绽开出美丽的花朵。

一年前，我们区有一个集体农庄的庄员们被一个前所未闻的消息激怒了：大田生产队长命令司机往沟里扔下好几吨化肥——以便减轻负载。队长和司机都是青年人，早在战后就一起加入了少先队，曾宣誓要忠于共产主义崇高理想；后来又一起加入了共青团。在我们这块美丽的土地上，这两人的所作所为，同前面所说的背叛祖国的没有名字的人，同丧失人性的刽子手没什么两样，他们所犯罪行的程度，当然有所不同，但是他们作恶的根源却是共同的，就是道德变态，也就是人们所说的精神空虚。

有一句谚语："近朱者赤，近墨者黑。"这是千真万确的，但是也不尽然。有时一个人似乎没有谁教他做什么坏事，也没有看到他有什么不道德的行为，可是他却成了一个卑鄙的家伙。全部问题在于，正如实际情况所表明的那样，谁也没有教他学好，也没有教他学坏，结果他就像荒地上的莠草一样生长起来。

如今我们能想象到的一种最危险的东西——精神空虚就这样产生了。谁也没有教没有名字的人去背叛祖国，欺压群众，但他所以变成那样，正如尤希姆大爷所说，是因为他的那颗心无论是对自己的母亲，还是对家乡的土地都无动于衷，他没有耕种过家乡的土地，也没有为家乡的土地流过一滴汗水和尽过一点义务。如果对一个人既不教他学好，也不教他学坏，他就不能成为真正的人。为使人类的一个幼小生命成为一个真正的人，只能教他学好。

祝你健康，精力旺盛！

拥抱你，吻你！

你的父亲

第二十封信

亲爱的儿子，你好！

你的来信使我很为难，实在不太好回答。你征求我的意见，怎样才能使共青团的小组生活热情洋溢，生动有趣，使“共青团小组活动不使人感到乏味，不会让人期盼活动赶快结束……”这些问题不太容易回答，这是因为我不很清楚你们的集体怎样开展活动，团员们都有哪些要求和想法。然而提点建议还是应该的。

我很了解共青团组织的这个弊病：聚集在一起开会，又不知道谈什么，讨论什么问题。原因在哪里呢？我觉得，问题在于所有的会议都脱离集体的精神生活，没有集体的争论与辩论。你们的会议只有在非开不可的情况下，换句话说，当你们产生聚集在一起集体思考、展开讨论、互相商量、共同争论的愿望时，会议才能引起大家的兴趣。

在我看来，所有的共青团组织，不管是学校的、农庄的，还是工厂的、大学的，最主要的工作是培养人。要做到使共青团会议成为自我教育的学校。培养才智和生活经验，培养情感，培养公民义务感，培养良好的道德品质——所有这些任务通过适当的活动形式体现出来，在这些活动中要使每个青年人看清自己，认识自己，思索自己的命运，为自己的前途感到激动和忧虑。与此同时，还要使自我意识同追求理想结合起来，使每个人都有奋斗目标。我坚信，大学和大学生共青团组织的最重要的教育任务是形成世界观，确定人的思想目的性，而这就要从培养才智和智慧开始。思想好比是根，理想好比是幼苗，它可以长成人的思维、活动、行为、激情、热情、争论的大树。我认为，共青团组织应该教会每个青年人了解最重要的生活的睿智，就是要使自己的思考接近对理想的认识，并且要在自己的实践活动中争取理想的实现。在共青团组织中，可以看到这样一种非常奇怪的现象：大家什么都谈论，甚至包括心里想的有关形成世界观的一些非常复杂的问题，而谁也不谈论有关智力教育的问题。要知道，一切都从这里开始，这是一切的根本……

是的，然而怎样进行智力教育，形成世界观，提高思想水平，树立崇高的理想呢？先从哪里入手呢？

达·芬奇曾经说过，经验是智慧之母。铁器如果不使用会慢慢生锈，死水容易变污，而且寒冷时容易结冰，人的才智如果不运用，就会变得枯竭。你们想一想，可以就这个问题进行讨论：什么是我们的生活经验？我可以肯定地说，这将是非常有意思的一场讨论。这是因为，你们当中的每一个人看来都只是从一个方面去分析自己。你们将对自己的所作所为进行思想分析。这场讨论将涉及思想，谈到理想，然而这一切都离不开个人的感悟。在关于生活经验的辩论中，每个人都把自己所做的事情加以总结，但是这个总结不可能没有个人的自我评价。这种讨论的重大教育意义恰恰表现在这里。歌德曾说过，追求实际目的的、强大的智慧是世界上最卓越的智慧。分析总结自己的经验要着眼于实际目的。因为你们的全部学识，你们全部的智力劳动都是为了实现下面这样一些实际目的：成为好的公民，好的创造者；成为一个正直诚实的人，头脑清醒，心灵纯洁的人；成为有一双灵巧双手的人。你们要好好想一想，你们是怎样争取成为一个好人的。你们读些什么书？什么能激发你们的情绪？在你们的智力劳动中是不是具有深入钻研的精神？我提议把阿·弗兰斯的名言作为对你们讨论的赠言：“要想消化知识，就要如饥似渴地去汲取知识。”

你们应该具有创造者的智慧。什么是创造者的智慧呢？这就是要将世界观落实到行动中去。你们在大学学习，一般来说应该具有这样的特点：你们在思考时，不仅要认识和解释周围世界，而且应该知道肯定什么，为什么而奋斗，去捍卫什么。一位大学的共青团干部对我说："很难把大学共青团组织的工作安排得使每个男女青年都能参加某项具体的活动。我们是'纯粹的思想家'，我们同生活能有什么直接的联系呢？"

荒诞不经之谈！要知道，"纯粹的思想家"也有为坚持自己的信仰而去献身的。在分析自己的生活经验时，你们应当回答这样一些问题：我们要肯定什么？捍卫什么？要争取什么？我想，在我们的社会里，正是在思想领域内，科学唯物主义世界观同迷信、偏见、思想僵化之间还存在着长期尖锐的斗争。还有人坚信，许多现象有可认识的和不可认识的两个方面，也就是还存在着某些永远不可能再认识和再解释的神秘的超自然的现象。通常只有信仰上帝的人才持有这种观点。应当在他们的思想意识中确立另一种信仰和寄托，即相信人正在一个一个地解释昨天还未被认识的自然界的奥秘和思维的奥秘，而且在认识过程中又不断遇到需要做出新的解释和探索的新的奥秘；相信人在认识了生活最复杂的奥秘的奥妙之后，就能够掌握住最大的、永恒的奥秘，即人生的奥秘。这是争取理智的胜利、人的胜利的真正的斗争。别林斯基写道："人赋有智慧是为了人能理智地生活，而不是仅仅为了让他看到自己愚昧地活着。"① 你们要用自己为人类而斗争的经验去充实自己，那时你们将知道要辩论什么，讨论什么了。

一般地说，你们应该在自己的日常生活中坚信一条最重要的科

① 《别林斯基全集》第 12 卷，莫斯科，苏联科学院出版社，1953～1959 年，第 197 页。

学唯物主义真理：今天还未被认识的，明天将被认识。例如，无线电波的物质本性尚未被完全揭示，而引力的实质被解释得非常模糊，这里还有很多不清楚的地方。正是要在这些自然界奥秘的领域中去为认识科学唯物主义而斗争。要思索，思索，再思索。精神上的营养越丰富，你们的争论就会越热烈，你们对生活经验的认识也将越深刻。

如果你们能去思考那些尚未被认识的事物，那你们将成为真正聪明的人。托尔斯泰写道，智慧是“所有的人必不可少的，因而也是所有的人所固有的”。“智慧表现在人了解自己的使命和完成这一使命的手段。如果智慧具有这样的特性，即从充满智慧的人那里把智慧转给缺少智慧的人，那就太好了……然而遗憾的是，领悟别人的智慧首先需要独立地工作。”①

因此，对这些哲人的话应该深入地思索。不管你周围的人有多聪明，如果你无所事事，消磨时光，那么，你在人类智慧的长梯中将一阶也攀登不上去。不管你身边展开的辩论是多么有趣，你都要独立去进行思考，只有这样才能变得更聪明些。

我建议你们在共青团讨论会上辩论一下罗曼·罗兰所阐述的智慧的勇气和智慧的诚实。他说：“智慧的勇气就在于，在繁重的脑力劳动面前不畏惧。智慧的诚实在于，在真理面前不退缩。不惜任何代价去追求真理，发现真理，鄙视轻率地做出决定和违背心灵的谎言。要勇于独立思考，要做人。”② 你们想一想，正如常言所说的，每个人都要老老实实地扪心自问：每当你们在进行脑力劳动时，遇到的困难都能够克服吗？孩子，要记住，在脑力劳动中很容

① 《列夫·托尔斯泰全集》第 41 卷，莫斯科，列宁格勒文学出版社，1928～1958 年，第 43～44 页。

② 《罗曼·罗兰全集》第 13 卷，莫斯科，1953 年，第 126 页。

易向困难屈服，放弃艰难的探索，幻想走一条轻松的捷径。你在为公正的真理的胜利，为思想和理想的实现而斗争时能够克服遇到的所有困难吗？

你看，有关智慧和聪明的许多话题可以辩论，关于思想和理想可辩论的问题也不少。我建议你们就以下这些问题开展辩论："谁是我认为值得学习的榜样"、"人的理想和理想中的人"、"道德与美"。我记得，过去我在大学学习时就讨论过这些问题。你们可以尝试一下，并且一定会看到，许多观点都将是针锋相对的。

没有理想就不可能有所前进。没有理想就不可能有青年人的幻想，而幻想是点燃共青团崇高热情的火花。如果你们讨论一下关于理想的问题，那么你们自己就会看到，创造性的思想就像飞翔的翅膀使你们俯视大量的生活现象，并从中找到你们认为宝贵的东西。

这就是我给你们提的关于在共青团会议上应当辩论些什么题目的建议。这样的讨论会当然不同于那种大家都感到厌烦，谁也不想发言的一般的会议，因为总是老生常谈。这样的讨论会将是气氛活跃、兴趣盎然、充满高尚激情的活动。

祝你身体健康，精力旺盛！

拥抱你，吻你！

你的父亲

第二十一封信

亲爱的儿子，你好！

你请我就如何经济地和合理地（这完全正确——合理地）利用时间给你提些建议。你抱怨说："工作一件紧接着一件，转眼间一天就过去了。原定要做的事情结果没有做完。"从你的来信中，我清楚地知道，在你的身上，压着一大堆要做的事，就像你说的那样，来不及读完建议你读的书。

根据我的经验，向你提出几点建议。

1. 第一位的和最主要的（关于这一点，早在去年我就写信给你说过），就是善于在听课过程中节约并积累时间。如果不善于听课，会导致大学生在脑力劳动中出现"紧急动员"的时候。测验与考试的前几天，他就一股劲地死啃课堂笔记本，在测验的时候，就开夜车，一昼夜只睡两三小时。他把每天应当做完的工作都堆积到这"紧急日子"里来做。据我计算，这种"紧急日子"、"紧急动员"的日子，一年之中加起来，不少于五十天，这差不多是全年工作时间的1/4 。这里隐藏着时间不够的一个最主要的根源。必须防止这种"火急地"昼夜不眠地啃课堂笔记的做法。要学会在课堂上思考大纲，每天复习笔记，哪怕只用两小时也好。我建议你把笔记分成两项：第一项内记上简要的讲课内容，第二项内记上需要思考的问题，这里要记中心的主要的问题。这是个构架，这门课程的全部知识都联结在这个构架上。这些构架似的问题需要每天去思考。与思考相关联的就是每天要阅读，这是我过去说过的。如果你能按照这个要求去学习每门课程，那你就不会有“紧急动员”的日子了，也就不需要在考试和测验前死啃笔记了。课程的构架是一个独特的大纲，在它的基础上再去记忆这门课程的全部材料。

2. 如果你想有充裕的时间，那你就要天天读书。每天你要仔细阅读几页（4～6 页）科学文献，这些文献资料在某种程度上与教学科目都有联系。集中精力阅读，深入思考。你所阅读的内容，就是你用以治学的基础，基础越牢固，越雄厚，学习越容易。你每天读的东西越多，你的时间储备就越充足。因为在你阅读的东西之中，有千百个接触点，这些点同你在课堂上所学的材料连接起来。我把这些接触点称之为记忆的锚。它们把必须学到的知识同围绕人的知识的海洋连接在一起了。

要学会强迫自己每天读书，不要把今天的工作放到明天去做。今天丢弃的东西，明天怎么也补不上了。

3. 要从早晨 6 点钟左右开始你的工作日。5 点 30 分起床，做早操，喝一杯牛奶（不要养成喝茶的习惯，成年以后喝也来得及），吃一个圆面包，开始工作。如果你习惯了自己的工作日从 6 点开始，那就要再努力提前 15～20 分钟着手工作。这是良好的内在动因，能促进整天的工作。

清晨起来，上课以前，用功一个半小时，这是黄金时间。凡是早晨我能做到的事，我都要把它做完。30 年来，我一直坚持从早晨 5 点钟开始自己的工作日，一直工作到 8 点。30 本有关教育学方面的书，以及三百多篇其他方面的学术著作，都是利用早晨 5 点到 8 点的时间写成的。我已经养成了脑力劳动的节律；即使我想在早晨睡觉，也做不到，因为在这个时间我要全身心从事脑力劳动。

我建议你用早晨一个半小时去完成最复杂的创造性的脑力劳动。去思考理论的中心问题，钻研艰深的论文，写专题报告。如果你的脑力劳动带有研究的成分，那只能利用早晨时间去做它。

4．要善于制定自己的脑力劳动的制度，这具有多方面的意义。我是指事情的主次关系而言。主要的是要善于安排时间去做，不要把它挤到次要的地位上去。主要的事情要天天去做。要确定哪些是最重要的学术问题，你能不能成为工程师，要靠对这些学术问题的理解程度。一系列的问题是相互渗透的，它们贯穿在许多学科之中。主要的学术问题，应当利用早晨脑力劳动时间放在第一位去钻研。要善于寻找那些有关主要学术问题的最基本的书籍、科学著作，并且仔细认真地去钻研它们。

5．善于给自己创造内在的动因。在脑力劳动中，许多事情并非都是那么有趣，都是你非常想去做的。平日经常的也是唯一的动因就是工作需要。脑力劳动正是从此开始的。要善于把思想集中在理论的细节上，而且要集中到这样的高度，以至于渐渐地把“我需要”变得“我想要”。最有趣的工作总要放在工作快结束时去做。

6．书刊的大海包围着你。在大学年代，必须很严格地选择你要阅读的书刊。求知心切，酷爱学习的人想读所有的书。然而这是不可能的。要善于限定阅读范围，超出这个范围，那就要违反劳动制度。但是同时也要记住，随时都会出现你预先未列入计划的必读的新书。为此必须有备用时间。正像我已经写给你的那样，这些备用时间是由于善于进行课堂学习，善于做笔记并防止了“紧急动员”而挤出来的。

7．要善于对自己说：不。大量的活动围绕着你。有科学小组、文艺活动小组、运动队、舞蹈晚会以及许多可以消磨时间的俱乐部。你要善于在多种多样的具有诱惑力的活动中做出果断的抉择，因为假如参与活动过多必定会给你带来很大的损害。娱乐和休息都是必要的，但是不能忘记主要的东西：你是个劳动者，国家在你身上花费了许多钱，因此，占第一位的不应该是跳舞，而应该是劳动。为了休息，我建议你下下棋，阅读一些文学作品。在极度寂静中聚精会神地下棋，这是调节神经系统，使思维条理化的最好方法。

8. 不要虚度时光。我指的是空谈，白白地浪费时间。时常有这样的情况：几个人坐在办公室里，像俗话说的那样，扯起闲篇来了。一个小时，两个小时过去了，什么事也没有做，在这种闲聊中，什么高明的见解也谈不出来，而时间却一去不复返。要善于把自己和同志们的谈话变成充实自己精神世界的源泉。

9. 要学会减轻自己以后的脑力劳动，我指的是要善于建立未来的时间储备。我的方法是必须养成系统地记笔记的习惯。我现在有 40 本笔记。每一本笔记都是用来记载关于教育学的某个专题方面的思想，这些思想既是清晰的，又仿佛是昙花一现的（这些思想"习惯"于只在头脑中出现一次，不再复现）。我在笔记中记载了我所阅读过的某一方面问题的最有趣的、最鲜明的思想。所有这些都是将来有用的，都能很好地减轻脑力劳动。我知道你也有笔记，但没有形成制度，要建立记笔记的严格的制度，这样将来这些积累必定会有助于学习。

10. 对于每一件工作，都要寻找最有效的脑力劳动的方法，避免公式化和老套子。要不惜花费时间去深入地思考那些同你有关的事实、现象和规律的实质。你对问题思考得越深刻，记忆就越牢固。在没有理解之前，就不要费心去记它，这样做会白白地浪费时间。一看就懂的东西，不必细读，浏览一下就行了。不深入地草草阅读那些尚没有理解的东西是不行的。任何"走马观花"、"不求甚解"都会迫使你不得不对某些事实、现象和规律多次回过头来予以重新认识。

11. 如果住在一个房间里的人不能达成协议去共同严格遵守某些要求，任何个人的脑力劳动都不能顺利进行。因此首先必须严格地约定，在一定的时间内严禁聊天、争论或做破坏宁静的事情。在集中精力从事脑力劳动的时间，每个人都必须完全独立地进行工作。

12. 脑力劳动要求逻辑思维和形象思维互相交替进行。你可以交替地阅读科学文献和文艺书籍。

13. 要改掉某些坏习惯，我说的是：像开始工作之前闲坐 15 分钟，20 分钟；毫无必要地去翻阅明明不需要阅读的书本；睡醒了，在被窝里再躺 15 分钟等不良习惯。

14. “明天”，是勤劳的最危险的敌人。任何时候都不要把今天该做的事情搁置到明天。而且应当养成习惯，把明天的一部分工作放到今天做完。这将是一种良好的内在促进因素，它对整个明天都有启示作用。

15. 任何时候都不要停止脑力劳动，哪怕一天也不要停。夏天不要丢开书本。每天都需要用知识珍品来充实自己，这是脑力劳动所必需的时间来源之一。

这就是 15 条建议，也可以叫戒律，我认为，这 15 条是每个大学生都应当遵守的。

祝你身体健康，精神愉快！

你的父亲

第二十二封信

亲爱的儿子，你好！

你请我回答三个问题。

1. 到共产主义社会人将是什么样的？我认为未来的人将具有什么最重要的特征？

2. 什么样的品德上的毛病是现代最危险的、最不能容忍的？

3. 依我的看法，在教育青年一代的工作中，最严重的缺点是什么？

第一个问题。未来共产主义社会中的人，已经生活在我们中间。你不能做这样的设想：一个庄严的时刻突然来临，钟声响起，宣告新人的诞生。我给你讲过的谢苗·拉夫连季耶维奇就是一个未来的人。一般的人们都把这样的人称为怪人。我认识许许多多这样的人（恰好，我正想写关于这些人的书）。有这样一个人住在我们村里，离学校不远，你大概能猜到，我说的是伊万·普罗科菲耶维奇。他有一个向大家开放的花园。他是他所在的那条街上的15个孩子的教导员，整个夏天他都在花园里为孩子们忙碌。孩子们在这里制作收音机，玩耍，唱歌，学习拉小提琴……

有一个住在邻近村子里的人。他是一位退伍军官。他领取一笔数目可观的退休金。本来他可以安心地休息了。可是他从早到晚为大家劳动……他是共产主义思想的宣传家。他每天下地，到生产队去，到畜牧场去，去找畜牧场的工人，找农民。向他们讲世界上发生的事情，给他们阅读文艺作品。他直接同人们在生产岗位上工作两三天，然后又到别的生产队或畜牧场。

依我看，共产主义社会的人首先是善良的人，具有爱心的人。去理解别人，为别人送上精神上的需求，在我看来，这是未来人的最主要的特征。深切地关心人，使每一个人，我们的每个同胞，都成为精神上充实，道德美好，聪明、勤劳的人，善于珍惜、尊重和爱护我们生活中最可宝贵的——人，所有这一切，我称之为善良，人性。

真正善良的具有人性的人都对丑恶具有强烈的恨，我们要像教会人们学会善良一样，去教人们学会憎恨一切丑陋的东西。

在B. 科热夫尼科夫的长篇小说《你们相识吧，巴卢耶夫》中有这样一段很妙的话："一个人能够为自己的满足而工作，并且从自己的劳动中感受到忘我的喜悦，那就可以认为，他的一只脚已经踏进了共产主义。"热爱劳动，人在劳动中显示自己的才能，这就是共产主义的理想在我们日常生活中的生动体现。当我们的国家没有一个人对劳动漠不关心，没有一个人把劳动当作是获取一块面包的手段的时候，我们就能够肯定：共产主义已经深入每个人的心灵。在劳动中，在每个人面前都展现着自我教育、自我认识和自我完善的无限领域。由于无穷尽的劳动，人自身将是无穷尽的，而人的完善也是永不休止的。

第二个问题。最危险、最不能容忍的恶劣习性，我认为是没有人性，对人冷漠无情，残忍。这样残酷无情的事情在我们的社会还有不少。我给你讲讲不久以前我亲眼看见的一件事。

在第聂伯河上游的一个大村庄里，死了一个92岁的老人，她是4个儿子的母亲，11个孙子的祖母，22个曾孙的曾祖母。她度过了艰难的一生。在六个坟墓里：在东普鲁士，在玛祖尔人的沼泽里，在喀尔巴阡山中，在柏林城下，都有她的骨血，在六个战士的方尖碑上都有她的姓氏，在每一个字母里，都有她的不眠之夜，有她的激动与期望。

母亲死后，她最小的50岁的儿子，怀着悲痛和忧虑对人们说：请帮助我把母亲安葬吧。木材场没有现成的做棺材的木板，但是他遇到了善良的人们，大家脱帽静默一分钟，为死去的老人默哀。他们锯开一棵大松树树干，对他说：拿去吧，孩子，给母亲做棺材去吧。木板需要运走，但是没有汽车，汽车都在工作。这时碰到又一个好心的人。儿子站在迎面驶来的第一辆汽车面前，司机替他分担了困难，把自己的运输工作停了半小时，将木板装上车，开出了木材场的院子。就在这时，发生了一件令人莫名其妙又毫无道理的事情。汽车队的队长看见自己的汽车装着木板，司机同志在大门外帮助用绳子捆木板，他喊叫起来：

“这是干什么？你为什么不干自己的事？”

司机和死者的儿子对队长说：“请不要喊叫，是这么回事，死人了。”队长无动于衷，不表示歉意。他反而暴跳如雷，大发雷霆，在脸色苍白的司机眼前挥舞着拳头，爬上汽车，把木板扔在地上。司机开车走了，儿子站在木板跟前痛哭着。他泪眼汪汪，没有发觉有一个不相识的人坐着大马车向他走来。他是从奶油厂返回来的，听到吵闹声，他停下来，明白了一切……他把木板搬上马车，轻轻抚摸着痛苦不堪、遭受污辱的儿子的肩膀，低声问道：“木板拉向哪儿？”

惨无人道，这是最可怕的、最不能容忍的道德堕落。你反复地问问自己：在我们这里，那些难以称他们为人的人们是在什么样的环境里长大的呢？是什么原因使他们冷酷无情、麻木不仁的呢？在我们这里应该说没有产生暴虐和惨无人道的社会条件。那么，一定有什么别的原因。我从小就认识前面所说的那个汽车队长，他叫伊万科。小时候，他是个普普通通的孩子。他和千万个别的孩子一样，上学念书，夏天下雨以后，他喜欢光着脚在小水洼里闲逛，翻过墙板到邻居的果树园里偷摘苹果，似乎邻居家的苹果比他自己家果园里的苹果更香甜。

然而还有别的事，是一些邻居们愤懑地讲述过多次的许多往事。伊万科的父母和祖母共同生活在一起。伊万科的母亲总是不喜欢他的祖母。老奶奶单独住在贮藏室里，自己给自己做饭。孩子常常听他母亲说：“老婆子厉害，不好……”有一次过节，母亲做好了凉菜。他对儿子说：“儿子，把那个最小的小盆，就是我们放果皮核的那个小盆端去给奶奶。”母亲让孩子取柴火烧炉子时，对他说："伊万科，把干柴拿来，湿柴留给奶奶，她不喜欢房间里热乎乎的。"于是，孩子明白了，奶奶是一个被蔑视的人。有一年夏天，老奶奶让孙子为她去草地采一种叫酸横的野菜煮汤喝。伊万科不愿意去草地，他跑到菜园子里揪了一把糖萝卜的茎叶，给了奶奶。眼神不好的奶奶把糖萝卜茎叶切碎煮了菜汤。伊万科为此还津津乐道地向伙伴说欺骗奶奶的过程。听了伊万科的故事，孩子们为他所干的事感到惊奇。家家户户都在议论。顿时"厉害的儿媳，不孝的孙子"的丑闻传遍了全村。

几年过去了。伊万科长大了，参加了军队。他安然无恙地度过了整个的战争年代。他没有回到自己的家，在离村庄不远的地方，正开始建筑一个大发电厂。伊万科在这里找到了工作，先运输材料，当调度员，后来当上汽车队队长。他平步青云，又善于走后门。有人喜欢他，因为只要领导说半句话，他就能领会领导的意图。

伊万科的父亲和祖母相继去世了。只剩下母亲一个人。儿子把她安顿在自己的大石头房子的一间小贮藏室里。搬来一个炉子，对母亲说："妈妈，你自己煮饭吃吧，安分守己过日子，不要影响别人。"此时，母亲才想起了当年自己让他给婆婆送冷菜时对儿子的训示……似乎这时她才记起民间的名言：关心人的心灵，不是当孩子顺着躺在床上，而是当他横着躺在床上的时候……像伊万科这样的人，人民叫他丑恶的人。未来不属于这样的人，未来属于那些现在已经达到共产主义道德高度的人们。

第三个问题。在教育青年一代的工作中所犯的最严重的毛病，我认为就是：很多的父母，甚至包括教师们都不知道怎样爱孩子。他们忘记今天的小孩子就是明天的成年人。在父母和教师眼里，他们永远是孩子。后来不知不觉婴儿成了少年，少年又转眼到了要成家的年龄，这时才使父母大吃一惊。所以要善于爱孩子。契诃夫写道："孩子是神圣的、纯洁的。即使在强盗和鳄鱼那里，他们也在天使的位置上。我们自己可以爬进任何一个什么坑里去，然而一定要把他们安置在适合他们身价的气氛之中……不能把他们当作自己情绪的玩具：忽而温存地亲吻，忽而狂暴地脚踢。专横的爱还不如不爱。”①

专横的爱，这是一种可怕的摧残儿童的力量。父母之爱的专制主义在于，这“两份爱”是由情绪而来的；当父母心情舒畅的时候，在家里可以宽恕一切，孩子随心所欲，怎么都行，甚至小孙子可以用拳头打祖母或者嘲弄她；反之父母情绪不好，父亲就虐待孩子。

我们教育的人是共产主义社会未来的公民，他们要珍爱和保卫我们的祖国，要增加我们的物质和精神财富，这样的人在生活的各个领域。应当是伟大的，精神充实的，具有多方面用之不尽的才能的美好的人。他不仅应当准备在战场上立功，而且要准备在机床旁，在拖拉机方向盘旁，或者在畜牧场上立功。他还应该具有一颗爱心，尊老爱幼，听从自己心灵的嘱托，去爱戴母亲，去真诚同情和关怀所有需要帮助的人。他应当善解人意，善于理解人的心情，善于懂得并用理智和心灵感知自己同胞的苦恼、悲痛和不安，去帮助他。这才是人的高尚的道德，我们的原则用一句高尚的语言表达，那就是：人与人是朋友、同志和兄弟。

①《契诃夫全集》第 11 卷，莫斯科，文学出版社，1964 年，第 314 页。